The Psychology of Criminal Conduct
犯罪行動の心理学

ジェームズ・ボンタ & D・A・アンドリュース 著
James Bonta & D. A. Andrews
原田隆之 訳 Takayuki Harada

北大路書房

THE PSYCHOLOGY OF CRIMINAL CONDUCT 6th edition (ISBN: 9781138935778)
by James Bonta and D. A. Andrews
Copyright ©2017 Taylor & Francis
All Right Reserved.
Authorized translation from English lauguage edition published by Routledge,
an imprint of Taylor & Francis Group LLC.
Japanese translation published by arrangement with Taylor & Francis Group LLC
through The English Agency (Japan) Ltd.

本書『犯罪行動の心理学』について

　『犯罪行動の心理学』（第 6 版）は，犯罪行動に対する心理学的，かつエビデンスに導かれた見地を提供するが，それは犯罪学およびメンタルヘルス分野からの犯罪行動への説明の多くとは，かけ離れたものである。一般的パーソナリティ理論および認知社会的学習理論に依拠し，Bonta & Andrews は，本書を通して，Rosenfeld & Penrod の「司法心理学における研究法」において実証的に支持された犯罪行動に対する首尾一貫した理論を提供する。彼らは，犯罪行動の心理学における理論的背景の概要，および主な知識の基盤を提供し，犯罪行動に関する 8 つの主要なリスク・ニーズ要因について議論し，犯罪の予防および治療とともに，犯罪行動の予測および分類について検証し，最後に犯罪行動を理解するうえで重要な問題を取りまとめている。本書はまた，リスク・ニーズ・治療反応性（Risk/ Need/ Responsivity: RNR）モデルを紹介するが，それは，世界中でこの分野の発展を導いてきた犯罪者アセスメントおよび治療に関するモデルである。

　本版は，Andrews の没後初めて，Bonta が本書の元来の内容のすべてを注意深く保持しながらも，中核的概念を簡潔に，明瞭に，体裁良くまとめたものである。『犯罪行動の心理学』（第 6 版）は，学者，研究者，実務家はいうに及ばず，専門的に学びたい大学生や大学院生にも最適であり，著者らの仕事全体の内容の重要な点をさらに改善に改善を重ね，拡大したものである。

　James Bonta は，1990 年から 2015 年まで，カナダ公共安全局，矯正研究部長を務めた。オタワ大学で 1979 年に臨床心理学の博士号を得たのち，成人および若年犯罪者の重警備矯正施設であるオタワ・カールトン拘置所で，心理学者，その後に首席心理学者を務めた。そのキャリアを通して，Bonta は，さまざまな学術的な職や専門家としてのポストを歴任し，"*Canadian Journal of Criminology and Criminal Justice and Behavior*"（カナダ犯罪学および刑事司法・犯罪行動誌）の編集委員会のメンバーでもあった。彼はまた，カナダ心理学協

本書『犯罪行動の心理学』について

会のフェローであり，2009 年には協会の刑事司法部会の功労賞，2012 年にエリザベス 2 世即位 60 年記念メダル，2015 年に Maud Booth 矯正サービス賞および国際矯正刑務所協会のコミュニティ矯正賞を授与されている。

　故 **D. A. Andrews** は，その研究者としてのキャリアを通してカールトン大学に所属した卓越した犯罪学者であった。犯罪行動の心理学に関する彼の仕事は，「矯正処遇の理論」として知られるものを世に送り出し，それは世界中で矯正分野での効果的な介入実務のスタンダードを示したものである。彼は，カールトン大学犯罪学・刑事司法プログラムの創立メンバーであり，カナダ心理学協会のフェローであった。刑事司法分野における仕事に対して，数多くの賞を受賞しており，そのなかには，アメリカ保護観察協会，カナダ矯正サービス局，国際コミュニティ矯正協会，アメリカ犯罪学会などからの顕彰がある。退職後も名誉教授および卓抜研究教授として，刑事司法分野で活発に活動していた。

序

"*The Psychology of Criminal Conduct: PCC*"（犯罪行動の心理学）の第6版には，数多くの大きな改訂がなされている。最も大きなことは，私の共著者であり，同僚であり，友人であった Don（D. A.）Andrews が，2010年10月22日に亡くなったことである。本書の5つの版を通して，われわれはその内容，組み立て，そしてどのようにすれば犯罪行動に関するわれわれの考えを最もよく伝えることができるかについて，多くの活発な意見を交わした。本版も，われわれのこれまでの議論に忠実であるよう心掛けた。

本版の内容と組み立てに関して，3つの大きな改訂がある。第1に，より広い読者に理解していただけるように，内容をあまり難解でない形で提示するようにした。PCC は，刑事司法システムに，希望に満ちたメッセージを届けるものである。それは，犯罪者に対して彼らがもっと向社会的になるように援助をすることができ，エビデンスに基づく刑事司法政策はより安全な社会をもたらすことができるというメッセージである。このメッセージをできるだけ多くの方に届けたいと，私は願っている。同時に私は，研究者や学者には，PCCをその厳密さや複雑性ゆえに尊重していただけるものと思っている。このように，私は「読みやすさ」と完全性の間のバランスを取ろうと試みた。この目的がどれだけ首尾よくいったかどうかの判断は，読者に委ねたい。

第2に，第1とも関連するが，第5版の第3章と第4章にあたる理論の章を，ほとんど完全に書き換えた。これまで書評を寄せていただいた人々から，犯罪学の主流派に対するわれわれの批判的レビューは，もはや不必要ではないかという感想をいただいた。犯罪行動に関するすべての理論において，心理学を考慮に入れるべきだとするわれわれの主張は受け入れられたようだ。1994年に PCC の初版が出版されたとき，Don と私は，犯罪学はあまりにもイデオロギーに縛られており，犯罪行動と大きな関連があるのは，心理学的，生物学的，そして身近な社会学的背景であるというエビデンスが無視されていると強く感じ

ていた。階級と社会構造が強調されすぎており，われわれはこうしたアプローチを鋭く批判し，エビデンスをもって対抗した。この部分はもはや不必要であるという批評家の意見が正しいことを私は願うばかりである。こうして，理論についての議論は，犯罪学的理論の手短な要約と，本書で用いている理論的見地，すなわち一般的パーソナリティ理論および認知社会的学習理論の概要について，1つの章にまとめた。この改訂に関連して，犯罪者アセスメントと治療についてのリスク・ニーズ・治療反応性モデルについては，今回独自の1章をもうけた。

第3に，エビデンスを吟味した結果，「ビッグフォー」のリスク・ニーズ要因を強調する必要がないという結論に達した。PCC のこれまでの版では，セントラルエイトのリスク・ニーズ要因を，トップフォーと関連の小さい共変量とに分けていた。このような区別をすることには，研究に基づけばもはや正当な理由がないと考えた。

PCC の第5版になじんでいただいた読者は，他にもいろいろな変化があることに気づくだろう。例えば PCC を支持するエビデンスを理解するために必要な，研究や統計の方法論に関するすべてを1つの章にまとめた（第2章）。もちろん，新しい研究を紹介し，新たに生じた問題についても論じた（例えば，エビデンスを取り入れたスーパービジョン実務におけるスタッフの訓練）。私は，読者にこの新しい版もこれまでの版と同様，有益であると思っていただけることを望んでいる。

世界中の多くの同僚から最新の論文を恵贈していただいたことに対して，感謝の言葉を述べたい。彼らの支援は，本書の執筆にあたって大きな助けとなった。ここにすべての名前を記したいが，幾人かは失念しているかもしれない。しかし，本章のいくつかのセクションに目を通してくれたり，1つの章を丸ごと読んで，正確さと読みやすさについてフィードバックをくれたりした少数の同僚には，特別な謝意を表したい。その尽力に感謝したいのは，Paul Gendreau, Karl Hanson, Chris Lowenkamp, Paula Smith, Yvette Thériault, Scott VanBenschoten, および Steve Wormith である。もちろん，長年の編集者である Ellen Boyne（初版当時から），新しい編集者 Pam Chester, 編集助手の Irene Bunnell と Eve Strillacci に対し，本版執筆に際しての支援と忍耐に感謝したい。

序

　『犯罪行動の心理学』（第1版）の仕事は，1993年に始まり，1994年に出版された。その後の版を重ねる間，家族は私に実に大きな力を与えてくれた。その間，私の子どもであるCarolynとMarkは独立して家を出て，別の街で生活しキャリアを積んでいる。しかし，本書を執筆する間も，彼らはいつも私の心のなかにいた。全6版を通して，私の妻Christineは，そばにいて本書の執筆を支えてくれた。文章を書いているとき，一つひとつの行動には，報酬とコストの双方があった。執筆しているとき，達成感を抱くがそれは報酬である。しかしそれはまた，特に妻や家族と過ごす時間が少なくなるというコストも意味する。私は，本書を執筆するのに十分な時間を与えてくれた妻の忍耐，理解，サポートに感謝したい。本版を彼女に捧げる。

James Bonta

日本語版への序

　『犯罪行動の心理学』（第 6 版）の日本語版に対して，序文の依頼をいただいたことは，私にとってこのうえない喜びである。本書の第 1 版が 1994 年に世に出たとき，私の同僚 Don Andrews と私は，心理学は犯罪行動に対するわれわれの理解に対して，大きな貢献ができるものだということを力強くかつ明確に示したかった。当時，犯罪学の主流は，犯罪の社会学的理解に大きく依拠しており，パーソナリティのような心理学的要因，犯罪行動への生物学的基盤，人間の学習の原則などは，犯罪学の教科書ではほとんど無視されていた。また当時は，刑事司法政策では抑止的方策（デタランス）と「厳罰的」な動きが支配的であり，犯罪者更生策は批判の的であった。本書の第 1 版で，われわれは当時の 2 つの神話に力強く対抗した。それは，1) 心理学は役に立たない，2) 犯罪行動を抑制するうえで，処罰は改善更生策に優っている，というものだ。

　『犯罪行動の心理学』の初版が出版されてからのおよそ 25 年間で，多くのことが変わった。われわれの理論的立場は，犯罪行動に対する一般的パーソナリティ理論および認知社会的学習理論に反映されているが，これも発展を続けており，願わくばそれは望ましい方向であってほしい。第 6 版へと進むなかで，われわれは初版に対して多くの修正を加えたが，ここでは以下の 3 つの修正について強調したい。第 1 に，オペラント条件づけや代理学習のような学習プロセスの重要性について，より詳細に解説した。第 2 に，より近年の研究知見を反映して，リスク・ニーズ要因に関する「ビッグフォー」という概念をやめ，セントラルエイトのリスク・ニーズ要因へと置き換えた。第 3 に，私の共著者が 2010 年に逝去するに先立って，われわれは熟慮の末，リスク・ニーズ・治療反応性（RNR）モデルを，1990 年にはじめて記述した 4 つの原則から，今や 15 原則にまで拡大した。

　初版を著すに際してのわれわれの最初の目標は，今やほとんど消え去った。心理学の役割は，今は多くの犯罪学者に受け入れられ，再犯を抑制するための

日本語版への序

方法として，デタランスをもち出す犯罪学者はほとんどいなくなった。犯罪行動に対するわれわれの見地から生み出された実務への応用策もまた，幅広い効果をもたらしている。RNRモデルに立脚した処遇レベル質問紙のような犯罪者のリスク・ニーズのアセスメントツールや犯罪者治療プログラムは，われわれの母国カナダのみならず，国際的にも実証的な効果を示している。

　これまで多くのことが成し遂げられてきたが，新しい進歩への脅威となる力に対して，もはや警戒する必要がないというわけではない。犯罪学においては，他の社会科学と同様，振り子はいつも揺れ動いている。今世紀を迎えて，カナダ，アメリカ，ヨーロッパや大洋州の多くの国々では，改善更生策を擁護するルネッサンスを享受している。RNRに基づく治療プログラムには，説得力のあるエビデンスがあり，こうした研究については本書で概略を紹介している。一方，今日われわれが目の当たりにしているのは，もっぱら感情的で実証性のない議論によって支えられ，より一層厳しい処罰を求めるポピュリズムの流れを支持する政治的状況の変化である。読者に覚えておいていただきたいのはRNRモデルの第1の原則であり，それは個人への敬意を喚起するもので，人間的で倫理的，かつその人に見合った処遇の必要性を説くものである。

　『犯罪行動の心理学』の理論的見地，考え，そしてそこで示した研究は，日本の刑事司法システムのなかで働く読者の多くにとっては目新しいものかもしれない。私が日本更生保護学会の学会誌『更生保護学研究』創刊号に，RNRモデルを解説する論文の寄稿を求められたのは，つい2012年のことであった。私が切に望むことは，本書で提示した考え方によって読者に問題提起をし，刺激を与えることであり，読後には犯罪行動に対する理解を深めていただくことである。最後に，本書の丹念かつ完璧な翻訳に対して労を執っていただいた筑波大学原田隆之教授および静岡県立大学津富宏教授に対して，心からの感謝を申し上げたい。本書が，研究者，実務家，そして政策決定者の方々にとって有益なものとなることを願っている。

2018年6月27日
James Bonta

目　次

本書『犯罪行動の心理学』について　i
序　iii
日本語版への序　vi

第 1 部　犯罪行動の心理学の理論的背景と知識基盤

第 1 章　犯罪行動の心理学の概要　3

1 節　はじめに　3
2 節　犯罪行動の心理学の定義　4
3 節　PCC の基盤にある価値観　6
4 節　犯罪行動の心理学の目的　7
5 節　本書の構成　12
6 節　まとめ　15

第 2 章　犯罪行動の心理学の実証的基盤　16

1 節　はじめに　16
2 節　研究デザイン　17
3 節　通常用いられるいくつかの統計　30
4 節　メタアナリシス　37
5 節　媒介変数　40
6 節　総体的犯罪率についてのコメント　41
7 節　まとめ　41

第 3 章　犯罪学理論から犯罪行動の心理学的見地へ　44

1 節　はじめに　44
2 節　犯罪学的理論　45
3 節　犯罪行動の一般的パーソナリティ理論および認知社会的学習理論　56
4 節　犯罪行動の学習　61
5 節　要約　69
6 節　まとめ　70

第2部　犯罪行動の主要なリスク・ニーズ要因

第4章　犯罪行動の生物学的基盤　75

1節　はじめに　75
2節　遺伝と犯罪　77
3節　犯罪：進化の失敗か成功か？　101
4節　締めくくりの3つのコメント　107
5節　まとめ　108

第5章　反社会的パーソナリティ・パターン　111

1節　はじめに　111
2節　パーソナリティについての心理学的見地　112
3節　パーソナリティについての犯罪学的見地　117
4節　精神病理としての反社会的パーソナリティ　122
5節　一般的パーソナリティ理論と認知社会的学習理論の見地：
　　　反社会的パーソナリティ・パターン　139
6節　まとめ　144

第6章　犯罪行動における犯罪指向的な交友と態度の役割　146

1節　はじめに　146
2節　親が支配力を失うとき：交友関係へと至る道筋　147
3節　不良交友に関する心理学的見地　150
4節　犯罪に対する認知的サポート：犯罪指向的態度　158
5節　まとめ　169

第7章　社会的文脈における人：家族，結婚，学校，仕事，レジャー・レクリエーション，そして近隣地域　171

1節　はじめに　171
2節　出身家族　172
3節　夫婦間の愛着　184
4節　学校　185
5節　仕事　188
6節　レジャー・レクリエーション　190
7節　近隣地域　191

8節　要約　193
9節　まとめ　194

第8章　物質乱用　196

1節　はじめに　196
2節　アルコール乱用　197
3節　薬物乱用　206
4節　治療抵抗への対処　213
5節　物質乱用について最後のコメント　217
6節　まとめ　218

第3部　実　践

第9章　犯罪者アセスメントおよび治療の
リスク・ニーズ・治療反応性モデル　223

1節　はじめに　223
2節　全般的原則　225
3節　中核的RNR原則と臨床的な鍵概念　227
4節　組織的原則　233
5節　要約　233
6節　まとめ　234

第10章　犯罪行動の予測と犯罪者の分類　236

1節　はじめに　236
2節　予測精度の判定　238
3節　PCCと予測　241
4節　犯罪者アセスメントとリスク・ニーズ・治療反応性原則　244
5節　犯罪行動アセスメントと予測へのアプローチ　245
6節　理論に立脚した犯罪者アセスメントの一般的適用可能性　266
7節　犯罪者アセスメントの将来　279
8節　まとめ　283

第11章　犯罪者の処遇　286

1節　はじめに　286

2節　「何も効果がない」説の「いかに」と「なぜ」　287
3節　「何に効果があるか」論の誕生　291
4節　一般的パーソナリティ理論および認知社会的学習理論と介入　305
5節　まとめ　307

第12章　RNR遵守の構築と維持：現実世界における課題　310

1節　はじめに　310
2節　犯罪者リスク・ニーズアセスメントにおける忠実性　313
3節　矯正処遇の完全性の向上　316
4節　RNR遵守を妨げるいくつかの主な障害　317
5節　プログラムと機関の評価　320
6節　効果的な矯正指導と治療の要素　323
7節　RNRモデルを適用するための矯正職員の研修　329
8節　社会内指導における効果的な実践　345
9節　犯罪者治療の費用対効果分析　348
10節　まとめ　350

第13章　失敗した試み：厳罰化　353

1節　はじめに　353
2節　刑事司法的制裁と応分の報い　353
3節　犯罪とコミュニティに対する刑務所収容の効果　356
4節　中間的制裁の評価　364
5節　達成されなかった公正さ　369
6節　罰の心理学　371
7節　報復への代案：修復的司法　383
8節　まとめ　387

第14章　犯罪のサブタイプ：親密なパートナーへの暴力，精神障害者，性犯罪者　390

1節　はじめに　390
2節　親密なパートナーへの暴力　391
3節　精神障害のある犯罪者　402
4節　性犯罪者　414
5節　締めくくりのコメント　423
6節　まとめ　424

目 次

第4部　まとめと結論

第15章　犯罪行動に対する一般的パーソナリティ理論および認知社会的学習理論の見地：まとめと結論　429

1節　はじめに　429
2節　実証的理解　430
3節　犯罪に対する影響力　434
4節　一般的パーソナリティ理論および認知社会的学習理論による理論的理解と課題　437
5節　実践的価値の理解　441
6節　犯罪行動の心理学の影響　446
7節　結論と所感　447

文献　449
略語一覧　516
人名索引　518
事項索引　519
訳者あとがき　524

第 1 部

犯罪行動の心理学の理論的背景と知識基盤

The Theoretical Context and Knowledge Base to the Psychology of Criminal Conduct

第1章

犯罪行動の心理学の概要

1節　はじめに

　誰もが犯罪には心を揺さぶられ，そしてそれはなぜなのかを知りたいと思っている。本書で解説する犯罪行動の心理学（The Psychology of Criminal Conduct: PCC）は，この問いへの答えを見つけようとするものである。PCC は，すべての人間が等しく犯罪に至るわけではないし，犯罪を行なう者についても，彼らが犯す反社会的行為の数，タイプ，種類は異なっているという事実を述べ，説明しようとするものである。彼らはまた，いつどのような状況において他人を害するような行動を取るのかという点も異なっている。さらには，いつどのような条件下において犯罪行動が減少するのか，あるいは犯罪をやめるに至るのかという点においても異なっている。つまり，この心理学は個々人の犯罪行動のバリエーションを説明しようとするものである。

　もし，PCC が何らかの意義のあるものを提供できるのならば，それは将来犯罪に至るのは誰で，そうでないのは誰かということの予測の役に立つものでなければならず，また将来の犯罪を減少させるために考え抜かれた介入法を提案するものでなければならない。この後みていくように，PCC に求められていることは，犯罪行動を予測し，それに何らかの影響を与えることに役立つと

いうことだけではなく，なぜ犯罪が起きるのかを理論的用語で説明することである。つまり，犯罪に至りやすい者もいれば，そうでない者もいるという事実や，犯罪から足を洗う者もいればそうでない者もいるという事実，早くから犯罪に手を染め，ずっと継続して犯罪を続ける者もいれば，そうでない者もいるという事実，そしてある者は年を取ってから犯罪に手を染め，それを継続したりしなかったりするという事実，これらをどのように説明すればよいのだろうか。

また，異なったタイプの犯罪には，異なった説明が必要だろうか（例えば，粗暴犯と非粗暴犯），異なった種類の人々に対してはどうか（例えば，男性と女性，白人と非白人），あるいは異なった社会経済的状況に対してはどうだろうか（例えば，裕福な人と貧しい人）。本書では，犯罪一般に通じる説明を提示しているが，ほとんどの場合，性犯罪者，ホワイトカラー犯罪者，女性犯罪者などに対する個々の理論を提示する必要はほとんどないと考えている。理論の一部を変更したり修正したりする必要はあるとしても，主要な点はどんな犯罪者に関しても，状況に関しても変わらない。

PCCは，広い適用可能性をもつ一般的な理論に価値をおくが，特殊な事柄への関心を有する人々は，特殊な状況における彼らの関心事を正しく理解すべきだと主張する。そうした圧力は十分に理解できるものであり，その重要性は評価できるし，結局は全体としての理解のレベルの底上げにもなる。現時点での目立った例としては，フェミニスト犯罪学分野が挙げられ，そこでは「ジェンダー特有の背景」や男性中心の理論の限界などが，一般的理解を妨げるものであるとしばしば言及される。とはいえ，特殊な状況について探究することは，系統的な実証的研究を伴って初めて，一般的なものであれ個別具体的なものであれ，われわれの理解を深めてくれるのである。

2節　犯罪行動の心理学の定義

犯罪行動の心理学のさしあたっての定義は，以下の通りである。

科学として，犯罪行動の心理学は，以下の方法によって個人の犯罪行動の理解を目指すアプローチである。

①系統的な実証的研究を倫理的かつ人道的方法によって実施する。
②合理的な理論体系を構築する。

実務としての犯罪行動の心理学は，犯罪行動を予測し，その起こりやすさに影響を及ぼすという実務的な責務のため，あるいは犯罪や刑事司法手続きに伴う人的・社会的コストの削減のため，心理学の知識と方法を倫理的に応用するものである。

この一般的な定義には2つのポイントがある。第1に，PCCは心理学者が犯罪学の分野において有する広範かつ多様な問題をあまねく取り扱うものではない。また，心理学者が刑事司法のなかで果たす役割の多くをカバーするものでもない。多くの心理学者は，被害者，政策決定者，有権者，そして一般の人々の行動にも関心を抱いている。同様に，警察官，裁判官，法律家，刑務官，保護観察官，司法精神衛生の専門家の行動にも関心がある。あるいは，矯正実務に携わっている心理学者は，犯罪自体よりも犯罪者の精神衛生の問題に対処することに，おそらく多くの時間を費やしているだろう。これらの問題はすべて興味深くかつ重要なものではあるけれども，本書においはそれが個人の犯罪行動の理解に資するものでない限り取り扱うことはない。

第2に，心理学と犯罪への関心を共有する他の学問や専門家との間を区別するための根拠を明確にした。われわれの関心は，個人の犯罪行動にある。その関心は，身体的システムの研究（生物学）や，犯罪率を集積した指標のバリエーションや犯罪集団の構造の研究（社会学），法や刑事司法の歴史や政治経済学的研究とは異なっている。これらの領域も犯罪と刑事司法についての一般的理解のためには重要であるが，本書の主題ではない。

同時に，生物学者，社会学者，社会福祉士，政治科学者，経済学者の多くも，犯罪行動の心理学に関心を有している。彼らによる犯罪行動の心理学への貢献は大きく，本書を通して紹介していく。実際，犯罪行動測定の分野や犯罪行動

の相関因子の研究では，過去25年間に及ぶ最も重要な貢献の多くは，社会心理学的な多様性の研究を行なった社会学者によるものである。

3節　PCCの基盤にある価値観

　ここでPCCの目的について述べる前に，価値観について少し述べておく必要があるだろう。本書で説明する犯罪行動の心理学は，その基盤に一定の価値観を有している。それは，人間の多様性や人間行動の複雑さの尊重などである。人間の多様性の尊重とは，民族，人種，性別，社会階級，あるいは社会的布置に関するその他のより広い，または狭い区別のような，社会的・生物学的に決定されたカテゴリーなどをはるかに超えて広がる個人的な相違への尊厳を内包する。個人的相違は，生物学的なもの，パーソナリティ，認知，行動の履歴，そして家庭，学校，職場，レジャーの場やコミュニティにおける身近な関係のなかにも明白に現れてくる。女性は皆，同一だろうか。もちろん違う。男性は皆，同一だろうか。もちろん違う。同様に，貧しい人も皆同じというわけではない。彼らは，生物学的組成，欲求，パーソナリティ，社会関係などにおいて異なっている。つまり，PCCは行動における個人的相違が，生物学的なものであれ（例えば，犯罪遺伝子），心理学的なものであれ（例えば，自己統制力不足），政治経済学的なものであれ（例えば，貧困），何か1つのタイプの変数で説明できると主張する人間行動についてのいかなる説明に対してもきわめて懐疑的である。

　この心理学は，その中核において全体論的（holistic）かつ学際的であり，個人の犯罪行動の相違を説明するのに役立つのであれば，どんな学問領域の成果に対しても開かれている。また，個人の犯罪行動に関心をもつ者であれば誰でも，犯罪学者，社会学者，ソーシャルワーカー，司法・矯正および青少年の更生に携わる実務家，さらに社会のいかなる分野の者にとっても，その役に立つように構成されている。さらに，社会全体（社会的ウェルビーイング），社会の個々のメンバー，そして社会的，社会経済的，政治経済的用語で規定された

いかなるサブグループに対して，役立つことを望んでいる。

　PCC は，倫理的な実践と犯罪者の改善更生に向けた努力の鍵として，個人の自律に価値をおいている。個人は自分の行動に責任を有し，それを統制することができる。本書のこれまでの版では，個人の自律性は十分に強調されていなかったが，この第6版でそれを改めた。近年の臨床・司法心理学の発展によって，今や臨床家と犯罪者の協働的な治療関係に価値をおくだけでなく，個人の自律性への尊厳が強調されている。

　犯罪行動の心理学はまた，理論的主張や研究知見に対する厳しい批判を尊重する。厳しい批判は，進歩の主たる推進源となるものである。同時に，理論的主張や研究に基づいた主張に対する批判を含むすべての批判は，エビデンスの尊重と結びついたとき最善のものとなる。さらに，犯罪に関するコスト，および犯罪者，被害者，一般市民に対する刑事司法手続きのコスト双方を削減することもまた，きわめて望ましいことだと考えられている。

　この第6版でも引き続き，PCC は一般的パーソナリティ理論および認知社会的学習理論的見地を介しており，それらは幅広い社会的場面，臨床的カテゴリー，そしてさまざまな個人的・司法的文脈において，概念的，実証的，実践的価値をもっている。PCC は，犯罪行動の生起におけるバリエーションを合理的，実証的に理解することを求めており，特に犯罪行動における個人間の差異の合理的・実証的理解を求めるものである。

4節　犯罪行動の心理学の目的

　犯罪行動の心理学の目的は，個々人の**犯罪行動におけるバリエーション**を理解することである。この目的を理解するために，犯罪行動およびバリエーションという言葉が何を意味しているのかを詳しく吟味する必要がある。

犯罪行動の定義

「犯罪行動」には，多くの多様な行動が含まれている。その具体的な意味は，その言葉を用いる人の関心によっても，歴史的，社会的背景の文脈によっても異なる（Mannheim, 1965）。本書は，犯罪行動の4つの定義を用い，4つの定義すべての意味するところに合致する行動に最も関心を寄せている。4つの定義とは以下の通りである。

1. **法的**
   犯罪行動とは，国家によって禁止され，法の下に処罰されうる行動をいう。
2. **道義的**
   犯罪行動とは，宗教や道徳の規範を逸脱した行動であり，超越的な霊的存在によって処罰されるべきものをいう。
3. **社会的**
   犯罪行動とは，慣習や伝統の規範を逸脱した行動であり，コミュニティによって罰せられるものをいう。
4. **心理学的**
   犯罪行動とは，行為者にとっては報酬となるかもしれないが，他者には苦痛や損害を与えるものをいう。つまり，犯罪行動とは，反社会的行動である。

犯罪行為，それは上述した4つの定義を用いようが用いまいが，社会心理学者が1970年代以降「問題行動」または「逸脱行動」と呼んでいる，より一般的な種類の行動の一部である（例えば，Jessor & Jessor, 1977; Ullmann & Krasner, 1976）。そして，逸脱行為の本質は，それが生起することによって，その行為者を権力者による介入，統制，規制，そして支援の対象となるリスクを高めるということである。問題行動は，両親，教師，宗教的指導者，隣人による介入を引き起こすこともあるだろう。また，メンタルヘルスの専門家や，ビジネス，産業分野，臨床家，政府，人権活動家など一連の管理者の注目の対

象となるリスクも高めるだろう。

　犯罪が反社会的行動であるという心理学的定義は，「問題行動」というより広い定義と組み合わせるのが最適である。もし，そのように組み合わせなければ，歯科医，外科医，教師などによる逸脱とはいえない職務のいくつかも，犯罪的だと判断されてしまうことになる。これらの定義のうち完全に満足のいくものは1つもない。何年にもわたって，犯罪学者は文化的，道義的なものに依存した定義を提唱してきた（例えば，同性愛は最近まで多くの国で犯罪であったし，現在でもいくつかの国では犯罪である）。また，ほとんどの人が，人生のある時点で法を破ったり，誰かを傷つけたりしたことがあるため，犯罪行動は正常な行動だという意見もある。しかし，Ullmann & Krasner（1976）にならって，われわれの犯罪行動の現時点での定義は，以下の通りとする。

> 犯罪行動とは，その行為者を，少年司法または刑事司法システムのなかで，刑事司法専門家の注意の対象となるリスクを高めるような反社会的行為のことである。

　この心理学的定義（つまり，反社会的行為としての犯罪行動）の重要かつポジティブな機能は，われわれが犯罪者の特徴や被害者の苦痛を念頭におくことを忘れないようにしてくれるということである。

犯罪行動のバリエーション

　先に定義したように，犯罪行動とは，有害かつ法の下に禁止されている行為のことをいい，その行為者を司法の専門家の介入の対象とする。そこに含まれる具体的な行動には多くのものがあり，それらは時間とともに，そして文化によって異なる場合がある。しかし，窃盗，強盗，暴行などの行為は，時間や文化を超えて一貫して非難され，処罰されている。反社会的な行為が，いつも法律によって処罰されるわけではなくても，さらにある時間的・文化的状況ではそれが指示されることさえあっても（例えば，戦時下で敵を殺すこと），他者

を害する行動の生起におけるバリエーションは，犯罪行動の心理学の第1の焦点である。一般的な見地からは，どのタイプの他害行動であってもそのバリエーションを，人間行動に対する一般的な心理学によって予測し，影響を与え，説明できるという理念を探究することは，理に適っている。

　犯罪行動の生起には，実に驚くべき相違がある。犯罪行動は，白黒はっきりしたものではない。つまり，犯罪行為または反社会的行為を犯すことが，その人の宿命であったとはいえない。誰かが暴行に及んだからというだけの理由で，彼または彼女が決して変わることのない危険で暴力的な人物であると見なすことはできない。PCCは，犯罪行動の多様性を理解しようとするものである。個人レベルで生じた反社会的行為のバリエーションには，2つのタイプがある。1つは，人々が犯罪に至る際に，その犯罪の数，タイプ，犯罪行為のバリエーションが違うという点である。このバリエーションは，**個人間差**，または人々の間における相違と通常呼ばれるものである。自分の身の回りを振り返ってみただけでも，個人間差の例を見つけることはできるだろう。犯罪歴を有している者もいれば，そうでない者もおり，違法薬物を乱用している者や，パートナーを虐待している者もいるかもしれない。

　加えて，ある特定の個人において，時間や状況によってバリエーションを見出すことがある。これは，**個人内差**と呼ばれており，時間経過や異なった状況による個人のなかの差ということができる。この場合も，単純な自己観察によって，このバリエーションを示すことができるだろう。例えば，10代のころ何らかの犯罪行為を行なったことに気づくかもしれないし，素面のときより酔っ払ったときのほうがカッとしやすいということもあるだろう。

　系統的観察（すなわち，実証的研究）は，個人の犯罪行動に対するより一層詳細な情報を提供する。このことを示すために，イギリスで行なわれた犯罪の重要な縦断研究をみてみよう。非行発達に関するケンブリッジ研究はWestによって始められ，Farringtonのリーダシップの下，継続中である（Farrington, Auty, Coid, & Turner, 2013; Theobald & Farrington, 2014）。この研究は，イングランドの南ロンドンで，労働者階級のその大部分が白人である8歳前後の少年411人をサンプルとして始められた（West & Farrington, 1977）。1961年から1962年まで，少年，両親，教師にインタビューをし，有罪判決の公的記録を

収集した。このサンプルは，その後長年にわたってフォローアップされており，インタビューと有罪判決のチェックが続けられた。最も新しいもので，48歳時点でのサンプルの93%のインタビューデータと，56歳までの犯罪歴が入手できている（56歳までに，31人の者が死亡していた）。ここに，犯罪行動の多様性を示すその研究結果の一部を紹介する。

- 全体として，サンプルの42%が56歳までに有罪判決を受けていた。フォローアップ期間を通して，彼らによって合計829件の犯罪が行なわれ，最も多かったものは非粗暴犯罪であった（非粗暴犯罪は全部で656件，粗暴犯罪は173件）。
- サンプルの7%は，10回以上の有罪判決を受けており，この7%の「慢性的犯罪者」が，全有罪判決の52%に関わっていた。
- 少年の5%が14歳時点で最初の有罪判決を受けており，31.9%が10歳から20歳までの間，8.7%が21歳から40歳，1.5%が40歳以降であった。
- サンプルの男性によって報告された犯罪行為の数は，公的な記録がある有罪判決の3倍であり，10,700件の犯罪が報告されていた。

ここに紹介したものと類似の多くの調査研究の結果を調べると，公的な記録のある犯罪行動についていくつかの基本的な事実がわかってくる。そして，その事実は世界中の多くの場所においても当てはまる事実である。犯罪行動の個人的な差異は，本質的なものなのである。それらは，以下の通りである。

1. 犯罪行動の個人的な差異は，いろいろな点で明らかである。犯罪の公的記録や被害者調査を用いて犯罪率を集積し，そこから得られた結果から推測できるものもある。より直接的には，過去の犯罪歴（公的記録や自己報告による）の系統的調査やその犯罪的予後（公的記録や自己報告による）の系統的研究によって見出されるものもある。
2. 犯罪行動における個人的差異は，出身国，性別，年齢，人種，社会階層そして，他のどのような方法によって分けられたサブグループにおいても明確に存在する。

3. 被害者報告や自己報告による犯罪率は，公的記録に基づいたものよりも格段に高い。しかし，犯罪行為の指標の違いにかかわらず，犯罪と相関のある人口統計学的属性は非常に似通っている。
4. 公式な再犯率は，用いられる再犯の定義（例えば，逮捕なのか，有罪判決なのか，収容なのか）によっても，フォローアップ期間の長さによっても異なってくる。
5. 再犯を繰り返す犯罪者は，犯罪者のなかでは少数を占めるにすぎないのだが，彼らの犯す犯罪が全犯罪に占める割合は，その人数には不釣合いなほどに多い。とはいえ，生涯にわたって犯罪歴を詳細に調査すると，頻繁に重大な粗暴犯罪を行なう者の数は少数であることがわかる。

PCCが個人の犯罪行動における差異について，理解し，説明すべき点は多岐にわたっている。

5節　本書の構成

　本書の第1部には3つの章があり，PCCの実証的基盤と理論的背景について概説する。第2部では，主要なリスク・ニーズ要因について調査するが，そこには「セントラルエイト」と呼ばれるリスク・ニーズ要因が含まれる。第3部では，犯罪の予測と効果的な介入の領域で，PCCの適用について詳細なレビューを行ない，あわせていくつかの具体的な犯罪のサブグループに対してどのように適用されるべきかという探究もする。第4部では，要約と結論を提示する。

第1部

　第1章での導入的な内容に続いて，第2章では，われわれが研究結果をどのように精査し，PCCの実証的基盤を理解しているかについて解説する。第2章は，研究デザインや統計学についての入門の役割も果たすだろう。この「入

門」という言葉は強調しておきたい。というのは，この章は，研究方法論の包括的な概説を意図したものではなく，PCCを支える科学について理解するうえで，必要な知識を読者に提供することを意図したものだからである。PCCの価値は，理論的な事柄だけで満足するのではなく（第2部），PCCへの実証的支持，そして第4部で述べるようにその活用という部分にもある。

　第3章は，犯罪行動についての主要な理論的な見地を要約する。伝統的な犯罪学や心理学のさまざまな見地をレビューし，一般的パーソナリティ理論および認知社会的学習理論との比較を行なう。一般的パーソナリティ理論および認知社会的学習理論という見地は，個人や社会的関係における主要な変数が，犯罪行動を形成するうえでどのように環境と相互作用するかについて説明するものである。

第2部

　第4章から第8章では，犯罪行動のバリエーションの根源であるとされたものを探究するが，それらは主流派の犯罪学における長年にわたっての偏見であった。これらの章ではまた，一般的パーソナリティ理論および認知社会的学習理論が，「セントラルエイト」と呼ぶリスク・ニーズ要因とはどういうものかについて，数多くの研究を解説する。第4章では，遺伝や媒介要因である気質（あるいは，生物学と環境の相互作用を通して出現するパーソナリティ）について触れながら，生物学的基盤についてレビューする。遺伝とパーソナリティは，犯罪行動に対して十分に実証されたリスク要因であるが，主要なリスク・ニーズ要因のセットであるセントラルエイトに含まれているのは，気質およびパーソナリティのほうだけである（第5章）。

　第6章では，犯罪指向的な交友や態度について検討する。第7章は，生まれ育った家庭，結婚，恋愛関係，学校・仕事，レジャー・レクリエーション，近隣など，さまざまな社会的背景における人間について議論を深める。第8章の焦点は，物質乱用と犯罪についてである。

第3部

　第9章から14章は，実践的な犯罪予測とリハビリテーション・プログラム

第Ⅰ部　犯罪行動の心理学の理論的背景と知識基盤

を通してのPCCの活用が主題であり，介入の失敗や，犯罪者のサブタイプについても述べる。第9章では，一般的パーソナリティ理論および認知社会的学習理論と，犯罪者アセスメントとリハビリテーションに関するリスク・ニーズ・治療反応性（Risk-Need-Responsivity: RNR）モデルとの関係を述べているが，それは矯正や刑事司法において理論を実践に移すうえでの第1のモデルとなっているものである。

　第10章では，RNRモデルが，どのように犯罪者のリスク・ニーズのアセスメントツールに影響を与えたかについて述べている。RNRモデルと犯罪者アセスメントとの相互関係が，「処遇レベル質問紙」の開発と活用を通して解説されている。犯罪者のリハビリテーションの歴史と現在の状況については，第11章で議論する。エビデンスを丹念にみることで，リハビリテーションが犯罪行動を減少させるうえで有効であることを示し，さらにリハビリテーション・プログラムがRNRモデルの原則に従うことで，効果は劇的に発揮されることを述べる。第12章では，PCCの知見を活用するうえでの主要な問題について概説する。短い期間で厳密に統制された治療プログラムの効果をみる研究プロジェクトでは，「現実世界」でのプログラムで得られる成果を遥かに凌ぐ望ましい効果がみられている。現実世界でのプログラムは，小規模な研究で効果があると示されたものを，大規模なスケールで適用を試みるものである。小規模な統制された研究から現実世界へと移動することは，難問との戦いであり，こうした「技術移転」は研究における最もエキサイティングな新しい領域になってきている。

　犯罪者の改善更生の有効性については，確固とした証拠があるにもかかわらず，抑止的方策(デタランス)にも大きな人気がある。断固とした態度で臨み，より強大な力を用いてより迅速な処罰をすることが，犯罪行為を抑止できると考えられている。エビデンスと罰に関する心理学に基づいて，第13章では，デタランスには犯罪抑止効果がないことを示す。実際，デタランスの政策は，納税者に対しては経済的コストの増加をもたらし，多くの犯罪者，被害者，そしてコミュニティのメンバーに対しては苦痛という結果をもたらしただけであった。第14章では，精神障害者などの特別なグループに対してPCCの適用を拡大し，多様な形態の暴力（密接なパートナーへの暴力や性的暴力）への理解を深める。

第4部

第15章では,第1章で概説した目的をPCCがどの程度達成できているかを検討する。

6節　まとめ

1. 犯罪行動の定義は,法的,道義的,社会的,心理学的要因に依拠する。PCCでは,犯罪行動とは,刑事司法システムの注目と介入をもたらす行動のことである。
2. PCCの目的は,個人による犯罪行動のバリエーションを理解することである。このバリエーションは,人々の間(個人間)に生じうるものである(なぜジョーイは犯罪をするのに,サリーはしないのか)。また,個人内にも生じうるものである(なぜジョーイはある状況では悪い振る舞いをするのに,別の状況ではしないのか。なぜサリーは,若いときはいつも問題を起こしていたのに,大人になってから変わったのか)。これらは,PCCが答えを求めている問いである。

第2章

犯罪行動の心理学の実証的基盤

1節　はじめに

　犯罪行動の心理学（PCC）が追究している犯罪についての知識は，実証的，理論的，実務的なものである。つまり，この心理学は系統的観察による知見に忠実であり，合理的に導かれ，犯罪に実務的な関心をもっている人に有益な，犯罪についての説明を探究するものである。このような犯罪行動の理解における3種類の相互関連的な側面は，本書を通して何度も強調される。

　実証的に，PCCは犯罪行動の個人的バリエーションの性質と範囲に関して，観察可能な事実に関する知識のみならず，犯罪行動に関連する，または相関する生物学的，個人的，対人的，状況的，社会的変数についての知識も追究する。それらは，共変量（covariates）と呼ばれ，そのなかには，犯罪歴の個人的差異と相関があるものや個人の将来の犯罪の予測因子（predictor）などが含まれる。予測因子はリスク要因（risk factor）とも呼ばれ，これらリスク要因が動的（変化しうるもの）であるとき，それらを動的（dynamic）リスク要因（または犯因性ニーズ：criminogenic needs）と呼ぶ。ここでおそらく最も重要なことは，PCCは個人の犯罪行動の原因についての知識を探究しているということである。因果的共変量は，考え抜かれた介入をすることによって，犯罪行動

の生じやすさに影響を与える可能性を提供してくれる。これら共変量の3タイプ，相関，予測因子，因果的変数は，繰り返しになるが，生物学，パーソナリティ，態度や信念，適性やスキル，過去の学習，家族，友人関係，より広い社会的状況，そして行動の直前の状況などのなかに見出すことができる。

　ここに述べたことは，当たり前のことのように思えるかもしれないが，実証的理解へのわれわれの探究を邪魔するものはたくさんある。ガマの油売りは健在で，それは刑事司法システムにおいても同じである（Flagel & Gendreau, 2008; Gendreau, Smith, & Thériault, 2009）。Latessa, Cullen, & Gendreau（2002）は，エビデンスの基盤がほとんどない数多くの理論や介入について記載しているが，それらはいまだにほぼ疑問もなく受け入れられている。それらは「矯正のインチキ療法」と呼ばれており，その一例としては，鍼，ペットセラピー，ドラマセラピーなどがある。われわれは，どのようにしてこのようなガマの油売りやインチキ療法を，真のエビデンスと見分ければよいのだろうか。その答えの1つは，統計法の研究知見への適用など，科学的方法の着実な理解のなかにある。本章は，研究デザインと統計法についての包括的概論の提供を意図したものではない。ここでの目的は，研究結果が考慮する価値のあるものか，それともゴミ箱に投げ捨てるべきものか，その決定を下せるようにするために必要な基礎を提供することである。したがって本章は，PCCが関心を寄せる多くの研究で用いられている研究デザインと統計法についての初歩を提供する。

2節　研究デザイン

　本章の焦点の1つは，共変量のタイプを確定するうえでの，研究デザインの重要性を理解することにある。本章では，測定，操作，概念化における多くの誤差の源になる可能性のあるものについての包括的なレビューは行なわない。とはいえ，測定や概念化における誤差が生じたときは，その脅威の種類によっては，共変量を大きく見積もったり，小さく見積もったり，あるいは共変量のレベルには何の効果も及ぼさないこともある。

ここでレビューする研究のアプローチは，系統的な量的研究の流れに沿うものである。研究における質的アプローチも，一時的な理論モデルを構築する際など（変数についての最初の概念化や変数同士の関連について），PCC においては重要な役割を果たしている。そして一旦，量的研究を通して検討され検証されたならば，研究者は，そのモデルが「真実味」を帯びているかどうかを探究するために，質的研究に戻る。例えば，関心のある現象を本当に理解したかという感覚を喚起するには，良質な事例研究に優るものはない。

事例研究は，自分の拠って立つ理論的立場を「証明」するためによく用いられるが，その方法論的欠点が非常に大きいので，ある現象を検証したり説明したりするための仮説を形成する以上のことはほとんどできない。本書で事例を挙げるときは，既に系統的研究において確立されている事実を説明するためだけに用いるのであり，研究によるエビデンスそのものとして用いることはない。

表 2.1 は，共変量の種類の間の関係（例えば，それは犯罪行動のたんなる相関か，あるいは行動の原因か），実践において共変量をどのように活用するか，そして共変量の種類を確定するために必要とされる研究デザインをまとめたものである。留意すべきことは，横断研究は過去の犯罪行動について述べるものであるけれども，他の研究デザインは将来の犯罪行動を取り扱うということである。最後に，共変量の種類は，最も情報に富んだものから（つまり，因果関係），最も情報が少ないものまで（つまり，相関），意図的にランクづけされて

▼表 2.1　共変量の種類，活用の種類，研究デザイン，基準変数

共変量の種類	活用の種類	研究デザイン	基準
相関	潜在的リスク・ニーズ要因	横断研究	過去の犯罪
予測因子	リスク要因	縦断研究	将来の犯罪
	ストレンクス要因	縦断研究	将来の犯罪
動的予測因子	ニーズ要因	マルチウェーブ縦断研究	将来の犯罪
	安定的ニーズ	マルチウェーブ縦断研究	将来の犯罪
	急性ニーズ	マルチウェーブ縦断研究	将来の犯罪
原因変数	介入	ランダム化実験	将来の犯罪

いる。

犯罪の相関因子と横断研究デザイン

　犯罪歴が異なることがわかっている人々を横断的に観察することによって，相関関係がわかる。横断研究には2つのタイプがあり，それは**両極端な群の比較**と**調査研究**である。極端な群を比較するアプローチでは，犯罪歴が異なることが前もって判明しているので，観察のために人々が正確に選別される。例えば，高校生のサンプルを，保護観察中の非行少年サンプルと比較する。あるいは，初犯受刑者と累犯受刑者を比較する。ここで検証したい問題は，これまで研究されてきた共変量のうち，どれが実際に犯罪者と非犯罪者を区別するものなのかということである。もう1つの調査研究アプローチでは，ある特定の集団からそれを代表するサンプルとなる人々を選んで，系統的に観察する。これまで研究されてきた変数の一例は，犯罪者が関与してきた犯罪行動のレベルや種類である。他には，犯罪歴の共変量である可能性のある変数が調査される。ここでも行なうべきことは，過去の犯罪と相関のある変数を見つけることである。簡単にいえば，相関とは過去の犯罪の共変量のことである。

　横断研究デザインは，犯罪行動を分析する際に頻繁に用いられる。実施するのに必要な経費は少なくてすむし，他の方法よりもずっと早く情報を入手することができる。PCCおよび犯罪学の分野双方で最も重要で最もよく引用されている研究は，Glueck & Glueck（1950）とHirschi（1969）の研究である。これらの研究は，多くの点で異なっているが，その結果は驚くほど類似しており，その後の多くの研究によっても支持されている。Glueck & Glueckは，極端な集団を比較するデザインを用いた。彼らは，非行少年施設にいる500人の少年を，ボストンの学校から年齢をマッチさせて選んだ非行のない500人の少年と比較した（平均年齢14歳）。そして，少年，家族，その他の人々（ソーシャルワーカーや教師）に対して，社会行動歴についての面接を実施した。社会福祉，裁判，矯正記録，学校記録の調査のみならず，医学的検査，精神医学的面接，心理テスト，少年の写真の人類学的分析，教師によるチェックリストなど

を行なった。

　Hirschiは，サンフランシスコの高校から非行少年と非行のない少年を代表するサンプルを選んだ。学校の記録と警察の記録を調べたが，最も重要な情報源は，4,000人以上の学生に学校，家族，仕事のことを尋ねた質問紙であった。このタイプの横断研究は，一見してわかるように，調査デザインと呼ばれるものである。Hirschiの非行少年のほとんどは，Glueck & Glueckのサンプルの非行少年と違って，公的に把握された持続的で深刻な犯罪者ではない。表2.2にそれぞれの知見の比較を示したが，調査方法の相違にかかわらず，共変量は類似していることがわかる。

　これら2つの研究の結果によって，いくつかの所見が強調される。第1に，犯罪行動の研究において何度も繰り返し見出されたリスク・ニーズ要因が，どちらの知見においても見出されているということである。すなわち，それはパーソナリティ，犯罪歴，態度，交友，学校，家庭である。この後すぐに次の章でみるが，Glueck & GlueckおよびHirschiによって記述されたリスク・ニーズ要因は，PCCにおいてきわめて重要なセントラルエイトと呼ばれるリスク・ニーズ要因の一部である。第2は，Hirschiの著書は"*Causes of Delinquency*"（非行の原因）というタイトルであるが，横断研究デザインでは原因について結論を述べることは決してできない。

　因果関係について断定したいのであれば，原因となる要因が，犯罪行動の**前**に生じていたことを示さなければならない。例えば，「親の監督不足」を例に挙げると，両親による監督やしつけ不足によって，子どもは自由に逸脱行為に多くの時間を費やすようになるのか，それとも子どもの非行によって親がフラストレーションを抱き，子どものしつけを投げ出すようになるのかということである。横断研究デザインでは，情報が同時に収集され，そのために原因を確定するための時間軸という条件を満たすことができない。実際，どちらが先行するのかを確定できないため，そのリスク・ニーズ要因を予測因子と呼ぶことはできないし，この理由のため，表2.2ではそれらを**潜在的**リスク・ニーズ要因と名づけている。さらに，表ではリスク・ニーズ要因の相関の存在を示しているけれども，リスク・ニーズ要因と犯罪行動の関連の大きさについては何も述べることができない。表2.2の8つの要因はどれも等しく重要なのだろうか。

▼表2.2　2つの古典的横断研究からの相関と潜在的リスク・ニーズ要因

潜在的リスク・ニーズ要因	古典的横断研究	
	Glueck & Glueck（1950）（極端なグループの比較）	Hirschi（1969）（調査）
パーソナリティ		
活発で退屈しやすい	✓	✓
自己統制力欠如	✓	✓
犯罪歴		
複数のルール違反	✓	✓
態度		
犯罪指向的態度	✓	✓
交友		
非行仲間	✓	✓
学校		
学校嫌い	✓	✓
家族		
家族関係不全	✓	✓
親の監督不足	✓	✓

あるいは，そのうちのどれかが突出しているのだろうか。こうした関連性の大きさを求めるためには，統計学を活用する必要があるが，それについてはこの後，手短に述べる。

予測因子と縦断デザイン

　犯罪行動の予測因子に関する知識は，縦断研究においてなされた観察から導き出される。縦断研究では，仮説から導かれた予測因子たる変数を，それに引き続いて起こる，または将来的に生じる犯罪行動との関連において検証する。横断研究と比較すると，縦断的研究には，そこで見出された共変量は，時系列的にみて真に前向きのものだという利点がある。つまり，犯罪行動が生起したかどうかは，予測因子をアセスメントした後に確認されるので，犯罪行動が共

変量に影響を与えているのではないことに合理的な自信をもつことができる。横断研究で2つの変数の関連を観察するときには，どちらが先行するものなのかを確実にいうことは決してできない（例えば，筋肉質体型が犯罪行動を導くのか，犯罪行動が筋肉質体型を生み出すのか）。

縦断研究の実用性を説明するために，それがいかに将来の犯罪を予測することができるか，その具体例を挙げよう。Yessine & Bonta（2008）は，シンプルな8項目から成るリスク尺度を1,018人の非行少年・少女に適用し，彼らが5年後に犯罪行動で有罪になったかどうかを調べた。ここで用いられた予測因子（リスク・ニーズ要因）は，犯罪歴に関する2項目，雇用状態，不良交友，アルコール・薬物問題，心理的苦悩，犯罪指向的態度，親との関係の乏しさを測定する項目であった。それぞれの若者において，各リスク要因が存在するならば「1点」がスコアされた。このように，このリスク尺度は，「0点」（どのリスクもない）から「8点」（すべてのリスクがある）までの値を取る。表2.3をみると，リスク尺度の得点が高くなるにつれて，5年後の時点での公的な有罪率が増えていることがわかる。

▼表2.3　リスク得点ごとの5年後再犯率
（Yessine & Bonta, 2008）

リスク得点	再有罪判決率	N
8	90.9%	11
7	89.3%	75
6	85.6%	139
5	82.2%	208
4	76.9%	182
3	69.1%	181
2	52.3%	130
1	39.3%	56
0	19.4%	36
全体	71.6%	1,018

動的予測因子とマルチウェーブ縦断研究

　動的予測因子についてたしかなことがわかるのは，マルチウェーブな縦断研究によってである。マルチウェーブ縦断研究では，**少なくとも** 3 つの時点で観察が行なわれる。最初の時点では，予測因子である可能性のあるものを有するかどうかアセスメントを行ない，第 2 時点ではそれらを再度アセスメントする。動的予測因子を確定するために，最初のアセスメントと再アセスメントの間にみられる変化を，第 3 回目のアセスメント，すなわちそれはその後，期間をおいて行なわれる犯罪行動のアセスメントであるが，それとの関連で検証する。

　動的予測因子（動的リスク要因）とは，それが変化すると，それにつれてその後の犯罪行動も変化するようなものをいう。動的リスク要因のなかには比較的安定しているものがあり，変化は週，月，あるいは場合によっては年単位でしか生じない（Quinsey, Jones, Book, & Barr, 2006）。そのような動的リスク要因の例としては，家庭，学校，職場での対人関係の改善，犯罪傾向のある他者との交際の増加などが挙げられる。一方，変化しやすい動的リスク要因もあり，こちらはすぐにでも変化をすることがある。このような比較的すぐに変化するリスク要因は，**急性**動的リスク要因と呼ばれ，身の回りの状況や環境（例えば，薬物使用者と今夜連れ立って遊びに行くなど），あるいは怒り，感情的な落ち込み，復讐したい気持ちなどのその場その場の感情状態などである（Brown, St. Amand, & Zamble, 2009; Hanson, 2009; Quinsey, Coleman, Jones, & Altrows, 1997; Zamble & Quinsey, 1997）。まずは，比較的安定した動的リスク要因から始めよう。

　動的リスク要因を説明する例として，Raynor（2007）は 2,000 人以上のイギリス人保護観察者について，処遇レベル質問紙改訂版（Level of Service Inventory-Revised: LSI-R; Andrews & Bonta, 1995）と呼ばれるリスク・ニーズ質問紙によるインテークアセスメントを行ない，それが 1 年後の再犯を予測したことを示した。つまり，LSI-R のスコアが上がると，同様に再犯率も上昇した。Raynor の行なったことをみれば，これを LSI-R を犯罪行動の予測因子として確定した標準的な縦断研究デザインだと見なすことができる。

動的予測因子について，われわれは，1回目と2回目のアセスメントにおけるスコアの**変化**とその後の再犯に関心がある。Raynor（2007）は，イギリス・ジャージー島の203人の保護観察対象者という少数のサブグループに対して，LSI-Rを保護観察の開始時期に実施し，そのおよそ6か月後に再検査をしてその結果を示した。最初のアセスメントで低リスクとスコアされ，ずっと低リスクのままだった保護観察対象者は，その再犯率が29%だった。しかし，低リスク犯罪者のうち，リスクスコアが**上昇**し，再検査で高リスクとされた者は，再犯率が59%だった。それに対して，ずっと高リスクのままだった高リスク者は，再犯率76%だったが，高リスク者のうち再検査で低リスクとスコアされた者は，再犯率54%だった（なぜ何人かの犯罪者のリスクスコアが変化したのかはわからない）。ここで重要な点は，インテークから再検査までの変化は，犯罪的アウトカムに関連し，時系列に沿って3時点で測定を行なっていたということである（マルチウェーブ研究は，3回の測定とは限らない。例えば，2年間にわたって6か月ごとに再検査を行ない，5年後の再犯率の変化と関連をみるということもある）。

1回の測定による縦断研究によって単純な予測因子を見つけることで，ある程度の妥当性をもって，対象者を将来の犯罪リスクのレベルに応じてグループ分けができるということもわかった。**動的**予測因子というものの発見によって，リスクレベルは変化させることができるということや，そのような動的予測因子は治療的介入の目標とすることもできるということがはっきりした。例えば，多くの保護観察機関にとって，第1の目標は，低リスクの者は低リスクなままに，高リスクの者は低リスクになるように，保護観察対象者に治療サービスや指導を提供することである。LSI-Rの場合，このツールは，雇用，交友，物質乱用など，さまざまな動的予測因子を測定するものであり，保護観察官は，クライエントにこれらの因子のどれが目立っているかを見つけ，それを治療の標的にすることができる。このように，動的予測因子を知ることによって，クライエントに変化をもたらすために，保護観察官が傾注すべき的を絞ることができるのである。

PCCにおいて，動的予測因子についての理解は非常に重要である。というのも，PCCでは人間やそれを取り巻く状況についての静的な側面にだけ焦点

を当てることは断じて行なわないからである。実際，PCC を実務に応用している臨床家や研究者は，きわめて安定的な予測因子を発見したら，直ちにその静的予測因子と関連のある動因子は何だろうと考え始める。例えば，過去の犯罪行動は，将来の犯罪行動を予測する重要な因子である。しかし，それは静的（static）なリスク要因であり，減らすことができない。一方，犯罪行動の動的な予測因子，あるいは**犯因性**ニーズ要因（criminogenic need factor）は，きわめて実務的な適用性を有している。というのも，それによって治療のターゲットを決めることができ，犯罪性を減少させるための介入に情報を提供することができるからである。

6 か月あるいはそれよりもずっと短い期間（例えば，毎月，毎週，さらには毎日）で再検査をすると，急性動的リスク・ニーズ要因の発見につながるかもしれない。それらは，きわめて短期間での犯罪行動の生起を予測するものである。仮釈放を受けた者が，現状（家庭や職場での）に対して相当な憤懣や怒りを口にし始めたとき，少なくとも短期間の間，再犯のリスクが高まっていると考えられるだろう。一般的に，急性リスク・ニーズ要因の研究はほとんどないが，その状況は徐々に変わりつつある。

予測因子に関する知識だけでも，たんなる相関因子だけしかない場合に比べ，われわれは犯罪の原因への理解へとより近づいている。動的予測因子についての知識によって，実証的理解はさらに一層高いレベルのものとなる。しかし，PCC は動的予測因子の知識以上のものを追究している。PCC が求めているものは，たんに犯罪の生起を予測する可能性を提供することだけではなく，周到な介入を通して，犯罪行動が生じる可能性に影響を及ぼすことである。

因果変数とランダム化実験デザイン

犯罪の原因を最も確実に突き止めることができるのは，相関や予測因子の確定によるのではなく，周到な治療的介入の効果によってである。介入を行なう条件が，理想的な実験的条件に近ければ，ある特定の変数が犯罪の原因であるという確証を高めることができる。ランダム化実験デザインは，x が y の原因

となるという結論を下すことを許す主要な研究デザインである（また，A-B-Aタイプデザインというものもあるが，犯罪行動の研究ではめったに用いられることはなく，ここでは触れない）。

ランダム化実験の特徴について述べる前に，**準**実験デザインについて検討することも有益だろう。準実験的研究デザインは，比較的よく用いられるものであるが，何が原因であるかについて多くを教えてくれる。しかし，準実験ではわれわれが注目する変数が本当に原因なのかどうか，あるいは実験結果に別の説明がつくのではないか，という点に関して不確実性が残る。別の説明とは，「妥当性への脅威」と呼ばれるもので，原因に関して結論を下したいならば，これらの脅威を最小限にしなくてはならない。例えば，先に横断研究の際に述べたように，どの変数が先に生じているのかわからないとき，これは因果関係の妥当性への脅威となる。

準実験デザインも，ランダム化実験のもつ特徴のほとんどを有している。最低でも2つの群があり，それは実験群と対照群である。2群以上の場合も可能である（例えば，2種類の異なった治療プログラムを，治療なしの対照群と比較するなど）。そして，介入の後，時間的に同時期に両群の犯罪行動のアセスメントを行なう。しかし，研究参加者は，実験群と対照群にランダムに振り分けられるのではない。ランダム割りつけの重要性は，この後すぐに述べる。

準実験デザインの特徴を説明するために，電子監視プログラムの架空実験の例を用いることにする。犯罪者に電子ブレスレットを装着して，コミュニティでの足取りを追跡すれば，彼らが新たな犯罪を行なう可能性が減るのではないかということを矯正当局が知りたがっているとする。つまり，電子監視は，犯罪行動が生起する可能性を変化させる**原因**となるか，ということである。準実験デザインが選択され，州内最大の都市ゴッサムの犯罪者の1群を監視の下におく（実験群）。そして，この群の犯罪率を調べるために，3年間の警察記録をチェックする（ポストアセスメント）。実験群の再犯率を，ゴッサム以外の州内でマッチングした犯罪者の3年間の再犯率と比較する。彼らは通常の方法で指導を受けている（すなわち，電子監視を用いていない対照群）。電子監視プログラムを1年間実施し，3年後の再犯率が実験群で40%，対照群で50%だったとする。

電子監視プログラムの評価結果をみて，電子監視は再犯を減少させた，あるいはその原因となったと結論できるだろうか。まずこのデザインで，結果に別の説明（つまり，妥当性への脅威）ができる可能性を排除できるかどうかをみるために，方法論を詳細に吟味するところから始めよう。まず注意すべきは，ゴッサムの犯罪者の再犯率を，この巨大都市以外の再犯率と比較している点である。例えば再犯率の差は，ゴッサムの警察が，過剰労働ゆえに市内の犯罪を把握することができず，一方小さな田舎の警察は，犯罪者を追い詰め逮捕することができたという理由によるのかもしれない。あるいは，ゴッサム警察の逮捕の基準はより緩いのかもしれない。このように，実験群の再犯率が減少しているのは，電子監視を行なったことと何の関係もないかもしれず，むしろその地域の警察の実務遂行のほうにより関係しているかもしれない。

　さらに，電子監視が原因因子であるという説明への最大かつ明白な別の説明は，実験群犯罪者と対照群犯罪者の比較可能性についてである。2群の犯罪者は，研究者が再犯率に関連すると考えた変数についてマッチングされていた。通常，これらの群は，いくつかの例を挙げると年齢，性別，犯罪歴などの変数でマッチングされる。若年であること，男性であること，犯罪歴があることは，すべて犯罪行動に関連しているからだ。したがって，研究者は，若年犯罪者，男性，犯罪の前歴がある者が，実験群と対照群に確実に同数いるようにしただろう。そうしなければ，2群の再犯率の差は，例えば一方の群には女性が多かった，年配の犯罪者が多かったなどの差によると結論されるかもしれないからである。

　マッチングに関する第1の問題は，犯罪行動に関連するすべてについてマッチングすることができないという点である。なぜなら，選択した変数について実験群とマッチしたサンプルを選ぶためには，きわめて大量の対照群の人々を準備することから始めなければならない。例を挙げると，もし男性，21歳以下，前歴ありという1人の犯罪者がいたとすると，ゴッサム以外から21歳以下，男性，前歴ありの者を探して，対照群に割りつけなければならない。変数が多くなればなるほど，正確にマッチする人を見つけるのが難しくなる。研究者は，それを回避するために，統計的テクニックを用いてマッチングを行なうが，それでもなお多数の人々が必要になる。

マッチングに対する第 2 の問題は，関連するすべての変数についてマッチングしたかどうか決して確証がもてないということである。研究開始時に選択した変数に関して，実験群と対照群の参加者が同等であることをチェックしたとしても，何らかのきわめて重要な変数が抜けており，その変数が結果における差を説明するかもしれないという可能性は残る。このような理由から，ランダム割りつけを行なう古典的な実験デザインが，研究デザインの「ゴールドスタンダード」であり，原因について述べるときに最も確証をもつことができるのである（Farrington, 2013）。

x が y の原因となっているといっても差し支えないのは，別の説明を排除した後であるということを理解したところで，ランダム化実験の鍵となる特徴を述べると以下の通りである。

1. 最低でも 2 つの群
   仮定された原因変数に曝露される実験群と，仮定される原因変数を受けない対照群。
2. 参加者を群にランダムに割りつける
   実験群の典型的な参加者は，測定されたものであれどうであれその特性において，対照群の典型的な参加者と類似していることを保証するのが，ランダム割りつけである。その結果，2 群のアウトカムの差は介入の結果であり，参加者の属性によるものではないといえる。
3. 両群の基準変数（例えば，犯罪行動）を，同じ時点で事後測定する。

ランダム化実験デザインは，ランダム割りつけによって，参加者の選択要因によるバイアスを統制する。さらに，同じ期間の間に実験群と対照群の双方を事後測定をすることによって，妥当性への他の脅威に対処する。それによって，成熟（つまり成長すること）や履歴（つまり，介入と事後測定の間に自然に起こる体験）といった要因を統制できる。なぜならば，これらの要因は，実験群の参加者にも対照群の参加者にも同じように影響を与えると期待されるからだ。他にも多くの考慮すべき重要な点があるが（例えば，客観的測定をすること，二重盲検法（訳注：参加者がどの群に割りつけられたかを，参加者本人にも実験者にも知ら

せないようにする手続きのこと）によって実験者バイアスを統制すること，結果には統計的有意差の検定をすること），上に挙げた3つの特徴がランダム化比較デザインに必須の特徴であり，先述したA-B-Aデザインを除けば，このデザインのみに当てはまるものであり，それによって因果関係について述べることができるようになる。

真の実験の理想へと近づくことは，実験室で行なう高度に統制された動物実験ですら困難である。そして，犯罪行動のように社会的な意味のある人間行動の研究となると，その難しさはさらに増幅される。とはいえ，犯罪行動を統制するという社会的に容認された目的をもって，人間の生涯に公的に介入をすることが求められている社会機関がある。そして，そのような機関は，効果的に，公平かつ公明正大な方法で，その義務を果たすことも期待されている。しかし，実験デザインを用いることへの抵抗は根強いものがある（Weisburd, 2010）。ランダム割りつけに反対する意見の1つとして，特に治療研究において，効果的な治療が対照群には与えられないというものがある。しかし，その治療が本当に有益な結果を引き起こす**原因**となるかどうかは，ランダム割りつけを用いずにいかにして知りうるのだろうか。ランダム化実験は，医療上の介入を評価するには必須条件である。犯罪者への介入に対しては，なぜそれ以下のものを求めるのだろうか。有効な実験をすることが適切であるときに，それを行なわないことは，非倫理的ではないのだろうか。

要約すれば，犯罪行動の共変量を理解することは，その大部分が研究において用いられる方法論の良し悪しにかかっている。その方法論によっては，理解のレベルが限定されることもあるし，知識を積み重ねるための実証的研究の重要性を思い起こさせてくれるものもある。これまでのところ，文献レビューが示すように，横断研究と縦断研究の知見は非常に矛盾なく一致している。横断研究で得られたリスク要因の候補の妥当性は，リスク要因を縦断的に研究した結果によっても確認される傾向が大きかった。

一方で，犯因性ニーズ要因の候補についてのマルチウェーブ縦断研究は少なかったが，近年では，主要な動的リスク要因のいくつかの性質については，相当な確信をもって論じることができる状態にまで来ている。そして目下のところ，実験デザインの枠組のなかで，犯因性ニーズについての最終的なテストを

実施するべき段階に来ている。犯因性ニーズを厳密に決定するためにわれわれが示さなければならないのは，①ニーズ要因候補に変化を生じさせることのできる周到な介入，②犯罪行動に変化をもたらすことのできる周到な介入である。

3節　通常用いられるいくつかの統計

　犯罪行動の共変量には，用いられる研究デザインに依存していくつかのタイプがあるというのは，既に確立されたことだが，ここで以下の疑問に目を向けてみよう。①研究結果は有意なのか，それとも偶然の差によるのか。②共変量の大きさはどのようなものか。これらの疑問について，この後に述べる。

統計的有意差：$p < .05$，信頼区間

　近年まで，社会科学はその知見を評価する際に，統計的有意差の検定に頼ってきた。研究者はまず，検討している共変量には何の関係もないと仮定する（これを帰無仮説と呼ぶ）。何らかの関連が見出されたとき，p値を計算し，その観察は正しいのか，それとも偶然の結果なのかを決める手がかりとする。例を挙げると，研究者は，受刑者にヨガを教えると刑務所での暴力沙汰が減少するかどうか知りたいとする。ここで実験を行なう。50人の受刑者をヨガ訓練か対照群（ヨガを行なわない）にランダムに割りつけ，研究参加者が関与した暴力沙汰の数を6か月後にカウントする。そして，実験群の受刑者による暴力の平均が2.1回で，対照群が2.7回だったということが見出された。

　ほとんどの研究者は，帰無仮説の考え方に沿って訓練されているので，ヨガは暴力生起率に影響を与えない（帰無仮説）という仮定から出発する。しかし，相違が見出されたならば，次の疑問は，その帰無仮説を棄却すべきかどうかということになる。研究者は，t検定（平均値の差を検定する統計法）を適用し，確率またはp値が.05より小さいことを見出したとする。これは，帰無仮説有

意差検定と呼ばれる。この p 値は，その相違が偶然の産物である確率が 5％未満であると解釈される（研究報告では，より厳密な基準である p< .01, p< .001 などを用いることもある）。

しかし，帰無仮説有意差検定には問題があることが，長年にわたって注意喚起されており，これをやめるべきだとの意見があって（Cohen, 1994; Rozeboom, 1960; Schmidt, 1996），それは今日に至るまで続いている（Ferguson, 2009; Gendreau & Smith, 2007; Lambdin, 2012; Trafimow & Marks, 2015）。帰無仮説有意差検定に関する問題としては，その二者択一的な思考や（結果は有意か否か），有意性を決定する際の p 値の恣意的な選択（なぜ p< .05 なのか，p< .10 ではないのか）などにある。そしておそらく最も問題であるのは，臨床的にもコストの面でも重要な意味がある可能性のある真の効果を見落とす可能性があるということだ（Cumming, 2014; Hunt, 1997; Schmidt, 1996）。これは，タイプⅡエラー（実際は関連があるのに，ないと結論してしまうこと）と呼ばれている。もし，他の研究者が，同様の手続きでヨガ実験を追試し，新たなサンプルを測定した場合，同じようなスコアの差が見出されることはまずないだろう。実際，「統計的に有意でない」差を見出す研究者もいれば，ずっと大きな差を見出す者もいるだろうし，対照群のほうが良い結果だったとする報告もあるかもしれない。では，どのように結論すればよいのだろうか。ヨガ訓練には効果があるのか，ないのか。

帰無仮説有意差検定の問題にもかかわらず，一般的な研究者コミュニティは，帰無仮説有意差検定の伝統を守り続けている。しかし，読者には Gendreau & Smith（2007）論文の表 1 を精読することをお薦めしたい。そこでは，有意差検定を使い続けることの理由に対する 25 の疑問が提示されている。一方，p 値を報告することから離れる動きも加速している。p 値に代わるものは，信頼区間（Confidence Interval: CI）の報告である。

Gendreau & Smith（2007）は，2 種類の犯罪者リスクアセスメントの選択を決断するに際しての，信頼区間の活用例を挙げている。その例で用いられた 2 種類のツールとは，処遇レベル質問紙（LSI-R）とサイコパス・チェックリスト改訂版（Psychopathy Checklist-Revised: PCL-R）である。彼らはこれらのツールに関する文献を要約し，LSI-R スコアと再犯の間の相関（r）は .37 であり，

95%信頼区間は.33から.41であることを見出した（rについてはこの後すぐに述べる）。PCL-Rについては，$r = .23$であり，信頼区間は.17から.28の範囲であった。信頼区間は，その下限から上限の間が，真値を含む範囲であることを示している。この2つの相関係数は，点推定と呼ばれている。信頼区間は区間推定であり，95%信頼区間を選ぶことによって，エラーの余地を残しつつ，その点推定がどれくらい正確であるかを教えてくれる。95%信頼区間というのは，その研究を繰り返したとき，点推定値が求められた信頼区間の範囲に収まる確率が95%であるということではない。それが意味するところは，追試を繰り返したとき，その95%がそこに真値を含む信頼区間を有するということである。この双方のツールの信頼区間は，8から11ポイントの幅であることがわかり，この推定は満足のいく正確さだと見なすことができる。また，この2つの信頼区間が重なっていないことにも注目したい。このことは，LSI-Rの予測がPCL-Rよりも優れていることを示している。

　読者は，信頼区間を用いることは，帰無仮説有意差検定と同じ問題があると考えるかもしれない（Cumming, 2014; Cumming & Finch, 2005）。帰無仮説を前提とする代わりに，この場合は差が存在することを前提としており，その差が事実なのかどうかを確認しているのである。したがって，少なくとも1つの学術誌，"Basic and Applied Social Psychology"（基礎・応用社会心理学誌）は（Trafimow & Marks, 2015），帰無仮説有意差検定と信頼区間の双方を禁止しており，統計的有意差の検定を試みるのではなく，ただ結果の報告をするよう求めている（例えば，パーセンテージ，r，その他の記述統計）。そうすると，われわれは板ばさみ状態になってしまう。信頼区間を報告することには，何らかの価値があるのだろうか。答えはイエスである。それについては，メタアナリシスのセクションで述べる。帰無仮説有意差検定と信頼区間をめぐる論争の重要な帰結の1つは，効果のあるなしや，その推定の正確さよりも，研究者に効果の大きさについてより一層考えることを求めたということが挙げられる。したがって，効果の大きさを測定するために本書で用いられる統計について少し概観し，その後でメタアナリシスの価値について述べる。

共変量の大きさを表す統計量

共変量の大きさを表すために最も広く用いられ，最もよく理解されているのが，Pearson の積率相関係数であり，これはまた r としても知られている（Gendreau & Smith, 2007）。こうした理由から，それを本書では好んで用いている。r は -1.00 から 1.00 の値を取り，2 つの変数の線形的な関係の強さを表す（図 2.1 を参照）。線形関係とは，直線で表すことのできる関係である（非線形関係というものもあり，その場合は r 以外の統計量が用いられる）。1 つの変数の観察されたレベルが増加すると，もう 1 つの変数の観察されたレベルも増加する（例えば，リスクスコアが増加すると，再犯率も増加する）。相関係数は，逆の関係があるときは，負の値を取る。つまり，1 つの変数の観察されたレベルが減少すると，もう 1 つの変数の観察されたレベルが増加する（例えば，IQ が減少すると，犯罪が増加する）。

関連のレベルが完全，または 100% であるとき，r 統計量は 1.00 の値を取る。例えば，もし全男性（100%）に犯罪歴があり，どの女性にもない（0%）とき，性と犯罪歴との相関は 1.00 である。一方，男性と女性の犯罪歴を有する者の割合が等しいとき（例えば，20% と 20%，50% と 50%，70% と 70%），r 値は 0.00 となる。一般的に，r の大きさは，他のグループに対するもう 1 つのグループの犯罪者の割合の差を反映している。例えば，もし治療群の再犯率が 15% で，対照群が 40% だったとき（差は 25 ポイント），r は .25 となる。なぜ関連の大きさを知ることが重要なのかという別の理由は，それによってリスク要因を順位づけすることができ，その相対的重要性について論ずることができるように

▲図 2.1　Pearson 積率相関係数（r）

なるからである。

　また，Rosenthal（1984）による二値変数効果量表示（Binominal Effect Size Display: BESD）のお陰で，われわれは逆の方向にも進むことができ，r の値がわかれば 2 群の割合を推定することができるようになった。一般に，その公式は以下のようになる。ハイリスク群で犯罪に至った者の割合は，.50 + r/2 であり，ローリスク群で犯罪に至った者の割合は，.50 − r/2 となる。例えば，相関係数が .40 ということがわかっている場合，r を 2 で割ると .20 となる。よって r = .40 を用いると，ハイリスク群の犯罪者の割合は，.70（.50 + .20）となり，ローリスク群の犯罪者の割合は，.30（.50 − .20）となる。

　相関係数は，多くの種類の研究知見を記述するために用いることができる。例えば，ある 1 つのグループで再犯した者のパーセンテージを，別のグループのパーセンテージと比較して結果を報告することがある。あるいは，さまざまな値を取る変数（例えば，言語的知能指数）とさまざまな値を取る測度で測定した犯罪性（例えば，新たな犯罪の数）との関連によって，研究結果を報告することもある。ときには，性別のような二値変数（男・女）が，犯罪の平均回数のようなさまざまな値を取る変数とどのように関連しているかを報告する研究もある。研究によるこのような結果の例はすべて，r によって表すことができる。

　もう 1 つ説明しておく価値のある統計は，犯罪者のリスク尺度の予測的妥当性についての研究で広く用いられるものである。それは，曲線下面積（Area Under the Curve: AUC）と呼ばれる。AUC の重要な点は，r と異なり極端な基準率や選択比によって影響を受けないことである。本書の後の部分で詳しく説明する犯罪者のリスク尺度である処遇レベル／ケースマネジメント質問紙（Level of Service/Case Management Inventory: LS/CMI）を例に取って選択比について説明する。LS/CMI は，0 から 43 点までのスコアを取る。そして，「0 から 7 点」「0 から 14 点」，あるいは「0 から 30 点」が低リスクである，というように定義できる。この「カットオフ」スコア，または選択比を変えることが，どれだけ多くの犯罪者が低リスクまたは高リスクと定義されるか，そして再犯者と非再犯者の数を正確に見極めることができるかに影響する。例えば，30 以下というカットオフスコアを用いて低リスク犯罪者を定義したとすると，確

実に非再犯者のほとんどをとらえることができるだろう。しかし，同時に非常に多くの再犯者もとらえることになる（いうまでもなく，それは「低リスク」という意味に反する）。

　基準率とは，行動の典型的な，あるいは生じることが期待される出現率のことをいう。犯罪行動の基準率が，非常に低い，または高いとき，r は正確な予測的妥当性を示すことができないばかりか，予測がまったく意味をなさない状況を生み出すこともある。あるタイプの犯罪行動，例えばサディスティックな性的殺人のように基準率がゼロに近い（例えば 5%）状況を例に挙げてみよう。この場合，予測は簡単であり，リスクアセスメントは不要である。なぜなら，誰も再犯しないと予測するのが最善の方略であるからだ。このケースでは，予測の 95% が当たる。同様に，基準率が 100% に近いとき（例えば，96%），誰もが再犯をすると予測すれば，96% の確率で当たる。しかし，研究者にとってはありがたいことに，ほとんどの犯罪行動（財産犯，暴行，薬物事犯など）の基準率は，20 から 80% の範囲に収まっている。

　犯罪者のリスク尺度を評価する際にしばしば用いられる解析は，受信者動作特性曲線（Receiver Operating Characteristics: ROC）と呼ばれるものである。ROC についての詳しい解説は，ウェブサイトのテキストブックのテクニカルノート 2.1（www.routledge.com/cw/bonta）で行なっている。とはいえ，覚えておくべきここでのキーポイントは，ROC 分析が AUC という指標を生み出すということである。もしリスク尺度の AUC が 1.0 であるならば，完璧な予測ができたことになる。そして，AUC が .50 なら，その尺度の成績はまぐれ当たりのレベルを超えないということになる。また，AUC でわかることは，あるサンプルからランダムに 1 つのスコアを取り出したとき，それが他のサンプルからランダムに取り出したスコアより高い値を取る確率である。例えば，AUC が .75 のリスク尺度があったとして，2 つの群の犯罪者がいたとする。1 つのグループは累犯者から成り，他のグループは非累犯者だととする。もし，累犯者グループからランダムに 1 人の犯罪者を選択したとき，そのスコアがランダムに選んだ非累犯者のスコアより高い確率は 75% である。AUC を調べることによって，基準率と選択比を考慮しながら，さまざまな犯罪者リスク尺度の予測の正確さを比較することができる。AUC は，グラフで示されることもある（図

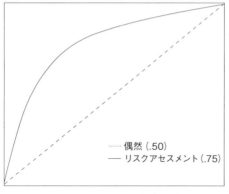

▲図 2.2　曲線下面積（AUC）

2.2 を参照）。

　AUC を報告することは，今やほとんどスタンダードとなっているが，いつもそうだとは限らない。2000 年以前には，リスク尺度の正確さを報告した評価者は，r または他の統計的指標を用いていた。幸いなことに，Rice & Harris（2005）は，予測的正確性を示すさまざまな指標を AUC に変換することのできる簡便な変換表を提示した。それを改訂したものを以下に示しておくので（表2.4），読者はこれを用いて，通常よく報告される r 値を AUC に変換していただきたい。ここで注意すべきは，変換表の策定ではある仮定を前提にしており（例えば，基準率は 50％ とするなど），表のなかの値は近似値だということである。異なった基準率を用いる場合の計算式は，Rice & Harris（2005）によって提示されており，正確な変換のためにはこれらの計算式を用いるとよい。

▼表2.4　リスクツールの予測的妥当性を解釈するための
換算表（Rice & Harris, 2005）

r	AUC
.00	.50
.05	.53
.10	.56
.15	.59
.20	.61
.25	.64
.30	.67
.35	.70
.40	.73
.45	.79

4節　メタアナリシス

　学生も実務家も，そして当然研究者もほとんど全員が，文献レビューについてはよく知っているだろう。学術誌には関心のある分野をレビューした論文が掲載されているし，学位論文や研究論文はすべて，文献のレビューから始まるのが常である。伝統的な文献レビューは，記述的な性格を有しており，そのレビューの質は，著者の専門性と完璧性にかかっている。著者がどの文献を選択するかは比較的自由であり，どの研究結果が妥当であるとみるかも自由である。したがって，ある文献に関する2つの別々のレビューがまったく異なった結論に行き着くこともまれではない。

　メタアナリシスによるレビューは，文献についてのバイアスがずっと少ない分析を行なうもので，研究結果の重要性について**量的**な推論を提供する。多くの人が，今やメタアナリシスこそが文献レビューの基本的なアプローチであると見なしている。重要な点は，個々の研究の結果が，**効果量**と呼ばれる共通の量的，統計的数値に変換されるということである。効果量によって，さまざま

第Ⅰ部　犯罪行動の心理学の理論的背景と知識基盤

な研究の結果を直接比較することができるようになるし，多くの研究を用いて効果量を平均することもできる。

　例として，知能と犯罪の関係を調べてみよう。1つの架空の研究を，図2.3に示した。研究Aでは t 検定を用いて結果を報告している（t 検定とは，2群の平均の差を検定する統計である）。平均IQスコアは100であり，研究Aの1番目の人のIQは90で犯罪歴があり，次の人はIQ110で犯罪歴なし，などとなっている。研究Bでは，χ^2 検定が用いられており，これは観察された結果が期待値にどれだけ適合するかを検定するものである。この例では，研究参加者はIQの高低，および犯罪歴のあるなしによって分けられている。最後に研究Cでは，**グループ**内の個人のパーセンタイルが，犯罪歴に関連づけられている（研究Cでは，研究AやBとは違って，個人ではなくグループについて述べられていることに注意）。

　このように統計量がすべて異なっているとき，どうすれば一番よく結果を比較することができるだろうか。これまでの質的な文献レビューでは，筆者がこの3つの研究の相対的重要さを判断していた。レビュー著者Aは，研究Bの結果を強調し，他の2つの研究の結果を軽視するかもしれない。レビュー著者Bは，t 検定による結果を好み，他の統計を重要視しないかもしれない。このようなアプローチでは，異なった結論に達する可能性があることがわかる。

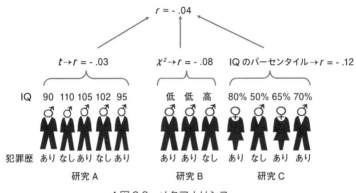

▲図2.3　メタアナリシス

メタアナリシスでは，これら3つの研究結果を同じ統計量，あるいは効果量へと変換する（例えば，rやCohen's dまたはオッズ比のような他の一般的な統計量）（訳注：Cohen's dは連続変数のときに用いられ，両群の平均値の差をプールされた標準偏差で割ったもの。オッズ比はある事象の起こりやすさの比のことで，1つの群で事象の起きる確率がp，他の群がqだとすると，オッズ比は$\frac{p/(1-p)}{q/(1-q)}$となる）。本書で最も多用する効果量はPearsonの相関関数（r）であるが，この理解しやすい指標については既に解説した通りである。図2.3に示した例では，t値とχ^2値が，パーセンテージの差としてrに変換される（Rosenthalの二値変数効果量表示を用いるとパーセンテージの差が簡単に変換できることを思い出してほしい）。その結果，3つの研究からの効果量を比較することができ，それを平均することによって，知能と犯罪の「真の」関連をより正確に推定することができる。多くの研究は，さまざまな場所でさまざまなサンプルを対象に，さまざまな期間で実施されているが，メタアナリシスによって結果の一般性を向上させることができる。

　通常，研究者はまた，効果量の信頼区間を計算することによって，真値が存在する推定範囲を提示する。知能と犯罪の関連に関する先の例には，わずか3つの研究しかなかった。もし実際に信頼区間を計算すれば，それは非常に広いものとなるだろう。しかし，メタアナリシスに多くの1次研究が追加されればされるほど，個々の研究の効果量がいかに小さくても，信頼区間は狭くなる。信頼区間が狭くなれば，その効果量はより正確になる。また，メタアナリシスの結果に用いられることの多い他の2つの記号について説明しておきたい。まずNであるが，これは研究参加者の数を表している。次にkであるが，これは比較の数を表しており，つまり1つの研究が生み出す価値のことである。1つの研究は，1つ以上の比較または価値を生み出している。例えば，ある治療研究が3群を有しているとする（関心のある治療，別の治療，無治療対照群）。ここでは，関心のある治療が別の治療と比較され，さらには対照群との比較されている。つまり，たった1つの研究であるが，$k = 2$となる。

　本書では多くの箇所で，さまざまなメタアナリシスによる知見を参照する。これまでに説明してきた理由から，伝統的な文献レビューよりメタアナリシスの結果のほうに一層の信頼をおいている。われわれはまた，個々の「1次研究」（レビューに含まれる一つひとつの研究のこと）の結果にも関心がある。しかし，

第Ⅰ部　犯罪行動の心理学の理論的背景と知識基盤

たった1つの研究の結果に大きな信頼を寄せることはしない。その代わりに多くの1次研究を分析して明らかになった全体的な結果を求めるのである。結果が再現されることは，科学のもつ説得力のある特徴である。

5節　媒介変数

　媒介変数とは，犯罪行動の共変量と相互作用をする変数のことである。例えば，第1章でみたように，「薬物使用に対するソーシャルサポート」は，「薬物に対する好意的な態度」と相互に作用する。薬物へのソーシャルサポートがあるならば，そのような態度は薬物使用と強く結びつくだろう。しかし，ソーシャルサポートがないならば，そのような態度があったとしても，それが薬物使用へと至ることはわずかとなろう。媒介変数は，複雑な人間の行動を図式的に理解するための手段であり，しばしば，犯罪行動と相関するものは，他の変数や社会的文脈に「依存」するのである。また，メタアナリシスで得られた平均効果量の媒介変数を求めることもあるだろう。例えば，横断研究の結果は，縦断研究の結果と異なることがあるかもしれない（異ならない場合もある）（つまり，このとき研究デザインが媒介変数である）。同様に，犯罪行動の指標が自記式質問紙のスコアによるのか，逮捕や有罪判決のような公的措置によるのかによっても結果が変わってくる（つまり，この場合は犯罪行動の指標が媒介変数である）。
　ここで注意すべき重要なことは，PCCは人間行動の複雑さを当然のこととして受け入れているのであり，さまざまな状況下にも適用できる一般的に妥当性のある結論を求めるものだということである。研究結果が，年齢，性別，民族，社会経済的階層の異なる人々にも当てはまるのかどうかを示すことは，いうまでもなく近年ますます重要になってきている。同様に，ランダム化，サンプルサイズ，理想的な研究デザインからの逸脱のような方法論的問題が，効果量推定値の増大，減少，あるいは影響なしという結果に関連するのかどうかを示すことも重要である。どんな変数であっても，媒介変数になる可能性はある。

しかしながら，実際の媒介変数とは，犯罪行動への関連の仕方に影響を与えるような変数である。この後の章では，媒介変数に対する多くの検証を述べる。例えば，矯正的治療プログラムの効果は，何を変化の標的とするのか，どんな行動変容テクニックを用いるのかによって変わってくるのかというようなことである。

6節　総体的犯罪率についてのコメント

　PCCでは，**総体的**な犯罪率の研究と**個人の**犯罪行動のバリエーションについての研究を明確に区別している。犯罪率とは，多くを寄せ集め集約したものであり，それには個々の犯罪者の行動，警察の逮捕方針，裁判手続きなどが含まれる。総体的犯罪率に関連する変数は，個人の犯罪行動に関連する変数とは同一ではない。この問題については，テクニカルノート2.2（www.routledge.com/cw/bonta）で詳しく検討してある。ただここで述べたいことは，単純明快である。個人の犯罪行動のバリエーションを理解したいなら，個人を対象にして研究し，生物学的，個人的，対人的，地域社会的，社会文化的領域から可能性のある要因についてもれなく研究すべきだということである。

7節　まとめ

1. PCCは，犯罪行動に関連する個人的，対人的，社会的，状況的変数の理解を探究するものである。共変量には異なったタイプのものがあり，それは単純な相関因子，予測因子，動的リスク要因（犯因性ニーズ），原因変数である。
2. 異なった研究デザインによって，異なったタイプの共変量が求められる。横断研究デザインは相関因子を明らかにし，縦断研究デザインでは予測

因子に関する情報がわかり，マルチウェーブ縦断デザインでは動的リスク要因が明らかになり，ランダム化実験によって最も高次の知識，つまり原因変数がわかる。犯罪行動の原因に関する知識によって，犯罪行動を減少させる介入を開発する可能性がもたらされる。

3. 統計的有意性を通して帰無仮説を検証する方法には，支持が減りつつある。

4. 犯罪行動の共変量の大きさを記述する非常に簡便で強力な方法は，Pearsonの積率相関係数，rである。rとは，1つの条件（例えば，高リスク）の犯罪ケースのパーセンテージを，別の条件（例えば，低リスク）と比べた場合の差を示すものである。rは，二値変数効果量表示に変換することもできる。

5. Pearsonの積率相関係数（r）にも限界がないわけではない。特に，基準率や選択比が極端な値の場合である。一方，曲線下面積（AUC）は，基準率や選択比の影響を受けないため，リスク尺度の研究に多用されている。

6. メタアナリシスとは，文献の量的レビューである。1次研究の結果が，共通の指標または効果量に変換され，平均値が求められる。信頼区間を加えることで，「真の」関係の推定により近づくことができる。

7. 犯罪行動の共変量は，そのタイプにかかわらず（例えば，予測因子，原因変数），他の変数に依存することがしばしばである。それを媒介変数と呼ぶ。

8. 犯罪行動の個人的な差異と総体的な犯罪率との間には，直接的な関連があるが，個人レベルの差に関して総体的なレベルの知見を用いて解釈しようとするときは注意が必要である。

推薦図書

実験デザインの入門書として最も簡潔でわかりやすいのは，おそらくCampbell & Stanleyによる古典的著作，"*Experimental and Quasi-Experimental Designs for Research*"（実験的・準実験的研究デザイン）であろう。絶版になって久しいが（1966年出版），PDF版はオンライン上で入手できる（http://

moodle.technion.ac.il/pluginfile.php/367640/mod_resource/content1/Donald_T._ (Donald_T._Campbell)_Campbell,_Julian_Stanley-Experimental_and_Quasi-Experimental_Designs_for_Research-Wadsworth_Publishing(1963)%20(1).pdf）。

　有意性検定に関する議論への入門として，2つの論文を紹介する。最初は，Lambdin（2012）で，有意性検定を推奨してきた心理学と統計学研究70年の歴史に対する鋭く辛辣な批判である。第2は，Gendreau & Smith（2007）であり，これもまた，類似の文脈で書かれているが，矯正政策と実務に影響を及ぼすメタアナリシスの重要性に焦点を当てている。

第3章

犯罪学理論から犯罪行動の心理学的見地へ

1節　はじめに

　理論的な理解を探究することは，犯罪行動のバリエーションに関して一般的，合理的，単純かつ実証的に正確な説明を探究することである。一般的な説明とは，数多くの個別的な観察に当てはまるものをいう。例えば，犯罪行動の一般的理論は，粗暴犯および非粗暴犯のいずれの場合も，そのバリエーションを説明できるものであるし，異なった年齢，民族，国籍，社会経済的出自の男性・女性双方に当てはまるものである。

　合理的な説明とは，論理的分析に耐えうるものであり，内的・外的な一貫性を有するものである。**内的一貫性**とは，仮定や説明的変数が，その理論のなかで互いにいかによく適合するかをいう。**外的一貫性**とは，その理論が他の科学的理論といかによく適合するかをいう。例えば，ある犯罪行動の理論が，何らかの生物学的仮定を内的一貫性をもって活用できているが，これらの仮定がより広汎な生物科学分野で合理的かつ十分に確立された理論とは相容れない場合は，満足のいくものではないことになる。単純な説明とは，仮定が比較的少ないものをいう。

　とはいえ，理論的理解において最も重要な側面は，その理論に実証的な支持

があるかどうかということに関するものである。ここで，われわれが一番関心があるのは，原因である。理論は関心のある変数間の関連を説明しようとするのであり，Hunter & Schidt（1996）が指摘するように，それらはいつも因果関係についての説明である。PCCでは，実践的なゴールは犯罪者の更生であり，行動のメカニズムがわかって初めて効果的な治療ができる。理論によって提示された原因変数に焦点を当てることによって，われわれは，周到な介入を通して犯罪行動に影響を与える可能性を有するに至る。例えば，家族関係を改善することを目指した介入プログラムを実施することは，将来の犯罪を実際に減少させるだろうか。

　本書で用いられる犯罪行動に関する心理学的見地である，一般的パーソナリティ理論および認知社会的学習理論の概要を説明するに先立って，これらの理論に影響を与えた重要な犯罪学的理論をいくつか順を追って手短に概説する。犯罪学的見地の多くは，その基本的な成り立ちにおいて，犯罪の根本的な原因は社会的に不利な位置づけにあると考える。つまり犯罪とは，貧困，社会的階層，人種，その他社会的な位置の指標の産物なのだと考えている。そして，社会的な不平等や不正義が，犯罪の原因であると考える。犯罪学的理論は，犯罪行動について多くを語るけれど，完全かつ実証的に満足のいく説明を提示できていない。また，精神病理学的な理論は，犯罪行動は個人に内包されるもので，犯罪の原因を心理学的障害にあると考える。しかし，精神病理学的理論に関する詳しい意見は，第5章で述べることにして，ここでは犯罪学的理論から始めたい。

2節　犯罪学的理論

　1930年代から1980年代まで，主流派の犯罪学的理論は，犯罪について社会階級に基づく社会学的見地を有していた。特に，緊張理論，サブカルチャー理論，ラベリング理論，マルキスト・葛藤理論などである。これらの理論は，出自の社会的階級が個人レベルの不法行為のバリエーションに対する主な原因で

第 I 部　犯罪行動の心理学の理論的背景と知識基盤

あると仮定していた。しかし，社会階層は犯罪行動と小さな相関しかないということを示すエビデンスが増加し（リソースノート 3.1 を参照），社会心理的要因を含む理論が台頭するようになった。統制理論と分化的接触理論などその他の犯罪学的理論は，犯罪の原因を社会階層とはとらえず，周囲のコミュニティが向社会的規範を守らせることに失敗した結果によると考える。

社会階級と犯罪

　犯罪学的理論において，社会階級ほど重要な変数はない。犯罪や非行に関する主な社会学的理論の多くは，低い社会階級の犯罪についての理論である。犯罪の原因は，階級が低いこと，経済的に恵まれず貧困であること，中産階級や上流階級が所有しているものが獲得できずにフラストレーションを抱いていることなどにあると考えた。

　Tittle, Villimez, & Smith（1978）は，個人レベルでの階級と犯罪の関連を検証した 35 研究のメタアナリシスを行ない，初めて階級と犯罪の関連の強さに疑問を呈し，生態学的誤謬を改めようとした（テクニカルノート 2.1　www.routledge.com/cw/bonta を参照）。そこには，社会経済的地位（socioeconomic status: SES）の伝統的な指標（個人や家族，職業，教育，収入）のみならず，居住地域の階級構造によって人々を区別した研究が含まれている。ここでの重要な問いは，SES が低くなると，それにつれて犯罪者の割合が高くなるのかということである。

　その 35 研究から，性別，人種，その他の要因のさまざまな組み合わせによる 363 の効果量推定値が得られた。Tittle らは，効果量計算のためにガンマ係数を用いたが，それは r と類似したものと考えてよい。平均効果量は，- .09 で，階級と犯罪には比較的小さな関連があった。さらに，平均効果量は，男性（- .08），女性（- .11），白人（- .07），非白人（- .01）のいずれに対しても，同程度のレンジにあった。Tittle らはまた，平均効果量が小さいにもかかわらず，個々の効果量のなかには大きな負の値のものがあることを見出した。一方，いくつかの効果量は正の値を取っており，何らかの状況では，SES が高くなると，犯罪性が低

くなるのではなく，高くなることを示していた（階級に基づく理論が予測したこととは逆の知見）。

さらに分析すると，階級と犯罪の関連は，犯罪の種類（例えば，粗暴犯，非粗暴犯）には依存しないことがわかった。しかし，関連の強さは，犯罪性をどのように測定するか（自己報告か，公的記録か）や，研究が実施された年代によって大きく異なっていた。自己報告を用いたときの平均効果量は小さかったが，(-.06)，公的記録を用いたものはより大きかった (-.25)。公的記録を用いた比較的大きな効果量は，1970年代より前に実施された研究から導かれたものであった。1950年代より前では，平均効果量はとてつもなく大きく，-.73であったが，その後は減少している。1970年以降になると，効果量は+.04まで小さくなっている。その一方，自己報告に基づく効果量は，時代を通して比較的一定しており，その値も小さい (-.03 から -.11 のレンジ)。ここからいえることは，犯罪の自己報告および公的記録の双方に対する効果量推定値が小さいことによって示されるように，1970年代には基本的に階級と犯罪性には関連がなかったということである。1950年以前には，そのような関連が存在していたかもしれないが，それは犯罪性というよりは，刑事司法プロセスの影響かもしれない（このことが，犯罪の公的記録を用いた初期の研究で効果量が大きかったことの説明になる）。

Tittle ら (1978) の知見は，1978年以降も多くの文献レビューや (Gendreau, Little, & Goggin, 1996; Tittle & Meier, 1990; Tittle & Meier, 1991)，階級と犯罪の関連についてのより直接的な検証によっても (Dunaway, Cullen, Burton, & Evans, 2000; Ring & Svensson, 2007)，再確認されている。しかし，階級と犯罪の関連が小さいことがわかったからといって，貧困にまつわる現実的な問題を無視するわけではないし，犯罪率の高い地域があることを否定するわけでもない。階級と犯罪の関連が弱いことを認識することによって，他の個人的，対人的，家族，構造・文化的状況や，行動の直近の状況に比べて，社会経済的文脈は，犯罪のバリエーションに対してせいぜい小さな影響しかないことを，学生，学者，政治家などに知らしめることができる。

犯罪と階級の関連を理解するためには，別のアプローチもある。その1つは，ある期間で個人が自由に使える金銭のレベルに着目し，どんな条件であれば，

それらに関連があるのかを特定する方法である。ポケットや財布の中身が変化すると，何か影響があるのだろうか。アメリカ（例えば，Cullen, Larson & Mathers, 1985; Wright, Cullen, & Williams, 2002）やイギリス（例えば，West & Farrington, 1977）での研究では，差し迫った状況では相対的なもち合わせが，少年非行と関連があることを示唆していた。また，一般少年よりも非行少年のほうが，多くの金銭をもっている傾向にあった。

緊張理論

　緊張理論の最初期の一例は，Merton（1938; 1957）による機会限定理論である。Merton は，社会構造がある種の人々に逸脱行動に向かわせるような緊張をもたらすという仮説を立てた。低い社会階級の人々は，社会の目標を達成するための機会が限定されているため，逸脱行動が生じるとされた。アメリカでは，すべての人々に普遍の（あるいは共有された）支配的な目標は，「成功」（金銭，資産，名声）であるとされている。誰もが大統領になることができるし，成功への合法的なルートは，学校や職場で熱心に努力することである。この理論のもつこうした視点についての説得力は明快である。なぜなら，それは「アメリカンドリーム」にほかならないからだ。しかしこのドリームに反して，良い学校や給料の高い仕事は，低い社会階級の人々の多くにとっては高嶺の花だという事実がある。すると，犯罪行動とは，合法的なルートが可能なときにしか得られないきちんとした仕事と同様の報酬を得るための革新的なルートであるととらえられることとなる。犯罪者を逸脱者としてレッテル貼りするのではなく，Merton は彼らを「革新者」と呼んだ。

　革新（つまり犯罪）は，限られたチャンスを得るために採用された唯一の方法ではない。他の方法には，退避主義（現実に社会で落ちぶれた人々の精神障害，物質乱用），反乱（下層社会のなかで能力があり知的に優れた人々が，新たな社会秩序を創造しようとする試み），儀式主義（自分の子どもが「成し遂

げる」ように夢を託したワーキングプアーの人々が，一心不乱にがむしゃらにがんばる）がある。

アノミーや緊張といった概念は，合法的手段と非合法的手段の追求との乖離の間を媒介する変数として登場した。伝統的な緊張理論論者にとっての心理的媒介変数は，アノミーであった。つまり，機会が限定された人々の間に疎外感が生じ，犯罪に動機づけられるようになったというのである。これらの理論にとって，犯罪行動とは，機会を制限されていることの自覚や，疎外感，孤独感，無力感，規範無視，個人的苦悩の反映なのである。

1992年にAgnew（1992）は，逸脱に至る経路のなかでの社会階級の役割を小さく見積もり，より心理学的な説明を行なった。そして，家庭，学校，職場でのフラストレーションや困難が，緊張と犯罪を結びつける指標であるとした。Agnewは，自身の見地を**一般的緊張理論**と呼び，陰性感情（疎外感というよりは怒り）の源は，社会的な成功という目的とその達成の乖離をはるかに越えたものであるとした。一般的緊張理論は，犯罪に対して一層心理学的な説明をする立場を取り，陰性感情とパーソナリティに大きな関心を寄せている（Agnew, 2007; 2012）。

サブカルチャー理論

サブカルチャー理論の論者がもっぱら述べているのは，自分が属している下層階級のサブカルチャーに従う若い下層階級の男性についてである。機会限定理論同様，下層階級の人々はメインストリームの文化から疎外されており，それに対する反応として，サブカルチャーを形成する。その文化は，成功への伝統的なルートを貶め，快楽主義や破壊に価値をおく。Mertonが想定した人々は，「革新すること」を許された人々であるが，サブカルチャー理論では犯罪行動がルールとなる。盗みを働くことは犯罪的サブカルチャーに合致しており，薬物を使うことは退避主義的サブカルチャーに合致し，喧嘩は闘争的サブカルチャーに合致している。

Cohen（1955）は，逸脱したサブカルチャーにおいて支配的とされる価値や

規範の内容を調べた。彼は，犯罪的サブカルチャーは，犯罪指向的態度と価値を共有し，それは満足を先送りにしたり，他者の財産を尊重したりする中流階級の価値と真っ向から対立するものであることを見出した。つまり，そこでの主要な価値は，即座に満足が得られることや，即時的な快楽，敵意，攻撃性などであった。さらに，学校で落第することや仕事をしないことは，中流階級の価値に抵抗する行為であると見なされた。Miller（1958）は，犯罪指向的感情の内容の詳細について，より多くの情報を提供した。彼は，以下のような「重要な関心事」が，下層階級に特有なものと見なした。すなわち，トラブル（広汎な問題性），タフネス（身体的なパワー，「男性性」，大胆さ），抜け目のないこと（他者を出し抜くこと），自律（自立，誰かに命令されないこと），運命主義（運に身を任せること），興奮（スリル，危険）である。このような価値観や態度をもっていれば，社会で支配的なルールと軋轢を生むことは自明である。

　Agnewの緊張理論が社会階級から距離をおいたのと同様，Matza（1964）は社会階級とサブカルチャーを結びつけることは，犯罪の説明として不適切ではないかとの懸念を示した。つまりそれでは，下層階級の若い男性が非行に走りやすいと過剰な予測をしてしまい，他の階級の人々の非行を説明できない。この問題を解決するためには，心理学的要因に信頼を寄せるべきである。Matzaは，犯罪行動を現実に生じさせる「原動力」となるものに着目した。この原動力の源は，ぞんざいに扱われることであり，それによって運命主義的気分や絶望感をもつに至る。誰もがこのような原動力をもち，それに毒されるわけではないが，一旦それを有すると，そうした感情を克服し支配力やパワーを感じるために，犯罪行為に手を染めるようになる。

　Sykes & Matza（1957）は，逸脱者が犯罪的価値観に傾倒しているというイメージをサブカルチャー論者ほどは受け入れていない。彼らは，逸脱者も，特定の行動がもし露見すれば罰せられることはわかっていると述べる。しかし，彼らはある特定の状況では法律違反をしても「OK」である，との言い訳となるような一連の言語化をすることによって，反社会的に行動するようになる（これを「中和の技術」という）。このような言語化は，行動の前に用いられるのであり，それが行動の原因と見なされることに留意されたい。このような言葉を用いるのは，犯罪を行なった後に，批判を逸らしたり，罪悪感を紛らせたりす

るためとは限らない。

ラベリング理論とマルキスト・葛藤理論

　ラベリング理論とマルキスト・葛藤理論は，犯罪とは公的な刑事司法プロセス（逮捕，裁判，刑務所収容）のために，社会で権力のある者が権力のない者（貧しい者やマイノリティ）を選別した結果であるとみる。社会のルールをつくるのは上層階級であり，誰もがルールを破るが，その誰もが刑事司法プロセスの対象となるわけではない。(Becker 1963; DeKeseredy & Schwartz, 1996; Schur, 1973)。刑事司法システムのターゲットとなるのは，社会で不利な立場におかれている人々である。ラベリング理論では，ひとたび刑事司法手続きが開始されると，犯罪者は自分は犯罪者であるとの自己イメージを発展させる（これは「2次的逸脱」と呼ばれる）。もし，自分が犯罪者であると信じたならば，本人は犯罪者として振る舞うようになり，自己成就予言(訳注：たとえ根拠のない思い込みであっても，人がその「予言」を信じて行動すれば，結果的にそれが実現するという現象のことをいう)が実行される。ここで注意すべきは，ラベリング理論は，社会階層から始まるが，その後すぐに心理的，認知的プロセスに変化するということである。そしてラベリング理論論者によれば，犯罪に対処する最善の方法は，より控え目な対処をするということになる。本書で後述するように，われわれは刑事司法システムとの接触を最低限にすることは，正しい方法であると考えている。しかし，それはすべての犯罪者に当てはまるわけではない。

統制理論

　統制理論において，最も重要な問いは「なぜわれわれは法律違反を**する**のか」ではなく，「なぜわれわれは法律違反を**しない**のか」というものである。
　Reckless (1967) は，外的，内的双方の統制源があるとした。外的統制とは，法に従うように働く社会的圧力のことであり，こうした統制の強さが向社会的

グループへの帰属意識を高める。そのようなグループには，家族，社会的クラブ，学校，宗教組織などが含まれる。「内的抑制」とは Reckless の用語であるが，心理学者が自己統制力と呼ぶものであり，彼は内的統制の指標として 5 つを挙げた。

1. ポジティブな自己概念，それはセルフエスティームだけでなく，自分自身を犯罪的ではない普通の人間であると見なす意識
2. 長期的，合法的な目標に向けた努力
3. 現実的な目標設定
4. 高いフラストレーション耐性
5. 遵法的自己意識と法律の尊重

社会学的理論の見地から，Reckless 理論の理論的重要性は，若者の社会的ネットワークは，社会経済的地位やサブカルチャーへの帰属以上のもので構成されているとした点である。彼はまた，内的統制と社会化における個人差の認識により重要な位置づけを与えた。

Hirschi の "Causes of Delinquency"（非行の原因）（1969）は，古典的な横断研究（第 2 章を参照）であり，道徳性には個人差があるとの前提に立っている。Hirschi のいう道徳的絆には，愛着（アタッチメント），投資（コミットメント），没入，法の妥当性への信念がある。

1. 家族，教師，仲間の意見へのアタッチメント（またはその意見を気にかけること）。
2. 逸脱が露見すれば，自分が投資したものを失うリスクが増大することから，慣習的な目標の追求にコミットすること。
3. 慣習的な目標追求に没入することによって，たんに逸脱した目標追求のための時間が限定されるため，非行が減少する。
4. 法の妥当性への信念とは，その人がルールに従うべきだと信じる程度の個人差のことである。

ここで留意すべきは，Hirschi の考えは，社会階級が犯罪の重要な原因であ

るという考えを却下しているという点である。1940年代以降の研究によるエビデンスを利用することができたため，Hirschiは階級は逸脱とせいぜい弱い相関しかないということを「知った」。そして彼自身の調査では，不良交友の重要性が実証的に支持された。しかし驚くべきことに，Hirschiは，彼の理論的な立場では最も支持されないものであったので，逸脱的な交友関係の役割を重要視しなかった。彼は調査のなかで，学生に「親しい友人のなかで，今まで警察に捕まったことのある人はいますか」と尋ねた。警察に捕まったことのある友人はいないと答えた者のなかで，非行のある者はわずか7％しかいなかった。一方，逮捕歴のある友人が4人以上いると答えた者の45％に非行があった。Hirschiの4要因理論は，慣習的なものとの絆を過大評価し，犯罪との結びつきを過少評価している（犯罪指向的態度のみしか含まれておらず，犯罪指向的な交友は除外されている）。そして，自己統制力，冒険への嗜好のような気質・パーソナリティ変数が脇に追いやられ，それらと犯罪や慣習との結びつきも明らかにしていない。

　1990年，Gottfredsonとともに（Gottfredson & Hirschi, 1990），Hirschiは彼の見解を大幅に修正した。慣習的なものへの結びつきや犯罪指向的態度（法に違反することへの考え）を最小限に評価するようになり，自己統制力を強調した。Gottfredson & Hirschi（1990）の「犯罪の一般的理論」では，1つの構成概念，すなわち自己統制力欠如が，犯罪行動における安定的な個人差を説明するパーソナリティ変数であるとされている。

　さらに再び，Hirschi（2004）は，彼の立場を修正した。1990年代初期の「自己統制力」は，「長期的なコストが金銭的な利益を凌駕するような行為を回避する傾向」とされていた（Hirschi, 2004: 542）。明らかに，生物としての人間は，行為のその瞬間に，その長期的なコストが前もって「わかっている」（ある意味，合理的経済人的理論のように）。そこで現在，Hirschi（2004: 543）は，自己統制力とは「ある特定の行動に対するあらゆる種類の潜在的コストを考慮する傾向」としている。つまり，原因（自己統制力欠如）と結果（犯罪行動）は，少なくとも同時発生的なものであるのだ。原因が結果に先立つという考えよりも，こちらの考え方のほうが好まれている。自己統制力については，第5章でさらに述べる（反社会的パーソナリティ・パターン）。

分化的接触理論

　分化的接触理論には，多くの直截的価値がある（Sutherland, 1939; Sutherland & Cressey, 1970）。単純にいうと，法を破ることに対する望ましくない「意味づけ」が，望ましい「意味づけ」を凌駕するとき，人は非行に至るとされる。さらに，基本的な理論的原則として，犯罪指向的な交友を重視する。つまり，犯罪行動は，犯罪的または向社会的他者との交友を通して学習され，その学習の主要な部分は，直接的コミュニケーションによる他者との接触のなかで生じる（Sutherland, 1947）。このように，古典的な分化的接触理論における基本的な因果関係の連鎖は，犯罪指向的交友から，特定の状況における犯罪行動に対する犯罪指向的態度の獲得へと向かう（Cullen, Wright, Gendreau, & Andrews, 2003）。

　ある理論が犯罪行動の強力な相関因子を見出し，それが明快に実証的検証をされたならば，それは真剣な注目に値する。そして，犯罪予測や予防の目的で，その理論に明確な実践的価値があるならば，さらなる関心がもたれるだろう。分化的接触理論の魅力的な点は，犯罪行動に対してPCC全体のなかで最もよく実証された相関因子の2つが含まれているということだ。すなわち，犯罪指向的態度と犯罪指向的交友である。このエビデンスは，分化的接触理論によく当てはまる。なぜならば，分化的接触理論での因果関係に関する中心的な前提は，犯罪行動は犯罪行動を望ましいととらえる認知を反映するというものであるからだ。これまでレビューした犯罪への見方はすべて，犯罪指向的態度に原因としての位置づけを与えている。構造的にもたらされたアノミーに関するMertonの元来の考え方ですら，内面化された法律違反への禁止を有するときは，社会からの疎外は犯罪行動に至らないと脚注で認めている。

犯罪学理論の要約

　社会的位置は，多くの犯罪学的理論にとって（例えば，機会限定理論，サブカルチャー理論，ラベリング・マルキスト・葛藤理論），犯罪の根源であった。合法的な方法で成功を成し遂げることができないという緊張とフラストレーションが，成功のための非合法的な方法に人々を押しやり，もっと容易に成し遂げることのできる行動に期待を寄せるサブカルチャーを形成し，犯罪者であるというラベルに則った行動をする。実践的な見地からすると，主要なリスク要因は，社会経済的地位（収入，人種，年齢，性で示されるもの）であり，犯罪予防は富の再分配と平等であり，特に仕事と教育へのアクセスである。

　統制理論，および後の緊張理論では，社会階級は重視されなくなった。犯罪は，行動への統制を発達させることの失敗であり，その統制とは本人自身と社会的ネットワーク（両親，教師，雇用主）に由来する。この場合の主なリスク要因は，弱い自己統制力，家族や友人との対人関係上の問題，教育上・職業上の不成功などである。これらの理論では，社会的位置理論と比較すると，より幅広いアセスメントや介入の可能性を考えることができる。そして最後に，分化的接触理論について説明した。分化的接触理論では，誰とつき合うか，何を考えるかが，犯罪行動を理解する鍵である。主なリスク要因は，犯罪指向的交友と犯罪指向的思考であり，介入するならば，これら2つのリスク要因をターゲットにすることになる。非行者との接触を減らし，向社会的な人との接触を増やすことが，治療の目標であるが，分化的接触理論は，これをどのように行なえばよいかは何も語っていない。「どのようにすれば」行動を変えることができるかということは，この後犯罪行動の心理学における学習の原則に譲る。

第Ⅰ部　犯罪行動の心理学の理論的背景と知識基盤

3節　犯罪行動の一般的パーソナリティ理論および認知社会的学習理論

　まず図 3.1 をみながら，一般的パーソナリティ理論および認知社会的学習理論の説明を始めたい。この図では，犯罪行動に影響を及ぼし，それを維持する主な心理・社会・生物学的要因を図解で要約してある。このモデルでは，違法な行動に至るには多様なルートがあることを認めている。モデルは，パーソナリティ・気質，および家族関係を犯罪行動の相関因子であるとしているため，例えば若い犯罪者はすべて落ち着きがなく攻撃的であるとか，すべて両親との結びつきが弱いなどとみているわけではない。

　一般的パーソナリティ理論および認知社会的学習理論は，われわれがセントラルエイトと呼ぶリスク・ニーズ要因を重視する。それらは，①犯罪歴，②犯罪指向的態度，③犯罪指向的交友，④反社会的パーソナリティ・パターン，⑤家族・夫婦，⑥学校・仕事，⑦物質乱用，⑧レジャー・レクリエーション，である。これは，Hirschi の自己統制力不足が犯罪の要因だとする一要因理論とは大きく異なっている。セントラルエイトのリスク・ニーズ要因については，図 3.1 でより詳細に示してあるが，ここで留意すべき重要な点は，これら要因のすべてが犯罪的な行動をするという決断に影響を及ぼすということである。

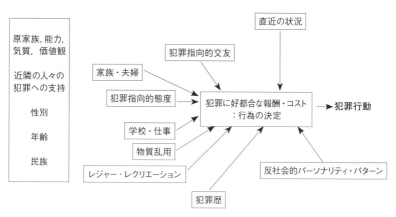

▲図 3.1　一般的パーソナリティ理論および認知社会的学習理論の見地

『犯罪行動の心理学』の旧版では，最初の4つの要因を「ビッグフォー」と呼び，残りを「モデレートフォー」と呼んで区別していた。これは，予測研究の知見に基づくもので，そのほとんどは一般犯罪者を対象としているが，そこでは最初の4要因が残り4要因よりも，大きなr値を示していたのである。しかし，一般犯罪者（Olverr, Stockdale, & Wormith, 2014），青年犯罪者（Grieger & Hosser, 2014），精神障害犯罪者（Bonta, Blais, & Wilson, 2014），民族的マイノリティ（Gutierrez, Wilson, Rugge, & Bonta, 2013），薬物犯罪者（Wooditch, Tang, & Taxman, 2014）を対象とした最近の研究では，ビッグフォーとモデレートフォーの間にこのような区別が見出されていない。その一方で，セントラルエイトは，どのメタアナリシスのレビューでも一貫して観察されている。

表3.1には，7つの**動的**リスク要因（すなわち，犯因性ニーズ要因）が記載されている。これは，次の2つの理由から重要である。①時間をおいてマルチウェーブのアセスメントをして動的リスク要因を査定することで，犯罪者のリスクの変化をモニターすることができる。②最終的な関心は将来の犯罪を抑制することであるが，これらの犯因性ニーズは，行動変容の中間的ターゲットとしての役割を果たすことができる（すなわち，潜在的原因因子である）。リスクの正反対にあるポジティブな因子は，ストレンクス（強み）としてリストアップしている。

犯罪行動歴を詳しく調べることによって，現在の犯罪の深刻さは，将来の犯罪リスクの大きさと等しいわけではないという重要なことがわかる。リスクの指標は，早くから犯罪に手を染めること，多くの犯罪歴があること，多様な反社会的行動があること（財産犯に加えて粗暴犯など），厳しい指導下ですら規則違反があること（遵守事項違反など）などである。リスクアセスメントをするうえでよくある誤りは，現在の犯罪の深刻さをリスク要因としてとらえることである。それは，リスク要因としては重要ではない。それは，判決を重くする際に考慮すべき要因である（犯罪によってもたらされた外傷が深刻であればあるほど，より重い刑を科すなどという意味で）。たんに処罰を考える際と，再犯リスクを考える際には，それぞれ異なった考慮が必要となる。

反社会的パーソナリティ・パターンの説明には，日常用語を用いている（より正確な用語での説明は，この後の章で行なう）。リスク・ニーズに関して，

第 I 部　犯罪行動の心理学の理論的背景と知識基盤

▼表3.1　セントラルエイト　リスク・ニーズ要因

1. **犯罪歴**　家庭や家庭外などのさまざまな場面において，数多くの多様な犯罪行動に早期からかかわっていること。主要な指標は，若年時の逮捕，数多くの犯罪の前歴，条件つき釈放期間中の規律違反など。
   【ストレンクス】犯罪行動がみられない，またはきわめてまれであるので，犯罪指向的態度にはほとんど結びついていない。
   【動的ニーズおよび変化のために有望な中間目標】過去は変えることができないが，変化のために適切な中間目標としては，ハイリスク状況における非犯罪的な新しい行動を確立すること，更生を支えるセルフエフィカシー信念を確立することなどである。

2. **犯罪指向的態度**　これは，犯罪を好ましいものとする態度，価値観，信念，合理化，思考などの変数を含む複合的な変数である。犯罪に関連する認知・情緒的状態は，怒り，イライラ感，憤慨，反抗などである。具体的な指標としては，犯罪者への同一化，法や司法システムへの否定的態度，犯罪は報酬をもたらすものだという信念，犯罪が正当化される幅広い条件を事細かに述べるような合理化（例：被害者にはそれが当然の報いだった，被害者は取るに足らない人間だ）。
   【ストレンクス】犯罪指向的思考の拒絶，個人の同一性が明らかに向社会的であること。
   【動的ニーズおよび変化のために有望な中間目標】犯罪指向的思考の低減や，向社会的思考の確立および実践を通して，犯罪指向的態度や認知は変容させることができる。

3. **犯罪指向的交友**　このリスク・ニーズ要因には，犯罪指向的他者との交友，および向社会的他者からの孤立の双方が含まれる。
   【ストレンクス】向社会的な他者との親密で頻繁な交友。犯罪的他者との交友がない。
   【動的ニーズおよび変化のために有望な中間目標】これは動的要因であり，適切な中間目標としては，犯罪指向的他者との交友を減らし，向社会的他者との結びつきを強めることである。

4. **反社会的パーソナリティ・パターン**　日常用語では，衝動的，冒険的な楽しみを求めること，幅広い問題性（複数の被害者，複数の場面），落ち着きのない攻撃性，他人を顧みない冷淡さ。
   【ストレンクス】高い自己統制力，優れた問題解決能力。
   【動的ニーズおよび変化のために有望な中間目標】自己管理スキルを増大させ，共感性やアンガーマネジメントを確立し，問題解決スキルを向上させる。

5. **家族・夫婦**　若者の場合は原家族，より年長者の場合は婚姻状況をアセスメントするが，そのときの鍵は，その組み合わせ（親子，夫婦）のなかの対人関係の質や，監視，教育，しつけのアプローチなど犯罪行動に関する行動的期待やルールを把握することである。
   【ストレンクス】強力な監視や監督を伴った効果的な養育や思いやり。
   【動的ニーズおよび変化のために有望な中間目標】葛藤を減らし，望ましい関係をつくり上げ，監視と監督を強める。

6. **学校・仕事**　強調すべき点は，学校や仕事場面での対人関係の質である。一般的に，リスク・ニーズ要因となるのは，成績ややりがいのある取り組み，満足などが低いことである。
   【ストレンクス】権威的な存在に加え，仲間の生徒や同僚への強い愛着と，学校・職

（次頁に続く）

(表3.1 続き)

場での高いレベルの成績と満足感。
【動的ニーズおよび変化のために有望な中間目標】成績，取り組み，および報酬と満足感を高めること。

7. **物質乱用** アルコールや他の薬物（タバコを除く）に関する問題。物質に関して現時点で問題があることは，過去の乱用歴よりも高いリスクの指標となる。
【ストレンクス】危険な物質を使用したことの証拠がなく，物質乱用に対する志向性が否定的なものであること。
【動的ニーズおよび変化のために有望な中間目標】物質乱用を減らし，物質を志向する行動に対する本人および周囲の支持を減らし，物質乱用に代わるものを増やす。

8. **レジャー・レクリエーション** 向社会的なレジャーを行なうことへの取り組みや満足感が低い。
【ストレンクス】向社会的なレジャーを行なうことへの取り組みや満足感が高い。
【動的ニーズおよび変化のために有望な中間目標】取り組み，報酬，満足感を高める。

反社会的パーソナリティは，少なくとも比較的独立した2つの側面から成る。1つ目は，自己統制力不足と計画性欠如である。2つ目は，ネガティブな情緒性である（イライラ感，被害感，敵愾心など）。留意すべき重要な点は，反社会的パーソナリティの特性指標は，これらの傾向が比較的安定的で，一貫した要因であると見なしているということだ。しかし，自己統制力やネガティブな情緒性は，急性の動的要因であると見なすこともできる。急性の変化，例えば突然の激怒などは，一般的パーソナリティ理論および認知社会的学習理論における犯罪行動のバリエーションの理解においては，とりわけ重要なものである。

最後に，パーソナリティ研究もまた，犯罪行動の個人的差異を理解する際に，これまでほとんど考慮されなかった要因を探究するうえできわめて重要である。犯罪と犯罪者に対して広く共有され喧伝されている多くの誤解について考えれば，犯罪行動とはたいして関連して**いない**パーソナリティ側面を見出すことに非常に役立つのである。犯罪とは関連の弱い非犯因的要因には，幸福感，セルフエスティーム，社交性，不安感，苦悩，精神病理などがある。犯罪と犯罪者に対する誤解は非常に広く蔓延しているため，これらの問題については本書を通して何度も触れることにする。幸福な人々も犯罪を行なうことがあるが，その多くは犯罪者ではない。一方，不幸な人々も犯罪に至ることはあるが，そ

のほとんどは犯罪者ではない。

　図3.1をみながらセントラルエイトのリスク・ニーズ要因についてじっくり考えてみると，当てはまるセントラルエイト要因の数が増えれば増えるほど，その個人が違法行動に至る確率が劇的に増加することがわかるだろう。また，犯罪指向的な態度や交友という2つの変数が，犯罪的に行動する決断と近い位置にあることに示されるように，一般的パーソナリティ理論および認知社会的学習理論は，これらがことのほか強力なリスク要因であることを示唆している。確実なエビデンスなしに「ビッグフォー」を「ビッグツー」に置き換えるのは時期尚早である。とはいえ，これら2要因を特別扱いするに足るいくつかの実証的支持はある。例えば，Prattらによる社会的学習理論の中核的変数に関するメタアナリシスでは，態度や犯罪指向的交友の効果量が最大であることが見出されている（Pratt, Cullen, Sellers et al., 2010）。さらに，この後の章で犯罪者処遇について論じるが，これら2つのリスク・ニーズ要因は，他のセントラルエイト要因よりさらに大きな実務的重要性があると主張されている。

　犯罪行為を実行する際の認知的決断には，直接的な因果的重要性があるとされている。「法律違反に与する決断」というものについて述べている理論家もいれば（Sutherland, 1947），「セルフエフィカシー信念」（Bandura, 1989）や，「行動的意図」（Ajzen & Fishbein, 1980），「報酬とコストのバランス」（Andrews & Bonta, 2010b）について言及する者もいる。これら構成概念の妥当性を検討する研究によって，これら変数のアセスメントにおける操作的区別が明確になるかどうかは，まだわからない。この分野での大きな問題は，おそらく共通の用語を1つに決めることであろう。これまでのところ，行動的意図やセルフエフィカシー信念のアセスメントは，多くの異なった状況において，驚くべき予測的妥当性を示している（Ajzen, 2011; Ajzen & Cote, 2008; Ajzen & Fishbein, 2005; Bandura, 2008; Bandura 2011; Bandura, Caprara, Barbaranelli, Regalia, & Scabini, 2011）。

　何が適切であるかの判断や，どう振る舞うかの決断におけるバリエーションの主要な根源は，身の周りの環境と多くのセントラルエイトのリスク・ニーズ要因の組み合わせである。身の周りの環境には，犯罪行動を助長するものと阻害するものとがある。例えば，車が施錠されていれば，施錠されていない場合

に比べて，その車を盗む可能性は下がるだろう。ある行動が適切であるかどうかに関する判断の一部として，人は周りの状況をスキャンする。もちろん，当人が有する態度や認知が，犯罪行動を支持するものであり，その行動に対する周囲からの支持があり（直接的支援がある場合だけでなく，認識されるだけであっても），過去に犯罪行動に赴いたことがあり，反社会的行動に誘導する比較的安定したパーソナリティ特性を有していれば（例えば，怒りや統制力欠如のような認知的，情緒的状態），犯罪的に行動する可能性が非常に高くなる。

　社会階級，社会構造，文化などは，この犯罪に関する一般的パーソナリティ理論および認知社会的学習理論のどこかに適合するだろうか。それらは安定的なものであるので，行動の文脈における辺縁的背景であって，社会階級のような特定の社会的配置における個人的行動のバリエーションを説明できない。低い社会階級の者が皆犯罪者となるわけではない。犯罪行動におけるバリエーションを説明するものは，個々の社会的位置のなかで作用している報酬とコストの随伴性と相互作用するセントラルエイトのリスク・ニーズ要因の分布である。

4節　犯罪行動の学習

　一般的パーソナリティ理論および認知社会的学習理論は，犯罪行動を含むすべての行動は学習されたものであるとの前提に立つ。犯罪行動の主要な社会的・対人的源泉を見出した後は（すなわち，セントラルエイト），それではそのような状況のなかで，どのようにして犯罪行動が学習されるのかということに問題が移る。その解答は，学習の原理のなかにあり，そこでは報酬とコストの概念が重要となる。報酬とは，行動が生起する可能性を増大させる刺激のことであり，コストとは行動の生起可能性を減少させるもののことである。われわれは通常，行動が起こった後に生じる報酬とコストについて考慮する（心理学者はこれをオペランド条件づけという）。例えば，従業員がとてもよく働いたら，雇主はボーナスを支払う。子どもがおもちゃを独り占めすると，親は叱責する。

しかし，行動の前に報酬とコストが生起することもあり，それがその行動が再度生起するかどうかの可能性に影響を与える。われわれは，それらを**シグナルとなる**報酬およびコストと呼んでおり，それは通常，行動が報酬やコストと関連づけられた経験の結果そのようになったのである。過去に劇場で携帯電話が鳴って，他の観客に怒鳴られたことがあれば，劇場に入るとき携帯電話の電源を切るようになる。劇場に入るということがシグナルとなって，携帯電話の電源を切れば，潜在的なコストを回避することができる。

モデルもまた，報酬とコストのシグナルとなる。例えば，他人が信号無視をしているのをみると，自分もまた信号無視をしがちであり，モデルが高価な服装を身につけているときのほうが，みすぼらしい服装をしているときよりも，そうなりやすい。すべての行動は，犯罪であるか否かを問わず，報酬とコストの支配の下にあり，それらが行動の前に生じることもあれば，後のこともある。どのような状況であれ，報酬とコストの随伴性が，人間行動の獲得，維持，修正の原因となる。

行動の先行条件と結果には，主に2つのタイプがある。加算的イベント（報酬とコストが追加される）と減算的イベント（報酬とコストが，撤回，延期，縮小される）である。加算的報酬とは，結果として，何か喜ばしいものが身の周りに追加されることである（例えば，子どもがすばらしいことをしてほめられる）。減算的報酬とは，結果として何か不快なものが除去されるということである（例えば，暴力を振るうことによって，他者が不愉快な振る舞いをすることを制止できたならば，今後も暴力を振るう確率が上昇する）。加算的コストとは，何か不快なものが増えるまたは加わることである（例えば，嫌がる相手にキスをして平手打ちされる）。減算的コストとは，心地良さが除去されることである（例えば，飲みすぎた後，気分が悪くなる）。ここで覚えておくべきポイントは，報酬は行動が再び生起する確率を上げることにつながり，コストは下げることにつながるということである。リソースノート3.2に，加算的，減算的報酬が作用する例を説明してある。

誰に対しても，どのような状況でも一律に働く報酬やコストは存在しない。ある人には報酬になるものが，他の人にはコストになる場合もある。ある人にとっては強力な報酬であっても，他の人にはほとんど価値のないものであるこ

第 3 章　犯罪学理論から犯罪行動の心理学的見地へ

ともある。マゾヒストにとっては身体的苦痛が快楽であるが，マゾヒスト以外の者にとってはそうならない。金のない者にとっては，100ドルがモチベーションを大いに喚起するだろうが，大金持ちではそうならない。何が報酬あるいはコストとなるのかは，幅広い要因に依存している。それには，遺伝的負因や能力（例えば，コカインが報酬となるうる力は，ある種の神経受容体の存在にかかっている），認知的機能（例えば，何日も後に生じるコストは，長期的に物事を考える力の有無に依存する），人間の発達（例えば，1歳児には1ドルよりもクッキーのほうが効果的である），心身の状態（例えば，酔っ払っているときは素面のときに比べて，叱責されても効果が薄い）などがある。反応や学習の能力には，多くの身体的，認知的特性が影響を及ぼしている。これらの個人的要因には永続的なものもあれば（例えば，脳損傷），推移するもの（例えば，発達や成熟に伴う変化），急性的なもの（例えば，酩酊，ある特定の状況で特定の瞬間に不公平感を抱くこと）もある。

　Skinnerは，行動主義の父であるが，報酬とコストは，異なった「スケジュール」で作用すると考えた。行動が生じると報酬ないしはコストが，毎回伴う場合や（例えば，熱いストーブに触るといつも火傷する），決まった間隔で伴う場合（2週間ごとに給料が支払われる），一見ランダムであるかのように見える場合（スロットマシンで大当たりが出る）がある。報酬やコストが，いつ，どのような頻度で生じるかということが，行動に多大な影響を及ぼす。一般的パーソナリティ理論および認知社会的学習理論では，これを報酬とコストの**密度**と呼んでいる。

ケーススタディ：加算的および減算的報酬の同時作用

　ジュリアは，売春とドラッグ所持で30日間の拘留を言い渡された。彼女は19歳で，拘留されるのは初めてだった。刑務所に入るとき，ジュリアは他の犯罪者全員と同じように取り扱われた。指紋を取られ，健康診断をし，生育歴が手短に記録された。何も特別な問題はないようにみえた。

63

初日の夜の巡回で，矯正職員は，ジュリアが意識朦朧として前腕から血を流しているのを見つけた。その日早く，彼女は脚を剃るために剃刀がほしいといってきた。剃刀は回収されず，その夜剃刀を使って腕を切ったのだった。ジュリアには，即座に医療的措置が施された。少しの切り傷があるだけで，彼女自身による身体的な傷は小さいものであった。

翌日，ジュリアは自殺のアセスメントのため，心理学者と面接をした。ジュリアは，職員が自分が自殺すると思っていることを知り，少し驚いた。そして自殺の意図を否定して，「あれは大したことじゃないんです」といった。その夜，彼女は眼鏡で前腕を切り（レンズをフレームから外していた），また血を流しているのが見つかった。傷は浅かったが，スタッフは警戒した。彼女は，24時間の看護ケアを受ける医務区に移された。

ジュリアが取ったような行動はしばしば，「助けを求める」「気を引く」ためのものであるとみられている。自殺をほのめかすようなジェスチャーは，他者から大きな注目を集めるため，深刻な孤独感を抱いている者にとっては，その強化の力は大きなものとなる。心理学者はジュリアと再度面接し，前腕の傷は「対人的な加算的報酬」を生み出すものだとの当面の仮説を立てた。

驚いたことに，その行動はまた減算的報酬をももたらした（すなわち，不快な刺激の除去）。この2度目の面接で，ジュリアは前よりリラックスしており，オープンだった。彼女は，身体的・性的虐待を受け，極度の貧困で，アルコール依存であるという人生を打ち明けた。彼女はまた，過去にとても不安になったとき，手首を切ったことがあるとも報告した。そのようにして痛みを感じていれば，自分の問題から気をそらすことができた。切り口から血がにじむのをみれば，その瞬間だけ自分のひどい生活のことをくよくよ考えずにすんだ。血が流れ続けているのをみるとき，リラックスし平和な気分になるのを感じた（少しずつ出血するのをみて，不安が晴れた）。最後に，うつらうつらして眠りに至り，起きたときは新たな1日に立ち向かう元気が出てくるのだった。

もう1つ重要なことは，われわれがある方法で行動することを選んだとき，その他の別の行動を見合わせるということである。向社会的な代替行動に対して大きな報酬が与えられるとき，何らかの逸脱行動を行なおうとする動機づけ

は低下するだろう。犯罪行動が抑制される可能性は，犯罪を行なうことへの動機づけの低下に起因する場合は少なく，むしろ犯罪に対する減算的コストが劇的に増大するような場合のほうが多い。「犯罪を行なわないこと」に対する報酬が増加するにつれて，失うものが多くなるからだ。例えば，人々は結婚したり，子どもをもったりして，向社会的活動が増えると，犯罪を行なわないようになる。

犯罪に関していえば，犯罪行動が生起する可能性のバリエーションは，犯罪行動に対する認知された報酬の密度と正の関連があり，犯罪に対する認知されたコストの密度とは負の関連がある。また，犯罪生起の可能性は，向社会的行動への認知された報酬の密度と負の関連があり，向社会的行動への認知されたコストの密度と正の関連がある。もし犯罪行動への報酬が，向社会的行動の報酬を上回り，犯罪行動にはコストがほとんど伴わないのであれば，犯罪行動が生起しやすくなる。報酬とコストの密度を変えることの影響は，密度が中くらいのレベルで最大となり，きわめて低い，または高い密度であるような両極端のときは小さくなる（行動にもう1つ別の報酬やコストが付加されたところで，既に多くの報酬やコストがある場合は大差がないから）。

先行刺激と結果は，主として以下の3つのところから生じる。①行為者本人（個人的に媒介された出来事），②他者（対人的に媒介された出来事），③行動そのもの（媒介されていない出来事，自動的あるいは習慣的出来事）。個人的に媒介される影響力の強さが最大となるのは，本人が強い自己統制力を有し，その認知や態度が犯罪行動に対して支持的である場合（犯罪行動が生起しやすくなる），あるいは向社会的行動に対して支持的である場合（向社会的行動が生起しやすくなる）である。個人的に媒介された統制は，認知が中立的なときには弱まる。

対人的に媒介された影響力の強さは，**関係性原則**と**構造化原則**を遵守した場合に増大する。関係性原則とは，相手を尊重し，大事にし，好意を向けると，対人的な影響力の効果が高まるというものである。構造化原則とは，影響力の方向は，相手の認知，期待，行動の性格が，犯罪指向的か向社会的かによって決定されるというものである。犯罪に対して中立的な人との深い対人関係は，犯罪行動に対して媒介的な影響を及ぼす。

何の媒介もない影響力とは，行動それ自体の機能として比較的自動的に生じ

るものであり，主としてその行動に対する強化の歴史を反映する。強化された行動が，刺激となる他の出来事と反復的に提示されたり，何度も練習して結びついたとき，その刺激もまた自動的な支配力を振るうようになる。したがって，例えば重要な他者のことを思い浮かべただけで，その他者が好む行動に及ぶといった影響力を発揮するし，薬物を見ただけで感覚的変化が生じる。表3.2は，統制力の主な種類とその源泉についてまとめたものである。

これまでのところで，自分を取り巻く状況における報酬とコストの重要性を強調してきた。しかし，報酬とコストはまた，履歴的，地理的，政治経済的要因にも依存する。報酬とコストの利用可能性や，それがどのように提供されるかといったルールは，社会によって異なるし，特定の社会や文化に固有の経済，社会，政治的条件によっても変わってくる。例えば，失業率の高い社会では，向社会的行動に対して，仕事を通しての十分な報酬を提供できない。そのため，金銭を獲得するための別の手段として，反社会的行動が一層魅力的になる。規

▼表3.2　統制のタイプと源

統制源	報酬		コスト	
	加算的（「快」が加わる）	減算的（「不快」が除去される）	加算的（「不快」が加わる）	減算的（「快」が除去される）
対人的	賞賛，友人からのハグ，給料が増える，クッキー	友人からの援助，親が子どもを慰める，歯科医に虫歯がないといわれる	判事が懲役刑を言い渡す，好きな人が大声を上げる，親が子どもを叩く	好きな人があなたを無視する，子どもが自室に戻される（「タイムアウト」），クラブへの入店を断られる
個人的	「自分がしたことはすばらしい」「自分が誇らしい」	「すごくほっとした」「私は臆病者ではない」	「私はなんてバカなんだろう」「本当に腹が立つ」	「私は善人ではない」「彼らからの敬意を失った」
何にも媒介されないもの	ドラッグによる高揚感，アルコールによるリラックス感	鎮痛薬を飲む，靴下のなかの石を取る	熱いストーブに触る，バイクから転落する	眼鏡が割れる，テレビを観ているとき停電する

範的な観点からは，その成員に何を期待し，何に報酬を与えるかは，文化によってまちまちである。アルコールについて例を挙げよう。どのようなアルコール摂取が罰を受けるかという「ルール」は，文化によって異なっており，厳格で儀式的な条件でのみ許される飲酒から，公の場であからさまに酔っ払うことが許されるまで多様である。われわれの社会的場面，コミュニティ，文化は，何に報酬を与え，何を罰するかということに大きな影響力をもっている。

一般的パーソナリティ理論および認知社会的学習理論，セントラルエイトを支持するエビデンスの概要

　もし実証的エビデンスの支持がないならば，その理論にはほとんど価値がない。一般的パーソナリティ理論および認知社会的学習理論では，セントラルエイトはきわめて妥当である一方，他の社会学的，心理学的要因はあまり妥当ではない。本書を通して，一般的パーソナリティ理論および認知社会的学習理論を支持する幅広いエビデンスを提示する。ここでは，リソースノート3.3で，一般的パーソナリティ理論および認知社会的学習理論を支持する1つのメタアナリシスを紹介する。

 New Brunswick 大学，Carleton 大学の犯罪行動の予測に関するメタアナリシス：主な知見

　Gendreau, Little, & Goggin（1996）は，1970年から1990年までに英語で発表された犯罪の相関因子に関する372の研究をレビューした。これらの372研究から，犯罪行動の何らかの指標に対する1,770以上のPearson相関係数が得られた。さらに，New Brunswick 大学および Carleton 大学の完全なデータベースを利用したメタアナリシスの結果もここで紹介する。
　本書の基盤にある一般的パーソナリティ理論および認知社会的学習理論の見地を反映して，個々のリスク・ニーズ要因を6つのカテゴリーに分けた。そのカテゴリーとは，①親の教育および職業の指標や近隣の特徴から査定した低い

社会階級出身であること，②不安，抑うつ，低いセルフエスティームの「心理学的」指標，およびアノミーや孤立など「社会学的」査定を含んだ，個人的苦悩の指標，③学校・仕事，④家族・夫婦（家族の凝集性，しつけの仕方），⑤反社会的パーソナリティ・パターン（反社会的な気質，パーソナリティ，行動歴），⑥犯罪指向的態度および交友。

6つのカテゴリーそれぞれの平均相関係数は，以下の通りである。

カテゴリー	r	(k)
1. 低い社会階級出身	.06	(97)
2. 個人的苦悩	.08	(226)
3. 学校・仕事	.12	(129)
4. 家族・夫婦	.18	(334)
5. 反社会的パーソナリティ・パターン	.21	(621)
6. 犯罪指向的態度・交友	.22	(168)

▼リスク・ニーズ要因のタイプおよびさまざまな比較変数の平均 r

比較変数	低階級	個人的苦悩	学校・仕事	家族・夫婦	反社会的パーソナリティ	態度・交友
男女	.06	.08	.12	.18	.21	.22
男	.04	.09	.11	.16	.18	.21
女	.03	.08	.13	.16	.23	.23
年齢						
少年	.03	.09	.10	.18	.22	.23
成人	.05	.09	.12	.11	.18	.19
人種						
白人	.05	.09	.10	.20	.19	.24
黒人	.07	.05	.17	.12	.22	.29
犯罪指標						
自己報告	.00	.08	.10	.14	.20	.25
公的	.06	.10	.12	.18	.19	.19
デザイン						
縦断的	.11	.08	.14	.17	.21	.20
横断的	.03	.08	.08	.19	.19	.27

> 研究結果からわかったことは，低い社会階級出身であることや個人的苦悩は，セントラルエイトの4つの指標に比べると，リスク要因の小さな指標にすぎないということである。前頁の表で示したように，この6種類のリスク・ニーズ要因の順位は，対象者のタイプ（性別，年齢，人種で分類）や方法論的変数（犯罪の指標や研究デザイン）が違っても非常に頑健であった。

リソースノート3.3は，初期のメタアナリシスの要約であるが，その結果の全般的パターンは，今や多くのレビューで再確認されている。これら初期のレビューでは，カテゴライズの目的で犯罪指向的態度と交友は，1つにまとめられていた。同様に，反社会的パーソナリティ・パターンと反社会的行動歴も1つのカテゴリーにまとめられていた。初期の研究ではまた，親の特質（例えば，父親の犯罪歴）や家族構造（例えば，片親の家庭）は，家族の凝集性やしつけの研究にまとめられていた。そして，その結果のパターンは明確であった。低い階級の出自や個人的苦悩などは，他の一連の変数に比べて，小さなリスク要因でしかなかった。これは，男性にも女性にも，白人にも黒人にも，そして若者にも成人にも当てはまった。さらに，そのパターンは，横断的研究デザインを用いても，縦断的研究デザインを用いても明白であり，犯罪行動を自己報告によるものと定義した場合も，公的記録によるものと定義した場合も同様であった。結果をどのようにみても，態度・交友，反社会的パーソナリティ・パターン・犯罪歴が，犯罪行動と最も強い相関があった。

5節　要約

　一般的パーソナリティ理論および認知社会的学習理論の文脈では，人間の行動に対する個人，対人関係，コミュニティの支持が，犯罪に対して好意的か否かということを理解することなくして，犯罪を理解することはできない。報酬

と罰の総和に着目したり（緊張理論およびサブカルチャー理論），社会的権力の不均衡（ラベリング理論および葛藤・マルキスト理論）に着目したりするだけでは不十分である。また，犯罪行動に対する外的，内的統制に着目するだけでも不十分である。犯罪行動を理解するためには，個人要因の文脈のなかで，動機づけと統制の双方について考慮しなければならない。

6節　まとめ

1. 歴史的にみて，社会学的犯罪学が，犯罪行動の理論において支配的であった。そのような理論のなかには，社会的ヒエラルキーのなかの個人の位置づけが，犯罪の原因であるとするものがある。しかしながら，エビデンスは，社会階級は犯罪行動と小さな相関しかないことを示している。
2. 他の犯罪学的理論は，より社会・心理学的なアプローチを取っている。自己統制，犯罪指向的交友，犯罪指向的態度が，社会的位置より重要だと見なされている。
3. 一般的パーソナリティ理論および認知社会的学習理論は，セントラルエイトと呼ばれる8つの主要なリスク・ニーズ要因を主張している。それは，①犯罪歴，②犯罪指向的態度，③犯罪指向的交友，④反社会的パーソナリティ・パターン，⑤家族・夫婦，⑥学校・仕事，⑦物質乱用，⑧レジャー・レクリエーションである。セントラルエイトの効果量は，社会階級や個人的苦悩よりも大きい。
4. 一般的パーソナリティ理論および認知社会的学習理論は，犯罪行動は学習の原則に従って学習されるものであり，行動は先行刺激と結果の支配の下にあると見なしている。
5. 犯罪行動のバリエーションは，犯罪行動および非犯罪的代替行動に対してシグナルとなる報酬とコストの密度を反映した結果である。
6. シグナルとなる報酬の源泉は，個人的なもの，対人的なもの，何にも媒介されないものがある。

7. 一般的パーソナリティ理論および認知社会的学習理論の主な特徴は，予防や更生プログラムのデザインに示唆を与えることができるという強みにある。

第2部

犯罪行動の主要な リスク・ニーズ 要因

The Major Risk/Need Factors of Criminal Conduct

第4章

犯罪行動の生物学的基盤

1節　はじめに

　第3章で述べた重要なポイントは，報酬とコストの影響は，個人的要因に依存するということである。個人的要因の1つのセットは，認知やパーソナリティに基づくものである。そして，もう1つは生物学的要因である。一般的に生物学的要因は，犯罪学のなかではほとんど注意を払われてこなかった（Wright & Cullen, 2012）。しかし，心理学においてそれらは非常に重視されてきている。本章では，われわれが生まれもったものが，行動を形づくるうえで環境とどのように相互作用するかを検討する。また，なぜ個人的要因のいくつかがリスク・ニーズ要因となり，他のものがストレンクス要因となるかということも，相互作用によって説明できる。例えば，犯罪行動に対して都合よく報酬が与えられると，自己統制力が低い（リスク・ニーズ要因）者には，とても魅力的に映るだろう。一方，まったく同じ犯罪に対する都合の良い報酬に対しても，自己統制力が高ければそれは，ストレンクスまたは保護要因として働く。生物学的要因は，犯罪行動の基盤に横たわっている。それは，パーソナリティの発達だけでなく，認知的発達の基盤ともなる。

　子どもは遺伝的な生物学的可能性と負因をもってこの世に生まれ，それら生

物学的要因と，個別具体的な家族，社会，文化的環境とが相互作用をする。個人の可能性や遺伝負因は，行動の形成に対して環境がどのような影響を与えるのかを規定する。逆に，行動はもって生まれた生物学的性質を変えることもできる。例えば，平均的な知能をもって生まれた子どもでも，刺激的で豊かな環境に恵まれると，不遇な環境で育った場合では果たし得なかった成果を上げることもできるだろう。加えて，それらの成果は，さらなる生物学的成長を刺激することがあるかもしれない（例えば，神経の連結が増加したり，脳科学的な変化をもたらしたりするなど）（Beckman, 2004）。

　1990年代に出現したエキサイティングな領域が，発達犯罪学である。発達犯罪学は，子どもと若者が成長のなかで，どのように犯罪に関わり，そこから脱するかを理解しようとするものであり（Farrington & Loeber, 2013），幼児や子どものコホートを成人期まで追跡することによって，それを成し遂げようとする。1つの例は，第1章で説明した非行発達に関するケンブリッジ研究であり，そこでは8歳児が大人になった今でも追跡されている（56歳）。発達犯罪学による一貫した知見では，ほとんどの若者，特に男性は，成長して成人期に至るまでさまざまな反社会的行動を行なう。しかしこれらの若者は，異なった軌道，あるいは犯罪的経路をたどる。いくつの軌道があるかについては，コンセンサスがなく，3，4，5，そして6という意見すらある（Piquero, 2008）。とはいえ，2つの一般的な軌道について説明することが確実である。それらは，性別（Odgers, Moffitt, Broadbent, Dickson et al., 2008; Piquero, 2008），人種（Yessine & Bonta, 2009）を問わず，共通している。

　第1の軌道は，**青年期限定型**（Moffitt, 1993; 2003）であり，それは青年期のある時期に非行がみられるが，成人初期にそこから遠ざかるような大多数の青年のことである。第2の軌道は，**生涯継続型**と呼ばれている。このタイプは，ほとんどが男性で，早くから反社会的な振る舞いが始まり，それが成人になっても継続し，しばしばその行為の深刻さがエスカレートするような犯罪者である。生涯継続型犯罪者は，非行少年のうちの少数者ではあるが（5-10%），犯罪の大半に加担している（Macleod, Grove, & Farrington, 2012）。例えば，スウェーデンで1958年から1980年の間に生まれたすべての子ども（200万人以上）を選んで，Falk, Wallinius, Lundström, Frisell, Ankarsäter, & Kerekes（2014）は，そ

のなかに 24,342 人の中程度から高程度の継続的粗暴犯罪者を見出した（定義は，3 件以上の粗暴犯罪を行なったこと）。この 1% の犯罪者が，すべての粗暴犯罪の 63% を行なっていた。生涯継続型犯罪者の研究のほとんどは，若年成人期まで追跡しているが，少数の研究は，50 代，60 代，そして 70 代になるまでも追跡し続けているものもある（Farrington et al., 2013; Laub & Sampson, 2011; Silvertsson & Carlsonn, 2015）。これらの生涯継続型犯罪者は，たしかに多くの児童期のリスク要因を有しているが（例えば，親の監督不足，学校の問題），彼らはまた，生物学的要因にことのほか大きな影響を受けている。

2 節　遺伝と犯罪

　氏も育ちも重要だということは，誰もが同意するだろう。しかし，一方または他方が，どの程度行動に影響しているかについては，科学の領域だけでなく，文化や政治的な議論の的でもある（例えば，知的能力が低い者に市民権を与えないような移民政策を推進するなど）（Babcock, 2015）。PCC は，環境要因を強調する。なぜならば，環境は行動に対する**直接的な**統制源だからである。しかしその一方で，犯罪行動を十分に理解するために，犯罪行為の発達に寄与する遠位の要因を検討する必要もある。われわれは，犯罪を説明する単一遺伝子の探索から始め，その後，遺伝の影響について一般的な説明へと進み，具体的な生物学的リスク・ニーズ要因のいくつかについて要約し，進化論的犯罪学についての若干の考察で締めくくる。本章の最後までには，読者は，犯罪行動を理解するためには生物学的変数の考慮が重要であることを理解するとともに，生物学的決定論の限界も十分認識していただけるものと思う。

犯罪遺伝子の探求

　遺伝とは，1つの世代から次の世代への遺伝情報の伝播である。遺伝子は，遺伝の基本的単位であり，タンパク質と酵素の生産を指令し，そうしてわれわれの容貌や行動に影響を与える（テクニカルノート4.1　www.routledge.com/cw/bontaを参照）。2003年にヒトゲノム計画が，人間の完全なDNA配列を解明したが，それは個々の遺伝子のプログラミングコードである。医学の分野では，単一の遺伝子の異常や変性によって引き起こされる疾病がある（例えば，ハンチントン病，嚢胞性繊維症，筋ジストロフィー）。そのような知見は，人間存在の中核にある生化学的プロセスと機能を遺伝子が支配する方法を変えるような，医学的治療を開発することに望みをもたせてくれる。もし，犯罪に関係する単一の遺伝子があり，犯罪行動を効果的に消し去ったり，「スイッチオフ」すらできたりする治療を開発できれば何とすばらしいことだろうか。

　犯罪遺伝子の探求には，XYY染色体異常についてのストーリーがある。染色体はDNAでつくられており（遺伝子プログラム），人間は46本の染色体をもつ。ときに，遺伝子は損傷したり，適切に組み合わせられなかったりする。遺伝子配列の変異（突然変異）は，解明されていない自然発生的な方法や事故（例えば，X線への曝露）によって生じうる。このような変異は，染色体のなかの遺伝子の位置に影響を与えることがあり，その結果，遺伝子の完全な欠落や余分な遺伝子が生じる。例えば，ダウン症は余分な染色体の存在が原因である。

　犯罪行動に関心のある者は，XYY染色体異常に最も関心を寄せてきた。Y染色体は，男性的な性的特徴（例えば，性器の発達，体毛の分布）を決定する遺伝子を含んでいる。ほとんどの男子・男性はXY染色体をもち，女子・女性はXX染色体をもつ。1961年，Sandberg, Koepf, Ishihara, & Hauschkaは，余分なY染色体をもつ者のことを記述した。この人物は，決して「超男性」ではなかったけれども（平均的知能を有した非犯罪者であった），Jacobs, Brunton, Melville, Brittain, & McClemont（1965）によるその後の研究で，余分なY染色体と粗暴行為の関連が示唆された。これらの知見に対する熱狂的な反響が，予

想された通り「遺伝子がそうするように仕向けたんだ」などと裁判での自己弁護に使われただけでなく（8人の看護学生を絞殺したリチャード・スペックは，この自己弁護を使ったが受け入れられなかった），余分な Y 染色体がないか男児や男子高校生のスクリーニングをするという過激な対策など，あちこちに広まった（Katz & Chambliss, 1995）。しかしながら，初期の研究は，施設収容され，その多くは知的能力に障害を有する男性という，バイアスのあるサンプルを用いていた（Jarvik, Klodin, & Matsuyama, 1973）。

　十分にデザインされた疫学的研究によって，余分な Y 染色体を有することは，多くの場合さほど重要ではないという結果が見出された後，最初の興奮はあっという間に消えていった。第1に，XYY が生じるのは，非常にまれである。Witkin, Mednik et al.（1976）は，4,558 人のデンマーク人サンプルのなかで，わずか 12 人しか XYY を見出せなかった（0.26%）。もっと大きなより最近のデンマーク人サンプルで，Stochholm et al.（2012）は，105,280 人中，XYY 染色体変異を 161 人見出した（0.15%）。Götz, Johnstone, & Ratcliffe（1999）は，17,522 人のスコットランド人男性サンプルで，17 人を見出した（0.10%）。フォローアップでは，これら3つの研究すべてで，XYY の男性は正常男性（XY 男性）に比べて，多くの有罪判決を受けていたことがわかった。第2に，犯罪行動の差を説明するのは，余分な Y 染色体なのか，あるいはたんに染色体が余分にあることなのかということを確認するために，研究者は XYY の男性と余分な X 染色体をもつ男性（クラインフェルター症候群として知られる状態。男性器を有するが，しばしば不妊で，乳房発達，知的な遅れなどの特徴がある）を比較した。この場合も，XXY が生じるのは非常にまれで，1% 未満である。刑事犯罪に関しては，余分な Y 染色体を有する男性と，余分な X 染色体を有する男性の間に相違はなかった。

　XYY を有する子どもの唯一の縦断研究では（Geerts, Steyaert, & Fryns, 2003），研究に参加した 38 人の男児の半分に心理的問題の証拠が見つかったが，素行障害よりも小児自閉症のほうがより多い結果であった。XYY 研究の文献レビューで，Ike（2000）および Re & Birkhoff（2015）の双方が見出したのは，XYY を有する者の大部分が行動上の問題を示さず，反社会的行動の報告は XYY 症候群を有する者の一部を選抜した結果によるのではないかということ

である。結論は，XYY異常は興味深いストーリーではあるが，過度な単純化と遺伝的決定論の陥穽に陥っているということである。1遺伝子が1つの障害を起こすという例はあるものの，行動の出現には多数の遺伝子が関与しており，それが環境と相互作用するというのが，より一般的なシナリオである。

世代間の犯罪性

　犯罪は遺伝するという考え方は，犯罪の原因を追究している者たちの間で，何年もの間広く意見の一致をみている。刑事司法分野で働く者であればほとんど誰もが，世代間の犯罪性に関する明らかな例を提出することができる。犯罪特性の遺伝についての早期の研究のうち，有名なのは Dugdale（1877/1970）によるジューク家の分析である。マックス・ジューク（およそ1750年）の子どもに始まり，Dugdale はジューク家の家系を1870年までたどった。709名の子孫のうち，およそ20％の者が犯罪者であり，40％を少し超える者が生活保護状態であることがわかった。Dugdale は，犯罪と「極貧」の割合が高いことは，犯罪性と社会適応能力が遺伝することの証拠であると結論している。

　今日，発達犯罪学の多数の研究によって，世代間犯罪性にはエビデンスが見出されている。一例として，ケンブリッジ研究は，父親の犯罪性と息子の犯罪性の間に高い相関を見出している（$r = .43$）（Rowe & Farrington, 1997）。この犯罪の世代間連鎖は，男子にも女子にも同様に当てはまり（van de Rakt, Nieuwbeerta, & de Graaf, 2008），3世代にわたっても見出されている（Farrington, Coid, & Murray, 2009; Farrington, Ttofi, Crago, & Coid, 2015）。

　とはいえ，世代間犯罪性についてのこれらの知見や他の知見から，必ずしも犯罪性が遺伝的に伝播するといえるわけではない。親の監督，しつけ，勤務状況の悪い父親，劣悪な住宅状況など，他の要因もまた重要である（Besemer, Farrington, & Bijleveld, 2013; Leschied, Chiodo, Nowicki, & Rodger, 2008）。Besemer ら（2013）はまた，この犯罪の世代間連鎖は，警察や裁判の公的な手続きに関連があり，たんに遺伝的なものではないと示唆している。犯罪的な父親をもつことは，息子が非行に関与することの最大の予測因子であるが，社会

的問題の他の指標（例えば，世帯収入の低さ）もまた，非行を予測する。しかし，これらの社会的指標は，自己報告による非行よりも，**公的な**非行記録のほうをよく予測した。

　もう1つの説明要因は，「選択的結婚（同類交配）」である。選択的結婚とは，自分と似た者と結婚することである（Boutwell, Beaver, & Barnes, 2012; Krueger, Moffitt, Caspi, Bleske, & Silva, 1998; Rhule-Louie & McMahon, 2007）。研究結果には，驚くべきものがあった。ケンブリッジ研究では，研究対象となった男子は成人後，その83%が犯罪歴のある女性と結婚していた（Farrington, Barness & Lambert, 1996）。実際，Farrington（2007）は，家族の犯罪性は，他のどの家族メンバーの反社会的行動にとっても，最大の予測因子であることを見出した。1,681家族を対象としたオランダの研究は，母親が逮捕されると，父親が逮捕される確率が5倍高くなることを見出している（Junger, Greene, Schipper, Hesper, Estourgie, & Junger, 2013）。反社会的な者が犯罪指向的なパートナーと同居しがちであることや，反社会的な子どもは機能不全で諍いの絶えないような家庭で育てられる傾向があることを考えれば，子どもの反社会性は，遺伝子よりもむしろ環境の影響であるといえるかもしれない。遺伝と環境の影響を分離するために，研究者は双生児と養子の研究に着目してきた。

双生児研究と養子研究で氏か育ちかについていえること

双生児研究

　双生児研究では，一卵性（monozygotic: MZ）双生児と二卵性（dizygotic: DZ）双生児を比較する。一卵性双生児は，1個の精子によって受精した1個の卵から発生する。受精後，卵は2つに分かれ，最終的には遺伝的組成がまったく同一の2個の胚となる。二卵性双生児または同胞双生児は，2個の別個の受精卵から発生する（図4.1）。その2つの胚は同じ胎内環境を共有しており，短い間隔をあけて次々に誕生する。彼らは遺伝的には，年をおいて生まれた他の兄弟姉妹，あるいは同性の同胞と同じような違いがある。一卵性双生児は，いつも同じ性であり，外見もほとんど見分けがつかないが，二卵性双生児は異

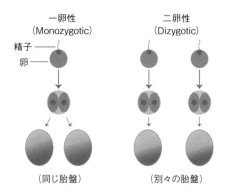

▲図4.1　一卵性双生児と二卵性双生児（Wikimedia commons から引用）

性となることがあるし，同性の場合であっても見分けがつく．さて，ここでもし遺伝が影響力をもつのであれば，一卵性双生児同士の行動は（たんに容貌だけではなく），二卵性双生児同士の行動よりも類似していて「一致度」が大きいはずである．

双生児と犯罪性に関する最初の研究において，Lange（1929）は，ドイツの出生記録から13組の一卵性双生児と17組の二卵性双生児を見出して対象とした．犯罪性の定義は，受刑歴があることとした．Lange は，犯罪性に関する一卵性の類似度・一致率は77%であったのに対し，二卵性ではわずか12%だったことを見出した．つまり，一卵性13組のうち10組に双方とも受刑歴があったのに対し，二卵性17組のうち双方ともに受刑歴があったのは2組にすぎなかった．

この効果の大きさは非常に印象的であるが，Lange の研究や同時期に行なわれた他の研究は，多くの理由から疑念をもたれている．1つには，イギリスや北アメリカの社会科学者は，ナチズムが勃興していた時代のドイツでなされた報告に関心をもたなかったということである（ナチスドイツおよびイタリアファシズムの犯罪学のレビューについては，Rafter［2008］を参照）．さらに，初期の研究にはまた，重大な方法論的な欠陥がある．例えば，Lange は，事前に誰に犯罪歴があるかを知っており，そのうえで写真をみながら双子を一卵性

と二卵性に分類した。この方法は，瓜二つとはいえない1組の双子を二卵性グループに入れたいという信念と期待がある研究者の心を動かしかねない。

　方法論的により改善された研究は，1970年代に出現した。例えば，Christiansen（1977）は，大規模な双生児サンプル（3,586人）を見つけるため，コペンハーゲンの出生記録を利用したが，そこでは一卵性か二卵性か信頼のおける方法で同定できた。犯罪行動のあるなしについては，公的記録があるものと定義した。その結果，一卵性の一致度は35%であったのに対し，二卵性は12%であった。双生児研究の方法論が洗練されてくるにつれ，一卵性双生児の一致率はLangeの報告した77%から，26%にまで低下している（Dalgaard & Kringlen, 1976）。方法論やサンプリング要因で説明できるいくつかの例外を除くと，双生児研究文献の全般的なレビューやメタアナリシスによるまとめでは，遺伝と反社会性の間に中程度の関連を見出している（Carey & Goldman, 1997; Frisell, Pawitan, Långström, & Lichtenstein, 2012; Rhee & Waldman, 2002）。

　双生児研究での重要な前提は，双生児の環境はたいてい同一であるから（例えば，同じ親，類似の家族構造），二卵性に比べて一卵性間の一致率がより大きいことは，遺伝の影響によるものであるということだ。このことは，「同一環境仮定」と呼ばれている。最近になって，Burt & Simons（2014）は，この仮定は双生児研究における致命的な欠陥であると述べ，遺伝の研究を中止するように呼びかけた。しかし，61研究を実証的に分析したところ，48研究（78.6%）が，同一環境仮説を**支持していた**（Barnes, Wright et al., 2014b; Wright, Tibbets, & Daigle, 2014）。「理想的な」双生児研究は，生後すぐ引き離されて，別々の環境で育てられた一卵性双生児を対象とするものであるが，このような研究はほとんどない。別々に育てられた一卵性双生児に関する最大の研究は，Groveらによって実施された（Grove, Eckert et al., 1990）。5歳前に引き離された一卵性双生児32ペア（その半分は生後2, 3か月で別離している）が，成人（中央値43歳）になるまでフォローアップされた。反社会性パーソナリティ障害の一致率は29%で，犯罪に関する双生児研究のほとんどで見出されている一致率の範囲内であった。

　最近は，遺伝と環境の役割を理解するための新しい双子アプローチがある。それは，不一致一卵性双生児法である。不一致一卵性双生児法は，一卵性双生

児は，一緒に育てられていても必ずしも**まったく**同様の環境を共有しているわけではないという前提から始まっている。例えば，片方が事故や病気になっても，他方はそうでないことがある。換言すると，双生児は環境的体験に関して不一致であるということである。したがって，一卵性双生児研究は，遺伝とある程度の一般的な環境体験（すなわち，同一環境仮説）は同一であるため，特異的な**環境**要因の可能性のあるものを教えてくれる。研究者は，これを因果関係の反事実的モデルと呼んでいる。なぜなら，遺伝の影響を理解するために双生児を用いるのではなく，環境の影響を理解しようとしているからだ（McGue, Osler, & Christensen, 2010; Vitaro, Brendgen, & Arsenault, 2009）。

犯罪行動を理解するために不一致一卵性双生児法を用いることはまれであるが，大きな期待がもてる。例えば，敵意ある冷淡な母親と子どもの攻撃行動には強い相関がある。双生児研究での問いはこうなる。母親は遺伝的に敵意を子どもに伝播し，それが攻撃行動の説明となるのか，あるいは子どもの攻撃行動が母親の敵意ある反応を生んでおり，それゆえに遺伝は除外できるのか。

Caspi ら（Caspi, Moffitt, Morgan et al., 2004）は，この問いに答えようとして，1994年と1995年の間にイングランドとウェールズで生まれた565組の一卵性双生児ペアを研究した。双子が5歳になったとき，母親に自分の子どもについて5分間で述べるように依頼してその反応を録音した。録音記録はその後，子どもについてポジティブなコメントかネガティブかによってコード化された。また，母親に子どもの攻撃性を評定してもらう代わりに，この方法はバイアスが入りやすいので（例えば，敵意のある母親は自分の子どもの攻撃性を高く評定しやすい），教師にその子の攻撃性の評定をしてもらった。およそ18か月後に，研究者は母親と教師にもう1度面接を行なった。第1の重要な知見は，母親は双子の一人ひとりを同様に扱っていなかったということだ。多くの場合，双子の1人にはポジティブなことを述べ，もう1人にはネガティブなことを述べた（双子の間の相関は，ポジティブな属性については.65，ネガティブ属性は.06だった）。第2に，母親に表出されたネガティブな感情が，子どもの攻撃性を予測した。したがって，研究者は，子どもの攻撃性を説明するのは，母の養育態度であって，遺伝ではないと結論した。不一致一卵性双生児法を用いたもう1つのより詳細な例については，リソースノート4.1を参照されたい。

リソースノート 4.1 仲間よりも早くセックスを経験することは，非行リスクを高めるか：遺伝的見地から

　横断研究から一貫して見出されていることは，早期に成人と同じような行動を始めることは，非行と関連があるということである。Hirschi（1969）は，喫煙，飲酒，デートを報告した若者の78%が非行行動も行なっていたのに対し，これらの行動をしていないと報告した若者で非行を行なっていた者は，わずか25%であったことを観察した。Glueck & Glueck（1950）は，非行少年はそうでない少年より，早期に喫煙（90% vs 22.8%），飲酒（29.2% vs 0.4%）をしやすいことを観察した。彼らはまた，非行少年の19.4%がセックスをしていたのに対し，非行少年でない者は，わずか1.8%だったことも見出した。より最近では，Armour & Haynie（2007）は，アメリカでの縦断研究に参加した7,000人以上の青年のデータを分析した。結果から，仲間たちよりも早く性的な「デビュー」をした若者は，非行（自己報告による）のリスクが20%増であることがわかった。

　第2章で指摘したように，横断研究も縦断研究も，因果関係に関しては結論を出すことができない。早期の性的行動は，本当に非行の原因となるのか，あるいは別の説明があるのだろうか。おそらく，ティーンエイジャーの行動に対する親の監督不足が，真の原因であろう。また，遺伝も影響しているかもしれない。例えば，進化論では，早期の（そして頻繁な）セックスは，遺伝子の最大の関心事であるとされている。性的デビューと非行の関係をよりよく理解するための1つのアプローチは，双子を調べることである。

　Hardenらは（Harden, Mendle, Hill, Turkheimer, & Emery, 2008），534組の同性の双子を対象にして1994〜95年にアセスメントをし，1年後，および4年後に再度アセスメントした。3度目のアセスメントの時点で，参加者の平均年齢は22歳だった。一卵性双生児が289組，二卵性双生児が245組だった。同性の双生児を用いることによって，家庭環境のなかで男の子と女の子の潜在的な取り扱いの違いを統制した（例えば，両親は女の子のほうをより厳格に監督するかもしれない）。双子を研究することには，2つの重要な利点がある。第1に，もし一方が他方より早くセックスをすれば，遺伝的影響が排除できる。第2に，双子は類似の環境を共有しているため，その影響を除去はできないにしろ，小さ

く見積もることができる。そのため,因果関係の結論により近づくことができる。

遺伝と共有環境の影響を統制することに加えて,Hardenらはまた,非共有環境の影響（例えば,双子の1人は非行のある仲間と交友しているが,もう1人は向社会的な仲間がいる）を統計的に調整した。結果は驚くべきもので,早期の性的デビューは,非行との関わりの低さと関連があった。早期の性的デビューが非行の抑制に関連があるとは結論できないけれども,この結果はたしかに,横断研究と縦断研究の知見に異なった光を当てるものとなった。反社会的行動に対するこのような一見シンプルな共変量ですら,わからないことはまだたくさんある。

養子研究

ほとんどの養子研究は,比較養育デザインという方法を用いて行なわれる。このデザインでは,生後すぐに実の親から離され,血縁関係のない親に育てられた子どもの行動を分析する。養子研究では,養子となった子どものその後の犯罪性を,①実父母の犯罪歴,②養父母の犯罪歴,③実父母および養父母の犯罪性の組み合わせ,との関連で分析する。ここでの仮説は,養子となった子どもの犯罪率を比較したとき,犯罪歴のある実父母の子どもの場合が,犯罪歴のない実父母の子どもの場合より高ければ,遺伝の影響が認められるというものである。

犯罪行動に関する古典的な比較養育研究は,Mednick, Gabrielli, & Hutchings (1984) によってなされた。彼らは,1924年から1947年の間にデンマークで養子に出された14,000人以上の子どもについての社会的記録情報が収められているデータバンクを用いた。研究者たちは,男性養子の有罪判決率をその実父母および養父母の有罪判決率と関連づけて表にまとめた。表4.1をみると,非常に小さな遺伝の効果を見出すことができる（χ^2値の計算に基づくと,$r = .03$）。表の1番下の行に注目すると,犯罪歴のある実父母をもち,犯罪歴のない養父母に育てられた子どもは,実父母・養父母ともに犯罪歴がない子どもよりも,有罪判決を受けるリスクが高かったということである（20% vs 13.5%）。

▼表 4.1　実父母・養父母の犯罪性と男性養子の犯罪性の比較養育分析
（Mednick, Gabrielli & Hutchings, 1984 より作成）

養父母の犯罪性	実父母の犯罪性	
	あり	なし
あり	24.5%　(143 人)	14.7%　(204 人)
なし	20.0%　(1,226 人)	13.5%　(2,492 人)

　フォローアップ調査では，Mednick, Gabrielli, & Hutchings（1987）は，彼らが慢性的犯罪者と呼ぶところの者（すなわち生涯継続型犯罪者）に焦点を絞った。慢性的犯罪者の定義は，これまで 3 回以上の有罪判決歴がある者とした。彼らはサンプルの 4% にすぎなかったが，全犯罪の 69% に関与していた。実父母もまた有罪歴の回数（0 から 3 回以上まで）に従って分類された。すると，実父母の有罪回数が増えるにつれて，養子に出された子どもの有罪回数も増えていることがわかった。しかし，この結果は財産犯（侵入盗，窃盗など）に限定され，粗暴犯には当てはまらなかった。親の犯罪性それだけでは，子どもの粗暴犯罪を説明するのには不十分であるようだ。

　行動における遺伝の役割を調べるためのもう 1 つの養子研究アプローチは，仮想双生児研究であるが，まだ犯罪行動には適用されていない。仮想双生児とは，血縁はないが一緒に育てられた同年代の子どもたちのことである。これは非常にまれであるが実際に存在する。例えば，子どもはほしいが，なかなか恵まれない家族がいる。そのような家族が乳児を養子にした直後に，不妊治療が功を奏して子どもを妊娠することがある。フラートン仮想双生児研究は，1991 年にカリフォルニアで始まり，151 組の仮想双生児ペアを得ている（Segal, McGuire, Graham, & Stohs, 2012）。仮想双生児と見なされるその他の基準は，1 歳前に養子縁組がなされていること，きょうだいとの年齢差が 9 月未満であることである。このように，そのきょうだいは，遺伝的な関連のない双子のような存在なのである。不一致一卵性双生児法と同様，この方法は行動に対する環境の影響を検討するアプローチである。これらの子どもの成長とともに，研究者は子どもの攻撃性とゆくゆくは非行について研究できると期待している。

　先述のように，Burt & Simons（2014）は，遺伝研究をやめるべきとの意見

を述べた。彼らに賛同はできるが，その一方で，すべてのパーソナリティ特性は遺伝の影響を受けているというのは今や確立した知見であるといえる（Johnson, Turkheimer et al., 2009）。とはいえ，彼らにも同意するゆえに，双生児と養子研究を，犯罪行動に対する環境要因の候補を探究するために用いるのである。不一致一卵性双生児法と養子研究に関する説明によって，読者にもその有用性を理解していただいたものと思う。古典的な意味での遺伝研究ではなく，Burt & Simons（2014）は，エピジェネティック研究に将来性があるとみている。エピジェネティックとは，環境的刺激がどのように遺伝子の発現の引き金を引くのか，あるいは阻止するのかを研究するものである（Walsh & Yun, 2014）。例えば，大気汚染はDNAの化学的反応に影響を及ぼし，喘息発作を誘発するかもしれない。エピジェネティック研究は，身体的疾患（がん，腎疾患等），およびいくつかの心理的障害に関して多くの重要な発見と治療をもたらしている（児童期のストレスが脳機能を変化させ，成人期のうつ病に至るなど）。しかし，犯罪行動に関しては，ほとんど何も知られていないに等しい。現時点では，エピジェネティック研究が，特に犯罪行動の神経科学に関して，医学同様の進歩を導いてくれるのか，あるいは大きな期待を寄せすぎなのかはわからない（Moffitt & Beckley, 2015 を参照）。

　双生児研究と養子研究で得られた知見を総合すると，犯罪行動を十分に説明するために遺伝要因を無視することは困難だということがわかる。Carey & Goldman（1997）は，彼らのレビュー論文で紹介した6つの養子研究のすべてが遺伝の影響を示していることを見出した。また，Walters（1992），Rhee & Waldman（2002）のメタアナリシスによると，養子研究の一致率は双生児研究の一致率と比べると有意に低いことがわかるが，ゼロというわけではない。Barnes, Boutwell, Beaver, Gibson, & Wright（2014a）は，遺伝的変数と犯罪的変数の相関は，.30 から .60 のレンジだと見積もっている。

　問題行動の深刻さには，遺伝的要素の関連がより大きい可能性があるということは，重要な発見の1つである。Malouff, Rooke, & Schutte（2008）は，さまざまな問題行動（知能，言語能力，大うつ病，反社会的行動）について調べている双生児研究および養子研究8つのメタアナリシスを精査した。彼らは，問題の深刻さが遺伝性とより大きな関連があることを見出した。さらに，女性の

場合，あるいは素行障害の診断がなされている場合は（生涯継続型犯罪者の一特性），男性や素行障害でないことに比べると，遺伝との関連が大きかった。同様に，Barnes, Beaver, & Boutwell（2011）は，2,284 組の同胞ペアを分析し，生涯継続型犯罪者の分散の 70％までが遺伝的要因で説明できたが，青年期限定型犯罪者の場合は遺伝で説明できたのは分散の 35％であることを見出した。換言すると，よりまれで深刻なタイプの犯罪者（すなわち，女性犯罪者や職業的犯罪者など）は，遺伝的要因の影響が強くなる（Moffitt, Ross, & Raine, 2011）。

生まれと育ちの相互作用

　Moffitt ら（2011）は，遺伝と犯罪行動の関連に関する研究は，100 を超えると推定している。エピジェネティック研究への関心が高まるにつれて，行動に対する生物学的素因と環境との相互作用に注目が集まっている（Rutter, Moffitt & Caspi, 2006; Tremblay, 2008）。すなわち，どのような環境条件の下で，生物学的要因が，より大きくまたは小さく働くのだろうか。また，行動的表出に対して，環境に依存する生物学的要因は他にどのようなものがあるのだろうか。

　生まれと育ちの相互作用は，2 つのレベルで探究することができる。1 つは分子遺伝学的レベル，もう 1 つは犯罪行動の基盤にある生物学的システムを表出している行動的マーカーという，より高次のレベルである。例えば，ネガティブな情緒性は，その基盤にある遺伝子の作用にさかのぼることができる生化学的プロセスの反映である。

　最近の技術的進歩に伴って，遺伝の分子レベルの相互作用が頻繁に報告されるようになった（Byrd & Manuk, 2014; DeYoung, Peterson et al., 2006; Liu, Li, & Guo, 2015; Guo, 2011）。ある研究で，Guo, Roettger, & Cai（2008）は，両親と一緒に食事をするという単純な日常行動が，非行に対する DRD2 遺伝子（ドーパミン受容体遺伝子）の作用を緩和することを示した。さらに彼らは，どちらも非行のリスク要因となる学校へのアタッチメント欠如および留年が，MAOA 遺伝子と相互作用することを示した。MAOA 遺伝子は，セロトニンとドーパ

ミンの神経伝達を通して,攻撃性に影響を及ぼすことが広く知られている(Byrd & Manuk, 2014; Moffitt et al., 2011)。このような遺伝の分子レベルの研究は,遺伝の影響は,ある意味,遺伝子のパワーを解き放つような,環境的リスク要因の存在に依存するという考え方を補強している。例えば,機能不全家族(Button, Scourfield, Martin, Purcell, & McGuffin, 2005)や低い社会経済的地位(Tuvblad, Grann, & Lichtenstein, 2006)は,反社会的行動の遺伝可能性を増大させることが示されている。

Moffitt (2005: 548) は,環境要因と相互作用する可能性のある生物学的システムの存在を示す数多くの行動的マーカーをリストアップした。それは,刺激希求性,高い活動性,自己統制力不足,情緒性,冷酷性などである。環境次第で,このような特徴を有する子どもは,その反社会的帰結が異なってくる。一般的にいえることは,遺伝的・生物学的要因の発現は,しばしばそれに適した環境的条件に依存するということである。

神経生理学的要因と犯罪

思考,情緒,動機づけの中枢としての脳は,人間のすべての臓器のなかで最も複雑なものであるという事実は,否定しようがない。脳のなかのプロセスが,いかに反社会的で粗暴な行動に影響するかは,長年にわたる研究の対象である。最近まで,この領域の知見は,犯罪学の理論からは無視されていた(Ellis, 2005; Loeber, Byrd, & Farrington, 2015; Raine, 2013)。アノミー論,緊張理論,分化的接触理論,Hirschi & Gottfredson の自己統制理論などでは,神経生理学的要因は,ほとんど完全に無視されていることがわかる。しかし,一般的に生物学的要因は,そしてより具体的にいえば神経生理学的要因は,犯罪行動に確実に影響を及ぼしている。

神経心理学的変数の影響がいかに複雑か,それは脳のなかの攻撃性の座を探究しようとする過程をみてもわかる。その探究は,シンプルな方法で始まったが,結果として脳機能と攻撃性に関して,はるかに精巧な理解を得ることにつながった。1970年代,Mark & Ervin は,コントロールできない憤怒の発作の

なかで，妻と子どもに暴行した患者のことを記述した。手術によって脳の一部（正確には，右扁桃体）を除去すると，彼らは暴力を止めることができた。扁桃体の何がそれほど特殊であり，この小さな部位が邪悪と悪についてのすべての潜在的な中枢なのだろうか。

扁桃体は，脳の側頭葉に埋め込まれたようにみえるアーモンド状の構造体である。他の近接した領域と一緒に，辺縁系と呼ばれる回路を形成している。辺縁系は通常，「古い脳」と呼ばれているが，それは下等生物にもみられ，進化の早い段階で発達した部位だからである。実際，人間の胚では，辺縁系が最初に発達し，次いでその領域の上に大脳皮質（柔らかく複雑に入り組んだ組織）が成長する。高次レベルの思考を司るのは大脳皮質である。図 4.2 は，脳の基本構造と扁桃体を示している。

古い脳（辺縁系）は，早期に発達し，基本的情緒（怒り，恐怖）や動機づけ（空腹，渇き，セックス）を統制すると考えられている。そのため，ここが脳における怒りと攻撃性の座として考えられるのは自然なことである。初期の研

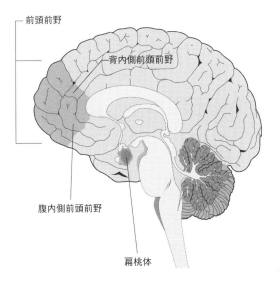

▲図 4.2　脳（Wikimedia commons から引用）

究では，辺縁系の一部，特に扁桃体を刺激したり，除去したりして，怒りや攻撃性の表出を観察した（例えば，Kiloh, 1978）。これらの研究が示したことは，扁桃体が攻撃性に全責任があるわけではなく，辺縁系の他の部位（海馬，下垂体など）が扁桃体と一緒に作用しているということであった。

1990年代までには，攻撃性は辺縁系のなかで生じたことだけに依存するわけではないことが明らかになった（Golden, Jackson, Peterson-Rohne, & Gontkovsky, 1996）。脳は，相互に作用する何十億個もの神経細胞のネットワークである。どこかの神経細胞が十分に機能しなくなれば，損傷を受けた部位の機能を，他の隣接する神経細胞が担うようになるのが普通である。このことは「可塑性」と呼ばれており，人間の脳は，成人期よりも青年期のようがより可塑性に富んでいる。例えば，脳卒中によって脳の一部がダメージを受け，行動に影響が出るかもしれない。しかし，ダメージを受けた神経細胞の機能を近接した神経細胞が引き継ぐため，それは一時的なものとなる可能性がある。このことが，脳の一領域または一領域のみが，行動を媒介するということを証明するのが困難である理由である（これは一般的なことであり，脳にはまったく固有の機能をもっている部位もあり，その部位が損傷を受けると修復不可能だということもわかっている）。

粗暴行動は，辺縁系と前頭前皮質のなかで生じるプロセスの組み合わせによるといえる（Barker, Séquin et al., 2007; Nelson & Trainor, 2007; Liu, 2011; Yang & Raine, 2009）。脳の前頭領域は，注意，計画，そして行動制止に関連しており，一般的にいうと，高次機能を司っている。126研究のレビューでは，犯罪行動は高次機能の指標とかなり大きな関連があることが示されている（$r = .31$; Ogilvie, Stewart, Chan, & Shum, 2011）。また，ホワイトカラー犯罪者は，平均的犯罪者よりも，前頭葉の灰白質が厚いというエビデンスもある（Raine, Laufer et al., 2012）。前頭葉と辺縁系の損傷は，攻撃行動につながることがあるが，この部位に損傷を受けた人々が高い割合で攻撃行動を呈することの説明として，これだけでは不十分である。その代わり，広汎性の中枢機能不全が脳の複数の部位に影響を及ぼし，それが攻撃行動において主要な役割を果たしているのかもしれない（Gontkovsky, 2005）。広汎性の神経機能不全は，直接的な身体的損傷や外傷が生じるずっと前の発達早期に始まっており，おそらくそれは

新生児期である（Moffitt, 1990）。しかし，そのような機能不全は，のちに言語や記憶，知能の欠陥を測定できるテストをして初めて明らかになる。

　前頭葉は，青年期を通して発達し，電気信号の伝導を促進する絶縁鞘であるミエリン（髄鞘）は，成人期になっても発達を続ける（Fields, 2005）。その結果，前頭葉は早くても 25 歳になるまで完全には発達しない（Prior, Farrow et al., 2011）。この発達の遅れは，子どもの衝動性や注意の幅の狭さ，そして年齢・犯罪曲線を部分的に説明する（Loeber, Menting et al., 2012）。年齢・犯罪曲線では，加齢につれて反社会的行動の割合が増加し，青年後期にピークとなって，20 歳ころに下降を始めることが示されている（Loeber & Farrington, 2014）。さらに，神経生理学的発達の遅れは，注意スキル，言語発達，全般的知能の発達にも影響を及ぼす。Moffitt（2003）は，青年期限定型非行は，神経生理学的発達の遅れによる「成熟ギャップ」や，青年が有する大人として扱ってほしいという欲求によるものだと論じている。

　生涯継続型犯罪者については，神経学的成熟の遅れ以上のものがあり，前頭葉や辺縁系に実際に欠陥があるのだろう（Odgers, Moffitt et al., 2008; Nelson & Trainor, 2007; Raine, Moffitt et al., 2005）。これらの知見は，若年犯罪者に対する法の適用に対して，大きな示唆を与えてくれる。もし，脳の能力や機能が発達途上であるのなら，前頭葉の発達は最後であるので，あるいは軽い神経的障害があるのなら，少年に対して，脱抑制的な反社会的行動の責任を問えるのだろうか（Scott & Steinberg, 2008）。このエビデンスを考慮して，米国最高裁は，18 歳未満の少年への死刑を禁止した（Roper v. Simmons , 543 U.S. 551 ［2005］）。しかしながら，そしてこれとはいくぶん正反対に，多くの州や国では，依然として少年を成人裁判所に送致することを許容している（Farrington, Loeber, & Howell, 2012）。

　ダニーデン学際的健康発達研究（ニュージーランド）では，1972 年から 1973 年の間に生まれたおよそ 1,000 人の子どもに対して，2 年ごとに多種多様な因子に関するテストをした（Moffitt, Lynam, & Silva, 1994）。そして 13 歳時点で，神経心理学的テストと IQ テストを実施し，18 歳で非行の有無を査定した。結果，Moffitt らは，神経心理学的テストの多くが，18 歳時点での非行を予測することを見出した。言語能力を測定するテストは，精神運動機能を測定

するテストとは逆に，将来の非行と最も高い相関を示した。研究者らはまた，これらのテストの成績が悪いことは，生涯継続型男性犯罪者にのみ関連があることを見出した。これは，非常に小さな集団であったが（サンプルの12%），そのメンバーは全有罪判決の59%に関係していた。非行が青年期に限定されている者については，神経心理学的テストの成績は，非行を予測しなかった。これらの結果の検証は，ダニーデンサンプルの男女について，現在のところ38歳まで継続されている（Poulton, Moffitt, & Silva, 2015）。

ここで説明した知見は，発達犯罪学で問われている主要な問いの1つに答えるものである。すなわち，若者を慢性的犯罪性に導く要因は何だろうかという問いである。Moffittら（Moffitt, 2003; Moffitt, Lynam, & Silva, 1994）は，生涯継続型犯罪者の生物社会的モデルを提唱し，そこで神経心理学的要因，気質（次項で述べる），社会化経験をそうした要因として同定した。このように，生物学的要因は，持続的な，そしてしばしば粗暴な犯罪行動の発達に対する公式の1要素である。多くの持続的犯罪者にとって，生物学的変数は，犯罪リスクを高めると考えられ，心理社会的リスク要因が加わると（相互作用の効果），それがさらに悪化する（Moffitt, Caspi, & Rutter, 2012）。

生物学と犯罪との関係は，直接的でもなければ単純でもない。一貫して見出されているのは，言語的スキル不足，衝動性，注意および計画能力の欠如などである。これらの欠陥が直接的な効果を及ぼすのか，他の環境要因によって媒介されるのか（こちらがよりありそうなことだが）は，まだ解明されていないままである。一般的に，犯罪行動に対する遺伝的および神経生理学的寄与率は，社会的環境が犯罪全般，なかでも特に深刻な犯罪に対して支持的でないときに最大になるように思われる（Cauffman, Steinberg, & Piquero, 2005; Malouff, Rooke, & Schutte, 2008; Meier, Slutske, Arndt, & Cadoret, 2008; Rutter, Moffitt, & Caspi, 2006; Scarpa & Raine, 2007; Tuvblad, Grann, & Lichtenstein, 2006）。犯罪行動の包括的な理論は，生物学的要因も遺伝的要因も内包しなければならないが（例えば，Ellis, 2005; Rocque, Welsh, & Raine, 2012），環境もまた多くを説明するということを念頭におくことが重要である。

気難しく，衝動的で，刺激希求的な気質

　気質（temperament）とは，環境に対する応答傾向の生来的かつ安定的な特徴のことである（Else-Quest, Hyde, Hill, Goldsmith, & Van Hulle, 2006）。気質は，環境に対して個人がどのように反応するかを記述する少数の行動的側面から成り立つと，通常考えられている。例えば，乳児期にはいつも機嫌よくみえて，成長した後も人生にどんな困難があってもそれによく適応し続けているような人がいる。また，とても神経質な乳児で，成長後も「ピリピリしている」と評されるような人もいる。たしかに，学習経験はさまざまな状況における個人の振る舞い方に大きな影響を与えるが，個人の反応の基底にあるのは，生まれたときから明らかな全般的な素質である。気質は，パーソナリティの生物学的な先駆状態であり，パーソナリティの遺伝性を説明するものである（Vukasović & Bratko, 2015）。一般的に，パーソナリティとは，思考，感情，行動の特徴的なパターンのことをいう。気質的特徴は，生後まもなく明らかになり，生涯を通して比較的安定的である。

　気質に関する今日的研究の起源は，Thomas らの仕事にまでさかのぼることができる。そのオリジナルな研究では（Thomas, Chess, Birch, Hertzig, & Korn, 1963），133 人の新生児が，環境に通常どのように応答をするかを記述した 9 つの特徴に沿って査定された。例えば，新生児の活動レベルを低（着替えのときもじっと横たわっている）または高（着替えのときに落ち着きなく動く），気分の質をネガティブ（授乳後にむずかる）またはポジティブ（授乳後静かにしている），散漫性を低（おしゃぶりをあげるとむずかるのをやめる）または高（おしゃぶりをあげてもむずかり続ける）などのように分類した。このカテゴリーはさらに，「気軽」「興奮しにくい」「気難しい」3 タイプにクラスター分けされた。パーソナリティ理論の専門家にとって，具体的な描写を少数の一般的，気質的特性に絞り込むのは一般的なことである。われわれも，この分野の専門用語である「下位特性」(facet)，「特性」(trait) を用いる。特性は，気質をおおまかに描写するものであり（例えば，気難しい気質），下位特性は特性を構成するより具体的な記述語である（例えば，活動レベル，ネガティブな

気分など)。

　われわれが関心を寄せるのは，Chess & Thomas（1984）が「気難しい」子どもと呼んだ者たちであり，133人の子どもの10%を占めるカテゴリーである。気難しい子どもは，以下の下位特性で示される。

1. 刺激に対する強い反応性
2. 全般的にネガティブな気分
3. 変化への適応の遅さ
4. 睡眠，空腹など他の身体的機能の不規則さ

　Chess & Thomas（1984）は，彼らの見出した気難しい子どもたちを成人初期（24歳）まで追跡し，その気質の安定性を見出した。例えば，青年期に素行障害と診断された12人中10人が，気質的に気難しい子どもたちであった。より最近の研究によって，多くの気質特性が中程度レベルの安定性をもつことが確認された（Josefsson, Jokela et al., 2013; Karevold, Ystrom, Coplan, Sanson, & Mathiesen, 2012）。

　今日，研究者は多くの気質特性を同定しおり，その多くは非行，特に生涯継続型犯罪者の理解に重要なものである。相互に関連する2つの気質特性が特に重要である（DeLisi & Vaughn, 2014）。1つは，自己統制力不足と結びついた高い刺激希求性である。これは，最大限に人生を探求することに関心があって高い活動性をもっていることとは異なり（これは，多くの成功する人の特徴である），高いエネルギーレベルを統制できないことが，問題につながるのである（Berkowitz, 2008; de Ridder, Lensvelt-Mulders, Finkenauer, Stok, & Baumeister, 2012; Loeber, Byrd, & Farrington, 2015; Morizot, 2015; Slutske, Moffitt, Poulton, & Caspi, 2012）。

　第2の重要な気質特徴は，社会情緒的側面に関するもので，Moffittが用いた用語では**ネガティブな情緒性**である。ネガティブな情緒性の下位特性は，攻撃性（他者に不快をもたらす），疎外感（適切な扱いを受けていないと感じる），ストレス反応（怒りとイライラ）などである。生涯継続型犯罪者は，青年期限定犯罪者よりも，ネガティブな情緒性のスコアが高い。さらに，生涯継続型犯

罪者の下位分類（サイコパス）もまた，その社会的交流において，**冷淡で非情緒的な特徴**を示す（Frick & White, 2008）。この気質的特徴は，生物学的な基盤を有しており（Viding, Jones, Frick, Moffitt, & Plomin, 2008），女児にも男児と同様に当てはまる（Hipwell Pardini, Loeber, Sembower et al., 2007）。

研究者がどのような用語を用いるかにかかわらず，「気難しい」気質のさまざまな形態は，ほとんどすべての分類様式に共通している（Walters, 2011a）。われわれはこの後も「気難しい」という用語を用いるが，それはそうした子どもたちがもたらす可能性のある問題性をよく表しているからである。気難しい気質は，衝動的な刺激希求性とネガティブな情緒性で特徴づけられ，間違いなく多くの親や学校の教師に重い負担をかけている。どの子どもも皆，生まれたときには自己統制スキルがないが，徐々に自分の衝動をコントロールする術を学んでいくものである。自己統制力が一番問題になるのは，攻撃行動の抑制に関してであり，攻撃行動を抑制することを学ぶには時間がかかる。気難しい気質の子どもは，これらのスキルを学習するのに相当骨が折れると考えられる。

幼児期や早期児童期の気難しい気質は，攻撃行動，非行，サイコパスを予測する。Schwartz, Snidman, & Kagan（1996）は，生後31か月以前にアセスメントした子どもを13歳になるまで追跡した。気難しい気質（脱抑制）は，両親の報告による非行と攻撃性を予測した。Moffittらは，3歳までの気難しい気質（統制欠如）は，32歳時点での抑うつから有罪判決までの不適応行動を予測することを見出した（Moffitt, Arsenault et al., 2011）。また，Glenn et al.（Glenn, Raine, Venables, & Mednick, 2007）は，3歳時点での脱抑制的な刺激希求性は，28歳でのサイコパス傾向を予測することを見出した。

子どもが気難しい気質をもって生まれたとき，どのようにしてこの気質が，犯罪行動の発展を促進するのだろうか。既に示したように，そのような子どものしつけと教育はたいへん骨の折れるものとなる。もし，「正しい」親と「正しい」教師がいれば（いつも気にかけ，忍耐強く，子どもの行動パターンに合わせて柔軟である），子どもにとって望ましい結果が生じるかもしれない。しかし，しつけや教育スタイルと子どもの気質の間に「適合不全」（Chess & Thomas, 1990）があるならば，そのときに問題が生じることになる。対処が難しいと感じている親は，子どもから情緒的に距離をおくか（Larsson, Viding, &

Plomin, 2008; Laukkanen, Ojansuu, Tolvanen, Alatupa, & Aunola, 2014; Pardini & Loeber, 2008; Walters, 2014a)。柔軟性を欠いた不適切な養育法に頼るというたしかなエビデンスがある。例えば，Pattersonら（Patterson, DeGarmo, & Knutson, 2000; Smith, Dishion et al., 2014; Wiesner, Capaldi, & Patterson, 2003）は，過活動性が慢性的非行に至る道のりの第1ステージだと想定した。子どもの過活動性が適切なしつけを阻害し，その結果，早発性の非行の原因となる。気難しい気質の子どもが，忍耐力がなく衝動的で，敵意に満ちた親とマッチングされたとき（これは世代間のデータをみるとよくあるシナリオである），不幸な結果が生まれる。子どもと教師の間の適合不全もまた，学校場面でみられる（DeLisi & Vaughn, 2014）。

　Moffitt（2003）のモデルでは，主要な環境的リスク要因は，不適切なしつけと，親と子どもの関係不全である。このように，気難しい気質とそれに関連した子どもの破壊的行動の組み合わせは，高リスクな家庭環境と相まって，生涯継続型犯罪者を生み出すにあたって，最悪の混合物となる。PCCでは，気質とは個人に常に存在する特徴のことをいう。犯罪行動の発展にとって，自己統制力欠如，高い活動レベル，ネガティブな情緒性によって特徴づけられる気質は，きわめて重要なものとなる。

　活気に満ち，衝動的で，刺激希求的な気質という概念は，行動を描写するだけである。では，何がこの行動の原因なのだろうか。疑われる要因の1つは，神経生理学的覚醒である（Cornet, de Koegel, Nijman, Raine, & van der Laan, 2014b）。人によって，その一般的な神経生理学的覚醒状態や興奮しやすさは異なっている。これらのプロセスには，心拍や呼吸数，瞳孔拡大，発汗などすぐにわかるものもあるが，神経生理学的プロセスを突き止めるための特別な機器が必要なものもある（脳の神経電位活動など）。犯罪行動の先駆条件として，神経生理学的低覚醒を中心に据える理論もある。Eysenck（1977），Eysenck & Gudjonsson（1989），およびQuay（1965）は，犯罪者は神経生理学的に低覚醒状態にあると仮定した。体の神経細胞のすべてが，半分眠っているような状態で働いていると考えてみよう。それらを「目覚めさせ」，神経生理学的システムにいくらかのバランスを取り戻すためには，刺激や興奮を求める必要がある。この低覚醒状態と自己統制力欠如がペアになると，法を犯すような状態になる

ことには何の不思議もない。

　神経生理学的低覚醒のもう1つの側面は，それが自己統制の学習にどのように影響を及ぼすかということである。Mednick（1977）の生物社会的理論では，自己統制は，向社会的行動の教示，モデリング，強化，そして不適切な行動の罰の組み合わせによって学習されるものである。通常，罰は恐怖心を引き起こし，それは心拍数の増加，血圧の上昇，発汗などで示される生理学的な基盤を有する情緒である（これらの変化はまた，興奮や怒りでも生じるが，それは本人がこれらの感情にどのように認知的なラベルを貼るかによる）。不適切行動を抑制すれば（すなわち，自己統制），不快な恐怖反応を回避できる。

　このように，重要な抑制学習に必要なのは，①反社会的行動が罰せられること，そして，②子どもが反社会的行動を抑止することを学習する能力があることである。反社会的行動を呈する人々の過去をたどれば，適切な社会化のトレーニングを受けてこなかったという事実に突き当たる場合がある。つまり，彼らは正常な神経生理学的覚醒パターンを有しているが，親が彼らの行動を十分に監督していなかったか，あるいは親のほうも何が悪い行動なのかがわからずに，その結果子どもの反社会的行動に罰を与えなかったかのどちらかである。一方，そうでない者の反社会的行動は，自己統制を効果的に学習するための生物学的能力が壊れていることの結果だといえるだろう（Beaver, Shutt, Boutwell, Ratchford et al., 2009）。

　罰を回避するための抑止の学習（すなわち，自己統制）は，「恐怖心の低減」を伴うものであり，それは**受動的回避学習**と呼ばれている。受動的回避学習は，以下のような方法で進んでいく。

1. 子どもが攻撃的な行動をくわだてる。
2. かつての罰が子どもに恐怖心を呼び覚ます（心拍，血圧，発汗の亢進）。
3. 恐怖という不快感情によって，恐怖心から逃れるために，攻撃的行動を抑止する。
4. その子どもは，攻撃的な衝動をもう抱かなくなり，恐怖心が消える。
5. 恐怖が即座に減少したことによって，反社会的行動の抑止が強化される。

罰による最初のレッスンを行なうには，社会化の担い手が必要であることに加えて，抑止による自然な強化を受けるために，このプロセスには恐怖反応を抱く能力，および恐怖心の急速な消失が必要である（すなわち，罰を回避できたという安堵の感覚）。いくつかの研究によれば，反社会的なパーソナリティを有する者は，嫌悪刺激に対する恐怖反応が少ないこと，そしてたとえ恐怖心が喚起されても，恐怖の生理学的マーカー（心拍，血圧，発汗の上昇）が消失するのが緩慢であることが見出されている（Anton, Baskin-Sommers, Vitale, Curtin, & Newman, 2012; Pemment, 2013）。

一般的な犯罪者サンプルや気難しい気質をもった子どもの間に，神経生理学的低覚醒がどの程度多いのかについては，さらなる研究が必要である。低覚醒と衝動性および自己統制力欠如を関連づける仮説や数少ない研究には，興味をそそられる。しかし，受動的回避学習に欠陥があることは，恐怖心欠如以外の他の原因によるのかもしれない。例えば，サイコパスのなかには，恐怖心を抱く能力はあるが，恐怖を喚起した刺激にたんに注意を払わないだけという者がいる（Hiatt & Newman, 2006）。

PCCの文脈で，神経生理学的低覚醒と刺激希求性のことを考えると，犯罪行動には自動的で他の何にも媒介されない強化となる可能性があることが強調される。つまり，犯罪者のなかには，仲間の賞賛やその他の自己強化方略のために犯罪行動を取るというよりも，その行動自体に満足感を感じるために犯罪を行なっている者がいる（ここでは，性犯罪以外の犯罪について述べている）。非犯罪者に比べ，犯罪者は刺激希求性の尺度のスコアが高い傾向があり（Harden, Quinn, & Trucker-Drob, 2012; Joseph, Liu, Jiang, Lynam, & Kelly, 2009），犯罪実行時に「ハイな気分」「興奮」を感じたと躊躇なく報告する（Wood, Gove, Wilson, & Cochran, 1997）。このように，神経生理学的低覚醒仮説は，対人的または個人的に媒介された支配がなくても犯罪行動に至るということの説得力のある説明を提供する。

自己統制の困難さや神経生理学的覚醒の障害ゆえ，慢性的犯罪者には何の希望もないということにはならない。10歳未満の子どもへの自己統制力訓練プログラムのメタアナリシスでは，自己統制力の向上と非行の減少が見出されている（Piquero, Jennings, & Farrington, 2010）。さらに，行動的治療プログラムに

参加することが，神経生物学的機能の変化と結びついているといういくつかのエビデンスもある（Cornet, de Koegel, Nijman, Raine, & van der Laan, 2014a; Woltering, Granic, Lamm, & Lewis, 2011; Vaske, Galyean, & Cullen, 2011）。もし環境的介入が，脳機能の変化を介して，犯罪行動の生起しやすさを変化させるのだとすれば，直接的な生物学的介入も反社会的行動を変化させるかもしれない。

Raine, Portnoy, Liu, Mahmood, & Hibbeln（2015）によって報告された非常に興味深い研究において，彼らは栄養状態の悪さ，脳の発達，そして攻撃行動の間の潜在的な因果的関連を探究した。彼らは，8歳から16歳までの子どもに，オメガ3のサプリメントの入ったフルーツジュースを与え，その効果を検証した。200人の子どもが，サプリメント入りのフルーツジュースを与えられるか，たんなるフルーツジュースのみかにランダムに割り振られた。研究参加者も研究者も，誰がプラセボを与えられたのか，オメガ3のサプリメントを与えられたのかはわからない状態だった（すなわち，ランダム化二重盲検実験）。6か月後，オメガ3サプリメントを与えられた子どもたちは，攻撃性の低下を示した。オメガ3を与えられた子どもの親もまた，自分の子どもへの攻撃性の低下をみせた（おそらく，子どもが前より従順になったためであろう）。ではここで犯罪に近接する生物学的共変量のレビューを終えることにして，次はより遠位な生物学的要因に話題を向けたい。それは，進化についてである。

3節　犯罪：進化の失敗か成功か？

自然選択による進化というDarwinの理論は，環境への漸進的な適応によって，種はその先祖とはまったく異なった種へと進化をすることを提唱した。その種の身体的外見や生理に生じた変化が適応的であれば，その個体は生き抜き，繁殖できるようになるため，それは適応的なのである（例えば，ツバメはその羽で空を飛び，羽虫を捕まえる。一方，ペンギンは飛べないが，泳ぐための羽をもち，魚を追いかける。どちらの場合も，羽は餌を取るのに役立っている）。Darwin理論の主要な2つの教義は，①今日みられる種は，祖先となった種か

ら進化したものである。②環境に適応した種は、繁殖しやすくなり、結果、確実にその種の生存を継続させることができる（適応に失敗した個体は、繁殖しづらく、その子孫は消滅してしまう。つまり、「適者生存」である）。

その当時、Darwin は、ある適応が、どのようにして世代から世代へ受け継がれるのかを理解していなかった。これまでみてきたように、生物学的、生理学的、そして（一説では）心理学的プロセスに影響を及ぼし、世代から世代へと適応を伝えるプログラムを保持するのは遺伝子である。Darwin 学派の見地と一致して、遺伝子はその現在と将来の生存を最大限にしようとしているようにみえる。Dawkins（1989）の書籍のタイトル "The Selfish Gene"（利己的な遺伝子）は、それを余すところなく述べている。遺伝子の唯一の目的は、「複製」であり（Dawkins の用語を使えば）、遺伝子はその個体の身体を使って、きわめて競争の厳しい世界を生き抜こうとしている（他の個体は、それ自身の遺伝子をもち、同じことを目的としているからである）。

進化の失敗：臆病な原始人

Lombroso（1835-1909）は、現代犯罪学の祖の1人だと考えられている。内科医として訓練を受けたが、精神医学にも関心があり（「の教授」）、特に犯罪者の身体的特徴に執心していた。Lombroso は、頭、耳、腕などを計測してリストにし、さらには目の欠陥や奇妙な形の鼻など、一般的でない身体的特徴についても注目した。なぜ身体的特徴に関心をもち、それがいったい何を意味するのか。

Lombroso が受刑者の解剖を行なっているいるとき、「天啓」が訪れた（Lombroso, 1895/2004: 65-66）。彼は、脳の後部に位置し、視力を司る後頭部が、類人猿の脳に似ていると気づいた。そして、3つの結論に至った。第1に、犯罪者は、彼ら以外の人類より生物学的に下等な動物との共通点が多い。第2に、この生物学的退行により、その者は抑制を欠き、動物のように振る舞いやすい。要点を絞れば、犯罪者は、より進化の初期段階へと生物学的に退化した者である（Lombroso の「隔世遺伝」の理論が意味するのは、何世代も遠い祖先の特

徴への逆戻りということである）。最後に，犯罪者の**なかには**，たんに「生まれつきの悪人」がいると述べた。

　Lombroso にとって，すべての犯罪者が生まれつきの悪人であり，すべてが「隔世遺伝による先祖返り」であるわけではない。ほとんどの犯罪者は，望ましくない環境や経験の結果であるとみていた。しかし，少数派である実に不愉快な種類の犯罪者（慢性的，職業的犯罪者）は，現代社会のなかでうまくやっていくことを制止するような，おぞましく不適切な生物学的成り立ちを抱えている者だと考えた。Lombroso のいう隔世遺伝による犯罪者の身体的特徴をみてみると（長い腕，大きな顎，チンパンジーのように直立した耳），世のなかで生きていくには多大な問題があると想像されるネアンデルタール人のような像が思い浮かぶ。

　犯罪者とは，高次レベルへの適応に失敗した者だとみられていた。隔世遺伝による犯罪者は，その攻撃的な性行動（レイプ），および自分同様に奇形の相手と一緒になること（すなわち，選択的結婚）によって，子孫を残すことにいくらかの成功を収めていた。Lombroso は，自身の研究を男性のみに限定せず，女性についての形態学的データも集めた（Lombroso & Ferrero, 1895/1980）。正常な女性（「小作農」のサンプル）に比べて，女性犯罪者（売春婦を含む）は，腕が短く，頭のサイズが小さく，髪や目の色が暗かった。

　Lombroso の隔世遺伝犯罪者理論と生物学の強調は，その時代を反映したものだった。その理論の妥当性の一部は，犯罪者が実際に非犯罪者より多くの身体的異常を示したことに拠っていた。これに関する Lombroso 自身の仕事は，かなり小さなサンプルに限定されており（383 人の男性犯罪者と 80 人の女性犯罪者），対照群も疑わしいものであった。ずっと大きなサンプルを用いたその後の研究では，複数の相反する結果が出されているが，それらもまた方法論上の多くの問題を抱えていた。Goring（1913）は，有罪判決を受けたイギリス人 3,000 人を対象に，大学生，病院患者，兵士と 37 の身体的特徴について比較したが，何の相違も見出せなかった。アメリカでは Hooten（1939）が，14,000 人の受刑者を 3,000 人の非犯罪者と比較し，犯罪者のほうに額が狭く耳が突き出ているという特徴があるなど，33 の身体的特徴のうち 19 に相違点があり，全般的に非犯罪者よりも身体的に劣っていることを見出した。Hooten

はまた，一般人からの隔離を実施するか優生学によって，犯罪者が子孫を残さないことを確実にすることが，犯罪者に対処するべき方法であると信じていた。（優生学についての Hooten の考えについては，Rafter, 2004 を参照）。

最後に，Sheldon（1942）の提唱した外胚葉型（細長），内胚葉型（肥満），中胚葉型（筋肉質）という3種類の体型を用いて，非行少年と一般少年を比較した Glueck & Glueck（1950）の古典的研究をみてみよう。それぞれの体型は，異なった気質と関連しているとされていた。例えば，中胚葉型は，活動レベルが高く攻撃的であるとされていた。もちろん，どれか1つの体型にぴったりと分類できない人もたくさんいる。この問題に対処するため，Sheldon はそれぞれの体型に対してポイントを割り振る評価方法を開発し（評価を簡単にするために，1,000人以上の男子大学生による46,000枚の写真を用いた図表を用意した）。Glueck らは，非行少年は中胚葉型のカテゴリーになる者が多いことを見出した。この体型が犯罪行動と関連があることは，繰り返し見出されているが（Ellis, 2000），この体型が遺伝子によってあらかじめ決められているかどうかは結論できない。中胚葉型体型は，たんに身体的，冒険的ライフスタイルの結果にすぎないかもしれない。

今日でも，犯罪行動の説明に関して，Lombroso 学派のような痕跡はみられる。最も有名かつ議論の的となっているのは，Rushton の見解である。Rushton は Jensen とともに，知能，気質，社会的秩序（法の尊重，婚姻関係の安定性など），性的抑制には人種間に差があると提唱した（Rushton, 1988; Rushton & Jensen, 2005, 2006, 2008）。より具体的には，彼らはアジア人が最も進歩しており，次いで白人，黒人の順であると述べた。さらに，これらの差異は，遺伝とそれに関連して進化で説明ができると述べた。したがって，黒人の間にみられる高い犯罪率は，低い知能，性的抑制欠如，社会的無秩序にたどることができるとした。

Rushton & Jensen は，多くの種類の違うエビデンスに頼っていたが，Lombroso と Hooten についてのわれわれの議論と結びつけるために，彼らが頭蓋の計測値と脳の重さを，知性の代用として用いた点に着目したい。彼らは，頭蓋の容量と脳の重さは，アジア人が最大で黒人が最小であったが，その差は IQ スコアにみられる差に対応すると主張した（Rushton & Jensen, 2005, 2006,

2008; Templer & Rushton, 2011)。しかし，人種間による形態学的な差に関するRushton の解釈は，広く受け入れられているものではないということを明確にしておきたい（Cofnas, 2015; Sternberg, 2005）。Rushton & Jensen の考えを手短に紹介したのは，Lombroso の仕事が長い遺産をもち続けていることを示したかったからである。

進化的適応としての犯罪行動

前の項では隔世遺伝に関する Lombroso の理論を，犯罪についての現代の進化論的説明の背景として紹介した。今日の多くの進化論者の意見に反して，Lombroso は，犯罪性のある男女は進化における欠陥で，進化的発展における望ましい前進といえるものはまったくないとする立場を取った。一方，現代の進化論者は，環境への適応の**成果を強調する**（これには例外もある。例えば，HIV ウィルスは感染者を**殺す**が，それによって自身も死ぬ）。

進化論的犯罪学者や心理学者は，ある種の犯罪行動は，成功した進化の産物であると理解できると述べている。進化論を犯罪行動に適用するとき，子孫を残すことを最大限にする気質，パーソナリティ特性，および行動が注目される。

したがって，リスクテイキング，攻撃性，不正直さが，避妊をしない同意に基づくセックス，同意のないセックス（レイプ），複数のセックスパートナーにつながり，子孫をもつ可能性が増大する（Buss, 2009; Ellis & Walsh, 1997）。特に興味深いのは，Ellis & Walsh による"cads and dads"（悪党と父親）という特徴の描写である。

「悪党」は，卑劣，暴力的，いかさまな方法で子孫をつくり，別の生殖パートナーを求めて，最初の女性のもとを去るような男性である。一方「父親」は，一夫一婦制を守り，育児に参加する。犯罪行動の起源の説明として，進化論を用いることはたやすい。非行少年の早期な性的行動（Glueck & Glueck, 1950），サイコパスの性的に放縦で寄生的なライフスタイル（Hare, 1996），レイプ犯の行動（Lalumière & Quinsey, 1996），そして犯罪者の全般的な不正直さ（Quinsey, Skilling, Lalumière, & Craig, 2004）などをたんに考えてみればよい。進化理論

はまた，家庭内暴力（男性が，女性が他の誰かの子どもを妊娠する機会がないよう支配する）(Archer, 2013; Peters, Shackelford, & Buss, 2002)，児童虐待（遺伝的投資がないので，血縁のない親のほうが子どもを虐待しやすい）(Hilton, Harris, & Rice, 2015) を説明するためにも用いられる。

　Quinsey ら（Quinsey, 2002; Quinsey et al., 2004）は，生涯継続型犯罪者には実際に 2 つのタイプがあると提唱した。第 1 は，Moffitt（1993）が述べたように，神経心理学的問題，気難しい気質，望ましくない社会化経験を有する子どもである。第 2 は，Quinsey ら（2015）がサイコパスと呼ぶもので，進化論的に適応的な「ライフヒストリー」方略に従う者である（Harris, Rice, Quinsey, & Cormier, 2015; p.275）。このような者は，神経心理学的欠陥はほとんどなく，彼らの行動は生殖行動の成功を最大限にするように遺伝的に決定された方略を反映したものであるという。

　ここまで男性の利己的行動について論じてきたが，生殖に関する女性の行動もまた適応的意義がある。女性は，進化理論によれば，育児に参加して遺伝子プールの継続性を確実なものとしてくれる「父親」を求める。片親による育児は，子孫が成人に達せず，生殖に至らない危険が伴う。したがって，育児を手伝ってくれるパートナーを選ぶことが，母親の（遺伝子の）最大の関心事である。

　Ellis（2005）および Buss（2009）は，母親はまた，「ステイタスを希求する男性」を選ぶようにできていると述べる。それは，男性の競争心をかき立てる進化的プレッシャーとなる（そして，競争のプロセスにおいて，出し抜かれて犠牲となる人もいる）。もちろん，男性のほうも女性の好みにまったく無知なわけではなく，自分自身を魅力的にみせ，その状態を保持し続けようとする（多くの鳥類では，オスのほうがカラフルな羽を進化させ，人間では男性は上等なスーツを買う）。しかし悲しいかな，忠実で，思慮深く，子孫を養うための資源をもっている父親を選ぶことは，たやすいことではない。子どもが性的，身体的な被害を受けることが多いことが，それを証明している。

　犯罪者の生殖行動を注意深くみてみると，その行動が長期的に適応的なものであるとみるのは難しい。たしかに，非行少年や犯罪者は，非犯罪者よりも性交開始年齢が早く（このことは，非行ではないにしても）（リソースノート 4.1），

早く子どもをもち，より多くの性的パートナーをもつ。しかし，犯罪者は，似通った気質，パーソナリティ，社会的バックグランドをもつパートナーと一緒になる傾向があり（すなわち，選択的結婚），その結果，実際に親密なパートナーシップを育むことに失敗しやすく，健康状態が悪く，死亡率が高い（Jaffe, Belsky, Harrington, Caspi, & Moffitt, 2006; Laub & Vaillant, 2000; Nieuwbeerta & Piquero, 2008; Piquero, Daigle, Gibson et al., 2007; Piquero, Farrington, Nagin, & Moffitt, 2010; Nagin & Tremblay, 2005）。加えて，そうしたカップルの子どもは，出生時体重が低く，気難しい気質をもち，神経学的問題を有する傾向がある。この状況が，遺伝子の最大の関心によるとみるのは難しい（Glenn, Kurzban, & Raine, 2011）。

進化論は変貌を遂げている。ときに進化論者は，遺伝的決定論（Lickliter & Honeycutt, 2003）や，すべての変化は適応的だととらえる遺伝子に基づく進化論に従っているとみえるときがある。しかし，これは正しくない（例えば，目の色に適応的機能はない；Daly, 1996）。進化論の議論の多くは，下等動物の研究に基づくもので，それを人間の行動に外挿したものである（Dagg, 2005）。しかし，人間はグッピーではないし，有機体が複雑になればなるほど，遺伝以外の要因の影響が大きくなる。下等動物でも，環境要因が，遺伝プログラムに重大な変化をもたらすことがある（例えば，ウミガメの性別は，卵が孵化するときの温度に依存する）。進化論は，発達的生物学に影響を受けた進化理論へと変化を遂げつつあり，そこでは環境的な影響に，遺伝的影響と同様の地位が与えれられている。

4節　締めくくりの3つのコメント

本章を締めくくる前に，PCCに関連のある事柄について順にいくつかコメントしたい。第1に，生物学的要因は，犯罪行動に寄与する。生物学が犯罪を決定するのではなく，統制力欠如やネガティブな情緒性の背後にある生物学的プロセスが，ある種の環境的条件の下で反社会的行動が生起する可能性を増大

させる。われわれはまだ，その基盤にある生物学的プロセスを正確に測定することはできていないが，記述された行動に基づいて個人を分類することは確実にできる。

第2に，アセスメントと治療的介入は，生物学的要因を考慮に入れるべきである (Loeber, Byrd, & Farrington, 2015)。神経生理学的要因は，治療アウトカムを予測する (Cornet, de Koegel, Nijman, Raine, & van der Laan, 2014a; Nadelhofer, Bibas et al., 2012)。しかし，これらの要因は，構造化された犯罪者リスク尺度には組み込まれていない。われわれはまた，生物学的要因が治療的介入の結果，変容することも知っており (Cornet et al., 2014a; Vaske, Galyean, & Cullen, 2011)，この生まれと育ちの相互作用の理解を進めるために，より多くの研究が必要である。

第3に，生物学的要因は，生涯継続型犯罪者において，より大きな役割を果たしているようだ。彼らの行動は，不利な社会的環境の産物であると理解したい誘惑に駆られるが，エビデンスではあっさりとそれを許してはくれない。貧困や機能不全家族のなかで育つ子どもは多いが，彼らのすべてが慢性的で粗暴な犯罪性という道筋をたどるわけではない。なぜこうした環境にあった子どものうちのある者はこのような道のりをたどり，他の者は反社会的でない軌道をたどるかということの理由は，生物学的相違のなかにあるようだ。

5節　まとめ

1. 環境は，われわれの生物学的素因がどのように行動に現れるかに影響を及ぼす。

    個人には，数多くの生物学的な基盤をもつ側面がある。すなわち，年齢，性別，人種，気質などである。しかし，ある要因に生物学的基盤があるからといって，その行動が既に決定されているということではない。犯罪，あるいは善良な市民への道のりは，その個人がどのような能力をもって生まれたかよりも，成長につれて何が起こったかによるところが大きい。

2. 少数の若者が，犯罪の大部分に関係している。

　若年男性の大多数は，青年期に犯罪に関わることがあるが，成人初期にはやめる。発達犯罪学者は，この経路を青年期限定型と呼んでいる。一方，ごく少数の若者は，成人になっても犯罪行動を継続する。この経路は，生涯継続型と呼ばれる。

3. 犯罪行動には，遺伝要因が寄与しており，それが社会環境と相互作用する。

　家族系統研究，双生児研究，養子研究からの知見は，犯罪行動における遺伝的要因を指摘している。遺伝するのは，犯罪行動そのものではなく，統制力欠如，刺激希求性，ネガティブな情緒性などの気質的特徴などである。「気難しい」気質は，犯罪リスクの上昇をある程度決める可能性があるが，その素因が犯罪行動へと転化されるかどうかに影響するのは環境である。遺伝子は，生化学的反応を決めるが，人がどのように考え行動するかを決めるのは環境である。

4. ある個人にとって，ある時期には，他の生物学的要因もある程度の役割を果たす。

　多種多様な生物学的要因（神経生理学的低覚醒など）が，リスク要因になる者もいることが示されている。このような神経生理学的要因は，生涯継続型犯罪者や粗暴犯罪者にとって特に重要である。

5. 犯罪行動の進化論的説明は，興味深い示唆を与えてくれるが，この分野にはまだかなり意見の相違がある。

　犯罪行動には適応的機能があるという考えが，犯罪の進化論的見方の基盤にある。つまり，犯罪者の攻撃性や不正直さには，即時的な満足以上の見返りがあるという。発達生物学者は，遺伝子が最も重要だという進化論的な見方に疑念を呈し，環境の底知れぬ重要性を強調しながら物事をみようとしている。

📒 推薦図書

犯罪の発達的経路と生涯継続型犯罪者に関心がある場合は，"*Taking Stock: The Status of Criminological Theory*"（犯罪学理論の現状の評価）のなかのMoffitt（2006）による1章と，"*The Oxford Handbook Criminological Theory*"（オ

クスフォード犯罪学理論ハンドブック）のなかの Farrington & Loeber（2013）による１章を薦める。Moffitt は，ダニーデン研究や犯罪行動に関する他の重要な縦断研究の知見をレビューしている。Farrington & Loeber の章では，発達犯罪学への２つの理論的アプローチを紹介している（認知的反社会的可能性理論および発達的経路）。生涯継続型犯罪者の素顔の理解のために，Zara & Farrington（2016：第３章）が，彼らのケンブリッジ研究の資料から，驚くべき８つのケースを紹介している。彼らは，研究は単なる数字や統計だけに偏るべきではないことを示している。

"*Genetics and Criminal Behavior*"（遺伝学と犯罪行動）（Wasserman & Wachbroit, 2001）は，遺伝と犯罪のトピックに関する詳細な概論を提供した素晴らしい書籍である。遺伝学的知見の法律との関連は，犯罪とも関係するため，この分野に関心のある読者もいるだろう。その場合は，Botkins らによる編著 "*Genetics and Criminality: The Potential Misuse of Scientific Information in Court*"（遺伝学と犯罪性：法廷における科学的情報誤用の可能性）（Botkins, McMahon, & Francis, 1999）を薦める。

Raine（2013）による書籍，"*The Anatomy of Violence: The Biological Roots of Crime*"（暴力の解剖学：神経犯罪学への招待）は，粗暴行為の神経生理学的相関因子に関心のある場合の必読書である。彼の文献レビューは包括的であり，わかりやすい文章で書かれている。

犯罪学理論における気質に関する新しい視点として，DeLisi & Vaughn（2014）の論文を推薦する。文献の簡潔なレビューを提供してくれるだけでなく，刑事司法システムが気難しい気質を有する者たちをいかに不適切に対処してきたかという問題を提起する。最後に，進化論に関心がある場合は，Glenn ら（Glenn, Kurzban, & Raine, 2011）の論文を推薦する。焦点はサイコパスであるが，犯罪者全般に対する考察も行なっている。

第5章

反社会的パーソナリティ・パターン

1節　はじめに

　反社会的パーソナリティ・パターン。日常用語では，衝動的，冒険的な楽しみを求めること，幅広い問題性（複数の被害者，複数の場面），落ち着きのない攻撃性，他人を顧みない冷淡さ。（本書第3章）

　最初に第3章で述べたように，反社会的パーソナリティ・パターンは，犯罪行為を最もよく予測する因子の1つであり，セントラルエイトのリスク・ニーズ要因の1つとなっている。反社会的パーソナリティの起源は，われわれが気難しい気質と呼んでいるもののなかにみることができ（第4章を参照），自己統制力の乏しさやネガティブな情緒性など，このようなパーソナリティの組み合わせは，生涯継続型犯罪者を形づくるものの中心であろうと思われる。さらに，このようなパーソナリティ特性は，さまざまな場面における問題のある社会的関係の前提条件ともなる。本章では，反社会的パーソナリティの概念に関して，それについてのさまざまな見地を論じながら，さらに深く探究したい。
　まずは，パーソナリティ一般についての現時点での知識を概説する。パーソナリティの研究は，心理学の一分野であり，犯罪行動についてのわれわれの理

111

解にも資するところがあるはずである。次に、パーソナリティについての犯罪学の立場と、それがパーソナリティをより重視するように変遷してきたことについてレビューする。第3に、反社会性パーソナリティ障害とサイコパスの研究を通して、司法・臨床心理学と精神医学が精神障害に対して抱いている先入観について検討する。最後に、反社会的パーソナリティについての司法およびメンタルヘルスによる概念への批判を述べ、より広い見地でみることを呼びかけて、章を締めくくりたい。

2節　パーソナリティについての心理学的見地

　誰もが1度やそこらは「自分は誰なのか」という問いを発したことがあるだろう。たいていの場合、その答えは自己（私は良い人間である）、動機づけ（私は怠け者である）、知性（私は頭が良い）、情緒性（私は神経質である）、対人関係（私は人に親切だ）への評価にまつわるものとなろう。そして、これらの答えには同時に、ある程度の一貫性が示唆されている。つまり、われわれが「私は神経質だ」とか「他人に親切だ」というとき、われわれはほとんどいつも、ほとんどの人に対してそのように振る舞う。パーソナリティは、一定の思考、感情、行動のパターンを反映している。

　特性（traits）とは、さまざまな状況に対するわれわれの一般的な反応パターンのことである。犯罪行動に関連する特性の例としては、攻撃性、衝動性、刺激希求性、リスクテイキング、不正直さ、ネガティブな情緒性などがある。パーソナリティ特性についての研究をみるとき、往々にして混沌とした気持ちが残る。パーソナリティ特性には実に多種多様なものがあり、それが多くの異なった理論に従って、多種多様な方法で測定されているからだ。しかし、パーソナリティの研究者および理論家は、複数の特性を組み込んだ少数の基本的なパーソナリティ次元という記述的な体系を発展させることによって、組織立てを行なってきた。

パーソナリティの上位特性説

　ほとんどのパーソナリティ特性は，5つの一般的次元で記述することができ，それは5因子モデル（ビッグファイブ・モデル）と呼ばれている（Digman, 1990）。誰もがこの5つの上位特性の名称に正確に同意しているわけではないが，ここでは Costa & McCrae（1992; McCrae & Costa, 1999）による名称を紹介する。5つの因子は，いくつかの下位特性（facets）から成る。以下に示すのが「ビッグファイブ」と，それに対応する下位特性の例である。

1. **神経症傾向**：不安傾向，怒り，衝動性
2. **外向性**：ポジティブな感情性，興奮希求性
3. **経験への開放性**：創造性，開放性，知性
4. **協調性**：信頼性，愛他性，迎合性
5. **誠実性**：有能さ，几帳面さ，自己統制

　5因子モデルの研究でわかったことは，これらのパーソナリティ次元は，性別，文化を通してみられ，遺伝的な要素があるということである（Schmitt, Realo, Voracek, & Allik, 2008; Terracciano, Sanna et al., 2010）。5因子モデルは，パーソナリティ理論に大きな影響を与えたが，この分野を独り占めしているわけではない。心理学者のなかには（例えば，Mayer, 2005）5因子モデルは，統制の位置（locus of control）や男性性・女性性のような，よく研究されている特性を適切にとらえきれていないと感じている者もいる。あるいは，特に精神病理を記述するような場合には，さらなる因子や別の因子を考慮すべきと述べる者もいる（Krueger & Eaton, 2010）。例えば，Durrett & Trull（2005）は，**正の誘意性**（例「私は優れている」対「私はごく普通である」）と**負の誘意性**（例「私は悪人だ」対「私はきちんとした人間だ」）の2次元を追加し，ビッグセブン・モデルを提唱している。一方，Widiger & Costa（2013）は，5因子モデルは精神病理に適用できるという説得力のある議論を提示している。

　ビッグファイブについての研究は，非犯罪者サンプルを対象にしたものがほ

とんどであるが，サイコパス傾向を5因子モデルの用語に翻訳することには，大きな関心が寄せられている（Derefinko & Lynam, 2013）。ほとんどの研究は，しばしば2つのきわめて対照的なグループ（例えば，大学生と受刑者）を用いた横断研究の方法でなされており，そのため相違点を見出す可能性が大きくなる。これらの研究が見出したのは，ほとんどいつも反社会的な者と向社会的な者を区別したのが，協調性と誠実性であったということである（Miller, Lynam, & Leukefeld, 2003; Samuels, Bienvenu, Cullen, Costa, Eaton, & Nestadt, 2004; van Dam, Janssens, & De Bruyn, 2005; Wiebe, 2004）。またほとんどの研究が，神経症傾向と外向性が重要であることも見出している。神経症傾向と外向性は，Eysenck（1964）による犯罪行動のモデルにおいて，中心的な役割を果たす重要なパーソナリティ変数であると長い間みられてきた。これらの知見と，生物学の章（第4章）で述べたこと，およびわれわれの反社会的パーソナリティ・パターンの定義の一貫性は，注目に値する。

　Caspi, Moffitt, Silva, Stouthamer-Loeber, Krueger, & Schmutte（1994）は，自制傾向およびネガティブな情緒性は，国，性別，人種，方法論を問わず，犯罪に関連することを見出した。自制傾向の下位特性は，伝統主義（高い道徳基準で示される），害の回避（興奮や危険を避ける），統制（内省的，計画的）である。犯罪者は，自制傾向の得点が非犯罪者より低い。ネガティブな情緒性の下位特性は，攻撃性（他者に不快感を引き起こす），疎外感（不当に扱われたと感じる），ストレス反応（怒りや不快感を表出する）である。犯罪者は非犯罪者に比べ，ネガティブな情緒性の得点が高い。ポジティブな情緒性（例えば，ウェルビーイングの感情や社交性）には，両グループ間の違いはみられなかった。

　上記と関連して，Eysenck（1977）の3因子モデルについてのメタアナリシスで報告された知見がある。Cale（2006）のレビューでは，反社会的行動と最も相関が大きいのは衝動性（$r = .37, k = 96$）で，次いで神経症傾向（$r = .18, k = 90$）であった。外向性の効果量は最小であった（$r = .10, k = 94$）。

　さて，5因子モデルを使うにしろ，他の類似のモデルを使うにしろ，パーソナリティのモデルから導かれる1つの重要な結論がある。それは，これら上位特性は，パーソナリティの**正常な**側面であるということである。それらは，ある程度われわれすべての人間についての記述ができるし，われわれは皆，多か

れ少なかれ，これらパーソナリティの一般的特性を有している。われわれは，犯罪者を記述する際にも，この上位特性モデルを使うこととし，司法精神医学・心理学で犯罪者の行動を説明するとき通常行なわれるように，精神病理や疾病をもち出すことはしない。犯罪者は，自制傾向（自己統制，非衝動性，誠実さ）および情緒性（敵意，攻撃性，他者の冷淡な軽視）の悪い方の端に位置する。反社会的パーソナリティ・パターンは，われわれ誰もが有するパーソナリティ側面の組み合わせの反映であるが，そのどこに位置するかということが，犯罪者と非犯罪者の間の違いを説明するものとなる。

パーソナリティは，たんに特性の集合か

　ここまで，われわれはパーソナリティを特性論の立場に立って論じてきた。特性論が強調するのは，パーソナリティの静的で恒常的な側面である。もちろん，特性の安定性を示すエビデンスはあるが，われわれはある状況下ではいつもと違う行動を取ることもある。例えば，危機に際して，普段はおとなしい人が勇気を奮い起こして，困難に立ち向かうということもあるだろうし，愛する人が非難されたとき，普段は内気な人でも敢然と反論することもある。パーソナリティ特性とは，どの程度安定し，一貫性のあるものなのだろうか。

　Mischel（1968）は，さまざまなパーソナリティ特性の安定性をレビューし，あるパーソナリティ特性と，さまざまな状況におけるその特性の表出の間の相関は，平均するとおよそ.30であることを見出した。Mischel（1968）は，パーソナリティ特性がどのような状況においてもきわめて恒常的なものであるという考えは，間違いであると述べている。そして，人が状況をどのように**解釈する**かということにもっと注意を傾けるべきであると述べた。Mischel（1968）のレビューの結果，特性の研究は，パーソナリティの5因子モデルの発展に伴って再び日の目をみるまで，不遇をかこつこととなった。そして，行動の直近の状況を理解しようとする心理学的プロセスの研究に人気が集まった。その目的は，どのような状況の下で，ある特性が発現するのかを明確にすることである。そのためには，①状況を克明に記述する，②その人が個人的にその状況をどの

ように解釈または認識しているのかを理解する，ということが必要になってくる。情報の認識は，認知的プロセスに依存している。つまり，ある個人が攻撃的に振る舞うのかどうかを予測したいなら，具体的な状況を知り（例えば，警察官が目の前にいる），その個人がその状況をどのように解釈するか（例えば，「警察官は，自分を刑務所に入れるかもしれない」「サツはきらいだ」）を理解する必要がある。

このように状況と心理的プロセスを考慮するアプローチは，たしかに行動予測の精度を高めたが，一般的に人間は環境に対してその人特有の方法で応答するという事実から逃れることはできない。Mischel（1968）の影響力の大きい研究の後20年の間，パーソナリティ研究は，2つの立場に分かれてきた。すなわち，特性論的立場と状況・心理プロセス的立場である。近年になって，研究者はこの2つを統合させようと努力しており，それを牽引しているのはほかでもないMischelである（Mischel, 2004; Mischel & Shoda, 2010; Shoda & Mischel, 2006）。

Mischel & Shoda（2010; Shoda & Mischel, 2006）は，彼らの統合的理論を認知・感情的パーソナリティシステムとして論じている。認知・感情的プロセス（つまり，認識，感情，期待，自己統制プラン）は，パーソナリティ特性と状況の間の比較的安定的な媒介因子となりうる。例えば，人は自分に危害を加えようとしているという漠然とした信念をもっていれば，多くの社会的場面をそのように解釈することにつながり，その結果，いつも同様の行動に出ることになる。今日のパーソナリティ理論は，さまざまな心理的サブシステムをより一層統合する方向に向かっている。パーソナリティ研究は，もはや安定的な特性についての研究ではなく，特性と行動の状況との間を媒介する動的な心理的プロセスの研究である。

3節　パーソナリティについての犯罪学的見地

　犯罪学の主流においても，パーソナリティと犯罪についての見方は，過去20年の間に大きな変化があった。1930年代から1990年代ごろまで，パーソナリティの重要性はほとんど無視されていた。初期のレビューでは，犯罪理論のなかでの社会階級の果たす中心的な役割を維持するために，パーソナリティの重要性を示すエビデンスを誹謗することに躍起になっていた。今日，パーソナリティは，多くの犯罪理論において，その中核的なものと考えられるようになっている。ここで，このような顕著な変化のストーリーを追ってみよう。

かつては…

　パーソナリティと犯罪の関連についての最初の実体的なレビューは，Schuessler & Cressey（1950）によってまとめられた。彼らは113の研究をレビューし，これらの研究のうち42%が犯罪者と非犯罪者のパーソナリティの相違を報告していることを見出した。その後，Waldo & Dinitz（1967）は，Schuessler & Cressey（1950）のレビュー後に発表された（すなわち，1950-1965）94の研究をレビューした。このレビューは，前のレビューより重要である。なぜならば，パーソナリティを測定するために用いたテストは，より洗練されているし，研究デザインも一層優れているからである。その結果，81%の研究が，パーソナリティと犯罪の関連を見出していた。時代は下って1977年，Tennenbaum（1977）は，1966年から1975年までに出版されたパーソナリティと犯罪に関する44の研究をレビューした。研究の方法論的な質は向上し，初期の時代よりはるかに多くのパーソナリティ検査が開発されていた。そして，44の研究のうち，80%がパーソナリティと犯罪との関連を報告していた。
　Tennenbaumのレビューでの主要な発見の1つは，先に発表された他の2つのレビュー同様に，反社会的パーソナリティをアセスメントすることによって，犯罪者と非犯罪者のサンプルを一貫して区別することができるということだっ

た。反社会的パーソナリティを測定するために最も広く使われていた尺度の2つは，カリフォルニア人格目録の社会的成就性尺度（So）と，かつての名称ではミネソタ多面人格目録（MMPI）の精神病質的偏倚尺度（Pd）である。これらは，妥当性が十分に検証された自己報告式，自記式の質問紙検査である。So, Pd 尺度のスコアは，家族的・生物学的変数，自己統制スキルや衝動性の指標，そして行為の遵法性をはるかに超えるような逸脱傾向の指標と相関があることが知られている。これら理論的に関連のある構成概念との相関はよく知られているが，それに加えて，その尺度項目は，犯罪者と非犯罪者サンプルを区別できるように熟慮のうえ選択されている。

　上述の3つのレビューすべてにおいて，見出された研究の42%から81%がパーソナリティと犯罪との関連を見出しているにもかかわらず，レビューの著者は，パーソナリティは犯罪の研究においては重要でないと結論している。なぜこのようなことになったのだろうか。それは，彼らが「知識破壊テクニック」を用いて，エビデンスの価値を過小評価したためである。Tennenbaum（1977）の論文を用いて，どのように「知識破壊テクニック」を用いているかを検証してみたい。そのプロセスは以下の通りである。

1. Tennenbaum はまず，現代のパーソナリティ検査が，10年前に比べても犯罪性をよく予測できないことに「当惑している」と述べていた。
   コメント：彼は心配しているというが，それは何についてか。複数の研究間の予測的中率は，1950年には42%だったが，1967年には81%になり，そして1977年の彼自身のレビューでは80%になっている。100%でなければならないと思っているのだろうか。
   知識破壊テクニック#1：読者の心中に，漠然とした懐疑心や心配を植えつける。
2. Tennenbaum は，反社会的パーソナリティのアセスメントは一貫して併存的妥当性（concurrent validity）を示しているという事実を認めている。しかし，その事実についてもたんなる「外面的妥当性」にすぎないと述べている。第2章で，実証的理解について説明した（例えば，因果的妥当性，予測的妥当性）。しかし，「外面的妥当性」とは何だろうか（訳注：

尺度研究で用いられる概念である表面的妥当性［face validity］とは異なり，ここで Tennenbaum が用いた用語は surface validity という用語である）。

> コメント：ここにも読者の感情に対して，知識破壊テクニックが駆使されている。最初に漠然とした否定的な懸念による警告を発したうえで，その不信感を「外面的妥当性」といった用語を使って強化しようとしている。
>
> 知識破壊テクニック #2：科学的に聞こえるような造語を用いて疑念を拡大させる。「妥当性」という用語には特に大きな効果がある。

3. So および Pd 尺度は，犯罪者と非犯罪者サンプルを正しく分別することができるように組み立てられたものであるので，1つのみならず複数の研究で実際にそれが成功したといっても大した成果ではないと述べる。より具体的には，Tennenbaum（p.288）は，反社会的パーソナリティの尺度は「犯罪者のリストを調達するだけで，何の情報も得られない」と述べている。

> コメント：この最後の文は何を意味しているのか。たしかに Pd および So 尺度のいくつかの項目は，犯罪行動の直接的な指標である。例えば，Pd 尺度には「法律問題を起こしたことは1度もない」という項目があり，So 尺度には「牢屋に入ることは，たいていの場合楽しいものである」などの項目がある。Tennenbaum は，これらの尺度のこうした特徴をことさらに取り上げ，尺度はたんなる犯罪者のリストをつくるだけで，何の追加的な価値も得られないと結論している。しかしながら，尺度の**ほとんどの項目**は，犯罪行動の明確な指標ではないにもかかわらず（例えば，Pd 尺度の「私の体重は増えもしなければ減りもしていない」），それでもこれらの項目は犯罪者と非犯罪者を分けることに貢献しているのだ。さらに，犯罪歴のあるサンプルにおいて，尺度は将来の再犯を予測している。
>
> 知識破壊テクニック #3：付加される価値に疑問を呈することによって，新たな知識の重要性を矮小化する。

理念的な信念が実証的理解の邪魔をする場合があることを，読者に対して警

鐘を鳴らすために，Tennenbaum によって用いられた知識破壊テクニックのいくつかをここで解説した。

そして現在…

　パーソナリティに関するエビデンスが無視されてきた時代は，今や過ぎ去った。現代の犯罪学理論は，パーソナリティを重要な理論的構成概念の1つとして組み込んでいる。パーソナリティの側面が犯罪性と最も強く関連している見方には，相当なコンセンサスがある。最も強調すべきは，反社会的パーソナリティ・パターンのアセスメントによって，犯罪者サンプルと非犯罪者サンプルを一貫して弁別することができ，犯罪行動の予測ができるということだ。

　Gottfredson & Hirschi（1990）による"*A General Theory of Crime*"（犯罪の一般理論）は，犯罪学の主流をパーソナリティ研究へと振り向けるうえで，最も影響力の大きな仕事の1つとなった。その著作のなかでは，自己統制力が犯罪の原因とされている。しかし，彼らは（1990: 49），彼らのいうところの自己統制力がパーソナリティ特性であるという立場には強く反対し，「心理学的実証主義のロジック」が自分たちの理論を誤解していると非難した（これもまた知識破壊である）。彼らにとって，自己統制力欠如は，行動そのものとして明白に現れるものなので，犯罪の素因を仮定する必要はないという。例えば，向こう見ずな犯罪行動は，自己統制力欠如の現れであり，自己統制力欠如が犯罪行動を引き起こしているという。しかし，Akers が以下に指摘しているように，Hirschi & Gottfredson の説明は，循環的で何の説明にもなっていない。

　　自己統制力欠如によって犯罪に至る傾向を説明することは，同語反復になりやすい。それらは1つの同じ概念であり……その主張は，自己統制力欠如が自己統制力欠如の原因であるといっているのと同じである。同様に，何の操作的定義もなされていないため，彼または彼女が実際に犯罪に至るまで，その人の自己統制力が不十分だった（犯罪に至る確固たる傾向があった）ということがわからないのである……自己統制力欠如が

犯罪の原因であるという主張もまた，同語反復的である。(Akers, 1991: 204)

　Hirschi & Gottfredson 自身の自己統制力についての見解は脇において，彼らの本が犯罪学にパーソナリティを再びもち込んだのはたしかである。彼らの仮説の検証は続けられ，そこではその理論を改善するために新しい研究による提言がなされている（Burton, Cullen, Evans, Alarid, & Dunaway, 1998; Ratchford & Beaver, 2009）。Hirschi & Gottfredson 理論の出版後25年を経ても，自己統制力理論は研究と議論を生み出し続けている（Cretacci, 2008; Pratt, Cullen et al., 2010; Rebellon, Straus, & Medeiros, 2008）。

　別の見地から，Moffitt とその同僚の仕事は，Farrington, Loeber, Tremblay, & Thornberry など，他の発達犯罪学者および心理学者とともに，気質の重要性，特に生涯継続型犯罪者の発達における気質の重要性を強調する。Caspi ら（Caspi et al. 1994）の記念碑的研究は，犯罪学におけるパーソナリティ研究の重要性を強く支持した。ニュージーランドのダニーデンでの彼ら自身のデータやピッツバーグ青年研究を引用して，彼らはネガティブな情緒性や自制傾向の乏しい（自己統制力欠如）パーソナリティ特性は，文化，性別，人種を問わず，非行と関連していることを説得力をもって示した。Miller & Lynam（2001）はさらに，メタアナリシスによるレビューによって，5因子モデルの因子（協調性および誠実性）が，いかに反社会的行動に関連しているかを示した。パーソナリティと犯罪の研究は，もはや心理学分野や精神医学分野の学術誌に限らないものとなっている。

　犯罪学分野でパーソナリティへの新たな関心から派生したものの1つは，一般的心理学の重要性の再発見である。心理学分野の学術誌に容易に掲載されうるような論文が，犯罪学分野の学術誌に突如として現れるようになった（われわれは，例えば Akers，Gendreau などの少数の研究者が，犯罪学の論文に影響を及ぼした英雄的な努力の結果であると認識している）。例えば，Wood et al.（1997）は，犯罪が強化による媒介を受けずに，いかに行為そのものによって維持されうるかを記述している（つまり，スリルのために犯罪を行なう）。パーソナリティは，ここでも主流の犯罪学理論のなかに入り込む道を見出した。こ

のことは，既にみたように Hirschi & Gottfredson が，自己統制力不足によってコントロール理論を拡張したことにもみて取れる。緊張理論（Agnew, 2007）やアノミー理論（Baumer, 2007; Konty, 2005）にもパーソナリティをみることができる。

4節　精神病理としての反社会的パーソナリティ

「反社会的パーソナリティ」という用語には，さまざまな異なった意味づけがなされている。第1の意味は，すべての人間に共通しているパーソナリティの正常な側面が，たんに極端になったものという意味合いである。第2の意味は，精神病理学に根ざしている。精神病理学的見地では，反社会的パーソナリティを精神疾患であると考え，不健康的，異常，病気であるとみる。医学では，何が不健康で異常であるかを判断することは，比較的簡単だ。しかし，心理的なプロセスとなるとそう簡単にはいかない。清潔さと強迫性の間にある境界を越えるには，何回手を洗い続けることが必要だろうか。サイコパスと呼ばれるには，どれだけ嘘をつき，不正直であることが必要だろうか。ほとんどの精神医学や臨床心理学は，異常である，つまり精神疾患であると見なされる行動や思考パターンのほうへ「境界線を越えた」と判断された者を対象としている。こうした精神疾患のなかには，症状が十分に定義され，信頼できる診断や分類が可能なものもある（例えば，統合失調症，躁うつ病）。しかし，十分明確には定義されていない「精神疾患」もある。反社会的パーソナリティは，そのなかの1つである。

精神医学と反社会性パーソナリティ障害

精神医学は，精神障害を研究する医学の一分野である。一般的に，精神医学では，心理的な問題のほとんどは，生物医学的な基盤を有していると見なされ，

臨床医は治療のためにカウンセリングに加えて薬を処方する。臨床心理学者は，ほとんどの州や国では，処方する権能を有していない。彼らは，心理学的アセスメントやカウンセリング・サービスの専門家である。双方の専門家の多くに共通するのは，心理学的な異常は，その病因，転帰，治療，予後などによって，明確に分類ができるという信念を抱いているということである。身体的疾患は，原因（例えば，ウィルス感染）や疾患の自然な転帰（例えば，喉が痛くなり，鼻水が出る），治療（お母さんのチキンスープを飲みなさい），予後（心配いりません。10日もすればすっかり良くなりますよ）によって，診断され分類される（この例では，一般的な風邪）。精神疾患もまた，病因，転帰などによって診断カテゴリーに分類することが可能だろうか。

　最も影響力のある精神疾患の分類学や分類システムには2つあり，アメリカ精神医学会の"*Diagnostic and Statistical Manual of Mental Disorders*（DSM）"（精神疾患の診断・統計マニュアル）と世界保健機関の"*International Classification of Diseases and Related Health Problems*（ICD）"（国際疾病分類）である。DSMは最近少し改訂され（DSM-5; American Psychiatric Association, 2013），ICDは目下大規模な改訂中である。アメリカでは，DSMは中心的な診断システムであるが，2015年の秋から心理的サービスの提供者（主として精神科医と心理学者）は，第三者機関による医療費の支払いのためには，ICD-10を使用することが要請されている（First, Reed, Hyman, & Saxena, 2015）。2017年にはWHOが新たなICD-11を認可することが予定されている（訳注：WHOは2018年に公表した。2019年の世界保健総会に提出され，2022年に発効予定である）。DSM-5は，いくつかの診断については，テスト・再テスト間信頼性が乏しいこと（例えば，境界性パーソナリティ障害）（Regier, Narrow et al., 2013）や，ほとんどあらゆるレベルの人間の苦悩を精神疾患と呼ぶことを許すように診断基準を緩やかにしていることが批判されている（Frances & Nardo, 2013）。

　ICD-11で変更されることがわかっているのは，DSM-5でなされているようにパーソナリティをカテゴリー分けするのではなく，次元に分けて提示することや，深刻度のアセスメントをすることである（Tyrer, Crawford et al., 2011）。こうした変更によって，さまざまなパーソナリティ障害の診断をシンプルにし，大きな臨床的有用性が高まることが期待される（Reed, 2010; Tyrer, 2013）。し

かし，ICD-11 が発表されるまで，DSM-5 を用いて反社会性パーソナリティ障害についての議論をすることになる。

　DSM-5 は，行動パターンと心理的特性を記述し，診断カテゴリーに分類している。例えば，幻聴や奇妙な妄想があり（ペットの犬が，自分の行動をコントロールしているなど），これらの妄想や幻覚の経過が6か月以上続いた場合，統合失調症との診断がなされるであろう。また，DSM-5 でカバーしている総体的領域の1つに，パーソナリティ障害がある（これは，DSM-IV と DSM-5 では変更がない）（Widiger, 2013）。パーソナリティ障害には，例えば，強迫性パーソナリティ障害，妄想性パーソナリティ障害，自己愛性パーソナリティ障害，そしてもちろん反社会性パーソナリティ障害が含まれている。パーソナリティ障害のほとんどは早期に発症するが，反社会性パーソナリティ障害が他のパーソナリティ障害と違うところは，「他人の権利を無視し侵害する広範な様式」（American Psychiatric Association, 2013: 659）である。子どもでは，これに対応する精神障害は，**素行障害**と呼ばれるものである。反社会性パーソナリティ障害と素行障害（反社会性パーソナリティ障害の子ども時代の前駆状態）の診断基準の概略は，表5.1 の通りである。

　アメリカでは，反社会性パーソナリティ障害は成人のおよそ 3.5% にみられると推定されている（Grant, Hasin et al., 2004）。かつては，反社会性パーソナリティ障害は，攻撃的行動と関連が強いとされていたが（Crocker, Mueser et al., 2005），最近の研究では，反社会性パーソナリティ障害は受刑者の刑務所内での規律違反を予測しないことが見出されている（Edens, Kelly, Lilienfeld, Skeem, & Douglas, 2015）。実際のところ，この障害はこれまで法律違反を犯したことのない非攻撃的な人々の間にも比較的よくみられる（例えば，アルコール依存症，強迫的ギャンブラー）。この障害は，治療困難であるとみられており，相当多くの研究が，早期治療によって治療可能性を高めることを期待して，反社会性パーソナリティ障害の小児期の予測因子の同定に焦点を当てている（Glenn, Johnson, & Raine, 2013; Lahey, Loeber, Burke, & Applegate, 2005）。

　サイコパスについて議論する前に，反社会性パーソナリティ障害について明確にしておきたい2つのポイントがある。まず，反社会性パーソナリティ障害のアセスメントは，普通は構造化されていない臨床面接によってなされること

▼表 5.1　反社会行動に関連する精神障害（American Psychiatric Association, 2013）

反社会性パーソナリティ障害の DSM-5 の診断基準（成人）
Ⅰ　他人の権利を顧みないこと。以下のうち少なくとも 3 つ。
　　a）逮捕の原因になるような行動
　　b）虚偽性，操作性
　　c）衝動性
　　d）攻撃性
　　e）無責任さ
　　f）良心の呵責の欠如
Ⅱ　年齢は 18 歳以上である。
Ⅲ　少年時に素行障害歴がある。
Ⅳ　反社会的行動は，統合失調症・躁病エピソードの産物ではない。

素行障害の DSM-5 の診断基準（少年）
Ⅰ　他人の権利の軽視，年齢に応じた社会的規範の違反。以下のうち少なくとも 3 つ。
　　a）いじめ，脅迫，威嚇
　　b）取っ組み合いの喧嘩
　　c）凶器の使用
　　d）人に対して身体的に残酷
　　e）動物に対して身体的に残酷
　　f）被害者の面前での盗み
　　g）性行為を強いる
　　h）放火
　　i）所有物の破壊
　　j）住居，建造物，車への侵入
　　k）物または好意を得るための嘘
　　l）盗み
　　m）13 歳以前に始まる親の禁止にもかかわらずの夜間外出
　　n）少なくとも 2 回の家出
　　o）13 歳以前に始まる怠学

が多い。次章において非構造化臨床面接についてより詳しく述べるが，ここで述べておきたい点は，実際の臨床における反社会性パーソナリティ障害の診断は，きわめて信頼性を欠くということである。反社会性パーソナリティ障害の研究者は，構造化されたアセスメントツールを利用しているが，日常の司法臨床場面では，いつもそれを利用しているわけではない（Vrieze & Grove, 2009）。第 2 に，DSM-5 の反社会性パーソナリティ障害の診断基準は，行動的特徴に重点をおいているという点である。この後すぐ述べるが，一般の人がみても専門家がみても，犯罪者に特有のある種の情緒的，人格的特徴というものがある。例えば「冷血な殺人者」というものを想像してみればよい。DSM-5 の基準には，

攻撃性や良心の呵責の欠如などが挙げられてはいるが，情緒的な冷たさというものはない。

ではここで，サイコパスというパーソナリティ概念に目を向けよう。それは，①厳密に構造化されたアセスメントに基き，②行動的特徴だけでなく，パーソナリティ特徴もとらえたものであり，③犯罪行動と強い関連を有するものである。

サイコパス

サイコパスという言葉は，専門家にも一般の人々にも広く用いられているが，われわれの文化のなかでは，きわめてゆがめられている（臨床的な説明は，リソースノート 5.1 を参照）。サイコパスについての一般的なイメージは，人当たりよく魅力的であるが，同時に暴力的でサディスティックな行動をする人というものである。1 世紀以上にわたって，Pinel の「狂乱のない躁病者」という考え方から，Prichard による 1835 年の「道徳的異常者」という記述（Pichot, 1978），Freud による未発達な超自我という考え方まで，専門家の間でもその概念にはさまざまなバリエーションがあった。しかし，サイコパスの現代的な概念は，Cleckley（1941; 1982）が提示したものである。

 サイコパスのケーススタディ

　誰もが彼を「レッド」と呼んでいた。彼は 30 歳で，背が高くてハンサムだった。髪の毛は赤く，きれいに整えられた赤いヒゲを生やしていた。レッドが育ったのは中流階級の家庭だった。父親は公務員で，母親は地元紙の記者だった。レッドが 4 歳のとき，両親が離婚し，彼は 6 歳になるまで父親と暮らすことになった。6 歳のとき，寄宿学校に入れられた。

レッドにとって，寄宿学校は居心地が悪かった。彼は，学校（「軍隊のようだった」），勉強，先生を嫌った。学校を何度も抜け出したが，17歳になったとき，ついに完全に逃げ出した。レッドはフロリダまで逃げ，そこで姉に会った。彼は姉に，学校はうまくいっていて成績がとても良いので，先生が休みを取って姉のところに行ってもよいといってくれたと述べた。姉の家で，レッドは戸棚から酒を盗んで飲酒し始め，瓶には酒の代わりに色のついた水を入れておいた。3週間後，姉に電報が届いた。姉は不在だったので，彼はその電報を開け，父が交通事故で亡くなったのを知った。

レッドは，保険金を受け取るためにニューヨーク州の自宅に戻った。担当者には，姉は6か月前に自殺したと述べ，証拠として偽造した書類をみせた。彼は遺産のすべてを受け取った。そして，父親の家に住み，乱痴気騒ぎをするようになった。レッドの友達は酒を飲み，ドラッグを使った。友達のほとんどは，それまでに少年院や刑務所に入ったことのある者だった。レッドは，学校には行かず，仕事もせず，刺激にあふれた生活を楽しんだ。

しかし，そのような乱痴気騒ぎの日々は，すぐに終わりをみた。ある夜，彼は酔っ払って，「親友」をバットで殴った。その友人は手首を骨折したが，彼は治療費を拒んだ。警察が来たが，罪に問われることはなかった。その後の5年間も，レッドは数えきれないほどの法的問題を起こし，1度結婚をし，ドラッグに耽溺した。

21歳のとき，遺産のすべてを使い果たした。レッドは，街から街へと放浪した。どの街でも，彼は安月給のパートの仕事をしている女性と知り合い，その家に転がり込んだ。どの女性も，何か月かすると，彼は疫病神だと知るのだった。彼は酒を飲み続け，コカインを注射し，ドラッグを買うために「空き巣」や盗みをした。とはいえ，刑務所に入っても，刑期が60日を超えることはほとんどなかった。

それから，30歳になって，レッドは一緒に住んでいた女性に暴力を振るった。そのとき，裁判官は2年の刑を言い渡した。刑務所に入ってから，レッドはその内縁の妻に電話をかけ始め，許しを求めた。最初，彼女はすぐに電話を切ったが，それでもレッドはあきらめなかった。2週間もしないで，彼女は電話を受けるようになった。そして，1か月もしないで，刑務所に面会に訪れ，彼が釈放

するまで面会を続けた。レッドは,内縁の妻の面会を受け,差し入れの金をもらっている間も,次の計画を練っていた。彼は,刑務所仲間に紹介してもらった女性とつながっていただけでなく,電話で新聞の「パートナー探し」の欄に宣伝文を載せるべく電話をかけていた。

釈放されたときは,3人の女性から住む場所の提供を受けていた。刑務所で実施したテストは以下のような結果だった。

処遇レベル質問紙改訂版（LSI-R）：48点（満点は54点）
サイコパス・チェックリスト改訂版：36点（満点は40点）
犯罪者への同一化：92パーセンタイル
不安尺度：4点（満点は10点）
セルフエスティーム尺度：81パーセンタイル

サイコパス・チェックリストの結果から,レッドはサイコパスの診断に合致する（30点以上が必要）ことがわかる。レッドはまた,処遇レベル質問紙の結果によると,再犯リスクが高い。さらに,レッドは気落ちさせられるような不安にはあまり苛まれておらず（不安尺度の結果），犯罪者としての自分にかなり満足している（セルフエスティーム尺度と犯罪者への同一化尺度での高得点）。

精神科医としての長い経験から,Cleckley（1982）は,彼の患者の幾人かが示した3つの特徴的なパターンを記述している。第1に,サイコパスは皆,一見して正常にみえる。妄想や幻覚を有しておらず,脅威的な不安や罪悪感には特に苛まれていないようにみえる（Cleckleyの著作のタイトルは "*The mask of sanity*"［正気の仮面］である）。第2に,サイコパスは社会的統制力に反応しないようにみえる。例えば,社会や周囲からの罰を受けても,お構いなしで問題を起こし続ける。第3に,犯罪行動は,サイコパスの診断には必ずしも必要ない。実際,Cleckleyは,(明るみに出た) 犯罪歴のない患者の例を多数提示している。

この最後のポイントは特に重要である。サイコパスは必ずしも犯罪者とは限

らないという前提に立てば，多くの重要な結論が得られる。

1. すべての犯罪者がサイコパスというわけではない。
2. 犯罪の原因は，サイコパスの原因とはならないし，その逆もまた同じである。
3. 結論2からすれば，サイコパスと犯罪者に対するアセスメントと治療は，それぞれかなり異なったものとなるべきである。

サイコパスのアセスメント：Hareのサイコパス・チェックリスト（PCL-R）

Hare（2003）は，Cleckleyが提案した診断基準を利用して，サイコパス・チェックリスト改訂版（Psychopathy Checklist-Revised: PCL-R）と呼ばれる客観的なアセスメントツールを開発し，1991年に最初の出版をしたのち，2003年に改訂した（表5.2を参照）。各項目は3件法の尺度でスコアされ，0が「当てはまらない」，1が「どちらでもない」，2が「当てはまる」となっている。スコアが高ければ高いほど，サイコパスである可能性が高くなる。

DSM-5に定義された反社会性パーソナリティ障害と，PCL-Rで診断されたサイコパスとの違いは何であろうか。DSM-5が開発されたとき，その診断カテゴリーのなかに，サイコパスの情緒的および対人的側面（例えば，共感性，尊大な自己礼賛）を組み込むかどうかという議論があったが，最終的には却下

▼表5.2　サイコパス・チェックリスト改訂版　第2版（PCL-R 2nd Ed.）：項目の例

病的に嘘をつく
指図する・操作性
冷淡・共感性欠如
衝動性
少年非行

Copyright © 2003 Multi-Health Systems Inc. All rights reserved. In the USA, P.O. Box 950, North Tonawanda, NY 14120-095, 1-800-456-3003. In Canada, 3770 Victoria Park Ave., Toronto, ON M2H 3M6, 1-800-268-6011. Internationally, +1-416-492-2627. Fax, +1-416-492-3343. 許可なく掲載を禁ず。PCL-R 2nd Ed. マニュアルに記載された公式基準を参照せずに項目をスコアしてはならない。

された (Widiger, 2013)。その結果，DSM-5 の反社会性パーソナリティ障害とPCL-R のサイコパスの根本的な相違点は，情緒的・対人的側面であることになった。

　この違いによって，多くのことがいえる。まず，DSM-5 の反社会性パーソナリティ障害は，サイコパスとは違うということである。サイコパスを反社会性パーソナリティ障害のサブタイプの 1 つと見なす者もいるが (Coid & Ulrich, 2010)，それぞれの診断をするために使われるのは，2 つの異なった診断基準だということになる。第 2 に，DSM-5 の診断は，反社会的行動歴に頼っており，パーソナリティの特徴というよりは継続的な犯罪傾向を測定しているといえるかもしれない。そのため，司法・矯正の場面において，反社会性パーソナリティ障害の診断は，利用価値が限定的なものとなる。例えば，12 か国で 23,000 人近くの受刑者を調査したとき，男性受刑者のうち反社会性パーソナリティ障害と診断された者は 47% であった (Fazel & Danesh, 2002) (女性では 21% だった)。他の国の矯正当局では，この割合はもっと高く，50 〜 80% の範囲だった (Ogloff, 2006)。年齢 18 歳以上で，法律を遵守した行動を取るという社会規範に従うことができない，という診断基準を考えれば，このように高い基準率であることはさして驚くに当たらない。しかし，これだけ基準率が高いと，治療，保安，釈放などの決定を下すときに，この診断はあまり役に立たない。

　初期のころ，Hare らは，PCL-R は 2 つの因子から成ると述べていた。しかし，最近になって，Hare は 4 因子モデルを採用した (Hare & Neumann, 2006)。その 4 因子とは，次の通りである。

　　第 1 因子：能弁さ，他者操作性に関連する対人性
　　第 2 因子：情緒に焦点を当てた感情性（例えば，良心の呵責の欠如，冷淡さ）
　　第 3 因子：ライフスタイル（例えば，刺激希求性，衝動性）
　　第 4 因子：反社会性（例えば，少年非行，多彩な犯罪性）

　4 因子モデルは，アメリカおよびカナダの研究で (Hare, 2003)，さまざまな民族的グループにおいて (Olver, Neumann, Wong, & Hare, 2013)，そして国際的にも (León-Mayer, Folino, Neumann, & Hare, 2015; Mokros, Habermeyer, Neumann,

Schilling, Hare, & Eher, 2014; Neumann, Schmitt, Carter, Embley, & Hare, 2012），きわめてよく当てはまっている。この点については，本章の最後でPCL-Rのより最近の発展をみるときに触れることにするが，ここでは，サイコパスをどのように概念化し，治療のターゲットとしての役割を果たすことができるようなもっと独立した体系となるようにするか（例えば，共感性を高める治療，自己統制力を学ぶなど）について言及する。

重要な問いは，サイコパスは独立したパーソナリティ概念か（つまり，分類単位か），あるいはたんにパーソナリティの一面であったり，程度の問題にすぎないのかというものである。Cleckleyは，明らかにサイコパスは独立したパーソナリティ概念であり，他の障害とは異なった感情，認知，対人関係，行動の特徴を併せもつという立場を取っている。しかし，男性犯罪者（Edens, Marcus, Lilienfeld, & Poythress, 2006; Guay, Ruscio, & Knight, 2007; Poythress & Skeem, 2006），女性犯罪者（Guay, Ruscio, & Knight, 2006），そして若年犯罪者（Edens, Marcus, & Vaughn, 2011）を対象にした大部分の研究では，分類単位であることを支持しているものはない。Hareは，サイコパスは「基盤となる次元」という立場を取っている（Hare & Neumann, 2006: 73）。

PCL-Rはいつも，サイコパスは分類単位か，それともパーソナリティの一側面なのかという疑問に関して，少しばかり混乱のもととなる結果を提示している。PCL-Rのスコアは，0点と40点の間の値を取るが，ある人がサイコパスとなる特定のスコアがあるのだろうか（つまり，分類単位）。例えば，Hare（1991; 2003）は，30点というカットオフスコアを提唱しているが，25点を用いる研究者もいれば（Harris, Rice, & Cormier, 1989），32点を用いる者もいる（Serin, Peters, & Barbaree, 1990）。それにもかかわらず，パーソナリティ障害を診断カテゴリーと考えることから離れ，次元的分類へと動いている一般的な傾向を反映して，PCL-Rはサイコパスの次元モデルを取っているようである。

PCL-Rと犯罪行動の予測

PCL-Rは，全犯罪再犯および粗暴犯罪再犯の双方を予測するのにきわめて有効である。このトピックに関する数多くのメタアナリシスによるレビューは，PCL-Rスコアと将来の一般再犯との相関の平均値は，ほぼ同一であった

ことを見出している（r = .27, Salekin, Rogers, & Sewell, 1996; r = .28, Gendreau, Little, & Goggin, 1996）。新たな告発や「制度への不適応」（Leistico, Salekin, DeCoster, & Rogers, 2008）というより広い再犯の定義を用いると，r = .27 となる。PCL-R の粗暴再犯との関連に対するメタアナリシスは 3 つあり，これも r = .27 ～ .28 というほぼ同一の相関を見出している（Campbell, French, & Gendreau, 2009; Hemphill, Hare, & Wong, 1998; Yang, Wong, & Coid, 2010）。一方，Salekin et al. (1996) は，r = .32 という少し高い値を見出している。他のリスク尺度と比較したとき，PCL-R は全再犯，粗暴再犯のいずれも同様（またはそれ以上）に高い予測精度を示している。

先に PCL-R はいくつかの下位因子から成ると述べた。2 因子はパーソナリティに関するもので，他の 2 因子は反社会的ライフスタイルに関するものである（例えば，早期の行動的問題，衝動性，スリル希求性）。4 つのメタアナリシスが，それぞれの因子の相対的な寄与の割合を調べている（Hemphill et al., 1998; Kennealy, Skeem, Walters, & Camp, 2010; Leistico et al., 2008; Yang et al., 2010）。すべてのレビューが，反社会的ライフスタイル因子のほうが，パーソナリティ因子よりも再犯の予測因子として優れていることを見出している。これらの知見から，PCL-R で測定されるサイコパスのパーソナリティ特徴は，犯罪行動の予測に関しては，比較的役割が小さいことが示唆される。

PCL-R の予測的妥当性には驚くべきものがあり，それと同様の重要な知見はさまざまな場面（刑務所，精神病院），性別，人種においても再現されている（Douglas, Vincent, & Edens, 2006）。PCL-R は，異なったサンプルでも再犯を予測するが，ある一群に対しては有意に予測が優れているようだ。Leistico ら（2008）は，PCL-R の予測的妥当性は，白人，女性，精神障害者に対するものが，マイノリティ，男性，受刑者よりも高いことを見出した。PCL-R は，後者のグループの再犯も予測するが，前者のグループほど優れてはいない。したがって，PCL-R を民族的マイノリティ，男性，受刑者に適用する際には注意が必要である。

さらに，他にも注意すべき点がある。医療・司法場面では，サイコパスはしばしば危険性と同義としてとらえられているため，それがサイコパス犯罪者に，より厳格な対処がなされることの根拠とされている（Blais & Bonta, 2015;

Edens & Petrila, 2006; Zinger & Forth, 1998)。大衆的マスメディアもまさにそのようなイメージを描写し，それが臨床的専門家によって反論されることはほとんどない。しかし，すべてのサイコパスが暴力的である，あるいはすべての粗暴犯罪者がサイコパスであるというエビデンスはない（Serin, 1996; Harris, Rice, & Quinsey, 1993）。例えば，カナダの裁判所が「危険な犯罪者」と宣告した犯罪者を対象とした研究で，PCL-R でサイコパスであるとアセスメントされたのは，そのわずか 39.6% しかなかった（Bonta, Harris, Zinger, & Carriere, 1998）。さらに，メタアナリシスによれば，PCL-R スコアと粗暴再犯の間の平均効果量は，1 ではなく，.27 程度の値である。

犯罪的でないサイコパスは存在するか？

サイコパスのパーソナリティ特徴を有しながらも，その行動によって法律的な問題を起こしていない*という者はいるのだろうか。Cleckley は，たしかにそれはありうると考えていた。Widom（1977）は，これまですべての研究が対象としていた犯罪的サイコパスは，おそらくは失敗したサイコパス（捕まった者たち）であるにすぎないと考えた。Skeen & Cooke（2010）は，犯罪性はサイコパスに中心的なものであると述べているが，一方で Hare & Neumann（2010a）は，犯罪性は重要な特徴ではなく，むしろ反社会性や問題行動のほうが重要だと述べている。おそらく，「成功した」サイコパスもいて，彼らは問題のある行動を行なっていながらも，刑事司法の網をくぐりぬけている。ここでの問題は，どのようにしてこれら成功したサイコパスを見つけるか，彼らは犯罪的サイコパスとは違うのか，ということである。

Widom は，一般人口のなかからサイコパスを募集する方法を開発した。すなわち，「魅力的，攻撃的，何も気にかけず，向こう見ずで，衝動的な無責任さがあるが，人々を扱うのがうまく，抜け目がない」人を探しているという新聞広告を出した（Widom, 1977: 67）。彼女の最初の研究では（Widom, 1977），大多数の人々が成人してからの逮捕歴を報告したが（64.3%），有罪判決を受けた者はサンプル（$n = 28$）の 17.9% しかおらず，より深刻な罰則を回避する

ことに成功しているという一面が示唆された。同様に，第2の研究では（Widom & Newman, 1985），41％が逮捕されていたが，受刑歴があるのはわずか5.1％（n = 40）しかいなかった。

　Widomの画期的な研究以降，社会内のさまざまなサンプルを対象に，サイコパスについてのより構造化されたアセスメントを用いた研究が他にもなされており，PCL-Rを用いたもの（Gao & Raine, 2010），5因子モデルを用いてサイコパス特性をアセスメントしたもの（Beaver, Boutwell, Barnes, Vaughn, & DeLisi, 2015）などがある。これらの研究の一般的な価値は，サイコパスの特徴を有するが，刑事司法の介入を回避している人がいるという事実を確立するところにある。成功したサイコパスとしては，政治やビジネスのリーダーのことがすぐに思い浮かぶ。そのような「サイコパス」は，狡猾かつ他者操作的で，他者との関係において冷徹であり，自分自身にとって最善のものを追求することだけにしか興味がない。そして，彼らは，トップに登りつめた結果，その個人的生活には重大な問題を抱えているかもしれないが，職業的生活では「成功」しているとみられている（Hall & Benning, 2006）。ここで述べているのがどのような人が知りたければ，Babiak & Hare（2006）の"*Snakes in Suits: When Psychopaths Go to Work*"（スーツを着た蛇：サイコパスが仕事をするとき）を一読してみればよい。

　成功したサイコパスについて論じるには，サイコパスのパーソナリティ特性（Hareのいう情緒的・対人的要因）についてもっと論じる必要があり，逸脱行動的因子（ライフスタイルおよび反社会性）については，あまり論じる必要がない。つまり，非犯罪的サイコパスは，それ自身の独立した別個の病因を有する異なったタイプのサイコパスであるといえる（Hall & Benning, 2006）。あるいは，類似の病因を有するが，パーソナリティの特徴はより軽度なのかもしれない（Gao & Raine, 2010）。これまでのところ最も研究されてきた見解であるため，Hareによるサイコパスのモデルについて論じてきたが，サイコパスについては別の見方もある。異なったモデルは，異なったタイプのサイコパスについて論じている（Blackburn, 2006; Poythress & Skeem, 2006）。例えば，Eysenck（1964）やBlackburn（1975）は，「1次的サイコパス」（古典的なタイプ）と「2次的サイコパス」（いくらかの罪悪感は抱くものの，罪悪感の「スイッ

チを切る」ことができるタイプ）（Porter, 1996）の違いを長い間議論してきた。Hicks ら（Hicks, Markon, Patrick, Krueger & Newman, 2004）は，「情緒的に安定したサイコパス」と「攻撃的サイコパス」について述べている。このように，何が真にサイコパスを構成するのかについては，100% のコンセンサスがあるわけではなく，非犯罪的サイコパスについても概念化の余地がある。

サイコパスの病因

　第 4 章で学んだことは，早期のネガティブな家庭での体験が，神経生物学的欠陥と相互作用して，生涯継続型犯罪者を生むということであった。生涯継続型犯罪者に至る要因は，反社会性パーソナリティ障害やサイコパスの発展に寄与する要因とほとんど同一である（Piquero, Farrington, Fontaine, Vincent, Coid, & Ulrich, 2012）。例えば，環境的リスク要因には，反社会的行動の早期の発現（DeLisi, Neppi, Lohman, Vaughn, & Shook, 2013），崩壊した家庭（Farrington, 2007），児童虐待（Daversa, 2010）などがある。しかし，大多数の研究は，生物学的要因に向けられている。

　サイコパスや反社会性パーソナリティ障害と診断された者は，類似の生物学的要因を有するが，同時にいくらかの違いもある（Glenn, Johnson, & Raine, 2013）。脳画像研究は，特に粗暴なサイコパスに関して，大脳皮質の前頭前野領域（高次機能）の発達不全を示唆している（de Brito, McCrory et al., 2011; Gregory, Ffytche et al., 2012）。43 研究のメタアナリシスで，Yang & Raine（2009）は，前頭前野の構造・機能とサイコパスの間に負の相関（$r \sim -.30$）を見出している。しかし，このメタアナリシスには，わずか 789 人の反社会的対象者しか含まれておらず，サイコパスを調査したものは 43 研究のうち 9 つしかない（人数については記載されていない）。

　サイコパスの遺伝的要素については，他のエビデンスもある。サイコパス・チェックリスト少年版を用いた 1 つの双生児研究では，サイコパスの分散の 69% が遺伝で説明できた（Tuvblad, Bezdjam, Raine, & Baker, 2014）。冷酷・情緒性欠如特性（Viding & McCrory, 2012）や罰から学ぶことのできない傾向（de

Brito, Viding, Kumari, Blackwood, & Hodgins, 2013; Frick & Viding, 2009）など，数多くの遺伝的メカニズムが示されているが，最近の MRI を用いた研究では，罰に対する神経的な鈍感さという考え方に問題提起がされている（Gregory, Blair et al., 2015）。脳画像研究による神経生理学的欠陥の発見によって，学者のなかには，犯罪的なサイコパス（失敗したサイコパス）には，その行動の法的責任を問えるのかという疑問を呈するに至った者もいる（Anderson & Kiehl, 2012; Glenn, Raine, & Laufer, 2011; Umbach, Berryessa, & Raine, 2015）。しかし，サイコパスの診断がなされたことによって，彼らを弁護することはうまくいきそうもない。むしろ，大多数の研究では，そのような診断は，実際のところ，裁判ではより厳しい結果に結びつきやすいことが示されている（Blais & Bonta, 2015; Edens & Cox, 2012; Edens, Davis, Fernandez Smith, & Guy, 2013; Skeem, Polaschek, Patrick, & Lilienfeld, 2011）。

サイコパスの治療

　一般的に臨床家は，サイコパスは治療不可能ではないにしても，治療困難だと考えている（Polaschek & Daly, 2013）。実際，Cleckley もそう考えていた。彼らが手に負えないのは，生物学的欠陥や幼少期の体験が，希望を失わせるほどに苛烈であるためだと考えられている。サイコパスのなかには罪悪感や改悛の情を抱くことのない者がいるという事実が，治療可能性の中核に打撃を与える。情緒性や「良心」を抱く能力のある者ほど治療になじみやすい（Blachburn, 1993; Eysenck, 1998）。さらに，サイコパスや反社会的パーソナリティ特性は，治療からの脱落と関連する（Olver, Stockdale, & Wormith, 2011）。治療共同体（薬物依存症，犯罪，精神障害などの治療のための施設内処遇の一形態である。メンバーのヒエラルキーと相互作用を重んじ，共同生活を通して行動変容を図る包括的アプローチである）のようなサイコパス治療を意図して改良された治療法も（Blackburn, 1993; Hobson, Shine, & Roberts, 2000），望ましい結果を示すことができていない（Harris & Rice, 2006）。なかには，実際にサイコパスの再犯率を高めてしまうような治療法もある（Barbaree, 2005; Harris, Rice, & Cormier, 1994）。

臨床的な逸話や公刊された少数の研究によって，サイコパスは治療不可能だという信念が強められているが，それは実情としては正しくない。治療に関する文献レビューはすべて，同じ結論に至っている。つまり，治療に効果があるかないかをいうには，十分なエビデンスがないということだ（Harris & Rice, 2006; Polaschek, 2014; Polaschek & Daly, 2013; Salekin, Worley, & Grimes, 2010; Wilson & Tamatea, 2013）。問題の一端は，ほとんどすべての治療プログラムは，十分に考え抜かれた介入を有していないという点である。本書の後の部分で，ある原則に従えば犯罪者治療には効果があるということを示すエビデンスをレビューする。治療がより効果を発揮するのは，①高リスク犯罪者に強力な治療を行なう（リスク原則），②治療は犯因性ニーズを標的にする（ニーズ原則），③認知行動的介入を用いる（反応性原則）場合である。これらの原則はまだサイコパスには適用されておらず，実証的に評価されてもいない。その分まだ希望はある。Won & Hare（2005）は，最近サイコパスの治療プログラムを開発したが，それはこれらの治療原則に影響を受けたものであり，初期の研究では期待のもてる結果が得られている（Olver, Lewis, & Wong, 2013; Wong, Gordon, Gu, Lewis, & Olver, 2012）。

子どものサイコパスはいるか

　サイコパスは，年を隔ててもほどんど変わることのない安定的なパーソナリティ・パターンだと通常考えられている。サイコパスの犯罪行動は，年齢とともに減少するものの（Vachon, Lynam et al., 2013），その減少は，逮捕を免れているからか，行動に実際の変化があったからなのかはわかっていない。サイコパスの構成要素の安定性はまた，パーソナリティや行動的特性は人生の早期から始まっているということを示唆するものでもある。第4章で，衝動性，刺激希求性，落ち着きのなさ，残酷な情緒性欠如などによって特徴づけられる反社会的パーソナリティ・パターンの起源が，幼少期にたやすく見出すことができることを述べた。サイコパスの概念を子どもに拡大できる可能性，あるいは少なくとも大人のサイコパスの子ども時代の前駆状態を見出す可能性を探究する

ことに関心を抱いている研究者がいる。

　Forthらは（Forth, Hart, & Hare, 1990; Forth, Kosson, & Hare, 2003），青年犯罪者（13歳以上）に対して活用するためにPCL-Rを改変した。改変では，いくつかの項目を削除したり（例えば，短い結婚歴が多数ある），他のいくつかのスコア基準を変更したりした（例えば，犯罪的多様性）。ほとんどの研究では，PCL: YV（サイコパス・チェックリスト少年版）は信頼性が高く，測定しようとしているものを測定できており（すなわち，構成概念妥当性），スコアは，一般的な犯罪行動（Asscher, van Vught, Stams, Eichelsheim, & Yousfi, 2011; Hare & Neumann, 2010b; Salekin, 2006; Stockdale, Olver, & Wong, 2010），粗暴再犯（Edens, Campbell, & Weir, 2007），規律違反行動（Edens & Campbell, 2007）と相関することを示している。

　Frick（Frick, Barry, & Bodin, 2000; Frick et al., 1994）やLynam（1997）などの研究者は，さらに一歩進んで，6歳までの子どもにも適用できるように，PCL-Rとサイコパスの中心的な診断特徴を改変した。広く研究されている尺度には，反社会的プロセス・スクリーニング・デバイス（APSD: Frick & Hare, 2001），子ども用サイコパス尺度（Lynam, 1997），オランダ青年サイコパス特性目録（Andershed, Hodgins, & Tengström, 2007; van Baardewijk, Stegge et al., 2008），冷淡・無感情特性目録（Roose, Bijttebier, Decoene, Claes, & Frick, 2010）などがある。青年用には自記式バージョンもあるが，通常，項目は親や教師からもたらされた情報に基づいてスコアされる。尺度に関する研究は，信頼性や基準値を求めるのためのデータに限定されている（Colins, Bijttebier, Broekaert, & Andershed, 2014; Pechorro, Maroco, Polares, & Viera, 2013; Roose et al., 2010）。一方，非行行動に対する予測的妥当性に関する研究では，結果がまちまちである（Colins, Vermeiren, De Bolle, & Broekaert, 2012; McMahon, Witkiewitz, & Kotler, 2010）。

　将来的な研究によって何が明らかになるにしても，サイコパシーという概念を子どもや青年に適用することに対しては，熱い議論が戦わされている（Hoge, 2002; Salekin, 2006）。そもそも，これまで成人に限定して用いられてきたパーソナリティ概念を，子どもに拡大することに何の意味があるのだろうか。反社会性パーソナリティ障害の診断基準を適用するには，最低18歳でなければならないことを思い出していただきたい。

Edens ら（Edens, Skeem, Cruise, & Cauffman, 2001; Edens & Vincent, 2008）は，「少年サイコパシー」のアセスメントに対して，思慮に満ちた分析と批判をしている。第1に，既に述べたように，青年用のサイコパス尺度の研究は，特に若年者の場合，その予測的妥当性が一貫していない。第2に，ときにこれらの研究には重大な方法論的欠陥があり，サンプルが小さかったり，成人向きの項目を子どもにも適用できるように直すことの困難性などがある（Frick et al., 1994; Lynam, 1997）。第3に，さまざまな若年版の項目のいくつかは，子どもの発達段階に標準的なものであったり，関連するものであったりする。少年の「自己価値に関する誇大観念」や「責任を引き受けることができない」という項目を奇妙だと思わないだろうか。衝動性，刺激を求める傾向，現実的で長期的なゴールの欠如などは，典型的な少年の特徴を反映しているのではないだろうか。このような項目は，若者におけるサイコパス傾向を過大評価する可能性がある。さらに，児童期にサイコパスの診断をすると，リスクの過大評価にもつながる危険性があるという考えもある（Rockett, Murrie, & Boccaccini, 2007）。Edens らが10年以上前にまとめたように，「サイコパス尺度に頼って，少年を長期間拘留するための決定をすることは，現時点では禁忌である」（Edens et al., 2001: 53）。

5節　一般的パーソナリティ理論と認知社会的学習理論の見地：反社会的パーソナリティ・パターン

　DSM-5，PCL-R，その他の臨床的分類システムは，ある一定の行動パターンは「寄せ集まって」1つのカテゴリーを形づくり，他に分類されるものとははっきりと区別することができ，それ特有の病因と予後を有しているという前提のうえに成り立っている。例えば，統合失調症と診断された者は，躁うつ病とは異なった特徴を有しているし，病因や予後も異なっている。反社会性パーソナリティ障害やサイコパスについても，同じことがいえる。ただ，反社会性パーソナリティ障害やサイコパスに関する問題の1つは，その病因や予後についてのコンセンサスがないことである（Widiger, 2006）。
　反社会的パーソナリティ・パターンに関するPCCの定義には，犯罪行動の

アセスメントと治療に関連する行動**および**パーソナリティ的特徴が含まれている。われわれが「パターン」という言葉を強調するのは，パーソナリティの下位特性（衝動性，刺激希求性，恐怖心欠如，自己中心性，敵意感情，傲慢さ）と，しばしば人生の早期から明白になる法に触れる問題行動のパターンの双方を内包しているからである。そこには，反社会性パーソナリティ障害やサイコパスの概念を仮定する必要もない。このより包括的な定義によって，高リスクで治療ニーズの多い犯罪者への理解が，格段に進むといえる。さらに，反社会的パーソナリティ・パターンのアセスメントが，PCL-R や DSM-5 で必要とされる特別な資格や訓練がなくても，適切な訓練を受けた矯正職員なら誰でも可能になる。

自己統制力不足：反社会的パーソナリティの下位特性

　Gottfredson & Hirschi（1990）は，自己統制力不足だけで犯罪行動を説明するには十分であると述べた。一般的パーソナリティおよび認知社会的学習理論の見地では，犯罪行動の頻度，重度，多様性を説明するためには，もっと多くの変数が必要であると主張する。その他の説明変数のなかには，犯罪歴，犯罪指向的態度や仲間，反社会的パーソナリティなどがあり，反社会的パーソナリティには，自己統制力不足，自己中心性，刺激希求性などが含まれる。さらにまた，家族・夫婦，学校・仕事，レジャー・レクリエーション，物質乱用という要因もある。

　自己統制力とは，長期的目標を達成するために，自分の行動を方向づけるプロセスのことである。このプロセスには，通常，目の前の快を遅延させることが必要となる。犯罪行動について考えると，それはしばしば，悪事と，社会規範に沿ったより長期的目標との間の選択である。自己統制力不足とは，長期的な結果を犠牲にして，現在に過度の信頼を寄せるものである。このように考えると，犯罪者は，今ここでの具体的な物事に過度に着目し，より抽象的な将来に目をやることができにくいといえる。自己統制力に関する有力なモデルは，Baumeister らによって最初に提唱されたストレンクス・モデルである（Baumeister,

Heatherton, & Tice, 1994)。

　ストレンクス・モデルは，自己統制力を限界のあるエネルギー資源であると考え，筋肉に例える（Alquist & Baumeister, 2012; Baumeister, Vohs, & Tice, 2007）。筋肉と同様に，自己統制力は，強く効果的な働きをするが，疲労して十分に働かなくなることもある。実験室での研究では，参加者は最初，作業のなかで自己統制力を働かせるように指示されると（例えば，作業でズルをする誘惑に抵抗できれば，後でお金がもらえる），次の自己統制作業では成績が悪くなることが示された。第2の課題で自己統制力を発揮するために必要なエネルギーが，最初の課題で消耗させられたかの如くである（Mead, Baumeister, Gino, Schweitzer, & Ariely, 2009; Vohs, Baumeister, Schmeichel, Twenge et al., 2008）。

　このモデルは，犯罪者の自己統制に対するわれわれの理解に対して，いくつかの興味深い示唆を与えてくれる。おそらく，犯罪者は平均するとそもそもの自己統制力が低く（Moffittのモデルでいうところの自制傾向不足），このベースラインの低さゆえに，長期的で困難なことより，即時的かつ安易なことを選択するようになりやすい。さらに，彼らが何かしらの自己統制を発揮するとき，エネルギーはずっと早く枯渇しやすく，犯罪の誘惑に屈服する脆弱性が高まってしまう。研究者らは，自己統制力を訓練することには効果があること，そして自己統制力の枯渇を促進する他の要因があることを示唆している（Baumeister, Vohs, & Tice, 2007; Kross, Mischel, & Shoda, 2010）。自己統制力に影響する可能性のある変数の1つに，向社会的態度がある。Kivetz & Zheng（2006）は，特権意識のような態度は，自己統制プロセスを発揮しなくなり，即時的な快楽を選択することにつながる（例えば，「相当に働いて，十分長い時間拘束されたから，私にはその資格がある」）。疑うべくもなく，自己統制力とは，心理学的プロセスの複雑で相互依存的な多様性の一部であることを理解する必要がある。

反社会的パーソナリティ・パターン：リスクと治療

　反社会的パーソナリティを描写する特徴に焦点を当てると，反社会性パーソナリティ障害やサイコパスは治療不可能ではないかという悲観的な態度を避けることができなくなる。いくつかの地域では，それらの診断やそれに関連した「経験から学ぶことができない」特性が，刑事司法的な処罰を正当化することに用いられている（Blais, 2015; Blais & Bonta, 2015; Edens & Cox, 2012; Edens, Davis, Fernandez Smith, & Guy, 2013）。しかし，先述のように，サイコパスや反社会性パーソナリティ障害の犯罪者が，効果的な更生処遇の原則に従った治療から何も学べないというエビデンスはない。

　サイコパスや反社会性パーソナリティ障害は，安定的なパーソナリティ特性であり，時間が経ってもほとんど変化しないと見られている。予測の見地からは，それらは静的リスク要因である（Hare, 1998）。しかし，サイコパス・反社会性パーソナリティ障害を，静的リスク要因の集合体であると見なすのは，有益な見方ではない。PCL-R の項目を調べると，20 項目のうち 14 項目までが動的なものであることがわかる。適切な治療の後に PCL-R を再実施してもスコアに変化がないと，アプリオリに仮定する理由は何もない。最近まで，反社会的パーソナリティは治療不可能であるという前提のため，研究者は PCL-R スコアが変化する可能性を研究していなかった。しかし，Wong & Hare（2005）によって提唱されたサイコパス治療のプログラムは，変容可能な犯因性ニーズに重点的に働きかけることで，より希望のもてる見通しを提供している。

　PCL-R（そしてサイコパスの概念）は，徐々に精神病理学的な伝統にとらわれない方法で，考慮されつつある。例えば，研究者は，DSM-5 や PCL-R を 5 因子モデルの用語に「翻訳」し（Lynam & Derefinko, 2006; Trull & Widiger, 2013），Hare もまた，PCL-R をより洗練された要素に分割した（2 因子から 4 因子へ，その 3 つは動的なものである）。われわれは，PCL-R で測定されたリスク・ニーズ要因を勝手に分類し，表 5.3 のように PCC に従ってそれらを再配置してみた。PCL-R とサイコパスの構成概念は，リスク，ニーズ，反応性の原則に非常にすんなりとフィットする。サイコパスを，PCC のなかで広く

反社会的パーソナリティと概念化することによって，よりポジティブで前向きな治療計画をつくることができるようになる。

このようにPCCをPCL-Rに適用することは，Simourd & Hoge（2000）によって報告されている。一般的なリスク・ニーズのアセスメントツールである処遇レベル質問紙改訂版（LSI-R）とPCL-Rを，カナダの刑務所で321人の受刑者に実施した。およそ11%が，PCL-Rでスコア30点以上となった。サイコパスと非サイコパスを比較すると，サイコパスのほうが，LSI-Rのスコアが高く，「金銭」を除く動的下位尺度のすべてのスコアが高かった。換言すると，サイコパスは再犯リスクが高く，そのリスクの一部は，犯因性ニーズの高さによって説明できる。

おそらく，サイコパス犯罪者は，高リスクで治療ニーズの高い犯罪者以外の何者でもなく，研究者がLSI-Rまたは他の一般的な犯罪者リスク尺度のスコア上位10パーセンタイルの者を選ぶと，PCL-Rを用いて実施された実験のすべてが同様の結果となるだろう。あえてTannenbaumのような言い方をすれば，サイコパス，または反社会性パーソナリティ障害のような概念をもつことで，何か新たにつけ加えられる価値はあるのだろうか。犯罪行動の予測に関しては，おそらくほとんどない。しかし，その概念は，サイコパスや反社会性パーソナ

▼表5.3　犯罪行動の心理学からみたPCL-R

静的な犯罪歴
　短い恋愛関係
　子ども時代の問題行動
　早期の非行，および仮釈放の失敗歴
　多様な犯罪歴

動的な犯因性ニーズ
　嘘をつくことと操作性，放縦な性的関係
　罪悪感の欠如，責任の否定
　自己統制力欠如，非現実的な目標

反応性
　過度に魅力的であること，浅薄さ
　自己愛性
　刺激希求性

リティ障害の者に，治療やケースマネジメントでどのようにアプローチすべきかを考えるときには必要だろう。例えば，サイコパスのコカイン依存者を，薬物使用をターゲットにした治療プログラムを受けさせることはできる。しかし，その薬物依存者が，グループの他の参加者を操作しようとすることに注意を払う必要があるだろう。さらなる研究によって，間違いなくこの特別な犯罪者グループの理解が進むであろう。

6節　まとめ

1. 一般的パーソナリティ理論は，5つの基本的なパーソナリティ側面を記述している。

    パーソナリティの5因子モデルは，すべてのパーソナリティ特性を5つの側面に落とし込むものである。それらのパーソナリティ側面は，すべての人々に共通のものであり，パーソナリティの正常な特徴と見なされる。これら「上位特性」の2つである抑制の弱さとネガティブな情緒性は，われわれの概念である反社会的パーソナリティ・パターンに，特に関連のある要因である。

2. パーソナリティには，行動の状況を理解するための特性と心理的プロセスが含まれる。

    自分を取り巻く状況とそれらの状況が意味するものを，解釈またはコード化する方法に依存して，個人的特性の現れ方は変わってくる。行動を理解するためには，その個人のパーソナリティ特性，その状況，そして状況をコード化するその個人特有の方法を知る必要がある。

3. 犯罪学は，犯罪におけるパーソナリティの重要性を再確認している。

    20世紀のほとんどの期間，犯罪学の主流派は，パーソナリティ，特に反社会的パーソナリティと犯罪の関連に関するエビデンスを無視してきた。犯罪学が好んだ説明変数は，社会階級であったが，今はより心理学的な犯罪の説明にシフトしている。

4. 反社会性パーソナリティ障害およびサイコパスという概念は，犯罪者の一部を精神病理的だと見なすものである。

　司法メンタルヘルスの専門家は，反社会性パーソナリティ障害とサイコパスを，きわめて治療困難であるとみているが，その結論のエビデンスは非常に弱い。

5. 反社会的パーソナリティ・パターンの概念は，反社会的パーソナリティの精神病理的モデルより一層妥当であろう。

　一般的パーソナリティ理論および認知社会的学習理論による反社会的パーソナリティという見地が，主として精神病理学的モデルより有利である点は，治療が可能になるということである。非常に反社会的なパーソナリティという動的ニーズは，計画立った介入の標的となりうる。

推薦図書

　パーソナリティについての他の見地を知りたい場合は，*American Psychologist* 誌（2005）の Mayer の論文や Mischel の著作に当たるとよい。

　サイコパスの概念に関心がある場合は，Hare（1993）の書籍，"*Without Conscience: The Disturbing World of the Psychopaths Among Us*"（診断名サイコパス：身近にひそむ異常人格者たち）を一読することを薦める。本書は，一般読者を念頭において書かれている。サイコパスの病因論，アセスメント，治療についてより深く知りたい場合は，Patrick（2006）の "*Handbook of Psychopathy*"（サイコパシー・ハンドブック）と，Rosenfeld & Penrod（2011）の "*Research Methods in Forensic Psychology*"（法心理学の研究法）のなかの1章，Grime, Lee & Salekin の "Psychopathy in Forensic Psychology: Assessment and Methodology"（サイコパシーの評価と治療における法律問題と倫理問題）を推薦する。

第 6 章

犯罪行動における犯罪指向的な交友と態度の役割

1節　はじめに

　図6.1は，本章の内容を反映して，図3.1を改変し単純化したものである。一般的パーソナリティ理論および認知社会的学習理論モデルでは，認知（すなわち，特定の方法で行動しようという自己の意思決定）が中心的な役割を果たしている。突き詰めれば，犯罪の原因は，個人の認知に存在している。人々は選択し，自分の行なった選択に責任を有する。われわれは，自分の行動に関する意思決定を十全には自覚していない場合もある。行動には自動的な場合もあ

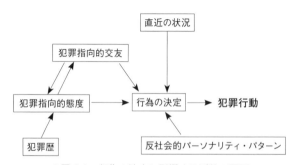

▲図 6.1　行為の決定に影響する近位の要因

り，衝動的・情緒的反応であったり，アルコールなどの薬物の影響で思考プロセスが乱されることもあるからである。しかし，こうした状況においても，行為の連鎖をさかのぼって，現在の行動の原因といえる能動的な選択が行なわれた時点に至ることができる。例えば，怒りの感情を抱いている人がバーに行き酒を飲むことで喧嘩を始めてしまうこともあれば，薬物依存者が外出することで薬物を買ってしまうこともある。自己の主体性は大きな力を及ぼす概念である。

　行動の意思決定は，数多くの個人的・社会的要因とその場の状況に影響を受ける。警察官，武器，鍵がついたままの車などの存在は，犯罪行動の強力な抑制要因あるいは促進要因である。犯罪歴は，犯罪行動に対してもたらされた報酬の歴史であり，犯罪歴が長ければ長いほど，行動はより「自動的」となる。ある時点で，犯罪を素早くかつ効率的に行なえるような犯罪に熟達した域に達する。また，犯罪歴は犯罪を行なうという意思決定の歴史があることを示している。衝動性，情緒的な冷酷性，刺激希求性，ネガティブな情緒性から成る反社会的パーソナリティ・パターン（第5章）もまた，犯罪的な方法で行動することを支える意思決定を引き起こす傾向がある。さらに，犯罪指向的な交友と態度が，犯罪行動の主要な決定要因の一覧に加わり，これが本章の焦点である。

　犯罪指向的な交友に関する議論は，第4章の発達的な観点を引き継いでいる。ここでは，犯罪指向的な態度について論じる前に，どのように交友が犯罪行動を促進するかについて具体的に検討する。犯罪指向的な態度の多くは，犯罪を行なう他者との交際を通じて学習され維持され，反社会的行為を行なうという意思決定に直接的な影響を及ぼす。総じて，犯罪指向的な交友と態度は，犯罪行動の重要な決定要素であり，犯罪行動を変化させる際には重要な標的となる。

2節　親が支配力を失うとき：交友関係へと至る道筋

　青年期は生物的，認知的，情緒的に大きく成熟する時期であり，若者は自分を親とは別個の独立した存在として定義し始める。Granic & Patterson（2006）

が示唆する自律への1つの道筋は，非行に関与することである。非行は，より「大人っぽい行動」を代表しており（少なくとも，若者にとっては），両親の権威に挑戦し，仲間の注目を集める。Glueck & Glueck（1950）は，50年以上前に，大人を真似た行動（例えば，喫煙，飲酒，早期の性行動）は，非行少年と非行のない少年を区別すると指摘している。しかしながら，非行は自律の必要性だけで説明することはできない。これまでの章でみたように，気質的・人格的な要因も影響している。例えば，一部の若者が抱いている興奮や刺激を味わいたいという欲求は，多くの大人が眉をひそめる行動を行なうことで満足されるし，衝動性はいくつかの非行が提供する即時的な満足へと結びつく。

しつけ不足も，犯罪行動の発達に広範な影響を及ぼす。犯罪に関連する家族要因に関するより詳細な議論は，次章で展開する。ただし，ここで述べておくべき重要な点が4点ある。第1に，犯罪行動のモデルとなり強化する一方で，子どもの向社会的な行動や態度を阻むような親がいる（Newcomb & Loeb, 1999）。第4章における世代間の犯罪の連鎖と遺伝についての議論を思い起こしてほしい。Dugdalの研究からケンブリッジ研究に至るまで，犯罪は親子代々継承されていることをみたが，そのすべてが遺伝が原因というわけではない。両親がどのように（おそらく，意図せず）間違った行動を後押ししてしまうかという点を説明するために，Glueck & Glueckによる古典的研究の結果を表6.1に示した。非行少年は親もまた犯罪者で，向社会的な行動（仕事）の範を示せず，不適切な監督としつけを行なう傾向が高いことがわかる。

第2に，関係が悪く，監督としつけが不十分な家族では，攻撃行動をはじめとする反社会的な行動が，非常に早期に形成される。その結果として，子どもが発達させる友人のソーシャル・ネットワークのタイプが大きく制限される（Lacurse, Nagin et al., 2006）。適切に社会化された子ども（とその親）は，反社会的な子どもとの友人関係を受け入れない。そして，反社会的な子どもは，規範的な子どもから社会的に排除され，自分と同様に逸脱した友人との交友へと傾斜していくリスクを高める。

第3に，親との情緒的な愛着が不十分であると，子どもは情緒的な発達が遅れ，セルフエスティームが低くなることがある。セルフエスティームと非行行動の関係は複雑である（Blackart, Nelson, Knowles, & Baumeister, 2009）。成人の

▼表6.1　犯罪行動の社会化の担い手としての親(Glueck & Glueck, 1950 より作成)

親の特徴	非行少年	一般少年
父親が犯罪者	66.2	32.0
母親が犯罪者	44.8	15.0
父親に働く習慣がない	25.7	5.7
行動の規範が低い（家族全体）	90.4	54.0
母親の監督が不適切	63.8	13.0
父親の敵対的・無関心な感情	59.8	19.9
母親のしつけが甘い・非一貫的	91.4	32.8
父親の体罰	55.6	34.6

場合，態度を考慮しなければ，セルフエスティームは犯罪行動をほとんど予測しない（Wormith, 1984）。Baumeister ら（Baumeister, Bushman & Campbell, 2000; Bushuman et al., 2009）は，攻撃的なのはセルフエスティームの高い人（主として自己愛者）であると主張したが，一方，セルフエスティームの低いことが要因であると主張する者もいる（Donnelan, Trzesniewski, Robins, Moffit, & Caspi, 2005）。ダニーデン縦断研究のデータを分析し，Donnelan らは，11 歳時に測定したセルフエスティームの低さが，13 歳時の外在化行動と 26 歳時の犯罪行動を予測することを見出した（Trzensniewski, Donnelan, Moffit et al., 2006）。しかしながら，この 2 つの研究で研究者が示したセルフエスティームと犯罪行動との関係は小さく，解釈には慎重さが求められる。セルフエスティームと攻撃性に関する論争は，いまだに続いている（Ostrowsky, 2010）。セルフエスティームの問題に触れたのは，犯罪指向的な交友について議論する際に再び扱うからである。

　最後に，子どもが年長になり家庭以外の場所で時間を過ごすようになればなるほど，非行に走った友人とつき合う機会は増える。子どもが誰とつき合っているかを親が知らなかったり気にしなかったりすると，非行少年とのつき合いや非行集団に加入する可能性はより高くなる（Ahmadi, Sangdeh, Aminimanesh,

Mollazamani, & Khanzade, 2013; Osgood & Anderson, 2004)。この分化的接触は，生涯継続型の経路に対するリスクマーカー（例えば，冷酷・非情緒的特性）(Kimonis, Frick, & Barry, 2004) を有する子どもたちにおいて一層強まる可能性がある。673人のアフリカ系アメリカ人の家族で生まれた10歳から12歳の「非行化の早い子ども」を研究し，Simons ら（Simons, Simons, Chen, Brody, & Lin, 2007）は，親による監督としつけの乏しさ，および親による敵意が，非行仲間との結びつきを最もよく予測する因子であることを見出した（それぞれ $r = .12$，$r = .19$）。

3節　不良交友に関する心理学的見地

　心理学からみると，社会的排除に関する研究は，なぜ非行少年がお互いに仲間を探し求めるのかについての理解に役立つものである。犯罪行動は，広く否定されている非規範的行動である。よって，犯罪を行なう人々は社会の主流から排除されてしまう（サブカルチャー犯罪理論も排除を問題視するが，排除は犯罪ではなく社会階級に基づいて行なわれるととらえている）。発達心理学者は，小さい子どもが同年代の仲間から排除されることが，多くの問題につながると認識している。問題の1つは，セルフエスティームに対する影響である。

　Leary ら（Leary, Tambor, Terdal, & Downs, 1995）は，実験参加者が，仲間集団から疎外されていると感じているほどセルフエスティームが低いことを見出した。逆に，仲間集団に受け入れられていると感じているほどセルフエスティームは高かった。彼らはセルフエスティームとは，基本的に自分が仲間に対してどの程度社会的に魅力的であるかを測る内面的な尺度であるという仮説を立てた。セルフエスティームの減少は，社会集団から自分が排除されている可能性について警告し，より一層集団に溶け込む努力へと動機づけるように思われる。犯罪者にとっては，犯罪集団に参加することが，社会的包摂を促進し，セルフエスティームを高める可能性がある（Cohen, 1955）。当然，そのような集団への参加は，同時に犯罪者をさらに向社会的な他者の影響から遠ざける結果とな

る。

　社会的排除は，攻撃行動とも関連づけられてきた。実験室における一連の研究で，他者から拒絶されていると伝えられると，この誤った情報に誘導された参加者は攻撃的な反応を示す（Twenge, Baumeister, Tice, & Stucke, 2001）。驚くに値しないが，この攻撃性は集団作業に参加するな（すなわち，排除する）と告げた対象に向けられた。Twenge et al.（2001）の研究のおもしろいところは，ネガティブな気分（実験中に気に障る音を発生させること）は，攻撃行動と無関係であったことである。さらに，社会的排除は，他者の自然な行為を敵意あるものと解釈させ，この状況解釈が攻撃性を喚起するようであった（DeWall, Twenge, Gitter, Baumeister, 2009）。

　7件の実験を行ない，Twengeら（Twenge, Baumeiter, DeWall, Ciarocco, & Bartels, 2007）は，社会的排除は**向社会的行動**にも影響していることを見出した。社会的排除の状況におかれた学生は，寄付行動が少なく，誰かに事故が起きた際に援助することが少なく，一般的に非協力的であった。学生の実験を反社会的集団に当てはめることに飛躍があるのはわかっているが，そのような飛躍をするならば，社会的排除が，非行集団の形成を促進することがあっても不思議ではない。

　社会的排除は，犯罪に向かわせる効果よりむしろ，保護的な効果をもつ可能性もある。ダニーデン縦断研究で，Moffittらは非行を**1度も行なわなかった**一群の青年を見出した。Moffitt（2006）は，これらの非行のない人々は，仲間から人気がなく，社会的に内向的な者であると想定している。しかしながら，今日まで，Moffittの仮説を支持するエビデンスは一貫していない（Chen & Adams, 2010; Johnson & Menard, 2012; Owens & Slocum, 2015）。社会的排除に関する研究は，大学の実験室の外へと拡張されることが望まれる。

不良交友：犯罪行動の訓練

　非行少年とのつき合いがもたらす結果の1つは，さまざまな犯罪行動，特に隠れて行なう反社会的行動を学ぶ機会が増えることである。Pattersonら（Granic

& Patterson, 2006; Patterson & Yoerger, 1999）は，常習的犯罪行動の発達は，若年時にみられる人目につく反社会的行動から，青年期の窃盗や薬物乱用のような隠れて行なわれる反社会的行動へと進むとして，「段階的移行」について述べている。さらに，非行仲間集団は，この移行を促進する。つまり，慢性的犯罪者は，攻撃的および非攻撃的な反社会的行動の両方を示し，きわめて多方向的になる。ある種の犯罪行動（例えば，身体暴力）は，性別と年齢によって異なるというエビデンスがある（Bordy et al., 2003; Leschied & Cunningham, 2002; Marsee et al., 2014）ものの，女子であっても生涯継続的な経路をたどると，男子に類似した多様かつ深刻な攻撃性を示すようである（Farrington & Loeber, 2013; Fontaine et al., 2008）。

　文献レビューは，一貫して，犯罪指向的な交友を，犯罪行動の最も強力な相関因子の1つとして位置づけてきた（Gendreau et al., 1996; Gutierrez, Wilson, Rugge & Bonta, 2013; Wilson & Gutierrez, 2014）。予測通り，非行仲間の影響は年齢とともに増加する（van der Put, Stams et al., 2012）。Lipsey & Derzon（1998）のメタアナリシスによれば，犯罪指向的な交友の平均効果量は，6歳から11歳の子どもでは.12で，12歳から14歳の子どもでは.43であった。研究者が取り組んできた問いは，この関係をどう解釈するかということである。これには2つの仮説が提案されている。1つは，元来 Glueck & Glueck（1950）によって示されたもので，若者は非行的な社会的ネットワークに加わるより前から犯罪指向的な行動と態度を既に確立しているというものである（「類は友を呼ぶ」仮説）。同様に，Gottfredson & Hirschi（1990）の自己統制理論も，自己統制力の低い者は，既に非行へと傾向づけられており，同じく自己統制力の低い他者を自ら選ぶという仮説を提示している（これは，第4章で議論した選択的結婚と似ている；Boutwell & Beaver, 2010）。この仮説に立てば，非行少年とのつき合いが，実際に犯罪行動の確率を増加させることはなく，若者はどんな人とつき合おうとも犯罪行動を行なう。

　第2の仮説は，非行少年は，上記の理由で引きつけ合うが，いったん交友と友情のつながりを形成すると，人間関係から得られる非行行動に対する強化が，犯罪行動のリスクを強める。つまり，犯罪指向的な友人は，直接的に反社会的行動のモデルとなって報酬を与え，向社会的な行動の意欲を削ぎ，もって犯罪

行動のリスクを高める（Matsueda & Anderson, 1998; Wright et al., 2001）。さらに，友情のつながりが強ければ強いほど，若者は非行を行なう友人に導かれる可能性が高まる（Payne & Cornwell, 2007）。非行少年と，非行少年でない少年における社会的相互作用の研究は，友人が犯罪指向的な態度と行動を後押しし，向社会的行動に罰を与えることを明らかに示している（Buehler, Patterson, & Furniss, 1966; Paternoster, McGloin, Nguyen, & Thomas, 2013; Shortt, Capaldi, Dishion, Bank, & Owen, 2003）。

　一般的パーソナリティ理論および認知社会的学習理論の視点からは，いずれの仮説も正しい点があると考えられる。自己統制力の弱さ，冷淡さ，敵意，自己中心性によって特徴づけられる反社会的パーソナリティ・パターンは，犯罪指向的な友人ネットワークの有無にかかわらず，人を犯罪行動へと方向づける。しかしながら，そのようなパーソナリティのパターンは，非行仲間集団に参加する確率を高める。反社会的パーソナリティ・パターンは，自己統制のできる情緒的に安定した者と関係を築き，学校や仕事で成功することを困難にする。学校で過ごす時間が短くなると，犯罪指向的な知り合いと目的を欠いた逸脱行為に費やす時間が増える。いったん犯罪指向的な友人との愛着関係が形成されると，モデリングと学習のプロセスが支配的となる。現時点までに，パーソナリティと仲間が，犯罪行動にもたらす影響を同時に吟味した研究は1件しかない。McGloin & O'Neill Shermer（2009）は，自己統制力と犯罪指向的な仲間関係は，いずれもそれだけで犯罪の原因であり，自己統制力の乏しさと犯罪指向的な仲間との交際が合わさると，一般的パーソナリティ理論および認知社会的学習理論が示す犯罪へと至る固有の要因として機能することを見出した。

ギャング

　ギャングは，街中でも刑務所でも活動しており，その多くはきわめて暴力的で，少なくとも刑務所内では，非常に組織化されている（Decker, 2007; Delisi, Spruill, Vaughn & Trulson, 2014）。犯罪学者は，犯罪集団の形成と維持について長年，理解しようと努めてきた（例えば，Cloward & Ohlin, 1960; Cohen, 1955）。この関心は近年，さらに高まっている。

　ギャングを研究しようとする研究者が出会う最初の困難は，そもそもギャン

グとは何であるかという問いに答えることである。いつも一緒に行動している非行少年が2人いたらそれはギャングなのか，2人では足りないのか。メンバーはすべての犯罪を一緒に行なわなければならないのか，一人ひとりが自分の足で出かけて犯罪を行なうのでもよいのか。実際に犯罪活動に参加することが必要なのか，たんに仲間（「正規のメンバーでない志願者」）になっていればよいのか。所属を示すための色つきのバンダナのような，具体的なシンボルが必要なのか。リーダーシップを伴う高度の組織化が必要なのか。ギャングを定義することの複雑さにもかかわらず，実際には研究の多くは「あなたはギャングに入っていますか」と単純に質問している。この方法は実際にはうまくいっているようである。この問いに「はい」と答える人々は，実際に警察が，ギャングへの所属を確認しているのと同じ人々である傾向がある（Curry, 2000）。

　2012年には，アメリカには30,700以上の青少年ギャングがあり，850,000人のメンバーがいると推定されている（Egley, Howell, & Harris, 2014）。また，ギャングはアメリカだけの現象ではなく国際的な問題であることを指摘しておくのも重要である（Tasgin & Aksu, 2015）。よく尋ねられる質問は，ギャングへの加入が犯罪行為の確率を高めるのかというものである（Battin et al., 1998）。これを支持しないエビデンスも多少ある（Petkovsek, Boutwell, Barnes, & Beaver, 2015）ものの，一般的にいって，答えは「イエス」であるようだ。179件の研究のメタアナリシス（$k = 1,649$）を行ない，Pyrooz, Turanovic, Decker, & Wu（2016）は，ギャングの一員であることと犯罪行動と平均 r が .22であることを見出した。この関連は縦断的研究ではより小さくなるがなくなることはない（Gordon, Rowe et al., 2014; Melde & Esbernsen, 2013; Thornberry, Huizinga, & Loeber, 2004）。

　ピッツバーグ青年調査（Gordon et al., 2014）では，600人以上の男子を10年以上追跡し，ギャングへの加入と脱退を把握した（およそ，その25％が，ギャングにいったん加入したか，加入し続けていた）。ロチェスター青年調査（Thornberry et al., 2003）は，1,000人の男女を対象とし，Melde & Esbensen（2013）の研究は，7都市の3,700人の若者を抽出した（およそその5％が，どこかの時点でギャングのメンバーであった）。これらの3件の研究はすべて，ギャングへの加入に伴い，犯罪行動全般，特に暴力犯罪が増加することを見出した。

ギャングのメンバーは，加入する以前から相当の非行を行なっているが，その非行行動はギャングに加入することによって，想定以上に増加したのである。例えば，ロチェスター青年調査において，ギャングに加わっている非行少年は全体の3分の1であったが，全犯罪の3分の2に関係していた。

　縦断的研究は，ギャングへの出入りが流動的であることも教えてくれる。Gordon ら（2014）は，ギャングに加入した男子少年の85%が，4年以内に脱退していることを明らかにしている。ロチェスター調査のサンプルでは，ギャングに加入した男女のほぼ93%が脱退している（Thornberry et al., 2003）。これに加えて，ギャングへの関与についても，大きなばらつきがある。実際に犯罪を行なうというよりむしろ，ただギャングと一緒に「うろつく」のを好む者もいる。Esbensen ら（2001）は「中核メンバー」について記述し，彼らの縦断調査から得られたデータは，これらの中核メンバーはギャングのメンバーの15%にも満たないことを示した。しかしながら，最近は，少なくともアメリカにおいては，刑務所収容の結果としてこれら中核メンバーが増加していることが示唆されている。刑務所においてはギャングは一段と組織化されており，地域に釈放されるにあたっても，これが継続してより安定した「大人」のギャングを形成することになっている（Shelden, Tracy, & Brown, 2012）。

　ギャングの活動に完全に参加している非行少年と，最小限の役割しか果たしていない非行少年は驚くほど似ている。そこにある違いは，程度の差でしかないように思われる。例えば，親への愛着，親のしつけ・監督は，いずれの少年にとっても重要であった。ただ，940人のギャングメンバーの研究では，中核メンバーは，ギャングに少ししか関わっていないメンバーと比べて，親による監視の程度がはるかに小さいことが見出されている（Esbnsen et al., 2001）。全体的にみて，ギャング加入のリスク要因は，生涯継続型の非行のリスク要因と同じである。不利な条件の地区の出身であり，機能不全の家族で育ち（Decker, Melde, & Pyrooz, 2013; Esbensen et al., 2001; De La Rue & Espelage, 2014; Thornberry et al., 2003; Wyrick & Howell, 2004）．さらには，犯罪指向的態度や広義の反社会的パーソナリティ（攻撃性，情緒的な冷酷性，冒険心，衝動性）をもっていることはすべてギャング加入と関連している（Le Branc & Lanctot, 1998; O'Brien, Daffern, Chu, & Thomas, 2013; Wood, 2014）．さらに，女子のリス

ク要因は，男子のリスク要因と異ならないようである（Hill, Howell, Hawkins, & Battin-Pearson, 1999; De La Rue & Epelage, 2014; Thornberry et al., 2003）。

　反社会的パーソナリティ・パターンはギャングへの加入の指標であるが，サイコパス自体はギャングメンバーにおいては（マスメディアの描き方にもかかわらず），主たる要素であるようには思われない。Valdez, Kaplan & Codina（2000）は PCL-R のスクリーニング版を 50 人のギャングメンバーと，それとマッチングされた 25 人の非ギャングメンバーに対して行なった。彼らは，ギャングメンバーのわずか 4% だけがサイコパスである一方で，非ギャングメンバーの 24% がサイコパスとして診断されたことを見出した。1,000 人以上のシンガポールの若者を対象としたより大規模な最近の研究では，ギャングへの加入はサイコパスと無関係であった（Ang, Huan, Chan, Cheong, & Leaw, 2015）。ギャングメンバーにおけるサイコパス率が低いことは，サイコパスは，他者との情緒的絆が弱いがゆえに，他者とともに行動するよりむしろ，自分だけで行動する（あるいは，多少常識がある普通の犯罪者は，彼らとは関わらない）ことを示しているように思われる。

　ギャング対策の努力は，警察のパトロールの増強，積極的訴追などの「強硬策」のアプローチが中心となってきたが，大きな成功を示していない（Decker, 2007; Wyrick & Howell, 2004）。より期待のもてるアプローチは，そもそも若者をギャングに加入させるのを防ぐことである（これまでのところ，犯罪的な仲間集団の解体を実際に目指したプログラムはほとんどない）。最も知られたプログラムは，ギャング抵抗教育・訓練（Gang Resistance Education and Training: GREAT）である。GREAT は，アメリカ全土および国外でも用いられている学校における予防プログラムである（Esbensen, 2004）。制服の警察官が，中学 1 年生に対してギャングに加入することと薬物の不利益について話し，葛藤解決のスキルを教える。目標は，若者にピアプレッシャーとギャングへの誘いに対処するスキルを教えることである。

　このプログラムの大規模評価において，Esbensen & Osgood（1999）は，プログラムを修了した 2,629 人の生徒を，プログラムを修了しなかった 3,207 人の生徒と比較した。GREAT の修了者は，薬物使用率が低く，非行を行なう友人が少なく，ギャングに対してより否定的な態度をもっていた。研究者たちは，

GREATは「中程度の短期的な利益」をもたらしたと結論した。しかし，この結果は自己申告に基づくものであり，また，参加者があまりにも若かったため，研究者は追跡調査を行なってギャングに実際に加入したかどうかを調べることはできなかった。2年後の追跡調査において，プログラムはその効果を失っており，上記の結論にはやはり十分な注意が必要である。

　この残念な結果は，犯罪者処遇に関する文献においてはきわめてまれな展開，すなわちプログラムの修正へとつながった。通常，有効性を示せないプログラムは完全に放棄されるか，インチキ療法として生き続けるかのどちらかである。修正版のGREATプログラムはより構造化された自己マネジメントスキルを教えるもので，ギャング加入のリスク要因，すなわち有効な犯罪者更生プログラムと関連する特性に焦点を当てたものとなった（Esbensen, Peterson et al., 2011b）。修正版のプログラムは，プログラムが意図通り実施されたかどうかを確認するプロセス評価を含んでいた（Esbensen, Matsuda, Taylor & Peterson, 2011a）。より重要なのは，評価がランダム化実験を用いたということである（Esbensen, Osgood, Peterson, Taylor & Carson, 2013）。ほぼ4,000人の生徒がGREATと，通常通りの学校教育にランダムに割りつけられ，4年後にフォローアップされた。その結果は，当初のGREATの評価よりも良いものだった。GREATを受けた生徒は，1年後の時点（Esbensen, Peterson, Taylor & Osgood, 2012）と4年後の時点（Esbensen et al., 2013）で，ギャングに加入する確率が低く，ギャングに対してより否定的な態度をもっていた。

　私の知る限り，有効な更生プログラムの原理（つまり，リスク・ニーズ・治療反応性）をギャングメンバーに用いた処遇研究は1つしかない（Di Placido, Simon, Witte, Gu & Wong, 2006）。高密度の認知行動療法プログラムを，カナダ中部の重警備精神医療施設に収容された40人のギャングメンバーを対象に行なった。ギャングメンバーの大半は先住民のギャング（61%）で，残りは他のギャング（例えば，Hell's Angels, Bloods, Crips）のメンバーであった。追跡の時点（釈放後，平均13.7か月）で，治療を受けたギャングメンバーの20%が粗暴犯罪で再犯したが，治療を受けなかったギャングメンバーの再犯率は35%だった。

第2部　犯罪行動の主要なリスク・ニーズ要因

要約

　子どもが情緒的な絆，監督，しつけが弱い家族で育つと，その結果，非行を行なう子どもとつき合うための自由が得られる。犯罪への社会的サポートは，理論的かつ実証的に，犯罪行動の最も重要な相関因子の1つである。予防という観点からいえば，家族に対する効果的な介入は，家族に直接役立つだけではなく，子どもが発達させる交友関係のパターンにも影響を与える。機能不全家族で育つもう1つの結果は，犯罪指向的な態度を学ぶことである。

4節　犯罪に対する認知的サポート：犯罪指向的態度

　態度とは，人，物，行為に対する評価的な認知をいい，それが本人の行為決定を組織立てる（図6.1を参照）。教師には知識があると思う人も，自動車を汚染源だと思う人も，ジョギングは退屈だと思う人もいるだろう。これらの教師，自動車，ジョギングに対する態度は，どんな行動を取るかを示唆している。教師は耳を傾けてもらえるだろうし，自家用車ではなくバスを利用するだろうし，ジョギングではなくテレビ視聴が主な余暇の過ごし方となるだろう。「態度」は目に見えるものではなく，むしろ個々人の行動から推察されるものである。多くの社会心理学者にとって，態度に関する研究は，研究の主要部分となっている。

　一般的にいって，犯罪指向的な態度とは，犯罪行動を支持する思考，感情，信念である。所得税をごまかしても何も悪いことはないと思ったり，自分を侮辱する人間は殴られても仕方がないと考えたりすれば，次には何が起きるだろうか。Ajzen & Fishbein（1980）が態度の根本的な要素と見なしているのが，物事への肯定的ないし否定的な評価を行なうことであり，その重要さには注目する必要がある。犯罪指向的態度とは，法を破ることを受容するような態度に関するすべてである。

犯罪指向的な態度の発達

犯罪行動に関連する態度の源泉をみるには，2つの見方がある。第1は，良心の発達，あるいは道徳的理由づけにおける**失敗**を強調する見方である。第2は，善悪の理解の失敗とは別に，態度の形成における社会環境を強調する見方である。

超自我（あるいは良心）の欠落というFreudの概念は，第1の見方の一例である。子どもが成熟するに従って，イド（基礎的な衝動）は自我（衝動を抑制する現実），そしてやがては，超自我（自己統制下の衝動）にコントロールされるようになる。超自我の発達は，親との同一化と親の規範と価値の内面化に依存する。親との同一化には，何らかの情緒的な絆が必要である。つまり，養育者への愛着の不全は，良心の発達を阻害する。

もう一例は，Kohlbergの道徳的発達の理論である（Kohlberg, 1958; Kohlberg & Candee, 1984）。Kohlbergの3レベルと6段階から成る道徳的理由づけのモデルを，表6.2にまとめた。段階に沿った発達は，この順番通りに進み，成熟と年齢に応じている（すなわち，生物学的な基盤に基づいている）。何らかの

▼表6.2　Kohlbergの道徳的発達の理論

レベル	段階	説明
Ⅰ．慣習的水準以前	1. 罰と服従 2. 道具主義的な快楽主義	自己中心的 （ルールはルールなので従う。自分に何が起きるか）
Ⅱ．慣習的レベル	3. 他者の承認 4. 道徳を維持する権威	社会的期待 （他者は私に何を期待しているのか）
Ⅲ．原理化されたレベル	5. 民主的な受容（何が皆にとって良いのか） 6. 良心の原理	普遍性

治療（例えば，モラル認識療法；Ferguson & Wormith, 2012）を受けて速度を上げることはできるが，第2段階を飛ばして第3段階に行くことはできない。一般的にいって，メタアナリシスの知見によると，犯罪者の大半は道徳的発達が遅れている（Stams, Brugman, Dekovic, Van Rosmalen, Van der Laan, & Gibbs, 2006; van Vugt, Gibbs, Stams, Bijleveld, Hendriks, & Van der Laan, 2011）。

犯罪指向的な態度の源泉に関する第2の見方は，態度形成にあたっての社会環境の役割を強調する。社会学者は，人種，文化，宗教などによって異なる広範な社会集団を態度の形成者であると見なしている。そこで，関心の対象となる態度とは，個人のもつ特定の態度ではなく，集団のもつ態度である。例えば，アメリカ人は，働くことについてイタリア人とは異なる態度，教会や寺社に行くことについてカトリックや仏教徒とは異なる態度，異性とのつき合いについてインド人やカナダ人とは異なる態度をもっている。

社会学的な犯罪学では，大きな社会の小さな部分（すなわち，犯罪的サブカルチャー）はそれ自体の規範的な態度をもっており，この態度はその個々のメンバーによって強化される。つまり，下層階級はその階級特有の一連の態度をもっている。これが，Miller（1958）が「中核的関心」と呼んだものである。上層階級は，タフさ，運命といった下層階級のみに共有される中核的関心を共有していない。下層階級の人々の大半はこうした態度を有していると考えられ，個々人はこうした信念を身につけるように社会化される。共有された集団の態度に従うというテーマは，さまざまなサブカルチャー理論に繰り返しみられるものである。

社会的学習は，犯罪指向的な態度の学習を社会的な文脈，ただし，より身近な家族，友人，学校，仕事といった社会的な文脈に位置づける。社会的学習理論には2つの利点がある。第1に，社会的学習のメカニズム（モデリングと条件づけ）を具体的に示しているという点である。この点は重要である。なぜなら，これは犯罪指向的な態度を変容させることを目的に設計された治療に役立つからである。第2に，社会的学習理論は集団が有している態度というよりもむしろ**個人**の態度を理解するための探究に役立つからである。すなわち，人々はより大きな集団とは相当違った態度を有することがあり，個人レベルの態度を理解することは，予測と治療に役立つ。

態度と行動の関連

　犯罪指向的な態度の研究は,態度と行動の相関が大きいという前提をもとに,重要であると見なされている。しかしながら,Mischel(1968)がパーソナリティと行動について示したように(第5章),態度と行動の関係は完璧とは程遠いものである。態度と行動の関係について一つひとつの研究の結果は,マイナスからプラスまでばらついており,平均は $r = .40$ である(Kraus, 1995)。態度に関する心理学的研究は,態度と行動の一致度が高まる条件を明らかにすることに焦点を当てるようになってきた。

　態度と行動の関連には,多くの要因が影響を与えている(レビューについては,Ajzen［2011］を参照)。このところ,メタアナリシスの対象となっているのは,2つの重要な条件である。第1に,態度に沿って行動するようにという社会的圧力の問題がある。明らかに,ギャングのような犯罪指向的な集団で活動している個人によく当てはまると思われる。態度に関するほぼ800件の研究をレビューし,Wallace, Paulson, Lord, & Bond(2005)は,ピアプレッシャーが行動に対して想定外の効果を与えることを見出した。態度と行動が最も一致していたのは,ピアプレッシャーが**中程度**のときであった。ピアプレッシャーが高くなると,相関の平均は.41から.30に減少した。明らかに,その場の状況が,集団規範に対して従うようにという圧力が高まると,個々人がもっている態度はそれほど影響を及ぼさなくなる。ただし,このレビューは犯罪指向的な態度を含んでいなかった(例えば,喫煙,献血,ソフトドリンクを飲むことに対する態度などが含まれていた)。ピアプレッシャー仮説を検証するためには,犯罪指向的な態度と友人とのつき合いに限定した研究が必要である。

　第2の一般的な条件は,態度への「近接性」である。「近接性」とは,繰り返され,覚えやすく,行動の決定に当てはめやすいといったことを意味する。言い換えると,本人にとって,その態度が際立っており個人的な意味をもっていることが,行動との一致を高めるということである。41件の研究のレビューは,近接性が高い条件で,全体として $r = .50$ という値を見出した。個別の研究をみると,.70に達する研究もあった(Glassman & Albarracin, 2006)。このメ

タアナリシスも，犯罪指向的な態度は含んでいなかったが，この結果は近接性が，個々人の犯罪指向的な態度と犯罪指向的なピアグループへの参加の相互作用に対して影響をもっていることを示唆している。

犯罪指向的な態度を分類する

　犯罪指向的な行動を支持する態度には，多くのものがある。これらの態度をどのように分類するかについては完全な合意はなされていないが，そのような分類があることは有用である。理論と研究のそれぞれに部分的に依拠して，以下の分類が提案される。

1. 中和の技術
2. 犯罪指向的な他者への同一化
3. 慣習の拒絶

　最初の分類である**中和の技術**という呼び方は，Sykes & Matza（1957）からそのまま用いている。Sykes & Matza は，大半の犯罪者は伝統的な価値の大切さについても相応に信じており，善悪の区別を**知って**はいると主張する。つまり，彼らに良心がないわけではない。よって，最も重要な問いとは「彼らは，何が"悪い"のか，多くの人に眉をひそめさせるのかを知っているのに，なぜ法を破り続けるのか」である。

　Sykes & Matza によるこの問いに対する答えは，犯罪者は犯罪行動に伴う可能性のある罰を「中和化」しているというものである。彼らは，表 6.3 に要約した 5 つの中和の技術を提案した。中和の技術というテーマは，Hartung の「動機の語彙」（Hartung, 1965）や，Bandura の「道徳的離脱」（Bandura 2002; Bandura, Barbaraelli, Capara, & Pastorelli, 1996）にも見出すことができる。罪悪感と罰を避けるためのこれらの技術とメカニズムは，攻撃的・外在化行動と $r = .28$（Gini, Pozzoli, & Hymel, 2014）から $r = .35$（Helmund, Overbeek, Brugman, & Gibbs, 2014）にわたる確固とした関連を示している。これらの技術は，他者

から与えられる罰のみならず，自分自身からの罰も最小化する。間違った行動に対する正当化を提供することで，人は他者からの否定的な叱責を最小化するとともに，自分自身の否定的な気分や自己評価を軽減することができるのである。

中和化，合理化，言い訳といったものは，本質的には，社会と自分自身による非難をどのように避けるかという問題に対処する向社会的な一連の態度の一種にすぎない。ある意味，これらの技術は，一般的な規範に対するいくばくかの信念は有したままで，その規範の外側で行為することを可能とする。もう一群の犯罪指向的な態度とは，**犯罪指向的な他者への同一化**を反映する認知である。これらの態度は，犯罪行動と犯罪的な他者に肯定的な評価を与える。つま

▼表6.3　中和の技術（Sykes & Matza, 1957 より作成）

技術	例	コメント
責任の否定	「仕方がなかったんだ」「悪魔のせいだったんだ」「自分の自分のせいじゃない」「事故だったんだ」	非行行為が本人のコントロールの及ばない要因によって起きたのであれば，本人は罪を負わない
加害の否定	「誰も傷つけていない」「パソコンを借りただけだ」「ちょっと車を乗り回しただけだ」	犯罪者は，その行為に対する責任は認めるが，重大な加害は認めない
被害者の否定	「向こうからやってきたんだ」「彼女には当然の報いだ」	責任や加害を否定することが困難な状況においては，犯罪者と被害者の役割を入れ替えることで，被害者を否定する
非難者の非難	「弁護士が使えない」「裁判所は頭が固い」「警察は野蛮だ」	自分を否定する者を，不道徳である，偽善的である，彼ら自身が犯罪者であると定義する
より高次な忠誠心への訴え	「自分のためにやったのではない」「家族を養うために盗まなければならなかった」	身近なものへの忠誠を優先して，社会全体の要請をないがしろにする

り，一般社会がそうした行動を好まなくても大したことではなく，重要なのは，自分と犯罪的な仲間からの是認である。トニー・ソプラノは，人気テレビドラマシリーズ「ザ・ソプラノズ哀愁のマフィア」において（訳注：1999年から2007年にアメリカで放送されたマフィアを描いた人気テレビドラマ。その主人公が，トニー・ソプラノである），多くの中和の技術を表明しているが，同時に文字どおり，自分の犯罪行動を誇りに思い満足している。マフィアの「ファミリー」と有能な犯罪者としての自己像が彼にとっては重要であり，それとは異なる規範的な価値を受け入れない。

再び，われわれは犯罪学において，犯罪者としてのアイデンティティというテーマについてのさまざまな例をみることができる。Miller（1958）は，下層階級の中核的関心について述べたが，こうした態度が下層階級だけに結びついているとみる必要はない。「私はタフだ」「私は問題児だ」「いろいろあるさ」といった態度は，明らかに法律違反の確率を高める。人生で起きることは個人的な責任ではなく運命だ（「いろいろあるさ」）という信念を中核的関心としてもつことは，自分自身の自己統制を手放すことを正当化する（Kivetz & Zheng, 2006）。Cohen（1955）は，中流階級の価値観を拒絶するサブカルチャー価値システム（例えば，「即興的」対「合理的」）を採用している存在として，若者をとらえた。Glaser（1956）は，犯罪的準拠集団との同一化について述べている。組織化された犯罪組織やギャングをほんのわずかでも観察すれば，言い訳をして否定的な結果を避けようとする努力ではなく，暴力的なイメージに対する誇りを生み出している思考と価値のパターン（例えば，「ストリートの掟」；Stewart, Schreck, & Simons, 2006）がすぐに明らかになる。

第3の犯罪指向的な態度は，**慣習の拒絶**で，仕事や教育，法や秩序を担う機関（例えば，警察や裁判所）などの社会制度の価値を否定するものである。たしかに，仕事や学校に対する否定的な態度は必ずしも犯罪指向的なものではないが，その重要性を最小化すれば，犯罪は向社会的な行動の代替としてより望ましいものとなる。もし仕事がなかったり学校が嫌いだったりしたら，犯罪的なライフスタイルを採用することで失うものは小さい。

要約すると，犯罪指向的な態度は，犯罪行動の理論の大半にとって中核的なものであり，さまざまなタイプの犯罪指向的な態度を説明することには，相当

な進展があった。研究者の一部（Maruna & Copes, 2005; Ward, 2000）は，犯罪的な態度を列挙するのに過度な努力がなされている一方で，犯罪行動の一般理論にそれらを統合する努力が不足していると批判する。われわれは，この批判と同意見で，犯罪指向的な態度は犯罪行動の主要な相関因子の1つであり，犯罪行動の一般的パーソナリティ理論および認知社会的学習理論モデルの不可欠な一部であると考えている。犯罪指向的な態度が，どのように具体的に犯罪行動に影響を与えているか，そしてその限界やそれらをどのように変容しうるかを明らかにするために，より多くの研究が必要である。

犯罪指向的な態度のアセスメント

　犯罪指向的な態度は，犯罪行動の最良の予測変数の1つである。メタアナリシスを用いたレビューでは，どのように犯罪指向的な態度を測定するかは研究によって異なっていた。質的なアセスメント（例えば，「思考の誤り」を査定する面接; Samenow, 2014; Yochelson & Samenow, 1976）を用いたものもあれば，実証的に妥当性が検証され構造化された自記式の尺度（Helmund et al., 2014）を用いたものもある。以下では，いくつかの構造化されたツールを紹介する。

　中和化を測定する最も早期の尺度の1つは，Ball（1973）の中和化尺度である。この尺度は4つのシナリオ（暴行が2つ，武装強盗が1つ，万引きが1つ）から成り，引き続いてそれぞれのシナリオを正当化する10件の中和化の文章が示される。参加者は，それぞれの中和化を「強く同意」から「強く不同意」に至る5段階尺度で評価するように求められる。Ballの尺度を用いた横断研究やその関連研究（例えば，Shields & Whiteball, 1994）では，非行少年は，非行のない少年よりも中和を支持することが見出された（Maruna & Copes, 2005）。また，さまざまな研究が，中和化が犯罪行動を予測し（Agnew, 1994; Serin, Lloyd, Helmus, Derkzen, & Luong, 2013; Shields & Whitehall, 1994），犯罪行動を引き起こす可能性がある（Topalli, Higgns, & Copes, 2013）ことを見出した。

　犯罪指向的な他者への同一化の尺度の好例は，非行に対する誇り尺度（Shields & Simourd, 1991）である。これはとてもシンプルな尺度で，10種の犯罪行動

を列挙して，それぞれの行動について -10（非常に恥ずかしい）から +10（非常に誇らしい）までの 20 段階で評定するものである。この尺度は十分な心理測定的特性があることが示されており（Simourd, 1997; Skilling & Sorge, 2014），尺度の得点は再犯を予測することが示されてきた（Simourd & Van De Ven, 1999; Skilling & Sorge, 2014）。

広く研究されてきた反社会的態度の尺度の 1 つに，犯罪的心情尺度がある（Andrews & Wormith, 1984）。この尺度の興味深いところは，犯罪指向的態度の 3 つの一般的カテゴリー（中和の技術，犯罪指向的な他者への同一化，慣習の拒絶）を測定していることである。表 6.4 は，測定されている 3 つのカテゴリーに沿って，項目のいくつかを示したものである。全部で 41 項目あり，「強く同意」から「強く不同意」までの 5 段階で測定される得点は，自己申告による犯罪行動（Andrews & Wormith, 1984），公式に測定された再犯（Simourd & Olver, 2002; Simourd & Van De Ven, 1999; Skilling & Sorge, 2014; Witte, Di Placido, Gu, & Wong, 2006），および刑務所内の暴力（Shields & Simourd, 1991）を予測した。

もちろん，ここに述べた以外にもたくさんの犯罪指向的な態度の尺度がある。よく知られた尺度としては，Walter の犯罪的思考スタイルの心理学的目録（Psychological Inventory of Criminal Thinking Styles）の下位尺度（Walters, 1996; エビデンスの要約は Walters, 2012 を参照）と，犯罪的態度と交友の尺度（Mills, Anderson & Kroner, 2004; Mills & Kroner, 2006; Mills, Kroner, & Hemmati, 2005）

▼表 6.4　犯罪的心情尺度

項目	反社会的下位要素
飢えた人には盗む権利がある	中和化
成功している人々の大半は，成功するために不法な手段を用いている	中和化
法を破ったことがある人々の多くは，人生について私と同じような考えをもっている	犯罪指向的な他者への同一化
警察は滅多に人を助けたりしない	慣習の拒絶
法律は通常悪である	慣習の拒絶

がある。構造化された面接に基づく反社会的態度のアセスメントとして最も広く用いられているのは，処遇レベル質問紙の「態度・指向」下位尺度である（10章で紹介する）。ここでは，犯罪指向的態度は理論的に重要であり，信頼性をもって測定することができ，犯罪行動を予測するということが，基本的なメッセージである。次なる問いは，犯罪指向的な態度を向社会的な態度によって置き換えることができれば，犯罪行動を減らすことができるかということである。

治療において犯罪指向的な態度を標的とする

　犯罪指向的な態度は，犯罪行動の**動的な**リスク要因である。すなわち，犯罪指向的な態度の変化は，犯罪行動の変化と関連する。犯罪指向的な態度の変化を促進することは，彼らの交友関係のパターンを変化させるような単純なものもあれば，特定の訓練を要するものもある（リソースノート 6.1 を参照）。態度を変化させるための「**一般的な**」介入についての研究は，小さいが有意な効果を示している（$r = .15$; Helmund et al., 2014）。犯罪者における「**犯罪指向的な態度を変容させることに特化した**」研究は一層有望である。今日，犯罪者を対象とする多くの認知行動療法的介入は，犯罪指向的な態度を扱う要素を含んでいる（例えば，Ashford, Wong, & Sternbach, 2008; Lowerkamp, Hubbar, Makarios, & Latessa, 2009; McGuire et al., 2008）。態度を変容させることが証明されている介入は多いが（例えば，Hubbard & Pealer, 2009），その変化を再犯に直接結びつけた研究は比較的少ない（Banse, Kopperhel-Gossel, Kistmaker, Werner, & Schmidt, 2013; Simourd, Olver, & Brandenburg, 2015）。

 犯罪指向的な態度を変えるための小さな社会システム

　リドー矯正センターは，カナダのオタワ市の郊外にある成人犯罪者を収容する中警備刑務所である。このセンターはまた，カールトン大学の犯罪学や心理

学を学ぶ学生やさまざまな研究活動に参加する一般市民ボランティアの受け入れ先でもある。被収容者の犯罪指向的な思考を変容させることを目的として，一連の研究が行なわれた。

市民ボランティアは夜間，週に1回刑務所を訪問して，最近の出来事やその日のトピックとして合意されたことであれば何であれ話し合うグループに被収容者とともに参加した。この討論グループは8人から14人の参加者から成り，8週間の間，週に1回集まった。グループのリーダーは，当初は刑務所臨床スタッフであったが，次には作業の指導者などの他のスタッフとなり，最終的には既に別の討論グループを終えた非犯罪者のメンバーとなった。リーダーは開かれた温かく正直で熱心な話し合いを促し，ルールの問題や法律違反の合理化，自己マネジメントのプロセスについて話をするように話題を組み立てた。

研究1 「コミュニティグループ」と「レクリエーショングループ」への参加の効果

受刑者のボランティアと市民のボランティアは，ランダムにコミュニティグループ，レクリエーショングループそして待機リストに割りつけられた。レクリエーショングループには，市民ボランティアの向社会的なパターンとの接触をするための構造的な機会がなかった。その代わり，このグループではボランティアと受刑者はトランプやボードゲームを楽しんだ。犯罪的心情尺度を，グループへの参加前と終了8週間後に施行した。事前テストでは，受刑者は法律，裁判所，警察に対し否定的な態度を示し，犯罪的な他者に対してより高いレベルで同一化し，法律違反の正当化についてより高いレベルの受容をしていた。事後テストでは，受刑者の参加者は参加しなかった受刑者よりも，犯罪指向的な思考が減少した。注目されたのは，参加した市民ボランティアの犯罪指向的な思考が増加したことである。

この研究は，社会的構成を変えるだけで，受刑者と市民ボランティア双方の犯罪指向的な態度を変化させることができることを示した。受刑者は向社会的な態度への接触が増えたことで肯定的な変化に至ったが，市民ボランティアは犯罪指向的な態度に接触し，好ましくない方向に態度を変化させた。よって，市民ボランティアが受刑者との接触を通じて犯罪指向的な態度を身につけることから保護するために，市民ボランティアの研修を強化することが重要となった。

研究2　市民ボランティアの研修

　Wormith（1984）は，受刑者をランダムに5つのコミュニティグループに割りつけた。グループ1は，向社会的な方法で集団をリードする研修を受けたボランティアが進行役となり，受刑者もまた自己統制のトレーニングを受けていた。グループ2は，研修を受けたボランティアがレクリエーションを行なった。グループ3は，研修を受けていないボランティアが，レクリエーションを行なった。グループ4は，研修を受けてないボランティアが，自己統制のトレーニングを行なった。グループ5は，待機リストの比較群である。Wormithは，受刑者の犯罪指向的な態度に焦点を当てる研修を受けたボランティアが進行すると，犯罪指向的な態度が減少することを見出した。さらに，自己統制のトレーニングについては，態度の変化が施設内の規律違反や再犯の減少とも関連していた。

　カウンターポイントと呼ばれるプログラムは，犯罪指向的な態度に焦点を当てた介入プログラムの一例である。25回のセッションを通じて，犯罪者は自分の犯罪指向的な態度を同定し，それを向社会的な態度で置き換える。治療はグループ形式で行なわれる。このプログラムの評価では（Kroner & Yessine, 2013），カウンターポイントに参加した仮釈放者（$n = 331$）を，リスクレベルでマッチングし，通常の社会内処遇を受けた331人の仮釈放者群と比べたところ，プログラム参加者は，態度尺度において得点が減少したばかりでなく，再犯も減少した。新たな犯罪によって測定した再犯率は，プログラム参加者では37％で，比較群では60％であった。

5節　まとめ

1. 犯罪行動の実行の決定に影響を与える強力な2つの要因は，犯罪指向的な交友と態度である。

　　犯罪指向的な交友は，犯罪指向的な態度と犯罪の技術を学ぶ機会を提供

する。
 2. しつけの失敗は，その結果として若者を犯罪指向的な交友や犯罪指向的な態度の学習へと導く。

   親の監督としつけが不足すると，若者は親からの叱責を恐れることなく，犯罪指向的な他者とつき合う。親との情緒的な結びつきが乏しければ，この状況はさらに悪化する。反社会的な親はまた，犯罪行動のモデルとなり，それを強化する。

 3. ギャングへの参加は，犯罪行動を促進する。

   ギャングに加入する大半の個人は，既に犯罪的な傾向を深く内面化している。しかしながら，ギャングに加入することは，その個人から予測される程度を超えて犯罪行動を増加させるようである。

 4. 犯罪指向的な態度は，信頼性をもって測定でき，かつ変容できる。

   反社会的な態度のアセスメントは，一般的にいって3つのカテゴリーに分けられる。①中和の技術，②犯罪指向的な他者への同一化，③慣習の拒絶。多くの治療プログラムは，犯罪指向的な態度を向社会的な態度で置き換えることが，再犯の減少と結びついていることを示している。

推薦図書

 非行ギャングに関する古典的な著作は，どれも強く推薦できる。Sutherland（1939）は，不良交友の重要性に焦点を当てたおそらく最初の著作である。しかし，それをより明確にしたのはCohen（1955）とCloward & Ohlin（1960）である。いずれの本も読みやすい。実証研究としては不足な点はあるかもしれないが，語りに富んでいる。実証的な研究のレビューとしては，O'Brien et al.（2013）に当たるとよいだろう。

 Maruna & Copes（2005）の"*Crime and Justice*"（犯罪と司法）シリーズの1章は，Sykes & Matzaの中和の理論に関する詳細かつ包括的なレビューである。彼らは，この理論の犯罪学的なルーツと認知心理学との現時点でのつながりをレビューしている。Banceら（2013）のレビューとともに，態度に関する研究の優れた要約と今後研究すべき論点が提示されている。

第7章

社会的文脈における人：家族，結婚，学校，仕事，レジャー・レクリエーション，そして近隣地域

1節　はじめに

　犯罪指向的な態度，価値観，信念は，人が自らに及ぼす統制に適用する基準となりうる。自らの行動を評価するにあたって，その基準は，犯罪に肯定的であるか否定的であるかのどちらかである。犯罪指向的な認知には，憤りや不当な扱いを受けたという認知的・情緒的にネガティブな状況が含まれる。また，犯罪指向的な認知は，犯罪に肯定的な自己マネジメントに結びつく。認知が犯罪に対して非常に肯定的であるとき，行動に対する影響は，ほぼ自動的ですらあり，意図的な自己制御を必要としない。

　犯罪指向的な交友は，相手の犯罪的行為を支持し，非犯罪的な代替行動を拒絶する傾向にあり，そうしたリアクションを通して，他者の行動に影響を及ぼす。自分の態度に基づいた意見や誰か他の人を思い浮かべるだけで，犯罪に対して支持的あるいは非支持的な心的プロセスが開始される。

　犯罪歴は，自己効力的な信念が犯罪に対して大いに肯定的となる可能性を高め，かつ犯罪的な反応の常習性（自動性）の強さの直接的な指標となる。反社会的パーソナリティ・パターンは，自己統制の弱さや他者に不当な扱いを受け

たと感じる傾向など，犯罪活動へのさまざまな支持をもたらす。これらの特性は，結果として，さまざまな場面（例えば，家庭，学校，職場）における問題状況を生み出す。これらの場面における問題状況は，その場面が有する社会化の価値と犯罪に対する罰の影響力を大いに弱める。もし，向社会的な行動に対して十分な密度の報酬が得られていない場合，犯罪行動を行なうことによる減算的なコストの影響は大いに小さくなる。

　主な行動環境における犯罪行動および非犯罪行動に対する報酬と罰の随伴性は，実際のところ，われわれの態度，友人，パーソナリティ，行動習慣に大きな影響を与える。本章では，家族，夫婦の愛着，学校，仕事，レジャーとレクリエーションに関するセントラルエイトのリスク・ニーズ要因について探究する。そして，犯罪行動の発達と維持に対する近隣地域の効果に関する一般的なコメントで締めくくる。

2節　出身家族

　第4章では，生物学的な基盤をもつ要因が，どのように人を犯罪行動に方向づけるかについて述べた。犯罪行動のリスクを高める，気質的な特徴（例えば，衝動性，刺激希求性，ネガティブな情緒性など）や，神経学的な欠陥をもって生まれる人もいる。このことは，これらの人々が生まれつきの悪人であることを意味するのではない。第4章から得られる最も重要な教訓は，われわれの生来的傾向が行動として表現されるにあたって，社会環境が非常に大きな影響を与えているということである。本章は，この教訓を引き継ぎ，早期の社会化環境である家族が，犯罪行動の発達にどのように影響を与えているかを探究する。

　養育者と子どもの関係から始まる概念である社会的愛着のレビューからこの議論を始めたい。養育者と子どもの関係は，それ以外の社会的環境における愛着形成の質に影響することが示唆されている。

　次に，どのように家族のダイナミクスが子どもの犯罪的経路に影響を与えるかについて述べる。親は，しばしば意図せずに，反社会的な行動のモデルとな

り，それを強化する。また，向社会的な行動のモデルとなり，それを強化することもある。親の愛情，あるいはその欠落は，親を喜ばせたいという子どもの動機づけを決定する。最後に，より効果的な家族介入のいくつかを紹介する。

そして，これに続く節は，夫婦間の愛着とそれが犯罪行動に果たす役割のレビューを行なう。結婚は犯罪の減少につながるのだろうか。犯罪指向的な恋愛関係は，犯罪行動に影響するのだろうか。夫婦療法は有効なのだろうか。これらが主たる問いである。

ケアすることを学ぶ：親子関係と社会的な絆の発達

第3章では，行動の生起確率は，その行動に対する，報酬とコストの数，種類，質，即時性によって決まるということを強調した。ここでは，社会的文脈における報酬とコストの質的な側面に着目する。すなわち，なぜ特定の個人がもたらす報酬とコストがわれわれにとってそれほど重要なのであろうか。われわれはなぜ，笑顔やほめ言葉を得ようとして何かの行動をするのだろうか。他方，眉をひそめられたり肩をすくめられたりするのを避けるために，ある行動を思いとどまるのはなぜだろうか。われわれの周囲にいる人々は，われわれの行動に強く影響をもたらす。しかし，われわれがいったりしたりすることに対して，誰もが同じレベルの影響をもつのでないことは明らかである。

対人的な影響の程度は，報酬やコストを与える人と受け取る人の関係の質に依存する。Hirschi（1969）は，彼の統制理論において，このことの重要性を認識していた（親との関係性の絆が，彼の主張の中核である）。報酬とコストの源泉が，本人が高く価値づけ，愛し，尊敬する人である場合，われわれはその人に注意を払い，自分の行動に対する反応を気にかける。低い価値しかおかれず，愛されず，尊敬されていない人は，われわれの行動にほとんど影響を及ぼさない。つまり，好きでもない人のためになぜ変わらなければならないのか，ということである。

大人のなかにも，温かく友好的で持続的な対人関係を築くのに大きな困難を示す者がいる。彼らは，社会的な愛着を形成する能力をどういうわけか欠いて

おり，自己中心的で他者を大切にできない人々である。たしかに，ある気質的な特性（例えば，内向性，極端な疑い深さ，冷酷性・感情の乏しさ）は，肯定的な社会関係を形成するにあたっての困難さに寄与するが，社会的な条件づけ要因もまた重要である。大半の理論家と研究者は，家族の状況と親（に相当する人物）への愛着を，将来のすべての社会関係の原型と見なしている。

愛着理論は，Bowlby（1971; 1988）の業績にルーツをもつ。大半の子どもは，だいたい生後 10 か月から 18 か月の期間に親から引き離されると，情緒的な苦痛を抱く。Bowlby は，この「分離不安」を，子どもが親に対する愛着を形成した表れであると考えた。もともと Bolwlby は，母親に対する愛着が決定的に重要であると考えていたが，その後（1988）彼は考えを修正し，継続的な養育者も含めることとした。Bowlby の考えでは，愛着の機能は，乳幼児に環境を探求し自立を発達させるのに必要な安全を提供することである。母親ないし養育者は，世界が恐ろしいものになっても戻って来れる安全地帯である。健康的な養育者−子ども間の愛着は，将来の社会的な愛着の肯定的な基礎となるため，理想的には人生の最初の 2 年間に形成される必要がある。

親子の絆が将来の対人関係の礎石であるとすると，絆の断絶は，他の大人，仲間，権威の象徴（例えば，教師，雇用主）に対する愛着が困難となることの先触れとなると考えられる。Bowlby（1971）は，長く頻繁な断絶によって，子どもは「誰とも愛着をもつのを完全にやめてしまい」，「表面的な社交性」を発達させることになると主張した（p.50）。親子のつながりが断絶することの結果を検証する 1 つの方法は，子どもに対する離婚の影響を研究することである。（親の死によるものではなく）離婚による「欠損家庭」の研究は，その後の非行と .9 から .11 の範囲で，小さいが有意な関係を示している。

効果量のばらつく理由には，2 つの媒介過程が考えられる。第 1 に，子どもの行動は，離婚が「ごたごたした別れ方」だったのか，「仲良く別れた」のかによって異なってくるだろう。入手可能なエビデンスは，子どもが経験する困難は，親の離婚そのものというより，離婚した家庭内の情緒的な葛藤の結果であることを示唆している（Haas, Farrington, Killias, & Sattar; Juby & Farrington, 2001）。第 2 の説明は，離婚後の親との関係の性質に見出される。Whiteside & Becker（2000）は，5 歳未満の子どもへの離婚の影響に関する 12 件の研究

をレビューし,父親との良好な関係を継続していた子どもは,「外在化する症候」をもつ可能性が低いことを明らかにした。離婚家庭の子ども約7,000人を含む16,000人以上の若者の研究で,Demuth & Brown (2004) は,非行率が最も高いのは,父親だけの一人親家庭で暮らす若者であることを見出した。しかしながら,いったん父親と子どもの関係を考慮に入れると,この高い非行率は消失した。すなわち,父親が子どもと温かな関係を維持していれば,両親の揃っている家庭の子どもと非行率は変わらなかった。一方,反社会的な一人親の父親が子どもを育てていることは,その後の問題への遺伝的および環境的リスクという「2重の打撃」をつくる (Jaffe, Moffitt, Caspi, & Taylor, 2003)。

一人親家庭の良好な親子関係は,非行から子どもを守る保護要因となりうる。しかし,子どもと健康な関係を保っている両親の揃った家庭ほど強力な保護となるわけではない。Hirschi (1969) は,少なくとも1人の親との強固な絆は,子どもを非行から守ると示唆した。しかし,Rankin & Kern (1994) は,全国青年調査のデータベースを分析し,一人親家庭における養育者との良好な愛着は,欠損のない二人親家庭における親との良好な関係と置き換えることはできないことを見出した。その他の研究者 (Cookston, 1999; Demuth & Brown, 2004; Griffin, Botvin, Scheire, Diaz, & Miller, 2000) も,同様の結果を報告している。

Bowlbyは,**いつ**絆が断絶するかが重要であるという問題を提起し,親子の絆が早期に断絶することが,より後の年齢における断絶よりも有害であると予測した。この問題に関するエビデンスは一貫していない。Hirschi (1969) は,別離時の子どもの年齢 (5歳未満あるいはそれ以降) は,非行と無関係であることを見出した。Lipsey & Derzon (1998) は,6歳未満の子どもの研究を,メタアナリシスの手法を当てはめることができるに足る十分な数だけ見つけられなかった。そこで彼らは,6歳から11歳の間の子どもが経験した「欠損家庭」についての研究を,12歳から14歳の間に別離を経験した子どもの研究と比較した。より若い年齢では,暴力行動の平均効果量は.06であったが,より年長の子どもでは.10であった (その差は有意ではなかった)。しかしながら,全国青年調査 (1,725人の若者) から得た縦断的データに基づき,Rebellon (2002) は,早期の親の離婚・別離は,粗暴非行および非粗暴非行と関連していること

を見出した。このデータセットは，交友関係や慣習的信念に関するさまざまな指標を含んでいる。彼の分析は，早期の家族の断絶が，若者が非行仲間と交友し，犯罪指向的な態度を学ぶ早期の機会となる可能性を示唆している。

もう1つの関連していると思われる変数は，断絶の**頻度**である。新聞で報じられている犯罪に関する記事にざっと目を通すだけで，生育の過程で，里親から里親へ，施設から施設へと移動した犯罪者の記事が目に入ってくる。子どもと養育者の愛着の頻繁な断絶がさらに加われば，Moffittが提唱した生涯継続型犯罪者ができあがる。

3件の縦断的研究のデータに基づき，Thornberry et al.（1999）は，5回以上の断絶を経験している若者の90%は，犯罪行動のリスクが高いことを見出した。Loeberら（Loeber, Homish et al., 2005）は，1,500人以上の男子を児童期から成人期（30歳）まで追跡した。10歳までに2人以上の養育者を経験した子どもは，そのような経験がない子どもと比べて，粗暴犯罪を行なう確率がほぼ2倍だった。刑務所に収容されたサンプルにおいては，里親歴のある若者は，里親歴のない若者と比べ，生涯継続型の経路をたどる確率が4倍であった（Alltucker, Bullis, Close, & Yovanoff, 2006）。興味深いことに, Ryan & Testa（2005）は，虐待のため家庭から離された子どものサンプルにおいて，断絶の頻度は男子にとってはリスク要因であるが，女子にとってはそうではないことを見出した。4回以上の里親措置を受けている男子の非行率は21%であったが，措置に変更のない男子では12%であった。女子の場合，これに相当する非行率はそれぞれ7%と6%であった。

最後に，親子の愛着とその後の友人との愛着の関係についてコメントする。Bowlbyが，親子の愛着は，その後の養育者以外の者との愛着の原型であると考えたことを思い出そう。言い換えると，親との愛着が十分でないと，友人との関係にも問題が生じる。実際，友人との関係がうまくいくかどうかには，両親との愛着が良好であるかどうかに関連しているという若干のエビデンスがある。例えば，63件の研究のメタアナリシスは，母親への愛着と良好な仲間関係との間に，平均効果量.20を見出した（Schneider, Atkinson, & Tardiff, 2001）。Fonagyら（Fonagy, Target et al., 1997）は，青年期はとりわけ重要な時期であると考えた。というのは，この時期は，親子の絆が大切な時期から，より幅広い

大人や社会との絆へと根本的に移行する時期だからである。この時期は「古い愛着パターンも，新しい（愛着）パターンも，十分には機能しない分離の瞬間」である（p.241）。この「分離の瞬間」は，正常な過程ではあるが，親の統制が弱まり，その結果として青年期限定型の非行の可能性が高まる。社会的な関係を築き，実際に他者を気遣うことは，養育者と子どもの関係における愛着のパターンに原点があると考えられる。しかし，非行における親の役割は，たんに温かさや安全を提供するだけではなく，しつけの仕方をも含んでいる。

しつけの仕方と非行

どのような対人関係からの影響もそうであるが，親からの影響もまた関係性という次元と構造化という次元の両方に沿って及ぼされている。メタアナリシスによるレビューは，一貫して親子の関係の不全が反社会的行動に結びつくことを見出している（Derzon, 2010; Petrosino et al., 2009）。また，親は向社会的な規範，価値，信念だけでなく，社会でうまくやっていくためのスキルを教えなければならない。向社会的な行動のモデルとならず，監督が不十分で，しつけが一貫していないことは，この点において危機的な問題である。

具体的な研究において，関係性の次元と構造化の次元を，分離することはしばしば困難である。そのため，この2つの次元の相対的な重要性を分離して評価することができない。しかしながら，向社会的な規範を促進し，温かな情緒的愛着で特徴づけられる家族の非行率が最も低く，社会的慣習の訓練を提供せず，愛情の絆が弱いことで特徴づけられる家族の非行率が最も高いことが予測される。最後につけ加えると，家族は，この2つのパターン以外の愛情と構造化の次元の組み合わせを示すこともある（例えば，高い向社会的規範と低い愛着）。この場合，非行は中程度となるだろう。

第2部　犯罪行動の主要なリスク・ニーズ要因

家族介入と非行行動の減少

　非行の縦断的研究は，どの1つを取っても，家族内の情緒的な関係が弱く，監督としつけが一貫しないことが，反社会的行動を予測することを見出してきた。家族要因が非行行動の予測因子として重要であることがわかっているので，われわれは介入に目を向ける。家族介入には，一般的にいって1次予防と2次予防という2つのカテゴリーがある。

1次予防

　1次予防プログラムは，ごく幼い子どもとその家族を対象とする。対象となる子どもたちは，この時点ではまだ刑事司法制度によって把握されていないが，非行のリスク要因はもっている。一例は，Pattersonらによって開発されたオレゴン社会学習センターのプログラムである。このプログラムの対象は，素行障害と過活動の子ども，およびその家族である。彼らの理論的なモデルの中核は，威圧的な家族プロセスである（Granic & Patterson, 2006; Patterson, 1982, 1997; Patterson, Forgatch, & DeGarmo, 2010）。子どもは非常に幼いときに，人を嫌がらせ困らせるような仕方で行動すると，それが強化されることがあると学ぶ。例えば，親が，癇癪を起した子どものいうことを聞いてしまうような場合である（Smith, Dishion et al., 2014）。親は誤った行動に報酬を与えるだけでなく，そのようにすることで，次の機会には不適切な行動をさらにエスカレートさせてしまう。したがって，この治療は，望ましい行動を強化し，否定的な行動を無視するように，さまざまな課題を通して親に教育することで，威圧的なサイクルを分断することに焦点を当てている。オレゴン治療プログラムの評価では，家族の相互作用と親のしつけの仕方を変化させるのに成功していたことが示されている（Forgatch, Patterson, & Gewirtz, 2013）。

　一般的にいって，一次介入プログラムは，子どもとその親の問題行動を減少させるのに非常に効果的であることが示されてきた。Piqueroら（Piquero, Farrington, Welsh, Tremblay, & Jennings, 2009）は，5歳未満の子どもを対象とした55件の早期介入研究のメタアナリシスによるレビューを行なった。これら

の研究の大半は，アメリカで行なわれたものだが，ヨーロッパ，オーストラリア，ニュージーランド，カナダ，さらに中国からも1件の研究があった。平均効果量は $r = .175$ であった。プログラムは反社会的行動を減少させるのに有効であったばかりでなく，非常に費用対効果が高いこともわかった。例えば，Farrington & Koegl（2015）は，6歳から11歳の男子のために設計された予防プログラムは，プログラム費用1ドル当たり刑事司法制度の予算を37ドル節約していることを見出した。

2次予防家族プログラム

　2次予防のプログラムは，既に刑事司法に関わっている若者を対象としている。2つのプログラムに関して研究が進んでおり，それは機能的家族療法（Functional family therapy: FFT）（Barton & Alexander, 1980）およびマルチシステミック・セラピー（Multisystemic therapy: MST）（Henggeler, Schoenwald et al., 2009）である。機能的家族療法の主たる目標は，家族のコミュニケーション・パターンを変えることによって，家族関係を改善することである。非行少年のいる家族は，さまざまな「防衛的コミュニケーション」（ひどく批判的で，厳しく怒りに満ちたコミュニケーション）が多く，その一方で，「支持的コミュニケーション」（共感的で，役に立つ情報を提供し，他の人が話してるときに口を挟まない）がほとんどなかった。機能的家族療法に参加した家族のメンバーは，防衛的コミュニケーションの使用を控え，互恵的な支持的コミュニケーションの使用を増やすように教えられた。

　最初のアウトカム研究では，家族は以下の4つのグループにランダムに割りつけられた（Alexander & Barton, 1976; Alexander & Parsons, 1973）。すべての家族には，比較的軽微な非行行動（例えば，家出，怠学，大人のいうことを聞かない）に関与している13歳から16歳の子どもがいた。機能的家族療法群に加えて，さらに2つの治療群（クライエント中心家族療法と精神力動指向的家族療法）と，治療を受けない対照群があった。クライエント中心のプログラムは，非指示的で，家族の感情に焦点を当てた。精神力動的家族療法では，治療の目的は，「洞察」を提供することとされた。

　治療の終了時点までには，機能的家族療法群はより多くの支持的なコミュニ

▼表7.1　家族介入と再犯率（Alexander & Parsons, 1973; Alexander & Barton, 1976 より作成）

群	N	再犯率（%）
機能的家族療法第1群	46	26
機能的家族療法第2群	45	27
クライエント中心	19	47
精神力動的	11	73
治療なし	46	48

ケーションとより少ない防衛的コミュニケーションを示した。また親は，子どもの行動を強化するためのより良い行動療法的スキルを身につけた。表7.1に示すように，これらの中間的な目標は，非行行動の減少へとつながった。その後，機能的家族療法の第2群が追加され，当初の結果が再現された。機能的家族療法群は，治療を受けなかった群と比べて，再犯率が半分であった。クライエント中心療法は，その後の非行行動に影響を及ぼさなかった。精神力動的洞察アプローチは，実に再犯率を増加させることとなった（73%）。

　機能的家族療法は，家族システムモデルに忠実である。家族はシステムであるので，家族メンバーの1人に起きることは，他の家族メンバーにも影響を及ぼす。これがシステムモデルによる介入の強みである。当初，治療者のもとへと家族がやってきた理由である子どもに行動変容が起きると，それがその子どもの兄弟にもみられるようになる。Klein, Alexander, & Parsons（1977）は，少年裁判所の記録を調べ，治療を受けない対照群について，その兄弟の40%が公式の裁判記録を有していたことを見出した。一方，クライエント中心群の兄弟の再犯率は59%，精神力動群の兄弟の再犯率は63%，機能的家族療法群については20%であった。

　初期の機能的家族療法についての評価の大半は，ユタ州に限定されたものであったが，その後アメリカの他の司法管轄区（Gordon, Jurkovic & Arbuthnot, 1998; Zazzali, Sherbourne, Hongwood, Greene, & Bigley, 2008）や国外（Breuk et al., 2006; Gustle, Hansson, Sundell, Lundh, & Löfholm, 2007）にも広がった。機能

的家族療法の有効性に関するレビューは,肯定的なものであった（Carr, 2009）。ある機能的家族療法のレビューでは,再犯率を18.1%減らすと推定している（Drake, Aos, & Miller, 2009）。さらに,そのプログラム実施コストは,クライエント1人当たりおよそ2,380ドルだが,これはその若者の一生でみると,納税者にとって49,776ドルの節約となる。

　マルチシステミック・セラピーは,そもそもは,重度の非行少年を対象とするために設計された。その中核には家族療法的要素（「家族の保全」）があり,思春期の問題（規範）に対処し,家族内の葛藤（関係性）を減らすのに必要なスキルを親に教える。マルチシステミック・セラピーはまた,治療の効果を維持するために,学校,友人,その他の地域社会のキーパーソンを召集する（リソースノート7.1を参照）。

マルチシステミック・セラピーを実践するための理論と応用

　マルチシステミック・セラピーは,高リスクの非行少年に対する介入として広く普及し,研究されてきた。困難な若者たちの行動を変容させるにあたってのマルチシステミック・セラピーの成功の多くは,介入の包括的な性質に帰すことができると思われる。マルチシステミック・セラピーは,家族システムと社会的生態学の理論に基づいている。個人は,家族,友人,学校,地域社会を含む広範な社会的文脈の一部である。つまり,多くのニーズをもつ高リスクの個人は,反社会的行動と関連している報酬とコストの随伴性を変えるための多数の介入を必要としている。

　マルチシステミック・セラピーは,直接的な介入と,家族が家族療法から受けた利益を維持できるように,家族を助ける地域社会のサポートを調整することの両方を通じて,家族に良好な変化が起きるよう後押しする。若者は,向社会的な友人づくりなど,学校の成績と社会適応について手助けを得る。最後に,その非行少年が示している特有のニーズに応えるために,個別のカウンセリングが提供される。これらのサービスはすべて,治療の質を維持するために非常

な努力を要して，高度な専門職によって提供される。

　治療者は，家族と直接関わり，その相互作用を観察する。ストレンクスが把握され，これがより有効な家族機能の礎石とされる。家族は，そのメンバーの変化が他のメンバーの行動変化につながるような，社会的システムであると見なされる。家族のメンバーは，しばしば，自らの行動と他の家族メンバーの行動を注視するように求められる。初回のアセスメントの後，親はしつけの手法を変え，報酬とコストをより効果的に用いるように教えられる。マルチシステミック・セラピーの治療者は，親自身がもっている個人的な問題にも注意を払う。例えば，精神的な障害が明らかな場合には，適切な在宅治療が提供される。親が子どもを監督するのに助けが必要であるなら，助けてくれる隣人を募る。マルチシステミック・セラピーでは，家族を助ける地域社会の資源の価値を，きわめて重要なものととらえている。

　治療者が家族と関わる際には，逸脱的な友人との交友をなくすための努力がなされる。治療者は，子どもが向社会的な友人から排除されているという問題を理解することに努め，親に子どもの社会的相互作用を監督するように教える。親は，犯罪指向的な友人関係から生じる害について，効果的に子どもに伝えるよう教えられる（例えば，子どもの非行仲間を非難しないようにする。なぜならそうすることは，子どもが彼らとつき合う決意を強めさせてしまうだけだからである）。子どもとの個人カウンセリングでは，通常，友人についての議論や対人関係スキルの教育が行なわれる。

　学校は，高リスク非行少年の社会的生態系の重要な一部である。若者は，学業について援助を受け，親は子どもの学校での活動を監督するようにサポートを受け，そして教師は，変化を引き起こす主体として期待される。マルチシステミック・セラピーは，向社会的行動に対する報酬を高め，反社会的な活動を支持する社会的な力を妨げるような身近な社会的影響力とサポートの把握を，しらみつぶしに行なう。

　マルチシステミック・セラピーは対照群をもつ多数の評価を受けてきており（例えば，Borduin, Mann et al., 1995; Butler, Baruch, Hickey, & Fonagy, 2011; Timmons-

Mitchell, Bender, Kishna, & Mitchell, 2006), 治療効果は 13 年後においても維持されていた（Schaegger & Borduin, 2005）。マルチシステミック・セラピーは，薬物使用（Henggler et al., 2002; 2006），粗暴および重大な犯罪（Henggler, Melton, & Smith, 1992; Henggler, Melton, Smith, Schoenwald, & Hanley, 1993），思春期の性犯罪（Borduin, Schagger, & Heiblum, 2009; Letourneau, Henggler et al., 2009）など，さまざまな問題に適用されてきた。マルチシステミック・セラピーを受けた性犯罪者の長期の追跡（8.9 年）では，費用 1 ドル当たり，納税者はおよそ 49 ドル節約できた。性犯罪以外の犯罪者については，マルチシステミック・セラピーは 1 ドル当たり 5.04 ドルの節約を生み出した。マルチシステミック・セラピーと機能的家族療法とを比較した研究は，この 2 つの治療手法の間にほとんど差を見出していない（Baglivio, Jackowski, Greenwald, & Wolff, 2014）。マルチシステミック・セラピー のメタアナリシスによるレビューは，非行の減少に対し，小からやや大の効果を見出している。つまり，非行少年とその家族に対し，どちらの治療を選ぶかに大きな差はない。

要約

家族介入研究からは，3 つの重要な結論を導くことができる。第 1 に，構造的な次元と関係性の次元は，いずれも重要だということである。

第 2 に，行動療法的アプローチは，構造化の次元と関係性の次元に沿って，家族の相互作用を変えることができ，これらの変化は，非行の減少と関連している。家族の機能と関係性が改善すると，非行仲間との交友が減少することも示されている（Degarno & Forgatch, 2005; Leve & Chanberlain, 2005）。

最後に，家族プログラムが成功している理由は，対人的影響力の関係性の次元と構造化の次元に着目したからだけではない。これらのプログラムは，プログラム実施の精度に十分な注意を払っている。最も有効なプログラムは，容易に実施でき，モニターできるような小さなサンプルを対象としている（Piquero et al., 2009）。プログラムが有効であるかどうかは，着実に実施された適切かつ集中的な戦略に依存している。

3節　夫婦間の愛着

　夫婦療法の評価は少なく，しかも，そのほとんどのすべてが「夫婦の仲の良さ」（Carlson & Cervera, 1991）といった即時的なアウトカムや実施者による成功の評価（Accorrdino & Guerney, 1998）について報告している。配偶者や重要な他者による刑務所面会が，再犯率を下げるという若干のエビデンスがあるが（Bales & Mears, 2008; Duwe & Clark, 2011; Mears, Cochran, Siennick, & Bales, 2012），これは重要である。処遇レベル質問紙の予測的妥当性に関するメタアナリシスをみると，家族・夫婦要因は，全犯罪について .14，粗暴犯罪について .11 の平均効果量を有している。

　Laub & Sampson（2011）の「人生の転機」という考えは，結婚にも適用されてきた。Glueck & Glueck の研究のもともとのサンプルである 500 人の男子の一部（$n = 52$）を用いて，Sampson, Laub & Wimer（2006）は，犯罪行動に対する結婚の効果を吟味した。彼らは結婚していることと関連して，犯罪行動のオッズの減少が 35% であることを見出した。さらなる分析では，結婚の影響を調整した後も，安定した同居関係にあることは，犯罪の減少に寄与していた。とはいえ，このグループではそのような者はまれであった。同様の知見は，アメリカ（Tripodi, 2010）および諸外国（オランダでは，Bersani, Laub, & Nieuwbeeta, 2009）においても報告されているが，例外（例えば，ノルウェー，Lyngstad & Skardhamar, 2013）もある。ここでの興味深い問いは，「どのようにして結婚は，再犯を減らすのか」ということである。

　アメリカの縦断的データの分析において，Warr（1998）は，結婚したのち，向社会的であれ反社会的であれ，仲間と過ごす時間が有意に減ることを見出した。つまり，結婚もまた，犯罪に対する犯罪指向的な支持に関連する報酬とコストの分布を変えることで，効果を及ぼしている可能性がある。結婚はまた，それまで雇用が安定していなかった人々にとっては，高い仕事の安定性に結びつく可能性があり（Berg & Huebner, 2011），ここでも，報酬とコストの随伴性に影響する。最後に，女性にとっては，結婚そのものよりも，母となることが転機となりうる（Kreager, Matsueda, & Erosheva, 2010）。

結婚による効果が，いつも望ましいものであるとは限らない。ニュージーランドにおいて21歳時点での自己申告による犯罪行動を調べた研究では，独身のままの友人と比べて，**逸脱的な**パートナーと恋愛関係にある者は，犯罪リスクが高かった（Woodward, Fregusson, & Horwood, 2002）。逸脱していないパートナーとつき合っていた者は，犯罪を行なうリスクが低かった。Cobbinaら（Cobbina, Huebner, & Berg, 2012）は，結婚は女性犯罪者には望ましい影響をもたらすが，低リスクでない限り男性犯罪者には有効ではないことを見出した。明らかに，低リスクの男性は，犯罪的な女性と同居する確率が低い。すなわち，犯罪的なパートナーと非犯罪的なパートナーを比較検討することが重要である。なぜなら，一般的にいって，似た背景をもった人々同士が結婚する傾向があるからである（第4章の，選択的結婚に関する議論を参照）。

4節　学校

　学業成績が比較的低いことは，犯罪行動のリスク要因である。そして，その予測的妥当性は，成人期においても持続する。しかしながら，学業指標の予測的妥当性は，学校における問題行動の査定によって得られる予測水準とは比べものにならない。後者は，その大部分が，早期からの反社会行動歴や反社会的パーソナリティ・パターン，そして最もよくみられるものは上級生になってからの犯罪指向的な態度によって示される性向を反映したものである。実際のところ，青年後期から成人期に至る成績不振と業績不振の主たる予測因子は，早期からの反社会行動歴である。8,000人以上もの若者の分析では，反社会的行動と学校でのトラブルを調整すると，学校中退は非行に対して影響をもたなかった（Sweeten, Bushway, & Paternoster, 2009）。要するに，反社会的行動の早期発現は，学業不振よりも先に始まるのである。

　Agnew（2001: 158-161）は，生徒の非行と関連する学校の特徴として，非常に貴重なリストを提供している。非行と関連する学校間の違いは何だろうか。貧困で，男子生徒が多く，マイノリティの生徒の比率が高い学校のほうが，非

行率が高い。興味深いことに，Agnew はわれわれが関係性原則および構造化原則と呼ぶところのものを参照して，学校間の違いを要約している。

> 非行率の最も低い学校は，ある意味ではっきりしている。そうした学校には全員が守らなければならない明確なルールがあり，学業面でも厳しい。その一方で，そうした学校は「温かい」。生徒を公正に扱い，教師は生徒に関心をもち，成功するための機会を提供し，生徒の達成を賞賛する。学校の職員は，生徒のために心地良い環境をつくり出そうと努力している。(Agnew, 2001: 161)

学校での業績（学業成績）の変化と学校への愛着（慣習的な活動と同級生や教師などの一般的な他者に対して）の変化は，犯罪行動に影響を与えるだろうか。もし学校に関する変化が，実際に犯罪行動に関連した報酬とコストの現実的な密度の変化をもたらすのであれば，理論的な答えはイエスである。

少年矯正と成人矯正において，教育プログラムの価値に関するエビデンスは有望である。Lipsey & Wilson（1998）は，若者に対する教科教育プログラムの効果を，総じて有効であるが小さいと述べている。比較群における再犯率を50%と設定すると，成人基礎教育と高校卒業認定資格プログラム参加者の再犯率は41%であった（Wilson, Gallaghern, & MacKenzie, 2000）。また，比較対照の犯罪者の再犯率は50%であるのに対し，高等教育プログラムの参加者の再犯率は36%であった。20件の矯正教育プログラムのメタアナリシスにおいて，Simon & Wormith（2008）は，平均効果量 $r = .10$ を見出した。教育プログラムの効果は肯定的であるが，より厳密に犯因性ニーズ（例えば，犯罪指向的態度，薬物使用）に焦点を当てた介入と比べると小さい。ただ，不明な点は，有効な効果は，低リスクのケースが高等教育プログラムを選択的に参加した結果であるかもしれないということである。

学校における問題行動・反社会的行動に焦点を当てた学校基盤のプログラムは，参加者，特にハイリスク生徒の反社会的行動を減少させた（Wilson & Lipsey, 2007; Wilson et al., 2003）。Wilson & Lipsey（2007）は，彼らのかつてのメタアナリシスを更新し（Wilson, Lipsey, & Derzon, 2003），学業成績から攻撃

的問題行動に至るさまざまなアウトカムをもつ学校基盤の介入 399 件をレビューした。例えば，喧嘩や反抗などの問題行動の減少を目的とする介入は，特にこれらのアウトカムを減少させるのに有効であり，ハイリスクの生徒については，有効な治療に関するリスク原則とも一致していた。さらに，行動療法的な戦略は，他の治療法（例えば，社会的問題解決やカウンセリング）と比べて有効であった。

成人犯罪者に対する教育プログラムについては，RAND 研究所が 50 件の研究のメタアナリシスを行ない（Davis, Bozick, Steele, Saunders, & Miles, 2013），71 個の効果量の推定値を計算した。全体として，教育プログラム（$k = 71$）は，再犯の大きな減少（$r \sim .32$）を示した。しかしながら，より方法論的に優れた研究（$k = 9$）に限ると，矯正教育プログラムは，再逮捕率を 13.2% ポイント減少させ，再収容率を 13.8% ポイント減少させると予測されるにとどまった。

最後のコメントとして，ある社会的事実があまりにも強烈であるので指摘しないわけにはいかない。その 1 つは，アメリカにおいて高校を終えることができなかった若い黒人の刑務所収容率の異常な高さである（Lockwood, Nally, Ho, & Knutson, 2012）。Pettit & Western（2004）は，1965 年から 1969 年の間に生まれたヒスパニック系でないアメリカ人男性のうち，白人の 3%，黒人の 20% が，30 代前半までの間に，刑期を務めたことを明らかにした。高校中退者では，黒人のほぼ 60% が，1999 年までに収容経験があった。白人男性の高校中退者については，この数字は 11% であった。明らかに，年齢，性別，教育達成の交差するところで，刑務所収容は，アメリカの十分な教育を受けていない若い黒人男性のライフコースの一部となっている。セントラルエイトにおける差は，年齢，性別，人種，階級の犯罪に対する効果の大半を説明しうる。しかしながら，ここで指摘したような統計は，犯罪行動のバリエーションを生み出す原因が何であるかだけではなく，犯罪および犯罪者に対する実務処理におけるバリエーションのもたらす影響についても，真剣な問いかけを提起している。

第2部　犯罪行動の主要なリスク・ニーズ要因

5節　仕事

　仕事は，多くの人々にとって成人であることの一部である。仕事探しは，失業している成人にとっての現実でもある。驚くことではないが，この節の大半は，成人について扱う。しかし，仕事は多数の若者にとっても問題となる。アメリカのデータについて，Agnew（2001）は，高校生の90%は多少は働いており，80%は学期中に働いていると推定している。彼は，研究によるエビデンスによって，仕事は若者に対して小さい犯因性の効果をもたらしていることが示されるだろうという印象を抱いている。家庭や学校の外で金銭と時間を手にすることは，一層の薬物使用と軽微な非行を後押しすると思われる。この知見は，手持ちの現金をもつことが非行と関連していることを見出したCullenらの研究の結果を思い起こさせる（Cullen, Larson, & Mathers, 1985）。しかしながら，この関係は複雑である。Apelらは，長い時間働いている生徒ほど，学校から中退する確率は高いが，非行率は低いということを見出した（Apel, Bushway, Paternoster, Brame, & Sweeten, 2008）。彼らは，若者が学校を辞める理由を理解することが重要であると主張している。幼い家族を支えるために経済的な理由で学校を辞めることと，学校が嫌で辞めるのには大きな違いがある。この分野の研究が進めば，文献における不十分な点のいくつかは明らかとなるであろう。

　教育水準，雇用水準，そして収入は，いずれも，犯罪行動のリスク要因である。Olver, Stockdale, & Wormith（2014）は，処遇レベル質問紙に関する128件の研究をレビューした。その下位尺度の1つは，教育と仕事の分野における問題を測定しており，このメタアナリシスは，この下位尺度の予測的妥当性について55個の効果量の推定値を算出した。犯罪全般の再犯率に対する値は$r = .24$，粗暴犯罪の再犯率では$r = .20$であった。

　職業訓練と刑務作業は，矯正プログラムの古典的な要素である。そのようなプログラムをレビューし，Wilson, Gallagher, & MacKenzie（2000）は，（比較条件の再犯率を50%としたとき）刑務作業については再犯率が44%，職業訓練については再犯率が39%となることを見出した。Visherら（Visher, Winterfield,

& Coggeshall, 2005）は，社会内における犯罪者の雇用プログラムに関する 8 件の実験的な評価をレビューしたが，再犯率の減少を認めなかった。少年犯罪者について，Lipsey & Wilson（1998）は，職業プログラムの効果は一貫して，弱いあるいは無効であることを見出した。これらのレビュー以降，より新しい研究が出ているが，その結果も一貫していない。中か大の再犯率の減少を見出したものもあれば（Duwe, 2015; Heller, 2014），無効果のもの（Tripocdi, Kim, & Becker, 2010），ハイリスク犯罪者に限って再犯の減少を見出したもの（Zweig, Yahner, & Redcross, 2011）などがある。

　雇用についての議論を，Sampson & Laub（1993）による影響力のある研究に触れずに終えることはできない。彼らは，Glueck & Glueck（1950）による古典的研究に参加した若者を追跡し，頻回かつ重度の犯罪者の生涯において，意味ある長期の雇用を手に入れることが「転機」として重要であるという量的・質的エビデンスを生み出した。そして，犯罪活動への早期の参入が，運命を決めてしまうという立場に反論した。彼らは，重度の犯罪者が良い仕事を手に入れることは，普通ではなくまれではあるが，時にはそうしたこともあると述べた。そのような（偶然あるいは意図的な行為の結果としての）めずらしい出来事は，標準的で安定した犯罪予測因子の影響を超えて，犯罪活動の終息をもたらしうる。雇用の利点は，犯罪行動と非犯罪行動に影響を及ぼす報酬とコストの随伴性を大きく再分配しうることにある。

　安定した雇用と関連した報酬とコストの随伴性は，Wright & Cullen（2004）による全国青年調査の縦断データの分析でも明らかである。全国青年調査研究は，1976 年に 11 歳から 17 歳の全国の代表サンプルである若者に対する面接で始まった。1976 年以降，彼らは決められた間隔をおいて再び面接を受けた。彼らが 15 歳から 24 歳となった第 5 回と第 6 回調査のデータを分析したところ，週当たりの労働時間と向社会的な同僚との接触が，薬物使用と犯罪行為の減少に関連していることが見出された。追加分析が行なわれ，向社会的な同僚との接触は，非行者とのつき合いを減少させることも示された。つまり，向社会的な同僚の影響は，犯罪の代替行動に対する向社会的な支持に対する効果を通じて発揮されている。

　いうまでもなく，その潜在的な効果は，非犯罪行動に対する報酬と満足を強

化することであり，その結果，犯罪への潜在的な減算的コストが増加する。個人ないし対人関係が媒介する影響に大きな変化が起きる機会は，犯罪指向的な交友や態度の減少によっても期待される。Maruna（2011）は，犯罪的な人生から離れられるかどうかは，犯罪から足を洗った者という新たなアイデンティティの形成次第であると述べた。アイデンティティの変化という構成概念は，主要な認知の変化という概念を伴っている。

6節　レジャー・レクリエーション

先ほど触れた処遇レベル質問紙に関するOlver et al.（2014）のレビューは，レジャーとレクリエーションの予測的妥当性に関する情報も提供している。このレビューは，犯罪全般の再犯の予測については$r = .16$，粗暴犯罪の再犯については$r = .12$という平均値を見出している。レジャーとレクリエーションは中程度のリスク・ニーズ要因であると考えられるが，向社会的な自由時間の活動を増やすことを目的としたプログラムの**実験**研究をただの1件も見つけることができなかった。この分野のプログラム評価は，方法論的に弱い傾向があり，その多くは，自然チャレンジ野外プログラムのような身体的活動と身体的条件づけを増やすことを目的としていた（Lipsey, & Wilson, 1998）。身体活動のレクリエーション・プログラムに関するある評価では，ラテン系の男性については非行が増加した（Roman, Stodolska, Yahner, & Shinew, 2013）。われわれ自身の治療プログラムのデータによると，平均効果量は，.09（CI = .02 〜 .05）と非常に控え目であった。

貧しい近隣地域における放課後レクリエーション・プログラムは，下校してから親が仕事から家に帰ってくるまでの間，トラブルに巻き込まれやすい子どもの指導をすることで非行を減らすことが想定されている。しかしながら，5件の放課後プログラムの評価は，自己申告による非行行動に対して，効果を見出すことができなかった（Cross, Gottfredson, Wilson, Rorie, & Connell, 2009）。さらなる分析によると，①すべての若者が定期的にプログラムに参加している

わけではなかった，②リスクのある若者が最も参加していなかったことが示された。つまり，プログラムは，プログラムから最も利益を得られるはずの若者に届いていなかった。

　包括的な地域基盤あるいは学校基盤のプログラムの多くは，市民および学生のボランティアが若者とともに時間を過ごす指導プログラムを含んでおり，その多くはレクリエーション活動をするスタイルである（Catalano, Arthur, Hawkins, Bergland, & Olson, 1998）。リソースノート6.1に示したように，レクリエーション的な市民ボランティアとの相互作用は，意図的に向社会的なモデリングと弁別強化を増やすように構造化されない限り，受刑者の犯罪指向的な態度にはほとんど影響を及ぼさなかった。Catalanoらが示唆しているように，学習の機会がプログラムに構造化されていない限り，犯罪行動の減少を期待することはできない。

7節　近隣地域

　本章では取り上げたいくつかのセントラルエイトのリスク・ニーズ要因に加え，近隣の社会的環境もまた，犯罪行動に影響を与えうる。家族が住む近隣地域は，親と子どもの行動に影響を与える。犯罪が多く，恵まれない近隣地域は，良き子育てを妨げ，親子関係にストレスを与え，若者を犯罪者に接触させ，犯罪の機会を提供する。このことは，特に男子に当てはまる（Walters, 2016a）。近隣地域の環境と犯罪の関係は，複雑であるばかりでなく，個人，対人関係，家族などのより近接的なリスク・ニーズ要因と比べれば，現実にはごく小さい（McGee, Wickes, Corcoran, Bor & Najman, 2011; Vezsonyi, Cleveland, & Wiebe, 2006）。

　いくつかの研究が，非行のリスクが最も高い者は，非常に恵まれない近隣地域では，より一層悪化するということを見出している。Piotrowskaら（Piotrowska, Stride, & Rowe, 2015）は，社会経済的地位（近隣地域の不利度の代替指標）と，18歳までの子どもと若者の反社会的行動の関連について，133

件のメタアナリシスを行なった。全体的な効果量は小さく，$r = -.10$ であった。社会的経済的地位が低いことの影響は，数多くの要因（例えば，地理的な場所，子どもや若者の年齢）によって和らげられていたが，最大の要因は，冷酷・非情緒的特性であった（$I = -.24$）。つまり，社会的に不利な条件にあることは，一部のタイプの若者にはより大きな影響を与える。残念なことに，この結果は，139個ありえた効果量のうち，わずか5つの効果量に基づくものであるので，解釈には注意が必要である。

　高リスクの家族が，貧しい近隣地域において一層うまく行かないという知見をもとに，家族を中流階級の近隣地域へと引っ越しをさせる実験が，何件か行なわれてきた。これらの研究では，非行を減らすことが示されてきたが，その効果は小さかった（Leventhal & Brooks-Gunn, 2000）。こうした近隣地域において，犯罪に対処する典型的な方法は，軽微な犯罪を警察が徹底して取り締まることと，その地域の外観を良くしようとするということである。しかしながら，近隣地域の見た目を良くし，警察の巡回を増やすだけでは不十分である。はるかに重要なのは，社会的統制を強化することである（Sampson & Raudenbush, 2011）。このことは，一般的パーソナリティ理論および認知社会的学習理論の視点からいえば，リスク・ニーズ，あるいはストレンクスとして主要な個人・対人要因に取り組むことである。

　恵まれない地域の多くは，犯罪リスクを高める特徴がある（例えば，犯罪者の集中）（Tolan, Gorman-Smith & Henry, 2003）。しかし，こうした地域であっても，いくつかの保護要因がある。警察に対する尊敬の念があり（Silver & Miller, 2004），地元の学校に誇りをもち（Eamon & Mulder, 2005），望ましいしつけを実行し（Chung, Hill, Hawkins, Gilchrist, & Nagin, 2002; Leventhal & Brooks-Gunn, 2000; Walters, 2015a），地元に愛着をもつ住民がいる。家族と社会のサポートは，とりわけ重要な保護要因である。2,000組以上の双生児の縦断的研究において，5歳時の双生児の反社会的行動は，成長するにつれ悪化した（Odgers, Caspi, Russell, Sampson, Arsenault, & Moffitt, 2012）。12歳までに，地域の不利度と反社会的行動の相関は，$r = .25$ という相当な大きさとなった。しかし，研究者は，近隣地域の犯因的効果を良好な親子関係と監督が防御していることも同時に見出した。

あらゆる環境（家族，学校，職場，近隣地域）の主たる特徴は，そのメンバーの構成（犯罪を行なう他者 対 犯罪を行なわない他者），対人関係の質，そしてモデリング，強化，罰を受ける認知・行動パターンの犯罪的ないしは反犯罪的な性質であることを思い起こしてほしい。Stouthmer-Loeber, Loeber, Wei, Farrington, & Wikström（2002）の研究は，まさにこの点に関するものである。彼らは，恵まれない地域の特徴と，その地域が常習的で重大な非行に及ぼす影響を注意深く記録した。彼らの見出した基本的な知見は，恵まれない環境は，リスクの高い若者の頻回かつ重度な非行に対しては，影響をもたないということである。「悪い」地元によって影響を受けるのはむしろ，リスクの低い若者であることが報告されている。

さらに，2つの劇的な知見がある。第1に，恵まれない地域の主要な特徴の1つは，リスク・ニーズ得点の高さとストレンクス得点の低さによって特徴づけられる人々と家族の集合であることである。つまり，ここには成員構成の効果がある。第2に，リスク，ニーズ，ストレンクスと犯罪行動との相関は大きいが，それに対して社会的に定義される恵まれない地域と犯罪の相関は存在するものの，その大きさは相対的に小さい。

8節　要約

本章は，主たる犯因性ニーズの一部と近隣地域の環境によって示される社会的環境が及ぼす影響力に，一般的パーソナリティ理論および認知社会的学習理論の観点からどのように接近しうるかを説明したものである。社会構造に対する成員構成という観点から，われわれは，家族，学校，職場，レジャーといった場面における犯罪者の割合を把握しようとした。そして，その場面に明確に存在する報酬と満足について理解しようとした。さらに，親やパートナーといった重要な他者が，相互作用の関係性の次元と構造化の次元にどのように依存しているかを知ろうとした。

われわれの知識の水準には，明らかに差がある。出身家族の分野については，

若者の犯罪を予測し,影響を与える能力には印象的なものがある。それは,意義ある因果関係の探究に近づきつつある。親子関係と親による監督という要因を標的にしたとき,再犯減少の達成という劇的な成果が得られる。一方,夫婦間の愛着とレジャーやレクリエーションの分野における知識の水準は,犯罪行動に影響を与えるための制御された取り組みということに関しては,まだまだ不十分である。

学校と仕事に関する研究については,知識発展の水準は中程度である。これら双方の分野に関連するアセスメントの予測的妥当性は,ある程度確立されている。しかしながら,現在までのところ,教育プログラムと職業プログラムの価値について確固とした結論に至るには,さらなる研究が必要である。

9節　まとめ

1. 社会的愛着の形成は,子どもを犯罪的人生経路から保護する健康的な関係の基礎となる。

   養育者への愛着を確立する子どもは,そうでない子どもと比べて,心理的な問題を発達させることが少なく,友人や大人とより健康的な関係をもちながら成長する。問題のある愛着パターンは,離婚による親子の絆の断絶から単純に生じるわけではない。肝心なのは,断絶の性質と頻度である。葛藤の度合いが高い家族,子どもを情緒的に無視したり乱暴に扱ったりする親,里親や施設を次々と変わることが,最も大きなダメージを与える。

2. 家族は,関係性の次元と構造化の次元で機能している。

   親子の関係が不良で,親の子育てをするスキルが不十分な家庭で育った子どもが,最も非行のリスクが高い。さらに,そのような家族の子どもは,犯罪指向的な仲間とつき合う傾向がある。

3. 家族介入によって非行を減らすことが可能である。

   家族機能の関係性と規範的な次元に焦点を当てる治療プログラムは,問題となっている子ども,そしてその兄弟に対してさえ,非行の減少をもた

らす。この効果は，ある研究では 13 年間にも及んでおり，長期間持続するようである。
4. 家族，学校，仕事およびレジャーの分野におけるアセスメントの予測的妥当性は印象的な域に達する。

    家族療法文献のメタアナリシスによる知見は，親子の関係性と親の構造化スキルに焦点を当てることが，肯定的な結果と関連していることを示している。
5. 犯罪行動に影響を与えるための，家族を対象とする介入プログラムの効果は，子どもの出身家族の研究については強力だが，恋愛・夫婦の愛着については，基本的にまだ探究されていない。
6. レジャー・レクリエーションのプログラムの効果については，十分に研究されてこなかった。

    レジャー・レクリエーションの影響は，十分な予測的妥当性を示しているが，レジャー活動を系統的に変化させ，犯罪行動に対する効果を観察した対照研究は存在しない。

推薦図書

マルチシステミック・セラピーは，非行少年とその家族に対する有効な家族介入プログラムの 1 つと見なされている。たしかに，これは最も研究された家族介入である。このプログラムとその研究に関する最も優れた説明は，Henggeler ら (2009) による，*Multisystemic Therapy for Antisocial Children & Adolescents*（反社会的子どもと青年へのマルチシステミック・セラピー）の第 2 版で得ることができる。

Sampson & Laub（1993）の *Crime in the Making: Pathways & Turning Points Through Life*（犯罪ができるまで：人生における経路と転機）は，Glueck & Glueck（1950）による 500 人の非行少年研究のフォローアップであり，すばらしい読み物である。これは，犯罪行動に対する成人の主要なライフイベント（仕事と結婚）の重要さを示すエビデンスを提供する数少ない研究の 1 冊である。

第 8 章

物質乱用

1節　はじめに

　リスク・ニーズ要因のセントラルエイトを締めくくるのは，物質乱用である。ここでいう物質乱用に含まれるのは，アルコール乱用と違法薬物使用である。アルコール使用と他の薬物使用を区別するのには，2つの理由がある。第1に，アルコール乱用と犯罪との関係は，違法薬物乱用と犯罪との関係よりも一般的に弱い。第2に，刑事司法システムは，アルコール乱用よりも，違法薬物使用に対してはるかに寛容性を欠いている。成人にとって，アルコールを購入することは適法であるし，アルコールを消費することで処罰されるのは，数少ない特殊な場面に限られている（例えば，飲酒運転）。違法薬物の所持と使用は，たとえわずかな量であっても，厳しい刑事罰が科されることになる。

2節　アルコール乱用

定義と罹患率

　ここでまず行なうべきは，「アルコール乱用」が意味するところを定義することである。合法的に入手できるアルコールを飲用することは，どの時点で乱用となるのだろうか。それは量の問題だろうか，だとするとどれくらいの量か。それは年齢の問題だろうか，だとすればまた，何歳か。車の運転，公共の場での酩酊など，状況の問題はどうだろうか。最後に，結婚の破綻，罪悪感，自己無価値感など，対人的，個人的状況の問題はどうだろうか。一般的にアルコール乱用は，危険な状況での飲酒（例えば支障が出る状態での運転）や身体的，社会的，職業的，心理的問題に至るような飲酒と定義されている。

　2012年の薬物乱用に関する国の世帯調査で，12歳以上の55,000人を超えるアメリカ人に，前年の飲酒について尋ねた（National Institute on Drug Abuse, 2014）。アルコール乱用者（前年のむちゃ飲みや多量飲酒）の割合は，男性30.4%，女性16.0%だった。アメリカのアルコール乱用率は他国よりも多いが，その理由は，文化の違いによるのと同程度に，方法論の違いによるところが大きい（Somers, Goldner, Waraich, & Hsu, 2004）。犯罪者集団に目を向けると，2003年の逮捕者薬物乱用モニタリング・プログラムは，犯罪者に面接し，逮捕から48時間以内の尿検査のデータを収集した（現在は，違法薬物しか調べていない）。39地点，男性逮捕者180,000人以上のデータによると，9.5%がアルコール反応陽性で，47.9%が過去30日以内の大量飲酒を報告した（Zhang, 2003）。女性については，驚くべきことに，86.4%がアルコール反応陽性であり，34.9%が過去1か月以内の大量飲酒を報告した。

　アルコール乱用を定義し，犯罪者集団のなかの罹患率を求めるための別のアプローチとして，犯罪者のリスク・ニーズ要因をアセスメントするツールの結果を用いる方法がある。リスク・ニーズのアセスメントツールは，第10章で詳しく説明するが，物質乱用を含むさまざまな犯因性ニーズを抽出するための

ものである。このリスク・ニーズのアセスメントツールにおける物質乱用のアセスメント基準は，物質乱用に特化したアセスメントツールほど明快なものではないが，いくつもの利点がある。まず，それは日常的に矯正職員によって用いられるものであるため，コストのかかる特別な調査をしなくても，罹患率がわかるという点が挙げられる。第2に，リスク・ニーズのアセスメントツールで犯因性ニーズのアセスメントをすることによって，矯正システムにおける処遇サービスの提供を導くことができる。そして最後に，さまざまな犯因性ニーズの予測的妥当性についての調査をすることができる。

　アルコール乱用のアセスメントに用いられるリスク・ニーズのアセスメントツールの一種として，処遇レベル質問紙がある。この質問紙でカバーされているなかに，アルコール・薬物問題というセクションがある。表8.1にそのセクションの一部を示してある。現在，アルコールまたは薬物問題を有しているのであれば，査定者はその問題の内容をさらに詳しく尋ねるようにする。例えば，薬物を買うために盗みをするか，過度の飲酒が原因で家庭や職場で喧嘩になるか，などである。処遇レベル質問紙は，通常，訓練を受けた職員が犯罪者に対し，社会内または刑務所内で実施するものである。

　表8.2では，処遇レベル質問紙を用いたアセスメントに基づく罹患率のデータを紹介している。このデータを用いることの利点は，アルコール乱用と違法薬物乱用を分けてみることができるという点である。一般的なリスク・ニーズをアセスメントするツールのほとんどは，この2つを物質乱用としてひとまとめのカテゴリーにしている。犯罪者は，アルコールも違法薬物も両方乱用して

▼表8.1　アルコール・薬物問題と処遇レベル質問紙

アルコール・薬物問題
現在のアルコール問題
現在の薬物問題
法律違反
夫婦間・家族の問題
学校・仕事での問題

（Andrews, Bonta, & Wormith, 2004. Reproduced with permission of Multi-Health Systems, Inc., P.O. Box 950. North Tonawanda, NY 14120-0950［800/456-3003］）

▼表8.2 アルコール乱用：罹患率（薬物乱用との併存，およびアルコールのみ）（%）

サンプル（n）	国	薬物乱用併存	アルコールのみ
男性			
刑務所（956）	カナダ	47.2	42.3（634）
法律違反		98.4	
夫婦・家族		48.8	
学校・仕事		45.7	
刑務所（16,635）	アメリカ	29.2	13.3（9,344）
法律違反		90.4	
夫婦・家族		74.3	
学校・仕事		61.6	
コミュニティ（664）	イギリス	30.9	27.6（504）
法律違反		89.2	
夫婦・家族		70.4	
学校・仕事		39.9	
コミュニティ（46,417）	アメリカ	35.5	19.9（9,344）
法律違反		88.3	
夫婦・家族		73.5	
学校・仕事		60.6	
コミュニティ（464）	カナダ	15.3	13.3（428）
法律違反		78.9	
夫婦・家族		46.5	
学校・仕事		42.3	
女性			
刑務所（647）	カナダ	41.0	38.8（312）
法律違反		92.8	
夫婦・家族		71.3	
学校・仕事		47.5	
刑務所（1,657）	アメリカ	31.1	11.1（614）
法律違反		65.7	
夫婦・家族		61.0	
学校・仕事		52.3	
コミュニティ（2,193）	カナダ	24.0	21.1（1,783）
法律違反		88.0	
家族・夫婦		63.1	
学校・仕事		29.8	
コミュニティ（139）	イギリス	23.0	19.1（89）
法律違反		71.9	
夫婦・家族		68.8	
学校・仕事		34.4	
コミュニティ（10,970）	アメリカ	29.1	16.3（4,471）
法律違反		87.7	
夫婦・家族		80.3	
学校・仕事		65.0	

いることがしばしばであるが，いつもそうだとは限らない。アルコールを乱用するが違法薬物は避けるという犯罪者もいれば，その逆もある。表8.2をみると，アルコール乱用のみよりも，両方の乱用のほうが多いことがわかる。処遇レベル質問紙ではさらに，違法薬物やアルコール乱用が，どのように法律，家族・夫婦，学校・仕事といった領域の問題を引き起こしているのかをみることもできる。例えば，男女双方において，物質乱用と法律的な問題は，断然最もよくみられる問題であることがわかる。

アルコール乱用と犯罪

　犯罪者サンプルにおいてアルコール乱用問題は，非常に高い割合で生じており，一般人口よりずっと高いことは間違いない。犯罪者はまた，犯行の際に高い割合で飲酒していたことを報告している（Felson, Burchfield, & Teasdale, 2007; Felson & Staff, 2010）。これは，特に殺人の場合に当てはまる。9か国での23の研究に関する最近のレビューでは，Kuhnsら（Kuhns, Exum, Clodfelter, & Bottia, 2014）は，殺人犯の37%が犯行の際に酩酊していたことを見出している。Lipseyら（1997）のメタアナリシスには，アルコール乱用と暴力の相関関係についての研究が含まれている。彼らのいう「急性的犯罪」（1回の飲酒が犯罪と関連している場合）のカテゴリーの平均効果量（r）は .10（$k=29$）で，慢性的アルコール乱用の効果量は .15であった。しかし，これはアルコールが犯罪の**原因となっている**ことを意味するのではない。

　Lipseyら（1997）は，彼らの相関研究のメタアナリシスに加えて，アルコール使用が暴力の原因としての役割を果たしている可能性を調べる**実験**研究のレビューを行なった。実験では，アルコールを参加者に飲んでもらい，他の参加者に電気ショックを与えるという攻撃行動を，アルコールなし条件の参加者と比較した。これらの研究において，独立変数（アルコール）は実験者によって操作されたため，アルコールが攻撃行動に与える影響を評価することができた。

　実験室環境でのアルコール条件とアルコールなし条件を比較すると，全般的な平均効果量（r）は，.54（$k=42$）と大きなものだった。この結果は，**実験室**

場面でアルコール摂取と攻撃性を調べた49の実験研究についての従前のメタアナリシスとまったく同様であった（Ito, Miller, & Pollock, 1996）。しかし，いずれの量的レビューも，実験手続きと参加者の個人的な特質によって，その知見に重大なばらつきがあることを見出している。McMurrant（2012）のレビューでは，数多くの個人レベルの要因が，アルコールと暴力の関連を媒介すると考えられ，これらを治療の標的として用いることができると示唆している。彼女が挙げた例としては，挑発されたと受け止めたことや，暴力には個人的な利点があるという当人の評価などがある。Lipsey et al.（1997; 278）は，「アルコール摂取が暴力の原因として影響を及ぼす可能性は除外できないが（中略），アルコールが暴力に及ぼす広汎的で信頼に足る「主たる効果」がないことは明白であるといえる」と結論している。

アルコール乱用の治療

　アルコール乱用の治療には，さまざまな介入法がある。ここではそのすべてをレビューせず，広く用いられている少数のものだけを選択した。それは，薬物療法と匿名断酒会（アルコホーリクス・アノニマス）である。認知行動的技法については，薬物乱用の治療について論じる際にさらに言及する。

　薬物療法には，2種類の薬物が用いられる。最も広く研究されているのは，ジスルフィラム（アンタビューズ）（訳注：わが国ではノックビンという商品名で用いられている抗酒剤である）であり，60年以上にわたって用いられている（Fuller & Gordis, 2004）。その作用機序は，アンタビューズがアルコール（エタノール）と相互作用するとき，激しい生理学的な反応を引き起こすというものである。その際，胃の具合が悪くなり，嘔吐や頭痛がし，大きな不安感を抱く。このようなアルコールへの嫌悪的条件づけによって，さらなる飲酒が回避されると考えられている。本人が服薬を遵守する限りは，アンタビューズには効果があるようだ。しかし，大多数の患者は遵守しない（Buonopane & Petrakis, 2005; Garbutt, 2009）。そのため，裁判所の治療命令や（Mustard, May, & Phillips, 2006），遵守への行動的強化（Azrin, Sisson, Meyers, & Godley, 1982）によって，

服薬コンプライアンスを確実にしようという試みがなされているが，これらの努力はほどほどの成功しか収めていない。

　過去15年の間に新たな種類の薬物が用いられるようになってきたが，それらはアルコールによる快感を遮断するように作用する。ナルトレキソンやアカンプロサートのような薬物は，「渇望」を抑制する。このような薬物には，アンタビューズのような倫理的問題（すなわち，意図的に害を生じさせるという問題）がほとんどないことや，服薬遵守率が高いことを考えると，薬物療法の選択肢として，すぐにアンタビューズに取って代わると思われる。治療効果（通常，飲酒頻度や断酒によって測定される）に関しては，これらの薬物もまた小さな効果しか上げていない。2種類の薬物を比較した64の研究のメタアナリシスでは，断酒に対する平均効果量は，アカンプロサートが$r \sim .18$，ナルトレキソンが$r \sim .06$だった（Maisel, Blodgett, Wilbourne, Humphreys, & Finney, 2013）。アカンプロサートがナルトレキソンに優る利点を治療後のアウトカムにおいて維持していることを示した研究は，14しかなかった。

　アルコホーリクス・アノニマス（Alcoholics Anonymous: AA）は，断酒を目指す人のためのソーシャルサポート・グループである。1935年に設立され，40か国以上の国々で運営される国際的組織にまで成長した。参加者は，自力では飲酒をやめることができないことを認め，「ハイヤー・パワー」（個々に好きなように，スポンサー，グループ，神などと解釈してよい）に身を委ねなければならない。スポンサーとは，少なくとも1年以上断酒している人で，新入者を24時間サポートし，先生役となる者のことをいう。ミーティングは定期的に開催され，そこでは回復への12ステップ（12ステップ目は，「スピリチュアルな目覚め」である）を進むことができるように，他のメンバーをサポートする。

　厳密な対照群（例えば，ランダム割りつけ）を用いたAAの評価は，多くの理由から実施困難である。例えば，メンバーの記録は残されていないうえ，すべてのAAのミーティングが同じ方式で実施されているわけではない（Krentzman, 2007）。AAの評価に関する現存する文献レビューで報告されている効果は，まちまちである。Toniga, Toscova & Miller（1996）による74のAA研究のメタアナリシスは，AAとのさまざまな形態の**関わり**（すなわち，ミー

ティングへの参加）の平均効果量は $r = .08$ であったが，**主体的関与**（例えば，ミーティングのリーダーとなる，ミーティングで意見交換をするなど）という条件下では，$r = .22$ まで上昇することを見出した。たんにミーティングで座っているだけではなく，積極的に関与していることが，良い結果を生んでいることは，頻繁に観察されている（Magura, McKean, Kosten, & Tonigan, 2013; Witbrodt et al., 2014）。しかし，8つのランダム化試験のレビューでは，アルコール使用に関しても，アルコール乱用に関連する問題に関しても，抑制効果を見出すことはできなかった（Ferri, Amato, & Davoli, 2009）。

　AAには実際に何らかの効果があるが，いずれにしても説得力のあるエビデンスがないということを認めるとすれば，AAはどのように効果をもたらしていると考えればよいのだろうか。AAがアルコール使用を低減する潜在的な効果には，さまざまな妥当な理由が考えられる（アウトカムは，犯罪の再犯ではないことに注意されたい）。第1に，AAには認知行動療法の治療モデルにみられるような，治療的要素がある（Knack, 2009; Moos, 2008）。例えば，スポンサーは，AAモデルのなかで訓練を受けたセラピストのような機能を果たし，新入者にアプローチについての指示をする。スポンサーはまた，断酒のモデルとなり，新しいメンバーとのやりとりのなかで，断酒を強化する。もう1つの重要な要因は，グループの力である。グループは，メンバーに断酒継続のモチベーションを与えるだけでなく，飲酒に代わって報酬をもたらす行動を提供したり，飲酒欲求に対処するスキルを伝授したりする。24の研究のレビューは，AAは回復途上にあるアルコール依存症者の社会的ネットワークを変えるところに最大のインパクトがあると結論している（Groh, Jason & Keys, 2008）。

　自助グループは，個人に対してさまざまなサポートを提供する。例えば，それは一般的な自己への価値感をサポートするのかもしれないし，断酒に特化したサポートであったりする。AAに頼らずに，高度に構造化され，行動主義の原則に従って運営されるグループもある。おそらく最も古く，最もよく知られた例は，Hunt & Azrin（1973）のコミュニティ強化アプローチであろう（.1を参照）。とはいえ，ほとんどの治療プログラムは，AAをアルコール依存症者の社会的ネットワークを変えるための手段として活用している（Martin, Player & Liriano, 2003; McCrady, Epstein, & Kahler, 2004; Witbrodt, Bond, Kaskutas, &

Weisner, 2007）。例えば，ネットワーク・サポート・プロジェクトは，クライエントが，飲み友達との社会的な交流をあきらめている間，AAミーティングに参加するよう活発に奨励している（Litt, Kadden, KabelaCormier, & Petry, 2007）。2年間のフォローアップ研究では，ネットワーク・サポート条件に振り分けられたアルコール依存症者は，別の治療条件に振り分けられた者より，断酒日数が20%長かった（Litt et al., 2009）。

アルコール乱用へのコミュニティ強化アプローチ

1973年，Hunt & Azrin は，アルコール依存症の治療にオペラント条件づけアプローチを導入した。州立病院から重症のアルコール乱用問題を抱えた男性8人を選び，コミュニティ強化（Community-Reinforcement: CR）プログラムに参加してもらった。コミュニティ強化プログラムでは，家族，友人，コミュニティのグループの支援を求め，断酒行動に対して報酬を提供するようにするものである。ゴールは，アルコールのない生活を，もっと楽しく充実したものにすることであった。断酒行動に対してより多くの社会的強化が提供されるが，飲酒に戻ることは，こうした強化の喪失または停止という結果を招く。一般的なアプローチとしては，飲酒行動に関連した報酬とコストの密度を再調整する。

家族，通常はアルコール依存症者の配偶者を巻き込むことが，プログラムの主要な要素である（Meyers, Roozen, & Smith, 2011; Meyers, Villanueva, & Smith, 2005）。最初は院内で開始し，夫と妻は，お互いに満足のいく活動のリストを合意のうえで作成する。通常は，問題のある領域（例えば，金銭面，育児）に対処し，やりがいのある活動を一緒に行なう時間を増やすことによって，お互いが満足できるように合意する。家族のいないアルコール依存症者に対しては，親戚，雇用主，聖職者などによる「代理家族」をつくる。代理家族は，アルコール依存者を定期的に家に招いて，雑談や食事をする。患者が無職のときは，満足できる仕事を探し，就職面接に備えて支援するために，「就職斡旋クラブ」に参加させる。アルコール依存者のほとんどは，他のアルコール依存者と一緒に

過ごすことが多いので，彼らの社会的ネットワークを変えることが重要である。Hunt & Azrin が行なった方法の1つは，かつて飲み屋であった所を，映画をみせたり，ダンスをしたり，ビンゴゲームを開催したりする社交クラブに変えることで，このような変化をもたらすことであった。細心の注意をもって系統的に，アルコール依存症者の社会的環境を変化させ，飲酒行動から非飲酒行動へと報酬を再分配できるようにしたのである。

　8人の参加者に，年齢，就労歴，婚姻状況，教育をマッチさせて，別の8人のアルコール依存症者を選んだ。この対照群は，アルコールの害について25時間の講義をする標準的な病院プログラムを受けた。6か月のフォローアップでは，コミュニティ強化グループが劇的な改善をみせた。飲酒に費やす時間が大幅に減少した（コミュニティ強化群14%，対照群79%）だけでなく，失業者も減少した（5%対62%）。家族との生活については，プログラム前，コミュニティ強化群の既婚男性5人は，全員が離婚を真剣に考えていた。フォローアップ時では，対照群の既婚男性4人のうち2人が離婚したのに対し，この5人は結婚生活を継続していた。

　1973年の実証研究以来，アルコール乱用治療に対するコミュニティ強化アプローチは進化している。病院での実施だけでなく，コミュニティでの実施をも含むようになり，ナルトレキソンのような薬と組み合わせたり（Roozen, Kerkhof, & van den Brink, 2003），青年用に改訂したりされている（Meyers, Roozen, & Smith, 2011）。またコミュニティ強化アプローチは，アルコール依存症の治療だけではなく，薬物乱用治療にも用いられるようになっている（Secades-Villa et al., 2011）。Roozen ら（Roozen et al., 2004）は，アルコール乱用と他の薬物乱用の治療における，コミュニティ強化アプローチに関する11の研究をレビューした。その結果，コミュニティ強化アプローチは，飲酒日数の低下に関して強いエビデンスを見出したが，断酒についてエビデンスはまちまちであった。また薬物乱用については，2つの研究が，コミュニティ強化アプローチがコカインの断薬に関連していたことを見出している。

第 2 部　犯罪行動の主要なリスク・ニーズ要因

3 節　薬物乱用

罹患率

　2012 年には，12 歳を超えるアメリカ人の 9.2%（およそ 2,400 万人）が，前年に違法薬物を使用したと報告している（National Institute of Drug Abuse, 2014）。さらに，この割合は 2002 年以降上昇し続けており，これは大部分が大麻使用によるものである。アメリカ人の約 2.0% から 7.9% は，薬物乱用または薬物依存障害と診断されると見積もられており，国際的にみると中央値はおよそ 7% である（Merikangas & McClair, 2012）。犯罪者集団の調査では，物質乱用率はずっと高く，20% から 79% の範囲であることが見出されている（Fazel Bains, & Doll, 2006; Glaze & Palla, 2005; Karberg & James, 2005）。2013 年に逮捕された者 13,000 人以上をサンプルとした場合（Office of National Drug Control Policy, 2014），最もよく使用されている薬物は大麻（82.9%）であった。他には，覚せい剤（62.9%），オピエイト（50.0%），コカイン（38.2%）であった。われわれの有しているデータでは，アルコール乱用との併存を除いた場合，違法薬物乱用の罹患率は，5.6% から 56.6% の範囲である（表 8.3）。

　アルコール乱用とは異なり，違法薬物乱用は，その違法性ゆえに犯罪とより密接な関連がある。違法薬物へのアディクションによって，他の犯罪者との直接的な接触がもたらされ，多くの場合，薬物を入手するために他の不法行為に関わるようにプレッシャーをかけられることもある。物質乱用が，アルコール乱用と変わらない点は，成人（Cartier, Farabee, & Prendergast, 2006; Gendreau et al., 1996）および若者（Cookson, 1992; Loeber et al., 2005）の犯罪に対して，通常見出されるリスク要因であるということである。2 つのメタアナリシスが，薬物使用と再犯との有意な関連を見出している。

　Dowen & Brown（2002）は，再犯に至る前の段階で物質乱用が測定されている 45 の研究をレビューし，116 の効果量の推定値を求めた。33 の推定値は，違法薬物のみに関するものであった（その他のものは，アルコール乱用を含ん

▼表8.3 違法薬物乱用の罹患率（%），アルコール乱用の併存している場合と薬物のみの場合（処遇レベル質問紙によるデータ）

サンプル（n）	国	アルコール乱用併存	薬物のみ
男性			
刑務所（956）	カナダ	33.7	27.4（504）
法律違反		64.4	
夫婦・家族		29.1	
学校・仕事		28.0	
刑務所（16,643）	アメリカ	43.8	31.1（11,773）
法律違反		49.6	
夫婦・家族		38.7	
学校・仕事		32.8	
コミュニティ（663）	イギリス	24.0	20.5（459）
法律違反		51.7	
夫婦・家族		19.9	
学校・仕事		39.9	
コミュニティ（29,779）	アメリカ	52.9	41.6（18,147）
法律違反		60.6	
夫婦・家族		48.2	
学校・仕事		40.4	
コミュニティ（464）	カナダ	7.8	5.6（393）
法律違反		61.1	
夫婦・家族		33.3	
学校・仕事		33.3	
女性			
刑務所（647）	カナダ	51.8	50.0（382）
法律違反		89.9	
夫婦・家族		72.8	
学校・仕事		56.1	
刑務所（216）	カナダ	52.3	56.6（143）
法律違反		65.3	
夫婦・家族		55.6	
学校・仕事		12.5	
刑務所（1,658）	アメリカ	62.9	52.3（1,659）
法律違反		65.7	
夫婦・家族		61.0	
学校・仕事		52.3	
コミュニティ（2,182）	カナダ	18.3	15.3（1,659）
法律違反		78.7	
夫婦・家族		57.1	
学校・仕事		39.3	
コミュニティ（263）	カナダ	19.0	17.8（208）
法律違反		30.4	
夫婦・家族		25.9	
学校・仕事		27.2	

（次頁へ続く）

(表8.3 続き)

コミュニティ（139）	イギリス	36.6	32.7（107）
法律違反		43.2	
夫婦・家族		36.0	
学校・仕事		20.1	
コミュニティ（9,317）	アメリカ	58.5	51.8（6,628）
法律違反		60.9	
夫婦・家族		52.5	
学校・仕事		41.2	

でいた）。薬物乱用と再犯の間の平均効果量は，.13 であった。Bennett らは（Bennett, Holloway, & Farrington, 2008），薬物使用と犯罪の関連を調べた30の研究を分析した。平均して，犯罪行動のオッズは，薬物乱用者のほうが，非乱用者よりも2.79倍大きかった。クラック・コカイン使用者は，犯罪のオッズが6倍大きかった。表8.4には，われわれのデータにおける，アルコール乱用の併存がない違法薬物乱用の予測的妥当性を示した。最も目立った結果は，5つの女性サンプルすべてにおいて，薬物乱用は再犯とより大きく関連しているということであった。

今日われわれが知るところでは，「薬物戦争」は，望んだような効果を上げなかった。それは犯罪を抑制する代わりに，警察官の過剰労働，裁判所の混雑，

▼表8.4　薬物乱用だけの場合の1年後の再犯予測的妥当性（r）

サンプル（n）	国	r
男性		
刑務所（504）	カナダ	.08
コミュニティ（393）	カナダ	.03
コミュニティ（459）	イギリス	.17
女性		
刑務所（382）	カナダ	.19
刑務所（208）	カナダ	.26
コミュニティ（1,659）	カナダ	.20
コミュニティ（143）	カナダ	.42
コミュニティ（107）	イギリス	.24

刑務所の過剰収容を招いただけであった（Saadatmand, Toma, & Choquette, 2012）。刑罰や統制への強調を強めることは，アメリカ都心部の貧困層やマイノリティを統制するための隠れ蓑にすぎなかったのではないかと訝る向きもある（Bobo & Thompson, 2006; Daly & Tonry, 1997）。性別ごとのインパクトを分析すると，薬物犯罪でアメリカの州立刑務所に収容された女性は，1986年から1996年で888%増加したのに対し，男性は522%の増加だった（Lenox, 2011）。

「薬物戦争」の全般的な失敗は，薬物乱用犯罪者を処罰するのではなく，治療するという新たな対策をもたらした。20世紀末までには，全米の矯正施設のおよそ40%が，物質乱用治療プログラムを提供するようになった（Welsh & Zajac, 2004）。しかし，需要が供給をはるかに凌いでいる。薬物問題を有する州立刑務所の成人受刑者のうち約90%は，治療を受けていないと見積もられており（Welsh & Zajac, 2004），テキサスの場合は，物質乱用問題を有する若者の70〜90%は，治療を受けないままである（Kelly, Macy, & Mears, 2005）。カリフォルニアでは，16万人を超える刑務所人口のうち，薬物治療を受けているのはわずか8,000人である（Burdon, Messina, & Prendergast, 2004）。

薬物乱用の治療

薬物治療プログラムの評価研究は，望ましい効果を報告しており（Bennett, Holloway, & Farrington, 2008; Koehler, Humphreys, Akoensi, Sáncehez de Ribera, & Lösel, 2014; McMurran, 2007; Mitchell, Wilson, & MacKenzie, 2012），高いレベルの費用対効果も報告されている（Longshore et al., 2006）。ある重要なメタアナリシスは，薬物依存治療の原則のいくつかを検証することによって，治療効果を検討した（Pearson, Prendergast et al., 2012）。1998年にはアメリカ国立薬物依存研究所が，物質乱用治療の専門家を集め，エビデンスに基づく一連の治療原則を策定した。そこでは，13の原則が策定された。Pearsonらのメタアナリシスは，この13の原則のうち7つの妥当性を検証した。1965年から2006年に発表された研究がレビューされた（232の研究から243の効果量の推定値が求

▼表8.5　アメリカ国立薬物依存研究所が策定した，効果的な薬物治療原則7つのメタアナリシスによる検証（Pearson et al., 2012 より作成）

原則	r
クライエントのニーズに合わせる	.12
多様なニーズをターゲットにする	.16
カウンセリングを実施する	
随伴性マネジメント	.10
認知行動的治療	.05
治療共同体	.18
治療プランを再アセスメントする	.12
HIV リスクの軽減を目指したカウンセリングをする	.09
十分な長さの治療を確保する	効果なし
薬物検査の実施	効果なし

められた）。検証された7原則のうち，5つが実証的に支持されることがわかった（表8.5）。1つの驚きは，治療の長さには効果がなかったことであるが，報告書の著者は，研究で用いられた測度（治療を完了したクライエントのパーセンテージ，Pearson et al., 2012; 10)が不適切であったためと考えている。また，ハイリスクのクライエントに対してのみ，長い治療が重要であるという可能性も考えられる（Walters, 2016b）。

　期待のもてる知見の1つは，治療共同体の効果についてである。治療共同体とは，通常，刑務所のなかで運営されるもので，受刑者が特別の区画のなかで，断薬と向社会的なライフスタイル獲得のために助け合いながら共同生活をするというものである。治療共同体に関する多くの研究は，方法論の脆弱性ゆえに批判を受けてきたが（例えば，参加者の選択バイアス，プログラム内容・実行のあいまいさなど），その介入には実際に再犯抑制効果があるようだ（Aos, Miller, & Drake, 2006; Holloway, Bennett, & Farrington, 2008; Malivert, Fatséas, Denic, Langlois, & Auriacombe, 2012; Mitchell, Wilson, & MacKenzie, 2007; Mitchell et al., 2012; Pearson et al., 2012）。なぜ，効果があるのかはまだわかっていないが，研究者のなかには，治療共同体のもつアフターケアの側面に効果があると指摘する者がいる（Burdon et al., 2004）。その一方で，所属やウェルビー

イングの感覚が重要だとの指摘もある（Pearce & Pickard, 2012）。また，先述のアルコホーリクス・アノニマスやコミュニティ強化アプローチと類似した支持的な社会的ネットワークという側面も存在している。

リラプス・プリベンション

1980年にMarlatt & Gordonは，行動療法は行動変容を起こすうえで有効であるが，その変化の維持こそが問題であると述べた。彼らは，さまざまなアディクション（アルコール，タバコ，ヘロイン）の治療結果をレビューして，治療終了後何か月もしないうちに，ほとんどの参加者がリラプス（薬物再使用）してしまうことを見出した。Marlatt & Gordonは，それはリラプスの回避が「より大規模な優れた治療パッケージ」のなかに含まれていないためであり，リラプスの引き金を引く状況を認識できるようにクライエントを直接訓練し，それらの状況に対処できる方法を教えるべきであると説いた。

リラプス・プリベンション（Relapse prevention: RP）は，ハイリスク状況におけるセルフマネジメント・スキルを涵養するための認知行動療法的介入である。それは，多様なアディクションに適用されるようになってきており（Hsu & Marlatt, 2011），一般犯罪や（Dowden & Andrews, 2007），性犯罪の治療にまで用いられている（Yates & Ward, 2007）。第1ステップは，物質使用を引き起こす状況を認識することである。これは，クライエントが物質を使用した状況を詳細に振り返ったり，客観的アセスメントツールの助けを借りたりして行なわれる。第2のステップは，クライエントに，ハイリスク状況への別の反応を教えることである（例えば，飲酒を断る，土曜日の夜には別の活動を計画するなど）。

リラプス・プリベンション・モデルは，直観的に訴えるところが大きいが，その効果に対する研究の結果も有望である。ほとんどのリラプス・プリベンションの評価研究は，物質使用と心理社会的適応をアウトカム変数として用いている。26の研究（$n = 9,504$）のメタアナリシスは，リラプス・プリベンションは喫煙，薬物，アルコール問題に対して一般的に効果があることを見出した（$r = .14$;

Irvin, Bowers, Dunn, & Wang, 1999)。薬物乱用者に対するリラプス・プリベンションを含む4種類の介入についてのより最近のメタアナリシスでは，リラプス・プリベンションには同等の効果が見出されている（$r = .14$, $k = 5$; Dutra, Stathopoulou et al., 2008）。さらに，リラプス・プリベンションによる介入は，他の介入（すなわち，認知行動療法，随伴性マネジメント）と比較した場合も，同様に効果的であった。

要約

　アディクション治療の分野におけるわれわれの議論は，効果的な治療要素は犯罪者治療一般で見出されたものと類似していることを示している。セラピストとクライエントのポジティブな関係を促進しながら，構造化された形式を遵守するプログラムは，リラプス率の低下と関連している。さらに，ハイリスクな物質乱用犯罪者には，認知行動的な介入と強力な治療により効果があることもわかっている。コミュニティサポートやリラプス・プリベンションのテクニックに特化した訓練もまた，治療の長期的な成功を高める。

　理論的な見地からは，物質乱用と関連する報酬を相殺することによって，多くの強化の随伴性を変化させることにつながる。薬物乱用をしない方向に報酬のバランスをシフトさせることは，本人の態度や社会的な交友関係の変容が必要であり，自信と自己統制感が要求される。家族，雇主，友人は，断薬を強化し，物質乱用への不承認を表明する方法を系統立てて学ぶことができる。当人は，ハイリスク状況に対処する認知的スキルを学び，自分の物質乱用を合理化し始めたり，物質乱用を支持するように考え始めたりしたとき，自分自身を押しとどめる方法を学ぶことができる。とはいえ，行動の変化は簡単には現れない。物質乱用している犯罪者の多くにとって，物質使用行動は頻繁で（しばしば毎日），長い歴史を有している。その自動的で，習慣的な物質乱用という性格を考えると，困難な問題が立ちはだかる。しかし，エビデンスが示すように，これらの問題を乗り越えるための介入は存在する。

4節　治療抵抗への対処

　犯罪者に対する治療プログラムでは，犯罪者を治療に引き込み，そこにとどまらせておくことの難しさに直面する。高い治療脱落率は，物質乱用犯罪者の場合のみに多い問題ではなく，他のタイプの治療においても同様である（例えば，アンガー・マネジメント）。治療からの脱落は，治療が最も必要である犯罪者の場合に特に多い（Olver, Stockdale, & Wormith, 2011）。さらに，治療が最も必要な者は，複数の問題を抱えている。例えば，13の主要な研究を含んだ刑事司法薬物乱用治療研究を見てみよう。治療を受けた犯罪者の特徴は，複数の薬物への依存，精神衛生上の問題，長い犯罪歴，高い HIV 感染率を有していた（Fletcher, Lehman, Wexler, & Melnick, 2007）。彼らのうち，自発的に治療を求めたのは 63% にすぎなかった。

　薬物を乱用している犯罪者を治療に向かわせ，そこに引き留めておくために，2つの一般的なアプローチが用いられている。1つは，クライエントを治療に参加させるための心理学的テクニックであり，もう1つは，ネガティブな結果に対する脅威を大きく強調するものである。

動機づけ面接

　動機づけ面接（Motivational Interviewing: MI）は，自分がアディクションであることを否認し，治療を受けようとしないクライエントに対処する必要から生まれた。Prochaska & DiClemente（1982）は，クライエントが変化へのレディネスにおいて，異なった段階にいることを説明するモデルを組み立てた。その段階には，自分に問題があるかもしれないと考え始める段階から，その問題のために実際に何かをする段階まである。前熟慮期と熟慮期の段階では，クライエントは，変化が必要な問題を有しているとは考えていない。行動は合理化されるか否認される。あるいは，「それについて考えつつある」。Miller & Rollnick（2002）は，クライエントを「それについて考えつつある」という段

階から,「そのために何かしようとしている」段階へと動かすためのテクニックとして,動機づけ面接を開発した。要は,セラピストは,クライエントと脅威を抱かせないような関係を結び,ラポールを築き上げ,クライエントが自分には直面しなければならない問題があるということを受け入れられるように,優しくかつ少しずつ背中を押すのである。

動機づけ面接は,より本格的かつ構造的な治療やリラプス・プリベンション訓練への準備的な第1歩となる(Marlatt & Witkiewitz, 2010)。この技法は,治療にやって来たクライエントは,皆等しくモチベーションを有しているわけではないという前提のもとにある。多くの犯罪者は,外在的動機(例えば,裁判所の命令,仮釈放を申請するため)によって治療を受けるのだということを考えると,動機づけ面接は,内側からのモチベーションを高めるための方法を提供してくれるものだといえる。

動機づけ面接の研究には,少なくとも4つのメタアナリシスによるレビューがあり,すべて犯罪者でない集団を対象としている。これらのレビューのアウトカムは,医療的アドバイスの遵守(Rubak, Sandbaek, Lauritzen, & Christensen, 2005),ダイエットと運動(Burke, Arkowitz, & Menchola, 2003),ギャンブル(Hettema, Steele, & Miller, 2005),そして当然ながらアディクション(Hettema, Steele, & Miller, 2005; Vasilaki, Hosier, & Cox, 2006)である。すべてのレビューが,異なったアウトカムに対して(禁煙を除く),動機づけ面接には望ましい効果があることを見出している。アルコールと他の薬物乱用に関しては,平均効果量は $r = .13$ から $r = .25$ までの間にあり,これはフォローアップ期間の長さによって異なっていた。

多くの犯罪者は反抗的な性質を有していることを考えると,一般的な研究から望ましい知見が得られたことによって,動機づけ面接を犯罪者集団にも適用することにも大きな関心がもてる。多くの矯正機関が職員に動機づけ面接の研修を受けさせており(Bogue, Pampel, & Pasini-Hill, 2013),アメリカでは国立矯正研究所が,コミュニティでの指導を受けている犯罪者のモチベーションを高めるために有益な手段として動機づけ面接を奨励している(Walters, Clark, Gingerich, & Meltzer, 2007)。ここで1つ提起したい点は,単独の介入技法として,動機づけ面接に再犯防止効果があるわけではないということである。動機づけ

面接は基本的に，治療参加や治療継続へのモチベーションを高めるものである。

　犯罪者集団を対象とした研究はまだ初期段階であるが，動機づけ面接の技法は，治療の進捗に関するセラピストの評価（Farbring & Johnson, 2008; Ginsburg, Mann, Rotgers, & Weekes, 2002），問題に対処するためのより望ましい態度（Harper & Hardy, 2000），治療継続（McMurran, 2009）に関連があることが，研究によって見出されている。物質乱用の問題を有している犯罪者を対象とした実験研究が1つあるが，結果は望ましいものではなかった。Forsberg, Ernst, Sundqvist, & Farbring（2011）は，296人のスウェーデン人の薬物乱用受刑者を，動機づけ面接の1日研修を受けただけのスタッフによって実施された動機づけ面接，より経験豊富なスタッフによって実施された動機づけ面接，そして対照群にランダムに割りつけた。刑務所から釈放された後のフォローアップ（10か月）では，すべての群で違法薬物とアルコール摂取が減少したが，群間の有意差はなかった。このように結果がまちまちであることは，動機づけ面接の研究ではめずらしいことではなく，何が動機づけ面接の効果を媒介したり，抑制したりするのかについてのさらなる研究が必要である（Miller & Rose, 2009）。

強制的治療とドラッグコート

　当然のことではあるが，刑事司法システムは，強制力がかなり日常的に用いられる領域である。例えば，裁判所は日常的に保護観察命令に治療条件を付帯するし，更生保護委員会は，受刑者が刑務所で治療プログラムから利益を受けることを「期待」する。Klag, O'Callaghan, & Creed（2005）は，強制力というものは複雑な概念であり，外圧による治療と自発的な治療というように，単純に二分できるものではないと述べた。刑事司法システムのなかでは，強制力はきわめて連続的な変数であり，義務的なものから，治療に参加するようにそれとなく後押しするようなものまで幅広い。強制力というものの多面的な性格を理解すれば，倫理的問題や動機づけの問題をより深く理解することができるようになるだろう（例えば，治療に参加するようにとの圧力が，裁判所ではなく家族からのものであれば，より倫理的に受け入れ可能だろうか。クライエント

は治療に参加するモチベーションが高まるのだろうか)。

　強制力の研究には数多くの記述的レビューがあり，それらは，強制的治療を受けた犯罪者は，自発的に治療を受けた犯罪者と同様の良い結果を残していると結論している（Prendergast, Farabee, Cartier, & Henkin, 2006; Stevens et al., 2005)。しかし，最近のメタアナリシスは，強制的治療，あるいは圧力による治療は，自発的治療ほど効果的ではないことを指摘している。Parharら（Parhar et al., 2008)は，強制的治療と非強制的治療プログラムについての129の研究をレビューした。Parharらは，治療を「強制的」（治療に参加しなければ法的不利益があるもの)，「圧力的」（治療不参加に対して小さな不利益があるもの)，「完全に自発的」の3件法でコード化した。すべての治療を通して，治療には再犯に対して小さな効果があった（$r = .06, CI = .05 \sim .08, k = 129$)。しかし，結果を3件法に従って分類すると，重要な差異が現れた。自発的治療（$r = .17$)は，強制的治療（$r = .08$)と比較するとより大きな効果を示したが，圧力的治療（$r = .16$)と比較した場合は，差がみられなかった。ではここで，物質乱用をしている犯罪者のために幅広く活用されている強制的治療の実例として，ドラッグコート（薬物裁判所）に注意を向けてみたい。

　ドラッグコートは，1989年にアメリカで開始された。2012年までに，全米50州に2,700を超えるドラッグコートが設立された（National Association of Drug Court Professionals, 2013)。ドラッグコートの人気は国境を越えて広がっており，今やカナダ，オーストラリア，ニュージーランド，ノルウェー，イギリスで実施されている（Latessa, Listwan, & Koetzle, 2014; Weekes, Mugford, Bourgon, & Price, 2007)。ドラッグコートの手続きは，判決前に薬物事犯者をコミュニティにおける治療と定期的な薬物検査に差し向け，裁判所は治療の成果をモニターする。成功裡に治療を終結することができれば，通常は拘禁刑の回避という報酬が得られる。

　さて，ドラッグコートは，物質乱用と再犯の抑制に役立っているのだろうか。この問いに答えることは難しい。というのも，評価研究の多くは，方法論的な問題や，わずか平均48％という乏しい治療終結率，そして成人裁判所ではわずか3つ，少年裁判所では1つのランダム化試験しかないという事実（Brown, 2010; Mitchell, Wilson, Eggers, & MacKenzie, 2012)によって損なわれているか

らだ。Gutierrez & Bourgon（2012）は，ドラッグコート研究 96 のうち 78 を，その方法論に「ほとんど信頼性を欠く」と評価した。このような方法論的脆弱性にもかかわらず，メタアナリシスによるレビューは，ドラッグコートは再犯率の低下と関連していることを見出している（Aos et al., 2006; Brown, 2010; Gutierrez & Bourgon, 2012; Lowenkamp, Holsinger, & Latessa, 2005; Mitchell et al., 2012）。メタアナリシスすべてをみれば，再犯率の低下は平均で 12％ほどであった。

5節　物質乱用について最後のコメント

　アルコール乱用は，それ単独で一貫して犯罪行為と関連するのではないのに対し，薬物乱用は再犯と一層明確な関連がある。しかし，多くの犯罪者はそれら**双方を**乱用している。アルコールと他の薬物の**双方を**乱用している犯罪者を分析すれば，その関連ははっきりする。Oliver ら（2014）によるデータに戻ると，処遇レベル質問紙の「アルコール・薬物」の下位尺度のスコアは，アウトカム指標によって異なるが，中から高の予測的妥当性を示している。全再犯については $r=.20$ であり，粗暴犯の再犯については $r=.13$ である。「アルコール・薬物」の下位尺度に関しては，多くの研究で通常示されている以上のより包括的なアルコール薬物問題に関する調査がなされている。おそらくこのことが，他にみられるより大きな効果量推定値が得られていることの理由であろう。例えば，Gendreau ら（1996）は，.10 という平均効果量を見出しており，Dowden & Brown（2002）も同様であった。

　近年，Walters（2015a）は，犯罪行動が物質乱用と一緒になったとき，犯罪行動または物質乱用単独の場合よりも，犯罪行動の可能性を一層高めると示唆している。彼の「両者による最悪の結果」仮説は，14 歳から 18 歳の間に犯罪で有罪判決を受けた青年を対象とした縦断的研究の知見をもとに導き出されたものである。16 歳から 21 歳の時点で，過去 6 か月の間に犯罪行動**および**物質乱用を自己報告した者は，①犯罪行動のない者，②犯罪行動のみの者，③薬物

乱用のみの者と比べると，最も反社会的パーソナリティ・パターン（冷淡で情緒欠如，衝動的，犯罪指向的態度）をもつ可能性が高く，再犯率と薬物乱用率（2 年後のフォローアップでの自己報告）が高かった。

　Walters は，同様の研究を継続し，さらに 2 つの縦断的研究でも，同様の知見を再確認した。青年の健康に関する研究において，Walters (2015b) は，「両者による最悪の結果」と将来の再犯および薬物乱用との関係を維持するのに重要な役割を果たすのは，犯罪指向的な思考であることを見出した。また，仮説に関連するもう 1 つの重要な要因は，初犯の早さであることが，2,539 人の子どもを対象としたイギリスの研究で同定された（Walters, 2015c）。最後に，「両者による最悪の結果」仮説は，男性犯罪者にも女性犯罪者にも同様に当てはまり（Walters, 2015d; Walters & Magaletta, 2015），どちらの場合も，犯罪歴のみを考慮したとき以上に，薬物乱用は再犯のリスクを増加させることが示されていた。

　ここで留意すべき重要なことは，犯罪者における物質乱用は，他の犯因性ニーズと相互関連するということである（Wooditch, Tang, & Taxman, 2014）。違法薬物使用は，本人を他の犯罪的な者に引き会わせ，犯罪指向的な態度に曝露する。物質使用を支持する認知を有することは，物質使用行動と強く関連する（r = .31, k = 89; Rooke, Hine, & Thorsteinsson, 2008）。慢性的な物質乱用は，安定的な夫婦関係や家族関係を阻害し，仕事や学業での成功の妨害をする。さらには，経済的困窮を招くことにもなる。とはいえ，刑事司法政策は，物質乱用を犯罪の根源であると，あまりにも強調しすぎるきらいがある。犯罪者が有する数多くのニーズに対して目を配り，一層バランスの取れたアプローチに頼ることが，問題に対するよりエビデンスに基づいたアプローチを提供することになる。

6節　まとめ

1. アルコールおよび他の薬物乱用は，犯罪者集団においては，きわめて広くみられるが，それと犯罪との関連は中程度である。

アルコール・薬物使用と犯罪との関連についての研究のメタアナリシスの知見では，平均効果量（r）は，.10の範囲にある。アルコール使用が実際に犯罪の原因となるという確固としたエビデンスはないが，違法薬物使用との間にはより直接的な関連がある。
2. 薬物使用犯罪者の治療は，「薬物戦争」よりもずっと効果的である。
　刑務所への拘禁を多用して薬物事犯者を処罰することは，この種の犯罪者の再犯率を下げることにはならない。治療プログラムは，薬物乱用事犯者に対処するためのより効果的な方法であると考えられている。

推薦図書

　非常に読みやすく，一般的な書籍が2冊あり，それらは本章の内容に関連する幅広い背景を読者に提供してくれるだろう。1冊目は，Dodes & Dodes（2014）による *The Sober Truth*（素面の真実）である。この本は，アルコホーリクス・アノニマスの歴史と批判的レビューから始まるが，アディクション治療において，何が効果的かを要約して締めくくっている。Currie（1993）の *Reckoning: Drugs, the Cities, and the American Future*（推測：ドラッグ，都市，そしてアメリカの未来）は，薬物戦争によってもたらされた問題についてのすばらしい概論書である。

　物質乱用の治療に関する入門書としては，Miller & Carroll（2006）の *Rethinking Substance Abuse*（物質乱用再考）を推薦する。本書において，Miller & Carrollは，治療の科学に関して，包括的ではあるが定量的ではないレビューを提供している。そして，ドラッグコートについて，より詳細な内容を知りたい場合は，Brown（2010）によるレビューを薦める。

第 3 部

実 践
Applications

第 9 章

犯罪者アセスメントおよび治療の
リスク・ニーズ・治療反応性モデル

1 節　はじめに

　第 3 章で紹介した犯罪行動に関する一般的パーソナリティ理論および認知社会的学習理論による見地は，非常に実務的な示唆を与えてくれる。第 3 章でみたように，この理論的見地によって，今日の犯罪者アセスメントツールの多くで中核となっているセントラルエイトのリスク・ニーズ要因の同定が方向づけられた（第 10 章）。さらに，効果的な犯罪者治療プログラムにも示唆を与えてくれる（第 11 章および 12 章）。一般的パーソナリティ理論および認知社会的学習理論は，リスク・ニーズ・治療反応性（Risk-Need-Responsivity: RNR）モデルを通して，このような影響をもたらしており，それは世界中で犯罪者アセスメントと治療における主要なモデルとなっている（Cullen, 2012; Polaschek, 2012; Taxman, Pattavina, & Caudy, 2014; Ward, Melser, & Yates, 2007）。本章では，RNR モデルのすべてを紹介し，その後の章でそれを支持するエビデンスを示す。

　1980 年代後期までに，治療は犯罪者の再犯を低減するうえで有効であることが明らかになってきた。しかし，なぜある種の治療が，他のものよりも一層効果的であるのかについては明確ではなかった。犯罪者治療の文献をレビュー

第 3 部　実　践

▼表 9.1　犯罪者アセスメントと治療におけるリスク・ニーズ・治療反応性（RNR）モデル
（Andrews, Bonta, & Hoge, 1990; Andrews & Bonta, 2010a; Bonta & Andrews, 2007）

全般的原則

1. **個人に対する敬意と規範的文脈**：サービスは，個人の自律，人道的であること，倫理的であること，正義，法的であること，そして他の点では規範的であることへの尊重を含む，個人に対する敬意をもって提供される。一部の規範は，サービスが提供される機関や特定の設定によって異なる。例えば，少年犯罪者に関する機関は，教育問題や児童の保護に特別な注意を払うことが期待される。精神保健機関は，個人的な福利の問題に注意を払うだろう。女性犯罪者に関する機関は，トラウマや育児の懸念に特別注意を払うかもしれない。
2. **心理学的理論**：実証的に堅実な心理学的理論（例えば，一般的パーソナリティ理論および認知社会的学習理論）に基づいたプログラム。
3. 犯罪予防サービスの全般的な充実：犯罪被害の減少は，司法や矯正の内外の機関を含む，サービス機関の正当な目的と見なすことができる。

中核的な RNR 原則および主な臨床的問題

4. **ヒューマンサービスの導入**：司法の文脈のなかでヒューマンサービスを導入する。犯罪を減らすために処罰に頼ってはならない。デタランス，修復，またはその他の司法原則に頼ってはならない。
5. **リスク**：サービスの強さを，ケースのリスクレベルとマッチさせる。中〜高リスクのケースにサービスを提供する。一般的に，低リスクケースと高リスクケースの相互作用を回避する。
6. **ニーズ**：もっぱら犯因性ニーズをターゲットとする。犯因性ニーズを，ストレンクスとなる方向に動かす。
7. **一般的反応性**：行動的，社会学習的，認知行動的働きかけとスキル構築方略を採用する。
8. **個別的反応性**：サービスを提供する設定や，ストレンクス，モチベーション，好み，パーソナリティ，年齢，性別，民族性，文化的同一性といった個々の犯罪者の特性を考慮して，サービスのスタイルとモードを変える。個別的反応性に関するエビデンスは，概ね望ましいものであるがばらつきも多く，包括的なメタアナリシスの対象にはいまだなっていない。個別的反応性について考慮すべき点を，いくつか以下に示す。
    a) モチベーションが弱い場合：
        ・ストレンクスを構築する。
        ・治療の全面的な参加を阻む，個人的および状況的障壁を減らす。
        ・質の高い関係性を構築する。
        ・個人的な関心事について，早期から頻繁に触れる。
    b) 年齢，性別，文化に関するサービス反応性についてのエビデンスに注意を払う。
    c) 対人的成熟度，対人不安，認知スキルレベル，サイコパシーの反応性の側面に応じた，個別的な治療に関するエビデンスに注意を払う。
    d) モチベーションを高め，心を乱すような要因を減らすという目的と，人道的および権利の問題に対処する必要があるという理由がある場合，非犯因性ニーズをターゲットとすることを検討する。
9. **広汎性（または多様なモード）**：非犯因性ニーズより多くの犯因性ニーズをターゲットにする。

（次頁へ続く）

(表9.1 続き)

10. **ストレンクス**：予測と個別的反応性の効果を高めるため、ストレンクスをアセスメントする。
11. **構造化されたアセスメント**：
    a) ストレンクスと、リスク・ニーズ・個別的反応性要因のアセスメント：構造化された、妥当性の高いアセスメントツールを用いる。
    b) 統合アセスメントと介入：全ての介入とコンタクトは、アセスメントの情報を取り入れるべきである。
12. **専門家判断**：非常に特殊な理由がある場合に限って、推奨事項から逸脱してもよい。例えば、機能分析によって、**その個人のリスク・ニーズ要因が感情的苦痛である**ことが示唆される場合など。

組織的原則：場面，職員，マネジメント

13. **コミュニティベース**：コミュニティベースのサービスが望ましいが、RNR の原則は施設内の場面においても適用される。
14. **一般的パーソナリティ理論および認知社会的学習理論に基づいた職員の実践**：**質の高い関係性スキル**と**構造化スキル**を併せもったセラピストや職員によって介入が提供されることで、その効果は高まる。
15. **マネジメント**：RNR に基づいた職員の選抜、訓練、臨床的スーパービジョンを促進し、モニタリング、フィードバック、調整システムを導入する。効果的な実践とケアの継続性を支えるシステムと文化を構築する。さらに、完全性に関する具体的な指標には、利用可能なプログラムマニュアルの用意、サービスのプロセスと中間的な変化のモニタリング、適切なサービス提供量、サービスの設計と提供における研究者の関与などがある。

し、Andrews, Bonta, & Hoge（1990）は、より効果的な治療プログラムに関連する、ある種のパターンを見出した。彼らは、効果的な分類と矯正治療のための3つの一般的原則を定式化した。つまり、①リスク、②ニーズ、③治療反応性の原則である。表9.1 に示したように、それ以降、他の原則が追加されたが、RNR という名称はそのままであり、それはそれらが中核的原則だからである。

2節　全般的原則

第1章で、犯罪行動の心理学の定義を示した。この定義には、個人の尊重と「系統立った実証的研究法の倫理的かつ人道的適用」が含まれている。RNR モデルでは、第1原則から第3原則までで、このテーマを明文化している。

第1原則（個人に対する敬意と規範的文脈）

　すべての介入は，それを取り巻く社会的コミュニティの規範を尊重することが期待されているため，第1原則は全般的原則である。倫理性，合法性，費用対効果は，広く認識された行動基準であり，すべての形態の人間的，社会的，臨床的サービスは，これらの基準の対象となる。第1原則で示されているように，規範的文脈には，場面による特殊性があることもまた同様に真実である。例えば，刑務所場面よりも，司法的メンタルヘルス場面のほうが，ケアに関する倫理はより明確であるといっておそらく差し支えないだろう。

　規範は，サービスの実質的な「中身」によって，ないがしろにされてはならない。再犯を減少させる実質的な治療要素は，ヒューマンサービスの中核的原則（リスク，ニーズ，反応性）の遵守である。ある一定の条件下では，適切な規範を遵守することが，治療結果に関してもポジティブな影響をもたらす。例えば，非犯因性ニーズに対処することが，治療参加へのモチベーションを高めるかもしれないし，犯罪者が治療により完全に参加することを後押しするかもしれない。

第2原則（心理学的理論）

　この原則は，犯罪の心理学的理解に依拠することを推奨する。個人の犯罪行動に関心があるのならば，個人の犯罪行動に関する理論的見地に基づいた仕事をしなければならない。具体的にいえば，一般的パーソナリティ理論および認知社会的学習理論が推奨される。この理論が有する力は，以下のようなところにある。それは，①犯罪行動の分析と予測において，主なリスク，ニーズ，反応性要因を特定し，②広い適用可能性をもった効果的な治療方略を見出し，③生物学的・神経心理学的見地，およびより広汎な社会構造的，文化的見地との統合を行ない，④新たな概念や方略（動機づけ面接など）を柔軟に取り込んだところである。

第3原則（犯罪予防サービスの全般的な充実）

　この原則は，RNRモデルを，犯罪者を取り扱う司法や矯正の枠外にある保健やその他の機関にまで拡大する。

3節　中核的RNR原則と臨床的な鍵概念

中核的RNR原則は最初，Andrewsらによって，1990年にまとめられた。第4原則は，1990年には原則として述べられていなかったが，当然の前提ではあった。今や，ヒューマンサービスの導入が，公式に述べられている。また，中核的原則に関してより詳細なことも述べられているが，それはそれらが臨床的介入の中心であり，最も広く研究されているからである。

第4原則（ヒューマンサービスの導入）

デタランス，修復的司法，ジャストデザート，適正手続きなどの典型的な法律上の司法的原則は，主なリスク・ニーズ要因とはほとんど関連しない。主な犯罪の原因は，人間的，臨床的，社会的サービスを通して対処されるべきものである。

第5原則（リスク）

リスク原則には2つの側面がある。第1は，犯罪行動は予測できるというものである。リスク原則の第2側面は，**治療サービスのレベルを犯罪者のリスクレベルにマッチさせる**という考えである。サービスを犯罪者リスクにマッチさせるということが，リスク原則のエッセンスであり，アセスメントと効果的な治療の橋渡しをするものである。より具体的にいうと，再犯を大きく減らしたいと望むならば，高リスク犯罪者には，より強力で広汎なサービスが必要になる。低リスク犯罪者には，最低限の治療か無治療でも十分である。

リスク原則は，きわめて常識的なことのようにみえるけれども，往々にして理論と実践が必ずしも一致するわけではない。ヒューマンサービスの専門家のなかには，高リスクで抵抗の強いクライエントよりも，モチベーションの高い低リスクのクライエントと仕事することを好む者がいる。結局のところ，自分のいうことをよく聞き，素直に助言に従う相手と仕事をすることが，その個人にとってはやりがいがあるからである。

リスク原則を検証した研究で，最も大規模でよく知られたものは，Lowenkamp

らによるものである（Lowenkamp, Latessa, & Holsinger, 2006）。オハイオ州での97の収容型および非収容型プログラムが，どの程度リスク原則を遵守しているかについてレビューされた。プログラム時間の長さ，高リスク犯罪者により多くの治療サービスが提供されているかどうか，認知行動的プログラムが犯罪者に実施されているかといった情報を収集した。高リスク犯罪者に強力な治療を提供することは，**収容型**プログラムでは再犯の18%の減少，非収容型プログラムでは9%の減少と関連していた（普通は，コミュニティ・ベースで実施する治療のほうが効果は大きい）。

表9.2は，犯罪者のリスクレベルにマッチさせた治療を行なうか否かで，どのような結果が生じるかに関して，さらにいくつかの例を紹介している。それぞれの研究において，高リスク犯罪者の再犯が低減するのは，強力なレベルのサービスが提供された場合のみである。その一方，低リスク犯罪者に強力なサービスが提供されると，マイナスの効果があった。この有害な効果は，すべての研究で見出されたわけではない。全般的に，低リスク犯罪者に対しても，非常に小さいがポジティブな効果はあった（$r = .03$; Andrews & Dowden, 2006）。

▼表9.2　リスクレベルと治療（再犯率，%）

研究	リスクレベル	治療のレベル 軽度	治療のレベル 強度
O'Donnell, Lydgate, & Fo（1971）	低	16	22
	高	78	56
Lovins, Lowenkamp, & Latessa（2009）	低	19	24
	高	64	50
Andrews & Kiessling（1980）	低	12	17
	高	58	31
Bonta, Wallace-Capretta, & Rooney（2000a）	低	15	32
	高	51	32
Lovins et al.（2007）	低	12	26
	高	49	43

第6原則（ニーズ）

　犯罪者の多く，特に高リスク犯罪者は，複数のニーズを抱えている。彼らは，住む場所や働く場所が「必要」であり，薬物をやめる「必要」がある者もいる。セルフエスティームが低い者，慢性的な頭痛のある者，虫歯がある者もいる。これらはすべてニーズであり，問題のある状況である。**ニーズ原則**では，犯因性ニーズと非犯因性ニーズを区別するが，動的リスク要因について第2章で説明した際に，そのポイントについては紹介した。犯因性ニーズとは，犯罪者のリスクレベルを成すものの集合である。それらは動的リスク要因であり，それが変化すると再犯可能性も変化する。非犯因性ニーズもまた，動的で変化可能なものであるが，それは再犯とは弱い関連しかない。

　重要な点は，治療サービスが再犯の低減を意図したものとして提供されるのならば，犯因性ニーズ要因を変化させなければならない。犯罪者はまた，それ以外のニーズについても，質の高いサービスを受ける権利があるが，それは**矯正的処遇**が主眼をおくところではない。非犯因性ニーズに対処しても，それが犯因性ニーズに間接的なインパクトを及ぼすものでない限り，将来の再犯を有意に変化させるものとはならない。通常，非犯因性ニーズは，モチベーションを高める目的や人道的な理由から，介入のターゲットにすることがある。

　犯因性ニーズとは，まさに第3章で概要を述べたセントラルエイトのリスク・ニーズ要因のうちの7つで示されているものである。主な犯因性ニーズおよび非犯因性ニーズについて，表9.3にまとめた。犯因性ニーズと犯罪行動の関連を説明するために，犯罪指向的態度を例に挙げよう。ほとんどの犯罪学的理論（統制理論，分化的接触理論など）は，犯罪指向的態度に重要な役割を認めており，それをアセスメントすることが，成人や若年犯罪者の犯罪行動を予測するとされている（第6章を参照）。犯罪指向的態度にはまた，**動的**妥当性があるというエビデンスもある。犯罪指向的態度が強くなれば，再犯の増加と関連し，犯罪者の有する犯罪指向的信念や態度が弱くなれば，再犯も減少する。それとは対照的に，不安や情緒的共感性など，伝統的な臨床的治療のターゲットは，動的な予測的妥当性を示すことができていない。今後も研究を継続し，犯因性ニーズのアセスメントを発展させることによって，犯罪者の更生や，犯罪行動に対するわれわれの理解を深めることに，大きな影響をもたらすことがで

▼表9.3　7つの主要なリスク・ニーズ要因といくつかの非犯因性ニーズ

主なリスク・ニーズ要因	指標	介入の目標
反社会的パーソナリティ・パターン	衝動性，冒険的な快楽希求，落ち着きのない攻撃性，短気	セルフマネジメント・スキルを構築すること，アンガーマネジメントを教えること
犯罪指向的態度	犯罪の合理化，法に対する否定的態度	犯罪指向的態度の合理化に反対すること，向社会的アイデンティティを形成すること
犯罪指向的交友	犯罪的な友人，向社会的集団からの孤立	犯罪指向的な友人の代わりに，向社会的な友人とつき合うこと
物質乱用	アルコールと薬物乱用	物質乱用を軽減し，その代替行為を強化すること
家族・夫婦	親の監督やしつけの乏しさ，家族関係の脆弱さ	子育てスキルの指導，温かさや思いやりを高めること
学校・仕事	成績の悪さ，満足度の低さ	仕事・勉強のスキルを高めること，職場や学校場面における対人関係を育むこと
レジャー・レクリエーション	向社会的なレジャー・レクリエーション活動に打ち込んでいないこと	向社会的な娯楽活動への参加を支援すること，向社会的な趣味やスポーツを教えること

非犯因的で重要ではないニーズ	指標
セルフエスティーム	自尊感情や自尊心の低さ
個人的な苦悩の感覚	不安，悲しみ
主要な精神疾患	統合失調症，躁うつ病
身体の健康	身体的変形，栄養不足

きる。

第7原則（一般的反応性）

　治療反応性原則とは，犯罪者の能力や学習スタイルに応じたスタイルやモードで治療プログラムを提供することである。**一般的反応性**は，きわめてシンプルである。つまり，犯罪者も人間であり，最も強い影響を及ぼすために活用できる方略は，認知行動的，認知社会学習的方略であるということである。それは，問題が犯罪行動であろうが，抑うつ，喫煙，過食，勉強習慣の欠如であろうが関係ない。認知行動療法はたいていの場合，他の形式の介入よりも効果がある。これらの大きな影響力をもった方略に含まれるものは，モデリング，強化，ロールプレイ，スキル訓練，認知的再構成による思考および情緒の変容である。さらに，さまざまな高リスク状況で，リスクの低い代替行動を習熟するまで反復することである。

第8原則（個別的反応性）

　個別的反応性を考慮すべき状況はたくさんある。例えば，集団形式で洞察指向のセラピーを実施することは，知的能力が低く，神経質で不安の高い犯罪者には「不向き」かもしれない。対人的過敏性，不安傾向，言語的能力，認知的成熟などの犯罪者が有する特徴は，治療サービスのさまざまなモードやスタイルの適合性を左右する。個別的反応性原則に基づけば，犯罪者アセスメントに関する心理的アプローチの多くは，それぞれに利用価値がある。パーソナリティや認知的スタイルを見極めることによって，治療をクライエントによりよくマッチさせることができるようになる。

　犯罪者の治療の手引きとするために開発された，多くのパーソナリティに基づくシステムがある。例えば，概念レベルシステム（Hunt & Hardt, 1965）は，非行少年の処遇のために開発されたもので，認知発達の4段階を規定している（自己中心的思考から，多くの異なった見地から問題を考える能力まで）。非行少年をアセスメントし，4つの概念レベル段階のうちの1つに分類する。そして，構造化された治療プログラムのうちの適切なレベルにマッチさせる。概念レベルシステムや他の類似システムの重要な点は，個別的な治療をするという

考え方である。すなわち，犯罪者の特徴に合わせて，特定の治療方略やセラピストをマッチさせる。

　個別的反応性に関するもう1つの重要な心理学的要因は，治療に対する動機づけである。治療への動機づけは，重要な研究領域であり最後の章で触れるが，アディクション分野における「動機づけ面接」のいくつかの原則は，一般的犯罪者および性犯罪者にも適用可能である。動機づけを高めることは，治療から脱落しやすい傾向にある高リスク犯罪者の場合，特に重要である。リスク原則を遵守するならば，高リスク犯罪者を確実に治療にとどめておかなければならない。

第9原則（広汎性）

　この原則は，高リスクケースを処遇する際には，複数の犯因性ニーズを標的にすることの重要性を強調する。リスクが高ければ高いほど，より多くの犯因性ニーズが明確になってくる。したがって，高リスク犯罪者の1つか2つの犯因性ニーズに対処しても，彼らの多様な犯因性ニーズを標的にしていることにはならない。

第10原則（ストレンクス）

　この原則は，正確な再犯予測と個別的反応性の双方に密接な関連がある。しかしながら，今日のところ，ストレンクスとリスクを結びつけて考慮した場合，予測精度が向上したことを示すような，リスクアセスメントの実務における例はほとんどない。

第11原則（構造化されたアセスメント）

　この原則は，構造化されたアセスメントの妥当性は，構造化されていない専門家判断を凌ぐというエビデンスを強調するものである。リスク原則を遵守するためには，低リスクケースと高リスクケースを正しく分類できなければならないし，構造化されたリスクアセスメントは，構造化されていないリスク判断よりも正確である。

第12原則（専門家判断）

この原則は，専門家の判断が，まれに構造化された決定を修正することを認めている。しかし，この原則はまた，専門家の判断は，明確に明文化されなければならないと強調している。

4節　組織的原則

第13原則から15原則までは，RNRに基づくプログラムの完全性を支えるために，政策と管理の重要性を強調する。スタッフは，自分の属する組織や，犯罪者の更生を支援する他機関（メンタルヘルス，社会福祉など）のサポートなしには，RNRを遵守したプログラムやサービスを実施することができない。スタッフの実務につきものである関係づくりや組織運営スキルは，一般的パーソナリティ理論および認知社会的学習理論に基づいた対人的影響方略や行動変容アプローチをそのまま利用できる。

5節　要約

犯罪行動の予測的理解を高めるための，一般的パーソナリティ理論および認知社会的学習理論のアプローチは，相当な進歩を遂げている。意味のある因果関係を示すための領域に踏み込むには，PCCには，機能的価値が示されている人間行動に関する一般的心理学と連携したアプローチが必要である。犯罪行動は，たんに特異な動機や制約を反映するものではなく，関連する報酬およびコストの比重を反映するものである。

一般的パーソナリティ理論および認知社会的学習理論の文脈では，人間行動に対する個人的，対人的，そしてコミュニティの支持が，犯罪に対して好意的なものか，そうでないものかを理解することなしに，犯罪を理解することはで

きない。人間行動が生起する条件を無視したならば，公的処罰，基本的な人間的ニーズ，そしてポジティブな目標に基づく対処は，犯因的なものとなってしまう。個人のウェルビーイングを強調し，報酬と満足の積み重ねだけを強調しても不十分である。非犯罪的な経路や報酬に対する随伴性が支持的であることを明確にしなければならない。つまり，RNR 原則の遵守によって果たそうとしていることは，このようなことである。

6節　まとめ

1. 一般的パーソナリティ理論および認知社会的学習理論の実践的側面は，RNR モデルである。

    RNR モデルは，一般的に 2 通りの適用ができる。第 1 は，犯罪者アセスメントであり，第 2 は，犯罪者治療である。
2. 効果的な治療プログラムの中核となる多くの原則がある。

    第 1 に，目標とするのが再犯の低減であれば，処罰よりも，直接的なヒューマンサービスを提供することのほうが望ましい。ヒューマンサービスは，リスク原則（治療強度を犯罪者のリスクレベルにマッチさせる），ニーズ原則（セントラルエイトのなかの 7 つの動的リスク・ニーズ要因を標的にする），一般的反応性原則（認知行動的介入技法を用いる）に従うべきである。他の中核原則には，個別的反応性，広汎性，ストレンクス，構造化されたアセスメント，専門家判断がある。
3. これらの原則に対して質の高い組織からのサポートがあると，中核的な臨床的原則への遵守が高まる。

    組織的原則，コミュニティ・ベースとは，治療は刑務所のなかでは効果がないという意味ではなく，社会のなかで治療を提供することが，拘禁場面よりも望ましいということである。残りの 2 つの組織的原則は，関係性と構造化の側面，および RNR 実務の管理に関して，一般的パーソナリティ理論および認知社会的学習理論に基づいたスタッフのスキルの重要性につ

いて述べたものである。

推薦図書

2冊の書籍を推薦する。第1は，Bonta & Andrews（2007）で，それは本章で紹介した拡大RNRモデルを最初に解説したものである。読者には，http://www.publicsafety.gc.ca/cnt/rsrcs/pblctns/rsk-nd-rspnsvty/rsk-nd-rspnsvty-eng.pdf で入手できる "*The Risk-Need-Responsivity Model of Offender Assessment and Rehabilitation*"（犯罪者アセスメントと更生のためのリスク・ニーズ・治療反応性モデル）を一読していただきたい。

第2の推薦は，Andrews & Bonta（2010a）の論文，"Rehabilitating Criminal Justice Policy and Practice"（刑事司法政策と実務の改善）（*Psychology, Public Policy, & Law*［心理，公共政策，法］誌, **16**, 39-55）である。この論文は，RNRモデルの概要を述べただけでなく，このモデルを支持するいくつかの実証的研究を紹介している。

第10章

犯罪行動の予測と犯罪者の分類

1節　はじめに

　前章ではRNRモデルについて説明したが，ここからはリスクの予測と分類に移る。ここで，次のような3つの問いを発したい。①犯罪行動をいかに正確に予測できるか，②犯罪行動が生じる可能性を低下させるために知識をどのように活用できるのか，③セントラルエイトのリスク・ニーズ要因は，どの程度，年齢，性別，人種に適用できるのか。

　犯罪行動の予測は，おそらく刑事司法システムにおいて最も中心的な活動の1つであろう。誰が再犯をするのかを予測することは，警察官，裁判官，刑務所職員，更生保護委員会の意思決定の拠り所となる。不適切なしつけによって少年非行が生じるということがわかれば，役所は地域の親に対して子育てプログラムを提供するようになるだろう。リスク原則が助言するように，治療プログラムは，中から高リスクの犯罪者に適用されるとき，最も大きな効果を上げることができる。倫理的な面では，ある個人が将来犯罪行動に至ることを予測できるか否かは，拘禁や仮釈放のような処分の活用に大きな影響を及ぼす。

　刑務所，保護観察，仮釈放のシステムにおいて，犯罪者の再犯リスクをアセスメントすることの主たる目的の1つは，犯罪者を均質なグループへと分類し，

グループごとに適した制限や介入を行なうことである。例えば，粗暴行動や逃走のリスクが高ければ，それはその受刑者を最重度警備の刑務所に収容するという決定を下す理由の1つとなるだろうし，再犯リスクが高ければ，保護観察の指導において，出頭させる頻度を多くすることの重要な理由になるだろう。矯正システムにおいて，受刑者をどのようにリスク分けするかという問題が，本章での焦点の1つである。

再犯の予測にまつわるさまざまな問題は，市民全般にも懸念材料となる。というのも，犯罪防止にかかる人的，社会的，経済的コストは小さいものではないし，刑事司法に携わる人々が，被疑者，被告人，有罪宣告を受けた者，保護観察下にある者，受刑者等に及ぼす権力は相当なものだからである。また，再犯予測は，犯罪被害者，犯罪者自身，そして刑事司法の専門家など，刑事司法プロセスの渦中にいる人々にとっては，目下の大きな関心である。したがって，関心を有する市民，犯罪者，被害者など，その各々の立場がどうであれ，われわれは誰もが再犯予測について，ともに関心を抱いている。したがって，予測に関する以下の点について情報を得る権利がある。

1. 犯罪行動はどの程度予測可能であるのか（予測の精度の問題）。
2. どのように予測をしたかについての明快な説明。それによって，予測に利用した情報が，倫理的，法的，経済的，人道的基準に照らして適切であったかが検証できる。
3. 予測方法が，どの程度現実的に刑事司法の目的と実践を促進したのか。
4. 予測とそれに基づいた行動が，犯罪と刑事司法についてのわれわれの理解を増進させることができるように記録，モニターされ，実証的に検証されること。

本章ではまず，予測精度とはどういうものかについて，そして測定に関する難題のいくつかについての一般的な議論から始めたい。それは予測のテクニカルな面に焦点を当てることとなるが，その後に述べるトピックの基礎知識として必要なものである。予測精度の問題の後は，リスク予測の実践に対して理論がいかに役立つか，そして犯罪者アセスメントに対するリスク・ニーズ・治療

第 3 部　実　践

反応性原則の妥当性に関して，手短に概説する。次に，リスク・ニーズ・治療反応性のアセスメントと処遇計画を組み込んだ「第 4 世代」のアセスメントを紹介し，それが年齢，人種，性別を問わず広く適用可能であることを示す。最後に，そうして得られた知識を活用するにあたっての障壁について触れることでしめくくりたい。

2 節　予測精度の判定

　相関係数や関連の程度を表す類似の統計的指標は，研究と理論形成において有益である。しかし，日常の実務的場面では，予測精度に関して，より意味のある指標が求められる。ここで，ある受刑者を釈放すべきか否かを決定しなければならない更生保護委員会が直面する問題を例に取ろう。多くの要因が委員の意見に影響を及ぼす。最も重要なことは，安全な釈放をすることと，危険性の高い者の釈放を不許可とするような，正しい決定をすることである。さらに，再犯を犯すおそれのある者を釈放してしまったり，再犯の可能性のない者の仮釈放を不許可としてしまったりして，誤った判断をすることのコストの問題も考えなければならない。しかし，完璧な予測というものはありえない。したがって，この例では，更生保護委員会の委員は，正しい選択と誤った選択の間の合理的なバランスに基づいて決断を下すようにすべきなのである。この意思決定を難しくするのは，正しい決定と誤った決定に加わる価値判断は，普通社会的に定義されるという事実である。例えば，再犯のおそれのある者を釈放してしまうことは，再犯のおそれがない者の釈放を不許可とすることよりも問題が大きい。

　このきわめて実際的な問題は，研究者が 2 × 2 予測精度表と呼んでいる表を使うとよく説明できる（表 10.1 の A を参照）。表の各欄には，予測で用いる用語が記載されている。これには 4 種の起こりうる結果があり，それは，(a) **真陽性**「再犯すると予測し，実際に再犯をした」，(b) **偽陽性**「再犯をすると予測したが，しなかった」（予測は失敗），(c) **偽陰性**「再犯しないと予測した

▼表10.1　2×2予測精度表

A：2×2予測精度表
再犯すると予測したか？　　　　　　　　実際に再犯したか？

		はい	いいえ
はい：	高リスク	(a) 真陽性	(b) 偽陽性
いいえ：	低リスク	(c) 偽陰性	(d) 真陰性

B：2×2予測精度表（$r=.15$）
再犯すると予測したか？　　　　　　　　実際に再犯したか？

		はい	いいえ	N	再犯率
はい：	高リスク（男性）	109	345	454	24.0%
いいえ：	低リスク（女性）	3	59	62	4.8%
	N	112	404	516	21.7%

が，再犯をした」（予測は失敗），(d) **真陰性**「再犯しないと予測し，実際にしなかった」である。注目すべきは，(a) と (d) は予測が正しく，(b) と (c) は予測のエラーであるという点である。いうまでもなく，(a) と (d) の数を最大にし，(b) と (c) を最小限にすることが望ましい。

この2×2予測精度表から導かれる4つの可能性のほかに，予測精度に関して次のような指標を計算することができる。

1. 正しい予測の全般的割合（真陽性と真陰性の和を全予測で割る）：
   (a + d) / (a + b + c + d)
2. 再犯のリスクがあると判断された者のうち，実際に再犯した割合：
   a / (a + b)
3. 再犯のリスクがないと判断された者のうち，実際に再犯しなかった割合：
   d / (c + d)
4. 正確に同定された再犯者の割合：
   a / (a + c)
5. 正確に同定された非再犯者の割合：
   d / (b + d)

第3部　実　践

　表10.1のBは，われわれの研究ファイルからの実際のデータである。リスク要因は，「男性であること」とし，アウトカム指標は2年間の公的な再有罪判決の記録である。rは控え目な値となり，.15であった。この例の場合，予測精度についていえることの一端は，この結果をどのように選択的に報告するかにかかっている。

1. 男性（すなわち，「高リスク」ケース）の再犯率は，女性の5倍である（24% vs 4.8%）。
2. 全男性を高リスクとして分類すると，再犯者の97.3%を言い当てていたといえる（109/112）。再犯をした全112名のうち，109名が男性であり，再犯をすると予測されていたこととなるからだ。
3. 真陰性率は95.2%（59/62）であり，再犯をしないと予測していた者のうち，実際に再犯をしなかったのは，62例中59例であった（そして，偽陰性率はわずか4.8%（3/62）。
4. しかし，全般的な予測精度は，わずか32.6%（(109+59)/516）しかなかった。
5. 真陽性率は，わずか24%（109/454）で，偽陽性率は76%（345/454）だった。

　この例からわかることは，予測精度を判定するには，上の報告のどれか1つが単独で提供していること以上の，より多くの情報が必要だということである。更生保護委員会が，性別だけで釈放の決定をしているところを想像してみればよい。上の例では，多くの受刑者が必要以上に長く拘禁されてしまう結果となり，それには大きな経済的コストが生じてしまう。より予測精度を高めるためには，完全な2×2予測精度表を再度準備する必要がある。
　表10.1のBをみると，驚くべき精度で再犯者の把握が達成できているが（97.3%），それはこのリスクアセスメント（性別によるもの）が，再犯をすると予測したカテゴリー（男性）の者が，ケース全体の非常に大きな割合を占めているという事実によるところが大きい。つまり，ケースの88%が男性である（454/516）。高リスクグループ（または，再犯をするだろうと予測されたカ

240

テゴリー）に属する人々の割合を，**選択比**（selection ratio）と呼ぶ。選択比が高ければ（88%），再犯の的中率も高くなるが，再犯をしなかった者の的中率は低くなる（14.6%，59/404）。選択比が高いと，偽陽性率もまた高くなる傾向があり，それは特にほとんどの者が実際には再犯をしなかったときにそのようになる。実際に再犯をしたケースの割合を**基準率**（base rate）と呼ぶが，われわれの例ではかなり低く，21.7%（112/516）であった。

偽陽性，偽陰性，真陽性，真陰性の割合は，リスク予測因子と犯罪行動との関連の程度同様に，すべて基準率と選択比の影響を受ける。異なったアプローチでリスクアセスメントをした場合の予測的妥当性を検証するには，そこで用いられた2×2予測精度表が理想的なものであるかを調べるとよい。しかし，実務においては，全般的に正確な予測的妥当性を有するリスクアセスメントの方法を採用しているとは限らない。例えば，正確に把握された再犯者の数を最大限にするためには，少しくらいの偽陽性は容認しているのかもしれない。あるいは，偽陽性を最小にすることがより重要だと判断される場合もあるだろう。

偽陽性と偽陰性の大きさは，①リスク尺度そのものの正確さ，②選択比，③基準率に依存する。予測精度の評価のために2×2予測精度表を検討することの重要性を強調してきたが，選択比や基準率が，r によって測定される予測精度に影響を及ぼすことも知っておかねばならない。本章のほとんどの部分では，リスク尺度の精度について取り扱うが，第2章で，基準率や選択比によってほとんど影響を受けない指標として，**曲線下面積**（Area Under the Curve: AUC）について説明した。したがって，本章ではリスク精度の指標として，できる限り AUC を用いることとする。

3節　PCCと予測

第3章で述べたように，犯罪行動には多くの理論や説明がある。PCC では，一般的パーソナリティ理論および認知社会的学習理論による見方を最も重視する。一般的パーソナリティ理論および認知社会的学習理論は，社会学的犯罪学

が示すリスク要因（社会的地位など）や，司法的・精神病理学的犯罪学が示すリスク要因（不安，低い自己肯定感など）よりも重要なものとして，セントラルエイトのリスク・ニーズ要因（犯罪歴，犯罪指向的態度，犯罪指向的交友，反社会的パーソナリティ・パターン，家族・夫婦，学校・仕事，物質乱用，レジャー・レクリエーション）を提示する。セントラルエイトは，犯罪行動の最善の予測因子である。

　一般的パーソナリティ理論および認知社会的学習理論の「社会学習」という用語が物語っているように，犯罪行動は学習原理に従って学習されるものである。学習は，ある特定の行動に対して結びついた報酬とコストに依存し，行動の強度は報酬とコストの密度に依存する。したがって，一般的パーソナリティ理論および認知社会的学習理論は，犯罪者アセスメントに対して，次のような知見を提供する。

1. 犯罪行動における複数の領域からサンプルを得ること

　アセスメントを少数の領域に限定して行なうべきではない。一般的パーソナリティ理論および認知社会的学習理論では，犯罪行動というものは，犯罪行動と非犯罪行動に対する報酬とコストの数および種類の関数として生じると考えられている。これら報酬とコストは，複数の源から生じ，そのなかのいくつかはセントラルエイト（家族・夫婦，犯罪指向的交友，学校・仕事，レジャー・レクリエーション）によって説明できる。最低でも，われわれはセントラルエイトくらいはアセスメントすべきである。

2. 犯罪行動の静的な共変量だけでなく，動的なものも査定すること

　多くの予測因子は，動的であり，変化しうるものであることは，着目に値する。犯罪に対する周囲からのサポート，犯罪指向的な態度，物質乱用などは，再犯を予測するものであるが，変化させることができる（Serin, Lloyd, Helmus, Derkzen, & Luong, 2013）。過去の犯罪歴のような静的要因は，再犯を予測するが，ひとたび有罪判決を得たものを変化させようがない。動的予測因子は，その犯罪者の再犯リスクを低下させるために，何を変化させればよいのかというアイディアを提供してくれるという利点がある。例えば，余暇時間を有意義に

使えないことは，再犯の予測因子である。これも動的因子であり，変化させることができる（したがって，おそらくは犯罪と因果関係がある）。生産的な余暇活動を送っている人は，向社会的な行動から報酬を得ることができる（他者から，あるいはその活動自体から）。趣味もなければ，向社会的な組織活動にも関わったことのない犯罪者がいたとしたら，向社会的な余暇活動を育むためには，何をすべきかを考えるべきであろう。

3. 犯罪者アセスメントによって治療の強度がわかる

　動的リスク要因は，介入のターゲット候補である。しかし，一般的パーソナリティ理論および認知社会的学習理論から引き出されたRNRモデルではまた，犯罪者のリスクは，現有の異なったリスク要因の数に直接的に比例するとされている。すなわち，高リスク犯罪者は低リスク犯罪者より多くのリスク要因を有しており（犯罪的な友人，犯罪指向的態度，物質乱用問題，不安定な雇用など），低リスク犯罪者はたんに1つないし2つのリスク領域にしか問題を抱えていない。さらに，リスク要因の数や多様性は，行動の報酬とコストの密度を反映している。したがって，犯罪者のリスクレベルを知ることによって，その犯罪者のリスクを低減するにためにどの程度の治療が必要かがわかる。

4. 犯罪者アセスメントによってどのように治療を実施すべきかがわかる

　環境から学ぶことのできる能力は，数多くの個人的，認知的，情緒的要因に依存している。例えば，セラピスト，矯正職員，家族などからの助言にどのように反応するかは，本人の認知的能力によって変わってくる。もし知的能力が低ければ，複雑で抽象的な助言を与えても効果は低く，シンプルで具体的なほうがよい。このように，犯罪行動の予測因子ではないかもしれないが，治療サービスの提供にとっては妥当な特徴をアセスメントすることを選択してもよい。

4節　犯罪者アセスメントとリスク・ニーズ・治療反応性原則

　犯罪者アセスメントは，再犯リスクの判断に限定する必要はない。このことは実に重要であり，アセスメントは治療を決めるうえでも有益である。第9章では，拡大RNRモデルを紹介した。ここでも，犯罪者リスクアセスメントの基盤である3原則，すなわち，リスク，ニーズ，治療反応性について再び触れる。

リスク原則：治療サービスのレベルをリスクレベルにマッチさせる

　この原則は，**誰を**治療すべきか（すなわち，それは高リスク犯罪者である）を教えてくれる。Andrews & Dawden（2006）のメタアナリシスでは，高リスク犯罪者に適切な治療を提供したとき，再犯率低下に関してそこそこの相関が示された（$r = .17$）。低リスク犯罪者への治療は，ほとんど何の効果もなかった（$r = .03$）。したがって，効果的に犯罪者を治療したいのであれば，信頼のおける犯罪者アセスメントの方法を備えておかねばならず，それによって確実に治療サービスのほとんどを，低リスク犯罪者ではなく高リスク犯罪者に提供することができるのである。

ニーズ原則：犯因性ニーズを標的とする

　この原則では，犯因性ニーズ（動的リスク要因）と非犯因性ニーズ（非リスク要因）の区別をする。ニーズ原則は，**何を**治療すべきかを教えてくれる。つまり，犯罪者リスク尺度は，犯因性ニーズのアセスメントを含むようにすべきであり，セントラルエイトは最も妥当な犯因性ニーズの7つを反映している（セントラルエイトのリスク要因のうちの1つは，犯罪歴であり，静的要因である）。

治療反応性原則：本人の学習スタイルに着目して，認知行動的介入を行なう

治療反応性原則は，**どのように**治療すべきかを教えてくれる。一般的反応性が求めることは，変化をもたらすためには認知行動的技法を用いるということである。なぜならば，それらは，犯罪者が新しい態度や行動を学ぶことを支援するために最も効果的な技法だからである。個別的反応性が求めることは，一般的な認知行動技法を犯罪者の個別具体的な特徴に対応させることである。それらの特徴には，生物学的なもの（例えば，性別）から社会的なもの（例えば，文化）や心理的なもの（例えば，パーソナリティ，情緒，認知的能力）に至るまでさまざまなものがある。

犯罪者アセスメントに関して問題となるのは，個別的反応性についてである。犯因性ニーズを取り扱ううえで障害となるかもしれない要因を同定するために，認知的特徴やパーソナリティ特徴を測定する伝統的な司法アセスメントツールが重要になってくる。もしクライエントが精神病であれば，自らの物質依存に適切に対処することができないし，自殺念慮があるならば，雇用問題に対処することはできない。性別や人種のような生物・社会的概念に対しては，アセスメントや治療において，それに対する個別具体的な考慮が必要となってくる。女性犯罪者の犯因性ニーズに効果的に対処するためには，例えば育児，被害体験，男性パートナーへの経済的依存などの問題をアセスメントや治療に組み込む必要があるかもしれない。

5節　犯罪行動のアセスメントと予測へのアプローチ

犯罪者アセスメントでは，たんに再犯リスクを問題にするのではなく，治療もまた重要な問題となる。ここでは，過去40年の間に，犯罪者アセスメントにまつわるストーリーがどのように変化してきたかをみてみたい。1996年，Bontaは，犯罪者リスク予測に関する文献をレビューし，「3世代の」リスクア

第3部　実践

セスメントについて論じた。そして，21世紀の最初の10年の間に4世代に至り（Andrews, Bonta, & Wormith, 2006），そして今日，第5世代が生まれつつある。

第1世代のリスクアセスメント：専門家判断

　第1世代のアセスメントでは，通常何が行なわれていたのだろうか。そこでは，社会科学の訓練を受けた専門家が，比較的構造化されていない方法で，犯罪者と面接をする。臨床家は，すべての犯罪者にいくつかの基本的な質問をするが，個々の犯罪者に何を質問するかは，大部分相当な柔軟性があった。心理テストが実施されることもあったが，何を実施するかはテスト実施者によってまちまちであった。結果はファイルに残して参照されるが，ファイルに何を記載するかもまた，専門家の判断に委ねられていた。情報収集プロセスを締めくくる際に，査定者は，その犯罪者の社会に対する危険性や治療ニーズについて判断を下す。このような臨床的アプローチの中心的特徴は，判断の理由が主観的で，ときに直観的であり，「ひらめき」によってなされるということである。それらは，実証的に検証されていないものである。

　専門家によるリスク判断は，高度な訓練を受けた者であっても，あまり正確ではない。その精度が低い理由は2つある。第1に，決断にあたって，非公式的で観察不可能な基準を用いているという問題がある。第2に，犯罪行動に実証的な関連のない犯罪者の特徴に着目しているという問題である。

第2世代のリスクアセスメント：保険数理的静的リスク尺度

　これほどに意見が一致するのはそうあることではないが，一般的なケースの予測において（Ægisdóttier, White, Spengler, Maugherman, Anderson, Cook, Nichols, Lampropoulos, Walke, Cohen, & Rush 2006; Grove & Vrieze, 2013），そして犯罪行動の予測において（Andrews et al., 2006; Hanson, 2009; Harris, Rice, Quinsey, & Cormier, 2015），保険数理的アセスメントが専門家判断を凌駕しているという

点については，コンセンサスがある。保険数理的方法の最も初期の例は，Burgess（1928）によるものである。Burgess は，3,000 人以上の仮釈放者を調査し，成功裡に仮釈放を終了した者と失敗した者とを分ける 21 の要因を見出した。そして Burgess は，1 つの要因が当てはまるごとに犯罪者に 1 点を与えた。最大スコアを得た犯罪者の再犯率は 76% だったが，最低スコアの犯罪者の再犯率は 1.5% だった。項目を積算していく保険数理的アプローチは，おそらくそのシンプルさゆえに，リスクアセスメントのなかでは好まれる方法となっている。より洗練された方法も（例えば，重回帰，反復分類），予測の問題に適用されてきているが，こうした新しい方法の予測力には，大きな改善はほとんど示されていない（Grann & Långström, 2007; Silver, Smith, & Banks, 2000）。

第 2 世代のリスクアセスメントのツールは，エビデンスに基づいているが，2 つの大きな限界がある。第 2 世代のリスクアセスメントのほとんどすべてに

▼表 10.2　第 2 世代のリスク尺度とその項目の例

項目	SFS（アメリカ）	SIR（カナダ）	OGRS（イギリス）
静的：			
犯罪のタイプ	✓	✓	✓
過去の犯罪歴	✓（2 項目）	✓（5 項目）	✓（3 項目）
年齢	✓	✓（2 項目）	✓
過去の仮釈放失敗	-	✓	-
性別	-	-	✓
保安分類	-	✓	-
判決の長さ	-	✓	-
リスク間隔	✓	✓	-
薬物乱用歴	✓	-	-
動的：			
失業	-	✓	-
婚姻状態	-	✓	-
被扶養者の人数	-	✓	-
総項目数	6	15	6

は，理論的根拠がなく，ほとんどすべてが静的かつ履歴的項目から成り立っている。表10.2は，第2世代リスクアセスメントツールの3つの例であり，アメリカで1980年代と1990年代に広く用いられていた傑出要因スコア（Salient Factor Score: SFS），カナダで用いられていた統計的再犯情報尺度（Statistical Information on Recidivism: SIR）（Nuffield, 1982），そしてイギリスで開発された犯罪者グループ再犯尺度（Offender Group Reconviction Scale: OGRS）（Copas & Marshall, 1998）である。3つの尺度すべてが満足のいく予測精度を示しており，AUCは.64から.76の範囲である（Bonta et al., 1996; Hoffman, 1994; Coid, Yang, Ullrich, Zhang, Roberts, Roberts, Rogers, & Farrington, 2007）。

これらのリスク尺度に明らかなのは，犯罪行動に理論的に関連のある多くの要因を無視していること（例えば，犯罪指向的交友や態度），および静的で変化しない項目が大部分を占めていることである。後者に関してSFS尺度をみると，そのすべてが静的項目である。16歳のときにヘロインでハイになって車を盗んで刑務所に入れられたことのある犯罪者は，これが20年以上前のことであり，それ以降一切の犯罪を行なっていなくても，「高リスク」カテゴリーのままとなる。これらの尺度は，犯罪者が良い方向に変化したとしても，それにはほとんど重きをおかない。また，犯罪者のリスクレベルを下げるためには何をすべきかということを，臨床家や指導職員に教えてはくれない。

理論的にも実証的にも犯罪行動と関連がある要因について，動的および静的要因の双方をより包括的にアセスメントすることによって，犯罪者アセスメントを向上させることができる。静的変数に偏った着目をすることや（Baird, 2012），予測効率のために包括的なアセスメント項目を少数の静的項目に減らすような試みは（Caudy, Durso, & Taxman, 2013; Zhang, Roberts, & Farabee, 2014），リスクアセスメントの有効性を限定してしまうことになる。第2世代のリスク尺度は，釈放の決定，保安や指導に関する分類には有効であるが，刑事司法システムはまた，犯罪者のコミュニティに対するリスクを低減し，社会への再統合を図るという責任を負っている。これらの目的を達成するためには，理論的に導かれた動的リスク要因を，犯罪者リスクアセスメントの技法に取り入れるようにすべきである。

第3世代のアセスメント：リスク・ニーズ尺度

　第3世代の犯罪者アセスメントは，犯罪者の犯因性ニーズを測定するという点で，第2世代のアセスメントとは異なっている。リスク・ニーズ尺度の例としては，処遇レベル質問紙改訂版（Level of Service Inventory-Revised: LSI-R）(Andrews & Bonta, 1995) や，最新のものとしては，アメリカ連邦保護観察局が開発した判決後リスクアセスメント（Post Conviction Risk Assessment: PCRA）(Lowenkamp, Holsinger, & Cohen, 2015; Lowenkamp, Johnson, Holsinger, VanBenschoten, & Robinson, 2013)，オハイオ・リスクアセスメントシステム（Ohio Risk Assessment System）(Latessa, Smith, Lemke, Makarios, & Lowenkamp, 2010) がある。処遇レベル質問紙は，世界中で最も広く用いられ，研究されていること（Andrews, Bonta, & Wormith, 2010; Olver, Stockdale, Wormith, 2014; Singh, Desmarais et al., 2014; Vose, Cullen, & Smith, 2008），同系統の処遇レベル尺度の1つであることなどを考えると，第3世代アセスメントを説明するにはLSI-Rを用いるのがよいだろう（それはまた，第4世代アセスメントの前駆ともなるものである）。

処遇レベル質問紙改訂版

　LSI-Rは，理論に立脚した犯罪者のリスク・ニーズアセスメントである。LSI-Rは54のリスクおよびニーズ（ほとんどが犯因性）項目を用いて，すべてを0か1でスコアする。項目は10の下位尺度に分かれる（犯罪歴，教育・雇用，交友，物質乱用など）。その研究は，尺度の信頼性，収束的妥当性，因子構造のようなLSI-Rの心理測定的特性から，尺度の予測的妥当性の検討に至るまで多岐にわたっている。LSI-Rの予測的妥当性に関するエビデンスは，Andewsら（2006; 2010）によってまとめられている。全再犯の予測に対する平均AUCは，.71で，粗暴再犯については.64であった。

　また，LSI-RをSFSやPCL-Rなど，他の犯罪者リスクツールと比較したメタアナリシスも数多くある。これら比較のすべてにおいて，LSI-Rは他の尺度と同等かそれ以上の優れた予測精度を示していた（Campbell, French, &

第3部　実　践

Gendreau, 2009; Gendreau et al., 1996; Gendreau, Goggin, & Smith, 2002)。LSI-Rを適用するうえで最も重要なことは，犯因性ニーズに対処することによって，高リスク犯罪者に対して指導と処遇サービスを行なうことである（リスク原則）。変化可能なリスク要因である犯因性ニーズを低減させることができれば，その犯罪者の全般的リスクレベルも低減する。

犯因性ニーズと LSI-R の動的妥当性

　LSI-R を構成する項目の大部分は，動的なものである。したがって，LSI-Rのスコアは，再アセスメントしたときには変化することが期待できる。その変化は，自然に生じた出来事による場合もあるだろうし（例えば，犯罪者が職を見つけた），構造化された治療の結果という場合もある（例えば，アルコール乱用のためのコミュニティ強化治療）。LSI-R スコアの変化が再犯と関連していることが示されれば，スコアの変化という情報は，犯罪者の改善や悪化をモニターするうえで有益であることが証明できる。では，LSI-R のスコアは実証的にみて再犯と関連しているのだろうか。

　LSI-R の動的妥当性についての研究の主な結果を，表10.3に示した。他にも LSI-R の動的妥当性を支持する研究はあるが，ロジスティック多変量分析による報告は，結果を 2×2 予測精度表の形で示すことができない（Labrecque, Smith, Lovins, Late, 2014a; Vose, Lowenkamp, Smith, & Cullen, 2009)。したがって，その結果は表10.3には示していない。最も大規模な評価は，Arnold（$N = 1,064$; Arnold, 2007），Vose ら（$N = 2,849$; Vose, Smith, & Cullen, 2013）によってなされた。それ以外の研究は，よりサンプルサイズが小さく，55（Motiuk, Bonta, & Andrews, 1990）から 203（Raynor, 2007）の範囲である。Arnold の研究では，テストと再テストの期間は，8.6か月で，他の研究では平均１年間だった。ここで着目すべきは，スコアが悪化した低リスク犯罪者（再テストのLSI-R スコアが高くなっていた者）の再犯率が上がり，スコアが低くなった高リスク犯罪者の再犯率が下がったということである。

▼表 10.3　LSI-R の動的妥当性（再犯率，%）

研究／初回アセスメント	再アセスメント	
	低リスク	高リスク
Andrews & Robinson（1984）		
低リスク	4.2	28.6
高リスク	.0	57.1
Arnold（2007）		
低リスク	13.0	26.0
高リスク	32.0	54.0
Motiuk, Bonta, & Andrews（1990）		
低リスク	.0	33.3
高リスク	.0	54.5
Raynor et al.（2000）		
低リスク	26.2	54.8
高リスク	55.3	78.4
Raynor（2007）		
低リスク	29.0	59.0
高リスク	54.0	76.0
Vose, Smith, & Cullen（2013）		
低リスク	21.8	46.1
高リスク	22.9	32.6

注：Vose, Smith, & Cullen（2013）は 5 つのリスクカテゴリを報告しており，中間（中程度のリスク）の知見は，低リスクグループと高リスクグループに均等に分配した。

LSI-R の要約

　LSI-R は，処遇レベル／リスク・ニーズ・治療反応性質問紙（Level of Service/Risk, Need, Responsivity: LS/RNR）（Andrews, Bonta, & Wormith, 2008）と呼ばれるもう 1 つの第 3 世代アセスメントへと発展した。LS/RNR には，LSI-R で測定されるのと同じセントラルエイトのリスク・ニーズ要因が含まれるが，多くの個別的リスク・ニーズ要因（性的暴行，武器使用，ホームレス，

被害体験など）だけでなく，反応性への考慮（文化，民族など）も追加されている。どちらの尺度も，犯罪行動の社会学習理論的見地からの産物である。特に重要な点は，LSI-R のスコア変化は，矯正処遇の結果を予測するということである。

第4世代のリスクアセスメント：ケースマネジメントとリスク・ニーズアセスメントの統合

十分に研究され，エビデンスに基づいたアセスメントや治療的介入が存在していても，それが「現実世界」で用いられるとは限らない。知識を実務に移転することは，他の分野（医療など）と同様，刑事司法システムでも難題である。例えば，アメリカではリスク原則が広く知られているにもかかわらず，オハイオ州で 97 の矯正プログラムを調査したところ，この原則を守っているのはわずか 20% しかなかった（Lowenkamp, Latessa, & Holsinger, 2006）。

第3世代のリスク・ニーズ尺度は，指導資源を適切に配分し（リスク原則），介入の標的を示す（ニーズ原則）うえで，職員の手助けをすることを意図したものである。カナダのマニトバ州での保護観察に関する研究で，Bonta ら（Bonta, Rugge, Scott, Bourgon, & Yessine, 2008）は，64 人の保護観察官のケースマネジメント実務をレビューした。ケースファイルがチェックされ，保護観察官は保護観察対象者との面接を録音して提出した。ここで議論していることに関して，2 つの重要な知見があった。第 1 は，Lowenkamp, Latessa, & Holsinger（2006）が彼らのアメリカでの研究で見出したのと同じように，保護観察官はリスク原則をあまり遵守していなかった（例えば，中リスク犯罪者と同じくらい頻繁に低リスク犯罪者に会っていた）。第 2 に，録音テープの分析では，保護観察官はリスク・ニーズアセスメントで特定された犯因性ニーズに焦点を当てていないことが示された。犯因性ニーズに対処していないことは，オランダ（Bosker, Witteman, & Hermans, 2013）やアメリカ（Oleson, VanBenschoten, Robinson, Lowenkamp, & Holsinger, 2012）の研究でも追試されている。

マニトバ保護観察研究は，実証的な犯罪者アセスメントが実施されていても，それが活用されていないという危惧を確認したものとなった。保護観察官が犯

罪者に対処する際に，アセスメントが示すことを見失わないようにするためには，今以上に構造化されたメカニズムが必要であることが明らかである。

　第4世代のツールは，アセスメントとケースマネジメントとの連携を強調する。これは，リスク原則の遵守，犯因性ニーズへの対処以上のことを意味している。それはまた，向社会的な方向づけをするうえでの個人的なストレンクスの役割，治療効果を最大限にするための個別的反応性要因のアセスメント，そして指導開始から終了まで，ケースに構造化されたモニタリングをすることの重要性にも着目する。第4世代ツールには，アメリカの一部で用いられているCOMPAS（Brennan, Dieterich, & Ehret, 2009），および最も研究されている第4世代ツールである処遇レベル／ケースマネジメント質問紙（Level of Service/Case Management Inventory: LS/CMI）（Andrews, Bonta, & Wormith, 2004）がある。研究が豊富であり，しっかりとした理論的基盤に基づいていることから，第4世代のアセスメントの特徴の説明には，LS/CMIを用いることにする。

　LS/CMIの構造の全体的な概要と項目のサンプルを，表10.4に挙げた。LSI-Rの下の10の下位尺度は，セントラルエイトのリスク・ニーズ要因をよく反映するように再構成された（図10.1を参照）。LS/CMIのセクション1は，犯罪者の全体的なリスクスコアを提供する。このセクションは，LSI-Rの項目に基づいているため，メタアナリシスのレビューでは，LS/CMIのスコアは，全再犯および粗暴再犯の双方を予測することが見出されている（Campbell et al., 2009; Olver et al., 2014; Yang et al., 2010）。

　セクション1の中核的なリスク・ニーズアセスメントに加えて，LS/CMIは，個別的なリスクとニーズ要因（セクション2），および反応性項目（セクション5）を測定する。セクション2は，犯罪者自身およびその本人にとって犯罪の原因となる可能性がある状況の，さまざまな側面をアセスメントする必要性を反映したものである。例えば，性犯罪者には，被害者との関係について質問するだろうし，パートナーに暴力を振るった男性には，彼の脅迫的な行動やストーカー行為について尋ねるだろう。

　セクション5では，矯正職員が犯罪者とどのように関係づくりをし，そのケースを指導するかに影響を与える治療反応性に関する考慮について注意を向ける。このように，LS/CMIは，効果的な治療の主要3原則であるリスク，ニーズ，

▼表 10.4　処遇レベル／ケースマネジメント質問紙™（LS/CMI™）の短縮サンプル
　　　　　（Andrews, Bonta, & Wormith, 2004 より作成）

セクション 1　一般的なリスク・ニーズ要因

1.1　犯罪歴
　　　1　少年期における処分歴または成人以降の有罪判決歴
　　　4　本件に 3 種類以上の罪種
　　　5　16 歳以下の逮捕または容疑
1.2　教育・仕事
　　　9　現在失業中
　　　13　12 年未満の通常教育，またはそれに相当する教育
　　　17　権威との衝突
1.3　家族・夫婦
　　　18　夫婦関係またはそれに相当する関係への不満
　　　19　望ましい親子関係
1.4　レジャー・レクリエーション
　　　22　組織された活動への最近の不参加
　　　23　時間をより有効に活用できていない
1.5　交友関係
　　　25　複数の犯罪的友人
　　　27　反犯罪的友人がほとんどいない
1.6　アルコール・薬物問題
　　　30　現在のアルコール問題
　　　31　現在の薬物問題
　　　33　夫婦・家族
1.7　犯罪指向的態度・方向性
　　　36　犯罪の支持
　　　37　慣習への否定的態度
1.8　反社会的パーソナリティ・パターン
　　　41　早期からの多様な反社会的行動
　　　42　犯罪的態度
　　　43　一般的なトラブルのパターン（経済的問題，不安定な居住）

セクション 2　個別的リスク・ニーズ要因

B1.　犯罪に至る可能性のある個人的問題
　　　（2）「サイコパシー」の診断
　　　（6）アンガーマネジメントの欠如
　　　（9）社会的スキルの乏しさ
B2.　犯行歴
　　　（2）性的暴行，家族外の小児・青年―女性の被害者
　　　（8）身体的暴行（家族外の成人被害者）
　　　（18）ギャングへの参加

（次頁へ続く）

(表10.4 続き)

セクション5　個別的反応性の考慮

1. 治療の障壁としてのモチベーション
2. 女性，性別に特有な問題
3. 低い知能
4. 反社会的パーソナリティ・サイコパシー

セクション9　ケースマネジメント・プラン

▼プログラムのターゲットと介入プラン

犯因性ニーズ	目標	介入
1.		
2.		
3.		

▼個別的反応性の考慮

反応性の問題	問題に対処するために提案されたアプローチ
1.	
2.	
3.	

セクション10　進捗記録

▼犯因性ニーズ

日付	犯因性ニーズ	改善	悪化	変化なし

Copyright © 2004 Multi-Health Systems Inc. 全著作権所有。In the USA, P.O. Box 950, North Tonawanda, NY 14120-0950, 1-800-456-3003. In Canada, 3770 Victoria Park Ave., Toronto, ON M2H 3M6, 1-800-268-6011. Internationally, +1-416-492-2627. Fax, +1-416-492-3343. 許可を得て転載。項目は，LS / CMI マニュアルに記載されている正式な基準を参照することなく採点してはならない。

第 3 部 実 践

LS/CMI セクション 1 下位項目	セントラルエイト リスク・ニーズ要因
犯罪歴 教育・仕事 家族・夫婦 レジャー・レクリエーション 交友 アルコール・薬物問題 犯罪指向的態度・方向性 反社会的パーソナリティ・パターン	犯罪歴 学校・仕事 家族・夫婦 レジャー・レクリエーション 犯罪指向的交友 物質乱用 犯罪指向的態度 反社会的パーソナリティ・パターン

▲図 10.1 LS/CMI とセントラルエイトのリスク・ニーズ要因

治療反応性をカバーしている。反応性要因のアセスメントは，LS/CMI においては包括的でもなければ，詳細なものでもない。そこでは主要な反応性要因のいくつかをカバーしているにすぎず，そのため矯正職員は他にも反応性に関する要因がないか探索するようにすべきである。

　最後に，LS/CMI の最も重要な特徴であるが，それはアセスメントとケースマネジメントとの統合である。表 10.4 のセクション 9 をみるとわかるが，矯正職員は犯罪者の犯因性ニーズに優先順位をつけ，犯罪者に変化のための具体的な目標設定をさせ，これらの目標に到達するための方法を選択しなければならない。さらに，クライエントとコンタクトするたびに，目標到達に向けた進捗状況または進捗のない状況について，記録することになっている（セクション 10）。こうした情報すべてが，1 冊の冊子となっており，矯正職員が犯罪者のリスクやニーズについて，構造化された方法で注意をもち続けることが確実にできるようになっている。要するに，第 4 世代の犯罪者アセスメントは，犯罪者のリスク，ニーズ，治療反応性情報の包括的サンプリングであり，この情報をケースマネジメントに統合するものである。ニーズのアセスメントには，犯因性ニーズ，非犯因性ニーズの双方が含まれているが，それはどのタイプのニーズも処遇計画には影響するからである。図 10.2 は，リスクアセスメントの 4 世代をまとめたものである。リソースノート 10.1 には，LS/CMI によるアセスメントの事例を載せた。

第10章　犯罪行動の予測と犯罪者の分類

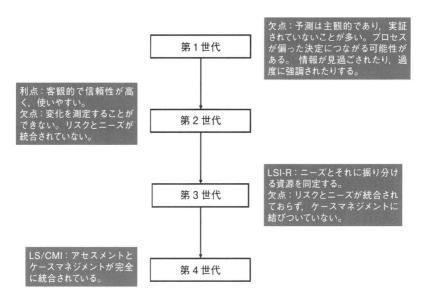

▲図10.2　リスクアセスメントの4世代

リソースノート10.1　LS/CMIによる犯罪者アセスメント

　LS/CMIは，多様な目的で使用することができる。LS/CMIは，保護観察官が社会内指導のためのケース計画作成に役立てたいときや，更生保護委員会が釈放の意思決定をしたり，釈放にあたっての条件を決める際，さらに刑務所の分類担当官が，受刑者の適切な保安分類や処遇計画を立てる際に実施することができる。保護観察官は，判決前レポートの準備の一部として，LS/CMIを活用することもできる。判決前レポートとは，裁判所が判決を決める際の手がかりとして，裁判官によって要請されるものである。LS/CMIを実施することは，裁判所の手助けになるだけでなく，以下に示す例のようなケースを指導することになった際に，保護観察官の手助けにもなる。

　以下に示す判決前レポートの例で，太字の部分はLS/SMIをスコアするうえで

257

重要な情報である。斜体で示した部分は，レポートに関する簡単なコメントである。

判決前レポート
氏名：フランク・ブラウン
生年月日：1984年2月14日
年齢：23歳
日付：2006年4月13日

アセスメントの理由
　マコーミック判事は，2006年5月15日に判決を控えているブラウン氏に対する判決前レポートを要請した。裁判所は，社会内処遇の適性を考慮し，処遇上の提言を求めた。

情報源
　クライエントが社会にもたらすリスクの程度，およびそのようなリスクに結びつく本人の特徴，そしてそのうちのいくつかは，さまざまな有効な介入や治療によって対処ができるかどうかを見極めるために，処遇レベル／ケースマネジメント質問紙（LS/CMI）を実施した。LS/CMIには，従来の判決の原則，最も代表的なものとしては犯罪の深刻さのような項目は含まれておらず，そのため，判決の際にはこうした事項を考慮することなく活用するべきではない。
　ブラウン氏には，4月10日に面接を行なった。彼の内縁の妻からブラウン氏の情報のいくつかの裏づけを得ようとしたが，コンタクトを取れなかった。しかし，彼の母であるエドナ・ブラウン夫人と彼の姉の1人（ウェスト夫人）と話をすることができた。その他の情報源としては，前回の判決前レポート（2000年3月25日）と，彼の前回の指導に関する保護観察ケース記録がある。
　この時点で，レポートには，LS/CMIのセクション1（一般的リスク・ニーズ要因）からの情報が，叙述的に記載されている。LS/CMIのセクション1は，リスク・ニーズ要因のセントラルエイトをカバーし，再犯予測についての全般的リスク・ニーズ・スコアが算出される。また，そのケースに関連する重要な犯

因性ニーズを特定する。

犯罪歴

　犯歴情報のスコアは，犯罪行動に関連した報酬の密度を反映する。長期間にわたる早発的な犯罪歴は，再犯の可能性を増加させる。さらに，LS/CMIのこのセクションは，矯正指導に対する従順さや，彼らの犯罪パターンの深刻さに関しても触れている。

　ブラウン氏は，最近，3件の財産犯で有罪となっている（2件が空き巣で，1件が盗品の所有である）。ブラウン氏の以前の犯罪に対する保護観察期間は，昨年満了となった。彼は，1度も刑務所に収容されることはなかった。ブラウン氏には，少年非行歴はない。しかし今回は，ブラウン氏が成人となってから，2度目の訴追である。2年前，彼は盗品所持で，1年間の保護観察を言い渡されており，これは私の指導下で**無事満了**した。

教育・仕事

　LS/CMIのセクション2（個別的リスク・ニーズ要因）では，ある種の犯罪（例えば，性犯罪，家庭内暴力）に特徴的なリスク・ニーズ要因となる可能性のあるものを含めることによって，セクション1の一般的リスク・ニーズ要因をさらに拡張する。LS/CMIに基づくレポートは，LS/CMIのセクションの順序に従う必要はない。実際，LS/CMIをそのまま引き写したようにレポートを書いたならば，それは冗長でくどくなってしまう。面接のなかで，犯罪者は，レポートのさまざまな部分のスコアに活用することができる情報を提供することがある。読み手は，LS/CMIのさまざまなセクションに資するような情報が，このセクションのどこに提供されているのかを読み取ることができる。教育・仕事のセクションは，対象者が学生なのか社会人なのかに基づいて，スコアがなされる。ブラウン氏の場合は，仕事に関する犯因性ニーズに基づいてスコアされ，彼が職を有しているか否かだけでなく，それがブラウン氏にとって満足のいくものかどうかということも含まれる。

　ブラウン氏は，12年の教育を終了し，直後に自動車工場の組み立てラインで働き始めた。ブラウン氏は，車のフロントガラス取りつけの訓練を受けているが，

彼は職業について「それはたんなる仕事」と述べている。彼は，仕事にほとんど熱意をみせておらず，ルーティーンに飽きていたことや，もっとやりがいのある仕事を見つけたいと思っていたことを認めている（セクション2.1「成績不良」）。ブラウン氏は，上司とうまくいっていなかったと述べ，上司のことを心が狭い「暴君」だったと述べている。同僚との関係は，満足のいくものであった。ブラウン氏は，同僚と一緒にランチを食べ，コーヒー休憩をともに過ごしていた。まとめると，ブラウン氏は，職場であまり満たされていると感じていない人物だと描写できる（これもまた，セクション2.1「成績不良」）。

家族・夫婦

このセクションでは，犯因性問題ではないが，そのクライエントを指導するうえで関連するような，クライエントに関わる他の問題についての情報の提供を受ける。ブラウン氏がパートナーや父親から受けた被害は，彼の人生にポジティブな変化をもたらすことの障害となりうるし，対処する必要のある情緒的ストレスとなる。また，このセクションで強調されていることは，彼の妻による反社会的な支持であり，さらに彼の姉が彼の指導の助けになるかもしれないという可能性である。

ブラウン氏と彼の内妻（シェリー）との関係には，問題があるようだ。彼らは，8か月同棲しており，子どもはいない。ブラウン氏は，シェリーのことを「少し荒っぽい」と述べている。彼女は，よく何もいわずに家を空け，何日も留守にすることがあった。ブラウン氏は，彼女が大酒を飲んでいると疑っている。また，彼女は何度も逮捕されたことがある。家にいるときは，このカップルはしばしば飲酒をし，その後はよく喧嘩になっていた。ブラウン氏は，内妻を殴ったことは1度もないと述べている。それとは逆に，彼女は彼によく手を上げて，誰か好きな人と出て行ったり，お前など「くだらない人間だ」といって「威嚇」をしたりすることがあった。（セクション4「身体的，情緒的虐待の被害」）。ブラウン氏は，彼の婚姻関係のことを話すときは，目にみえて興奮し，この問題をパートナーとどのように話し合えばよいのかわからないという事実を認めた（セクション2.1「ソーシャルスキル不足」）。私は，シェリーからこのコメントを確認することはできなかったが，ブラウン氏の母親は，彼の婚姻状況につい

ての証言に同意している。

　エドナ・ブラウン夫人は，息子は手に負えない子どもだったと述べている。彼の父親はアルコール依存症で，飲むと子どもを繰り返し虐待した。フランクは家族で唯一の男の子だったので，父親は自分の息子に手を上げ，それをフラストレーションのはけ口としていた（セクション4「*過去の身体的虐待*」）。フランク・ブラウンが16歳のとき，父親は自動車事故で死亡した。ブラウン氏は，クリスマスと母親の誕生日にしか母のもとを訪れておらず，母親に個人的なことを話すことはできないと認めている。

　家族には2人の姉がおり，スプリングフィールドから1時間のところに離れて暮らしている。にもかかわらず，ブラウン氏は，時間をやりくりしては，姉に電話やメールで定期的に連絡を取っていた。姉は2人とも，法的な問題を起こしたことは1度もない。彼の既婚の姉，エリザベス・ウエストと話をしたなかで，姉は2人とも弟のことを心配しており，できること限りのサポートをしたいと思っていることがわかった（これは，ストレンクス要因の可能性があることに*留意*）。彼女はまた，彼はいつも内気で，引きこもりがちであったが，少し飲酒するとリラックスし，社交的になったことから，ブラウン氏はアルコールを脱抑制のために用いているようであると言及した。

レジャー・レクリエーション

　このセクションでは，ブラウン氏のレジャー活動のポジティブな面（例えば，音楽への熱意）と，無計画に時間を過ごしすぎることの危険性についての両面を示す。

　ブラウン氏は，非常に音楽的な才能があり，1人でまたは仲間のミュージシャンの小グループで，ギターの練習をすることに非常に多くの時間を費やしている。彼は，仲間のことを年上の「家族」たちと呼んでいるが，彼とその仲間は，月に1回くらい，さまざまな種類の社交イベントで演奏を頼まれ，それで少しの賃金を得ていた。ブラウン氏は，この仕事には個人的に満足しており，音楽で身を立ててみたいと述べている。

　彼には，他に個人的に興味のあるものや，趣味と呼べるものは何もない。典型的な1日は，家に戻って夕食を取り，テレビを観たり内妻とビールを飲みな

がらギターを弾いたりしている。週末は,彼と内妻はいつも昼ごろまで寝ており,食品の買い出しに行ったり,夕方には友人とパブに繰り出したりしている。

交友関係

交友関係は,犯罪行動の主要な相関因子であり,LS/CMIは,このリスク・ニーズ要因に特別な注意を払っている。他の犯罪者リスクツールで,犯罪への社会的支持に対して,このような種類の注意を払っているものはない。また,このセクションの最後では,セクション1の「向社会的態度・方向性」下位尺度の項目のスコアリングを可能にする情報が得られることにも留意されたい。

ブラウン氏の職場の友人は,彼の知る限り,誰にも犯罪歴はない。ブラウン氏は,彼らとの交友を楽しんでいたが,職場の外で彼らと会うことはほとんどなかった。彼は,現在の友人は,仲間のミュージシャン2人に限られていると報告しており,彼らはきわめて真っ当であると述べている。しかし,ブラウン氏は,内妻の広い交友関係に引き合わされ,その仲間に気持ちよく溶け込んでいる。彼らは皆飲酒をし,なかにはドラッグを乱用したり,犯罪に関わったりしている者もいる。彼らをどのように思っているかと尋ねたところ,彼らは「とても楽しい」「彼らが誰にも迷惑をかけない限りは,少しくらいハイになって,ちょっとした犯罪に関わったとしても,どうでもいいじゃないか」と答えた。

アルコール・薬物問題

アルコール・薬物問題の領域は,たんにその犯罪者が物質乱用問題を抱えているか否かという問題ではなく,その問題がいかに犯罪行動と関連しているかを理解する必要がある。つまり,面接者は,物質乱用が仕事,家族,個人的な自己統制の領域をどのように阻害していたのかに関する情報を集めるようにする。ここでも注意が必要なことは,ブラウン氏は,被害者に与えた損害を最小化して考えることで,いかにして自分の犯罪を合理化しようとしているかに留意する必要がある。さらに,ブラウン氏が,治療に参加する意欲を示さなければ,そのときには治療反応性の問題を査定しなければならない。

ブラウン氏は,父親の死後,日常的に飲酒するようになった。およそ1年後,深酒をやめ,仕事に腰を落ち着けた。ブラウン氏は,内妻に出会った後,「少し

だけ酒量が増えた」と気づいていた。毎日どれくらい飲んでいたかを答えるように尋ねると，平日の夜はビール5〜6本，週末はビール8〜9本くらいだと見積もっていた。彼はほとんどいつも，内妻と一緒に飲酒していたが，しばしば「馬鹿げた小さなこと」で喧嘩になった。ブラウン氏の母親は，「彼が父親と同じ癖をやめない限り」（ブラウン氏の父親のアルコール依存のことを指している），息子に会うつもりはないと述べている。

努めて事実を確かめてみた限り，ブラウン氏は職場では飲酒をしていない。しかし，二日酔いのために何度も仕事を休んでおり，上司に2度叱責されている。さらに，今回の犯罪は，友人と飲酒した後に始めている。ブラウン氏は，その夜のことをほとんど覚えていないが，「大した被害はなかった」し，もち主は「いずれにしても盗まれた物を取り戻せた」と述懐している。アルコール乱用の治療プログラムに参加してみる気はあるかどうか話し合ったところ，ブラウン氏はすぐさまその提案を退け，過去に酒量を減らしたことがあるし，将来もそうすることができる，そんな治療は税金の無駄遣いだと述べた（セクション5，治療反応性，「障壁としてのモチベーション」）。

ブラウン氏は，現在，ドラッグを使っていないし，興味もないと主張している。彼は，友人と一緒に大麻を試したことがあると認めているが，それは眠くなっただけだったという。

犯罪指向的態度・方向性

犯罪指向的態度のアセスメントは，通常，犯罪行動や社会的な約束事（仕事，権威など）に対する態度の表明について，面接を通して注意深く話を聞くことによって行なう。

ブラウン氏は，われわれの面接のなかで，何度も，反社会的行動に対する支持を表明した。彼は，アルコールのせいにすることで，現在の自分の犯罪への関与を矮小化した。さらに，ブラウン氏は，今の友人たちとつき合うことは問題ないと感じており，彼らとの交わりを大切に思っている。よりポジティブな面の特徴としては，ブラウン氏は，仕事は大切な活動であると考えており，「福祉の世話になっている者も含めて」，誰もが皆生活のためには仕事をすべきだと感じている。彼は，今の仕事や上司が特に好きなわけではないが，仕事を辞め

るつもりはなく，職場に意欲的なメンバーとしてとどまりたいと思っている。ブラウン氏は，過去に保護観察の指導を受けているが，いつもアポイントメントを守り，保護観察遵守事項にも従った。かつての保護観察の時期に関していえば，担当保護観察官との間に，望ましい協働関係を築いていたことは明らかである。しかしブラウン氏は，今回の有罪判決については，強く意義を唱えている。罪悪感を抱く代わりに，彼は，あのときは泥酔していたのだから，近所の商店主は自分を訴えるべきではなかったと考えている。損害について問われたとき，彼は責任を認め，今後弁済することを受け入れたものの，店はきっと保険に入っていたはずだとつけ加えた。

反社会的パーソナリティ・パターン

　反社会的パーソナリティ・パターンの下位項目では，犯罪行動に関連する一般的パーソナリティや行動パターンをアセスメントする。大部分において，ブラウン氏は，反社会的パーソナリティを有する高リスク犯罪者によくみられる不安定性を示すことはほとんどない。

　成人してから，ブラウン氏は2度，法的な問題を起こし，いずれも有罪判決を受けている。しかし，子ども時代の行動的問題や青年期の非行の証拠はない。彼には，家庭内においても，他人に対しても，暴力的行動に出た経歴はない。いくぶん自己中心的ではあるが，特段冷淡な人物というわけではない。ブラウン氏は，ときに衝動的に行動し，特にアルコールの影響下では顕著である。

　ブラウン氏は，精神科的治療を受けたことはない。現在，判決を待っていることへの不安はあるが，抑うつや自殺念慮の証拠はない。

　ブラウン氏は，経済的困難については何もないと否定している。彼は，アパートを借りており，車を所有しているが，支払いは完全に済ませている。大きな借金はなく，収入の範囲で生活していけると述べているが，贅沢をする余裕はないともつけ加えた。ブラウン氏は，市街地の住宅街に居住しており，そこは特に犯罪の多い地域ではない。彼は，引っ越しをするつもりはない。

要約と提言

　このセクションでは，保護観察官が，どのようにしてブラウン氏の再犯リス

クを見積もったうえで，裁判官が拘禁ではなく社会内処遇を考慮するに足るような処遇計画の概要を示すのかに注目されたい。

　ブラウン氏の生育歴を振り返るなかで，彼の前回の保護観察命令時に比べて，今回の状況の一番大きな変化は，彼が飲酒を再開したことであり，それは内妻とその友人との関わりにおいて促進された。犯罪行動を支持するような態度や価値観の表明が増加したこともまた，彼の社会的交わりの影響を受けている可能性がある。

　ブラウン氏が，以前の犯罪で判決を受けたとき，彼はLS/CMIでのアセスメントでは，低リスク・ニーズのカテゴリーに分類された。今回，ブラウン氏のアセスメントでは，彼の再犯リスクは中程度であると分類される。リスクが増加したのは，彼の犯罪歴が依然限定的ではあるものの増加したこと，アルコール乱用を続け，それが増大していること，婚姻関係が不安定であること，犯罪に関与している者とのつき合いやともに過ごす時間が増加していること，仕事への不満が増大していることによる。中リスクカテゴリーの保護観察対象者が，2年間の間に再犯をするリスクは48％である。しかし，強力な介入をすれば，その可能性をいくらかは抑制することが期待できる。

　今回のアセスメントでは，クライエントが不要であるとの考えをもっているにしても，アルコール乱用に対するカウンセリングの必要性があることがわかった。そして，仲間とのより向社会的なネットワークを発展させる必要があることもわかった。犯罪や飲酒行動に関係しない人々との結びつきを増やすことは，余暇時間をより生産的なものにすることにつながる。彼の2人の姉は，弟に対するポジティブな気持ちを表明しており，向社会的な活動（例えば，彼の音楽への関心）を行なうことを後押ししてくれるだろう。

　ブラウン氏が保護観察中に遵守事項を守っていたことをみると，治療参加を条件として，再度保護観察とすることは，ブラウン氏のモチベーションを高め，アルコール乱用に対するコミュニティの資源を活用させるうえで有益であろう。内妻とのつながりは既に断絶寸前のようであり，そのことによって今の反社会的な仲間との接触は減るだろうし，それに伴って犯罪指向的態度を抑制することにもつながるだろう。さらに，社会内で指導することによって，ブラウン氏は仕事を続けることができ，保護観察官の指導の下，向社会的なネットワーク

を拡大するために，職場の仲間との関係を構築することにも資することができる。

上級保護観察官　J・ワードスミス

Copyright © 2006 Multi-Health Systems Inc. All rights reserved. In the USA, P.O. Box 950, North Tonawanda, NY 14120-0950, 1-800-456-3003. In Canada, 3770 Victoria Park Ave., Toronto, ON M2H 3M6, 1-800-268-6011. Internationally, +1-416-492-2627. Fax, +1-416-492-3443.
許可を得て再掲。項目のタイトルは，LS/CMI マニュアルの正式な基準と照らしてスコアすること。

6節　理論に立脚した犯罪者アセスメントの一般的適用可能性

　一般的パーソナリティ理論および認知社会的学習理論では，行動の多様性は社会的学習理論の基本的原則で説明できると考える。個人の行動は，個人的，対人的状況，および行動の直近の状況における報酬とコストのコントロール下にある。今述べたなかの「行動」という用語には，「犯罪的」という限定的な形容詞がなかったことに着目されたい。これは意図的なものである。学習の一般原則（モデリング，オペラント条件づけ，古典的条件づけ，自己統制）は，あらゆる行動に適用可能である。また，セントラルエイトは，一般的パーソナリティ理論および認知社会的学習理論による主要なリスク・ニーズ要因である。このことは，犯罪行動の心理学にとって，この理論的見地から導かれたアセスメントや治療の方略が，さまざまなタイプの犯罪者集団（女性，マイノリティ，精神障害者など）や犯罪行動（粗暴犯罪，性犯罪など）に広く適用可能であることを意味している。処遇レベル質問紙（LSI-R, LS/CMI など）は，そのような見地から開発された。本項では，さまざまな犯罪者サンプルや犯罪的アウトカムを通しての処遇レベル質問紙の適用可能性に目を向けたい。

異なった集団における処遇レベルリスクアセスメント

　刑事司法システムには，若年犯罪者もいれば，大人の犯罪者もいる。男性犯罪者，女性犯罪者，貧しい者，裕福な者，そして精神障害に罹患している者もいる。たくさんの方法で犯罪者をグループ分けすることができ，そのとき彼らの犯罪行動には違いがあることがわかる。例えば，男性は女性よりもより犯罪に加担しやすい。しかし，このことは，グループによってリスク要因が本質的に異なることを意味しているのだろうか。この疑問に答えるために，年齢，性別，人種・民族に関する処遇レベル質問紙の予測的妥当性についてのエビデンスをみてみよう。

年齢

　少年用 LS/CMI（Youth Level of Service/Case Management Inventory: YLS/CMI）（Hoge & Andrews, 2002, 2011）は，セントラルエイトのリスク・ニーズ要因を中心にまとめられた 42 項目から成る。この質問紙にはまた，6 つのパートがあり，42 項目に基づく一般的なリスク・ニーズ・スコアとケースマネジメント・プランが含まれている。成人用 LS/CMI 同様，少年用の処遇レベル質問紙は，理論および少年に対する妥当性に基づいている（Hoge, 2009）。少年用 LS/CMI を実施するのは，通常 12 歳から 17 歳の少年であるが，10 歳程度の児童にも用いることができる。

　Schwalbe（2007）は，全再犯に対する少年用 LS/CMI の予測的妥当性を検討した。尺度に対する 11 の検証によって，.64 という平均 AUC が求められた。この AUC の値は，彼のレビューに含まれた他の少年用リスクアセスメント（少年用 PCL-R など）と同等のレンジにある。Schwalbe はまた，少年用 LS/CMI のポジティブな予測的妥当性を覆すには，いくつのネガティブな知見があればよいかの推計も行なったが，結果は 48 だった。

　別のメタアナリシスでは，Olver ら（Olver, Stockdale, & Wormith, 2009）によって，少年に対して用いられた 3 種のリスクツールについての 44 の研究が見出された。22 研究は，少年用 LS/CMI（または，そのわずかな改訂版）に関する

第3部　実　践

もので，27 研究がサイコパス・チェックリスト少年版（PCL: YV），そして 9 研究が少年用暴力リスク構造化アセスメント（Structured Assessment of Violence Risk in Youth: SAVRY）についてだった。3 種のツールすべてが，全再犯および粗暴再犯を予測し，どれかが抜きん出ているということはなかった。少年用 LS/CMI については，全再犯の平均 AUC は .68（$k = 19$）で，粗暴再犯は .65 だった。

性別

　LS 尺度はまた，男性にも女性にも同等に適用できることが期待されている。しかし，この意見は議論を呼び起こしかねない。というのも，フェミニスト学者のなかには，LS 尺度は大部分が男性サンプルをもとに開発されたため，男性の基準を女性に押しつけるものだと指摘している者がいるからである（Hannah-Moffat, 2009）。さらに，特に LSI-R は，性別に関連する変数（情緒的苦悩，低いセルフエスティームなど）に十分な注意を払っていないといわれている。性別に関連する変数は，セントラルエイトには含まれておらず，そのため LSI-R の項目にもない。

　女性犯罪者への LS 質問紙の使用を支持しない知見を報告する研究は，常に存在する（Holtfreter, Reisig, & Morash, 2004; Reisig, Holtfreter, & Morash, 2006）。こうした理由から，メタアナリシスの結果は重要である。なぜなら，それは何が標準で何が外れ値かについてのより真実に近い情報を教えてくれるからである。Smith, Cullen, & Latessa（2009）は，LSI-R と女性犯罪者の再犯に関するメタアナリシスを実施した。レビューされた研究には，合計 14,737 人の女性が含まれていた。平均 AUC は，.70（$k = 27$）だった。これらの知見は，他のレビューでも追試されている。Andrews ら（Andrews et al., 2012）は，LS/CMI と再犯予測性を検討することによって，実はこの尺度は女性の再犯予測のほうが優れていることを見出している。男性に対する平均 AUC は，.75 であったが，女性の AUC は .83 だった。LS 尺度（LSI-R, LS/CMI, YLS/CMI）に関する最大のメタアナリシスでは，男性の平均 AUC は，.67（$N = 77{,}920$）で，女性は .68 だった（$N = 17{,}802$）（Olver et al., 2014）。Geraghty & Woodhams（2015）による 9 種のリスク尺度のレビューでは，LS 尺度は他のアセスメント尺度（PCL-R,

COMPAS, OGRS, HCR-20 など）よりも女性に対する精度が優れていた。少年用 LS/CMI もまた，性別に対する特別な調整は行なっていないが，Schwalbe（2008）のメタアナリシスでは，男子での AUC は .68（$k = 4$）で，女子では .72（$k = 3$）だった。しかし，解析に用いることのできた研究が少なかったことには注意が必要である。

　研究者は，「性別を考慮した」要因が，LSI-R のスコアを超えて予測力を高めるのかどうか検証している。このような研究の最先端にいるのは，シンシナチ大学の Van Voorhis らである。彼女らは，LSI-R に追加して女性のために用いる「増補版」を開発した（Van Voorhis, 2009）。この増補版は，女性に対して特に重要だと考えられた自記式の 2 セットの尺度で構成されている（Van Voorhis, Wright, Salisbury, & Bauman［2010］が用いた用語では，「性別反応的」項目）。例えば，その尺度には，怒り・敵意，成人での被害体験，育児ストレス，セルフエスティームなどが含まれている。

　コロラド，ハワイ，ミネソタ，ミズーリ州で，3 種類の女性犯罪者サンプル（受刑者，保護観察対象者，釈放前犯罪者）を用いて，妥当性検討のための研究が実施された。コロラド，ハワイ，ミネソタでは，LSI-R が用いられたため，LSI-R の予測的妥当性が，性別を考慮した増補版と比較された。Van Voorhis ら（2010）によって，2 つの重要な知見が報告された。第 1 に，多くの増補尺度がアウトカムを予測した（受刑者の重大な規律違反行為，犯罪者の社会内での再犯）。しかし，サンプルを問わず一貫して予測した尺度は 1 つもなかった。例えば，関係不全と児童虐待は，受刑者の刑務所規律違反を予測したが，コロラドの釈放前受刑者の再犯は予測せず，ミネソタの保護観察サンプルの再犯は予測した。第 2 に，性別を考慮した増補版は，大部分の分析において予測を改善したが，全部ではなかった。このように，結論はまだ出ておらず，性別を考慮した変数が LSI-R や他のアセスメント尺度の予測力を常に向上させるのかどうかを見極めるには，なお一層の研究が必要である（Garcia-Mansilla, Rosenfeld, & Nicholls, 2009; Ostermann & Herrschaft, 2013; Wright, Van Voorhis, Salisbury, & Bauman, 2012）。今後の研究ではまた，性別を考慮した要因が，本当に性別特異的なものかどうか確かめるために，これらの要因を男性犯罪者サンプルにも適用して検証することも必要である（例えば，虐待体験は男性犯罪

者にも影響を与えているかもしれない)。

　女性と犯罪に関するわれわれの理解に大きな影響を与えたものは,「犯罪への経路」モデルである (Wattanaporn & Holtfreter, 2014)。Daly (1992) は,女性は男性がたどるものとは違う5つの経路をたどって犯罪に至ると提唱した。また,最大8通りの経路があると述べる者もいる (Brennan, Breitenbach, Dieterich, Salisbury, & Van Voorhis 2012)。Daly は,以下のような5つの経路を仮定している。

1. ストリートウーマン：虐待から逃れ,売春,窃盗,薬物などを通して路上で生き延びている
2. バタードウーマン：深刻な被害体験があり,他者に対して攻撃的に行動化している
3. 薬物との結びつき：しばしば親密な関係にある者と一緒に,薬物を使用・密売している
4. 被害と加害：慢性的な犯罪性を有し,身体的・性的な被害体験がある
5. その他：経済犯罪（窃盗,横領）

　このような経路によるアプローチは,一般的パーソナリティ理論および認知社会的学習理論における犯罪には多様な経路があるという見地と一致している。例えば,家庭での虐待は家出につながり,路上で生きるために家出少女は,売春,窃盗,薬物使用,薬物密売などに手を出すようになる。性別による経路に使われた指標のほとんどは,よく知られたリスク・ニーズ要因であることに注目されたい。しかし,経路モデルは,女性にとっては男性よりも重要な犯因性ニーズがあることを示唆している。最近のエビデンスによると,これが実際に当てはまるケースがある。例えば,Van Voorhis ら (2010) は,LSI-R の下位尺度であるアルコール・薬物は,Andrews ら (2012) が示したように,特に再犯の予測力が大きいことを見出している。また,Rettinger & Andrews (2010),および Heilbrun ら (2008) は,低リスクの女性にとっては,経済的問題が重要な予測因子であることを見出した。

　女性にとって適切なリスク・ニーズアセスメントをめぐる議論は,間違いな

くこの後も続くであろう。それは，1つにはフェミニスト学者が訴えている基準を満たすことがほとんど不可能だからである。例を挙げると，下の引用はLSI-Rの女性犯罪者への適性を議論した一連の論文へのMorash（2009）による編者序言である。

> 論文とそれに対する応答は，他の多くの疑問点を俎上に載せた。LSI-Rは，女性犯罪者への*最善の予測因子*であろうか（斜体は原文のまま）。社会的学習理論や認知心理学（LSI-Rの理論的基盤）は，女性の犯罪および犯罪への躊躇を説明する*最善の*（斜体は引用者）理論だろうか。(p.173)

> 特定の複数の理論を，明瞭かつ合理的な方法で統合することはできない（すなわち，認知心理学，および少女と女性の違法行動の説明としての経路モデル）。(p.177)

引用では，LSI-Rが満たすべき基準は**最善の**ものでなければならず，一般的パーソナリティ理論および認知社会的学習理論では，女性の犯罪性を説明できないことが既に宣言されているので，それは不可能だとされている。しかし，フェミニスト学者は，性別に特有の実証的なリスク・ニーズ要因を見つけることは困難だとわかっている。一般的心理学においては，エビデンスは男女間には相違点よりも類似点が多いということを示している（Hyde, 2005）。性別間の類似点に関する仮説について，106研究のメタアナリシスのレビューでは，Zell, Krizan, & Teeter（2015）は，性別間の相違点があったとしても，それらは小さいものであることを見出している（rはおよそ.10）。

人種・民族

人種や民族に関するLS質問紙についての研究は，その数において女性犯罪者研究に比べると見劣りがする。LS質問紙はカナダで開発されたものであり，カナダの犯罪者人口においてアボリジニ・先住民の割合が不釣り合いに高いことを考えると，こうした犯罪者に対する尺度の適用可能性に関して，いくらかの関心が寄せられている（Bonta, 1989; Tanasichuk & Wormith, 2009; Wormith,

Hogg, & Guzzo, 2015)。LSに関する研究はまた，アメリカ (Holsinger, Lowenkamp, & Latessa, 2006)，オーストラリア (Hsu, Caputi, & Byrne, 2009, 2010; Shepherd, Adams, McEntyre, & Walker, 2014b; Watkins, 2011) のような，アボリジニ・先住民の人口が多いその他の国でも関心がもたれている。

Wilson & Gutierrez (2014) によるメタアナリシスは，アボリジニ・先住民犯罪者へのLS質問紙の予測的妥当性を検証した。21,000人以上のアボリジニ・先住民犯罪者を含む，独立した16サンプルを有する12の研究が見出された。全再犯の予測に対する平均AUCは，.67だった。Wilson & Gutierrezはまた，LS下位尺度の予測的妥当性も検証した。非アボリジニ・先住民犯罪者と比較すると，5つの下位尺度（犯罪歴，教育・仕事，交友，アルコール・薬物，犯罪指向的態度）は，アボリジニ・先住民に対する予測力が小さかった。この知見は，再犯予測に関していくつかの下位尺度のウェイトが大きかったという点で，女性犯罪者に対するLS尺度の研究結果を思い出させる。

他の民族的グループへの研究では，結果が一層まちまちであった。アフリカ系アメリカ人やヒスパニックに対するLS尺度の使用を支持する研究もあれば (Lowenkamp & Bechtel, 2007)，LS尺度がヒスパニックの再犯は予測するが，アフリカ系アメリカ人は予測しないとの研究もあった (Fass, Heilbrun, Dematteo, & Fretz, 2008)。また，アフリカ系アメリカ人の予測は優れているが，ヒスパニックの予測は劣っていたとの報告もあった (Schlager & Simourd, 2007)。少年に関しても，結果ははっきりしていない (Bechtel, Lowenkamp, & Latessa, 2007; Onifade et al., 2008)。入手可能なエビデンスでは，LS尺度はアフリカ系アメリカ人やヒスパニックの再犯を予測するようであるが，効果量は小さい。これは，アボリジニ・先住民犯罪者にも当てはまる。Olver, Stockdale, & Wormith (2014) のLS研究のメタアナリシスでは，平均AUCは.57であった。白人では効果量はずっと大きく，.64から.69のレンジであった。残念であるが，アボリジニ・先住民以外の民族的グループに対するLS質問紙の妥当性について結論を下すには，まだ研究が少なすぎる。Olverらですら，メタアナリシスのための十分なデータを得るためには，アボリジニ・先住民サンプルと少年用LS/CMI研究を含まなればならなかった。

要約

　一般的に，LS質問紙で測定された一般的パーソナリティ理論および認知社会的学習理論によるセントラルエイトは，年齢，性別，そしてある程度は人種や民族を問わず適用できる。今後も1次研究は，LS尺度に代表される一般的パーソナリティ理論および認知社会的学習理論による見地が，実務的有効性があることの理解を深めることに役立つであろう（Chenane, Brennan, Steiner, & Ellison, 2015; Gordon, Kelty, & Julian, 2015; Listwan, 2009; Manchak, Skeem, Douglas, Siranosian, 2008; Shepherd, Luebbers, Ogloff, Fullam, & Dolan, 2014a）。これらすべてのことが意味するのは，一般的パーソナリティ理論および認知社会的学習理論で見出されたリスク要因は，幅広い犯罪者に適用できるということである。この知見は，性別，人種，民族の重要性を過小評価するものではない。それはたんに，セントラルエイトのリスク要因が，サンプルを問わず犯罪に影響を及ぼしている程度を明らかにしているだけである。

LSリスクと粗暴犯罪

　本章の冒頭で（予測精度と2×2表），基準率が低い行動を予測することの難しさを示した。基準率が40〜60%のレンジに収まる非粗暴犯罪に比べて，粗暴犯罪の基準率はずっと低く（10〜20%レンジ），ある種の粗暴行為はもっと低い（例えば，近隣における性犯罪は5%）。基準率が低い行動の予測は困難であるにもかかわらず，被害者に与える害の深刻さを考えると，粗暴行動の予測には特別な関心が寄せられている。

　粗暴行為のリスクアセスメントに対処する一般的なアプローチは，特別なリスク尺度を開発することである。このアプローチの基盤にあるのは，粗暴行為を働く者は一般犯罪者とは大きく異なっており，特別な予測因子のセットが必要であるという考えである。暴力の予測に関して優れていると多くの人が考えているリスクツールの2つに，第8章で紹介したPCL-R（Hare, 1991）と暴力リスク査定ガイド（Violence Risk Appraisal Guide: VRAG）（Harris, Rice, & Quinsey, 1993）がある。ここで「PCCに基づく一般的尺度であるLSリスクア

セスメントは，粗暴行動の予測にも有益だろうか」という疑問がもち上がる。

この疑問に答える1つの方法は，粗暴再犯を予測するために特別に設計されたツールとLS質問紙を比較することである。3つのメタアナリシスによるまとめがあり，そこではLSI-Rの粗暴再犯の予測が，PCL-RおよびVRAGと同等であることが見出されている（Campbell et al., 2009; Gendreau et al., 2002; Yang et al., 2010）。表10.5は，これらのメタアナリシスをまとめたものである。粗暴犯罪に特化した尺度（PCL-RおよびVRAG）はいずれも，一般的ツールであるLSI-Rを凌ぐことはできなかった（これらの尺度の信頼区間が重なっている）。

一般的に，LS質問紙に関する研究によって，一般的かつ理論に立脚したアセスメント尺度は，粗暴犯罪リスク尺度と同等に粗暴犯罪を予測できることが示唆されている。粗暴リスク尺度に優るLS質問紙の長所の1つは，LS質問紙は，高リスク粗暴犯罪者を管理するうえできわめて重要な動的リスク要因を測定できるということである。暴力リスク尺度のほとんどは，静的項目から成っ

▼表10.5　LSI-Rと粗暴再犯

研究	k (N)	AUC
Campbell, French, & Gendreau（2009）		
LSI-R	19 (4,361)	.66
PCL-R	24 (4,757)	.65
VRAG	14 (2,082)	.68
Gendreau, Goggin, & Smith（2002）		
LSI-R	9 (2,777)	.67
PCL-R	7 (1,552)	.65
Yang, Wong, & Coid（2010）		
LSI-R	3 (355)	.67
PCL-R	16 (3,854)	.68
VRAG	17 (4,894)	.72

注：k = 効果量の数，N = 犯罪者の数

ており，動的リスク要因を無視している（Douglas & Skeem, 2005）。では，暴力の予測をもっと向上させることはできるだろうか。暴力に特化したリスク尺度に関する研究は継続して行なわれており，進捗もみられている。LS/CMIでは，反社会的パーソナリティ・パターンの下位尺度，および暴力を取り扱う特別な項目を導入することによって，予測精度の向上がもたらされたようである。例えば，Girard & Wormith（2004）は，LS/CMIによって測定された攻撃性の前歴，および反社会的パーソナリティ・パターンを合わせると，.75というAUCが得られることを見出した。

実証的基盤のあるリスクアセスメントツールを犯罪者更生に活用することの障壁

　一般的パーソナリティ理論および認知社会的学習理論は，治療目的で犯罪者リスクアセスメントを用いることを強く支持している。次章で述べるように，治療は再犯を低減させることができる。アセスメントと治療を結びつけるためには，最低でも犯因性ニーズを測定できる第3世代のアセスメントツールを用いることが必要である。しかしながら，実務家や矯正システムの多くは，研究知見の恩恵には十分に浴していないとの指摘がある。この状況には，おそらく2つの理由があるが，それについてコメントしたい。

1. 第2世代リスクアセスメントへの執着

　十分に妥当性が検証された第3，第4世代のリスクアセスメントツールがあることを考えると，多くの司法当局が第2世代の静的リスクアセスメントを単体で用いていること，あるいは第3世代リスク・ニーズアセスメントと併用していることには困惑させられる。この状況には，多くの理由がある。第1に，予測効率のほうが，包括的なアセスメントより重要だという意見がある。先述の通り，第3および第4世代のツールを用いて，そこから最も予測力の大きな項目を抽出し，その結果さらに短縮版のリスク尺度を開発している研究者がいる（Baird, 2012; Zhang, Roberts, & Farabee, 2014）。たしかに，短縮版リスク尺度は，完全版尺度のスコアと同等の効果量を示すかもしれない。しかし，こ

れらの短縮版は，主に静的項目から成り立っており，犯因性ニーズのアセスメントを失している。

　第2に，第1とも関連するが，犯罪者は治療不可能である，または治療に値しないという信念が，その基盤にあるのかもしれない。次章でみるように，エビデンスは犯罪者治療には効果があることを明確に示している。残念ながら，犯罪者には刑罰だけが有効だと信じていると，治療に関してほとんど何もできなくなる。そして最後に，短い静的な尺度を使用するのは，経済的制約ゆえかもしれない。実際のところ，第3および第4世代のアセスメントツールには，より多くのトレーニング，一貫性のモニタリングなどが必要で，なかには代金を支払わなければならないものもある。

2. 臨床判断を放棄することの抵抗

　われわれは，今や第4世代アセスメント時代にいるのに，なぜこんなに多くの専門家が，いまだに多かれ少なかれ自分の臨床判断に，あるいはそうでなくても保険数理的アセスメントに重きをおくのだろう。例えば，Vrieze & Grove（2009）による491人の臨床心理学者への調査では，ほとんどすべて（98%）が臨床判断を用いていると答え，31%が保険数理的方法を用いていた。その回答は複雑で，多くの要因を含んでいる。リソースノート10.2に，可能性のある「アセスメント破壊テクニック」のいくつかをリストアップした。

リソースノート 10.2 アセスメント破壊テクニック：保険数理的リスクアセスメントを用いることへの反論

反論	真実
「どちらか一方」ではなく，両方使う。	決断がなされた時点で，2つのアプローチが一致していないのならば，どちらかを採用しなければならず，両方を用いることはできない。
その尺度は，別のサンプルを元にして開発されたものであり，私のサンプルには当てはまらない。	新たなサンプルとは少々の統計的な違いがあるかもしれないが，問題となるのは，それが特別なサンプルであるときのみである。また，異なったバックグラウンドを有するスタッフによって判断が覆されたならば，その場面のために行なわれた臨床的予測は損なわれる。
1人の専門家としての私に，研究結果は当てはまらない。	何百人もの専門家を対象にした100以上の研究があって，専門家の予測は保険数理的ツールよりも劣っていると示しているのに，なぜあなたは他の専門家よりも自分が優れていると考えるのだろうか。
お金がかかりすぎる。	たしかにそうかもしれないが，会議に費やす時間，誰かを必要もなく拘禁するコスト，危険な犯罪者を同定できずに社会に危険が及ぶことなどをどう考えるか。
私は行動を変えたいのであって，たんに予測したいのではない。	行動を変えることが目標であるなら，結果の確率を知っておく必要がある。それによって，あなたの介入に効果があるのかどうか判断できる。
予測は集団のデータに基づいたものである。私が取り扱っているのは，ユニークな個人である。	この世の中は，確率によって導かれるものである。その個人が関連する集団に類似しており，そこに明白な違いがないのであれば，データを無視するのは愚かなことである。もし医者が，あなたに似たケースで手術の成功率は90％ですといったならば，それを無視するだろうか。
重要なデータは測定できないものだ。人間を数字に還元することはできない。	記録できるものは何でもコード化できる。また，合理的かつ実証的だということは，冷淡でクライアントに対して何の感情も抱かないということを意味するのではない。

（Grove & Meehl, 1996をもとに作成）

さらに着目すべきは，構造化臨床判断への人気の高まりである。このツールは，専門家がアセスメントにおいて何を考慮すべきかを構造化するが，リスクに関して犯罪者を分類する「スコア」に結びつけるのは保険数理的方法であり，その決断は専門家に任されている。構造化臨床判断の一例として，HCR-20 (Webster, Douglas, Eaves, & Hart, 1997) がある。HCR-20 は，履歴的な 10 項目（例えば，過去の暴力），臨床的な 5 項目（例えば，洞察力欠如），リスクマネジメント 5 項目（例えば，現実性のない計画）から成る 20 項目のツールである。各項目は得点化され（0, 1, 2 点），合計得点を計算するが，低・中・高リスクに該当するのは何点かという指示はない。専門家が最終的な判断をするのである。アメリカ，カナダ，オーストラリア，ニュージーランド，ヨーロッパの 434 人の司法専門家を対象にした国際的な調査で，Neil & Grisso (2014) は，暴力リスクのアセスメントにおいて，HCR-20 は PCL-R と一緒に用いられていることを見出した（専門家の 35.6% が，これらのツールを用いていると答えた）。

　構造化臨床判断は，構造化されていない臨床判断よりは改善されているようにみえるが，**性**犯罪者アセスメントに関するあるメタアナリシスでは，その予測精度は第 1 世代と第 2 世代アセスメントの中間くらいであることが見出された (Hanson & Morton-Bourgon, 2009)。より最近のメタアナリシスでは，全犯罪者に対する HCR-20 に焦点を当てている。Campbell, French, & Gendreau (2009) は，粗暴犯罪の予測における平均 AUC を .64 ($k = 11, N = 1,395$) だとしており，Yang, Wong, & Coid (2010) は，.75 ($k = 16, N = 4,161$) という，より大きな値の AUC を得ている。HCR-20 に関する 42 研究をレビューしたなかで，Douglas & Reeves (2010) は，AUC = .69 を報告している。

　HCR-20 は，保険数理的ツールの多くと同様の予測力がある。それでは，これらの知見と，HCR-20 と関連する臨床判断（第 1 世代のアセスメント）にはレベルの差があるという事実との間に，どう折合いをつければよいだろうか。おそらくその答えは，HCR-20 を実施する際に，どれだけ多くの注意を払うかにかかっていると思われる。Douglas & Reeves (2010) は，高いレベルの熟練が必要な，面接，心理テスト，複数の情報源からの情報収集など，HCR-20 を実施する際の複数のステップをまとめている。アセスメントに対するそのような高レベルの専門的コミットメントのプロセスは，HCR-20 や他の類似ツール

（SAVRY）（Borum, Bartel, & Forth, 2003; SVR-20: Boer, Hart, Kropp, & Webster, 1997）の予測的妥当性における重大な要因になるだろう。

専門家判断の活用に関して最後に述べておくべきことがある。それは，保険数理的リスクスコアに対する「専門家判断の優先」に関するものである。専門家判断の優先とは，ツールによって計算されたリスクレベルを変更することである（例えば，リスク尺度がその個人を低リスクとスコアしたのに，評価者がその犯罪の暴力的性格ゆえにリスクを中リスクに変更するようなケースである）。ときに，政策によって優先判断が規定されることもある（例えば，殺人犯はすべて拘禁の1年目には高リスクに分類し，その後より下のレベルに再分類するなど）。専門家はいつも決定を下す際には，相当の熟慮のうえで行なうべきである。それは，公平な司法システムの一部だからである。実際，LS尺度にも，優先判断を考慮してもよいセクションもある。

優先判断の実施は，抑制的であるべきで，合理的理由が必要である。しかし，多くの場合，それは過剰に用いられる。カナダ連邦刑務所システムでの女性に対する研究では，分類の27%が優先判断によって変更され，そのほとんどがより高いセキュリティレベルへの再分類であった（Thompson, McConnell, & Paquin-Marseille, 2011）。優先判断の過剰な活用は，矯正実務としては望ましいものではなく，予測のエラーを招きやすい（Bonta & Wormith, 2013; Bonta & Wormith, in press）。優先判断は，それを系統的にモニタリングすることによって，われわれのアセスメントを向上するための手段として活用すべきものである。そこに何らかのパターンがあるなら，アセスメントの新しい原則として統合すべきである（新原則の発見かもしれない）。

7節　犯罪者アセスメントの将来

犯罪者アセスメントは相当に進歩しており，早いペースで変化を続けている。第1世代のアセスメントへのアプローチである「専門家判断」は，もはやそれを擁護することは困難であるが，今なお用いられている所もある。エビデンス

に基づく第2世代アセスメントは,広く受け入れられているものの,その多くは静的リスク要因に焦点を当てており,犯罪者リスクマネジメントに対する有用性には限界がある。第3世代アセスメントに反映された犯因性ニーズの客観的アセスメントの重要性は,一般的パーソナリティ理論および認知社会的学習理論に基づくものである。

　第3世代アセスメントは,いずれ第4世代アセスメントに取って代わられるであろう。第3および第4世代のアセスメントの評価は,多様なサンプルとアウトカムを対象にして実施されており,新たな適用や改良へとつながっている。それは,少年および成人版の LS/CMI や LS/RNR として結実しつつある。近年みられ始めた2つのエキサイティングな発展としては,「急性」動的リスク要因のアセスメントに対する関心の高まりと（Hanson, 2009, 2014; Yesberg, Scanlan, Hanby, Serin, & Polaaschek, 2015）,リスクアセスメントに対する神経心理学的リスク要因の導入がある（Nadelhofer et al., 2012）。急性動的要因とは,きわめて短時間で変化しうるリスク要因のことである（例えば,酩酊,失業,社会的サポートシステムの崩壊）。神経心理学的リスク要因は,第3および第4世代アセスメントで明らかになったリスク要因と組み合わせて,第5世代犯罪者アセスメントを導くものとなるかもしれない。将来は実に明るいが,先に進むことができるのは,現在の研究知見にしっかり準拠した場合のみである。したがって,ここでは犯罪者アセスメントツールの使用にあたってのいくつかの一般的なガイドラインを提示して,本章を締めくくりたい（リソースノート10.3を参照）。

犯罪者アセスメントのガイドライン

　犯罪者アセスメントに関する研究には,目を見張るものがある。ここまで多くのことを学んできたが,ここでアセスメントに関して実務に役立つ具体的な提案をしたい。以下は,犯罪者アセスメント業務に関して考慮すべき「トップ

10」である。

1. リスクの保険数理的尺度を用いること

リスクの保険数理的アセスメントが臨床的アセスメントより有意に優れているという点で，エビデンスは一致している。これは，一般的犯罪者だけでなく，精神障害犯罪者，性犯罪者，パートナーに暴力を振るう男性など，特殊な犯罪者集団にも当てはまる。

2. リスクアセスメントは，予測的妥当性を示すべきである

活用できるアセスメントツールはたくさんあるが，それらについての研究は内的一貫性，表面的妥当性，評定者間信頼性などの心理測定的な特徴に限定されていることがある。実務家がツールを使うときには，その予測的妥当性を確認すべきである。なぜならそれは，矯正実務において，最も利用価値が高い種類の妥当性だからである。

3. アセスメントツールは，矯正実務に直接関連のあるものでなければならない

犯罪者に対処する際にわれわれが関心を抱くのは，2種類のタイプの行動についてである。それは，①ルール違反，②心理的不安定性である。これらはいずれも重要であり，ときに相互に関連しているが（例えば，パラノイア的妄想と暴力的攻撃），いつもというわけではない（例えば，抑うつは再犯と関連しない）。明確にしておく必要があるのは，情緒的・心理的機能は，たいていの場合，犯罪行動とは関連がないということである。したがって，犯罪行動のリスクをアセスメントするうえで，心理的不安定性はほとんど重要ではない。テスト実施者は，どのテストに予測力があるのかを知っておくべきであり，そのアセスメントが，状況に要請される予測アウトカムに特化したものであることを理解しておかねばならない。

4. 適切な理論から導かれたツールを用いること

伝統的な犯罪学，および犯罪に関する精神病理学の理論から導かれた共変量は，重要でないことが証明されている。社会的学習理論の見地は，最もたしか

な実証的支持を受けている。その理論では，犯罪行動は，認知・情緒・パーソナリティ・生物学的要因と，環境からの報酬およびコストの随伴性との相互作用の産物であると考える。一般的パーソナリティ理論および犯罪行動の社会的学習理論に基づいた犯罪者アセスメントツールは，その予測精度や広汎な場面およびサンプルに対する適用可能性において，確実なものを提供できる。

5. 犯因性ニーズをアセスメントすること

犯因性ニーズとは，リスクマネジメントにおいて，きわめて重要な動的リスク要因である。どのように介入し，犯罪者の有するリスクを低減するかに関心のある矯正職員にとって，犯因性ニーズに関する知識は必須である。犯因性ニーズをアセスメントし，再アセスメントすることで，治療の進捗状況や，通常指導の過程におけるリスクの変化を評価することができる。

6. 治療反応性のアセスメントには，一般的なパーソナリティと認知のテストを用いること

犯罪者分類における治療反応性原則では，治療スタイルとモードを個人の認知，パーソナリティ，および社会文化的特徴にマッチさせなければならないと述べられている。治療に対する反応性に影響する個人的な特徴をアセスメントするためには，多くの犯罪者分類ツールや一般的なパーソナリティ尺度が活用できる。テスト実施者は，パーソナリティや認知のテストの多くは，犯罪行動の予測力に関しては，エビデンスがほとんどないことを知っておかねばならない。しかし，反応性をアセスメントするうえでは，優れたツールである。

7. 多種多様なアセスメント法を用いること

1つの領域を完璧に測定できるテストはないし，それぞれの方法には弱点がある。1つのアセスメント法に関連する短所を補う重要な方法は，多種多様な方法を活用することである。この方法によって，1つのアセスメントの短所は，他の方法の長所によって補完することができる。

8. 複数領域から情報を集めること

犯罪に関連する多くの要因や領域がある（すなわち，セントラルエイト）。しかし，犯罪者に対して用いられるテストの多くは，比較的少数の領域を測定するものである。したがって，犯罪者リスクアセスメントは，複数領域からのサンプリングを統合したアセスメントをもって標準的なものとすべきである。

9. 専門家として，そして倫理的な責任をもつこと

犯罪者に実施したアセスメントの結果からなされることは，重大な結果を伴うことがある。したがって，犯罪者アセスメントを実施する者は，十分な研修を受け，自分が用いるテストの長所と短所を熟知したうえで，そのテストを適切に用いることに責任をもつべきである。

10. より制限の低い代替措置を実行すること

リスクアセスメントは，犯罪者が自らのリスクレベルと不釣り合いな自由の剥奪をされないことを保証するものでなければならない。刑罰を強めることがリスクアセスメントの仕事ではない。

（Bonta, 2002 から改変，引用）

8節　まとめ

1. 犯罪行動は予測できる。

    犯罪行動の予測は，まぐれ当たりのレベルを超えている。しかし，予測は完璧ではないし，完璧を求めるのは現実的でない。他の分野（医療など）でも完璧な予測はできていないが，その予測精度は十分に実務的な価値がある。同じことが，刑事司法分野にもいえる。
2. 予測は，理論に基づく知識によって高められる。

    PCCにおける理論と研究は，妥当かつ客観的で，実務的なアセスメン

トツールへと移転されうることがわかっている。セントラルエイトと動的リスク要因を中心に据えることが，犯罪者アセスメントの望ましい特徴である。

3. リスク，ニーズ，治療反応性の原則を犯罪者アセスメントに反映させることができる。

効果的な介入の原則は，誰が治療サービスの恩恵を受けるのか（リスク原則），何を標的にするのか（ニーズ原則），どのように治療を実施するのか（治療反応性原則）を示すものである。

4. 第4世代のアセスメントは，犯罪者のケースマネジメントを統合している。

第1世代アセスメントは，構造化されていない臨床判断でリスクを査定するものであり，犯罪行動の予測における成果は低いものであった。第2世代アセスメントは，十分な予測力があるが，大部分が静的リスク要因から構成されている。第3世代リスク・ニーズツールは，犯罪者の犯因性ニーズを同定するものであり，第4世代アセスメントは（LS/CMIなど），犯因性ニーズを標的にして実際の治療実施を導くものである。

5. 一般的パーソナリティ理論および認知社会的学習理論に基づくアセスメントは，幅広い適用可能性がある。

エビデンスによれば，犯罪性と相関するものは，異なった集団（性別など）の間でもほとんど同一である。さらにエビデンスは，一般犯罪を予測する要因の多くは，粗暴犯罪も予測することを示している。

推薦図書

Grove et al.（2000）および Ægisdóttier et al.（2006）のメタアナリシスは，おそらく第1世代の非構造的専門家判断を保険数理的アセスメントと比較した決定的なレビューである。これらのレビューは，刑事司法に特有のものではなく，広範な予測の問題に言及している。

理論と研究に基づくリスクアセスメントの幅広い適用性に興味のある方は，Winterdyck の書籍，"*Corrections in Canada : Social Reactions to Crime*"（カナダの矯正：犯罪に対する社会的反応）のなかで，Andrews, Dowden, & Rettinger（2001）が執筆した章を参照してほしい。この章は，本章で扱われていない適

用についても説明し，PCC がリスクアセスメントの用途を大幅に拡大できるような一般的立場を強化する。

構造化臨床判断と HCR-20 に興味のある読者には，Douglas & Reeves（2010）の章をお薦めする。実際, Otto & Douglas（2010）によって編集されたその本は，主要な犯罪者リスクアセスメントツールについての優れたレビューを提供してくれる。

最後に，リスクアセスメントの 4 世代の概要については，*Crime & Delinquency*（犯罪と非行）誌の，Andrews, Bonta, & Wormith（2006）の論文，"The Recent Past and Near Future of Risk and/or Needs Assessment."（リスク・ニーズアセスメントの過去と近未来）を推奨する。

第11章

犯罪者の処遇

1節　はじめに

　本章の第1の目的は，犯罪者処遇における「何が効果的か」にまつわるストーリーについて述べることである。まず，「何をやっても効果がない」とする立場を概観するが，その立場は，刑事司法におけるデタランスと「断固とした態度を取る」動きを推し進める（より詳細は，第13章で述べる）。このストーリーの次の側面は，司法の文脈におけるヒューマンサービスの価値の再認識ということで特徴づけられる（つまり，「何が効果的か」という立場へと議論が動き出した）。本章のもう1つの目的は，リスク・ニーズ・治療反応性（RNR）モデルを遵守することの価値についてのメタアナリシスによるエビデンスを紹介することである。最後に，一般的パーソナリティ理論および犯罪行動の認知社会的学習理論の見地から「何が効果的か」を考えながら，章を締めくくりたい。「効果のあるもの」を，実世界のなかで真に効果を発揮できるようにすることについては，次の章で述べる。

2節　「何も効果がない」説の「いかに」と「なぜ」

　「何も効果がない」説の序章は，Kirby（1954）による矯正処遇文献のレビューから始まった。Kirby（1954）は，「処遇」を以下のように分類した。すなわち，保護観察と仮釈放，施設収容によるもの，死刑，心理療法，そして施設収容によらないものである。心理療法ではない種類の「処遇」は，政治家，官僚，政策決定者には何らかの意味があるだろうが，行動変容プロセスの分析においては，ほとんど直接的な意義はない。せいぜいそれらは，処遇が提供される社会的文脈を大まかに示すものでしかなく，直接的な処遇の内容やプロセスの説明ではない。こうして，Kirbyは矯正処遇の効果に関する文献で今も続いている問題の種を蒔いた。つまり，構造的・場面的変数と，その構造や場面のなかで生じる処遇の臨床的な面（すなわち，行動変容プロセス）との間に，明確な区別をしなかったことである。

　驚くまでもないことだが，Kirby（1954）は，1950年代初頭に入手できた文献は方法論的に脆弱であることを見出した。しかし，**直接的**な処遇（すなわち，心理療法）についての4つの研究は，比較条件を有し，アウトカムの客観的測定を行なっていた。これら4つのしっかりとした比較研究のうち3つが，カウンセリングに望ましい効果を見出していた。しかし，Kirbyの結論は驚くべきものであり，「ほとんどの治療プログラムは，希望的観測や，おそらく実証的情報よりもむしろ，情報をもとにした推測に基づいている」（p.372）と述べている。

　Bailey（1966）は，矯正処遇の効果に関する100の研究を見出したが，それらのうち22が実験研究としての理想に近いものであった。これは，1950年代初頭の文献の状態からすると，相当な進歩である。**優れた比較研究**のうち60％（$k = 22$）が，「顕著な改善」を報告しているか，または比較条件に比べて統計的に有意な効果を示していた。一方，23％は「害」または「変化なし」を報告していた。100研究の全サンプル数を考慮すると，およそ50研究が治療群の「顕著な改善」を報告していたことになる。

　Baileyの結論は，Kirbyの報告以降，研究の質と量の双方が向上したことを

認めている。しかし，Baileyもまた，矯正処遇の妥当性には明確な進歩がなかったと述べている。50〜60%の「ヒット率」の大きさを読者がポジティブに受け止めることがないように，Baileyは，報告書を書いたのは研究の著者自身であることを，読者に念押しをした。この不当なコメントは，その後Gottfredson（1979）の「治療破壊テクニック」のリストに記されることとなり，それがわれわれのいうところの「知識破壊的」反更生というテーマにも反映されている（テクニカルノート11.1　www.routledge.com/cw/bonta を参照）。

　治療に関する「知識破壊」の傾向は，1970年代に拡散した。Logan（1972）は，100研究を調査し，その結果を以下のようにまとめた。大きな成功（$n = 20$），良好な成功（35），まずまずの成功（15），失敗（16），どちらでもない（14）。最後のカテゴリーには，クライエントと治療の組み合わせによって成功度が異なっている3研究も含まれている。全般的に，73研究が成功といえる何らかのエビデンスを提示しており，16は明白な失敗，11は分類不可能なアウトカムを有するものであった。

　研究のおよそ3/4が成功であったという結果であるにもかかわらず，Loganによる知見の解釈は否定的なものであった。Loganの見解では，方法論的に適切な研究は1つもなく，それゆえに以下のような結論を下した（1972: 381）。

> 　今日まで，ある1つの治療法が他よりも優れているということのできるような研究や，ある1人を調べてその治療ニーズを特定できるような研究は1つもなされていない。保護観察が施設収容に優る，あるいは施設収容が保護観察に優るというエビデンスはないし，仮釈放を与えることが逃走されるよりは良いというエビデンスもない…。犯罪に関して現在なされていることのほとんどは，間違いだらけであるかもしれないので，対処行動の全般的効果は，犯罪を抑制するというよりは，増大させている可能性がある。

　ここで，Martinson（1974）と彼の同僚（Lipton, Martinson, & Wilks, 1975）によってなされたレビューが，「何も効果がない」という結論をみるに至る。彼らは研究の要約を行なったが，それは大きな偉業であった。231の比較研究を

調べ，丹念に記述し，データが表にまとめられた。研究をどのように分類するかによるが，およそ 40 〜 60% の研究には，少なくともいくつかのタイプの犯罪者には正の効果があったことの報告が含まれていた。138 研究は，再犯の測度を含んでいた。さらに，保護観察，仮釈放，刑務所収容の研究を「治療」から除外すると，83 研究が残った（うち 48% が再犯の減少を示していた）。

　Martinson らによって導き出された結論は，もとになったレビュー論文やその後のコメンタリーにも，さまざまな形式のものがあったが，主要なメッセージは，「何も効果がない」というものであった（Martinson 自身は，この言葉を 1 度も用いていないが，すぐにこれが彼の分析に貼られたラベルとなった）。Martinson のレビューもまた，**知識破壊**の一例を示している。

1. 治療効果について否定的な結論に至った研究は，ほとんど何の疑問もなく採択されていた。
2. 治療を支持する研究は，さまざまな疑似科学的な手法を用いた厳しい批判の対象となった。そこで用いられたテクニックには，「基準問題の強調」「治療の汚染」「基盤にある理論の価値下げ」などがある（これらのテクニックの定義は次に述べる）。
3. これらのレビューでほとんど 1 度も考慮されていないのは，ポジティブな知見を小さく見積もるために用いられた理由が，逆に治療効果を覆い隠す，または過小評価することに関連するまさにその要因かもしれないという可能性についてである。

　　例えば，再犯率のようなアウトカム指標の信頼性が劣るとき（「基準問題」），治療効果を検出する可能性は，高まるのではなく，低下する。測度の信頼性が低いことは，効果が見出されないことの理由となる可能性があり，効果が見出されることの理由ではない。

　　同様に，犯罪と治療を概念化する際のエラーは，ポジティブな結果を妨げる効果があり，それを促進するのではない。犯罪についての心理学的モデルが間違っているなら（基盤にある理論の価値下げ），そのモデルに導かれた処遇にはいかなる効果も期待できない。

　　「治療の汚染」に関する主な例は，カウンセリングにはポジティブな効

果は何もなく，それはカウンセラーの「自然な対人スキル」によるものだと示唆することである。対人スキルの優れたセラピストによって提供されたとき，カウンセリングには効果があるという知見があったとすると，そのように結論される。そのような知見は，カウンセリングが効果を発揮する条件について述べるものであり，治療の価値を下げるための理由にはならない。

レビューが発表された直後に，Martinson は批判を受けた（Adams, 1975; Palmer, 1975）。Palmer（1974）の論文は，特に説得力のあるものであった。なぜなら，彼は Martinson らによる記述をほぼ直接引用して，それらが効果的なプログラムであることを記述しているからだ。今日，多くの人々に忘れ去られたままになっていることは，Martinson は前言を撤回し，効果のないプログラムもあったが，たしかに効果についてのポジティブなエビデンスを提供していたものもあったということを，認める勇気があったということだ（「私はしばしば治療には…"効果がない"と述べたが…その結論は正しくなかった」；Martinson, 1979: 254）。しかし，Martinson が効果に関する問題について意見を転換したのは遅きに失した。既にダメージが大きかった。主流派の犯罪学者や保守的な一般市民は，犯罪者への刑罰強化を推し進めるかにみえた。

しかし，研究文献にはポジティブで望ましいエビデンスが存在しているという事実は残っていた。実際，ポジティブなエビデンスは，急速に拡大しつつあった。Gendreau & Ross は，多くの人々にエビデンスを再顧するように促した（Gendreau & Ross, 1979; Ross & Gendreau, 1980）。彼らによってアップデートされたレビューは，印象的である。1973 年から 1978 年の間に，95 本の実験または準実験研究が発表され，これらの 86% がポジティブな結果を報告していた。95 研究のすべてが，実験としての理想に近かったわけではないが，1970 年代初期に発表された研究のエビデンスは（それよりも初期のエビデンス同様に），矯正カウンセリングを支持しないものより，支持するもののほうが多かった。

その後 1990 年には，Andrews, Bonta, & Hoge（1990）が臨床的に妥当で，心理学的な知見に基づく原則であるリスク，ニーズ，治療反応性の原則を記述し

た。RNR モデルは，犯罪者更生についての文献を概観する新たな視点を提供した。

3節　「何に効果があるか」論の誕生

　1990年までに，犯罪者への社会内介入および矯正介入の比較評価に関して，英語で発表されたレポートの数は，急速に500件に達しつつあった。今や，「治療」は，平均すると再犯率を少なくとも小さな程度には抑制することが明らかであった。「懐疑的な」学者のなかにすら，この事実に同意する者が出た（例えば，Lab & Whitehead, 1990）。1970年代から80年代において，多くの論文著者が示したように（例えば，Andrews, 1980; Andrews & Kiessling, 1980; Gendreau & Ross, 1979, 1987; Glaser, 1974; Palmer, 1974; Ross & Fabiano, 1985），ある治療アプローチは，他のアプローチよりも明らかに優れていた。

　1990年に初期の RNR モデルが定式化され，なぜある治療は他の治療よりも効果的なのかということについて，心理学的な知見に基づいた説明を提供した。効果的な治療についてのこれらの原則は，治療が提供される場面にかかわらず当てはまると考えられていた（例えば，保護観察の指導であっても，刑務所であっても）。Andrews, Zinger ら（1990）は，154件の治療比較研究のメタアナリシスにおいて，リスク，ニーズ，反応性原則を検証したが，そのうちの30件が刑事的処罰同士の比較であった。刑事的処罰には，タイプや厳格さの異なるさまざまな司法手続きが含まれていた。例えば，公式手続きと警察による注意，保護観察と開放的施設収容，閉鎖的収容と開放的収容，保護観察と閉鎖的収容の比較などである。

　刑事的処罰に関する30件の比較の分析では，.20 より大きな正の相関が複数算出されることが見出された。とはいえ，全般的に，刑事的処罰と再犯との関連は，最小限のものしかなく，-.07 であった。その効果量が負の値であるということは，刑事的処罰を軽くするのではなく重くすることが，再犯率の小さな上昇と関連していることを示している。要するに，もしタイプや厳格さの異

なる何らかの公的処罰が再犯率に効果をもたらすとすれば，それは「重い」ものよりも「軽い」ものであるようだ。このメタアナリシスはまた，初期の記述的文献レビューが明らかにしたことを確認した。すなわち，矯正治療サービスの平均効果量（$r = .05, k = 124$）は，治療サービスを行なわない刑事的処罰の効果量（$r = -.07, k = 30$）よりも，明らかに大きくポジティブなものであるということだ。さらに，治療研究のなかでも RNR 原則遵守による違いは，明らかで確実なものであった。

治療サービスを検証した 124 研究を，リスク，ニーズ，反応性の原則に従って，「適切」「不明」「不適切」のカテゴリーに分類した。クライエントをリスクに従って分類している研究はほとんどなく，治療の標的にしている犯因性ニーズが明らかである研究も多くはなかった。さらに，用いたサービスのスタイルや様式を具体的に述べていない研究が多かった。したがって，「適切な矯正治療サービス」への振り分けを左右した主な基準は，単純に「行動的」とされたプログラムであることが示され，「適切」な治療の 70%（38/54）が行動療法的なものであった。

「適切」のカテゴリーに区分されたその他の治療は，ハイリスクなケースに的を絞って提供されており，犯因性ニーズに関して具体的かつ適切に構造化されたプログラムであった（例えば，犯罪的思考を標的にしている）。さらに，対人的成熟度のような反応性に関する事項に応じて適切にマッチングした少数の治療もあった。

38 の治療が「不適切」とコードされたが，それはデタランスを用いていたり（例えば，「スケアード・ストレート」），非指示的クライエントセンタード・アプローチ，精神力動的アプローチ，非行動的アプローチを用いていたためである。32 の比較については，何らかの治療サービスの提供が含まれていたが，その治療が効果的なサービスに関する臨床的原則に関して適切か不適切かは不明であった。これら 32 の比較は，「不明」とコードされた。

適切な治療サービスの平均効果（$r = .30$）は，不明な治療（$r = .13$），不適切な治療（$r = -.06$），そして治療を伴わない刑事司法的処置（$r = -.07$）よりも，有意に大きかった。第 2 章で説明した二値変数効果量表示を用いると，.30 という平均相関係数は，比較条件の再犯率 65% に対し，適切な治療を受けた群

では35%であったことを示している。リスク，ニーズの側面を無視したときでさえ，行動的または認知社会的学習に基づく治療方略は，非行動的治療よりも，再犯に及ぼす平均効果は相当に大きかった（.29 [k = 41] 対 .04 [k = 113]）。

拘禁および収容施設で実施されたプログラムと社会内で実施されたプログラムの間にも，違いがみられた。拘禁場面では，不適切なサービスは，特にネガティブな効果となる傾向があった。適切で，臨床的にも妥当なサービスは，拘禁および収容場面で，ポジティブな効果を示したが，これらのサービスは社会内で実施されたときに一層大きな効果があった。この知見と，刑事的処罰には平均してネガティブな効果しかないことを合わせて考えた結果，Andrewsら（Andrews, Zinger et al., 1990）は，自分たちは拘禁のネガティブな効果を当初低く見積もりすぎていたと結論するに至った。これらの研究知見は，拘禁は最終手段とみるのが最適だという広く共有された信念を支持している。

拡大メタアナリシスによるさらなる知見

Andrews, Zingerらによる1990年のメタアナリシス以降，データバンクは拡大を続けている。今や225研究が含まれ，再犯に関する司法的，矯正的介入の効果について374の検証がなされている（より詳細な要約は，リソースノート11.1を参照）。それらの研究の半分を少し超えるもの（56%）が，少年犯罪者に関する研究である。ヒューマンサービスの全般的平均効果は，.08（k = 374）であった。効果のレベルは，小さなものであるが，明確にポジティブな効果があり，かつて席捲した「何も効果がない」という立場とはまったく相容れないものである。r = .08という値は，介入群と対照群の再犯率に8%の差があることを示しており，二値変数効果量表示を用いた場合，対照群が54%の再犯であるのに対して，介入群では46%の再犯であった。

第3部 実 践

リソースノート 11.1 司法場面におけるヒューマンサービスの効果に関する拡大メタアナリシスの知見

　RNRモデルは，以下のことを示している。つまり，犯罪者はその再犯リスクによって異なっていること。リスク・ニーズ要因は，個人的なもの，対人的なものがあり，家庭，職場，学校，レジャーなど周囲の状況に結びついていること。主要なリスク要因とマイナーな要因とがあること。再犯を減らすことが目的であれば，動的リスク要因をターゲットにするのが最善であること。そして，その他のどんな理論的見地にも増して，行動に影響を与え，行動変容を図るための，基本的できわめて実践的なプロセスに関して非常に明快であることである。

　したがって，次のことが仮説として提示されている。①ヒューマンサービスは，刑罰のさまざまな応報的，修復的側面よりも，再犯を減少させる効果が大きい。②ヒューマンサービスがもつポジティブな効果は，リスク，ニーズ，一般的反応性の原則を遵守した場合，増大する。③臨床的に適切なヒューマンサービスは，社会内の非拘禁場面で提供されたときにその効果が増大する。④スタッフが，関係性原則や構造化原則（原則14　RNRのマネジメント）から成る一般的パーソナリティ理論および認知社会的学習理論に基づく実践を活用したとき，そして⑤プログラムが完璧に実施されたときも効果は増大する。最後に，⑥臨床的に適切な介入によって犯罪が抑制される可能性は，方法論的な統制変数の同一カテゴリー内，または異なったカテゴリー間でも明白であると考えられる。

　拡大された374の検証セットにおいても，当初1990年に見出された結果のパターンは同一であった。表R11.1.1をみると，刑事罰の平均効果量（-.03）は，ヒューマンサービスの平均効果量（.12）より小さく，負の値であることがわかる（すなわち，再犯の増加と関連している）。

　拡大メタアナリシスでは，一般的反応性原則のみがコード化され，個別的反応性にはコード化がなされなかった。したがって，反応性原則を遵守したとコードする際の条件は，行動的，社会学習的，認知行動療法的方略を用いたということのみであった。反応性原則の遵守は，効果量の増大と関連していた。表R11.1.1ではまた，ニーズ原則とリスク原則の遵守の有意な効果も示している。表R11.1.2には，個人的，対人的領域を適切に治療ターゲットにしたときと，そ

▼表 R11.1.1　効果的な矯正治療の原則の遵守による平均効果量

原則	原則を遵守しているか (k)	
	いいえ	はい
ヒューマンサービス	.03 (101)	.12 (146)
リスク： 　高リスクケースにサービスを実施する	.03 (96)	.10 (278)
ニーズ： 　標的にした犯因性ニーズの数が，非犯因性ニーズよりも多い	-.01 (205)	.19 (169)
一般的反応性： 　社会学習・認知行動的方略	.04 (297)	.23 (77)
すべての遵守： 　臨床的に適切な治療 　（上記のすべてを遵守している）	.05 (314)	.28 (60)
コミュニティベースですべてを遵守した場合： 　臨床的に適切な治療	.06 (219)	.35 (30)
施設内治療ですべてを遵守した場合： 　臨床的に適切な治療	.002 (95)	.17 (30)

れが不適切であったときの平均効果量がまとめられている。自己統制力欠如や犯罪指向的認知のような個人的治療ターゲットは，比較的大きな効果量を生み出し，個人的苦悩や公的処罰への恐れのようなものは，再犯低下に対して弱い効果しか生まなかった。

　臨床的かつ心理学的に適切な治療とは，リスク・ニーズ・治療反応性原則を遵守した治療のことをいう。表中の「適切な治療」という変数は，全サービス，リスク，ニーズ，一般的反応性の組み合わせである。RNRの遵守には4レベルがあり，「0」はヒューマンサービスを欠いた刑事罰，またはリスク，ニーズ，反応性のすべてと不適合なヒューマンサービスで，「1」「2」「3」は，それぞれ治療原則の1つ，2つ，3つと適合したヒューマンサービスを表す。そして，RNR遵守の4レベルに対応する平均効果量は，それぞれ-.2 ($k=124$)，.02 ($k=106$)，.18 ($k=84$)，.26 ($k=60$) であった。

▼表 R11.1.2 平均効果量および標的にするニーズと効果量の相関

標的とするニーズ領域	平均効果量 (k) %	標的にしない	標的にする
犯因性ニーズ			
個人的犯因性ターゲット： 　反社会的認知とスキルの欠如	26	.04 (277)	.21 (97)
対人的犯因性ターゲット：			
家族と仲間	19	.05 (392)	.22 (72)
学校・仕事	24	.06 (286)	.15 (88)
物質乱用	10	.08 (338)	.11 (36)
非犯因性ニーズ			
個人的非犯因性ニーズ 　（個人的苦悩，公的な処罰への恐れ）	46	.11 (203)	.04 (171)
対人的非犯因性ニーズ 　（例：育児や監督以外の家族プロセス）	12	.09 (329)	.01 (45)

％：ニーズを対象とした検証のパーセンテージ

【社会内治療】社会内治療場面でも拘禁・施設収容場面でも，「適切な治療」のレベルが増加すると，平均効果量は増大した。しかし，「適切な治療」のポジティブな効果は，社会内治療場面のほうが大きかったのに対し（$r = .35, k = 30$），「不適切なサービス」のネガティブな効果は，拘禁・施設収容場面では増大した（$r = -.10, k = 25$）。

【一般的パーソナリティ理論および認知社会的学習理論に基づくスタッフの職務実践】表 R11.1.3 には，人の行動に影響を及ぼす基本的な要素をリストアップした。それらは，犯罪者処遇を職務とする者が有するべき必須のスキルと特性の一部である。表で示されたように，質の高い関係性と構造化は，効果量増大と関連していた。構造化の指標は，モデリング，強化，問題解決法，構造化学習などである。

【研究の多様性，組織，妥当性の考慮の探究】表 R11.1.4 で示したプログラム実

▼表 R11.1.3　一般的パーソナリティ理論および認知社会的学習理論に基づく職務実践の要素ごとの平均効果量（k）

職務実践の要素	要素の割合（k）	
	いいえ	はい
関係性スキル	.07 (361)	.34 (13)
構造化スキル	.06 (330)	.27 (44)
効果的な強化	.07 (359)	.31 (15)
効果的な向社会的モデリング	.06 (337)	.28 (37)
効果的な否認	.08 (366)	.30 (8)
構造化されたスキル学習	.06 (336)	.30 (38)
問題解決法	.06 (329)	.25 (45)
代弁・仲介	.08 (321)	.11 (53)
効果的な権威	.07 (359)	.26 (15)

▼表 R11.1.4　プログラム実施と提供の完璧性の指標ごとの平均効果量

要素	要素の割合（k）	
	いいえ	はい
関係構築スキルによって選ばれた職員	.07 (361)	.34 (13)
訓練を受けた職員	.04 (206)	.13 (168)
職員の臨床的スーパービジョン	.06 (305)	.16 (69)
サービスの時間量	（連続変数，$r = .20$, $k = 84$）	
印刷・録音されたマニュアル	.05 (303)	.20 (71)
プロセスと途中経過のモニター	.07 (227)	.10 (147)
明確なモデル	.03 (173)	.12 (201)
新しい・新鮮なプログラム	.05 (250)	.13 (124)
少ないサンプル（$N < 100$）	.04 (340)	.15 (134)
評価者の参与	.04 (296)	.23 (78)

第3部　実　践

> 施の完璧性に関するすべての指標は，少なくとも小さな程度には，効果量の増加と関連があった。RNRへの遵守を調整すると，4つの変数は効果量とポジティブな関連があった。それらは，社会内プログラム，評価者の関与，司法関連機関によらないプログラム，司法からリファーされたプログラムであった。テクニカルノート11.2（www.routledge.com/cw/bonta）の本文で示したように，RNR遵守の強みは，大きな効果量算出にとって最も望ましくない方法論的条件で実施されたときも明瞭に表れていた。概して，平均効果量の大きさを限定するような条件であっても，多様な司法的文脈における臨床的に妥当で心理学的知見に基づいたヒューマンサービスに関して，その効果を支持するエビデンスを打ち消すことはなかった。

　平均効果量 $r = .08$ というのは平均値で，その95%信頼区間は.06〜.10であり，.00を含んで**いない**。言い換えれば，矯正介入はたしかに再犯抑制効果があるということである。しかし，平均値の周りには，とても大きなばらつきがある。全部で374の効果推定値のうち，最も小さな治療アウトカムは，-.40のあたりにあり，一方で最も大きな単一のアウトカムは+.80のあたりにある。おそらく，真に興味深い問いは，このばらつきのもとは何かというものであろう。

　「臨床的に適切な」ヒューマンサービスの効果を支持する結果の全般的パターンは，研究サンプルを拡大しても同様にみられた（図11.1を参照）。ここでも，リスク，ニーズ，反応性をコーディングすることで，「適切な」治療を定義すると，以下のように，再犯率低下との相関の平均がみられた。刑事的処罰および不適切なヒューマンサービス（-.02, $k = 124$）；リスク，ニーズ，反応性のうち1つのみに従ったヒューマンサービス（.02, $k = 106$）；3原則のうち2つに従ったヒューマンサービス（.18, $k = 84$）；適切なサービス（3原則すべてに従ったもの）（.26, $k = 60$）。

　この知見を細かくみると，RNRモデルの原則13から期待されるように（すなわち，社会内のサービスのほうが望ましい），RNRのもたらす影響は，社会

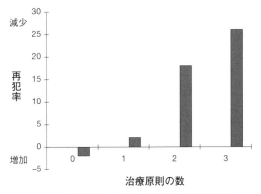

▲図 11.1　RNR の遵守と平均効果量

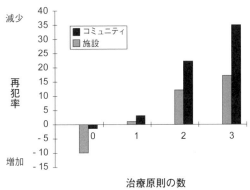

▲図 11.2　場面別の RNR の遵守

内場面で提供されたほうが大きくなることもわかった（図 11.2 を参照）。さらに注目すべきことは，刑罰や不適切なヒューマンサービスは，拘禁・収容場面で実施されたときに，一層有害な結果となるということである。

　Andrews, Zinger ら（1990）のレポートでは，リスク原則のさらなる探究が，それが可能な研究をもとにして実施されている。すなわち，ある特定の治療プログラムについての研究で，治療効果が低リスクと高リスクのケースそれぞれ

第3部 実 践

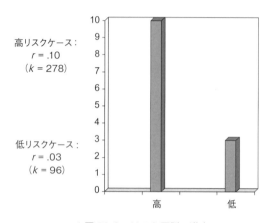

▲図 11.3　リスク原則の遵守

に分けて報告されているとき，それぞれの効果量推定値を入れてメタアナリシスを行なった（高リスクグループの推定値は，適切な治療のカテゴリーに入れて，低リスクグループの推定値は，不適切な治療のカテゴリーに入れた）。1990年のレポートでは，明白な相違があり，低リスクグループに比べて，高リスクグループのほうの効果量が，ずっと大きかった。その後の拡大されたメタアナリシスによっても，そのパターンは確認された。図 11.3 に示した通り，高リスク犯罪者をターゲットにしたプログラムは（$r = .10, k = 278$），低リスク犯罪者をターゲットにした介入よりも（$r = .03, k = 96$），再犯率の低下とより大きな関連があった。

　1990年のレビューでは，ニーズ原則については，直接的とはいえない方法で検討されていた。1998年には，Dowden（1998）がニーズ原則の評価に，系統的かつ方法論的により厳密な方法を用いた。PCC によって支持された動的リスク要因が，変化に対するより望ましい中間治療目標と，そうでない目標とに分けて記述された。Dowden はまた，治療プログラムのなかで用いられた望ましい治療目標とそうでない治療目標の数をカウントした。望ましい治療目標を多くターゲットにしたプログラムの研究で得られた平均効果量は，.19（$k = 169$）であったのに対し，望ましくない治療目標を強調したプログラムの研究

第11章　犯罪者の処遇

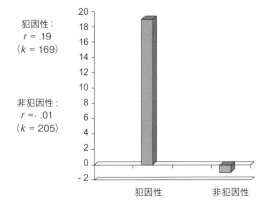

▲図11.4　ニーズ原則の遵守

で得られた効果量は, $r = -.01$ ($k = 205$) であった (図11.4を参照)。犯因性ニーズ原則の重要性を過少評価してはならない。望ましくない中間目標により重きをおいたプログラムは, 再犯率を上昇させる傾向にあった。主に非犯因性ニーズをターゲットにしたプログラムで, 再犯率低下と関連したものは1つもなかった。

　ここで紹介したレビューによって, 矯正効果に関する現在の文献からの客観的, 定量的知見は,「何も効果がない」という見地を支持しないことがわかる。「何も効果がない」という見地が正しいのは, 再犯に対して, 公的な措置および処罰のタイプや厳格さがもたらす効果を取り扱った文献に的を絞った場合のみである。それとは劇的な対比をみせるのは, 公的なプロセスのなかのさまざまな場面で提供された治療効果に関する文献であり, それには平均してポジティブな効果があった。特にリスク, ニーズ, 反応性の原則を適用したときにポジティブな効果は大きかった。

第3部　実　践

RNRプログラムの効果に関する独立したメタアナリシスの要約

　再犯を大きく抑制する可能性は，RNR原則に従って，人々に適切な治療サービスを提供した場合に存在する。もちろん，紹介するエビデンスはRNRモデルの著者によってもたらされたものであるので，「学者の動機や客観性を疑問視する」ような知識破壊テクニックを用いたいのであれば，RNRの妥当性は割り引かれるだろう。しかし，治療文献についての独立したレビューによって，RNR原則の価値は確認されている。

　今や，矯正治療の効果については多くのメタアナリシスがある。McGuire（2004）は，40以上のメタアナリシスによる研究を見出しているが，その数は今ではもっと多い。矯正治療に関するメタアナリシスのほとんど大部分は，特定のプログラムや特定のタイプのプログラムに焦点を当てている。プログラムのタイプに関するレビューは，多くの場合そこで用いられた方法（例えば，認知行動療法；Lipsey, Landenberger, & Wilson, 2007），中間目標（例えば，物質乱用；Bahr, Masters, & Taylor, 2012），治療の対象（例えば，家族療法；Carr, 2009）などによって定義されている。

　RNRモデルの著者がやろうとしたように，Lipsey（2009）もまた，効果的な矯正治療の原則をより広く一般的に理解することに関心をもっている。彼は，プログラムや犯罪者のタイプを限定せず，犯罪者に対する介入の効果についての入手できるすべての研究を収集しメタアナリシスをしている研究を参照している。広くいえば，Lipseyもまた，効果的な矯正介入の原則を同定することに関心をもっている。

　Lipseyのアプローチにはしかし，非常に異なった面がある。それは，理論に基づかず，きわめて記述的であることだ。彼の分析は，犯罪理論や，行動的影響プロセスや行動変容に関する理論的立場にすら基づいていない。彼がもっと関心を寄せるのは，効果量の測定に関する専門性である。基本的に，彼は以下のような効果量推定に関する潜在的な媒介変数のセットについての仕事をしている。

研究の方法論
- 再犯率の指標の種類（例えば，有罪判決，拘禁，逮捕，自己報告，フォローアップ期間など）
- 研究デザイン（例えば，ランダム割りつけ，マッチング，共変量の調整など）

公表バイアス
- 学術誌の論文，書籍の1章，サンプルサイズ，未公刊のものなど

サンプルの特性
- 平均年齢，性別の割合，リスクレベル，過去の攻撃性など

指導と統制の種類
- 何もなし，刑事司法システムからのダイバージョン，保護観察・仮釈放，拘禁

介入のタイプ
- 以下のカテゴリーの中の特定のタイプ
    —監視（例えば，強力な指導）
    —デタランス（例えば，スケアード・ストレート）
    —修復的司法（例えば，賠償，仲裁）
    —カウンセリング（例えば，個人，メンタリング，家族，グループ）
    —スキル訓練（例えば，行動的契約，認知行動的ソーシャルスキル訓練）
- サービスの量や質（通常，デザインやサービスプログラムの提供に関わったプログラム評価者によって査定される）

Lipsey（2009）のメタアナリシスには，548人の少年犯罪者（12〜21歳）サンプルが含まれている。ヒューマンサービスの全般的平均効果量は .06 で，19歳未満の犯罪者を対象にした拡大メタアナリシスで見出されたものと近似していた（.10）。しかし，Lipseyはまた，その知見のなかに相当な多様性を観察していた。以下に示すのが，若年犯罪者に対する効果的な介入とそうでない介入を分けるものの一例であり，RNR原則を支持するものでもある。

1. 「治療的」介入は，統制や強制に基づく介入よりも有意な効果がある。例

えば，カウンセリングの平均効果量は，.07 であるが，デタランスでは-.01 である（RNR 原則4　ヒューマンサービスの導入）
2. 効果は，若年犯罪者のリスクレベルに応じて増大する（RNR 原則5　リスク）
3. 認知行動的プログラムは最も効果があり，行動的プログラムはその次に効果がある（RNR 原則7　一般的反応性）
4. カウンセリング・プログラムの効果は，拘禁された若年犯罪者の場合は減弱し，社会内で実施されたときに増大する（RNR 原則13　コミュニティ・ベース）
5. 効果は実施の質に応じて増大する（RNR 原則15　マネジメント）

　デタランスや統制に比べ，治療的アプローチの効果に関するLipseyの知見は，RNR モデルと非常に一致している（残念ながら，Lipsey はニーズ原則を検証していない）。Lipsey はまた，治療効果についての知見は，年齢，性別，民族などのカテゴリーを通して一貫していることも見出した。これは，この理論と原則の一般的適用可能性に関する一般的パーソナリティ理論および認知社会的学習理論の立場とも一致している。
　他の研究者も，明確に RNR モデルに導かれている文献のレビューを実施している。これらの犯罪者治療についてのレビューの概要は，表11.1 に示してある。まとめると，RNR モデルと一般的パーソナリティ理論および認知社会的学習理論によって明確に示されているような，臨床的にも心理学的にも適切な治療は，それ以外の治療より優れている。それでは次に，「何に効果があるか」に関する議論を一般的パーソナリティ理論および認知社会的学習理論に結びつけて，この章を締めくくりたい。

▼表11.1　RNRモデルの検証：独立したメタアナリシスのレビュー

研究	テーマ	知見
Gutierrez & Bourgon (2012)	ドラッグコートの評価 (k=25)	3原則すべてを遵守していた裁判所は1つもなかった (12の裁判所が1原則のみの遵守，1つの裁判所のみ2原則の遵守)。再犯率は，少なくとも1つの原則を遵守していた裁判所で最も低かった。
Hanson et al. (2009)	性犯罪者治療の研究 (k=23)	RNRに基づいた治療は，性再犯および全再犯の，最大の減少を示した。
Koehler et al. (2013)	少年犯罪者への治療プログラムに関するヨーロッパの研究 (k=25)	治療には効果があった ($r = .08$)。RNR原則に従ったプログラム ($k = 7$) は，最も平均効果量が高かった ($r = .16$)。
Lowenkamp, Latessa, & Holsinger (2006)	97のプログラムを通したリスク原則の検証	高リスク犯罪者を対象とした施設内プログラムにおいて，最大の再犯率減少がみられた ($r = .18, k = 58$)。
Prendergast et al. (2013)	薬物乱用の治療に関するアメリカとカナダの研究 (k=243)	RNRの遵守 ($k = 12$) は，犯罪の減少 ($r = .16$) とは関連があったが，薬物使用とは関連がなかった ($r = .06; k = 59$)。

4節　一般的パーソナリティ理論および認知社会的学習理論と介入

　セントラルエイトのリスク・ニーズ要因は，犯罪行動に関する一般的パーソナリティ理論および認知社会的学習理論モデルと密接に関連している。強化，罰，先行刺激の支配，モデリングのメカニズムは，認知社会的学習プロセスの基本である（一般的反応性）。一般的パーソナリティ理論および認知社会的学習理論はまた，それに基づくスタッフの実務実践（RNRの原則14），および行動的影響に関する2つの基本原則を強調している。そこでは，家族，仲間，

職場，学校，レジャー場面，あるいは公式な治療場面のどこであろうと，対人的な影響が生じることが重要であると判断されている。その2原則とは，

1. **関係性原則**：対人的な影響力は，オープンで，温かく，熱意があり，相手を責めないコミュニケーション，そして協働，相互尊重，結びつき，相手への関心で特徴づけられる状況で最大になる。
2. **構造化原則**：対人的影響力が犯罪指向的になるか，逆に向社会的になるかの方向性は，交わされるメッセージが犯罪指向的・向社会的内容であるか，またはモデルとなり，練習をし，強化や罰の対象となる行動が犯罪指向的・向社会的性格であるかによって決定される。構造的側面は，効果的な権威の行使，向社会的モデリング，承認と非承認の使い分け，問題解決，スキル訓練，啓発，動機づけ面接の構造的側面，認知再構成の活用などに関するものである。

対人的交流のこれら2つの基本的側面は，対人的相互作用に関する一般的な社会心理学（例えば，Bales, 1950），カウンセリング理論（例えば，Rogers, 1961），そして犯罪行動の社会心理学（例えば，Sutherland の分化的接触理論）のなかで長い歴史を有している。関係性と構造化の指標は，一般的反応性の実践を説明するもう1つの方法となる（Bourgon & Bonta, 2014）。望ましい関係性の指標は，モデリング，効果的な対人的強化や効果的不承認，そして介入のために嫌悪的でなく魅力的な場面をつくることへの望ましい条件を確立することである。

第1の条件（関係性）が望ましいものであれば，学習が促進され，対人的影響力が増大する。第2の条件（構造化）は，何を学ぶのか，あるいは影響力の方向性を決める。矯正カウンセリングでは，構造化の側面は，犯罪行動を促進する，または抑制する動きや変化の原因となる。大規模なメタアナリシスでは，望ましい関係性の指標に関する平均効果量は，.34（$k=13$）で，効果的に構造化の側面を活用した場合の平均効果量は，.27（$k=44$）であった。

プログラミングの全般的なモデルは，効果的なプログラムのデザインと実施には，多くの要因が関連していることを示している。

1. 適切な犯因性ニーズを選択すること。それが変容することは，犯罪行動の機会の変化と関連する。
2. 犯因性ニーズに望ましい変化を生じさせるようなサービスを提供すること（すなわち，関係性と構造化の側面に沿ったサービス）。
3. 効果的なプロセスを支持するようなプログラム構造を構築すること（例えば，望ましいプロセスと結果のために適したスタッフを選んでトレーニングする）。
4. リスク，ニーズ，反応性に応じて，プログラムをクライエントにマッチさせること。
5. 公正さ，民族性，費用対効果に十分に配慮してプログラムを実施すること。

Andrews & Kiessling（1980: 462-463）が述べたことを換言すると，効果的な更生への働きかけには，対人的に温かく，許容性や柔軟性をもつ一方で，伝統的な規範や手続きにも注意深い職員が必要である。このような職員は，対人的な支配をするのではなく，自分の立場に伴う権威を活用し（つまり，「公正だが断固として」），自分自身の向社会的態度，価値，信念を明確な方法で示し，犯罪者が非犯罪的な活動に対して喜びを抱くことが増えるように熱意をもって取り組む。そのような職員は，犯罪指向的態度，思考スタイル，行動様式に代わるものを示し，それらが魅力的であるようにみせる。彼らは，犯罪者とただ温かい関係性をもてば，何か良いことが起きるとは思っていないし，犯罪者自身が自分で代替行動を発見できるとも思っていない。代替行動は，言葉と行動で示し，モデリング，強化，具体的指導によって促進されるものである。

5節　まとめ

1. 「何も効果がない」という見地から「何に効果があるか」という見地への変化は，イデオロギー，専門家としてのアイデンティティ，科学，そして政策が結びついたところに生まれた驚くべき物語であった。

実際のところ，何年もの間エビデンスは重要視されていなかった。しかし今や，エビデンスは重視されるようになり，少なくとも大学の学部や，司法，矯正，法医学，犯罪予防機関などではエビデンスに基づく実践が理想とされるようになった。

2. RNR 原則を遵守することの正の効果は，プログラムの種類，人，場面，方法論的条件にかかわらず，非常に頑健である。

治療の効果は，RNR 原則の枠外にある要因にも帰することができる。しかし，それらの要因を考慮に入れたとしても，RNR 原則はなお，プログラムの効果に関する主要な説明を提供し続ける。

推薦図書

Cullen（2012）の更生に関する3冊の書籍のレビューは，2つの理由から重要である。まず1つ目に，「何も効果がない」の時代と，「何に効果があるか」という時代について，個人的な論評と非常に読みやすい解説を提供してくれるということがある。レビューされた本の1つは，全般的にRNRモデルを支持している（Raynor & Robinson による，*Rehabilitation, Crime and Justice*［更生，犯罪，司法］）。他の2冊は，RNR の代替案を提供している（Brayford, Cowe, & Deering［2011］によって編集された，*What Else Works? Creative Work with Offenders*［他に何が効くか？ 犯罪者に向けての創造的な仕事］，Veysey, Christian, & Martinez［2009］によって編集された，*How Offenders Transform Their Lives*［犯罪者はいかにして人生を変えたのか］）。これら2冊の本は，犯罪者更生について，異なるアプローチを提唱している。前者は，「良き人生モデル」，後者は「離脱」である（最後の章では，これら2つのモデルについてさらに説明する）。したがって，これらの学術書の読者は，RNRの長所と短所両方に触れることになる。Cullenのエッセイを読むべき第2の理由は，RNRの代替案に対する彼の注意深い分析である。読者が，「私のお金はカナダ人に残してある（p.109）」（訳注：「勝ち馬に乗る」という意味の西洋のことわざ。これはRNRモデルの開発者BontaとAndrewsがカナダ人であることに引っかかったものである）というCullenの結論に同意できるかどうかは別としても，読む価値のある文章であることに間違いはない。

この章では，「何も効果がない」という見地から「何に効果があるか」という見地までを説明した。このストーリーについてのもう1つの視点として，"*Crime and Justice*"（犯罪と司法）シリーズのなかの Cullen（2013）の章を強くお薦めする。Cullen は非常に個人的な視点を共有しているだけでなく，刑事司法制度や犯罪学自体における犯罪者の更生を確固としたものにするために，今後 10 年間何をすべきかを概説している。

第12章

RNR遵守の構築と維持：
現実世界における課題

1節　はじめに

　本章は，エビデンスを参考にしたRNRを，現実世界の状況に応用するにあたっての課題や難点について扱う。エビデンスに基づいた（evidence-based）ではなく，エビデンスを参考にした（evidence-informed）という語を使用したことに注意してほしい。新たに開発された治療プログラムが正式に評価され，再犯を防ぐことが示されるまでは，そのプログラムは既存の研究を参考にした（informed）としかいえない。本章は，研究と実際のギャップを埋めるという古くからの問題を扱う。「現実世界」という言葉は，何を意味するのか。Lipsey（1999: 620）による400件の少年処遇研究についてのレビューは，現実世界のプログラムとは「研究者では**ない**スタッフによって開始，指導され，「**通常の**」青少年処遇や少年司法の場で実施されたもの」（太字引用者）としている。**拡大**メタアナリシスでは，現実世界のプログラムは，次の2種類に分類される。①混合（評価者が治療にも関わっている，**あるいは**事例数が100以上），②現実世界・定型業務（事例数が100以上，かつ評価者が関わっていない）。現実世界のプログラムと対比されるのが，実証プロジェクトである。実証プロジェクトの事例数は100未満で，かつ評価者はサービスの設計と提供に責任をも

▼表12.1　RNR遵守レベル別の実証・通常プログラムの平均効果量（*k*= 検証数）

プログラム・タイプ	RNR 遵守レベル			
	0（なし）	1	2	3（完全）
実証（47）	.01（1）	.07（7）	.31（16）	.34（23）
混合（118）	-.03（30）	-.02（28）	.20（34）	.24（26）
現実世界・定型業務（209）	-.02（93）	.04（71）	.09（34）	.15（11）

つ（訳注：ここでの実証プロジェクトとは，治療プログラムの開発者たる研究者自身が，効果検証を行なう研究プロジェクトを指す。通常厳密に統制された理想的条件で実施されるため，効果量は大きくなる。一方，現状世界でのプログラムとは，いったん実証プロジェクトで効果が実証されたものを，犯罪者矯正の現場で実施して，効果検証をするものをいう。評価者として開発者自身が関与していることもあれば，ないこともある）。

表12.1に，実証プロジェクトと現実世界で実施と，それに関連する治療の有効性が要約されている。表12.1をよくみると，3つのタイプのプログラムすべてで，RNRの遵守が大きな再犯の減少と関係していることがわかる。RNRが完全に遵守されたとき，実証プログラムについて報告されている平均効果量（.34）と比較すると，現実世界・定型業務型のプログラムの効果量は小さかった（$r = .15$）。けれども，平均効果量.15というのは，RNRをまったく遵守しなかった現実世界のプログラムで再犯率が上昇（-.02）したのと比べると，非常に良好であると思われる。治療は，現実世界の条件でも機能しうることがわかる。他にも，このような結論は出ている。Lipsey（1999）による196件の「実践的更生プログラム」についての分析で，彼は「現場の「現実世界」で行なわれている類の更生プログラムは，明らかに効果的である」（p.641）と述べるに至った。

Petrosino & Soydan（2005）は，プログラム評価にプログラム開発者が関与することの効果について検討した12件のメタアナリシスをレビューした。12件のメタアナリシスのうち11件が，関与と効果量には正の相関があったと報告している。さらに，彼ら自身が，300件の実験的ランダム化評価の量的レビューを行なった。評価者がプログラム開発者ないし創始者である24件の試

験では，更生成功率は実験群で61.8%，対照群で38.3%であった。

プログラム開発に関与した評価者による治療研究で，より大きな効果量が得られることを，一般に忠実性効果（allegiance effect）と呼ぶ（Luborsky, Diguer et al., 1999）。研究者が（プログラム開発にも）関与したときにより効果量が大きくなるという結果を，治療の有効性が作為的に高められている証拠であると解釈する人もいる。「評価者が関与した」研究の多くは，スタッフに多大なトレーニングと指導をしたうえで行なう1回きりの実証研究であるので，このような実証プロジェクトは，本当に「そこで起きていること」を正確に表してはいない。プログラムは，小規模な厳しく管理された実証プロジェクトでは有効であるかもしれないが，定型業務（「通常」または「現実世界」）のプログラムでは有効性はより小さいだろう。

既におわかりのように，この問題は，質の管理とサービス実施の完全性の問題でもある。この例は犯罪者治療に関係するものであるが，犯罪者のリスク・ニーズアセスメントにも当てはまる。リスク・ニーズ尺度の実施に関するスタッフの訓練と指導が不足していれば，分類と予測の間違いは増加する。評価者の関与には重要な意味がある。しかし，なぜなのだろうか。

2つの明らかな解釈ができる。1つ目の「皮肉な」解釈は，関与した研究者が，研究対象のプログラムの有効性を不適切に（ときには，知らず知らずのうちに），有利な方向になるように結果にバイアスをかけるような意思決定や手段を講じたというものである。もう1つの，「高い忠実性（fidelity）」という解釈は，関与した研究者が，サービス実施の完全性を高めるための手段を正当な方法で講じたというものである。

第3，第4の解釈もある。第3の解釈は，プログラムに関与した評価者が，たんに「何に効果があるか」についてより豊富な知識をもっていることであり，これはきわめてありうることだ。Petrosino & Soydan（2005: 445）自身の言葉によれば，関与した研究者は，「よりスマートな介入」を設計し，試しているのかもしれない。彼らは，犯罪者や刑務官，効果的な矯正プログラムについて，外部の評価者よりずっとよく知っているのかもしれない。第4の解釈は，関与した研究者のもたらす正の影響は，「バイアス」，「忠実性」，「スマートな介入」という解釈の組み合わせの反映であるとするものだ。

第12章　RNR遵守の構築と維持

本章の残りの部分では，RNRの2つの主要な応用，つまりアセスメントと介入を実施するうえでの問題について吟味する。アセスメントについての議論は，比較的簡潔である。なぜなら，良質のアセスメントに向けての解決法は明快だからである（スタッフの訓練と監督）。犯罪者治療についての議論は，より複雑でより注意深い検討が必要となる。

2節　犯罪者リスク・ニーズアセスメントにおける忠実性

リスク・ニーズアセスメント尺度の多くは，予測的妥当性について強固なエビデンスがある。しかしながら，10章で説明した処遇レベル（LS）質問紙のような，妥当性が十分に検討された手法ですら，検証するとその予測的妥当性には研究間で相当なばらつきがある。妥当性の推定値が.40台の場合もあれば，.20台かそれよりずっと低い場合もある。このばらつきをどう説明できるのか。この状態を説明しうる原因は多くあるが，ここでは3つのみを紹介する。

1. 新しく，より優れた査定モデルを受け入れることに対する抵抗

保険数理的リスク・ニーズアセスメントは，刑務所と保護観察システムにおいて幅広く標準的なものであるが（Bonta & Wormith, in press; Wormith et al.,2013），個々人の臨床家の多くには，臨床判断や精神病理学的なアセスメントに頼ることに人気がある。例えば，Olesonら（Oleson, Van Benschoten, Robinson, Lowenkamp, & Holsinger, 2012）が，1,040人の保護観察官を調べたところ，そのうち48%が，メンタルヘルスを犯因性ニーズの上位3位内に位置づけていた。わずか15年前，Boothby & Clements（2000）は，調査した830人の矯正心理学者の半数以上が，再犯を予測するというエビデンスをまったく欠いた逸脱についての精神病理学的な見地に基づくテスト（例えば，ロールシャッハテストや投影描画法）を使用していることを明らかにした。同様に，25の州の矯正システムの調査では，10州で投影法が使用されており，また，

313

ほぼすべての州が，人格不適応の一般的な尺度であるミネソタ多面人格目録（MMPI）を使用していると報告している。これらの調査結果は，専門家らの行動のなかには，変えるのが実に難しいものもあることを示している。この変化への抵抗は，リソースノート 10.2 に示した「アセスメント破壊テクニック」によって示されている。

2. 忠実性効果

忠実性効果は，本章のはじめに紹介したが，一般的な心理アセスメントの文献（Lilienfeld & Jones, 2008）や矯正アセスメントの文献（Harris, Rice, & Quinsey, 2010; Singh, Grann, & Fazel, 2013）でも議論されている。通常は，懐疑的な解釈が取られている。つまり，評価者によって見出される高い予測的妥当性はバイアスによるものである，なぜなら評価者自身がそのツールの開発者でもあるからというものである。もちろん，開発者はそのツールに高い関心をもっており正確に実施されるようにしたいという思いがあり，そしてそのツールについて誰よりもよく知っているから「より賢く」実施することができるというもう 1 つの解釈もある。Andrews ら（Andrews, Bonta, Wormith, Guzzo, Brews, Rettinger, & Rowe, 2011）は，LS の予測的妥当性がこれほど大きくばらついた理由について検討した。彼らが検討した主な原因は，国，性別，追跡期間，開発者の忠実性であった。国について調整すると，LS の予測的妥当性は，追跡期間の長さと開発者の忠実性に応じて向上した。さらなるデータ分析の結果，Andrews らは「開発者の忠実性は，測定精度を最大化することで，自身が開発したツールの実施に完全性をもたらす」と結論するに至った。

3. アセスメントの完全性に対する組織の無関心さ

ツールがデザインされた通りに使われているかどうかは，矯正アセスメント文献でほとんど研究されていない。つまり，分類担当者と保護観察官は，尺度を実施するにあたって指示に従っているのか，そして，その情報を活用しているのだろうか。

職員の採用とその訓練は，担当機関が，新たな犯罪者アセスメントツールを

用いて最大限の成功を収めるためのおそらく，最も重要な2つの事項である（Van Benschoten, 2008）。例えば，Haas & DeTardo-Bora（2009）によると，128人の保護観察官，カウンセラー，ケースマネージャーに，新たに導入されたLSI-R分類システムについての意見を尋ねたところ，所属機関にとって良いと思うと答えたのは，わずか32％であった。ほとんど（ある調査では85％近く［Miller & Maloney, 2013］）のスタッフは，忠実にリスク・ニーズアセスメントを完了するが，そうでないスタッフが重大な結果をもたらしうる。新しいリスクアセスメントツールの価値に納得していないスタッフが，予測的妥当性の低いアセスメントをしてしまう（Flores, Lowenkamp, Holsinger, & Latessa, 2006）。

　研修に十分な資源を投じないと，多くの問題が生じる。まずスタッフは，長年行なってきたことを変えて，新しいアセスメント手順を身につけることに乗り気でないことが多い（Lowenkamp, Latessa, & Holsinger, 2004; Mair, Burke & Taylor, 2006; Whiteacre, 2004）。第2に，丁寧な研修の後でさえ，能力レベルを確実に維持するための措置を講じなければならない。例えば，コロラド州でLSI-Rの導入直後に，LSI-Rの記録を確認したところ，336ファイル中13％に間違いが見つかった（Bonta, Bogue, Crowley, & Motiuk, 2001）。間違いの多くは，単純な加算ミスであったが，その他の間違いはいくつかの項目をどのように採点すべきかに関する誤解に起因していた。コロラド州の矯正システムの名誉のために述べておくと，リスク・ニーズアセスメントの実施は監督され，アセスメントプロセスを向上するための措置が講じられていた。（コロラド州以外の）多くの管轄区域では，そのような重要なプロセスを監督し修正するということができていない。

　スタッフが十分な研修を受けており，完全性をもってアセスメントを実施できれば，著しい利益をもたらす。Luong & Wormith（2011）は，カナダのサスカチュワン州の青年犯罪者ら192人に対するアセスメントとケースマネージメント実務について調査した。第1に，彼らは，犯罪者の指導レベルとケースマネージメント計画が，リスク・ニーズアセスメントに沿っていることを確認した。すなわち，リスクの高いケースほど面接回数が多く，見出された犯因性ニーズの大半に沿った介入計画となっていた。さらに重要なことは，犯因性ニーズをターゲットとした介入は，再犯の低下と有意に関連していた（$r = .21$）。

組織は，スタッフの能力の向上と維持に投資する必要があるだけでなく，アセスメントに必要な情報を収集することにも投資しなければならない。Holsinger（2013）にとって，これはツールの妥当性を確認するために，仮釈放取消率と再犯率の追跡調査をすることを意味した。また，矯正機関が，リスクアセスメントの結果を意味のある結果とつなげる（例えば，低リスク犯罪者がそれ以上の矯正手続きから外れる）ようにすることは重要である。

3節　矯正処遇の完全性の向上

　数多くの「花形」プログラムが，結果として，失敗であることが判明したという例はたくさんある（Andrews, 2006）。花形プログラムとは，（メタアナリシスによるレビューで裏づけされたような）確固とした成功の記録を有する治療的介入である。これらの失敗を吟味することは，何が悪かったのかを理解するために有益である。いくつかの例を表12.2に示す。すべてのケースで，プログラムがRNRを遵守しなかったことに失敗の原因を求めることができる。RNRモデルは，うまくいくはずだったが失敗した治療に対して，いくつかの質問を投げかける。治療を受けた人のリスクレベルはどれだけか。犯因性ニーズは何だったのか。治療の密度と変化の中間的ターゲットは，リスクと犯因性ニーズに合致していたか。セラピストやカウンセラーは，関係性スキルと構造化スキルについての研修や指導を受けていたか。これらの質問はすべて，治療がどの程度RNR原則を遵守しているのかを問うものである。
　プログラムの失敗についての簡潔なケーススタディを表12.2にまとめたが，それは，「効果的な手法」を参照してデザインされたプログラムであっても，適切に実施されていないことが少なくないということを示している。もし，担当機関が犯罪予防に真剣であるなら，日常業務で用いるプログラムは，数多くの困難を乗り越えなければならない。

▼表12.2　RNR実施の失敗

研究	予期しない結果	失敗の理由
カルフォルニアでの薬物関連犯罪者への物質乱用治療（Farabee et al., 2004）	再犯増加	高リスク犯罪者が最高密度のサービスを拒否（リスク原則の違反）
ワシントン州での機能的家族療法（FFT）とマルチシステミック・セラピー（MST）（Barnoski, 2004）	FFTに効果なく，MSTでは再犯増加	セラピストのスキル不足。実施における完全性の欠如（一般的パーソナリティ理論および認知社会的学習理論に基づく，スタッフ実務とマネジメントの原則違反）
イングランドとウェールズでの認知スキルプログラム（Raynor, 2008）	システム全体での再犯減少の失敗	リスク・ニーズアセスメントを常時利用できない，セラピストの研修不足（リスク・ニーズ，構造的アセスメント，一般的パーソナリティ理論および認知社会的学習理論に基づくスタッフ実務とマネジメント原則の違反）
ニューヨークでのプログラムと物質乱用プログラム（Wilson & Davis, 2006）	再犯増加	プログラムへの不本意な参加，リスク・ニーズアセスメントの不実施，薬物乱用問題のない犯罪者が参加，スタッフの研修不足（個人に対する敬意，リスク・ニーズ，構造的アセスメント，理論に基づくスタッフ実務とマネジメント原則の違反）

4節　RNR遵守を妨げるいくつかの主な障害

　実証されたRNR原則を十分なレベルで遵守して，現場で実施できるかどうか，そしてそれによって実際に再犯を減らすことができるかということが重要な問題である。これは当たり前のように思われるかもしれないが，実際はRNR原則遵守を実現するためには，政策や組織の大きな変化と，管理者やスタッフによる多大な努力が必要となる。

　そのいくつかは，以下の通りである。

第 3 部　実　践

1. 多くの矯正機関は，そのスタッフや管理者からは刑罰の執行者であり，司法機関であるととらえられている。更生への期待が加わることで，矯正機関とその従事者の役割は劇的に変化する。そして今や，司法の枠内にあるにもかかわらず，自らの組織をヒューマンサービス機関としてとらえるようにと求められているのである。このような状況は，スタッフに好まれないかもしれないし，2つの役割のバランスを取るように説得することが必要になるかもしれない。

2. 精神保健カウンセラーのいる機関では，そのカウンセリングスタッフにRNRの用語で物事を考えるようにさせなければならない。しかし，多くの精神保健カウンセラーは，「RNR」という言葉を1度も聞いたことがなく，再犯予防を価値ある目標と考えてすらおらず，代わりに不安を和らげることやセルフエスティームを向上することなどに注力している。

3. たとえ，その機関がRNRを受け入れたとしても，それをどう活用すればよいかを知らないこともある。スタッフは，RNRアセスメントや個々のツールをどのように使うかを学ばなければならない。また，RNRに沿ったサービス計画の構築の仕方と，そのサービスの提供方法を学ばねばならない。必要な関係性スキルと構造化スキルも身につけねばならないだろう。どれだけ首尾よくこなせているかについてフィードバックと強化をすることによって，うまくいっている部分を継続し，そうでない部分を改めることが必要である。

4. その機関とそのスタッフがこれらの障害をすべて解決しても，外部システムが妨害を始めるかもしれない。地方判事が，低リスクのケースをプログラムに送ったり，薬物乱用のないケースを薬物乱用プログラムに送ったり，サイコパスを中リスクのケースのためのプログラムに送ったりするかもしれない。結果として，定員を埋める必要があるという理由で，不適切なケースがプログラムに送られてしまうことになる。

5. RNRプログラムを成功させるためには，スタッフの充実が重要である。質の高いプログラム実施のためには，関係性スキルと構造化スキルが必須であり，そのために鍵となる管理機能が3つある。第1に，関係性スキルと構造化スキルを有するかどうかに基づいてスタッフを選ぶこと。

第 2 に，これらのスキルの研修をプログラム開始前と実施中に行なうこと。第 3 に，スタッフに対して質の高い臨床スーパービジョンを提供すること。スタッフは，どの程度自分たちがきちんとできているかを知る必要があり，できているのなら強化され，最良のレベルで活動できていない場合には，直ちに援助を受ける必要がある。

6. より高リスクのケースに対するサービスの提供は，大きな問題である。高リスクケースは，プログラムに自主的に参加することが少なく，脱落しやすい（Olver et al., 2011）。これは，彼らの個別的反応性要因による部分がある（Andrews, 2006）。参加への障害を排除すること，ストレンクスを足がかりにすること，動機づけの問題に対応することなど，いくつかの要素に細心の注意を払うことが求められる。プログラムを計画する際に，本人の自律を尊重し，協働的にプログラムを計画を作成することが，非常に重要である。臨床家と矯正職員が自分たちの職務遂行状況を知ることが大事であるのと同様（上記の 5. を参照），高リスク犯罪者にとっても，自分のリスク・ニーズ・ストレンクスのスコアと，プログラムから脱落した場合の結果と比較して，プログラムを完了した場合の結果がどうであるのかを知ることは有益である。

7. 現場スタッフの監督者には，自分が責任を有しているプログラムについての深い知識をもたない人もいるかもしれない。また，質の高いスタッフの選別・研修・臨床的スーパービジョンの基礎である関係性スキルと構造化スキルをもたない，あるいはそもそもそれらについて何も知らない人もいるかもしれない。要は，現場スタッフの臨床的スーパービジョンが必要なのだが，まさにこれが多くの矯正機関で切実に不足しているものである。

第 3 部　実　践

5 節　プログラムと機関の評価

　公式なプログラム評価に時間と費用を費やさずに，プログラムの潜在的有効性を測定する体系的で客観的な手法はあるだろうか。この問いに答えるために，以下の 2 つの手法が用いられてきた。1 つ目は，その分野の専門家によるプログラムの認証評価である（Rex & Raynor, 2008）。例えば，専門家が性犯罪者治

▼表 12.3　矯正プログラム査定質問紙 2010（CPAI-2010）の概要

- A. 将来の研究との相関をみるプログラム特性に関する 10 項目から成る下位尺度。このセクションは得点化の対象ではない。
- B. 組織文化：目標の明確さ，倫理基準，組織環境，調和，スタッフ離職率，就業中の研修，自己評価，組織の外部への広報を評価する 9 項目から成る下位尺度。
- C. プログラムの実施と維持：プログラムの設計と実施，利害関係者との価値の一致，パイロットの実施，スタッフと資格の維持，採用における管理者とスタッフの要件，研修と臨床スーパービジョンを評価する 10 項目から成る下位尺度。
- D. マネジメント・スタッフ特性：マネジメントとスタッフの経験，研修，スキルレベル，治療サービスに対する態度と信念を評価する 18 項目から成る下位尺度。
- E. クライエントのリスク・ニーズの実践：RNR 原則の遵守を測定する 13 項目から成る下位尺度。
- F. プログラムの特性：治療ターゲット，介入戦略，リラプス・プリベンションを重視し，RNR 原則の遵守を測定する 25 項目から成る下位尺度。
- G. 中核的な矯正実践：関係性スキル，問題解決の構造化スキル，モデリング，強化，スキル訓練を含む中核的な矯正実践の観察された要素を評価する 45 項目から成る下位尺度（すなわち，RNR モデルにおける理論に基づく職員実務）。
- H. 機関同士のコミュニケーション：仲介，ケースの紹介，代弁，調整を評価する 5 項目から成る下位尺度。
- I. 評価：プログラム中とプログラム後の研究とモニタリング活動を評価する 8 項目から成る下位尺度。

Copyright © 2001, 2010 CPAI-2010. March 23, 2015. All rights reserved. All enquiries: 406-205 Bolton St., Ottawa, ON, Canada, K1N 1K7. email: yvetheri@ yahoo.ca . Note that the instrument is copyright protected and the items cannot be scored without evaluator training.

療プログラムを評価することがある。専門家から成る委員会が，治療マニュアルを調べ，セラピスト，場合によっては，クライエントにもインタビューする。そして専門家らは，そのプログラムが，治療の有効性についてのエビデンスとどの程度適合しているかについての合意を形成する。この認証評価プロセスは，犯罪者リスクのアセスメントにおける構造化臨床判断の手法と似ている。

より構造化された保険数理的な手法は，得点化可能な「チェックリスト」を用いる方法である。そのような評価のプロトコールは，これまでにいくつも開発されてきた。矯正プログラム査定質問紙2010（Correctional Program Assessment Inventory-2010: CPAI-2010）（Gendreau, Andrews, & Theriault, 2015）は，その典型的な一例である。CPAI-2010は，RNRモデルの遵守度を測定するものである。その内容を簡潔に表12.3に示す。

CPAI-2010の実施は，機関にとって貴重な学習経験となる。CPAI-2010は，自分たちのプログラムがいったいどんなものか，自分たちがなぜそれをしているのかを再考させ，中間的目標を犯罪行動に対する最終的な効果に関連づけさせる。CPAI-2010は，資格をもった評価者が，①スタッフ，管理者，クライエントをインタビューし，②機関の書類とケースファイルを調査し，③進行中のプログラムの活動と交流をざっと観察し，④クライエントとの治療的やりとりにおける関係性スキルと構造化スキルの体系的な観察（表12.3のセクションGを参照）をすることによって行なわれる。

2003年，Nesovic（2003）は，犯罪者治療文献から173件の研究を集め，プログラムについての記述をもとに，初期版のCPAIの得点を算出した。CPAI得点と再犯減少との間には高い相関があった（$r = .46$）。いくつかの下位項目は再犯の減少との相関が低かったが（例えば，プログラムの実施と維持$r = .10$），その他はかなり高かった（例えば，プログラムの特性$r = .43$）。さらに，Nesovic（2003）は，治療プログラムを，CPAI得点に基づき，高，中，低の3つの質に分類した。予想した通り，高品質なプログラムが最も再犯に対して有効性が高い（$r = .20$）一方，低品質プログラムには効果がなかった（$r = .01$）。

このツールの妥当性は，プログラムを現場で直接視察し，調べることで示される。Lowenkamp, Latessa, Smith（2006）は，オハイオ州の38か所の社会内のハーフウェイハウスのプログラムを，62項目から成るCPAI-2010短縮版を用

第 3 部 実 践

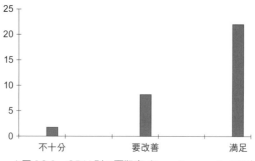

▲図 12.1　CPAI 別の再犯率（Lowenkamp et al., 2006）

いて調査した。プログラムに参加した 3,000 人以上もの犯罪者を，収容型プログラムに参加しなかった仮出所者のグループとマッチングし，その再犯率を比較した。図 12.1 は，CPAI カテゴリーごとの再犯率の低下を示している（プログラムの 68% は「不十分」カテゴリーで，最上位の「非常に満足」カテゴリーに該当するプログラムは 1 つもなかった）。示されている通り，CPAI カテゴリーが高いほど再犯率は低い。CPAI スコアと新規の犯罪の相関は .35 であった。似た結果は，青年施設についても報告されている（Lowenkamp, Makarious, Latessa, Lemk, & Smith, 2010）。

　このようなプログラムアセスメントツールをつくり開発することによって，犯罪者へのサービスを検討し向上する新しい方法がもたらされる。これらのアセスメントツールのなかには，非常に簡易なもの（例えば，4 項目から成る標準化プログラム評価プロトコール（Howell & Lipsey, 2012），CPAI を修正したもの（例えば，矯正プログラムチェックリスト；Latessa, 2013），特定の犯罪者タイプを対象としたもの（ドラッグコート用矯正プログラムチェックリスト；Blair, Sullivan, Lux, Thielo, & Gormsen, 2016）などがある。形式や目的が何であれ，研究者とプログラム運営者は，治療の実施に関する問題に真剣に取り組んでいる。

6節　効果的な矯正指導と治療の要素

　矯正機関（およびその管理者とスタッフ）は，再犯防止という目的に価値をおいているとわれわれは考えている。この目的を実現するために，矯正機関のスタッフと管理者がすべきことは，クライエントの向社会的「表出」を増やし，犯罪指向的「表出」を減らすことである。「表出」とは，態度，思考，行動のことである。向社会的・犯罪指向的表出のバランスを変えるための第1歩は，スタッフと管理者が，向社会的・犯罪指向的表出を認識し，区別できるようになることである。矯正機関では，スタッフの社会化の程度に個人差があり，スタッフが自分自身の犯罪指向的態度を表出していることに気づいていないこともある（Andrews, 1980）。例えば，刑事司法制度に対して懐疑的態度を発達させるようなスタッフがいれば，その態度はクライエントに容易に強化されるだろう。クライエントに対して「気取りのない」ところを見せて，彼らに受け入れてもらおうとして，「犯罪者のものの言い方」を身につけるスタッフもいるかもしれない。

　犯罪指向的表出には，犯罪指向的な態度と思考が含まれる（第6章参照）。そのなかには，①法，裁判所，警察に対する否定的態度，②ルール違反全般，特に法律違反に対して寛容であること，③犯罪者への同一化，④言い訳の正当化などがある。向社会的表出は，①法律違反が犯罪者，被害者，地域社会全体にもたらす悪い結果の強調，②違法行為の「合理化」や「正当化」の否定，あるいはそれらに対するより現実的な限界設定，③他の犯罪者との交際や彼らの信念体系を受け入れることに伴うリスクの表明などを含む。性犯罪，粗暴犯罪，配偶者虐待といった特定の犯罪行為には，これらの犯罪行為を支える特有の認知や語彙があり，スタッフは注意を払うべきである。

　犯罪指向的表出にはまた，犯罪者との交際が含まれ，向社会的表出には犯罪者との交際の減少と向社会的な他者との交際が含まれる。犯罪指向的表出には，リスクの伴う状況や環境（例えば，行きつけのバー）を回避せず，むしろ求め続けることも含まれる。以下の向社会的表出の例は，犯罪行動に関連する自己管理スキルと問題解決スキルとの結びつきに基づいたものである。犯罪者が，

①自分の行動を吟味し，自分の行動が向社会的態度にどの程度対応しているかを判断し，基準がどの程度満たされているかによって，「良い」「悪い」といった自己評価的なコメントを行なう，②行動する前にその結果について考える，③特定の状況において別の行動を取ることのメリットを較量する。これに反する犯罪指向的表出には，①自己モニタリングと自己評価の不足，②極端に厳しすぎるか緩すぎる，あるいはあからさまに反社会的な基準に照らした評価，③重大な問題への鈍感さや否定，④問題状況において新しい行動の仕方を考えられないことなどがある。

　効果的な実務の詳細を，RNRの一般的反応性原則の遵守として説明するのでは不十分である。たんに「行動的，認知社会的学習の手順を用いよ」というだけでは，プログラム計画者や管理者に対して十分な手引きを提供したことにはならない。こうした理由から，RNRモデルの一部には組織原則が含まれている（第9章）。原則14には，決定的に重要な2群のスキルと能力が述べられている。関係性要因と構造化要因のスキル群は，一般的パーソナリティ理論および認知社会的学習理論に基づいているが，これらは非常に実務的なものである。矯正職員は，これらのスキルが使われているときと使われていないときを認識できなければならない。これらのスキルは明確なので，ある程度の研修を積めば，研究スタッフは矯正職員と犯罪者とのやりとりを観察して，一般的パーソナリティ理論および認知社会的学習理論に基づく職務実践の原則の遵守という観点から，そのやりとりを「得点化する」ことができる。この実践は，スタッフの選別，サービス実施者の研修，サービス実施に責任をもつ人々の日常的な臨床的スーパービジョンといった重要な管理業務に指針を与える。本章の以下の部分は，より多くのデータというよりはむしろ，効果的な矯正カウンセリングを感覚的につかむための資料である。

効果的矯正カウンセリングの諸次元：1　関係性

　矯正カウンセリングの主な目標は，クライエントの向社会的思考と向社会的行動を促進することである。この目標を達成するのに成功する職員は，①クラ

イエントと質の高い関係性を築く，②向社会的なモデリングを提示する，③向社会的な思考と行動を強化する，④犯罪指向的思考と行動を否定すると同時に，代替的な思考と行動を示す。矯正職員が効果的な構造化スキルを適用できるようになるには，（例えば，向社会的なモデルとなり強化の源となる）良好な関係性を築く必要がある。良好な関係性の要素は，以下の通りである。

質の高い対人関係によって，構造化スキルが発揮されやすい環境がつくられる。そのような関係にとって重要なのは，自分の考え，感情，経験を自由に述べたくなるようなオープンで柔軟かつ熱心なスタイルである。相互の好意，尊敬，心配りもまた必要である。不承認の表明が有効となるのは，気配り，（「見せかけ」でない「本物」の）理解の表明，レクリエーションをともに楽しむこと，心地良い議論，ユーモアの使用，頻繁な接触などができている場合である。

矯正で働く人々の大半は，犯罪者と比較して権力と権威のある地位にいる。もっぱら規則の遵守を監視することと，違反を見つけたときに制裁を課すことにこだわるのは，効果的でない権威の行使である（つまり，執行者の役割）。効果的でより協力的な権威の行使は，「毅然としているが公正」な手法であり，これは監視を含むが，規則遵守に向けて相手を尊重しながら導く（つまり，援助者の役割）。執行者の役割と援助者の役割のバランスを取ることは，犯罪者を対象に働く際の難題であるが（Kennealy, Skeem, Manchak, & Eno Louden, 2012），乗り越えられないことではない。矯正職員は，専門家として規則の不遵守に対処する義務を機関に対して負っているが，同時にクライエントがより向社会的になるように支援する責任を有していることをクライエントに説明することでこの難題に対処しうる。目標を押しつけるのではなく，クライエントと協力して目標を設定することもできる。目標や役割について，誠実にそしてお互いを尊重し合った話し合いを通じて，関係構築は強化される。

効果的更生カウンセリングの諸次元：2　構造化

犯罪指向的表出と向社会的表出のバランスを変えるには，クライエントと良好な関係を築く以上のものが必要である。もし良好な関係を築くだけでいいの

であれば、非指示的な関係性に基づくカウンセリング技法や動機づけ面接で十分だろう。しかしながら、犯罪者は新たに向社会的行動を身につけねばならず、これには第3章で示した学習の原則が拠り所となる。ここでの主要な要素は、以下の通りである。

a) 効果的なモデル
1. 尊敬され好意をもたれる（つまり、罰や中立的な出来事だけでなく、一般的に強化の源となる）。
2. 行動を具体的かつわかりやすい方法でやって見せる。
3. 言葉だけで説明する際は、具体的に詳しく行動を説明するように留意する。
4. 行動をやってみたことに対して報酬を与える。言葉でのみ報酬を与える場合はそれについて具体的に述べる。
5. モデルが示す行動やそれに似た行動をやってみたことに対して報酬を与える。
6. 本人と他者との一般的類似性を明確にする（例えば、「あなたの年齢のときは、私も同じような問題があった」）。
7. モデルが示す行動に恐れや不信感を抱く可能性があることを認識し、そこで「達人」のやり方ではなく「対処」の仕方をモデルとして示す（たんに「先生のところまで行って聞いてみればいいだけでしょ…」ではなく、「私も先生に成績について話しかけるのは怖かった。怖かったけど、先生のところまで行って聞いてみた」）。

b) 効果的な強化
　質の高い関係は、種々の強化の源となる。話をよく聞いていることを示す単純なアイコンタクトや発言だけで十分な場合もある。より強固な支持と同意の表現でなければならないこともある。具体的な出来事（映画を一緒に観たり買い物をしたりすること）が強化子になることもある。
　対人場面における高いレベルの強化は、以下のような要素を含む。

1. クライエントの言動に是認,支持,賛同を示す強く断固とした迅速な発言。
2. 同意や是認を与えている理由についての詳しい説明(すなわち,何に同意しているか,何を是認しているか)。
3. 支持の表明は,日常的な支持,配慮,関心のレベルとは区別できるだけの十分な強度が必要である。

言葉や動作で高いレベルの是認をし,その理由を丁寧に説明することは,フィードバックを提供しつつ,向社会性表出をやって見せる機会となる。援助者による是認の発言は,向社会性表出に関わる問題をさらに探求するようにクライエントを後押しするような,ささやかな促しで終えてもよい。

c)効果的な不承認

質の高い関係は,効果的なモデリングと強化にとっての良い状況を整えてくれるが,それと同様に,効果的な不承認に必要な環境を構築してくれる。オープンで温かい関係という背景があれば,スタッフとの接触を避けたり逃げたりするのではないかという心配やクライエントによる攻撃的な反応の可能性を低めつつ,不承認の意を示すことができる。そのような関係であれば,通常表現されている興味や懸念のレベルを減らすことが,罰として機能しうる。最後に「4対1」ルールがある。それは,否定的な発言1つに対して,少なくとも4つのポジティブで支持的な発言をするというものである。

対人的状況における高いレベルの不承認は,以下のように特徴づけられる。

1. クライエントの言動に対する,強く断固とした,迅速な不承認(顔をしかめる,クライエントと物理的距離を取るといった非言語的なものを含む)。
2. 否定し承認しない理由の詳しい説明。
3. 向社会的な別の選択肢を提供する(つまり,単純な不承認はクライエントに何を**してはならない**かを告げるが,何を**すべき**かは告げない)。
4. クライエントが向社会的行動を表現したり真似し始めたりしたら,即座に不承認の度合いを下げ,承認を始める。

大半の犯罪者の観点からみると，刑事司法制度に対してその日々の業務のすべてに全面的な支持を表現するとか，犯罪行為が妥当な状況などまったく存在しないという考えを受け入れるとか,「犯罪は決して割に合わない」と述べるといったことは馬鹿げたことに思えるだろう。一方，クライエントと直接接している矯正職員が，明白に制度を否定したり，犯罪活動のポジティブな側面に入れ込んだり，法律違反の合理化を受け入れたりしていたら，その指導は効果を失うだろう。効果的な矯正職員は，クライエントを向社会的選択肢に触れさせ，刑事司法制度における個別の誤った事例と一般的なあるべき姿の区別をつけ（例えば，ひどく不快な警察官と警察の役割全般との区別），犯罪活動へのよくある合理化の限界をクライエントとともに検討することができる。

d）認知的再構成

モデリング，強化，不承認，これらは新たな行動の学習には必須である。さらに，クライエントが，思考と行動には連鎖があると理解することが重要である。これが矯正カウンセリングの「認知行動的」アプローチの本質である（このアプローチのより詳細な記述は，テクニカルノート12.1 www.routledge.com/cw/bonta を参照）。クライエントが,「自分の考えること」が「自分の行動」につながるという考えを受け入れると，本当の進歩が起きる。行動変容の認知行動的モデルを受け入れると，2つの重要な結果がもたらされる。第1は，クライエントのなかに，責任と行動のコントロールが生まれる。クライエント本人しか，その思考をコントロールできない。他者は本人の思考をコントロールすること，ひいては，本人がどう行動するかをコントロールできない。これが本人の主体性の発揮である。

第2に，行動に対して思考が及ぼす力を認識すると，クライエントは自分の思考を変えることにコントロールを発揮できるようになる。「もち主は保険に入っているから盗んでもよい」と考える代わりに，クライエントは「もち主はこれを買うために懸命に働いて，保険には入っていないかもしれない」と思うようになるかもしれない。この2つの思考は，まったく異なる行動へとつながることがわかるだろう。長年にわたり，認知行動心理学者は，クライエントに，問題のある思考を危険性の少ない思考でどう置き換えればよいかを教えてき

た。それが「認知的再構成」と呼ばれる技法である。

e）スキル構築

　教えるべき重要なスキルには，問題解決スキルと認知的再構成を含むその他の自己管理スキルがある。スキル構築の要素は，以下の通りである。

1. スキルの構成要素を詳しく説明する。
2. スキルの構成要素をモデリングするか示す。
3. 修正的フィードバック（つまり，強化や否定）を伴うロールプレイを通して，スキル構成要素を強化しつつ実践できるようにする。
4. 宿題を出すことで学習の機会を広げる。
5. 一般的に，スキルを強化する機会を提供する。

7節　RNR モデルを適用するための矯正職員の研修

　犯罪者と関わる際に，矯正職員がRNRモデルの要素を活用できるようにするための研修の有効性を検討する研究が，近年いくつも行なわれている。最初の研究は，Trotter（1996）によってオーストラリアで行なわれたものである。Trotter（1996）は5日間の研修ワークショップを，12人の保護観察官に対して実施した。この研修は，向社会的モデリングと問題解決に重点をおいた。研修を受けた保護観察官が受けもった97名のクライエントの4年間の再犯率は53.8％で，研修を受けていない18人の保護観察官が受けもった273名のクライエントの再犯率は64.0％であった。この研究以降，RNRスキルの研修結果を評価した研究がさらに行なわれてきた（これらの研究のメタアナリシスによるまとめは，Chadwick, Dewolf, & Serin（2015）を参照）。3つの研修プログラムは，実施の規模と評価のために実験デザインを用いた点で特に注目に値する。

第3部 実 践

社会内処遇での戦略的研修

　15件の研究のメタアナリシスにより26の効果量の推定が行なわれたが，Bontaら（Bonta, Rugge, Scott, Bourgon, & Yessine, 2008）によると，社会内処遇はわずか2％の再犯低下としか関連していなかった。この報告書では，カナダのマニトバ州の保護観察官とクライエントで交わされた面接の録音音声の分析によって，保護観察官らはRNRモデルに基づく実践を実務にごくわずかしか取り入れていなかったということが示された（例えば，低リスクのケースに時間をかけすぎた，犯因性ニーズを重視しなかった，認知行動技法を不適切に使用した）。同様の結果が，他の研究者によっても報告されている。具体的な研修を受けなければ，矯正職員はRNRの潜在的有効性を最大限に引き出すことはできない（Gleicher, Manchak, & Cullen, 2013; Labrecque, Schweitzer, & Smith, 2013）。

　Bontaら（2008）の知見によって，社会内処遇の戦略的研修プロジェクト（Strategic Training Initiative in Community Supervision: STICS）の準備が始まった。2006年にはカナダ公衆安全局（Public Safety Canada）の研究者の手でSTICSの開発が始まっていた。最初の研究は2007年〜2010年に実施された。プロジェクトの目標は，RNRモデルに従った介入実践の研修の効果を評価し提供することである。STICSの設計にあたって全面的な課題であったのは，RNRモデルを保護観察官に役立つような個別具体的な行動に置き換えること，この応用バージョンで保護観察官を研修すること，そして保護観察官と保護観察官が担当するクライエントの行動に対するこの研修の影響を評価することであった。

研修に関わる問題

　犯罪者の処遇プログラムにせよ，保護観察官の研修プログラムにせよ，問題は同じである。プログラムは理論に導かれなければならず，RNRの一般原則に注意を払い，スキルの維持にも関心を払わなければならない。

　最初にすべきことは，保護観察官に，クライエントの反社会的行動は，本人の認知と態度の支配のもとにあり，報酬と不承認がその行動を維持していると

いうことを理解させることである。つまり，保護観察官がこの一般的パーソナリティ理論および認知社会的学習理論の考え方を受け入れれば，犯罪者が犯罪行動を身につけたのと同じ過程を通して，向社会的行動も学習できるという考えにより馴染みやすくなるだろう。

　保護観察官が，ある理論的な見方の「推進者」になることの重要性は，多くの研究において軽視されてきた。心理療法の文献は，患者の問題とその問題をどう乗り越えるかを「説明」することの重要性を長らく認識してきた（Wampold, 2007）。保護観察官もまた，なぜ自分たちとクライエントの行動を変えるべきで，そうするにはどのようにすべきなのかについての説明を受ける必要がある。したがって，研修プログラムは，認知的再構成，向社会的モデリング，強化，不承認の力を実際に示すエクササイズを伴う，理論を裏づける研究についての講義となる。さらに，保護観察官は，認知がどのように行動をコントロールするか，報酬と罰がどのように将来の行動に影響を与えるか，それらについて何ができるかをクライエントに教えられるように訓練を受ける。

　図 12.2 は，STICS 研修のモジュールを要約したものである。図 12.2 で強調されている通り，この研修は，クライエントの犯罪指向的態度の表出を認識することと，どのようにしてそれらの認知と態度を，認知行動技法を用いて，向社会的な認知と態度で置き換えるかということをとりわけ重視している。3 日間の研修の初日の大半は，ここで述べた問題に費やされる。

　反応性原則の遵守は，クライエントとラポールを形成し，認知的再構成，向社会的モデリング，強化と不承認の有効な使用など種々の定着手法をクライエントに教える演習と練習によって支えられている。保護観察官は男性の犯罪者と女性の犯罪者，そして文化や生い立ちのさまざまなクライエントを指導する。したがって，研修はジェンダーの問題だけでなく人種や文化（すなわち，個別的反応性）にも注意を払う。

　STICS トレーニングの核であり，スタッフにとって最も困難な課題は，認知行動モデルと認知的再構成に焦点を当てる 2 日目に生じる。保護観察官にとってこれがなぜ困難かというと，認知行動モデルを基礎から学ばねばならないだけでなく，そこで学んだ認知的再構成スキルをクライエントに教えなければならないからである（このモデルとそれがどのように教えられるかについての説

第 3 部　実　践

モジュール	内容
1	概観と理論的根拠
2	（中・高）リスク原則
3	犯因性ニーズ
4	**犯罪指向的態度**
5	反応性　ラポール形成
6	**認知行動モデル**
7	**認知的再構成**
8	向社会的モデリングと強化
9	特定の介入技法
10	戦略的スーパービジョン

▲図 12.2　STICS 研修モジュール

明は，リソースノート 12.1 を参照）。重視されているのは，クライエントに対して，それを具体的かつわかりやすくすることである（例えば，「犯罪指向的思考」は「録音テープ」と呼ばれ，「向社会的思考」は「対抗」と呼ばれる）。

　保護観察官が行なう個人面接を構造化することも重要であった（通常 25 分間行なわれる）。ほとんどの保護観察当局は，保護観察官がクライエントに指導する際に何をすべきかについてほとんど定めていない。唯一の例外は，クライエントに遵守事項を守らせるようにすることだけである。保護観察官には，毎回の面接を 4 つの構成要素に分けて構造化することを教えた（図 12.3）。

　最初の要素は，5 分を超えない短い「チェックイン」である。チェックインでは，クライエントとの協働関係を強め，クライエントの状況に即座に対応すべき新たな事態がなかったかを尋ね，遵守事項を守っているかどうかを確認する。第 2 の要素は，宿題（下記参照）を含む，前回の面接の振り返りである。この振り返りでは，前回の内容について話し合ったり練習をしたりして，学習

> 1. チェックイン
>   ・関係を構築する
>   ・危機や遵守事項違反がないかどうかを査定する
> 2. 振り返り
>   ・繰り返しとフィードバックにより協働関係と学習を強化する
>   ・保護観察所がフォローアップを行う
> 3. 介入
>   ・認知と行動のつながりを示す
>   ・認知行動技法を用いて新たな向社会的スキルと向社会的態度を教える
> 4. 宿題
>   ・学んだことをまとめ，宿題を出す
>   ・地域の資源へつなぐ

▲図12.3　STICSセッション構成

を促進し，次のセッションへとつなげるように組み立てる。第3の要素は，実際の介入の実施である。ここでは，認知行動モデルを教えたり，ロールプレイの実習を行なったりする（約15分間）。最後は，新たな概念，スキル，向社会的認知を強化するような「宿題」を出す（例えば，ある行動を試してみて，それを次の面接で報告するといった簡単なもの）。

　職員のスキルをさらに伸ばし，それを維持するため，研修後，保護観察官に臨床的スーパービジョンを提供する。保護観察官は，月1回の小グループミーティングを行ない，STICS研修の概念やスキル活用について話し合う。講師は，毎月のミーティングで話し合うべき具体的な課題を出す。ミーティングの際は，講師は研修員とテレビ会議を行なって，課題へのフィードバックを与える。さらに，最初の研修から約1年後，保護観察官は，講師が進行するSTICSの1日復習ワークショップに参加する。

第3部　実　践

STICS（社会内処遇における戦略的研修）

　Bontaら（Bonta et al., 2008）は，保護観察官と保護観察対象者の指導セッションを録音した。その際の主たる関心は，保護観察官がどの程度RNR原則を遵守していたかを確かめることであった。低リスク犯罪者には労力をかけず，高リスク犯罪者に対しより多くの労力をかけるという公的な方針にもかかわらず，保護観察官は，この方針にあまり従っていなかった。犯因性ニーズに関しては，家庭・夫婦と薬物乱用に対しては適切に焦点化していたが，犯罪指向的態度についてはほぼ完全に無視していた。最後に，認知行動技法の適用（一般的反応性）は，ほぼ皆無であった。この結果から明らかになったことは，保護観察官は，高リスク犯罪者に注力し，指導において犯罪指向的態度に焦点を当て，認知行動的な介入技法を活用するよう研修を受ける必要があるということである。
　3日間のSTICSプログラムは，一般的パーソナリティ理論および認知社会的学習理論に基づいている。したがって，10個のモジュール（図12.2を参照）のなかの1番目のモジュールは，その理論とRNR原則を遵守することの重要性について，90分間の概論であった。研修で身につけたスキルを試行するためには，保護観察官は，理論的な考え方を「取り込むこと」ことが重要である。STICSの第1の目標は，保護観察官の行動を変化させることであり，第2の目標は，クライエントの行動を変化させるために，保護観察官が学んだスキルを使うことである。したがって，保護観察官は，なぜ自分の行動を変えなければならないのか，そしてどのようにしたらクライエントの変化を手助けできるかについて説明を受ける必要がある。
　次のモジュールはとても短いが，リスク原則の概観である。STICSの評価研究では，保護観察官は，中リスクと高リスクのクライエントのみを，プロジェクトの対象として選ぶように求められた。ルールによって，確実に低リスクの対象者には必要最小限のサービスしか提供されず，より高リスクの対象者により多くのサービスが向けられるようにした。
　この研究で保護観察官は，妥当性が実証されたリスク・ニーズアセスメントツールを用いた。このことは，一般的なリスクの査定にとって重要なだけでなく，

指導において焦点を当てるべき犯因性ニーズ（例えば，犯罪指向的態度，犯罪者との交友，反社会的パーソナリティ・パターン）の特定にとっても重要であった。モジュール3は，犯因性ニーズについてであり，モジュール4（犯罪指向的態度）からはSTICSプロトコールの中核部分が始まる。保護観察官は，クライエントの犯罪指向的態度の表出をすばやく認識する一方で，クライエントには自分が反社会的思考を表出したとき，それに気づくことができるよう支援する方法を学ぶ。最初の4つのモジュールが，研修初日の大半を占める。

反応性モジュールは，3つの要素を含む。①関係性の構築，②認知行動的テクニックの使用，③当該クライエント特有の学習スタイルへの配慮である。対人影響のある状況における報酬と罰の効力は，関係性に依存する。報酬（例えば，褒め言葉や笑顔）と罰（例えば，否定の言葉や顔を背けること）の提示を通して，保護観察官がクライエントに影響力を及ぼすことができるのは，クライエントが保護観察官を尊敬し好意的に思っているときのみである。乱暴ないい方をすれば，相手の考えや感情を気にしない人は，自分の好き勝手に行動する。モジュール5では，温かさや尊重の表現といった関係性構築スキルと建設的なフィードバックの提供の仕方を学び，練習した。

保護観察官が犯因性ニーズ，特に犯罪指向的態度の重要性を認識し，敬意に満ちた関係のなかで，クライエントにそれを指摘する必要性を認識できれば，次のステップは，適切な方向に変化を起こすことである。対人影響の構造化の側面については，認知行動モデル，認知的再構成，向社会的モデリング，強化と不承認の効果的な使用などのモジュールとともに，STICS研修の第2日目に始まる。保護観察官にとっての課題は，クライエントのために構造化された学習を提供すること，つまり良い意味での介入者となることが求められるということである。多くの保護観察官は，保護観察遵守事項を監視すること，クライエントのために社会福祉機関との仲介をすること，クライエントが困難や対人問題に直面したときに支援することなどについては，自信をもっているだろう。

第2日，第3日目には，保護観察官は，マンツーマンでクライエントと対するときに，どのように認知行動技法を使えばよいかを学ぶ（詳細は，Rugge & Bonta, [2014] を参照）。これらのモジュールで重要なことは，保護観察官にシンプルで具体的な方法でスキルを教えることであり，それによって今度はそれ

第3部　実　践

をクライエントに教えることができるようになる。

　犯罪指向的態度の変容については，2つのステップを踏んで行なわれた。第1に，「行動の連鎖」と呼ばれるシンプルな認知行動モデルが教えられた。行動の連鎖モデルは，先行刺激，結果，態度の関数として行動を吟味するもので，態度，または内的な認知的手がかりが，いかにして行動の根本原因となっているかを強調する。また，発達障害のあるクライエントでも，自分の思考がどのように行動につながるのかを理解できるように，行動の連鎖の教え方が示された。第2に，認知的再構成をどのようにクライエントに教えるかについても示された。認知的再構成とは，犯罪指向的思考を向社会的思考で置き換えるためのテクニックである。これら認知行動的モジュール全体のテーマは，それを常に具体的に示すということと，幅広いクライエント（女性，知的障害者，人種的マイノリティ）に対しても妥当なものとすることであった。

　3日間のSTICS研修は，構造化された形式で実施され（研修マニュアルが用いられた），教室での演習とロールプレイも行なわれた。反復することが，スキルの維持には不可欠である。しかし，3日間の研修プログラムでの練習は，新しく獲得した行動を何週間，何か月にもわたって維持するには不十分である。STICSの特徴の1つは，実務上での臨床的スーパービジョンが含まれていることである。研修後も保護観察官は，毎月小グループのミーティングを行なってSTICSのスキルの活用について話し合い，講師とはテレビ会議を行なった。グループには，研修で教わったスキルに関連する宿題が出され，ミーティングのときにはそれについて話し合った。テレビ会議では，参加者は宿題についてのフィードバックをもらうとともに，臨床的スーパービジョンを受けた。

　STICS評価研究の全般的な目的は，保護観察官にRNRモデルの中核的要素を教授し，それを彼らのクライエントに適用できるようにするということであった。STICS評価研究は，研修によって保護観察官は，一般的パーソナリティ理論および認知社会的学習理論に基づく実践を犯罪者に対する指導に取り入れたことを示した。さらに，その結果は再犯率にも現れていた。「何が効果的か」ということを，現実世界の実務に移転することは可能である。

STICSの評価研究

評価に関しては，鍵となる問題が3つある。それは，①研究デザインの選択，②保護観察官と彼らのクライエントの行動変容のアセスメント，③研究参加者のモチベーションの維持である。特に重要な点は，STICS 研修が保護観察官の行動変容に及ぼす効果である。なぜなら，クライエントの将来の犯罪行動の変化に影響を与えるのは，指導中の保護観察官の行動であると想定されているからである。

(1) 実験的研究デザイン

カナダの3つの州（ブリティッシュ・コロンビア，サスカチュワン，プリンス・エドワード島）から自発的に研究に参加した80人の保護観察官を，研修条件か研修なし条件にランダム割り振った（図12.4を参照）。リスク原則の遵守を高めるために，保護観察官は研究プロジェクトの対象として，中から高リスクのクライエントのみを選ぶように指示された。少数の低リスククライエントも選ばれたものの，約95％は中から高リスク犯罪者であった。

犯罪学のほとんどすべての実験では脱落が問題となるが，この研究も同様である。研究参加者は自発的に参加した保護観察官であったにもかかわらず，研修後にクライエントを選ばない者がいた（$n = 28$，35％）。研究から脱落した理由としては，「思った以上によりやることが多い」というものから，昇進や

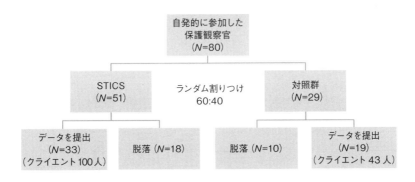

▲図12.4　2011年STICS実験

産休までさまざまな理由があった。しかし，プロジェクトに留まった職員と，さまざまな理由で脱落した職員の個人的・人口学的特徴の分析では，違いはみられなかった。

(2) 保護観察官と行動のアセスメント

　研修効果の評価では，保護観察官とそのクライエントの行動を直接的な観察，自己報告，公的な犯罪行動記録を組み合わせて測定した。保護観察官の行動を検証するために，新規クライエントのインテーク面接，3か月後の面接，そして約6か月後の面接セッションを録音するように依頼した。訓練を受けた2人の評価者が，特定の行動の頻度（例えば，初回リスクアセスメントで見出された犯因性ニーズについての議論）や，具体的なスキルの質（例えば，積極的傾聴，認知的再構成の実施）について，録音記録を査定した。

(3) プロジェクトへの協力とモチベーション

　研究プロジェクトへの参加を維持することは，STICSのような長期間にわたって負担の多いプロジェクトの場合は，特に困難である。プロジェクトへの協力とプログラムの完全な実施を支える一端は，組織からのサポートである（Rex & Hosking, 2013; 第9章，RNRモデルの第15原則を参照）。したがって，第一線の保護観察官を監督する上司にも，3日間の研究参加を要請した。第3の講師が，研修のなかで彼らに課題とロールプレイを出して指導した。上司の参加は，研修期間中の部下へのサポートを示しただけでなく，部下が学んだことを実践するために現場に戻ったときにも利益をもたらした。上司は，研究が部下に課している負担を理解し，研修参加を後押しするために他の職員とともにしばしば業務量の調整を行なった。

　対照群に割り振られた保護観察官の協力を高めるのは，より一層の困難が伴った。したがって，参加を後押しするための3種類のインセンティブを導入した。第1に，対照群の全保護観察官を集めて，半日間の特別セミナーを実施した。このセミナーでは，「何が効果的か」に関する文献の概説，研究の条件，ランダム割りつけの重要性を講義した。犯罪者更生に関する文献の概要を講義することによって，保護観察官がまだ一般的パーソナリティ理論および認知社

会的学習理論に基づく実践を行なっていない場合，その何らかを実務に取り入れるよう動機づけを高める可能性を高めた。第2に，STICS 研究チームは，対照群参加者と隔月でテレビ会議を行ない，研究に関する質問に答え，評価研究における彼らの存在の重要性を改めて強調した。最後に，研究結果が望ましいものであれば，彼らにも3日間の研修を提供することを約束した。

結果

保護観察官は，143人のクライエント（実験群100人，対照群43人）に関する295件の研修後の録音記録を提出した。仮説通り，対照群に比べて実験群は，有意に優れた認知行動的スキルを示しており，クライエントとの面接では犯因性ニーズ，特に犯罪指向的態度により多くの焦点を当てていた（Bonta, 2012; Bonta, Bourgan, Rugee, Scott, Yessine, Gutierrez, & Li, 2011）。実験群と対照群の面接内容の結果を表12.4に示し，スキルの質のスコアを図12.5に示す。群間比較の結果，実験群はすべての指標において，有意に優れていることがわかった。

総じて，STICS 研修は，保護観察官の RNR に基づくスキルを向上させ，クライエントとの面接の内容を改善したという結果となった。クライエントの再犯率もまた，望ましい結果であった。平均2年間の追跡後，研修を受けた保護観察官のクライエントの再犯率は25％であったのに対し，研修を受けていない保護観察官では39.5％だった（図12.6を参照）。

STICS 研究での重要な問いは，モチベーションと研究協力を向上させるため

▼表12.4　面接内容の結果（Bonta et al., 2011）

	実験群	対照群
面接内容に関する変数		
犯罪指向的態度を含むセッションの比率（％）	34.50	2.40
犯罪指向的態度を含むセッションの比率	.11	.01
犯因性ニーズを含むセッションの比率	.58	.42
非犯因性ニーズを含むセッションの比率	.33	.49

第3部　実　践

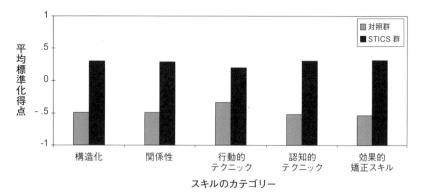

▲図 12.5　STICS スキル（Bonta et al., 2011）

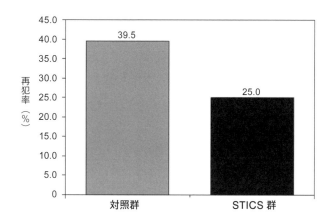

▲図 12.6　STICS 再犯結果（Bonta et al., 2011）

のさまざまな活動（例えば，毎月のミーティング，復習コース）は，スキルやクライエントのアウトカムを向上させるかどうかというものであった（Bourgon, Bonta, Rugge, & Gutierrez, 2010a）。実験群をさらに「高サポート」群と「低サポート」群の2つに分けた。高サポート群の保護観察官は，毎月のミーティングと復習コースに参加し，（研究のためだけでなく）臨床的フィードバックのために録音を提出した。多様なサポートを活用することが，クライエント

第 12 章　RNR 遵守の構築と維持

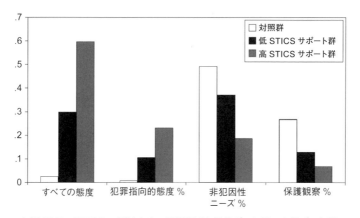

▲図 12.7　STICS の面接内容：対照群 対 低サポート群・高サポート群

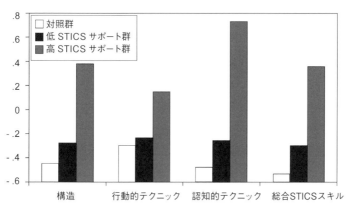

▲図 12.8　STICS スキル：対照群 対 低サポート群・高サポート群

とのより適切な面接（図 12.7），スキルの向上（図 12.8），クライエントの再犯率の低下（図 12.9）につながっていた。しかし，低サポート群ですら，対照群と比べて良好な結果であったことは注目に値する。

　STICS の効果に関する研究は，現在までも続いている。2011 年の実験結果のさらなる分析から，保護観察官が認知行動的スキルを理解し，それをクライエントに適用することが，保護観察の成功にとって必須であることがわかった

第3部　実　践

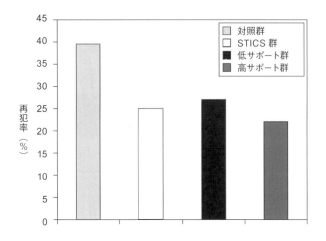

▲図12.9　クライエントのアウトカムと臨床的サポート（Bonta et al., 2011）

（Bourgon & Gutierrez, 2012; Bourgon, Gutierrez, & Ashton, 2011）。その結果，STICS 研修は，スキルにより大きな重点をおくように変更がなされた。さらに2つの追試が進行中であり，1つはカナダ，アルバータ州のエドモントンの保護観察所，もう1つはスウェーデンである。いずれも自発的に研究に参加した保護観察官を，STICS 研修か通常の指導かにランダムに割り振った（エドモントンでは36人の保護観察官，スウェーデンでは48人）。研究プロトコールは，元の STICS 実験と同一である（すなわち，面接セッションの録音，毎月のミーティングなど）。両実験とも2011年に始まり，最終報告が出るのは2016年末以降となっている。しかし，録音の一部の中間分析では，幸先の良い成果が報告されている。

　ブリティッシュ・コロンビア州で最大規模の STICS 研究が始まろうとしている。再犯率の低下によってコスト削減になるのではないかとの予測などに基づき，州の社会内処遇当局は，STICS モデルを採用することを決めた（Bonta, Bourgon, Rugee, Gress, & Gutierrez, 2013）。ブリティッシュ・コロンビア州には，2つのレベルの保護観察官がいる。下級レベルの保護観察官が低リスク犯罪者を指導し，上級レベルの保護観察官が，中・高リスク犯罪者を指導する（矯正

当局によるリスク原則適用の好例である）。2011年の秋，最初の上級保護観察官のグループが研修を受け，それは2014年秋まで続いた。350人以上の保護観察官が研修を受けたことになる。地方の小さなオフィスを除いて，すべてのオフィスには「コーチ役」の保護観察官がおり，毎月のミーティングを進行する。また，州には4人の「STICSコーディネーター」がいる。STICSコーディネーターは，コーチの臨床的支援や職員の録音記録への正式なフィードバックを担当し，復習セッションを実施する。

ブリティッシュ・コロンビア研究の方法論は，前後比較デザインである。保護観察官は，研修参加前に録音を提出し，参加後に再度提出する。これによって，保護観察官の行動の変化をアセスメントする。STICSが再犯率に及ぼす効果の評価については，研修前に保護観察官が担当するクライエントからランダムサンプリングし，彼らの再犯率を計算する。この後ろ向きサンプルの再犯率が，研修後のクライエントサンプルの再犯率と比較される。この研究の最終報告は，2016年または2017年以降となる。

再逮捕抑制のための職員研修

再逮捕抑制のための職員研修（Staff Training Aimed at Reducing Re-arrest: STARR）は，先述の関係性スキルと構造化スキルを訓練する3日半にわたる研修で，STICSと相当重なる部分がある。事実，STARRの開発者の1人であるLowenkampと，EPICS研修モデルの開発者の1人であるSmithは，2008年にSTICSを訪問している。STARR実験では，アメリカ連邦保護観察局の88人の保護観察官が自発的に参加し，研修か通常の指導かにランダムに割り振られた（Robinson, VanBenschoten, Alexander, & Lowenkamp, 2011; Robinson, Lowenkamp, Holsinger, VanBenschoten, Alexander, & Oleson, 2012）。さまざまな理由による保護観察官の脱落があり（例えば，昇進），残ったのは実験群41人，対照群26人であった（全員がランダムに割り振られたのではなく，2つの地域はランダム割りつけに反対した）。実験群の保護観察官は，295人の中から高レベルのクライエントを指導し，対照群は218人を指導した。

第3部　実　践

　Robinson らは，STICS 実験（Bonta et al., 2011）とほぼ同一の評価方法を用いた。参加者は，指導開始時，3 か月後，6 か月後に指導セッションの録音を提出するように指示された。700 件以上の録音記録が提出され，分析された。アメリカ連邦保護観察局は，2 つのタイプのクライエントを指導しているため（公判前，有罪判決後），再犯の定義にも 2 種類のものを用いた。公判前のクライエントに対しては，裁判所への不出頭とし，有罪判決後のグループに対しては，1 年以内の再逮捕とした。

　録音記録の分析では，実験群のほうが，役割をより明確化し，効果的な強化や不承認を用い，認知行動モデルをより頻繁に活用していた。研修を受けた保護観察官のクライエントの再犯率（26％）は，対照群のクライエント（34％）よりも低かった。研修を受けた保護観察官のクライエントの再犯率が低かったのは，中リスク群に集中しており，高リスク犯罪者の再犯率は，研修を受けた保護観察官（35％）と，受けていない保護観察官（37％）でほとんど差がなかった。

　2014 年に Lowenkamp, Holsinger, Robinson, & Alexander は，STARR 実験のフォローアップを 24 か月にまで延長した。実験群クライエントの研修後の再犯率は 28％であったが，対照群では 41％だった。しかし彼らは，この差は統計的有意レベルに届かなかったと述べている。第 2 章で説明したように，帰無仮説検証は手厳しく批判されている。重要な知見は，13％ポイントの差が出たということであり，これは STICS での Bonta ら（2011）による報告とほぼ同じであり（14.4％），他の RNR 研修の研究結果にも合致している（Chadwick et al., 2015）。Lowenkamp らはまた，STARR と動機づけ面接双方の研修を受けた保護観察官の場合，高リスク犯罪者の再犯率が引き下げられたことを見出した。

　本書執筆の時点で，STARR は全米の保護観察当局で実施されている。これは，非常に野心的なプロジェクトである。計画では，94 地区 4,000 人以上の保護観察官の研修をすることになっている。既に 1,265 人以上の保護観察官が研修を受け，442 人のコーチと 442 人のスーパーバイザーが職員支援のために配置された。上質な処遇の実施が，保護観察サービスの優先事項である。研修を受けた保護観察官は，フィードバックを受けるため継続して録音を提出し，月ごとの復習セッションにも参加することになっている。計画が本格展開するに

従って，研究者はその効果について報告することになる。それは，RNR に関する知識移転を理解するうえで，きわめて貴重な情報を提供するだろう。

8節　社会内指導における効果的な実践

　社会内指導における効果的な実践（EPICS）は，シンシナチ大学の研究者によって開発された（Smith, Schweitzer, Labrecque, & Latessa, 2012）。その研修カリキュラムは，中核的矯正実務と呼ばれるものに基づいている（Dowden & Andrews, 2004）。本書の以前の版では，「中核的矯正実務」の語を用いたが，この版では，セラピストスキルの理論的基盤を一層明確にするため，一般的パーソナリティ理論および認知社会的学習理論に基づく矯正実務と呼ぶことにする。EPICS のカリキュラムは，STICS や STARR に類似しており（例えば，同一のセッション構造，向社会的モデリングと効果的な強化，セッションのコーチング），84 の州矯正当局とシンガポールの 1 機関で実施されている（Labrecque, Luther, Smith, & Latessa, 2014a）。

　EPICS は最初，成人と少年犯罪者の双方を指導する少数の保護観察官サンプル（$n = 10$）を対象に評価された（Smith et al., 2012）。研修を受けた保護観察官は，対照群に比べて，EPICS で学んだスキルをより多く活用していた。この研究ではランダム割りつけはなされておらず，クライエントの再犯率データも示されていない。44 人の保護観察官を対象にしたそれに続く研究では，Labrecque, Schweitzer, & Smith（2013）は，EPICS 研修が保護観察官の行動を変えたことを確認したが，またしても再犯率データは提示されなかった。再犯アウトカムを検証した研究としては，Latessa, Smith, Schweitzer, & Labrecque（2013）によってなされた研究がある。その EPICS 評価研究では，41 人の保護観察官が，研修か通常指導かのどちらかにランダムに割り振られた。期待された通り，研修によって保護観察官の行動は変化し，コーチングによってさらに向上した。全般的に，実験群の保護観察対象者は，対照群よりも逮捕，拘禁，規則違反が**多かった**。しかし，リスクレベルによって分割すると，実験群の高

第3部　実　践

リスク犯罪者は,「忠実度の高い」保護観察官（すなわち,教わったスキルを実際に活用していた者）の指導を受けた場合,より良い結果を示していたというエビデンスがみられた。

要約

　全般的に,これらの研究は前途有望である。矯正システムは,改善更生処遇を通して,再犯率を下げることができる。そして,RNR原則は,効果的な矯正介入を計画,実施,評価しようとする者の指針となることができる。しかし,これらの原則を,サービスの完全性を維持し,原則の遵守を確実なものにしながら,日常業務に反映させるには,相当の難題が待ち受けている。

　今や数多くのRNRに基づいた保護観察官向けの研修プログラムがある。そのうちの3つをここで紹介した。他にもさらなる追試や開発に値するものがある。そのなかには,メリーランド積極的社会内処遇（Taxman, 2008）,イングランド効果的関与・開発・指導スキル（Rex & Hosking, 2013）などがある。クライエントの変化を促進するだけでなく,学んだスキルが教わった通り使われているかどうかを確認するうえでも,これらの研修プログラムの評価は有益である。提供するサービスが,確実にRNR原則を遵守するようにすることが大切である。特に重要なのは,犯罪指向的態度と認知を標的にすることである。たしかに,これはSTICSの明確な目標であり,EPICS研究からは,犯罪指向的態度を変えることが,再犯減少の鍵となる要因だというエビデンスが得られた（Labrecque, Smith, Schweitzer, & Thompson, 2014b）。

　プログラムの設計は1つの課題であるが,それを日常業務として実行することもまた別の課題である。いくつかの地域では,刑事司法制度の徹底的な見直しをしなければ,それが不可能なところもあるだろう（例えば,アラバマ州では,保護観察官は月にわずか10分しかクライエントと会う時間がない）（Edgemon, 2013）。意図した通りにサービスを提供できるよう職員を研修すること,サービス提供の完全性を確保すること,そして職員のスキルと努力を維持すること,これらはみな決定的に重要である。STICS, STARR, そして

第 12 章　RNR 遵守の構築と維持

▼表 12.5　1 対 1 の指導監督のための RNR に基づく研修プログラム：課題と解決策
　　　　　（Bourgon, Bonta, Rugge, Scott, & Yessine, 2010b より作成）

問題	課題	解決策
プログラムデザインの問題		
犯罪行動の一般的理論	どのように一般的パーソナリティ理論および認知社会的学習理論を研修にもち込むか。	一般的パーソナリティ理論および認知社会的学習理論を指導の実務的プロセスにどのように組み込むかという点とリンクさせて、理論の理解を確実に促進させる研修モデルとする。
リスク原則	どうすれば確実にサービスが高リスク犯罪者を対象とするようにできるのか。	中・高リスクの犯罪者を担当する保護観察官を研修する。
ニーズ原則	治療が犯因性ニーズに焦点を当てるようにするには、どうすればよいか。	妥当性が確認されたリスク・ニーズアセスメントを用いる。リスク・ニーズのプロファイルを処遇計画に反映させる。犯罪指向的態度・認知をターゲットとする。
反応性原則	どうすれば確実に、クライエントの学習スタイルに配慮したサービスとなるか。	指導監督モデルは以下を扱う(a) 関係性の次元、(b) 構造化の次元、(c) クライエントに対する妥当性、(d) 指導の構造化。
a) 関係性	機能する治療的な治療同盟をどのように構築するか。	スキルと特定のプロセス（例：共同の目標設定や役割の明確化）を通じて関係性を構築する。
b) 構造化	認知行動テクニックの活用をどのように増やすか。	中・高リスクのクライエントの指導において、必要なスキル、ツール、戦略を含めた認知行動的モデルを提供する。
c) クライエントに対する妥当性	どうすれば、鍵となる概念やスキルが、具体的でわかりやすい形で、確実に活用されるようになるか。	鍵となる概念やスキル、資料が、具体的かつ簡潔で、専門用語を含まないようにする。すべてのタイプのクライエント（例えば、性別や人種など）にとって有用になるように、柔軟性を保つ。
d) 指導の構造化	指導セッションと指導期間をどのように構成するか。	個々のセッション（チェックイン、振り返り、介入、宿題）を構造化し、指導セッションを段階的に構造化する（アセスメントから地域資源の利用まで）。

第3部 実 践

　EPICS プロジェクトは，妥当性が示されたリスク・ニーズのアセスメントツールを用いて中・高リスクのクライエントを選抜し，保護観察官とクライエントの関係を構造化することを通して，RNR 原則の遵守を確実なものとした。毎月の臨床的スーパービジョン・ミーティングや復習ワークショップは，スキルの維持と向上を促進した。また，保護観察官とクライエントの面接の録音を提出することで，「閉じた扉の向こうにいた」保護観察官の行動が評価され，それがサービスの完全性をアセスメントする手段となった。RNR に基づく研修が直面するよくある問題のいくつかと，それに対処する方法を表 12.5 にまとめた。

　まとめると，現実世界における新世代の RNR 研修は，「何に効果があるか」についての知識を効果的で持続可能な日常業務に移転する試みを，包括的なパッケージにしたものである。指導セッションにおける保護観察官の行動は，期待がもてるものであった。データが示すところによると，研修を受けた保護観察官は，対照群に比べて，クライエントとの面接の間に，一般的パーソナリティ理論および認知社会的学習理論に基づく実践を有意に多く示しており，かつ質的にも優れていた。全体として，これらのプロジェクトは，類似のプロジェクト以上に，実証的な知識を現実の矯正の世界に効果的に移し替えるにはどうすればよいかということに対する洞察を提供している。

9節　犯罪者治療の費用対効果分析

　犯罪が社会に与える費用は，疑いようもなく甚大である。「費用」は，失われた財の価値，刑事司法や社会福祉制度の人件費や関連費用，収容によって失われる賃金，そして裁判の評決で推定される「痛みや苦しみ」のような無形の費用の価値で測定できる。ピッツバーグ青年研究の少年 503 人の犯罪行動の費用は，1 億 1 千万ドルに及ぶと推計されている（Welsh, Loeber, Stevens, Stouthamer-Loeber, Cohen, & Farrington, 2008）。非行発達に関するケンブリッジ研究では，少年 411 人によるコストは，イギリスの納税者 1 人当たり 1,185 ドルだった

(Piquero, Jennings, & Farrington, 2013)。オーストラリアのクイーンズランド州で有罪判決を受けた10歳から25歳までの41,000人以上の犯罪者に関する研究では，少数の慢性的犯罪者（4.1％）が，刑事司法および社会福祉費用の41.1％に責任があることがわかった（Allard, Stewart, Smith, Dennison, Chrzanowkis, & Thompson, 2014）。

　本章の最後のトピックは，治療の費用と便益を検証することである。単純な疑問は，「犯罪者を治療する費用はどれくらいで，再犯減少によってどれくらいの節約ができるのか」というものである。例えば，ある犯罪者を刑務所に収容する代わりに，成功裡に治療をすることによって，賃金喪失，収容された犯罪者の家族の扶養にかかる福祉の費用，そして潜在的被害者の「痛みと苦しみ」などが回避できるだろう。

　治療プログラムの比較対照評価に，費用便益分析を直接的に適用した研究はほとんどない。費用削減の可能性によって，組織が治療プログラムの大規模な採用を促す可能性があることを考えれば，これはいささか驚くべきことである。しかし，この状況は変わりつつある。特にアメリカでは，司法再投資計画によって，矯正にかかる費用を削減し，節減できた分を犯罪抑制のためにエビデンスを活用した方法に適用しようとしている（Justice Center, 2013）。例えば，Taxman, Pattavina, & Caudy（2014）は，シミュレーションモデルを開発し，RNRモデルに従って高リスク犯罪者への治療プログラムを拡大することによって，刑務所への再入を6.7％減らせると推計した。

　Aosら（Aos, Lee et al., 2011）は，薬物治療プログラムから機能的家族療法まで，さまざまな治療をレビューし，その費用と便益を推計した。プログラムには，大きな財政的便益を生むものもあれば（例えば，機能的家族療法の場合，犯罪者1人につき57,345ドル），その価値よりも実際の費用のほうが大きいものもあった（例えば，スケアードストレート・プログラムでは，マイナス6,095ドル）。以下に示すのは，さまざまな報告書の結論の一部であるが，それらは犯罪者更生プログラムには，相当の費用対効果があることを明確に示している。

- 「高リスクの若者を救うことの現時点での価値は，18歳の場合260万から530万ドルと推計される」（Cohen & Piquero, 2009: 46）

- 「プログラムの価値に犯罪被害者が受ける便益を加えると，納税者および犯罪被害者が受ける便益の合計は，治療を受けた若者1人当たり32万ドル以上となる」(Caldwell, Vitacco, & Van Rybroek, 2006: 164)
- 「マルチシステミック・セラピーに1ドル投資するごとに，全体として5.04ドルの費用が削減できる」(Dopp, Borduin, Wagner, & Sawyer, 2014: 694)
- 「適切な矯正サービスに1日当たり追加で23ドル支払うと，サービスなしに比べて再犯率が30％低下する」(Romani, Morgan, Gross, & McDonald, 2012: 159-160)
- 「プログラムは，少年1人当たり，平均9,493ドルから17,404ドルの節約を生み出し，便益費用比は，2.0から3.8の範囲であった」(Farrington & Koegl, 2015: 283)

これらの短いレビューが示すことは，効果的な治療は，現実社会で提供されうるということである。適切な治療を高いレベルで実施すれば，再犯率と費用便益に大きなインパクトを与えることができる。効果的な治療の原則とプログラム実施の完全性にかかわる要因についてのわれわれの知識は，犯罪者プログラムシステムの提供と監視にとって有益である。われわれはまた，治療プログラムを実施する際の落とし穴についてもよくわかっており，少なくともそのうちのいくつかについては，それをどのように回避すべきかも多少はわかっている。

10節　まとめ

1. 効果的な矯正治療と妥当性のあるアセスメントのいずれの領域においても，治療の設計（あるいは，アセスメントツールの開発）に携わった者が評価者であると，それは望ましい結果に関連していた。

　この結果は，4通りの解釈ができる。それらは，「シニカル」な解釈（実験者バイアス），（プログラムまたはツールが）「優れている」という解釈，

「忠実度」という解釈（治療，アセスメントの実施が完璧だった），そして「これら3つの組み合わせ」である。治療に関するメタアナリシスでは，組み合わせ説を支持している。
2. 開発に関与した者が評価者として及ぼす効果を考慮することが，短期間に厳密に統制された実証プロジェクトで示された効果と，日常業務でのプログラムの効果（「日常」のプログラム，または「現実世界の」プログラム）の違いに目を向けることにつながった。

　日常のプログラムを，「優秀性」「忠実性」という点で，実証プロジェクトのようなものにすることは，大変な難題である。研究では，方法論と実施の側面について高度に明確な報告を求められることが，さらに「バイアス」を減らすことになる。
3. 日常のプログラムを改善するには，具体的に以下の3つの方法がある。
　①犯罪者にRNRに基づく構造化されたアセスメントを実施する。
　②現行のプログラムに対し，RNRに基づく構造化されたアセスメントを行なって，RNR遵守レベルをフィードバックする。
　③サービス提供者（そしてその管理者）に対して，RNRに基づく研修と指導を行なう。

推薦図書

　失敗したプログラムに関する事後的な「解剖」について読みたい場合は，Hollin & Palmer編集の書籍 *"Offending Behaviour Programmes: Development, Application and Controversies"*（犯罪者行動的治療プログラム：開発，適用，論争）のなかの，Goggin & Gendreau（2006）による1章，*"The Implementation and Maintenance of Quality Services in Offender Rehabilitation Programmes"*（犯罪者更生プログラムにおける質の高いサービスの実施と維持）を薦める。本書のその他の章では，最良の実務遂行に関して幅広い問題への意見が提供されている。

　Lowenkamp, Latessa, & Smith（2006）による *"Criminology and Public Policy"*（犯罪学と公共政策）誌の論文，*"Does Correctional Quality Really Matter?"*（矯正の質は本当に重要か）は，どのプログラムに効果があり，どれには効果がないかについての実際の予測に関する新たな文献の優れた1例である。そのなかで著

第3部　実　践

者は，最も効果的なプログラムを識別するために，CPAI を用いている。

　認知行動療法的介入の技法についてもっと知りたい場合は，Tafrate & Mitchell（2014）編の「ハウツー」本，"*Forensic CBT: A Handbook for Clinical Practice*"（司法場面での CBT：臨床的実務ハンドブック）がある。本書では，STICS で認知行動療法モデルがどのように教えられるかだけでなく，さまざまな行動的問題（例えば，性的攻撃性）に対する適用についてもわかる。

第13章

失敗した試み：厳罰化

1節　はじめに

　誰かが傷つけられたり不当に扱われたりしたとき，一般的な反応は仕返しである。仕返しは，個人レベルでも社会レベルでも行なわれる。損害を与えれば罰せられるべきだが，不当なやり方で罰せられるべきではない。公正さと正義もまた適用されなければならない。ほぼすべての社会において，刑罰は法を犯した結果であり，罰の適用は厳しく規制されている。刑事司法制度では刑罰の目的は数多くある。それには，報復，行為の非難，抑止が含まれる。本章はこれら種々の目的について触れるが，特に，刑罰の抑止機能に重点をおく。

2節　刑事司法的制裁と応分の報い

　法は許容できない行動を規定し，そのような行動に関与したことに対する罰を定める。この場では，話を簡潔にするため，法を犯したことに対する刑罰の公的な適用を指して，「制裁（sanction）」という用語を使う（より一般的には，

"sanction"は，行動の許可の意味ももつ）。犯罪行動の制裁は，以下3つのシンプルな考えに従っている。第1には，間違ったことは罰を逃れてはならないという道徳的要求（懲罰）。第2は，制裁は犯罪に見合ったものでなければならないという考え（「応分の報い（ジャストデザート）：Just Deserts）。制裁は過度に厳しくても緩くてもならない。最後に，制裁はその個人（特別抑止）と社会のその他のメンバー（一般抑止）が，違法な行動をするのを思いとどまらせるという考えである。

世界の刑務所人口は過去15年間増加し続けている（Walmsley, 2013）。過去数年間のアメリカでの矯正監督下の犯罪者数は横ばい減少であったが，それでもアメリカは，いまだ世界最大の刑務所人口の保持というありがたくない不名誉を被っている。2013年のアメリカでの刑務所収容率は，10万人当たり716人で，他の先進国をはるかに上回っている（Walmsley, 2013）。例えば，カナダの10万人当たりの刑務所収容率は118人で，イングランドおよびウェールズは148人，フランスは98人，オーストラリアは130人だ。公的な統計に疑わしさはあるかもしれないが，ロシア（475）と中国（121）の刑務所収容率も，アメリカのそれに匹敵しない。2013年のアメリカでは，全体で690万人近くの犯罪者が矯正監督下におり（Glaze & Kaeble, 2014），200万人をやや上回る犯罪者が郡・連邦刑務所に収容されている。2013年には，2,979人の死刑囚がおり，39人が処刑された（Snell, 2014）。

アメリカが「厳罰化」政策を具体的にいつ始めたのかははっきりしない。学者の多くは，1970年代のどこかの時点に始まりがあるとしている（Cullen & Gilbert, 2013; Tonry, 2004）。当時の社会政治的出来事,「何も効果がない（nothing works）」という宣言，古典的犯罪学の復活，これらが犯罪に対して刑罰で対処するという転換の要因となった。Martinson（1974）が治療にはほとんど効果がないと宣言したとき，彼は犯罪に対処するためには，デタランスにこそ新たな希望があると示唆した（図13.1）。古典的犯罪学は，個人を行動の便益とリスクを計算できる合理的存在と見なした。したがって，犯罪をするのが割に合うのなら，犯罪のコストを増加させなければならない。功利主義モデルはまた，犯罪の報酬を減じることが犯罪をする確率を変えるだろうと仮定した（表13.1）。犯罪の減少は，犯罪行動**および**向社会的行動の報酬とコストを変える

第 13 章　失敗した試み

▲図 13.1　Martinson による抑止の支持

▼表 13.1　犯罪確率の低下

行動	報酬	コスト
反社会的	(A) 減少	(B) 増加
向社会的	(C) 増加	(D) 減少

ことによって達成しうる。しかしながら，厳罰化，つまり犯罪コストの増加（表 13.1 の (B)）が，アメリカの刑事司法政策では選択肢として好まれた。

　von Hirsch（1976）による，刑務所収容研究委員会の報告書は，結果として大きな影響力をもった。この報告書は，更生の有効性と犯罪行動の予測力を疑問視した。結果として，まれな場合を除き，犯罪者がもたらしうる危険性や更生の可能性とは何の関係もなく，刑務所への収容が選ばれることとなった。犯罪者の更生の程度に大きく関わってくる，仮釈放や不定期刑は不必要となった。さらに，間違ったことをした人は罰せられるに**値する**ので，刑罰は道徳的に正当化された。制裁の目的は，犯罪者に「応分の報い」を与えることとなった。

　犯罪に合わせて下される制裁は，公正で公平な刑事司法制度という結果を生むことが期待され，同時に犯罪行動を抑止すると想定された。アメリカは，一気に制裁を増加し，制裁の厳しさを重くした。ワシントン州は「スリーストラ

イク法」を 1993 年に導入し，3 度目の重罪による有罪判決で終身刑を強制することとした。カルフォルニア州と少なくとも他の 24 の州，そしてニュージーランドなどの国でもスリーストライク法が導入された（Rumbles, 2011）。更生保護委員会の廃止と「真実の量刑法」の導入で，刑事司法制度の出口の側もまた縮小された（James, 2013）。

3節　犯罪とコミュニティに対する刑務所収容の効果

　犯罪に対する「厳罰化」アプローチは，必要的最低量刑，より長い実刑判決など，制裁をより不快なものにする施策として法律に反映されている。それまでも，多くの司法管轄区で必要的最低量刑はあったが，それは故意の殺人のような重罪や少数の特定の犯罪（例えば，飲酒運転に対する短期拘禁）に限定されていた。何が変わったかというと，必要的最低量刑が定められる犯罪の種類が劇的に増加し，刑がより厳しくなったということである。

　スリーストライク法と真実の量刑法は，厳罰化立法の最もよくある例である。スリーストライク法とは，基本的に，3 度目の犯罪の後に，裁判官が終身刑を言い渡すものである。真実の量刑法とは，仮釈放前もしくはその他何らかの条件つき釈放を受ける前に，犯罪者に最低限の期間（刑の約 85%）を服役させるものである。両者とも，通常は暴力犯罪者を対象としたもので，選択的隔離（つまり，高リスク・高頻度な犯罪者の隔離）という考えに基づいている。

　高リスク・高頻度な犯罪者を特定する難しさ（Bushway & Smith, 2007）は横におくとして，スリーストライク法の結果は期待はずれなものである。第 1 に，高リスクで暴力的な犯罪者が必ずしも対象となっているわけではない。例えば，カリフォルニア州では，スリーストライク法違反の約 20% は薬物関係犯罪（Meehan, 2000）で，60% は非暴力犯罪であった（Austin, Clark, Hardyman, & Henry, 1999）。第 2 に，本法の適用は州によって相当な違いがあるが，スリーストライク法が犯罪を抑止するというエビデンスはほとんどない。例えば，Chen（2008）によるアメリカにおけるスリーストライク法の分析では，カリフォ

ルニア州のいくつかの犯罪のわずかな減少は，より苛酷でない法律によるものであったということがわかった。カリフォルニア州では，郡によってこの法の適用に顕著な違いがあり，スリーストライク法を最も利用した郡の犯罪率は，まれにしか利用しなかった郡と比べて高かった（Center on Juvenile and Criminal Justice, 2008）。

厳罰化立法を支持する論拠は，通常以下の3つである。

1. このような立法は，悪人が犯罪をできないように街から取り除く。
2. このような立法は，刑事司法制度に対する信頼を取り戻す。
3. このような立法は，人々が犯罪をするのを抑止する。

エビデンスに照らして検討すると，これらの論拠は説得力を失う。

隔離効果：悪人を街からとり除く

　コミュニティからある人を排除すれば，その人がそのコミュニティでは罪を犯せなくなることは疑いようもない。よって，この論拠に基づけば，より多くの犯罪者を刑務所に収容すれば，犯罪率はより低下することになる。1990年代にアメリカで犯罪率が低下したとき，多くの人がその理由は，警察の取り締まりの強化と刑の厳罰化であると考えた。彼らの考えでは，刑務所人口を激増させることには，それだけの価値があることになる。ここでの，大切な問いは以下の2つである。①刑務所収容は，コミュニティにおける犯罪行動を減らすのか，そして，②それにはどれぐらいの費用がかかるのか。

刑務所収容と犯罪率

　刑務所人口の増加は，アメリカの犯罪率の低下にある程度は貢献したのだろうか。答えはあまりはっきりしないが，そうではないように思われる。刑務所収容が犯罪率の低下を説明しない理由は2つある。第1に，刑務所収容の増加は1970年代初頭に始まったが，犯罪率の低下はその20年後まで生じなかっ

た。第2に，刑務所収容率の増加が最も大きかった諸州は，刑務所収容率が平均以下であった諸州と比べて，犯罪率の減少が小さかった（King, Mauer, & Young, 2005）。

小さな隔離効果はあるかもしれない。そのエビデンスは，犯罪者が犯罪を行なう確率，逮捕され，有罪となり，収容される確率，平均受刑期間，コミュニティに戻ってから犯罪者に残されている「キャリア」の期間などに関する種々の前提を伴う数学的な公式の応用に基づいている（この論点の一部に関するレビューについては，Piquero & Blumstein [2007] を参照）。これでわかるように，刑務所収容によって回避できる犯罪の数を推定する方程式に盛り込むべき変数は，この問題に関する数多くの知識に基づいて推測する必要がある。刑務所収容によって犯罪率を低下させようとするなら，刑務所収容の著しい増加が必要であるが，それによってはわずかな犯罪の減少しか達成できないと考えられるので，費用が便益を上回ると報告する研究者もいる（Blockland & Nieuwbeerta, 2007; DeFina & Hannon, 20010; Wan, Moffatt, Jones, & Weatherburn, 2012）。

刑務所収容の増加にかかる費用

1987年，Zedlewskiは，年間25,000ドルの刑務所費用で，43万ドルという途方もない社会的費用を節約できるだろうと主張した。この主張が発表された直後から，彼の分析と結論は反論を受けた（Zimring & Hawkins, 1988）。一般的に，費用便益比は，Zedlewskiの主張よりもずっと小さいということで意見は一致している。Bernard & Ritti（1991）は，重度の非行少年の収容率が2倍〜6倍増加したとしても，犯罪率は6%しか低下しないと推計した。

Zedlewskiの最初の分析から費用便益比が変化した理由の1つは，刑務所にいる人々の特性が大きく変化したことである。刑務所収容は，より重度の犯罪者のためのものであったが，「薬物戦争」がそれを大きく変えた。連邦刑務所に収容されている受刑者の半分以上は薬物事犯者で，42%は低リスクと分類されている（Lowenkamp, Holsinger, & Cohen, 2015）。さらに，薬物事犯者の刑務所収容が，「代替効果」を変化させることはほとんどない。すなわち，薬物事犯者を1人刑務所に収容すると，すぐに別の誰かが街で後釜に座るということである（King, Mauer, & Young, 2005）。

金銭的費用以上に，膨大な社会的費用が生じている。費用を負担するのは個々の犯罪者だけでなく，家族とコミュニティ全体もまた大きな経済的費用を負って不安定になる（Haney, 2006; Schirmer, Nellis, & Mauer, 2009）。「薬物戦争」は網にかかった者を失業させ，その家族に経済的苦境をもたらすだけでなく，民主社会における基本的人権の剥奪ももたらす。現在，いくつかの州は選挙権剥奪の方針を覆しつつあるが，選挙権を剥奪された人々の数は増加し続けている。1976年に投票権を失ったのは117万人だったが，2010年には585万人となった（Uggen, Shannon, & Manza, 2012）。さらに，選挙権剥奪の割合は，アフリカ系アメリカ人のほうが4倍高かった。

ほとんどすべての受刑者は釈放されて，地元に戻る。結果として，仕事に就ける見込みが少なく，コミュニティとのつながりの薄い人々が極度に集中することになる。元受刑者が極度に集中している地区は，「百万ドル」地区と呼ばれているが，それはそれほど多くの人を収容するためのコストを指している。そしてこの集中は，小規模な商店と引っ越しする金銭の余裕がある遵法的な市民をそこから追い出してしまい，結果として地域が荒廃する（Clear, 2008; Harding, Morenoff, & Herbert, 2013）。ブルックリンだけで，35か所の「百万ドル」地区があると推定されている（Gonnerman, 2004）。

隔離効果についての説明を終える前に，もう1点触れておくべきことがある。それは，刑務所収容よりも優れ，また費用対効果もより良い方法があるかどうかを検討する必要があるということである。12章でみたように，治療はより費用対効果の高い選択肢であり，他にもまだ方法はある。例えば，百万ドル地区に投資して，コミュニティの社会環境を改善することもできる（Homel, 2014）また，ダイバージョンプログラムを幅広く活用することもできる（Wilson & Hoge, 2012, 2014）。隔離という方法への依存を減らす方法は他にも数多くあり，それらは検討されるべきである（Clear & Schrantz, 2011）。

第3部　実　践

刑事司法制度に対する信頼の回復

　政治指導者は，法と秩序を守るために，法律違反に対する処分は，迅速かつ厳しくなければならないと主張する。さらに彼らは，それは一般の人々が期待し望んでいることだという。人々が本当に「厳罰化」を望んでいるかどうかは，質問の仕方によって異なってくる。ごく一般的な質問をする世論調査では（例えば，「犯罪者に対してより厳しい処罰を望みますか」），回答者の大半は厳罰化アプローチに同意する。一般市民は仮釈放のことをよく思っていないし，裁判所は寛大すぎ，刑務所は「田舎の保養地」みたいなものだと思っている。しかしながら，**選択肢**や，より事実に基づく詳しい情報が与えられると，より寛大な態度が現れる（Cullen, Fisher, & Applegate, 2000; Hough & Robert, 2012）。

　Cullenら（2000）が呼ぶところの，一般市民の「思慮深さに欠けた」「厳罰的」態度は，いくつもの要因で緩和される。第1に，最も重い刑罰に代わる選択肢が与えられる形で質問文が用意されると（例えば，死刑に対する終身刑），最も過酷な選択肢を支持するのは少数派となる。また，犯罪（例えば，強盗は身体的な損害を与えなかった）や犯罪者（少年や精神障害者）についてのより詳しい説明が与えられると，一般市民は理解を示し寛容になる。人々に，スリーストライク法について具体的に質問すると，3度目の有罪ですべての犯罪者を終身刑にすべきと答えたのは，わずか17%だった（Applegate, Cullen, Turner, & Sundt, 1996）。それにもかかわらず，「厳罰化」政策は広く普及している。一般市民が公共政策に関連するすべての事実について知らないことは十分に理解できる。しかしながら，あまりにも多くの政治指導者が知識をもたず，その支持者の啓発に興味がないことは，弁解しがたいことであるように思われる。Tonry（2004: 15）が書いたように「政治的勇気が必要である。…スリーストライク法を廃止，縮小，弱体化に1票を投じることは，犯罪に対して弱腰だととらえられる可能性がある。議員はリスクを回避したがる」。

デタランス

スリーストライク法や真実の量刑法のような「厳罰」的介入が犯罪を抑止するというエビデンスはほとんどない (Kelly & Datta, 2009; Tonry, 2008)。刑務所収容が再犯に対して及ぼす効果についての一般的文献を検討すると，やはり，デタランスへのエビデンスはほとんどない。文献の記述的レビューは，判決の期間の厳しさや長さは犯罪と無関係であるという点で一致している (Cullen, Jonson, & Nagin, 2011; Killias & Villetaz, 2008; Nagin, Cullen, & Jonson, 2009)。メタアナリシスによるレビューも同様の結論に達しており，さらに，気がかりな結果を見出した。それは，刑務所が犯罪を誘発するということである。あるメタアナリシスで，Smith, Goggin, & Gendreau (2002) は，より長期の刑は，刑務所から釈放された犯罪者の再犯率 3% の**増加**と関連していることを明らかにした (リソースノート 13.1 を参照)。別のメタアナリシスでは，厳罰化政策は犯罪の約 5% の増加と関連している (Pratt & Cullen, 2005)。

 再犯に対する実刑判決の効果

　犯罪者を刑務所に収容することは，その後の犯罪を抑止すると期待されている。収容は個々人の自由を制限し，日常生活で通常味わえる喜びを奪う。これらの罰は十分に手厳しいので，人々は罰に至った行動を避けるだろうと考えられている。刑務所収容が犯罪行動を抑止しないのであれば，刑罰の効果が完全に発揮されるには，たんに自由を剥奪する期間が足りなかったのだろうとされる。過去 10 年間の刑事政策は，明らかにこのような論拠に基づいていた。しかしながら，刑務所収容と刑務所で過ごす期間を増やすことは，本当に再犯を抑止するのだろうか。

　Smith, Goggin, & Gendreau (2002) は，この質問に，刑務所に関する文献のメ

タアナリシスによるレビューで答えようと試みた。2種類の研究が選ばれた。社会内処遇を受けている犯罪者（例えば，保護観察対象者）と受刑者を比較した27件の研究および，長期刑受刑者と短期刑受刑者（例えば，仮釈放された受刑者と仮釈放の資格のない受刑者の対比）を比較した23件の研究である。このレビューは，最低でも6か月の追跡調査をした研究のみが含まれた。

375,000人以上の犯罪者を対象とする合計57件の研究が，分析の対象として選ばれた。ほぼすべての研究に，方法論上の問題点があった。ランダム割りつけを用いていたのは1件だけだった。57件の研究から337個の効果量が得られた。分析の結果のまとめは，以下の表の通りである。

比較タイプ	N	r
刑務所 vs 社会内	268,806	.07
長期刑 vs 短期刑	107,165	.03
合計	375,971	.03

比較のタイプにかかわらず，刑務所収容は再犯低下とまったく関連がなかった。それどころか，結果は逆だった。刑務所に収容された犯罪者の再犯率は，社会内処遇を受けた犯罪者の再犯率より約7%高かった。長期刑の犯罪者は短期刑の犯罪者より再犯率が3%高かった。すべての研究を足し合わせると，刑務所収容によって再犯は3%上昇した。

刑事学者のなかには，刑務所が「犯罪の学校」である可能性を指摘してきた者もいる。刑務所は犯罪者を同じ場所に集めて，そこで犯罪のテクニックや犯罪行動の合理化を学ぶ機会を与える。特に低リスク犯罪者は，反社会的な思考と行動パターンの「手ほどき」を受けやすい。他方，高リスク犯罪者は，犯罪仲間から新たなテクニックを学んだり，反社会的な思考をさらに強めたりする必要もない。

誤解のないようにいえば，この論文の著者たちは，刑務所が存在してはならないといっているわけではない。われわれの正義感は，社会に対する重大な違反に対し刑務所収容を求める。社会は，法に対する尊重を促し，許されない行

第13章 失敗した試み

> 為があるということを示す必要がある。犯罪者のなかには，暴力的再犯のリスクがきわめて高いため，その害を防ぐには刑務所収容しかないという者もいる。とはいえ，長期間の拘禁を必要とする犯罪者は，犯罪者のごく一部である。刑務所収容の支持者は，刑務所収容が犯罪を抑止しないとしても，それは少なくとも犯罪者が社会に出回らないようにすることで，公共の安全を達成していると主張するかもしれない。滅多に検討されていない研究領域の1つは，刑務所内でも続く反社会的行動である。受刑者と看守が襲われ，強姦が起き，所有物が盗まれ，禁止品が不法にもち込まれ，薬物が乱用される。路上での犯罪が，人々の目の届かない別の環境に移動しただけといえるかもしれない。

　刑務所が犯罪の原因となる効果をもつのはなぜだろうか。いくつもの説明が提案されてきた。そのなかには，刑務所は「犯罪の学校」であるといった考えや，大半の刑務所ではほとんど治療が提供されていないので，刑務所に入った状態のまま刑務所を出るからだという考えなどがある。March, Fox, & Sarmah (2009) のメタアナリシスでは，治療が提供されたときにのみ，再犯の低下が見出された。もう1つの説明は，受刑者が帰るコミュニティ（「百万ドル」地区）についての前述の議論と関連する。どのような潜在的抑止効果も，元犯罪者が住む地域が有する犯罪誘因的な効果によって相殺されてしまう（DeFina & Hannon, 2010）。

　拘禁以外の方法による犯罪抑止の評価に移る前に，最も刑罰の苛酷な形式である死刑の一般的抑止効果について検討することは価値がある。これまでのところ，2つのメタアナリシスによるレビューがある。95件の死刑執行研究に関する第1のレビューは，殺人に対し小さな抑止効果を見出したが，その効果の大部分は研究の方法論が有する効果によって減殺された（Yang & Lester, 2008）。102件の研究に関する第2のレビューが見出したのは，抑止効果に関連する唯一の変数は，論文著者の専門分野であったということである（Gerritzen & Kirchgassner, 2013）。経済学者が論文の著者であると，死刑には効果がないという結果を見出す傾向があった。少なくとも，死刑が犯罪を抑止するという

説得力のあるエビデンスはない。

4節　中間的制裁の評価

　1980年代，刑務所の過密化が原因となり，保護観察よりは厳しいが，刑務所よりコストや厳しさが低い代替策が必要となった。代替的刑罰は，裁判官に犯罪と罰が適合するようなより多くの選択肢を与えて，「合理的な」量刑制度を達成する意図があった（Morris & Tonry, 1990; Tonry & Lynch, 1996）。最もよく知られている中間的制裁の形態は，集中的監督プログラム，ショック拘禁（例えば，ブートキャンプ，スケアード・ストレート），電子監視プログラム，HOPEプロジェクトなどである。

　ジョージア州は，集中的監督プログラムを最初（1982年）に導入した州である。ジョージア州での集中的監督プログラムは，25人の犯罪者を2人の担当官が監督するというものであった。1人の保護観察官がカウンセリングとケースマネージメントを行ない，1人の「監視」官が門限をチェックし，薬物検査をし，抜き打ち訪問を行なった。10年以内にほぼすべての州が集中的監督プログラムを導入した（Cullen, Wright, & Applegate, 1996）。

　ショック拘禁プログラムは，刑務所生活の厳しさに犯罪者を晒すことで，彼らがショックを受けて，犯罪的なライフスタイルから遠ざかることを期待するものである。最も好まれているショック拘禁の方法は，軍隊式ブートキャンプである。これもジョージア州がアメリカで最初（1983年）に導入したものである。ジョージア州のプログラムは，軍隊式教練と長時間の肉体労働を含み，治療は提供されなかった。カウンセリングや治療の要素をもつブートキャンプもあったが，教練や体育，肉体労働に1日の8時間以上を費やしていた（Parent, Chaiken, & Logan, 1989）。ブートキャンプが最も人気を博していた2000年には，成人を対象としたブートキャンプが95か所，少年を対象としたブートキャンプが56か所あった（Armstrong, 2004）。ブートキャンプは（短期間だが），カナダのマニトバ州，オンタリオ州，イギリスにも設置された（Farrington,

Hancock, Livingston, Painter, & Towl, 2000)。

　ショック拘禁のもう1つの形態は，スケアード・ストレートという名でよく知られているニュージャージー州の少年覚醒プロジェクトである。若者がラーウェイ州立刑務所の終身刑受刑者を訪ね，そこで受刑者が若者に対して刑務所生活の恐ろしさをこと細かに説明する。この「ショックとの直面」による手法は，犯罪的生活を続けると，自分に何が起きるかを若者に示すことを狙いとしている。あるテレビドキュメンタリーがこのプログラムの知名度を上げ，アメリカの他の地域やカナダ，欧州での類似のプロジェクトに道を開いた（Finckenauer, Gavin, Hovland, & Storvoll, 1999）。

　電子監視プログラムの誕生には，興味深い話がある。ニューメキシコ州のLove判事が「スパイダーマン」のコミックを読んでいたところ，悪者がスパイダーマンに電子監視装置を取りつけて，スパイダーマンの居場所を追跡したという話が書いてあった。それによって犯罪者は，スパイダーマンが周りにいないときに犯罪を行なうことができた。Love判事は，立場を逆転させて，当局側が犯罪者に電子ブレスレットを取りつければ，犯罪者の居場所を把握できるのではないかと考えた。こうして犯罪者を対象とした電子監視プログラムが生まれた。今日，電子監視プログラムは世界中の至るところで実施されている（Di Tella & Schargrodsky, 2013; Nellis, 2010; Wallace-Capretta & Roberts, 2013）。アメリカだけでも20万個以上の電子監視ユニットが稼働していると推定されている（Kilgore, 2013）。

　最新の中間的制裁の1つが，HOPEプロジェクト（Honest Opportunity Probation with Enforcement）である。このプロジェクトは，Almというハワイの判事によって2004年に開発された（Alm, 2011）。Alm判事は，保護観察対象者の多くが違反で裁判所に戻ってきてしまう理由は，法律に違反しても，その後に何か深刻な結果が起こるとは予測しないからであると考えた。この問題を改善するために，彼は，警察，保護観察所，検察官，同僚判事の協力を得て，保護観察遵守事項の違反に対して，迅速かつ確実な刑罰を与えられるプログラムを導入した。ハワイ州のホノルル地区で，LSI-Rの測定により高リスクとされた保護観察対象者と性犯罪者を対象者とした（当初，プログラムの名称は，Hawaiiから始まっていたが，プログラムの人気が高まるにつれてHonestに変

えられた)。プログラムに入ると，判事は，保護観察遵守事項違反をするとどんな結果となるかについて説明をする「警告審問」を行ない，どのような違反も，即時逮捕と収容という結果を招くと伝えられた。迅速で確実な刑罰は，さらなる違反を抑制すると想定されていた。

　HOPEプロジェクトはひとまずおいて，これらの中間的制裁全体をみれば，そのなかに再犯を低下させたものは1つもない。さらに特定の状況下では，これらプログラムは，再犯と矯正コストを増加させることで事態を悪化させる。以下にこれらのプログラムを評価した文献を手短に要約する。

　集中的監督プログラムの初期の評価は，受刑者を比較群とし，集中的監督プログラム参加者に良好な結果を見出した。しかしながら，集中的監督プログラム群の犯罪者と，通常の保護観察下の犯罪者を比較したところ，再有罪判決率と再逮捕率に差はなかった (Lane, Turner, Fain, & Sehgal, 2005)。例えば，Petersilia & Turner (1993) は，2,000人の成人犯罪者を含む，14か所の集中的監督プログラムの大規模評価を行なった。犯罪者はランダムに，集中的監督プログラム，刑務所，保護観察・仮釈放群に割り当てられた。1年間の追跡の結果，集中的監督プログラム群の37%，対照群の33%が再逮捕された。集中的監督プログラム参加者に対する密度の濃い監視を考えれば驚くことではないが，集中的監督プログラム群のほうがより多くの遵守事項違反を犯していた (65%対38%)。さらに，集中的監督プログラム群のほうが，犯罪者1人当たりのコストが対照群より高いことも見出された (年間7,200ドル対4,700ドル)。しかし，犯罪者に対して治療を提供していた集中的監督プログラムの場合は，10%～20%の範囲の再犯の低減が見出された。同様に，Paparozzi & Gendreau (2005) は，治療を受けた高密度監督下の仮釈放者に限って，10%～30%の再犯の低減を見出した。

　ショック拘禁とブートキャンプの評価もまた，再犯を減らすには治療が必要だということを見出した。MacKenzie, Brame, McDowall, & Souryal (1995) は，8つの州立ブートキャンプについて調べた。グループへの割りつけはランダムではなかったが，再犯に影響する可能性がある要因について統計的調整がなされた。半数のプログラムでは，対照群より再逮捕率が低いことが示されたが，再犯の低下があったのは治療的要素のあるブートキャンプにおいてであった。

彼らは,「軍事的教練と儀式,肉体労働,体育,厳しいルールと規律,それら自体は,再犯を減らすことはない。(p.351)」と結論している。ブートキャンプのより新しい評価でも,この結論は変わらなかった(Bottcher & Ezell, 2005; Meade & Steiner, 2010)。治療的要素があるときのみ良好な結果が見出されている(Kempinen & Kurlychek, 2003; Weis, Whitemarch, & Wilson, 2005)。

　ニュージャージー州のスケアード・ストレート・プログラムは,1970年代後半にFinckenauerらによって初めて評価された。終身刑の受刑者を訪ねた46人の少年が,35人の対照群の対象者と比較された。6か月間の追跡で,ラーウェイ刑務所のプログラムに参加した少年の再逮捕率(41.3%)は,プログラムに参加しなかった若者の再逮捕率(11.4%)よりも**高い**ことがわかった(Finckenauer, 1979)。驚くべきことに,プログラムに参加した46人のうち19人には,犯罪歴すらなかった(リスク原則の違反)。その主張と矛盾する研究結果にもかかわらず,スケアード・ストレート・プログラムはアメリカの他の地域や,イギリス,オーストラリア,ノルウェーで採用され続けた。これらプログラムには多くの評価研究があるが,再犯の低下を示したものは1つもない。Petrosino, Turpin-Petrosino, & Buehler(2003)は,9件のランダム化研究のメタアナリシスで,スケアード・ストレートへの参加は,平均すると,少年への単純な警告よりも実害が大きいということを見出した。

　最後に,電子監視プログラム(ここでは,犯罪者を追跡するのに使われる最新のGPSシステムを含む)がある。電子監視は収容への「代替策」として想定されていた。実刑判決の代わりに,犯罪者は社会内処遇を受けて,自宅にとどまるよう義務づけられる(「自宅逮捕」)。電子信号機器が,通常足首に取りつけられ,犯罪者の位置を監視可能にする。許可なしに家を出るとアラームが鳴り,当局が逮捕に動くことになる。

　電子監視についての研究は3つの一般的な結論をもたらした。第1に,大半の電子監視プログラムは刑務所への代替策とはなっていないということである。これらプログラムの対象となった犯罪者の多くは,低リスク犯罪者であり,プログラムに参加していなかったとしても,刑務所に収容されることなく,社会内処遇を受けていた。つまり,電子監視プログラムは管理を減らすのではなく増やし,むしろ矯正の対象を広げるようなものである(Gable & Gable, 2005;

第 3 部 実 践

Wallace-Capretta & Roberts, 2013)。第 2 に，電子監視が再犯を低減するという説得力のあるエビデンスはほとんどない（Bonta, Wallace-Capretta, & Rooney, 2000b; Renzema & Mayo-Wilson, 2005）。電子監視が再犯を減らすと主張する評価には，重大な方法論的問題がある。例えば，75,000 人以上の犯罪者を含むフロリダ州の電子監視プログラムの大規模評価には，電子監視プログラムに参加しない比較群がない（Padgett, Bales, & Blomberg, 2006）。第 3 に，前述の結果と一貫しているが，再犯を減らすのは，電子監視プログラムに追加された治療要素の結果であるということだ（Bonta, Wallace-Capretta & Rooney, 2000b）。最後に，少なくとも性犯罪者に対しては，電子監視の費用対効果は低い（Omori & Turner, 2015）。

　HOPE プロジェクトに戻ると，迅速で確実な刑罰を目指す介入は，高リスクの保護観察対象者に対して有効なのだろうか。Hawken & Kleiman（2009）によるランダム化比較評価が 1 件ある。保護観察対象者が，ランダムに HOPE 群（$n=330$）と通常の保護観察群（$n=163$）に割りつけられた。1 年後，HOPE 群の保護観察対象者は，通常の保護観察を受けた対象者と比較して，再逮捕数が少なかった（21% 対 47%）。ランダム化比較実験デザインが用いられたものの，保護観察対象者の実際のリスクレベルや（全員が高リスクなのかどうか），保護観察官が具体的にどのような指導監督を行なっていたか（観察官は RNR に従っていたか）についての報告がないという研究デザイン上の問題がいくつかあった。さらに，これまでその他の制裁については，抑止の効果がなかったのに，このプロジェクトだけなぜ突然抑止が機能したのだろうか（Duriez, Cullen, & Manchak, 2014）。多くの疑問が残るが，おそらく現在進行中の HOPE プロジェクトの追試が，プロジェクトの有効性について何らかの知見をもたらすだろう（Kleiman, Kilmer, & Fisher, 2014）。全体として，HOPE プロジェクトを除き，今日普及している中間的制裁のいずれにも，再犯を低減するというエビデンスがほとんどない。治療のみが望ましい効果をもたらす。

5節　達成されなかった公正さ

　真実の量刑法の支持者は，必要的量刑政策の予測可能性が，刑務所収容への依存を減らし，刑事司法制度に公正さをもたらすと主張してきた。裁判官は，人ではなく犯罪に応じた刑罰を与える量刑ガイドラインに従うよう要求される。すなわち，別人によって行なわれた同様の行為に対しては，同様の処罰が下される。刑務所収容を減らすことに関しては，一貫したエビデンスはない。いくつかの報告では，刑務所収容に変化はなかったとされている（Frase, 2005; Merritt, Fain, & Turner, 2006; Sorensen & Stemen, 2002）一方で，他の報告では劇的な増加を見出していた（Nicholson-Crotty, 2004; Wood & Dunaway, 2003）。結果のばらつきは，ガイドラインの遵守度の違いで説明できるかもしれない（いくつかの地区の検察官，裁判官，矯正職員は，ガイドラインを回避する方法を取っていた）。ガイドラインを厳格に遵守しているときには，刑務所人口の劇的な増加がみられた（Wood & Dunaway, 2003）。

　公正さの達成に関していえば，公正さが明らかに達成できていない事例は，探すとすぐに見つかる。Austin ら（Austin et al., 1999）は，100人のスリーストライク法適用者のインタビューから，いくつかの典型例を示している。ある犯罪者は，90ドルの価値の盗品を売ろうとしたことで27年の刑を受けた。もう1人は，無謀運転（警察車両とのカーチェイス）で25年の刑を受けた。Tonry（2004）は，150ドルの価値のビデオテープを盗んで50年の刑を受けた例を示している。

　これらの例をたんなる例外にすぎないとみる者もいるかもしれない。しかしながら，被逮捕者と刑務所被収容者の人種構成の分析は，そうでないことを示している。アメリカでの「薬物戦争」と薬物犯罪への警察力の集中は，アフリカ系アメリカ人には，ことのほか大きな影響を与えた（Tonry, 2008）。アフリカ系アメリカ人の逮捕率は白人より4倍高く，薬物犯罪については人種差が大きくなる（Daly & Tonry, 1997; Parker & Maggard, 2005; PEW Center on the States, 2009）。逮捕の仕方の違いに加え，ほとんどの薬物犯罪に対して定められた必要的実刑判決も，アフリカ系アメリカ人にはまた別の影響を与えた。2004年

には，アメリカ刑務所人口の41％は，アフリカ系アメリカ人であった（Harrison & Beck, 2005）。量刑を最もよく予測するのは法的な要因であるが，いくつもの研究が人種的要因もまた，犯罪者の量刑にしばしば影響を与えていることを示している（Leiber & Fox, 2005; Mitchell, 2005）。

人種偏見は，死刑の適用においても報告されている。2004年に執行された死刑の3分の1と，死刑囚の42％は黒人であった（Bonczar & Snell, 2005）。この傾向は2013年まで続いている（Snell, 2014）。Aguirre & Baker（1990）のレビューは，特に被害者が白人であったとき，黒人犯罪者には死刑が宣告される傾向にあることを見出した。ただし，いくつかの研究は，この被害者効果を確認していない（Stauffer, Smith, Cochran, Fogel, & Bjerregaard, 2006）。

最後に，必要的量刑政策は，女性犯罪者にも影響しているようである。歴史的に，女性犯罪者は裁判所において寛大な扱いを享受してきた。Daly & Bordt（1995）は，レビューした50か所の裁判所のデータセットのうち，45％で量刑において女性が有利になっていることを見出した。しかしながら，量刑ガイドラインは，犯罪行為を平等に扱うよう求めるので，個人的要因（例えば，ジェンダー）を無意味なものとする。Daly & Tonry（1997）は，量刑ガイドラインが導入されたとき，3つの道がありうると記した。1つは，女性の受ける量刑と同等のレベルまで，男性の量刑が下がる。2つ目は，男性と女性の量刑が，どこか中間点で収束する。3つ目は，女性に対する量刑が厳しくなる。どうやらわれわれの刑罰への欲求の結果，3つ目の道が選ばれたようだ。オレゴン州とミネソタ州の処罰ガイドラインの評価は，ガイドラインの下で女性の量刑が増加したことを見出した（Bogan & Factor, 1995; Frase, 2005）。

まとめ

否定的知見にもかかわらず，刑事司法的制裁がいまだ広く支持されているのは驚くべきことである。立法者はより重い刑罰を考案しようと尽力し続け，犯罪学者はデタランスが有効であるという結果を見出すことを期待して研究を続け，プログラムはより屈辱的なものへと変更される。アイディアが尽きること

はない。Newman（1995）は，刑務所を体罰で置き換えるという提案した。イギリスの労働党は，社会内処遇を受けている犯罪者は，犯罪者であることがわかるよう特別な上衣を着用することを提案した（Wintour, 2008）。

いくつもの要因が，刑事司法政策に，刑罰を深く根づかせるような影響を与えている。第1に，人々は罰の有効性を**信じている**（Deckard, Lansford, Dodge, Pettit, & Bates, 2003）。第2に，政治家と立法者は，正しいとも間違っているともいえるが，人々は「厳罰化」を望んでいると考えている。第3に，更生は犯罪に対して甘く，効果がないと受け取られている。最後に，Finckenauer ら（1999）の論点を借りれば，研究についての認識の不足によって，プログラムを支持する動きがますます鈍くなる。しかし，いくつかの領域では，この状況は変化しつつある。例えば，Cullen ら（Cullen, Blevins, Trager, & Gendreau, 2005）は，ブートキャンプについての否定的研究が，この種の中間的制裁の人気を失わせたことを見出した。しかしながら，いったん政治的に好評なプログラムが順調に動き始めると，その勢いを変更するには大きな労力が必要となる。

6節　罰の心理学

なぜ，罰は有効でないのか

この疑問に対する答えは，心理学者による何百件もの研究のなかに見出すことができる。われわれは，いつ罰が有効であり（つまり，行動の抑制），いつ有効でないのかについてよくわかっている。この知識は，30〜40年前に動物・人間を対象として行なわれた実験室研究と応用研究の両方から得られたものである。ここでは，古くから心理学者の間では，罰の有効性に関する知識はよく知られていたという点を強調するために，60年代と70年代の研究を引用する。

罰は，ある行動が再び生じる可能性を減らすような，その行動に対する結果のことであると定義される。定義自体には，痛みや苦しみについての言及はな

い。行動に対するあらゆる結果は，痛みを伴うものであれそうでないものであれ，行動の確率を減らすものは罰である。

罰，またはコストには，加算的なものと減算的なものがある。加算的コストとは，罰について考えるときに多くの人が思い浮かべるものである。痛みのある刺激を付加することで（例えば，子どもの尻を叩く，従業員を怒鳴りつける，ネズミに電流を流す），行動が起こる可能性を阻害するか，減少させることを期待する。しかしながら，報酬や何か価値のあるものを取り除くこと（すなわち，減算的コスト）もまた，行動の確率を減少しうる。パートナーに「つれない扱い」をする，いうことを聞かない子どもを部屋に入れる（タイムアウト）などは，減算的コストの例である。

罰の有効性についての文献は豊富で，研究された罰の種類はさまざまである。実験の大半は，強さと長さを制御しやすいという理由で，電気ショックが用いられている。しかしながら，不快な臭い，手を氷水に入れる，目に風を吹きつける，大きな音，お金を取り上げる，子どもを部屋に入れ報酬から遠ざける，特定の身体動作を強制的に繰り返させる（過剰矯正），不快な考えをもたせるといった罰を用いている研究がある（Matson & Kazdin, 1981）。

効果的な罰の条件

文献に基づいて，研究が犯罪問題に役立つかどうかについて触れながら，効果的な罰のために重要な条件について簡単にまとめてみよう。

条件１：最大強度

罰の強度が，行動を抑制するうえで最も重要な要素かどうかははっきりしないが，即時性と並んでより重要なものの１つであることはたしかである（Van Houten, 1983）。一見すると，このように述べると，単純に「温度を上げ」れば，犯罪行動を止められるといっているように思えるだろう。しかしながら，ただ強度のダイアルを回すだけではだめである。研究は，行動を完全に止めるには，強度を最大まで上げる必要があると示している。

一般的にいって，低レベルの罰は，行動をその場では抑制するが，効果は一時的なものである（Azrin, 1956）。行動はもとのレベルに戻るだけでなく，より高頻度に出現するという結果になることもある。結局，行動が生じたということは，どこかの時点で報酬が与えられたということで，したがって，報酬を得ようとして，さらにより強力な試みがなされることを予期しなければならない。行動が前より高い頻度で再び起きるようになると，今度はその行動をたとえ短時間でも抑制するには，さらに罰の強度を強くしなければならなくなる。加えて，低レベルの強度の罰は，相手が罰に慣れてしまうというリスクを犯すことになる（Solomon, 1964）。たいていの西側諸国において，また大半の犯罪者に対して，与えられる制裁は徐々に重くなってゆくのが普通である。例えば，軽微な非暴力犯罪を行なった初犯者は，軽微な制裁を受ける。新たな犯罪を起こして裁判所に戻るたびに，刑罰は重くなってゆく。

　応報主義者は，犯罪者に対して，最大限の刑罰をすぐに与えることを提案するかもしれない。法律で定められた最高刑（死刑を除く）が課せられたときでさえ，多くの者は犯罪行動を続ける。運転免許証を**一生**取り消された犯罪者の研究では，運転を完全にあきらめたのはわずか17％にすぎなかった（Chang, Woo & Tseng, 2006）。犯罪に対して最高刑を与えるという政策の問題点は，この政策がわれわれの正義感と公平性の感覚を害することである。公式化された刑事司法の制度は，比例性の原理（罰のレベルを犯罪の重さに見合ったものにすること）に従おうとする。大半の人々にとって，最大限度の刑罰という選択肢は受け入れがたい。

条件2：即時性

　行動後に罰が生じるのが早ければ早いほど，行動が抑制される見込みが高くなる。行動と罰の間に遅延があると，罰の有効性が著しく変わることになる（Dinsmoor, 1998）。なぜそうなのか。罰の行使の前に，行動が強化される機会があることが主たる原因である。行動を一連の具体的行為の連鎖としてみなければならない。連鎖の最後にある行為が罰せられる可能性があり，それが，それに先行する反応に影響を与える可能性がある。こうして，抑制効果は，反応が罰から遠くなるほど小さくなる。

第3部　実　践

　何が起きるのかを説明するために，車上荒らし（行動）をしていて逮捕され，留置場に入れられた（罰）犯罪者について考えてみよう。その犯罪者は何を学習したのであろう。おそらく，本人は車のドアをバールでこじ開けるのは割に合わないと学習した。しかしながら，罰は，その犯罪実行に至るまでの行動には影響を与えないだろう（例えば，犯罪仲間を訪ね，ドラッグを吸い，それから，ちょっとした楽しみのため出かける）。話を一歩進めて，犯罪者が保釈されたという状況を想像してみよう。すると，何が起きるのだろうか。裁判と判決を待っている間，犯罪仲間とのつき合いを続け，薬物を乱用し，隠れて犯罪を行なうことすらあるかもしれない。犯罪行動を強化する機会は豊富にある。

条件3：確実性

　罰がどう「働くか」は，回避理論によって説明される（Dinsmoor, 1955; 1998）。簡単にいうと，罰は好ましくない感情的反応（恐怖，不安）を引き出し，罰を生み出す行動を行なわないことで，生物は不快な感情を避ける。不快なものを避けるため行動は抑制されるが，不安や恐怖といった不快な感情は永遠には続くわけではない。不安や恐怖という名前のついている生理学的反応（例えば，心拍数の増加，発汗など）は，徐々に消失する。あたかも罰がどれだけ嫌なものであったかを忘れてしまったかのようである。罰を思い出させるためには，望ましくない行動が起きるたびに罰することが重要である。

　報酬の場合，頻度が低い，または不規則な強化が与えられると（変動比率，または間隔スケジュールと呼ばれる），より高頻度で安定した行動につながるが，それとは違って，望ましくない行動に対し，ときに罰を与えないようにすることは反生産的である。人と動物は常に**行動**する。じっとしてはいない。犯罪者は，犯罪を行なうたびに捕まえられなければならず，報酬が与えられるような望ましくない行動に取り組む機会を与えてはいけない。

　罰の確実性の認知に影響を与えるもう1つの要因は，仲間関係である。Matthews & Agnew（2008）は，1,625人の高校生について，罰の確実性への認知と反社会的仲間関係の相互作用を調べた。反社会的行動と仲間関係の自己申告データを用いて，罰の確実性の認知は（4種の異なる犯罪に関して，警察に捕まる度合いを5段階尺度で測定），不良仲間をもつ生徒の犯罪行動には，何

の影響も与えなかったことを見出した。彼らは，反社会的仲間関係は，犯罪行動の発覚の確率を小さくし，犯罪行動を強化することで，抑止効果の可能性を減らすという仮説を立てた。

条件４：逃げ道や他に強化された代替行動がないこと

　罰を与えられると，生物はその状況から逃げだそうとする。嫌悪的状況からの逃避は，２つの結果を生む可能性がある。①逃避行動が強化される。②生物が罰せられない状況を見つけると，もとの行動を続ける（Van Houten, 1983）。逃避行動の結果は，望ましいものである場合もあるし（例えば，少年が自分をからかうグループを離れる），あるいは，それとは逆に望ましくないこともある（例えば，受刑者が施設から逃げて再度強盗を働く）。このように，罰と関連する状況は，逃避行動のきっかけとして作用することがある。そのような状況に対処するためには，逃げ道はすべて閉ざして，逃避行動に報酬が与えられないようにしなければならない。

　人は常に行動しており，行動はたくさんの個別の行為から成っているということは既に述べた。人々は，行動のレパートリーをもっている。例えば，ある人が読書，オムレツの調理，壁画制作のスキルをもっているとする。ある一連の行動の発動は，その行動が強化されることが見込めるかどうか次第である。ほとんどの人は，誰もいない教室で本を声に出して読む，バスで調理する，見知らぬ人の家の側面に壁画を描くということはしないだろう。このような状況では，これらの行動が強化されることはない。人々は，自分が報酬を受けられると思う行動を選ぶ。ある行動に報酬が与えられないなら，自分の行動のレパートリーのなかから別のものを選ぶ。

　どんな状況でも，個人はどの行動を取るかを選択する。魅力的な女性に引き合わされた青年は，自分の行動レパートリーのなかから，彼女の称賛を得られると思う行動を選ぶだろう。笑顔になるべきか，丁寧な会話をすべきか，「お母さん」という入れ墨をみせるべきか。これらの行動はすべて彼のレパートリーにあるが，相手の良い反応が得られる確率は同じではない。どんな状況でも，行動は，報酬や罰を受ける確率で順序づけられる。特定の状況で採用される可能性が最も高い行動は，類似の状況で，最も長い間強化されたことがあり，罰

を受けたことがほとんどないような行動である。それ以外の行動も，その行動が過去に受けた報酬とコストに従う。われわれが例に挙げた青年も，過去に最も成功したことのある行動から始めるだろう。しかし，その行動に相手が嫌悪感を示したら，過去に成功したわけではないが今回はうまくいくかもしれない別の行動に出る。したがって，罰を受けた反応は単純に除外されるわけではなく，それは別の反応で置き換えられる（Dinsmoor, 1995）。

　犯罪行動は多くの異なる行為で構成され，高リスク常習犯罪者は，多種多様な望ましくない行動を示す（例えば，不誠実さ，身体的暴力，窃盗など）。1つの行動（例えば，詐欺と関連する不誠実さ）を罰しても，その人の個人的かつ不法な目標を達成するために使われる他の多くの行動は残ってしまう。代替となる向社会的行動に報酬が与えられない限り，犯罪行動はいろいろと形を変えながら続いてゆく。

条件5：罰の密度は強化の密度を超えなければならない

　どんな行動にもそれに伴う報酬とコストがある。毎日仕事に行けばお金と職場での友人関係を得られるが，同時に，朝早くの起床，ラッシュアワーの渋滞での闘い，その他さまざまなイライラさせるものを乗り越えなければならない。Azrin, Holz, & Hake（1963）は，長い期間強化された行動は，強化された期間が限定的な行動と比較して，罰の効果に対してより強く抵抗することを観察した。一般的パーソナリティ理論および認知社会的学習理論の言葉を使えば，強度，迅速性，一貫性，多様さの点で，行動に対する報酬の密度が高ければ高いほど，その行動を抑制するため必要となるコストの密度も高くなる。高リスク犯罪者は，これまでの人生において，犯罪行動に対する高密度な報酬をもっており，それゆえに，彼らの行動は罰に対して強い抵抗性をもつ。

条件6：罰の有効性は個人要因と相互作用する

　報酬とコストの効果は，さまざまな個人要因（例えば，生物学的，認知的な状態・条件）と相互作用する。言い換えれば，人によって，罰に異なる反応をし，しかもその反応は，一瞬一瞬で異なる。路上生活者とホワイトカラー犯罪者では，拘置所で数日間過ごすことはまったく異なったコストとなる。また言

葉での叱責は，その人が酩酊状態かどうかで異なる効果をもたらすだろう。

　このことから，犯罪者に対する罰の有効性について何がいえるだろうか。Gottfredson & Hirschi（1990）は，多くの犯罪者がもつ衝動性が，罰の脅威に拮抗すると論じた。一方，いくつかの研究は正反対の結果を見出しており，自己統制力が弱く犯罪への「傾性」がある犯罪者は，より罰の効果を受けやすいという（Pogarsky, 2007; Wright, Caspi, Moffitt, & Paternoster, 2004）。しかしながら，われわれは，この他にも多くの犯罪者の特性が作用することを頭に入れておくべきである。犯罪者の思考様式は，具体的で現在を重視する傾向があり，彼らは不規則かつ頻繁に罰を受けた子ども時代を送った可能性が高いため，一定レベルの罰に対する慣れが形成されており，罰に応答しにくいという生物学的な気質上の特徴を有している者もいる。

　行動の抑制には，一定の結果が起こる見込みについての判断が必要である。犯罪の合理的選択論者をがっかりさせることになるが，犯罪者はコンピュータのように振る舞うわけではない。彼らは行動を選択する前に，行動のプラス面とマイナス面をいつも慎重かつ正確に考えているわけではない。犯罪者を対象とした研究では，彼らは罰を受ける確率を過少評価し，犯罪の報酬を過大評価する傾向にあることが示されている（Nagin & Pogarsky, 2004; Piliavin, Thornton, Gartner, & Matsueda, 1986）。最後に，多くの犯罪者の発達上の経験の一部，すなわち虐待と放任について考えてみると，それと似たようなものが反社会的行動を抑制するという論理がどうして成り立つのだろうか。罰が効果的であるための必要条件の1つは，それを犯罪者の特性に適合させなければならないということである。とはいえ刑事司法制度では，罰を個人要因に合わせることは，公正さの原理に反することになるだろう。

罰の副作用

　現実世界において，効果的な罰の条件を再現できたとしても，われわれは，Skinner（1953: 190）が「罰の不幸な副産物」と呼んだものに直面せざるを得ない。罰は行動を抑制するかもしれないが，同時に，意図しない望ましくない

第3部　実　践

行動にもつながりうる（Newsom, Favell, & Rincover, 1983）。罰は，身体的，情緒的，心理的に不快なものである。罰がなぜ行動を抑制するかを説明するのは，不快さの回避である。しかしながら，苦痛を伴う刺激は，行動を抑制するだけでなく，以下のような結果を招く可能性がある。

1. 十分な強度の苦痛を伴う刺激は，他の**望ましい**行動を妨げるかもしれない。例えば，パートナーにひどく殴られた女性は，そのせいで友人と交際することや，出勤すること，余暇を楽しむことをやめてしまうかもしれない。
2. 逃げ道のない状況で強い罰が与えられると，「学習性無力感」（Seligman, 1975）を発達させるリスクがある。これは，罰への対処方法が，何もしないこととなってしまった状態である。学習性無力感は，うつ（Forgeard, Haig et al., 2011; Rehm, Wagner, & Ivens-Tyndal, 2001），ストレスへの対処不足（Pryce, 2011），虐待された女性がなぜパートナーから離れないかの説明にも使われている（Bell & Naugal, 2005; Hayes & Jeffries, 2013）。
3. 人は罰を受けると，罰を受けた理由についての自分なりの説明をする。学習性無力感のパラダイムでは，自分は環境に対して何の力も及ぼすことができないのだということを学習する。罰によって導かれる説明は他にもある。その1つは，反社会的行動は不適切なもので，罰を受けて当然ととらえるものである。向社会的価値と法の尊重に対して真剣であれば，このような説明を考えるが，向社会的価値と法の尊重は多くの犯罪者にとって問題のある領域である。

　　罰を不公平で受けるいわれのないものと見なす場合には，罰する者に対する怒りと憎悪，もしくは拒否感が引き出される。これらの陰性の感情は，罰する者に対する仕返しの暴力や，他者の影響を無視する試みといった望ましくない行動を促進する可能性がある（Church, 1963; McCord, 1997）。親のしつけの仕方を厳しいととらえる子どもは，親との接触を避ける傾向があり，それは社会化の努力をさらに妨げる（Deater-Deckard & Dodge, 1997）。
4. 代理学習は非常に重要なプロセスである。Bandura & Walters（1959）は，

子どもは親が示す攻撃的な行動をまねる可能性があることを示した。親をはじめとする権威のある人物（例えば，教師）が体罰を用いて，それが報酬を受けているのをみることは，小さな子どもにとって学習の機会となる。そのようなモデルをみることで，子どもは，不快な行動に対処するために攻撃を用いることは許容されると学ぶ。家族の研究は，高いレベルの攻撃行動と親による厳しいしつけが，非行の強い予測因子であると示している（Tanner-Smith, Wilson, & Lipsey, 2013）。

5. メタアナリシスによるレビューでは，制裁または罰は，犯罪行動のわずかな増加と関連していることがわかっている。望ましくない行動がこのように増加することは，おそらく一部の罰に対する個人の慣れ，罰の不公平さの認知，反社会的行動の目撃で説明できる（Piquero & Pogarsky, 2002）。罰を受けた後に犯罪行動が増加することに関するもう1つの説明は，ギャンブラーの誤謬と関係している。ギャンブラーの誤謬とは，不運が続いた後には良いことが起きるという信念である（Pogarsky & Piquero, 2003）。犯罪者も「たしかに，このところ数回連続捕まっているが，次は悪事をしても逃れられるだろう」と考えることがある。この効果は，犯罪者については研究されていないが，高リスクの生涯継続型犯罪者が，罰についてどう考えているかに関するいくつかの興味深い考えを提起してくれるだろう。

罰についてのまとめ

罰に対する一般的な政策には多くの困難が絡み合っているが，われわれは，不適切な行動を思いとどまらせ，法違反を許容しないことを示さなければならない。犯罪行動への不承認を示すために罰することと，犯罪を抑止するために罰することは，また別のことである。後者については，多くの司法管轄区が，より重く残酷な罰を与えるようになっているが，犯罪の抑止には失敗している（われわれがいかに他者に対して残酷に振る舞うかについては，リソースノート13.2を参照）。学者は，罰が行動を抑制するのに必要な条件を指摘してきた

第3部 実　践

> 覚えておくべきこと：罰は行動を抑制するが，新たな行動を教えてはくれない
> ⇨罰を変化させる（普遍的な罰はほとんどない）
> ⇨即時性
> ⇨適切な強度
> ⇨罰がもっと有効に作用する人のタイプ
> 　・非衝動的，未来指向
> 　・平均から平均以上の IQ
> 　・罰を受けた経験がわずか
> 　・慎重で，刺激的なことを避けるか必要最小限にする

▲図 13.2　罰が作用するための条件のまとめ

（図 13.2）。そして，罰が行動を抑制する効果を発揮するのは，これらの条件を満たしたときのみであるが，刑事司法制度がそれを満たすのは，実質的に不可能である（McCord, 1999; Moffitt, 1983）。犯罪探知の確実性を保障するために，警察があらゆる場所にいることは不可能である。裁判所が，十分な速さで判決を言い渡すことも不可能である（HOPE プロジェクトは例外か）。そして矯正職員は，適切な指導と監督を担保するのが困難である。

「厳罰化」の個人的な正当化と，正当化の否定

　刑務所収容率は，世界中で 10 年間以上上昇し続けているが，アメリカ以上に刑務所収容率が高い場所はない。興味深いのは，700 万人近くの市民が何らかの形の矯正による管理を受けており，その自由が奪われていても，罰することへの渇望が満たされていないということである。いくつかの州では，犯罪者は，保護観察を受けるために代金を支払わなければならなかったり（Teague, 2011），テレビや娯楽がなく面会が制限された「飾りもののない」刑務所に入れられたりすることがある（Gottschalk, 2011）。アリゾナ州のマリコパ郡では，男性の受刑者はピンクの下着を身に着け，女性の受刑者は手錠でつながれて歩くように命じられる。犯罪者に加えられる侮辱のリストに終わりはない。われわれは，

個人として，また社会の一員として，いったいどうして同じ人間であるわれわれの仲間に対する卑劣な行動を受け入れられるのだろうかという疑問がわく。このような卑劣な行動に対する恥や罪の意識を緩和し，回避する心理学的メカニズムを解明できるなら，われわれはこれらを改めるための行動を取れるだろう。

われわれがときに残酷な気持ちになるのはなぜかという問いに対する基本的な答えは，その行動を正当化し責任を免れる認知的テクニックを用いているからである。本書をこの時点まで読み進んだ読者には，これらのテクニックの多くはお馴染みのものである。それらは，Sykes & Matza の「中和の技術」や，一部の心理学者が「合理化」や「道徳的無関心」と呼ぶものに近い（Bandura, 2015）。ここでは，これらのテクニックを「卑劣さの正当化」と呼ぶが，それに対抗するには，研究によって得られたエビデンスを援用する必要がある。典型的な正当化とそれに対する反論を以下に記す。

1. 罰は犯罪を抑止する。「罰は犯罪を抑止する」「罰は行動を抑制する」「罰が行動を止めるのをみたことがある」といった発言を自分に言い聞かせるのは，エビデンスへの訴えに根ざしている。罰は犯罪を抑止するという考えに対する一般的な反論は，罰は有効でないというエビデンスを示すことである。3つの主要なエビデンスの供給源がある。第1は，罰は行動を抑制することもあるが，それは高度に条件が統制された場合のみで，それは現実世界では不可能であるということを示す心理学の実験室研究である。第2は，罰は再犯を減らさず，むしろ増やしさえするという刑事司法における制裁についての研究である。第3は，ヒューマンサービスは，特にRNRモデルに従っている場合，再犯を減らすということを示す更生についての研究である。
2. 罰は更生より低コストである。罰が犯罪を抑止することはなく，更生サービスによってのみ再犯が低下することを認める人はいるだろう。しかし，心理学者，精神科医などのカウンセリングの専門家のサービスのコストは高すぎると考える。この正当化は財布への訴えである。この正当化は，今日では更生プログラムの費用対効果に関する広範なエビデンスによって容

易に反論できる。多くの治療プログラムには，刑罰指向のプログラムと比較して大きな金銭的利益がある（Aos et al., 2011; Cohen & Piquero, 2009; Romani et al., 2012）。

3. もたらした害の報いとして罰を受けるのは当然である。この「応分の報い」の主張は，**公正さへの訴え**である。誰も公正さに対しては反対できない。しかし，公正さを達成するために使われている手法（例えば，真実の量刑法，スリーストライク法，量刑ガイドライン）は，公正さをもたらしていない。この主張に対しては，以下のような反論ができる。①ありえない実話を紹介する（例えば，90ドルの品物を盗んで27年の刑で服役している犯罪者）。②600万人近くのアメリカ人の選挙権が剥奪されているのは，民主主義に対する攻撃であると述べる（Uggen et al., 2012）。③この手法が，アフリカ系アメリカ人（例えば，逮捕率が白人と比較し4倍高い）と女性（例えば量刑ガイドライン下で，女性に対する刑期が長くなった）に対し，不利な偏りをもたらしていると指摘する。④家族（例えば，4人に1人のアフリカ系アメリカ人の子どもは，14歳になるまでに父親が刑務所に入る；Eckholm, 2009）とコミュニティ（百万ドル地区）に対するマイナスの悪い影響を示す。これらは公平なのだろうか。

4. 復讐によって気が晴れる。自分が卑劣でないことをみせるために，「復讐によって気が晴れる」という主張が，**被害者の癒しへの訴え**としてなされる。つまり，復讐という行為は，被害者がカタルシスを経て満足感を得るのを助けるというのである。これは「苦痛比較仮説」と呼ばれ，被害者が経験したのと同レベルの苦しみを犯罪者が経験しているのをみることが，満足感をもたらすというものである。しかしながら，この仮説に対する支持は弱い（Gollwitzer, Meder, & Schmitt, 2011）。そうではなく，犯罪者が，自らの行なった犯罪行為に対する正当な反応として復讐されても仕方がないと理解したときに，被害者は満足する傾向がある（Gollwitzer et al., 2011）。修復的司法プログラムにおける被害者の高い満足度評価は，これによって説明できるかもしれない（Laxminarayan, 2013）。

卑劣であることの正当化は，ここに挙げた4つ以外にもある。Sykes & Matz

> の中和の技術を参照するだけで，リストは容易に拡張できる。**責任の否定**（例えば，「陪審員が罰を決めたのであって，私ではない」），**被害者の否定**（例えば，犯罪者の非人間化。「彼は冷血な殺人鬼だ」），より高次の忠誠心への訴え（例えば，「神が目には目をと求めている」）などである。重要なのは，われわれはしばしば，社会が他者にもたらす害から自分自身を遠ざけることを意図した認知的テクニックを用いているということである。われわれはそのことに気づかなければならない。

　現代の巨大な「厳罰化」実験は，ほとんどすべてのRNR原則，特に全般的な原則である個人に対する敬意，心理学的理論，犯罪予防サービスの全般的な充実の原則に違反している。多くの刑事司法政策が考えるのを怠っているのは，犯罪行動をなくすには，罰以外の方法があるということである。それはRNRモデルの原則4 **ヒューマンサービスの導入**に従うことで達成される。犯罪者治療は，犯罪に関係する報酬の魅力をより小さくして，向社会的行動に関係する報酬を増やすことがすべてである。向社会的行動に報酬を与えれば，失うものが増えるので，犯罪行動のコストが上昇する。一面的な攻め方よりむしろ，犯罪的行動と向社会的行動の両方に対する報酬とコストを変化させることを伴う多面的な攻め方のほうがより効果的である（表13.1を参照）。前述の通り，向社会的行動を教え，それに報酬を与える犯罪者更生プログラムは，望ましい効果を達成できる。

7節　報復への代案：修復的司法

　「厳罰化」の動きに満足している人ばかりではない。特に被害者は，刑事司法制度に対して多くの理由で不満をもってきた。彼らは刑事司法プロセスにおいては取るに足らない存在で（例えば，主として目撃証言を提供するだけの存

第3部　実　践

在にされてしまう），サービス提供において無視されている（例えば，犯罪者は治療サービスを受けるが，被害者は自分自身で対処しなければならない）と感じている。

　1980年代に始まった被害者運動は，犯罪者が「応分の報い」を受けることをたしかなものにするのに影響を与えた。多くの被害者擁護グループにおける主流の立場は，刑事司法制度は犯罪者に対して甘すぎ，被害者が被った損害に対する裁きを下すためには，より厳しい刑罰が必要であるというものであった。しかしながら，異なる見方をする者もいた。「応分の報い」という考えと対照的な考えは，傷は癒されるべきであるという考えである。この癒しのプロセスは，犯罪者が行なった間違いを正すために，加害者，被害者，コミュニティの協働を必要とする。癒し，協働，償いの概念が，**修復的司法**の中核を成す。

　刑事司法に基盤をおく最初の修復的司法プログラムのルーツは，カナダの小さな町（オンタリオ州キチナー）にたどることができる。1974年，メノナイト教会と強いつながりのある保護観察官が，ある別のことを試したいので，器物損壊で有罪となった2人の少年の判決を遅らせてくれるように判事に頼んだ（Peachy, 1989）。彼は判事に，少年らを被害者に会わせて償いを申し出させたいと提案した。少年にとっては，自分の行動が被害者にどのような影響をもたらしたかを理解することが利益となり，被害者にとっては事態を正すために何が必要なのかを述べる機会が得られる。被害者加害者間和解プログラムと呼ばれるものは，この実験から成長していった。

　被害者加害者間和解プログラムや家族グループ会議（加害者，被害者，親，コミュニティのメンバーによる会議）といった修復的司法プログラムには，いくつもの特徴がある。まず第1に，犯罪は人間関係を傷つけるものと見なされる。第2に，加害者を含め，傷つけられたすべての人には「間違いを正す」責任がある。これには，加害者と被害者の対話が求められ，それは，直接対面することが好ましく，犯罪がどのような影響を自分たちに与えたのかを話し合う。加害者は償い，謝罪する機会を与えられる。被害者は犯罪者に対し，犯罪によってどのような影響を受け，傷を癒すのに何が必要かを伝える機会を得る。被害者が加害者を許すこともありうるが，これは必要な要素ではない。最後に，被害者と加害者は，ときにはコミュニティのメンバーの助けを借りて，それぞれ

が犯罪によって生み出された害を緩和することに対して，どのように貢献できるかを話し合う。

　問題を解決するにあたっての，加害者の責任と被害者の参加は，修復的司法の根幹である。とはいうものの，プログラムが修復的司法プログラムと呼ばれるために，どの程度の被害者関与が必要なのかについては議論の余地がある（Braithwaite, 1999; Daly, 2006; McCold, 2006; Sullivan & Tifft, 2005）。被害者加害者間和解プログラムや家族グループ会議といったプログラムは，紛れもなく修復的司法の実践である。一方で，被害者と加害者の直接的接触がほとんどないプログラムもあり，そこでは被害者と加害者の合意は代理人によって仲介される（Zehr & Mika, 1998）。このようなケースでは，被害者は，（金銭ないし地域奉仕活動を通じた）損害賠償の申し出や，書面での謝罪に同意することがある。被害者の関与が何もなくても，裁判所の命じた賠償や地域奉仕活動を，犯罪者にとって「修復的」であると考えるべきだろうか。これらの2つの例は，何が修復的司法の実践として見なしうるかに関する議論のごく一部である。

　修復的司法プログラムとその実践は，北アメリカ，オーストラリア，ニュージーランド，ヨーロッパ，一部のアジアとアフリカに存在する（McCold, 2006）。修復的司法の原理はまた，立法政策と刑事司法制度にも影響を与えている。ニュージーランドでは，「子ども・若者とその家族法」によって，家族グループ会議が開かれない限り，裁判所は決定を下すことはできない。さらに，南アメリカのアパルトヘイト政策下の人権侵害（Villa-Vicencio, 1999）や，カナダの原住民寄宿学校での虐待（Truth and Reconciliation Commission of Canada, 2015）に対処するために，さまざまな「真実と和解委員会」が設立されてきた。

　修復的司法プログラムは急激に広まった。研究の多くは方法論に問題があり，大半はプログラムのプロセスについて報告しているだけだが，近年は，準実験やランダム化実験の増加がみられる（Weatherburn & Macadam, 2013）。2件のメタアナリシスが，刑事司法プロセスに対する被害者の満足感が向上したことを見出している。13件の研究のメタアナリシスでは，被害者の満足感の平均効果量は.19であった（Latimer, Dowden, & Muise, 2005）。より最近行なわれた被害者と犯罪者の直接対話を対象とした10件の実験研究のメタアナリシスでは，平均効果量は.16だった（Strang, Sherman, Mayo-Wilson, Woods, & Ariel,

2013)。

　評価研究の結果を解釈することは難しい。多くの修復的司法プログラムでは，参加者の脱落が多いからである。被害者加害者間の直接対話の率が，50%を超える研究はほとんどない（Andrews & Bonta, 2010b の表 13.2）。研究が明らかにしたのは，すべての被害者が犯罪者に会いたいわけではないということである。したがって，高レベルの満足は，対象者の選択要因の結果によるのかもしれない。また，加害者の大半は非暴力犯罪を行なったものであった（約 85%；Bonta, Jesseman, Rugge, & Cormier, 2006）。ほとんどのプログラムが，性犯罪者，家庭内暴力ケース，その他の深刻な犯罪を除外していたが，例外もある（Acker, 2006; Daly, 2006; Wilson & Picheca, 2005）。例えば，Umbreit & Voss (2000) は，家族の1人を殺した加害者に，生き残った家族が会った2つのケース研究を示している。この2人の犯罪者は，今は死刑囚である。

　再犯は，修復的司法プログラムの価値を判断するための重要なアウトカム指標であるという考えに同意しない者もいるが（Robinson & Shapland, 2008），多くは，公共の安全を重要な目標と見なしている（Bazemore, 1996; Bonta et al., 2006; Zehr & Mika, 1998）。犯罪者に自分の行動の責任を引き受けさせることと，すべての関係者の満足に向けて損害を修復することが，主要な目標である。加えて，修復プロセスにおけるコミュニティの関与は，犯罪者のコミュニティへの受け入れと再統合を促進する。

　犯罪者の再犯に対する修復的司法の効果については，いくつものメタアナリシスによるまとめがある。それらの結果は，平均 r がほぼ .07 であるという点で一貫している（Andrews & Bonta, 2010b; Latimer et al., 2005; Strang et al., 2013）。唯一の例外は，Bradshaw & Roseborough (2005) による報告で（$r = .13$），これは，若者を対象としている。ほとんどのレビューが見出した平均効果量 .07 は，何らかのヒューマンサービスを提供した場合（$r = .10$）よりもほんの少し小さい。しかしながら，修復的司法プログラムは，刑事司法的制裁と比べて，2つの利点がある。第1に，修復的司法の文脈に加害者治療が加えられれば，再犯に対する効果が向上するというエビデンスがある（$r = .25$; Bonta, Wallace-Capretta, Rooney, & McAnoy, 2002）。第2に，修復的司法プログラムは費用対効果が高い（Strang et al., 2013; Weatherburn & Macadam, 2013）。

理論的には，修復的司法それ自体に，犯罪行動への影響を期待することはできない。とはいえ，犯罪者のニーズに応じた適切な治療を提供するほかにも，修復的司法の原則と関連した再犯に影響を与えうる潜在的メカニズムがたくさんあるのかもしれない。被害者に対する犯罪の影響を理解することは，犯罪者の合理化に対抗し，被害者への共感性を高め，害をもたらす行動を抑制する可能性がある。寛大で，罰を与えられることのない状況で，被害者と加害者が顔を合わせることは，向社会的態度を育てる可能性がある。コミュニティのメンバーが修復的司法プロセスに参加することで，彼らは，加害者が向社会的行動を身につけるうえでの具体的な援助を提供する非公式な支援システムとしての役割を果たし，そうすることで，犯罪者が変化するように動機づける可能性がある（Bazemore, Nissen, & Dooley, 2000; Day, Gerace, Wilson, & Howells, 2008; de Beus & Rodriquez, 2007）。修復的司法プログラムの評価者は，これらの潜在的な中間的目標に対する修復的司法の影響を調べる必要がある。

8節　まとめ

1. 「厳罰化」は，公正さ，費用対効果，公共安全の向上という目標を達成することにおいて無残に失敗した。
　　必要的量刑，スリーストライク法，より厳しい判決は，マイノリティに不当に影響し，そのコストは莫大である。そのコストは金銭的観点だけでなく，社会的影響の観点からも測定されている。デタランスについては，「厳罰化」でこの10年の犯罪率の低下を説明することはできず，それは犯罪者の再犯に何の影響も与えていない。政治家は人々が厳罰化を望んでいると考えているが，全体像を示されると，大半の世論調査では，人々はより厳しくない介入に耳を傾ける傾向がある。
2. 罰の心理学は，罰は刑事司法制度では再現できないような，きわめて特殊な状況でのみ「作用する」ということを示している。
　　罰についての実験室研究は，罰が効果的であるためには，罰は行動に引

き続いて確実かつ即時に，そして適切な強度で生じなければならないことを示している。さらに，罰には多くの望ましくない「副作用」があり，それは反社会的行動の抑制にとって逆効果である。
3. 適切な治療を含んだ修復的司法は，「厳罰化」の方針に代わる犯罪減少のための有力な代替案となりうる。

　犯罪者を罰することへの執着から，犯罪者に対処するにあたってのより人道的な方針への転換が起きている。修復的司法の影響の拡大と治療に対する関心の再燃は，敵対的，懲罰的で，加害者中心の現在の司法制度に対する不満を反映している。修復的司法の影響が，どこまで拡大するかはまだわからない。しかしながら，犯罪者の更生は，既にきわめて大きな進出を果たし，前途有望である。

推薦図書

　「厳罰化」の方針とその結果についての，明快かつ，生き生きとしたレビューとして，Tonry（2004）の"Thinking about Crime: Sense and Sensibility in American Penal Culture"（犯罪について考える：アメリカ刑罰文化の分別と多感）を薦める。この本はやさしく読むことができ，刑事司法の背景知識はほとんど必要としない。もう1冊非常にお薦めなのが，Tonry（2009）によるアメリカ刑罰政策についての刺激的なレビュー，"Punishment & Society"（刑罰と社会）である。ここで彼は，問題に対処するにあたってのアメリカ政治の「偏執的なスタイル」などの要因を非難している。より学術的な分析については，Tonry（2009）の"Crime and Justice: A Review of Research"（犯罪と司法：研究のレビュー）の Nagin, Cullen & Jonson の章は一読の価値がある。より具体的な「厳罰化」手法については，MacKenzie & Armstrong（2004）"Correctional Boot Camps: Military Basic Training or a Model for Corrections?"（矯正的ブートキャンプ：軍事教練か矯正モデルか）と Finckenauer（1999）"Scared Straight: The Panacea Phenomenon Revisited"（スケアードストレート：万能薬ブームの再来）が，良いレビューを行なっている。

　罰の心理学に興味をもつ人は，Honig による1966年の古典的著作，"Operant Behavior: Areas of Research and Application"（オペラント行動：研究と実践の領域）

の Azrin & Holz の章を入手すべきである。より最近のレビューは，心理学の一般的な入門教科書の大半に見つけることができる。

　修復的司法への一般的入門としては，Sullivan & Tifft（2005）の"*Restorative Justice: Healing the Foundations of Our Everyday Lives*"（修復的司法：われわれの日常生活の基盤を癒す）をみるとよい。より学術的検討と広範なレビューについては，Sullivan & Tifft（2009）による"*The Handbook of Restorative Justice*"（修復的司法ハンドブック）にまとめられた論文をみるとよい。Van Ness & Strong（2010）による"*Restoring Justice: An Introduction to Restorative Justice*"（司法の修復：修復的司法の紹介）は修復的司法運動への明確な説明を提供している。

第14章

犯罪のサブタイプ：
親密なパートナーへの暴力，精神障害者，性犯罪者

1節　はじめに

　本章では，異なった「タイプ」の犯罪者についてみていく。「タイプ」という用語を用いることには，少し躊躇がある。というのも，この用語には，明確に定義され，まったく，もしくはほとんどオーバーラップのないカテゴリーという意味が含まれているからだ。しかし，多くの犯罪者は，どれを取っても1つのカテゴリーにぴったりとはまるということはない。実際，たった1つの犯罪のタイプのみを専門にしているという犯罪者はほとんどいない。性犯罪者は性犯罪以外の犯罪も行なうし，妻に暴力を振るう男は，他人にも暴力を振るう。犯罪者の多様性は，オーストラリアの刑務所での，2,000人以上の男性受刑者への調査によって明らかにされている。Makkai & Payne（2005）は，たった1つのタイプの犯罪しか行なっていないと報告したのは，犯罪者のうちのわずか26％しかいなかったことを見出した。とはいえ，多くの犯罪者は，ある種の反社会的行為に対する好みを示し，それによって大まかなカテゴリー分けはできる。

　学者はときに，基準となる行動または犯罪行為の記述から始め，次にその犯罪を説明する理論を発展させる。したがって，ホワイトカラー犯罪，暴力的破

壊行為，性犯罪などの理論がある。これらの「小さな理論」を強調する代わりに，本書では，多くのことは包括的な理論的基盤からわかるということ，そして一般的犯罪行動への相関因子は，特殊な形態の犯罪的逸脱にとっても顕著な類似点があるという立場を取っている。本章では，3つの主な犯罪者のサブタイプについて紹介する。すなわち，親密なパートナーに暴力を振るった者，精神障害犯罪者，性犯罪者である。表面上，これらの犯罪サブタイプは，ほとんど共通点のない極端なグループを代表しているようにみえる。しかし，ときに相違点よりも共通点のほうが多い。

2節　親密なパートナーへの暴力

　Esquivel-Santovena & Dixon（2012）は，6か国（中国，メキシコ，南アフリカ，ウガンダ，ウクライナ，アメリカ）の家庭内暴力についての11の調査をレビューした。レビューからは，多くの有益な知見が得られているが，それは結果の正確性を担保するためには方法論的な厳密性が重要であるということや，性の不平等性が家庭内での高い割合の暴力を生み出していることなど，多岐にわたっている。調査12か月前から調査実施時点におけるデータでは，女性の被害率は，7%から34.9%の範囲であることがわかった。生涯経験率は，予想された通りはるかに高かった（21%から48%）。また被害率は，マイノリティのグループのほうが高いこともわかった。例えば，2008年に調査したラテン系の女性2,000人のうち，53.6%がそれまでの生涯で対人暴力の被害に遭ったことがあると報告していた（Cuevas, Sabina, & Milloshi, 2012）。それには，身体的，性的，脅迫的暴力が含まれる。成人になって生じる暴力は，その半数以上が男性のパートナーによる暴力である。

　2000年から2010年までの間に公刊された750本の論文をレビューし，Desmaraisらは身体的暴力の平均体験率は，22.4%であることを見出した（Desmarais, Reeves, Nicholls, Telford, & Fiebert, 2012）。女性についていえば，調査前年に暴力被害に遭った割合は，23.1%であった。しかし，男性もまた親密

なパートナーからの暴力被害に遭っている（19.3%）。刑事司法サンプルでは，体験率ははるかに高い（女性の場合，31.1%）。レビューに含まれたなかで，男性犯罪者を含んだ研究は1つのみであるが，他の情報に基づいて推計すると，男性の体験率は44%から49%となる。女性の場合，親密なパートナーからの暴力はまた，世界中で殺人による死亡の最大の原因でもある（Devries, Mak et al., 2013）。親密なパートナーからの暴力は，同性カップルでも多いが（McClennen, 2005），被害者の大多数は女性であるため，ここでは男性の加害者に焦点を当てて論じる。

　家庭内暴力の研究が重要であるのには，いくつかの理由がある。第1に，それは家庭内の暴力被害を減少させる方法を発見することにつながる。パートナーから虐待されている女性は，本人の安全が脅かされているだけでなく（Keller & Wagner-Steh, 2005），その子どもの安全もまた脅かされている（Ehrensaft, Cohen, Brown, Smailes, Chen, & Johnson, 2003; Osofsky, 2003）。第2に，暴力の犠牲になっているところを目撃した女性や子どもは，情緒的，心理的，行動的問題を体験しやすい（Wood & Sommers, 2011）。2つのメタアナリシスのレビューによって，家庭内暴力への曝露が子どもの情緒的・行動的問題に及ぼす平均効果量は，$r = .25$ 程度であることが見出された（Evans, Davies, & DiLillio, 2008; Wolfe, Crooks, Lee, McIntyre-Smith, & Jaffe, 2003）。別の2つのメタアナリシスは，自分のパートナーから被害を受けた女性は，大うつ病のリスクが3倍高くなることを見出している（Beydoun, Beydoun, Kaufman, Lo, & Zonderman, 2012; Trevillion, Oram, Feder, & Howard, 2012）。

　第3に，われわれは誰が高リスク虐待者なのかを知る必要がある。暴力的な男性を正確に突き止めることは，家族を保護するために暴力を振るう者を引き離す権能を与えられた警察や他の社会機関に情報提供するうえで必要である。女性の大多数は，さまざまな理由から，虐待的な関係から離れることが難しいため（Zlotnick, Johnson, & Kohn, 2006），再被害に遭うリスクがある。社会的サービス提供者はまた，男性虐待者への効果的な介入についての知識が必要である。女性が虐待的パートナーのもとを離れたときですら，他の女性を被害者として暴力は継続するかもしれない。フォローアップ期間や犯罪者のリスクレベルの違いによるが，ドメスティック・バイオレンスの再犯は，16%（Wooldredge &

Thistlethwaite, 2005) から，高くて 60 〜 80% までの開きがある（Klein & Tobin, 2008; Smith-Stover, 2005）。

　最後に，家庭内暴力を理解することは，将来の暴力の 1 次予防において重要である。家庭の暴力を経験したり目撃したりした子どもは，長じて親密な関係や一般的対人関係の双方において，暴力的になるリスクが高まるということは，今や多くの文献レビューの一致するところである（Capaldi, Knoble, Shortt, & Kim, 2012; O'Leary, Tintle, & Bromet, 2014）。さらに，子どものころの攻撃性はまた，配偶者への暴力を予測する。この点に関して，最も説得力のある研究は，コンコーディア縦断的リスクプロジェクトからのものである（Temcheff, Serbin, Martin-Storey, & Stack, 2008）。カナダのモントリオールのスラム地区に住む 1,700 以上の子どもが，30 年間追跡された。研究者が見出したことは，子ども時代の攻撃的行動は，自己報告による成人後の配偶者への暴力を予測するということであった（$r = .14$）。

　本項では，また同様に以降の項でも，PCC の見地から以下の問いに答えることとする。

1. 自分のパートナーに対して暴力を振るう男性は，一般犯罪者と類似したリスク要因を有しているか。
2. パートナーに暴力を振るう者に効果的な介入法は何か。

虐待する男性：一般的犯罪者とどのように違うか

　虐待の再犯についてのリスク要因を見出すための研究は，介入法を導き出すために重要であるし，さらに男性虐待者は，実際のところ一般的犯罪者とは異なっているのかどうかという問いに答えるためにも重要である。リスク要因に対する研究は，3 つの方法がある。それは，①配偶者暴力の調査，②争いのある対人関係に的を絞った研究，③保険数理的リスク測度の開発と評価である。

調査から導かれたリスク要因

　家庭状況における自分自身の行動を自己報告するように求めた調査もあれば，被害者に加害者の特徴を挙げるように尋ねた調査もある。これらの調査から，リスク要因候補のリストを作成することが可能である。ここで思い出していただきたいのは，このような調査は横断的研究デザインを用いているということであり（すなわち，虐待者を非虐待者と比較する），ある変数の予測的妥当性について言及できるような縦断的デザインを用いていないということである。このようなアプローチの一例として，O'Leary, Tintle, & Bromet（2014）を挙げる。2003年のアメリカでの全国併存疾患再調査において，793人の男性によって提供された情報から，次のリスク要因が突き止められた。すなわち，14歳以前のデート，デート中の攻撃性，パートナーからの暴力被害，親からの暴力，爆発的なパーソナリティ障害である。

　おそらくより多くを得ることのできる研究は，粗暴犯罪を行なった2,000人以上のアメリカ人受刑者を対象としたFelson & Lane（2010）による調査であろう。彼らは，親密なパートナーへの暴力と非対人的粗暴行為とではリスク要因は異なったものであるかどうかを調べた。結果をみると，親密なパートナーへのリスク要因は，一般的暴力と同様のものが当てはまることがわかった（例えば，物質乱用，犯罪の前歴）。ジェンダーモデル（訳注：女性犯罪者には，女性特有のリスク要因があるとする見方のこと。特に被虐待歴などを重視するが，ここではそれが男性にも当てはまると述べられている）に反して，性的被虐待歴があり，パートナーから虐待されたことのある男性は，親密なパートナーに**より一層**暴力を振るいやすかった。換言すれば，パートナーを虐待する男性は，他の粗暴な男性と同様のリスク要因を有していた。

争いのある対人関係を対象にした研究からのリスク要因

　Pan, Neidig, & O'Leary（1994）は，アメリカ全土の38基地に勤める14,000人以上の軍人を対象にして，夫婦関係を研究した。最初に，対象者の70%近くが，配偶者に身体的攻撃を行なったことがないと答えた。残りは，24.4%が「軽い」身体的攻撃（例えば，平手打ち，物を投げつける）を行なったと回答し，5.6%が「重い」攻撃的行為（例えば，首を絞める，配偶者にナイフを向ける）

を行なったと回答した。そして，以下の5つのリスク要因が見出された。

1. 結婚生活の苦悩
2. アルコール・薬物乱用
3. うつ病的症状
4. 年齢（若年であること）
5. 収入（低収入）

　留意すべきは，5つのリスク要因のうち4つが，一般的犯罪行動のリスク要因でもあるということである。例外は，うつ病である。しかし，うつ病はドメスティック・バイオレンスのリスク要因としていつも見出されているわけではない（Cattaneo & Goodman, 2005）。さらに，Pan, Neidig & O'Leary（1994）は，リスク要因をランクづけしており，結婚生活の苦悩およびアルコール・薬物乱用が，収入より重要であることを見出した（この順位は，一般犯罪のリスク研究とも同様である）。驚くことではないが，結婚生活の苦悩とパートナーへの暴力の関係に関する研究の最近のメタアナリシスでは，結婚生活の苦悩は $r = .27$ というかなり大きな平均値を取ることが示された（$k = 37$, Stith, Green, Smith, & Ward, 2008）。

　アルコール乱用は，一般犯罪よりも親密なパートナー間の暴力において，より大きなリスク要因であるようだ（Finney, 2004; Felson & Lane, 2010; Capaldi et al., 2012）。注意深く統制された縦断的研究において，Fals-Stewart（2003）は，暴力を振るった男性とそのパートナーに，15か月にわたって飲酒と攻撃的エピソードの記録をつけるように依頼した。男性が飲酒をしたその日は，飲酒をしなかった日に比べると，パートナーへの暴力の起こりやすさが8倍大きいことがわかった。さらに，飲酒をした日には，**深刻な**暴力の起こりやすさが11倍であった。飲酒が親密なパートナーへの暴力に及ぼす効果は，反社会性パーソナリティ障害と査定されることのリスクによって媒介されていた（Fals-Stewart, Leonard, & Birchler, 2005）。研究に参加したすべての男性において，飲酒による深刻な攻撃のリスクが増大したが，反社会性パーソナリティ障害の男性のほうが，その増大が**より一層大きかった**。アルコール乱用は，加害者にとっ

てのみのリスク要因ではなく，被害者にとってのリスクでもある。Devries ら（Devries, Child et al., 2013）は，55 の研究をレビューし，女性のアルコール消費と暴力被害の関連は，研究の方法（横断研究，縦断研究）にかかわらず一貫していることを見出した。

　暴力を振るう男性においては，何らかの形の反社会的パーソナリティ・パターンが日常的にみられるという知見が，繰り返し得られている（Hanson, Cadsky, Harris, & Lalonde, 1997; Hilton & Harris, 2005; Huss & Langhinrichsen-Rohling, 2000; Magdol et al., 1997）。しかし，暴力を振るう男性を理解するにあたってとりわけ重要なのは，反社会的パーソナリティ・パターンにおける情緒の障害であると報告する研究者もいる。例えば，Dutton（2008）は，境界性パーソナリティや「虐待的」パーソナリティを，衝動的，易怒的，「情緒的知性」欠如として記述することを提案し（ある保護観察官は，かつて「無能なロミオ」と呼んだ），見捨てられ不安が強いため，関係をコントロールしようとして暴力を用いるのだとした。同様に，Swogger, Walsh, & Kosson（2007）もまた，虐待的な犯罪者をそうでない犯罪者と区別するものとして，衝動性に加えて情緒障害があることを見出した。

　女性，および暴力の行使の双方に対する態度の役割は，暴力を振るう男性に関する研究文献において顕著である。社会調査では，父権的価値観がリスク要因としてしばしば同定されているが，それらがパートナーへの暴力を予測するかどうかはよくわかっていない（Gilchrest et al., 2003; Hanson et al., 1997）。メタアナリシスによるレビューでは，暴力を支持する態度が，親密なパートナーへの暴力を予測することを見出している（Capaldi et al., 2012; Dixon & Graham-Kevan, 2011）。しかし，Dutton（2008）は，男性に対する大規模な調査で，「妻をつなぎ留めておくために殴るのは OK だ」というコメントを支持した者は，わずか 2% しかいなかったことを挙げて，そのような価値観の（予測的）妥当性に疑問を投げかけている。また，暴力の深刻さを最小化したり，あからさまな否認をしたりすることが，暴力を振るう男性にしばしばみられるが，これらにも予測的妥当性が示されていない（Henning & Holdford, 2006）。ドメスティック・バイオレンスにおける態度の役割に関しては，さらなる研究が必要なことは明らかである。

最後に，ソーシャルサポートが重要なリスク要因であるとの認識が広がりつつある（Flood, 2011）。事実，多くの社会的学習モデルが，暴力を振るう男性を理解するために適用されている。例えば，Holtzworth-Munroe & Stuart（1994）のモデルでは，「周辺的相関因子」（遺伝，幼少期の家庭，仲間関係）と「中心的相関因子」（態度，衝動性，他者へのアタッチメント）が示されている。社会的学習理論を直接的に検証した研究で，Reitzel-Jaffe & Wolfe（2001）は，611人の男性大学生にテストバッテリーを実施した。親密なパートナーへの暴力を最もよく予測した2つの変数は，女性に対するネガティブな態度を有することと，似通った信念を有する仲間や親密な関係の相手に虐待をする仲間との交友であった。

親密なパートナーへの虐待の保険数理的尺度

Straus（1996）は，高リスクな男性虐待者を見極めるおそらく初めての客観的な「チェックリスト」を提示した。チェックリストには，犯罪行動に対する信頼のおける予測因子としてわれわれが知っているものが含まれていた（例えば，薬物乱用，暴力の前歴，虐待の正当化など）。しかし，チェックリストは，行動に対するソーシャルサポートに関しては明示的であるが，パーソナリティ要因には間接的にしか触れていない（「極端に支配的」「極端に嫉妬深い」）。この分野の他の専門家は，先行研究のレビューに基づいて，同様のリストを提示している（Dutton & Kropp, 2000; Saunders, 1995; Thompson, Saltzman, & Johnson, 2001）。今日では，そのような「リスト」は，より構造化された客観的なアセスメントのツールとして公式化されている。

広く用いられているアセスメントのツールの2つは，配偶者暴力リスクアセスメント（Spousal Assault Risk Assessment: SARA）（Kropp, Hart, Webster, & Eaves, 1995）とオンタリオ家庭内暴力リスクアセスメント（Ontario Domestic Assault Risk Assessment: ODARA）（Hilton, Harris et al., 2004）である。SARAは，5つの領域（犯罪歴，心理社会的適応，配偶者暴力歴，現在の犯罪，その他）をカバーする20項目の構造化された臨床的判断ツールである。ODARAは，履歴的項目および動的項目を集めた13項目の尺度である（これら2つの尺度の項目の例は，表14.1を参照）。SARAに関しては，一般的犯罪に関する項目

第 3 部　実　践

▼表 14.1　親密なパートナーへの暴力のアセスメント：SARA と ODARA の項目例（Kropp et al., 1995; Hilton et al., 2004 より作成）

SARA	ODARA
家族への暴行歴	妻や子どもに対する暴力歴
現在の物質乱用・依存	物質乱用歴
接触禁止命令への違反歴	条件つき釈放の失敗
妻への暴行を支持，容認する態度	妊娠中の被害者に対する暴行
武器の使用や明確な脅し	危害や殺人の脅し
現在の精神病的・躁的症状	他者に対する暴力

もたくさんある（例えば，「家庭外での暴力歴がある」「家庭の外でも暴力的である」）。多くの項目は概念的に重なっているが，重要な違いもある（例えば，SARA には臨床的診断に関連した項目がある）。その違いの理由の 1 つは，ODARA はもともと，警察官によって実施されるようにつくられたのに対し，SARA は訓練された臨床的専門家によって実施されるものであるからである。

　男性の 2 つのサンプル（合計 589 人）を対象にした初期の研究では，4 年以上のフォローアップをしており，ODARA のスコアは新たな暴力とその**深刻度**を予測した。発達的なサンプルに対する AUC は .77 であり，横断的に妥当性を検討したサンプルでは .72 だった。しかし，ODARA のフォローアップ研究では，予測的妥当性の推定値は大きく低下していた（2 つのサンプルでの AUC は，.65 および .67）。これを受けて，研究者は ODARA に PCL-R を追加し，ドメスティック・バイオレンス・リスク検討ガイド（Hilton et al., 2008）を作成したが，AUC は小さな上昇にとどまっている（.70 および .71）。

　これら双方のツールに関する研究によって，これらを使用することは広く一般的に支持されている（Helmus & Bourgon, 2011; Kropp & Gibas, 2010; Nicholls, Pritchard, Reeves, & Hilterman, 2013）。親密なパートナーへの暴力リスクを査定する 5 種類のツールに対する AUC 値のレビューにおいて，Messing & Thaller (2013) は，SARA と ODARA が，選ばれた 5 つのリスク尺度のなかでは，最も高い AUC を示したことを見出した。ODARA（AUC= .67, 95%CI= .665-.668）は，SARA（AUC= .63, 95%CI= .627- .629）よりも，パートナーへの暴

力をわずかによく予測していた。

　Nicholls et al.（2013）の文献レビューでは，一般的な粗暴犯罪を予測するような他のリスク尺度と比べ，親密なパートナーへの暴力に特化したリスク尺度は，研究が比較的少ないことを指摘している。例えば，SARA または ODARA は，VRAG あるいは LS 尺度よりも，パートナーへの暴力をよく予測するだろうか。Nicholls らは，親密なパートナーへの暴力に特化したツールと一般的なリスクツールを比較した研究について，見つけることのできた少数の研究を検証した。そのような比較はほとんど実施されておらず，研究の多くには深刻な方法論的限界があったため，親密なパートナーへの暴力に特化したツールが，より一般的なアセスメントツールより優るという結論には至ることができなかった。この分野での研究を継続する必要がある。

男性虐待者の治療

　1984 年，Sherman & Berk は，家族間の諍いの通報で駆けつけたミネアポリスの警察官を，以下の 3 つの条件の 1 つにランダムに割り振って研究を実施した。①被疑者を逮捕する，②加害者を家庭から 8 時間引き離す，③加害者と被害者に援助を求めるように助言する。6 か月のフォローアップによって，逮捕された条件が，最も再虐待率が低いことを見出した（警察のデータによると 13%）。家庭から離した条件では 26%，助言を与えた条件では 18% だった。数年のうちに，複数の州が，ドメスティック・バイオレンス事案で，強制的に逮捕する法律を通し始めた。今日では，29 州が強制逮捕の法律を有しており（Zelcer, 2014），アメリカのおよそ 76% の警察が，強制的逮捕政策を取っている（Eitle, 2005）。

　Sherman & Berk（1984）の知見は，犯罪者の更生に関する文献に反しており，そこでは刑罰は再犯率を下げず，むしろ少し上昇させるとされている。男性虐待者に「厳しく当たる」ことは，このルールの例外なのだろうか。メタアナリシスのすばらしいところは，1 つの研究では現象を定義できず，説明もできないということを思い起こさせてくれることである。もっと多くの研究が必要で

あり，追試することは，正当な科学の一部である。このミネアポリスのドメスティック・バイオレンス実験には，5つの追試が公刊されている。すべての研究で，ランダム割りつけを行なって，条件の1つとして逮捕を用いている。そして，交互作用を検証するのに十分に大きいサンプルを用いている（Maxwell, Garner, & Fagan, 2001）。追試の結果はまちまちで，結局 Schmidt & Sherman（1996）自身が，強制逮捕法の撤廃を主張するようになった。

　第13章で指摘したように，刑罰をやめることは簡単ではない。研究者は，強制逮捕実験で，厳罰化に効果があることを示す答えを得ようとしてきた。初期の報告では，有識の男性虐待者に対して，逮捕には「効果があった」。明らかに，有識の虐待者には，「準拠の利害」（訳注：中流以上の人々は，社会規範に準拠することで得るものが大きく，そうでないと失うものが大きい。一方，下流階級の人々は，規範を破っても失うものが少ない。かつての社会学的犯罪学は，これを準拠の利害とよび，非行・犯罪の原因の1つであると考えていた）があり，逮捕されることによって失うものが大きかった。しかしながら，同様の結果は一貫して示されておらず（Wooldredge & Thistlethwaite, 2005），おそらくそれは「準拠の利害」のない高リスク犯罪者は，虐待者治療プログラムからドロップアウトしやすい傾向にあるという事実によるのだろう（Daly & Pelowski, 2000）。

　暴力を振るう男性は，逮捕されても訴追されるとは限らない。強制起訴政策のない状況では，すべての事件のうち半数以上が訴追されず，それはたいていは被害者が裁判に出頭しないからだ（Ventura & Davis, 2005; Wooldredge & Thistlethwaite, 2005）。その結果，多くの裁判所では，「お目こぼしなし」訴追政策を導入している。強制訴追政策の評価では，再犯率のわずかな低下を報告しているが，裁判所での膨大な残務処理とプロセスに対する被害者の不満を犠牲にしている（Davis, Smith, & Nickles, 1998; Ventura & Davis, 2005）。また，刑罰の厳しさと，それがドメスティック・バイオレンスの再犯に及ぼす効果にも関心がもたれている。強制訴追政策を有しても，裁判所が寛容であれば，大きな変化はない。しかしながら，ノースカロライナ州でのドメスティック・バイオレンスでの有罪判決を8,000件以上分析したところ，刑罰の重さ（例えば，刑務所，保護観察，電子監視）は，何の抑止効果も及ぼしていなかった（Sloan, Platt, Chepke, & Blevins, 2013）。

ほとんどの場合，暴力を振るう男性に厳しい罰で臨むことは，女性に対して一時的な安堵と安全をもたらすにすぎず，加害者の長期的な変化にはつながらない（Hilton, Harris, & Rice, 2007; Klein & Tobin, 2008）。ドメスティック・バイオレンスに特化した保護観察の指導も（Klein & Crowe, 2008），ドメスティック・バイオレンス事案を扱うために特化した裁判所も，被害者の安全を増大させることはなかった（Cissner, Labriola, & Rempel, 2015; Visher, Harrell, Newmark, & Yahner, 2008）。刑事司法的処罰は，暴力を振るう男性の犯因性ニーズに対処していないため，このことは驚くにはあたらない。強制逮捕や類似の政策はまだ広く用いられているが，多くの者は治療が対策の一部とならなければいけないことを認識し始めている。

治療的介入の評価に関してよくデザインされた最初の研究は，Dutton（1986）によるものである。4か月の認知行動療法プログラムに参加した50人の男性が，プログラムに空きが出る前に保護観察期間が終わってしまうため治療を受けられなかった男性50人とマッチングされ，比較された。Dutton（1986）は，6か月後のフォローアップ時点で治療を受けた男性の再虐待率が4％であったのに対し，治療を受けていないグループは16％であったことを見出した。2年半後の時点でも，治療群は治療効果を維持していたが，無治療群の再犯率は40％まで上昇した。

Duttonの初期の研究以降，その後の治療プログラムの評価において，このような明白な結果を見出した研究はほとんどない。その問題の一因は，多くの評価研究が脆弱な研究デザインによって台無しにされているためである（Eckhardt, Murphy et al., 2013）。例えば，Akoensiらは（Akoensi, Koehler, Lösel, & Humphreys, 2013），ヨーロッパの暴力男性治療プログラムに関する彼らのレビューは，研究デザインの問題によって大きく損なわれているため，これらのプログラムの効果について結論に至ることができなかったと不満を述べている（ランダム化比較試験ですら，ほとんど効果を示していなかった；Mills, Barocas, & Ariel, 2013）。暴力男性治療プログラムのレビューやメタアナリシスは数多く行なわれているが，その結論はまちまちである。初期のメタアナリシスでは，Babcock, Green, & Robie（2004）が，暴力を振るう男性への治療的介入研究22本をレビューした。全般的な結果では，治療は再虐待率のわずかな

第3部　実　践

減少と関連があった（$r = .09$）。しかし，19 文献のメタアナリシスでは（Arias, Arce, & Vilariño, 2013），治療には全般的効果はなかった。

　暴力男性治療の文献のレビューは，一般的犯罪者治療文献のレビューほど情報を提供しない。しばしばみられるのは，治療において実際何が行なわれているのかということに関する情報が欠如していることである（Mears, 2003）。治療は，「認知行動療法」だと記述されているが，どのように治療が提供されているのかについて述べるのみで，何が治療されているのかについては触れていない。例えば，Saunders（1996）は，認知行動療法的介入の録音記録を分析したが，時間の大部分がリラクセーション訓練と（おそらく，怒りのマネジメントを学ぶため），男性の優位性を支持する文化的規範についてのディスカッションであった。さらに，介入の標的とされているものが，最適なものではなかった（例えば，物質乱用は標的ではなかった）。一般的な犯罪者更生の文献には，もっと詳細な記述がなされており，犯因性ニーズに焦点を当て，リスク原則を遵守することの重要性が示されている。

　とはいえ，将来の見通しには期待がもてる。保険数理的なリスクアセスメントを広い範囲で用いることについては前進がみられている（Campbell, 2005）。治療に関しては，暴力男性治療プログラムの50%以上の男性に，パートナーへの暴力以外の犯罪歴がある（Bowen, Gilchrest, & Beech, 2008; Cattaneo & Goodman, 2005; Labriola, Rempel, & Davis, 2008）。しかし，暴力男性治療プログラムの文献では，治療で標的とすべきニーズや，再虐待リスクに基づいて適切な強度を有する治療に彼らを割り振ることの重要性について，ほとんど何も述べられていない。親密なパートナーへの暴力加害者のアセスメントと治療については，一般的な犯罪者についての文献から得るところが大きいであろう。

3節　精神障害のある犯罪者

　最初に「精神障害のある犯罪者」というフレーズを聞くと，多くの人々の心には，正気を失ってグロテスクで非常に粗暴な振る舞いをするというイメージ

が洪水のように押し寄せるだろう。このような犯罪者は，メディアのニュースで毎日のように報じられているし，テレビドラマでは，精神障害のある登場人物は，とても暴力的に描かれることすらある（Diefenbach, 1997）。一般市民は，精神障害のある犯罪者の割合が高いと思っている。さらに，彼らの行動は理解不能であり，ほとんどいつも暴力的だと思われている。このような考えが事実に即しているかどうかを見極めることが，本項の目的の1つである。

犯罪者のなかの精神障害の割合を推定するには，「精神障害のある犯罪者」の明確な定義が必要である。残念なことに，広く受け入れられている定義は，ほとんど存在しない。問題の1つは，精神障害のある犯罪者に対処すべき主な2つの社会システム，つまり法的システムとメンタルヘルス・システムが，精神障害に対して異なった解釈をしているということである。さらに，それぞれのシステムのなかでさえ，「狂気（insanity）」や「精神病（mental illness）」のような用語の意味に不一致がある。

第5章では，精神障害のDSMによる診断分類システムを紹介した。新しいDSM-5が発表されたが，DSM-5に基づく研究はまだ発表され始めたばかりであるので，ここでの議論はDSM-IVに基づいて行なう。DSM-IVは幅広い障害をカバーしている。本章では，Ⅰ軸およびⅡ軸障害として分類される障害に焦点を当てる。Ⅰ軸障害とは，ほとんどの者が真に臨床的症候群であると考えているもののことである（例えば，統合失調症，躁うつ病，大うつ病）。Ⅰ軸障害は，しばしば裁判を受ける能力があるかどうかのアセスメント，および「狂気ゆえの無罪」の訴えの基礎となる。Ⅱ軸障害とは，犯罪行動の研究と密接な関係のある多くの障害のことである。ここには，パーソナリティ障害，特に反社会性パーソナリティ障害が含まれている。

精神障害の割合の推定

表14.2は，犯罪者集団のなかでの精神障害の発症に関する研究の一例を示している。表からは，3つの重要な知見を見出すことができる。第1に，ほとんどすべての人が精神障害の診断を受けている（80〜90％の犯罪者が，精神

▼表14.2　精神疾患の罹患率(%)

アセスメント方法・研究	統合失調症	躁うつ病	大うつ病	反社会性パーソナリティ障害	アルコール	薬物	いずれか
Hodgins & Cote（1990） 受刑者495人（カナダ）	6.3	1.6	8.1	46.6	33.1	18.6	96.3
Teplin & Swartz（1989） 受刑者728人（アメリカ）	3.3	3.3	4.9				
受刑者1,149人（アメリカ）	1.4	1.5	4.9				
Daniel et al.（1988） 女性受刑者100人（アメリカ）	7.0	2.0	17.0	29.0	10.0		90.0
Brink, Doherty, & Boer（2001） 受刑者202人（カナダ）	3.5	0.5	4.5		3.5	2.4	
Webster et al.（1982） 公判前248人（カナダ）	39.4			27.0	13.7		96.0
Inada et al.（1995） 公判前1,396人（日本）	28.9	2.9	-	3.1	16.4	12.3	80.7

障害であるとの診断をされている）。第2に，主なI軸障害は，比較的まれである。裁判を受ける能力や心神喪失の判断が問題となる裁判前の段階だけ，その割合が高い（Inada, Minagawa, Iwashita, & Tokui, 1995; Webster, Menzies, Butler, & Turner, 1982）。最後に，最も多い診断は，II軸障害の反社会性パーソナリティ障害である。一般人口では，反社会性パーソナリティ障害の推定発症率は，3.6%であり（Grant, Hasin et al., 2004），表14.2でみられるものよりもはるかに低い。さらに心に留めておくべきことは，表には示されていないが，精神障害の発症率は，通常女性のほうが多いということである（Sirdifield, Gojkovic, Brooker, & Ferriter, 2009）。

危険性と精神障害患者

　この項ではまず，精神病は一般の人々にとって，しばしば警戒心と恐怖心をかきたてるものだという事実を取り上げたい。精神障害と粗暴行為の関係についてわかっていることを手短に検討することは意義がある。一般的に，精神病患者は，非患者に比べると逮捕率が高い（Ballard & Teasdale, 2014; Harris & Lurigio, 2007; Mullen, 2006）。厳密に統制された研究で，Link, Andrews, & Cullen（1992）は，さまざまな精神病患者のグループと，精神障害のない成人からランダムに選抜されたサンプルを比較した。表 14.3 は，慢性的障害のある患者と障害のない成人の間の，犯罪および粗暴行動の差をまとめたものである。行動が公的記録によるものか，自己報告によるものかにかかわらず，研究知見は一貫している。慢性的障害のある患者（少なくとも 1 年間治療を受けている）は，より逮捕されやすく，粗暴行為に至りやすかった。

　精神疾患はしばしば，物質乱用との組み合わせでリスク要因と見なされる（Mullen, 2006）。しかしながら，最近の疫学的調査では，暴力の他のリスク要因と比較して，物質乱用の役割をより正確に把握している。Elbogen & Johnson（2009）の指導下にある研究者が，2002 年から 2003 年のうちに 34,653 人に対して構造化されたメンタルヘルス面接を実施し，3 年後にその 3 年の間に体験した事柄について質問した（例えば，「誰かを強く殴って，そのせいで相手が怪我をしたり，病院に行かなければならなかったりしたことがありますか」）。まず，暴力の基準率は，.03 であった。次に，I 軸障害のある者の暴力行為の割

▼表 14.3　精神病患者とそうでない者における犯罪および粗暴行動（%）
（Link, Andrews, & Cullen, 1992 からの抜粋）

群	公的記録		自己報告		
	全犯罪	粗暴犯罪	逮捕歴	武器	喧嘩
患者	12.1	5.8	22.5	12.9	28.6
非患者	6.7	1.0	9.9	2.7	15.1

注：サンプルサイズ（N）は，患者群（93-173）と非患者群（185-386）で異なる

合は，全体の基準率の約半分だった。最後に，Elbogen & Johnson は，暴力を最もよく予測する 10 の因子を同定し，それらを順位づけした。精神疾患は，第 9 位であったが，それは物質乱用と組み合わさったときのみであった。リストの上位には，いつもの項目が並んでいた（粗暴行動歴，少年時の拘置歴，親の犯罪歴など）。精神疾患はそれ自体では，暴力に対する対のリスク要因と比べると影響が小さかった。

迫害・統制剥奪症状

1994 年に Link & Steuve は，「迫害・統制剥奪」の妄想が，暴力と密接な関連があると提唱した。「迫害・統制剥奪」，すなわち，人々が自分を迫害しようとしている，あるいは自分の心が他人にコントロールされているという思考があれば，これらの知覚された脅威に対して暴力的に反撃する可能性が増す。彼らは，このような妄想は，患者・非患者の双方において，暴力と関連することを見出した。PCC の見地からは，反社会的行動を支持する認知は，暴力の主たる予測因子である。

Link & Steuve の結果は，その後 10,000 人以上の成人を対象にした大規模な研究で追試された。Swanson ら（Swanson, Borum, Swartz, & Monahan, 1996）は，①精神障害のない者，②主な I 軸障害のある者，③主な物質使用障害のある者の 3 つの回答者のグループを調査した。彼らはさらに，迫害・統制剥奪症状，およびそれ以外の症状（幻覚，誇大念慮）の存否も調べた。各回答者は，18 歳以降に粗暴行為を働いたことがあるかどうか尋ねられた。結果からは，数多

▼表 14.4　暴力のリスク要因としての迫害・統制剥奪（TCO）症状（18 歳からの粗暴行動の自己報告の確率）（Swanson et al., 1996）

症状	I 軸障害		
	障害なし	I 軸障害のみ	物質乱用
なし	.17	.26	.70
TCO なし	.27	.39	.75
TCO	.40	.63	.86

くの結論が導き出された（表14.4）。第1に，迫害・統制剥奪症状は，精神障害のある者もない者にも，暴力の可能性を増大させる。第2に，物質乱用は暴力の可能性を大きく増大させる。第3に，迫害・統制剥奪症状以外の精神障害は，リスク要因ではあるものの，物質乱用や迫害・統制剥奪症状と比べると，その影響力は小さかった。

ほとんどの研究は，迫害・統制剥奪と暴力の関連を報告しているが（Coid, Ulrich et al., 2013; Hodgins, Hiscoke, & Freese, 2003; Link, Steuve, & Phelan, 1998; Markowitz, 2011; Stomp & Ortwein-Swoboda, 2004），すべてではない。例えば，1,100人以上の急性期精神障害患者を対象とした前向き研究であるMacArthur暴力リスクアセスメント研究では，関連の存在は，どのようにデータが解析されたかに依存していた（Appelbaum, Robbins, & Monahan, 2000）。Witt, van Dorn, & Fazel（2013）は，精神病者（統合失調症，双極性障害など）の暴力についての110の研究をレビューした。全体では，迫害・統制剥奪は暴力とは関連がなかった。重要な予測因子は，PCCが想定するものであり，衝動性，犯罪歴，治療への不遵守，物質乱用であった。これらの知見は，Douglas, Guy, & Hart（2009）によるより大規模なメタアナリシス（204研究）とは反対であり，彼らは臨床的に有意な関連を見出していた。このような相違は，サンプルの選択によるものかもしれない。Wittらは，精神病の診断を受けた者に焦点を当てたのに対し，Douglasらは，より厳密な定義を採用し，精神障害でない者はサンプルの5%未満しかいなかった。たいていの場合，非犯罪者および精神障害患者において，暴力を予測するものは一般犯罪者のリスク要因と類似しており，犯罪指向的思考が，精神障害と粗暴行動の媒介要因であるといえそうである（Walters, 2011b）。

精神障害のある犯罪者の危険性

前項と同様に，われわれは以下のような問いを提示したい。

1. 精神障害のある犯罪者は，一般犯罪者と類似したリスク要因を有してい

るか。
2. 精神障害のある犯罪者に有効な介入法は何か。

　精神障害のある犯罪者は，しばしば危険性にまつわる議論の的となる。さまざまな刑事拘禁および民事拘禁に関する法律によって，同じ犯罪でも精神障害のある犯罪者はそうでない犯罪者に科される一般的な判決よりも，長い期間拘禁される。議論となるのは，これらの犯罪者は今後もさらに粗暴行為のリスクがあり，もはや「危険」でなくなるまで予防的に拘禁する必要があるかということである。個人の危険度を決めるうえでの困難の1つは，精神障害のある犯罪者の粗暴行動に関する基準率についての知識が欠如しているということである。そのような情報を提供する研究は数えるほどしかない。

　初期の研究の1つは，Steadman & Cocozza（1974）による「Baxstromの患者たち」の評価研究である。物語は，受刑者Baxstromがアメリカ最高裁に訴えを起こしたことから始まる。Baxstromは，精神障害と診断されたため，触法精神障害者として刑務所から病院に移送された。その結果，彼は刑期が終了しても収容されていた。Baxstromの弁護士は，危険性の証拠がないならば，彼を釈放すべきだと主張した。裁判所は同意し，Baxstromを触法精神障害者病院から一般の精神病院に移送しただけでなく，類似の病院に収容されていた967人の他の犯罪者の移送も認めた。おそらくニューヨーク州で最も危険な犯罪者たちも一般の精神病院に移され，何人かは刑期終了時点で滞りなく釈放された。

　「Baxstromの患者たち」は「危険な精神障害患者」と査定されていたが，彼らが一般病院に移送され，その後釈放されたことによって，この精神障害犯罪者のグループにおける粗暴行動の基準率が推定できた。Steadman & Cocozza（1974）は，平均2年半の期間，釈放されたこれらの犯罪者のうち98人を追跡した。20人（20.4%）が再逮捕され，11人（11.2%）が有罪判決を受けた。そして，粗暴犯罪に至ったのは，98人のうちわずか2人であった（暴行と強盗）。精神病院から釈放された患者は，刑事事件で逮捕される代わりに再入院しているかもしれないので，再入院についてもまた調査した（これによって，粗暴行動の基準率が上昇するだろう）。病院とコミュニティからの情報を合わせると，

粗暴行動の基準率は14.3%だった。Steadman & Cocozza（1974: 152）はこう結論する。「Baxstromの患者たちは，それほど危険な者たちではなかった。釈放された98人のうち，これまで危険であると分類されるような行動に至ったのは，14人しかいない」。他の類似の研究でThornberry & Jacoby（1979）は，釈放されてコミュニティに戻った432人の精神障害犯罪者のうち，他の粗暴犯罪に至ったのはわずか14.5%であったことを見出した（ここでも平均フォローアップ期間は，2年半だった）。

精神障害犯罪者のリスク要因

　精神障害犯罪者の行動を説明するさまざまな理論モデルの妥当性について，Bonta, Blais, & Wilson（2014）は，全犯罪および粗暴犯罪の再犯の予測因子に関する96の研究のメタアナリシスを行なった。そこでの問いは，精神病理的および臨床的見地から重要であるとされた予測因子が再犯を予測するかどうか，そして一般パーソナリティ理論および認知社会的学習理論から導かれた予測因子に比べてどうかというものであった。特に，臨床的に通常査定される要因と比較して，セントラルエイトのリスク・ニーズ要因の妥当性を評価した。

　表14.5は，全再犯および粗暴再犯の結果を示したものである。精神障害犯罪者のメタアナリシスでは，どの研究も犯罪指向的認知やレジャー・レクリエーションを測定したものはほとんどなかった。よって，セントラルエイトのリスク・ニーズ要因のうち6つしか評価することができなかった。研究におけるこのギャップは，精神障害犯罪者を説明するにあたって，精神病理学的モデルが支配的な影響を及ぼしているゆえであるといえよう。臨床心理学者や精神科医の訓練では，精神病や他の心理学的障害の指標のような要因に説明を求めるように方向づけられている。しかし，Bonta, Blais, & Wilson（2014）のメタアナリシスの結果からは，これらの要因の多くは再犯の弱い予測因子でしかないことがわかった。表14.5に示したように，精神病，統合失調症，気分障害はどれも全犯罪および粗暴犯罪の再犯には関連がなかった（信頼区間に0が含まれている）。アウトカムを実際に予測した臨床的変数は，反社会的パーソナリティ・パターンに密接に関連したものであった（すなわち，反社会性パーソナリティ障害とサイコパス）。

▼表14.5 精神障害犯罪者における全再犯・粗暴再犯に対する一般的パーソナリティ理論および認知社会的学習理論の予測因子と臨床的予測因子(r)（Bonta, Blais, & Wilson, 2014 より作成）

	全再犯	粗暴再犯
一般的パーソナリティ理論および認知社会的学習理論要因		
犯罪歴	.17	.25
反社会的パーソナリティ・パターン	.21	.29
犯罪指向的態度	.19	.26
教育・仕事	.14	.07
家族・夫婦	.19	.13
アルコール・薬物	.26	.10
臨床的要因		
精神病	.02	.05
統合失調症	−.07	.02
気分障害	−.08	.02
反社会性パーソナリティ障害・サイコパス	.27	.33
精神障害犯罪者 対 非精神障害犯罪者	.01	−.03

　彼らのレビューにはもう1つ留意すべき発見と，リスクアセスメントに対する重要な示唆がある。第1に，精神障害犯罪者と障害のない犯罪者の再犯を比べた場合，精神障害のある者は一般犯罪者に比べて，どの犯罪においても（r = .01），あるいは粗暴犯罪においても（r = − .03），再犯がより少なかった。第2に，セントラルエイトのリスク・ニーズ要因のうちの6つが精神障害犯罪者の再犯を予測するならば，これらの因子を測定するリスクツールもまた，アウトカムを予測するはずである（Skeem, Manchak, & Peterson, 2011）。実際，セントラルエイトを測定する処遇レベル質問紙は，精神障害犯罪者の再犯を予測するといういくつかのエビデンスがある（Canales, Campbell, Wei, & Totten, 2014; Girard & Wormith, 2004; Harris et al., 1993; Lovell, Gagliardi, & Phipps, 2005）。

まとめると，臨床的精神病理学は，患者を人道的に治療し，病的な症状に対処するうえでは重要であるが，ほとんどの精神障害犯罪者にとって精神病理的症状が存在したからといって，それが犯罪行動の重要な予測因子にはならないであろう。それに代わってわれわれが見出したことは，一般的パーソナリティ理論および認知社会的学習理論によって同定された変数のほうが，はるかに重要だということである。残念ながら，精神障害犯罪者の処遇において支配的なのは，精神病理学的立場であり，一般的パーソナリティ理論および認知社会的学習理論ではない。

精神障害犯罪者の治療

精神障害犯罪者への臨床的介入は，通常，心理的愁訴や社会適応の機能を阻害する行動を治療するものである（Brandt, 2012; Harris & Rice, 1997; Müller-Isberner & Hodgins, 2000; Skeem et al., 2011）。したがって，抑うつ的な犯罪者は，自滅的な思考に対する認知行動的プログラムを受けたり，抗うつ剤をもらったりすればよい。躁うつ的な者にはリチウムが処方されるだろうし，統合失調症には抗精神病薬がよいだろう。症状が除去されれば（あるいは，少なくとも症状が管理できれば），患者は「治った」と見なされ，それ以上の治療は受けない。換言すると，精神障害犯罪者に対する治療プログラムのほとんどは，非犯罪的な精神病患者に提供されるものと何ら変わらない。これらのタイプの治療に対するエビデンスは，落胆するようなものである。例えば，Skeem ら（2011）は，精神障害犯罪者の再犯を抑制することを意図した14のプログラムを概観したが，ほとんどに効果がなく，そのなかでも最悪のものは総体的な症状に焦点を当てたものであることがわかった。

精神障害犯罪者の**再犯を抑制する**治療プログラムに効果がないことは，RNR原則の無視が原因であるといえる（Skeem, Steadman, & Manchak, 2015）。アメリカの矯正施設における230のメンタルヘルスケア提供者に対する調査で，精神障害犯罪者を治療するにあたってRNR原則を取り入れていると答えた者は，わずか15.7％しかいなかった（Bewley & Morgan, 2011）。つまり，犯罪指

向的態度や交友のようなものを標的にして治療を受けている精神障害犯罪者は，存在しないに等しい。物質乱用という犯因性ニーズを標的にしているものさえ，比較的まれであった。25の治療研究のメタアナリシスでは，物質乱用の効果量を計算できるだけの結果を報告していた研究はわずか4つしかなかった（$r = .07$）（Martin, Dorken, Wamboldt, & Wooten, 2012）。これまでのところ，精神障害犯罪者に対してリスク原則を検証している研究は皆無である。その代わり，一般的反応性原則にはより多くの注意が払われているようであった。

　認知行動的介入の研究は，数多く行なわれるようになってきている（Ashford, Wong, & Sternbach, 2008; Morgan, Flora, Kroner, Mills, Varghese, & Steffan, 2012; Skeem et al., 2015）。近年の優れた例として，精神障害犯罪者に対して「推論と更生」（Reasoning and Rehabilitation: R&R）プログラムを用いるように改良した研究がある。R&Rは元来，一般犯罪者の認知的欠陥やコーピングスキル不足に対処するために，Ross & Fabiano（1985）によって開発された。メタアナリシスでは，再犯率を14～21%抑制することが見出されている（Tong & Farrington, 2006）。修正版R&RまたはR&R2MHP（訳注：R&R to Mental Health Patients, 精神障害患者へのR&Rの略）は，集団セッションで学習したことを定着させるために，セッション間にカウンセリングを追加している（Young & Ross, 2007）。研究では，この治療は，司法的入院患者サンプルにおいて，暴力的思考を低減し（Yip, Gudjonsson, Perkins, Doidge, Hopkin, & Young, 2013），コーピングスキルを改善し（Clarke, Cullen, Walwyn, & Fahy, 2010），破壊的行動や物質乱用を低減すること（Young, Chick, & Gudjonsson, 2010; Cullen, Clarke, 2012）が示されており，これらの知見は精神障害のある女性にも適用可能であるようだ（Jotangia, Rees-Jones, Gudjonsson, & Young, 2015）。これまでのところ，再犯アウトカムについての報告はない。

　もう1つ紹介するにふさわしい発展として，Morganら（2014）によって開発された「人生変え，結果を変えるプログラム」がある。このプログラムは，メンタルヘルスのニーズ（例えば，服薬遵守）**および犯因性ニーズ**（例えば，犯罪指向的態度と交友）に対処するものである。47人の精神障害犯罪者に対する予備的な評価では，心理的症状と犯罪的思考の低減がみられた（Morgan, Kroner, Mills, Bauer, & Serna, 2014）。しかし。R&R2MHP同様，再犯アウトカ

ムは報告されていない。今後の研究で，これらのプログラムの潜在的効果が明確になることを望みたい。

　最近になって，退院後や刑務所出所後に治療とサポートを提供することに注目が集まっているものの，そこには深刻なギャップが存在する（Heilbrun, Dematteo et al., 2012）。保護観察（プロベーションおよびパロール）の場面ほど，それが明らかな場面はない。2013 年現在，アメリカでは 470 万人以上の犯罪者が社会内処遇下にあるが（Herberman & Bonczar, 2014），控え目に見積もっても精神障害のある者は少なくとも 10% おり（イギリスの研究では 39%；Brooker, Sirdifield, Blizard, Denny, & Pluck, 2012），保護観察所にとっては深刻な問題となっている。精神疾患のある犯罪者は，保護観察遵守事項違反（Eno Louden, Skeem, Camp, & Christensen, 2008）や，仮釈放の可能性に影響を及ぼす刑務所での違反（Matejkowski, Caplan, & Cullen, 2010）を犯しやすい。その対処として，多くの社会内処遇当局は，精神障害犯罪者を指導する特別ユニットをつくっている（Skeem, Emke-Frances, & Eno Louden, 2006）。このようなユニットの効果に関する研究は，治療遵守性が向上したことと規則違反が少なくなったことを見出している（Skeem, Eno Louden, Manchak, Vidal, & Haddad, 2009）。しかし，指導担当官は，メンタルヘルスの問題に多くの時間をかけるが，犯因性ニーズについてはそうではない（Eno Louden, Skeem, Camp, & Peterson, 2012）。これら特別ユニットが，再犯アウトカムに及ぼす効果もまだわかっていない。

　最後に，アメリカ，カナダ，オーストラリア，その他多くのヨーロッパ諸国では，メンタルヘルス裁判所の数が増加しつつある（Kaiser, 2010; Schneider, 2010）。それらは，精神障害犯罪者を迅速に刑務所からダイバージョンし，治療を提供し，再犯を抑制することを目指したものである。研究者のなかには，これらの目的の達成を疑問視する向きもあるが（Kaiser, 2010; Redlich, Liu, Steadman, Callahan, & Robbins, 2012），メンタルヘルス裁判所は再犯率を低下させるというエビデンスがある。この問題に関して，少なくとも 2 つの文献レビューがある。第 1 は，Sarteschi, Vaughn, & Kim（2011）によるもので，18 研究をレビューし，再犯率の有意な低下を見出した（r はおよそ .27）。より最近の Honegger（2015）による 20 研究のレビューでもまた，メンタルヘルス裁判

第3部　実　践

所が再犯率の低下に関連があることが見出されている。再犯アウトカムが報告されているどのケースでも，結果は望ましいものとなっている。しかしながら，どちらのレビューでも研究の方法論がまちまちであること（ランダム化試験はわずか1つであった），フォローアップ期間が比較的短いこと，民族的マイノリティに関する研究が欠如していることを指摘している。それにもかかわらず，メンタルヘルス裁判所の将来は有望であるといえるだろう。

4節　性犯罪者

　精神障害犯罪者と同様に，性犯罪者も一般の人々の大きな懸念と恐怖心をかき立てる。アメリカ犯罪被害調査によれば，12歳より上の1,000人のアメリカ人のうちの1人が，毎年性的暴行を受けている（Rand, 2008）。子どもの性的虐待の割合は，1,000人中82人と推定されている（Finkelhor, Ormrod, Turner, & Hamby, 2005）。こうした犯罪行為は被害者，特にその大部分が女性と子どもを巻き込むものであるという事実ゆえに，研究者，政策決定者，一般の人々は，注目し続ける必要がある。

性犯罪者はどのように特異な存在か

　性犯罪者は，非性犯罪者と相当に異なっていて，理論，アセスメント，治療において，根本的に違ったアプローチが必要なのだろうか。例えば，その犯罪のほかに，性犯罪者を他の犯罪者と比べた場合，その行動歴，パーソナリティ，認知，態度はどのように異なっているのだろうか。彼らの犯因性ニーズは，性的行動に限定されるのか，それとも非性犯罪者集団で見出された犯因性ニーズ（例えば，反社会的パーソナリティ・パターン，物質乱用）が，同様に当てはまるのだろうか。
　一般に共有されている考えでは，性犯罪者は「スペシャリスト」とされてい

る。つまり，彼らの犯罪はほぼすべて性犯罪に限定されると考えられている。もしこれが事実であれば，治療ニーズとしては性的行動に直接的に関連したものだけに焦点を当てればよい。例えば，性的覚醒，性的暴行を許容する態度，親密な相手との不適切な関係のもち方などをターゲットにして治療をすべきであるといえる。これらの動的リスク要因は重要であるが，**性には関係のない犯因性変数にも注意を向ける必要があると示唆するエビデンスがある**。

縦断研究では（Bench, Kramer, & Erickson, 1997; Lussier, Proulx, & LeBlanc, 2005），性犯罪者は，非性的犯罪も行なうということが示されている。Hanson & Morton-Bourgon（2009）による性犯罪者のメタアナリシスでは，性犯罪の再犯率は11.5%であるが，粗暴犯罪の再犯率は（性的，非性的粗暴犯罪を含む），19.5%だった。これより前のメタアナリシスで，Hanson & Bussière（1998）は，子どもへの性的虐待者の非性的粗暴犯罪の再犯率を9.9%，強姦犯では22.1%と報告している。

これらの研究は，性犯罪者と非性犯罪者の間には重要な類似性があるということを示している。そのような類似性の一例として，犯罪指向的支持の役割が挙げられる。臨床家の多くは，性犯罪者を社会的に孤立していて，社交に臆病で，内向的であると考えている。これが当てはまる者もいるが，全員がそうではない。複数の犯罪者に関する性的虐待についてのデイケアクリニックからの報告（Finkelhor, Williams, & Burns, 1988），「北アメリカ少年愛協会」（訳注：未成年男子との性行為の合法化を求める米国の組織）のような組織の増大，逸脱した性的目的や（Alexy, Burgess, & Baker, 2005）チャットルームによって社会的孤立を克服するためのインターネットの活用（Tremblay, 2006）などから，地下の児童ポルノやセックス・リング（訳注：主として児童人身売買のような性犯罪を目的にした犯罪組織のこと）の一面がわかる。

望んでいないセックスを支持するような交友や仲間がいることの重要性は，「レイプ神話」（Suarez & Gadalla, 2010），デートレイプ（Alder, 1985; Kanin, 1967），大学生の性的攻撃性（Swartout, 2013），軍でのレイプ（Mengeling, Booth, Turner, & Sadler, 2014）に関する研究で明らかになっている。性犯罪者だけを対象とした研究はまれである。有罪判決を受けた性犯罪者の研究で，Hanson & Scott（1996）は，126人の性犯罪者，57人の非性犯罪者，119人の

非犯罪者に，他者との交友について尋ねた。子どもに性的虐待をした者は，子どもへの性的虐待者の知り合いがおり，強姦犯は他の強姦犯の知り合いがいると報告していた。非犯罪者は，自分の社会的ネットワークのなかに性犯罪者はいないと答える者が一般的であった。Underwood ら（Underwood, Patch, Cappelletty, & Wolfe, 1999）による別の研究では，研究者は 113 人の子どもへの性的虐待者に，他の大人の前で子どもに性的虐待を行なったことがあるかどうかを尋ねた（他の大人というのが，有罪となった性犯罪者であるかどうかは尋ねていない）。38% の者が，他の大人の前で犯罪を実行したと答えていた。

このことは，性犯罪者は非性犯罪者とは違わないといっているのではない。一貫して見出されていることは，性犯罪者は非性犯罪者よりも，性犯罪の再犯をしやすいということである（Hanson, Scott, & Steffy, 1995; Soothill et al., 2000）。子どもへの性的虐待のリスク要因に関する 89 研究のメタアナリシスで，Whitaker ら（Whitaker et al., 2008）は，子どもに対する性犯罪を行なった者は非性犯罪者と比べて，その態度に関して相当大きく異なっていることを見出した（$k = 6$）。子どもへの性犯罪者は，犯罪に対する自分の責任を矮小化しやすく（r は約 .27），大人と子どものセックスに寛容であった（r は約 .25）。より最近の大きなメタアナリシスでは（$k = 46$），態度と性的再犯の平均 r は，きわめて小さく .11 であった（Helmus, Hanson, Babchishin, & Mann, 2013）。しかし，関連の強さは，態度がどのように測定されるかによって異なっていた（例えば，自己報告の質問紙の場合は，面接者の評定よりも大きな効果量となっていた）。

ここまでは全般的導入であるが，ここからリスクアセスメントと治療に関するより直截的な問いに話題を移そう。

性犯罪のリスク要因

最初のポイントは，すべての性犯罪者が等しく再犯に至りやすいというわけではないということである。しばしば一般の人々は，性犯罪を行なった者は皆，危険な犯罪者であるという考えを抱きやすい。しかし，非常に大きなリスクを抱える者がいる一方で，性犯罪の再犯リスクが非常に低い犯罪者もいる。最も

簡単なリスクの分類は，犯罪種別によって行なうものである。例えば，近親性交犯罪者は，家族ではない子どもに性的虐待をした者よりも再犯リスクが低い（Hanson, Morton, & Harris, 2003）。とはいえ，犯罪や被害者のタイプを用いるよりも，リスクの分類ができるずっと良い方法がある。

相当な量の研究が，逸脱した性的ファンタジーに焦点を当てている（Bartels & Gannon, 2011; Maniglio, 2011）。そのようなファンタジーは，しばしば治療のターゲットとなり（Grossman, Martis, & Fichtner, 1999），性犯罪の理論モデルで重要な役割を果たす（例えば，Ward & Beech, 2006）。こうしたファンタジーは，性的逸脱を予測することができるものの（Hanson & Morton-Bourgon, 2005），性的犯罪の**原因**としての役割は十分に明確ではない。Langevin, Lang, & Curnoe（1998）の研究は，この点を説明している。性的ファンタジー尺度を，129人の性犯罪者と77人の対照群（22人が非犯罪者，50人は性犯罪以外の犯罪者）に実施した。その結果，性犯罪者が報告した逸脱したファンタジーの全般的な割合は比較的低かったが（33.3%），対照群よりは高かった（11%。ただし，恥ずかしい行動は隠す傾向にあるため，これは低く見積もられすぎているだろう）。さらに，対照群はいくつかのタイプのファンタジー（逸脱しているものもそうでないものも）については，性犯罪者よりも多く報告した（90.9%対62.5%）。逸脱したファンタジーの割合が低かったことや，性犯罪者の多くがノーマルな性的ファンタジーを報告したとの知見について，研究者はファンタジーには病因的な意義が少ないのではないかと解釈している。

性的ファンタジーは，性的とらわれの指標であり，それは性的犯罪のリスク要因である。性的とらわれのもう1つの指標は，ポルノの使用である。性的攻撃性についてポルノが果たす役割については，2つの見解がある。1つは，ポルノは逸脱したファンタジーを刺激し，それを実行に移すように作用するというものである。もう1つは，ポルノの使用は，性的なカタルシスとなり，性的攻撃性が**低まる**というものである。どちらの立場にもエビデンスを見出すことができる。例えば，561人の性犯罪者の研究では，19%が犯行時点でポルノを使用していたが，大多数はそうではなかった（Langevin & Curnoe, 2004）。子どもへの性的虐待を行なった者では，その割合は高かったが（55%），自分を性的に興奮させるというよりむしろ，主に被害者にポルノをみせていた者が多

かった。一方，集積されたデータを用いて Ferguson & Hartley (2009) は，ポルノ使用とレイプの間に逆相関を見出している。要するに，性的犯罪とポルノの役割にはコンセンサスがないということである (Bensimon, 2007)。ポルノが果たす役割はケースごとによって異なるということを，専門家は注意喚起しており，アドバイスとしては，リスクレベルと性犯罪者のタイプに考慮が払われるべきだということになる（例えば，高リスクな性的子ども虐待者；Brandt, Prescott, & Wilson, 2013）。

　ポルノの問題と関連して，新しく出現し始めた一連の研究として，インターネット性犯罪者の研究がある。懸念されていることは，犯罪者，特に小児性愛者は，ポルノを生産し配布するためにインターネットを使用したり，被害者をおびき出したりするということである。この問題に情報を提供する多くの重要なメタアナリシスがある。最初のものは，Babchishin, Hanson, & Hermann (2011) によるインターネット犯罪者の特徴についてのレビューである。レビューでの問いは，インターネット犯罪者は一般的な性犯罪者と比べて特殊で異なっているのかどうかというものである。27 報告をレビューして見出されたことは，インターネット犯罪者は（児童ポルノ配布のようなオンライン犯罪で有罪となった者，ないしは自己報告による者），オフライン犯罪者と比較すると，被害者に対して共感的である傾向にあったが，より大きな性的逸脱傾向を示していた。

　次のレビューは，インターネット性犯罪者は，オフラインで性犯罪をどれだけ実行しやすいかという疑問を扱っている (Seto, Hanson, & Babchishin, 2011)。9 つの前向き研究の分析から，Seto らはオンライン犯罪者のうち，公的に明るみになった性犯罪を行なったものは非常に少ないことを明らかにした (4.6%)。しかし，自己報告によるデータが入手できた者の場合，およそ半分が接触を伴う性犯罪を認めていた。最後に紹介するのは，インターネットの児童ポルノ犯罪者に関する 30 例の分析であるが，そこでは 2 つの重要なサブグループが見出されている (Babchishin, Hanson, & VanZuylen, 2015)。1 つは，児童ポルノを閲覧するだけの犯罪者であり，もう 1 つはインターネットポルノをみて，**かつ**子どもに対する犯罪に至る者である。後者は，接触を伴う犯罪を行なう非常に高いリスクがあると査定された。

第14章　犯罪のサブタイプ

　性犯罪再犯のリスク要因に関する文献は，Hansonらによる多くのメタアナリシスにまとめられている（Hanson & Bussière, 1998; Hanson & Morton-Bourgon, 2005; Whitaker et al., 2008）。リスク要因についてのメタアナリシスから得られたものを実務的に活用したことの1つは，エビデンスに基づく保険数理的リスク尺度の開発の促進である。Hanson & Morton-Bourgon（2005）は，性犯罪者のリスク尺度に当てはめることのできる2つの重要な結論を導き出した。第1に，個々のリスク要因は中程度の効果量しかないので，予測精度を高めるためにはそれらを組み合わせる必要があることが示された。第2に，リスク要因の多くは（例えば，性的とらわれ），動的なものであり，それらは犯罪者の犯因性ニーズである可能性があるため，治療の方向性を示しうるものだということである。

　Hansonらは，性犯罪者の保険数理的リスク尺度の開発の最前線にいる。彼らの初期の仕事は，Static-99（Hanson & Thornton, 2000），改訂版のStatic-2002（Hanson & Thornton, 2003），性犯罪再犯迅速リスクアセスメント（Rapid Risk Assessment for Sexual Offence Recidivism: RRASOR）（Hanson, 1997）のような簡単に使用できるリスク尺度の開発に焦点を当てていた。これらの尺度は，満足のいく予測精度を示しており，そのAUCは.70のレンジにある（Hanson, Helmus, & Thornton, 2010; Parent, Guay, & Knight, 2011）。しかし欠点は，これらは静的リスクしか測定しないので，治療を受けた性犯罪者に対しては予測的妥当性が低下することである（Olver & Wong, 2011）。一方，性犯罪者のアセスメントでは，動的リスク要因への関心という方向に注目すべき動きがある（Craig et al., 2005; Hanson, 2006）。

　社会内処遇を受けている997人の性犯罪者に対する研究で，犯罪者に3つのタイプのリスク尺度を実施した。すなわち，静的，安定的，急性リスクの尺度である（Hanson, Harris, Scott, & Helmus, 2007; Hanson, Helmus, & Harris, 2015）。安定的リスク要因は，6か月ごとに測定された。これは動的リスク要因であり変化しうるものであるが，変化には長い時間がかかるものである（例えば，親密性欠如，逸脱した性的関心，性的自己統制力など）。急性リスク要因は，セッションごとに測定されたが，これらは非常にすばやく変化するものである（例えば，酩酊，被害者との突然の遭遇，ソーシャルサポートの消失）。平均7年

間のフォローアップによって，Hansonら（2007; 2015）は，性犯罪者に対する2つの新たな動的リスク尺度の妥当性を検証することができ，それらをSTABLE-2007およびACUTE-2007と名づけた。この新しい2つのリスクアセスメント測度は，今や治療と処遇のターゲットを特定するために広く用いられている。

性犯罪者の治療

　性犯罪の再犯に対処するための1つのアプローチは，逸脱した性的覚醒を抑制することである。男性ホルモンであるテストステロンのレベルが高いことが，性的覚醒度の高さと関連していると推定されているため（Studer, Aylwin, & Reddon, 2005），テストステロンのレベルを低下させることが，生物学的な治療における治療のターゲットとされてきた。これを行なうには2つの方法があり，それは身体的去勢によるものと，いわゆる「化学的去勢」によるものである。

　身体的去勢についての研究は，低い再犯率を示しており，多くが2〜4%のレンジに収まっている（Bradford, 1997）。しかし，ほとんどの評価研究は比較群を用いておらず，さらに去勢は性的機能の喪失を保証するものではない（去勢された男性の約10%は，勃起能力を保持している；Brown & Courtis, 1977）。いうまでもなく，この方法は重大な倫理的ジレンマや身体的，心理的副作用を伴うものである。その結果，身体的去勢は，いくつかの限られた国を除いては，広く行なわれてはいない（チェコは1999年以来の10年間で94人の受刑者を手術によって去勢した；Bilefsky, 2009）。それに代わって，テストステロンの分泌を刺激するホルモン（アンドロゲン）の分泌をブロックする薬物や，テストステロンが分泌される神経生理学的部位で拮抗作用する他のホルモンが用いられている。酢酸シプロテロン（CPA，アンドロクール）やメドロキシプロゲステロン（MPA，プロベラ）のような薬物が，性犯罪者の医学的治療に通常用いられる。

　これらの薬物を投与すると，その後全般的な性的欲動が低下する。しかし，

性的動因は低下しても，性的行動と行動的に関連する他のもの（例えば，逸脱した性的思考；Marshall, Jones, Ward, Johnston, & Barbaree, 1991）に対しては，薬物はほとんど効果がない。性犯罪者の多くは，薬物治療を受けている間は，再犯率が低下した（Bradford, Federoff, & Gulati, 2013; Maletzky, Tolan, & McFarland, 2006）。69研究のメタアナリシスでは，薬物治療は他の非薬物治療と比較すると，最も大きな効果量を示した（Lösel & Schmucker, 2005）。しかしながら，再犯が低下したのはもっぱらこれらの薬物のみの影響であって，薬物治療の際にほとんどすべての犯罪者が受けているカウンセリングや治療プログラムの影響ではないということを示す実験や準実験はない（Barbaree & Marshall, 1998）。要するに，薬物は問題行動の早期に即時の鎮静化をもたらすが，心理学的治療もなお必要である。

1989年, Furby, Weinrott, & Blackshawは，性犯罪者の治療研究42件をレビューした。そして，「臨床的治療が性犯罪の再犯を低下させるというエビデンスはまだない」と結論した（p.27）。このレビューとその結論は，Martinsonの議論と同様，反論を招かずにはいられなかった（Becker & Hunter, 1992; Marshall & Barbaree, 1990）。主な批判として，このレビューは実際に何をもって治療としているのかを述べていないというものがある。Furby, Weinrott, & Blackshaw（1989）のレビューにおいて，治療プログラムに効果がなかったのは，不適切な治療が含まれていた結果である可能性がある（つまり，RNR原則を無視した治療）。

Furbyら（1989）のレビューの後には，性犯罪者への治療には効果があることを示すレビューが数多く出されているが（Bradford, Federoff, & Gulati, 2013），その一方でこれらの研究の方法論的な質は低い傾向があった（Långström et al., 2013）。彼らの以前のメタアナリシス（Lösel & Schmucker, 2005）のフォローアップのなかで，Schmucker & Lösel（2015）は，レビューに含める研究の選択基準をより厳格なものとした（公的に記録された再犯率，適切な対照群など）。研究を選択する時間枠を長くしたにもかかわらず，分析のための適格研究の数は，2005年のレビューでは69研究だったが，2015年のメタアナリシスではわずか29研究に減少した。選択基準に合致する薬物療法はなく，すべてが心理社会的治療だった。これらの治療の全般的な効果は，統計的に有意ではある

第3部　実　践

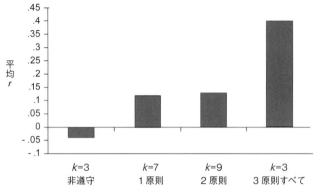

▲図 14.1　性犯罪者治療の有効性：RNR の遵守　（Hanson et al., 2009）

が，$r = .04$ という控え目な効果量であった。

　性犯罪者治療における RNR 原則を検証したメタアナリシスは，一般犯罪者に対するモデルがいかに性犯罪者に適用できるかという探究への関心に拍車をかけた。Hanson, Bourgon, Helmus, & Hodgson（2009）によるメタアナリシスは，性犯罪者の治療において RNR 原則が強く支持されることを見出した。23 研究のレビューでは，治療を受けた性犯罪者は，治療を受けていない性犯罪者と比べると，全再犯率が低く（31.8% 対 48.3%），性犯罪の再犯率も低かった（10.9% 対 19.2%）。効果が最も小さかったのは，どの原則にも従っていない研究であり，RNR を遵守すれば効果は高くなっていた。3 原則すべてを遵守したものは非常に少なかったが（$k = 3$），これらの治療は最も大きな再犯率低下を示していた（図 14.1 を参照）。

　Hanson ら（Hanson, 2014; Hanson & Yates, 2013）は，一般犯罪者に関連するリスク要因の多くが，性犯罪者のそれとも重なっていることを見出した。したがって，効果的な更生の原則は，性犯罪者にも当てはまることが示された。間違いなく，Hanson ら（2009）のメタアナリシスは，RNR 原則の妥当性を確証した。さらなるリスク，ニーズ，反応性についての探究は，Hanson ら以外によってもなされている（Abracen, Looman, Mailloux, Serin, & Malcolm, 2005; Looman,

Dickie, & Abracen, 2005; Olver, Wong, & Nicholaichuk, 2009)。例えば，Lovins, Lowenkamp, & Latessa（2009）は，強力な治療を受けた低リスクの性犯罪者を治療を受けていない性犯罪者と比べると，何の改善もみられないことを見出した。一方，高リスクの性犯罪者は，再犯率が低下した（残念なことに，彼らは全再犯だけを測定し，性犯罪の再犯率に絞って測定していない）。しかし大部分において，性犯罪者研究の分野では，一般犯罪者治療に比べると，RNR原則の検証は緩慢である（Thornton, 2013）。

最後に，性犯罪者の再犯リスクは，時間経過とともに低下していくといういくつかのエビデンスがある。Hanson, Harris, Helmus, & Thornton（2014）は，7,740人の犯罪者のアウトカムを20年の期間にわたってレビューした。時間とともに，これらの犯罪者の性犯罪再犯率は低下した。5年目では，高リスク犯罪者の再犯率は22%だった。しかし，すべての高リスク犯罪者が再犯をしたわけではない。犯罪に至ることなく10年間社会にいた高リスク犯罪者（Static-99Rで測定したもの）の場合，性犯罪再犯率は4.2%だった。この割合は，非性犯罪者が性犯罪を行なう可能性（約1〜3%）よりもずっと高いわけではない。なぜ，当初高リスク犯罪者と査定された者の再犯率が，時間とともにそのように劇的に低下するのかは，まだわかっていない。

5節　締めくくりのコメント

先述のように，一般犯罪者と性犯罪者のリスク要因には相当な重なりがある。実際，これは精神障害犯罪者もまた同様であるし，親密なパートナーに暴力を振るった者に対してもおそらく当てはまる。表14.6は，文献のメタアナリシスのレビューに基づいて，精神障害犯罪者，一般犯罪者，性犯罪者のリスク要因を並べたものである（親密なパートナーに暴力を振るった者に関するリスク要因のメタアナリシスはない）。セントラルエイトに含まれる構成概念の定義がバラバラな異なったレビューから得られた効果量を，直接比較することは困難であるが，驚くべき類似性があることは示唆に富んでいる。これら3群の犯

▼表 14.6　サンプルごとの再犯予測因子

リスク要因	精神障害犯罪者	一般犯罪者	性犯罪者
犯罪指向的交友	報告なし	.21	報告なし
反社会的パーソナリティ・パターン	.21	.33	.10
犯罪指向的態度	.19	.17	.10
犯罪歴	.17	.29	.15
教育・仕事	.14	.22	.10
家族・夫婦	.19	.13	.05
アルコール・薬物	.26	.20	.06
レジャー・レクリエーション	報告なし	.16	.01

一般犯罪者（Olver, Stockdale, & Wormith, 2014）；精神障害犯罪者（Bonta, Blais, & Wilson, 2014）；性犯罪者（Hanson & Bussière, 1998; Hanson & Morton-Bourgon, 2004, 2005）.

罪者を通して，予測因子の順位も一貫していることに注目されたい。性犯罪者にとっては，精神障害犯罪者や一般犯罪者と同様，犯罪歴が最大の予測因子であり，その他には反社会的パーソナリティ・パターンや犯罪指向的態度がある。一般的パーソナリティ理論および認知社会的学習理論は，たくさんの異なったタイプの犯罪者に対しても妥当性があると思われる。

6 節　まとめ

1. 女性を虐待する男性と一般犯罪者の間には，相違点以上の類似点がある。いくつかのフェミニスト理論が述べるところとは違って，ドメスティック・バイオレンスは父権的価値観では説明できない点がある。虐待をする男性は，その行動歴，パーソナリティ，態度，親密なパートナーへの暴力を後押しするような社会的サポートなどの点において，他の犯罪者と非常

によく似通っている。
2. 精神障害犯罪者および性犯罪者のリスク要因は，一般犯罪者のリスク要因と類似している。

メタアナリシスの知見では，精神障害犯罪者と性犯罪者の犯罪行動に関する最善の予測因子は，一般犯罪者のそれと同様であることが示されている（すなわち，行動歴や反社会的パーソナリティ）。つまり，犯罪行動についての一般的理論は，これら犯罪者のサブタイプに対しても適用可能である。

3. 犯罪行動の多様性についての知識は，犯罪行動の心理学を分析に適用することによって前進することができる。

本書のテーマの1つは，犯罪行動についてのわれわれの知識は，犯罪行動の心理学を分析に適用することで，前進させることができるというものである。犯罪行動を理解するうえで，一般的パーソナリティ理論および認知社会的学習理論のアプローチは，行動の精神病理学的モデルには依拠しない。本章で論じた犯罪者，すなわち親密なパートナーに暴力を振るった者，精神障害犯罪者，および性犯罪者への理解は，一般的パーソナリティ理論および認知社会的学習理論を適用することによって，より広がっていく。

推薦図書

親密なパートナーへの暴力の分野では，この章で簡単に説明した治療介入のレビューが多数存在する。もっと深く知りたい場合は，Akoensi et al.（2013）によるヨーロッパの観点からのレビュー，Arias, Arce, & Vilariño（2013）によるスペイン語および英語のレビュー，Eckhardtら（2013）によるその大部分を北アメリカの研究が占めるレビューなどがある。

精神障害犯罪者に関心がある場合は，Bonta, Blais, & Wilson（2014）のメタアナリシスレビューを，性犯罪者に関心のある場合は，Hanson & Morton-Bourgon（2009）のレビューを強くお薦めしたい。この2つのレビューはどちらも，2つの犯罪者グループを理解するためには一般的な犯罪者の文献を検討することが重要であると示唆している。性犯罪者研究の大まかな概要を知りた

い読者のためには, Ward, Polaschek, & Beech (2006) によって書かれた"*Theories of Sexual Offending*"（性犯罪の諸理論）がある。この本は，進化論からわれわれのリスク・ニーズモデルまで，犯罪行為のさまざまな理論的および研究的視点を扱う20の章から構成されている。

第 4 部

まとめと結論
Summary and Conclusions

第15章

犯罪行動に対する一般的パーソナリティ理論および認知社会的学習理論の見地：まとめと結論

1節　はじめに

　この最終章では，既にわかっていることと，知識の間に重大なギャップがある領域について述べる。本章ではまた，RNR モデルと犯罪行動を減少させるうえで，それと競合する2つの見地を比較する。それらは，デジスタンス（desistance）と良き人生モデル（Good Lives Model）である。まず，PCC についての以下の3種類の理解のタイプに焦点を当てる。すなわち，①実証的理解，②理論的理解，③実践的有用性の理解である。全般的に，本章では PCC の重要な要素を簡潔にまとめ，評価する。

　まず，研究，理論，実践のそれぞれの領域において，全体理解のための優先事項を述べる。リスク，ニーズ，治療反応性の領域において，女子と男子，女性と男性，若者と年長者，富裕層と貧困層の重要な違いはよく示されている。同様に，社会内処遇，中間処遇施設（halfway houses），刑務所（jail and prisons）には，相当の多様さがあるため，アセスメントと介入を本格的に理解するには，それぞれの状況に適合させることが求められる。そこには，明らかな違いに加え，数多くの微妙な違いもある。

　同時に，これらの相違点や類似性が存在するというたんなる憶測ですませた

り，主張したりするのではなく，実証的に検証する必要がある。実証的な検証によって，性別や人種，その他の具体的な事項を考慮しながら，一般的な理論的立場を尊重することに努めている。同様に，特定の場面での理論的考察に関しても，実証的探究は開かれている。

2節　実証的理解

研究知見をまとめるに際して，犯罪心理学の合理的，実証的な基盤によって，健全な懐疑心が惹起される。またそれによって，エビデンスへの敬意が養われる。一般の人々も研究でわかったことを知る権利があるし，ヒューマンサービスを活性化するうえで影響力をもつ立場にある人は，なぜ研究知見は直接的治療サービスを支持しているのかについて知っておくべきである。

犯罪行動の個々の事象と発生率

個人の犯罪行動における大きな多様性

犯罪行動の頻度，数，種類，行動内容のバリエーションは，人それぞれに異なる。加えて，少数の犯罪者がその数に不釣り合いなほど大きな割合の犯罪行動に関与しているが，そうした活発な犯罪者は，もっぱら特定の犯罪だけに関与しているというわけではない。これらの結果は，測定方法が異なっても，具体的な犯罪のタイプが異なっても，地域，年齢，人種・民族，性別，社会階級などの社会における位置づけの典型的指標が異なっても，一様に明らかに見出されている。

早発型，後発型犯罪者

発達犯罪学者は，2種類の主要な犯罪者のタイプを認識することに大きな価値があることを示した。まず，早発型犯罪者であり，彼らは犯罪行動を継続す

る傾向がある。後発型犯罪者は，途中で犯罪行動をやめる傾向がある。とはいえ，「生涯継続型」「青年期限定型」といったタイプ分けは，どちらのグループに属していても，さまざまな時期に犯罪に及んだりやめたりするという異なった犯罪行動パターンを示す者が多くいるという事実を覆い隠してしまうということもある。

慢性的で重大な暴力的犯罪者

　生涯継続型犯罪者というイメージには劇的なものがあるが，暴力的な犯罪を繰り返すのは，少数の限られた者にすぎない。アリゾナ州のフェニックスとその周辺の 151,209 人の若者のうち，青年期の犯罪歴を通して 2 回以上暴力的犯罪を行なった者は，わずか 1% にすぎない（Snyder, 1998）。

一般性と個別性

　犯罪者がたどる経路に関して，犯罪の基準率における性差については広く知られていることであり，それを考慮すれば驚くことではないが，男性の生涯継続型は，女性と比べるとはるかに多い。しかしながら，早発・継続型の経路が長期的にもたらす結果に関しては，成人期の粗暴性，健康状態の悪さ，精神状態の悪さ，社会的経済的状況の悪さといった特徴において，男女は類似しているという特徴があった（Odgers et al., 2008）。

犯罪行動の相関因子

　犯罪に関連する要因についてはいくつもの結論が導き出されており，それらはセントラルエイトのリスク・ニーズ要因に含まれている。主要なリスク・ニーズ要因は，別の概念化も可能である。例えば，反社会的パーソナリティと犯罪歴という要因は，PCL-R で Hare が行なったように「サイコパス」というレベルにまとめることもできる。セントラルエイトのすべての要素を，Hirschi の定義した「自己統制力の弱さ」としてまとめることもできるだろう。背後にある理論を重視しない立場を取れば，効率的な予測式をつくるために，たんに統

計的手法によってどの特定の指標を組み込むかを決定することもできる（例えば，VRAGアセスメント手法や，第10章で説明した多くの第2世代アセスメント手法）。もう1つのアプローチは，セントラルエイトのアセスメントを統合し，その結果スコアをルール違反の一般的傾向スコアとして評価するものである（例えば，LS/CMIの一般的リスク・ニーズスコアのように）。

セントラルエイト

セントラルエイトを簡略にしたものを，表15.1に示し，8つの要因がどのように治療ターゲットとして役立つかという説明を付した。概して，LS/CMIの下位尺度によって測定したセントラルエイトの予測的妥当性の推測値は，$r = .12$ から $.31$ の範囲にある（Olver et al., 2014）。これらの予測値は有意であり（信頼区間は0を含まない），重要性の低いリスク・ニーズ要因（低い社会的階層，個人の感情的苦難など）によって得られる予測値より大きい。セントラルエイトはまた，暴力的再犯の予測にも，$r = .09$ から $.23$ の範囲で妥当性がある（Olver et al., 2014）。

幅広い適用性

地域，階層，年齢，性別，民族的背景といったカテゴリー内で，同じ一連の犯罪リスク要因が関連しているようだ。さらに，影響力の大きな個人的，対人的，家族的リスク要因に関して調整すると，犯罪と相関するこれらの地域，階層および生物学的な変数は，消えないとしても低減する。主要な個人的，対人的要因を調整した後でも残る，犯罪と性別・民族・人種・階層の間の相関は，社会階級を重視するような犯罪社会学的理論によって本当に説明できる結果なのかどうかについては，まだ実証されていない。

同じ一連のリスク要因が，さまざまな種類の犯罪行動に対して適用できる。しかしながら，粗暴犯罪や性犯罪に焦点を合わせるときは，特定の犯罪に固有

▼表 15.1　セントラルエイトのリスク・ニーズ要因と望ましい治療ターゲット

犯罪歴
多様な状況における早発かつ継続的な数多くの種々の反社会的行為への関与。
治療目標：危険な状況での代替となるような非犯罪的行動を身につける。

反社会的パーソナリティ・パターン
冒険的な快楽希求性，弱い自己統制力，落ち着きがなく攻撃的。
治療目標：問題解決スキル，自己マネージメントスキル，アンガーマネージメント，コーピングスキルの構築。

犯罪指向的態度
犯罪を支持するような態度，価値観，信念。怒り，鬱憤，反抗心のような認知的，情緒的状態。
治療目標：犯罪指向的認知を減らし，危険な思考や感情を認識し，代替となる向社会的思考や感情を築き上げ，向社会的アイデンティティーを抱くようにする。

犯罪指向的交友
犯罪的な他者との緊密な関係。犯罪に対する向社会的なサポートからの孤立，犯罪に対する身近な社会的支持。
治療目標：犯罪的な他者とのかかわりを減らし，向社会的な他者とのかかわりを増やす。

家族・夫婦
2つの重要な要素は，養育・ケア，監督・指導である。
治療目標：対立を和らげ，良い関係を築き，指導監督を向上させる。

学校・仕事
学校・仕事での成績と満足感が低いこと。
治療目標：成績，報酬，満足感を高める。

レジャー・レクリエーション
向社会的な余暇活動の実行が不十分で満足感が低い。
治療目標：関与，報酬，満足感を高める。

物質乱用
アルコールとその他ドラッグの乱用。
治療目標：物質乱用を低減し，薬物中心の行動を支える個人的・対人的要因を減らし，物質乱用の代替手段を強化する。

注：重要性の低いリスク・ニーズ要因には，以下のものがある。個人的・精神的苦痛，重大な精神障害，身体の健康問題，公的処罰への恐怖，身体的条件づけ，低い IQ，低い社会階級，現在の犯罪の重大性。

な犯罪指向的態度，犯罪指向的交友，犯罪歴の指標が最も役立つであろう。例えば，小児性愛者に対処する際には，実験室での検査による逸脱した性的興奮の指標によって，予測的妥当性を高めることができるだろう。同様に，暴力歴のアセスメントによって，粗暴犯罪の予測が向上する。

3節　犯罪に対する影響力

　一般的パーソナリティ理論および認知社会的学習理論に基づき，リスク・ニーズ要因の実証的な知識を活用した治療プログラムのメタアナリシスでは，実務において有用な程度にまで再犯を抑制できることが示されている。レビューでは，効果的な処遇のための明確な方向性を提供するには，一般的パーソナリティ理論および認知社会的学習理論による2つの考え方を活用することが必要であると述べている。それらは簡潔にいうと，第1は，**リスク，ニーズ，一般的反応性**（RNR）の原則を遵守するサービスを選択すること。第2に，RNRを忠実に遵守して治療を提供することである。

　RNRの原則を遵守しない場合，犯罪に対して効果がないか，犯罪を増加させてしまうとエビデンスは示している。また，リスク，ニーズ，反応性を遵守したうえで達成された全般的な犯罪抑制のレベルに，さらに影響を与えうる他の変数や検討事項もあるだろう。既にわかっている変数の一覧は，完全なRNRモデルとして示されている（表9.1を参照）。特に重要なものは，犯因性ニーズの概念であり，それは治療プログラムで変化させるべき中間ターゲットとなるものである。1990年より前，治療においてはしばしば，非犯因性ニーズ（例えば，セルフエスティーム，不安）に対処することに力が注がれていた。物質乱用と怒りのコントロール欠如という犯因性ニーズのみが，十分に着目されていたにすぎない。雇用や学習プログラムでさえ，どのようにすれば職場や学校で向社会的に振る舞えるかをクライエントに教えることなく，技能学習に焦点が当てられていた。今日のサービス提供者は，何を治療のターゲットとすべきかについて，ずっと幅広い視点をもっている。

▼表15.2 犯因性ニーズ，および非犯因性ニーズをターゲットにした際の平均効果量（r）

ニーズ領域	r	(k)
変化の中間ターゲットとしての犯因性ニーズ		
犯罪指向的	.21	(78)
犯罪指向的交友	.22	(51)
反社会的パーソナリティ・パターン	.22	(59)
家族・夫婦	.29	(30)
学校・仕事	.15	(88)
物質乱用	.11	(36)
変化の中間ターゲットとしての非犯因性ニーズ		
公的処罰への恐怖	-.05	(43)
個人的苦悩	.08	(101)
身体活動	.08	(43)
慣習的に見合った野心	.08	(29)

　表15.2には，セントラルエイトのリスク・ニーズ要因のうち，動的犯因性ニーズ要因を治療ターゲットとしたときの結果の一部を示している（レジャー・レクリエーションは，平均効果量を計算するにはデータが少なすぎた）。「セントラルセブン」を治療ターゲットにした際の平均効果量は，.20（CI = .15 ～ .25）であった。非犯因性ニーズをターゲットにしたときの平均効果量は，.05（CI = -.03 ～ .11）であった。後者の平均値は，0と有意差がなく，犯因性ニーズをターゲットとした際の値と比べて有意に低い。

　表15.3は，犯因性ニーズと非犯因性ニーズに関するより包括的な一覧である。この表は，サービス提供者に，変化のための有益なターゲットと逆に犯罪行動を実際に増やしてしまうターゲットのリストを提供する。多くのプログラムは，多様な犯因性ニーズをターゲットにしようと試みている。今実際にわかっていることは，非犯因性ニーズと比べ，多くの犯因性ニーズをターゲットにすればするほど，再犯率は低くなるということである。非犯因性ニーズを主なターゲットとするプログラムは，犯罪の増加と関連している。これが，RNRモデルにおける原則9：**広汎性**である。

▼表15.3　犯因性ニーズと非犯因性ニーズのリスト

変化のためのターゲットとしての犯因性ニーズ
・犯罪指向的態度の変容
・怒り，敵意の低減
・反社会的交友関係の低減
・家族のコミュニケーションと愛情の促進
・家族の監督としつけの促進
・子どもの保護の促進（ネグレクト・虐待の予防）
・向社会的な他者との同一化・関係の促進
・自己統制，自己管理，問題解決スキルの向上
・嘘，窃盗，暴力のスキルを向社会的な代替的なもので置き換える
・物質乱用の低減
・家庭，学校，職場，余暇場面での犯罪活動と向社会的活動への個人的，対人的報酬とコストの密度を変更し，非犯罪的な代替活動が望ましいものであるようにする
・知的障害を伴う犯罪者に，落ち着いた保護的な生活環境を提供
・クライエントが危険な思考や状況を認識し，それらに対処する具体的で十分に練り上げられた方策をもてることを確実にする
・サービスへの個人的，状況的な障壁となるものへの対処（例：クライエントのモチベーション，プログラム参加を制限するような条件）
・個人に合わせたリスク・ニーズアセスメントを通じ，犯罪行動と関連のあるクライエントの性質と環境の変容

変化のためのターゲットとしての非犯因性ニーズ
・セルフエスティームの向上（犯罪指向的態度と交友関係を減らすことなく）
・犯罪行動とは無関係な漠然とした感情的不満への焦点づけ
・犯罪指向的グループの凝集性の強化
・高リスクな個人や家族の犯因性ニーズをターゲットとせず，地域規模での生活環境の改善
・ある文化の価値観は他の文化の価値観と同等に認めるべきであるという理由で，犯罪指向的態度に敬意を示す
・学校，職場での伝統的な目標を達成するための具体的な支援をせずに，目標だけを高めようとする
・再犯とは関係のない基準で「良い人」である条件を設定し，クライエントを「良い人」に変えようとする

4節　一般的パーソナリティ理論および認知社会的学習理論による理論的理解と課題

　一般的パーソナリティ理論および認知社会的学習理論による犯罪行動についての考え方には，人間の経験の豊かさがとり込まれている。犯罪に至る経路には多くのものがあり，社会的，認知的，パーソナリティ的な要素がその道筋を開く。一般的パーソナリティ理論および認知社会的学習理論アプローチの応用分野である RNR モデルは，有益なものであることが実証されている。RNR のアセスメントと介入の例は既に述べたが，さらに手短に要約をしたい。一般的パーソナリティ理論および認知社会的学習理論と RNR モデルに対し，批判的な意見もなかったわけではない。RNR の弱点に対処でき，RNR モデルを強化すると主張する 2 つのアプローチは，少々論評に値する。その 2 つのアプローチとは，**デジスタンス**（desistance）と，**良き人生モデル**（Good Lives Model, GLM）である。

デジスタンス

　デジスタンスとは，犯罪者が犯罪行動に関わるのをやめるに至ったプロセスのことをいう。すべての犯罪者が，一生涯犯罪を続けるわけではない。なぜ一部の犯罪者は，犯罪をやめたり，思いとどまったりするのだろうか。デジスタンスへの関心は，2 つの重要な研究によって勢いを得た。最初の研究は，Laub & Sampson（2003）らによる。彼らは，非行少年を 70 歳まで追跡調査したのであるが，それはもともとは 1950 年の Glueck & Glueck の研究で同定されたサンプルであった。その研究の基本的な結論は，犯罪をやめた者たちは，有意義な仕事と良好な夫婦関係を得ていたということであった（Laub & Sampson, 2011）。

　2 番目の研究は，Maruna（2009）のリバプール・デジスタンス研究である。Maruna は，有罪判決を受けたが 1 年間犯罪をしなかった 30 人と，犯罪と違法薬物乱用を続けた 20 人のグループをマッチングした。全員に面接をし，彼ら

がどのようにして変わったか（あるいは変わらなかったか）についての「語り_{ナラティブ}」とストーリーを話してもらった。Maura の研究の重要な特徴は，心理的要因，特に自己アイデンティティの変化を強調したところにある。犯罪をやめた者は，個人的責任感や良い行ないをすることへのモチベーションを強調するような「償い」を語っていた。他方，犯罪を続けている者は，「非難宣告」の物語と絶望感を有し，犯罪に至ってしまうことから逃れられないという感覚をもっていた。

　しかし，デジスタンスの考え方は，RNR モデルに何らかの価値あることを加えるようには思えない。第 1 に，なぜ一部の者は犯罪をやめ，他の者は続けるのかについての理論があるにしても不十分である。デジスタンスに至った重要なターニングポイントは，結婚やある年齢に達したといった大きなライフイベントであり，そこで彼らは償いのストーリーを受け入れる。家族・夫婦と仕事は，当然重要な犯因性ニーズだが，それだけではない。デジスタンスの一面は，カオス理論に関連しているようにみえる。そこでは，就職や支援的で向社会的なパートナーを見つけたことなどの一見偶発的な出来事が，個人が変わることの理由となる。われわれの知る理論でこれに最も近いものは，ラベリング理論に基づいたものであり，そこでは元犯罪者が向社会的アイデンティティを身につけることの重要性が説かれる（Maruna & LeBel, 2010）。さらに，最近のエビデンスは，犯罪者は安定した雇用（Skardhamar & Savolainen, 2014）や，結婚（Skardhamar, Savolainen, Aase, & Lyngstad, 2015）より**前に**犯罪をやめるということを示している。

　この理論上の問題と関連するのは，実務への応用に関することである。前述した通り，デジスタンス，または RNR の言葉にすると再犯の低下というものは，比較的予測不可能なライフイベントにかかっているとされる。償いストーリーの一部には，行動に対する責任をもつということがある。McNeill ら（McNeill, Farrall, Lightowler, & Maruna, 2012）が述べたように，「犯罪をやめた者は，このような自律感覚，すなわち自分の人生へのコントロールを何とか身につけることができた」（p.45）のである。しかしながら，犯罪をやめられた者が，この自律感覚をどうやって身につけたかはほとんど述べられていない。少なくとも RNR では，行動を自分でコントロールし，向社会的になるのを手助けする

ために，認知行動療法を用い犯因性ニーズに対処するようにと述べている。加えて，デジスタンスの支持者は，犯罪者の改善更生において，彼らのストレンクスを無視しているとRNRを批判する。しかし，完全なRNRモデルでは，個人のストレンクスについての考えは，別の原則（原則10）として提示されている。

最後に，エビデンスの問題がある。デジスタンス支持者はこの問題になると，曖昧になりはぐらかす。McNeillら（2012）の論文の小タイトル「誰のエビデンスか」が，それを物語っている。それは，「知識破壊」を想起させるもので（テクニカルノート11.1で説明），タイトルそのものが，読者を伝統ある科学的手法に疑念を抱くよう仕向けている。そのセクションでは，彼らは真の当事者だから，「元犯罪者と彼らを支えた人たちの声」に耳を傾けるように促される（p.50）。さらに，研究などは「機械的概念」にすぎず，本当に前に進むためには，犯罪者とその家族，学界，実務家，政策決定者らの間の対話（いわゆる「デジスタンス発見プロジェクト」）が必要だという。この対話から，進展が生まれるのかもしれない。しかし，RNRが既に実証された実績を上げていることを考えれば，果たしてそれは本当に必要なことだろうか。

良き人生モデル

デジスタンスの学者らは，RNRが動機づけと自律性を十分に考慮していないと論じ，良き人生モデルがその代わりになるという。良き人生モデルは，ストレンクスに基づき，更生の修復的モデルに焦点を当てるという点でRNRとの差別化を図っている。良き人生モデルはまた，犯因性ニーズという概念に対しても批判的である。なぜなら，RNRは人間がもっているより基本的欲求と「基本財」（basic goods）の追求を無視しているからだという（Ward & Stewart, 2003）。基本財とは，「友情，満足感のある仕事，愛情関係，創造的追求，性的満足，ポジティブな自己評価，知的なやりがいのある環境である」（p.142）。犯因性ニーズを減らすというRNRの方向性に従って，基本財を達成するのではなく，Wardらはその逆であると論じた（Ward, Mann, & Gannon, 2007; Ward

& Marshall, 2007; Ward, Melser, & Yates, 2007; Ward, Yates, & Willis, 2012)。つまり，基本財を達成すれば，犯因性ニーズを減らせるのだという。基本財を獲得することが，犯罪者更生のための第1の目標であるべきだとしている。

デジスタンスと同様に，良き人生モデルはRNRにほとんど価値を加えない（Andrews, Bonta, & Wormith, 2011; Bonta & Andrews, 2003; Wormith, Gendreau, & Bonta, 2012)。RNRがストレンクスに対して注意を払い（すなわち，原則10），動機づけの重要性を認識していることを，論者は軽視する。ストレンクスと動機づけは，RNRにおいても重要**である**。このことは，動機づけ面接とSTICSのようなRNRに基づくトレーニングプログラムでの協働的関係構築の議論において，既に認識されている。良き人生モデルで最も問題なのは，個人の充足感を高めることを犯因性ニーズより優先していることだ。非犯因性ニーズも，人にとって重要ではある。しかし，犯因性ニーズに対処しないまま，人生の充足感を高め基本財を達成することが，犯罪行動を抑制するというエビデンスはない。さらに，良き人生モデルに基づく介入に効果があるという準実験や実験的なエビデンスは今のところない（Wormith et al., 2012)。

セントラルエイトと拡大RNRモデルの重要性を無視した新たな，ないしは現行の理論的見地があるとは想像しがたい。一方，常にそうであるが，改善の余地はある。個別的反応性，特に人種・民族（Spiropoulos, Salisbury, & Van Voorhis, 2014; Stams, 2015），およびパーソナリティ（Van Voorhis, Spiropoulos, Ritchie, Seabrook, & Spruance, 2013）に関しては，より多くの研究が必要である。しかしながら，一般的パーソナリティ理論および認知社会的学習理論の見地は，その他のどの理論的見地に比べて，同等以上に優れている。個人的および対人的要因双方によって媒介された行動コントロールの分野における認知的研究とサービスの開発が，さらに有効な予測と臨床的介入を約束するするだろう。そして，認知社会的学習の介入（RNRを遵守したとき）が，既に他の追随を許さないといってもよい状態であるので，将来への約束も果たされることだろう。

5節　実践的価値の理解

予測ツール

　実務上の予測の問題に関していえば，過去30年間の変化は革命的であったということに疑問の余地はない。第1世代の構造化されていない臨床的判断は，構造化されたアセスメント手法と比べ著しく成績が劣るため，構造化されていないリスクアセスメント手法を用いることの倫理性には，重大な専門的問題がある。第10章で述べたように，いくつかの第2世代のリスクアセスメントツールは，第3および第4世代のツールと同レベルの再犯**予測**ができる。しかしながら，さまざまな犯因性ニーズのサンプリングをしない第2世代のリスクアセスメントツールは，RNRを遵守する**治療**プランの構築に役立たない。同様に，静的要因の再アセスメントをしても，その予測的妥当性を向上することはできない。

　第4世代ツールが有望であるのは，それらが，リスク，ニーズ，広汎性，一般的反応性，個別的反応性への遵守を向上させたものであるからである。思い出してほしいのは，第4世代ツールは，最初のアセスメントから，ケースマネジメント・プラン策定，サービスの提供，再アセスメント，そしてケース終了に至るまで，ケースマネジメントのプロセスに沿ったものであるということである。そして今まさに，第5世代のアセスメントツールが生まれようとしている。犯罪に関連する神経生物学的な相関因子についての研究によって，これらの要因がアセスメントのプロセスに組み込まれるのは，もはや時間の問題である。

第4部 まとめと結論

効果的な予防と治療

　第9章の表9.1に，RNR原則の概要を示した。重要な点は，実証的に検証されたRNRモデルの原則が，現実社会において，十分なレベルで遵守されるのか，そして実際に再犯の低下を達成できるのかということである。それは当たり前のことのように思われるかもしれないが，そのためには，政策や組織の大きな変化が必要であるし，管理職やスタッフ側の多大な尽力も必要である。

　この問題は非常に重要であるので，本書では現実の社会で治療が直面する課題について，個別の章を設けた。第12章で述べたように，多くの機関は，RNRの実施に苦労している。しかしながら，処遇レベル質問紙のようなリスク・ニーズツールの活用や，RNRに基づいた指導実践のスタッフ研修（例えば，STICS, STARR, EPICS）が広がっていることに示されるように，大きな進展はなされつつある。このような，あるいはその他類似の独創的な試みを継続させることが重要である。さもなければ，また別の「何も効果がない」論争の時代，すなわち社会の人々を多くの犯罪に直面させ，人々の自律性を妨げたり，希望を打ち砕いたりするような時代に逆戻りするリスクがある。

個別的反応性

　個別的反応性の原則について，ここでもう少し掘り下げて詳しく述べておきたい。これまでに示したのは，その概略だけであった。表15.4には，個別的反応性についての現時点での考え方を示してある。認知・対人関係スキルレベルの要因には，共感性，対人関係の成熟度，自己統制スキル，および言語的知能が組み合わされている。ここでの治療上の提言は，言語的および対人的な要求度が高く，認知スキルと対人的な感受性に頼るスタイルの治療サービスは，非常に高い能力をもつ者を除いて，すべての犯罪者に対して実施すべきではないということである。この要因に関してどうすべきか迷った場合，構造的な認知社会的学習戦略を使用すればよい。低レベルな構造化によって，意図せず犯

▼表15.4　個別的反応性原則と治療への提言

認知・対人関係スキルレベル（共感性，対人的な成熟，自己統制スキル，言語的知能）
【治療への提言】　言語的および対人的な要求度が高く，自己統制スキルと対人的感受性に頼るスタイルやモードのサービスは，高い能力をもつ者にのみ限って用いること。

対人的不安
【治療への提言】　静かに穏やかな態度で接する。対立と激しいやりとりを避ける。

反社会的パーソナリティ・パターン
反社会的パーソナリティ・パターンの要素は，リスク（強度の高い指導とサービス）と犯因性ニーズ（複数の）を示しているのみならず，個別的反応性の問題も有している。
【治療への提言】　監視と指導，および関係するスタッフ間のオープンな連絡を含む高度に構造化された指導を提供する。目新しく刺激的な機会を組み入れる。治療には簡単にアクセスできるようにすべきである。

変化のためのソーシャルサポートの貧弱さ
【治療への提言】　犯罪指向的な交友関係を弱める。向社会的な思考，感情，活動のモデルとなり，強化してくれる他者に積極的に関わることができるように手配する。

性別
【治療への提言】　性別に応じた反応性の高いサービスの提供。子どもをサポートするサービスを確保する。過去の虐待とトラウマに注意を払う。

年齢
【治療への提言】　発達上適切なサービスを提供する。

人種・民族的背景・文化
【治療への提言】　個々の人種，民族的背景，文化に対して反応性の高いサービスの提供。

精神障害
【治療への提言】　個々の障害の治療ニーズに対処する（薬物療法，カウンセリング，入院，アフターケア）。

低いモチベーション
【治療への提言】　変化のステージに応じたサービスの提供。動機づけ面接のテクニックを用いる。協働的に目標設定に取り組む。

ストレングス
【治療への提言】　その人物のストレングスを足がかりとする。ストレングスを高めることを支援する向社会的サポートを組み入れる。

罪を増加させてしまうことは避けなければならない。概して，一般的反応性原則を常に遵守すべきであるが，能力の高い者に対しては，構造化を緩めて彼らの恵まれたストレンクスを足がかりにしてもよい。これ以外の残りの個別的反応性は，比較的単純なものである。

　性別の反応性と動機づけレベルには，特に興味深いものがある。女性に固有な治療上の提言に関して，昨今研究が非常に盛んになってきている（表15.5を参照）。この表に記載したのは，有効性が期待できる変化の中間目標であり，それらは女性犯罪者に携わってきた人々によって提案されたものである。女性固有の個別的反応性も記載されている。また，表15.5で注意したいことは，RNRと合致する要素もそうでないものも記されているということである。

　透明性のために，拡大RNRモデルでは，規範原則と個別的反応性の原則が，きわめて重要となる。規範原則に従えば，人道的，福祉的理由から，非犯因性ニーズを中間目標として取り組むこともある。加えて，協働的に治療計画を立てることは，ある種の犯罪者に対しては，相応の非犯因性ニーズに取り組むことへの治療動機づけを高めるうえで価値がある。

　動機づけ面接は，アディクションおよび矯正の分野で大きな反響を呼び起こしている。動機づけ面接については，第8章の物質乱用に関する説明のところで紹介した。表15.6では，変化のステージが，それぞれどのように動機づけ面接介入に結びついているかについても焦点を当てながら，動機づけ面接の精神を紹介した。動機づけ面接の価値は非常に大きく，その技法は，STICS，STARR，EPICSといった保護観察官の研修プログラムにも組み込まれている。動機づけ面接は，協働的関係を築き，犯罪者の変化へのモチベーションを高め，クライエントが新たな向社会的スキルと認知を学習することの準備をする。

▼表 15.5　女性特有のリスク・ニーズ・治療の反応性への提言

RNR と合致するニーズ

意思決定
　事実を示すための客観的観察。健全なサポートシステムを構築することを選ぶ。情緒的反応を内省する。
陰性感情の適切な表現と抑制
スキル構築によるエンパワーメント
物質乱用
　家庭，学校，職場，余暇場面での人間関係の質を向上する。薬物乱用パートナーとの関係を維持するため，または虐待による苦痛に対処するための物質乱用ということに理解を示す。
不健全な人間関係を指摘する
　不健全で見せかけだけの不平等なパートナー，友人，家族との関係を認識する。
ライフプランをつくる

RNR と合致しないニーズ

自己の拡張と成長
　何がセルフエスティームの源となるかを知る。性差別や人種差別が自己意識に与える影響について知る。独自の自己意識の育成。母，妻，パートナー，娘としての役割への対処。低い自己イメージとトラウマや被虐待歴の理解。
人間関係
　生まれた家庭での自分の役割を探求する。母親であることに対する社会の見方。母親との関係。暴力を含むこれまでの人間関係。
セクシャリティ
　セクシャリティ，身体イメージ，性同一性，および性的虐待の探求。性機能障害，恥の意識，恐怖・トラウマへの対処。
スピリチュアリティ
　スピリチュアリティ，祈り，瞑想の概念と，それらが癒しと回復にどのように関係しているかを説明する。
障害に関連する問題
容姿と全般的健康および衛生

反応性に関して考慮すべき事柄（モード，スタイル，介入の方略，サービスの実施）

女性のみのグループと女性の支援者を伴った個別セッション。
スタッフが健全な人間関係をモデルとして示す。
連帯感を得られるコミュニティをつくる。
安全性の強調。
つながりの強調：相互尊重。
ストレンクスを足がかりとする。
問題を挙げ検討することの強調。
制約を最小限にとどめた環境。

第4部　まとめと結論

▼表15.6　個別的反応性：変化のステージと動機づけ面接

変化のステージ	動機づけ面接での焦点
前考慮期	
意欲のなさ	状況を探求するために，聞き返し，要約，是認を用いる。
反抗	論争はせず，抵抗とともに転がる。変化を誰かに強制できないということを認める。
断念	希望を植えつけ，障害となっているものを検討し，スモールステップの取り組みを促し，自己効力感を育てる。
正当化	共感と聞き返し。利益と不利益の検討を促す。
考慮期	危険な行動に関する正確な情報。利益と不利益。要約。自己効力感の向上。
準備期：受け入れられる計画を考え出す	現実的な計画を聞き，伝え返す。
実行期：計画の実行	傾聴し，是認する。
維持期：リラプス	「スリップ」は失敗ではない。前の段階へと戻る。

注：表は Miller & Rollnick（2002）の重要な考え方を簡潔にまとめたものである。

6節　犯罪行動の心理学の影響

　PCC は，犯罪行動の伝統的犯罪学的知識に代わる新たな考え方をもたらした。それは人間行動の心理学に確固とした基礎をおく考え方である。RNR モデルを通しての PCC の実務的応用は，そのモデルが最初に開発され採用されたカナダを遥か離れて，犯罪者アセスメントと治療に影響を与え続けている。PCC は，『犯罪行動の心理学』第 5 版の翻訳に伴って，フランス，中国へと広がった。表 15.7 をみると，世界各国での RNR の応用例を垣間みることができる。

▼表 15.7　RNR モデルの世界での適用例

矯正・司法システムにおける成人用処遇レベル質問紙アセスメントの活用		
オーストラリア	デンマーク	スコットランド
バミューダ諸島	香港	シンガポール
英領ヴァージン諸島	アイルランド	スウェーデン
カナダ	イスラエル	トリニダード
ケイマン諸島	オランダ	イギリス
チリ	ポルトガル	アメリカ

矯正・司法システムにおける青年用処遇レベル質問紙アセスメントの活用		
オーストラリア	香港	トリニダード
カナダ	アイルランド	イギリス
デンマーク	シンガポール	アメリカ

処遇レベル質問紙ツールの研究		
オーストラリア	香港	シンガポール
カナダ	パキスタン	イギリス
中国	ポルトガル	アメリカ
ドイツ	スコットランド	

RNR に基づくトレーニング
カナダ（STICS）
デンマーク（MOSAIC）　翻訳すると「社会内処遇における動機づけ面接」となり，STICS をモデルとしたものである
スウェーデン（STICS）
アメリカ（EPICS, STARR）

7節　結論と所感

　今や，犯罪行動についての人間科学が存在する。犯罪行動について，実証的に説明可能な理論があり，それは効果的なサービスをデザインし，提供することに役立てることができる。文献は十分に頑健で，さまざまな状況における中・高リスクのケースのための予防と更生に対して，倫理的で，寛大であり，人道的，かつ費用対効果の高いアプローチを精力的に探究することを支持するものである。効果的なヒューマンサービスを活発に提供する機関は，アセスメントと再アセスメント，RNR に基づく治療，機関内部での研究によって，一層強固な知識基盤の構築に貢献できる可能性がある。

　本書の第 5 版以降，PCC と RNR に基づく知識の有用性についてのエビデ

スが増え続けている。ただ，重要な問題が残されており，それは効果のあるものを，いかに有効に用いるかということである。実用に関する問題はいまだ大きく，司法および矯正の文脈のなかで，誰がヒューマンサービスを所管，運営，提供するかということが，実用に関する1つの重要な側面である。「現実社会」の矯正処遇において，RNR遵守レベルの低いことには，落胆させられる。例えば，Floresら（Flores, Russell, Latessa, & Travis, 2005）が，171名の矯正職員に犯因性ニーズを3つ挙げるようにと尋ねたところ，誰も答えることができなかった。多くの読者にはRNR自体は明白なものに思えるかもしれないが，それを遵守することがこの分野で問題である。しかしながら，希望はある。処遇レベル質問紙やセントラルエイトに基づいたその他のアセスメントツールの活用が広がっているほか，近年のRNRに基づく研修プログラムの拡大は，数年後にはRNRが矯正処遇の主流になることを示唆している。また，犯罪者に保健サービスや社会的サービスを提供する機関が，犯罪者にとって犯罪よりも意義のある代替活動を身につけさせるプログラムを提供することの価値を理解するようになることもまた，望まれるところである。

文　献

Abracen, J., Looman, J., Mailloux, D., Serin, R., & Malcolm, B. (2005). Clarification regarding Marshall and Yates's critique of "Dosage of treatment to sexual offenders: Are we overprescribing?" *International Journal of Offender Therapy and Comparative Criminology, 49*, 225-230.

Accordino, M. P., & Guerney, B. Jr. (1998). An evaluation of the relationship enhancement program with prisoners and their wives. *International Journal of Offender Therapy and Comparative Criminology, 42*, 5-15.

Acker, J. R. (2006). Hearing the victim's voice amidst the cry for capital punishment. In D. Sullivan & L. Tifft (Eds.), *Handbook of restorative justice* (pp. 246-260). New York, NY: Routledge.

Adams, S. (1975). Evaluation: A way out of the rhetoric. Paper presented at the Evaluation Research Conference, Seattle, Washington.

Ægisdóttier, S., White, M. J., Spengler, P. M., Maugherman, A. S., Anderson, L. A., Cook, R. S., Nichols, C. N., Lampropoulos, G. K., Walker, B. S., Cohen, G., & Rush, J. D. (2006). The meta-analysis of clinical judgment project: Fifty-six years of accumulated research on clinical versus statistical prediction. *Counseling Psychologist, 34*, 341-382.

Agnew, R. (1992). Foundation for a general strain theory of crime and delinquency. *Criminology, 30*, 47-87.

Agnew, R. (1994). The techniques of neutralization and violence. *Criminology, 32*, 555-580.

Agnew, R. (2001). *Juvenile delinquency: Causes and control*. Los Angeles, CA: Roxbury.

Agnew, R. (2007). *Pressured into Crime: An Overview of General Strain Theory*. New York, NY: Oxford.

Agnew, R. (2012). Reflection on "a revised strain theory of delinquency." *Social Forces, 91*, 33-38.

Aguirre, A., & Baker, D. V. (1990). Empirical research on racial discrimination in the imposition of the death penalty. *Criminal Justice Abstracts*, March.

Ahmadi, K., Sangdeh, J. K., Aminimanesh, S., Mollazamani, A., & Khanzade, M. (2013). The role of parental monitoring and affiliation with delinquent peers in adolescents' sexual risk taking: Toward and interactional model. *International Journal of High Risk Behaviors & Addiction, 2*, 22-27.

Ajzen, I. (2011). The theory of planned behavior: Reactions and reflections. *Psychology and Health, 26*, 1113-1127.

Ajzen, I., & Cote, N. G. (2008). Attitudes and the prediction of behavior. In C. D. Crano & R. Radmila (Eds.), *Attitudes and attitude change* (pp. 289-311). Mahwah, NJ: Lawrence Erlbaum Associates.

Ajzen, I., & Fishbein, M. (1980). *Understanding attitudes and predicting social behavior*. Englewood Cliffs, NJ: Prentice Hall.

Ajzen, I., & Fishbein, M. (2005). The influence of attitudes on behaviour. In D. Albarracin, Johnson, B. T., & Zanna, M. P. (Eds.), *The Handbook of Attitudes* (pp. 173-221). Mahwah, NJ: Lawrence Erlbaum Associates.

Akers, R. L. (1991). Self-control as a general theory of crime. *Journal of Quantitative Criminology, 7*, 201-211.

Akoensi, T. D., Koehler, J. A., Lösel, R., & Humphreys, D. K. (2013). Domestic violence perpetrator programs in Europe, Part II: A systematic review of the state of the evidence. *International Journal of Offender Therapy and Comparative Criminology, 57*, 1206-1225.

文　献

Alder, C. (1985). Exploration of self-reported sexually aggressive behavior. *Crime & Delinquency, 31*, 306-331.
Alexander, J. F., & Barton, C. (1976). Behavioral systems therapy for families. In D. H. L. Olson (Ed.), *Treating relationships* (pp.167-188). Lake Mills, IA: Graphic.
Alexander, J. F., & Parsons, B. V. (1973). Short-term behavioral intervention with delinquent families: Impact on family process and recidivism. *Journal of Abnormal Psychology, 81*, 219-225.
Alexy, E. M., Burgess, A. W., & Baker, T. (2005). Internet offenders: Traders, travelers, and combination trader-travelers. *Journal of Interpersonal Violence, 20*, 804-812.
Allard, T., Stewart, A., Smith, C., Dennison, S., Chrzanowkis, A., & Thompson, C. (2014). The monetary cost of offender trajectories: Findings from Queensland (Australia). *Australian & New Zealand Journal of Criminology, 47*, 81-101.
Alltucker, K. W., Bullis, M., Close, D., & Yovanoff, P. (2006). Different pathways to juvenile delinquency: Characteristics of early and late starters in a sample of previously incarcerated youth. *Journal of Child and Family Studies, 15*, 479-492.
Alm, S. S. (2011). Hope for your probationers. *The Judges Journal, 50*, 18-21.
Alquist, J., & Baumeister, R. F. (2012). Self-control: Limited resources and extensive benefits. *Wiley Interdisciplinary Reviews: Cognitive Science, 3*, 419-423.
American Psychiatric Association (2013). *Diagnostic and Statistical Manual of Mental Disorders—DSM 5*. Arlington, VA: The American Psychiatric Association.
Andershed, H., Hodgin, S., & Tengström, A. (2007). Convergent validity of the Youth Psychopathic Traits Inventory (YPI): Association with the Psychopathy Checklist Youth Version (PCL-YV). *Assessment, 14*, 144-154.
Anderson, N. E., & Kiehl, K. A. (2012). The psychopath magnetized: Insights from brain imaging. *Trends in Cognitive Science, 16*, 52-60.
Andrews, D. A. (1980). Some experimental investigations of the principles of differential association through deliberate manipulations of the structure of service systems. *American Sociological Review, 45*, 448-462.
Andrews, D. A. (2006). Enhancing adherence to risk-need-responsivity: Making quality a matter of policy. *Criminology & Public Policy, 5*, 595-602.
Andrews, D. A., & Bonta, J. (1995). *The Level of Service Inventory - Revised*. Toronto, Canada: Multi-Health Systems.
Andrews, D. A., & Bonta, J. (2010a). Rehabilitating criminal justice policy and practice. *Psychology, Public Policy, & Law, 16*, 39-55.
Andrews, D. A., & Bonta, J. (2010b). *The psychology of criminal conduct,* (5th ed.) New Providence, NJ: Lexus/Nexus.
Andrews, D. A., Bonta, J., & Hoge, R. D. (1990). Classification for effective rehabilitation: Rediscovering psychology. *Criminal Justice and Behavior, 17*, 19-52.
Andrews, D. A., Bonta, J., & Wormith, J. S. (2004). *The Level of Service/Case Management Inventory (LS/CMI): User's manual*. Toronto, Canada: Multi-Health Systems.
Andrews, D. A., Bonta, J., & Wormith, J. S. (2006). The recent past and near future of risk and/or need assessment. *Crime & Delinquency, 52*, 7-27.
Andrews, D. A., Bonta, J., & Wormith, J. S. (2008). *The Level of Service/Risk, Need, Responsivity (LS/RNR): User's manual*. Toronto, Canada: Multi-Health Systems.
Andrews, D. A., Bonta, J., & Wormith, J. S. (2010). The Level of Service (LS) assessment of adults and older adolescents. In R. K. Otto & K. Douglas (Eds.), *Handbook of Violence Risk Assessment Tools* (pp. 199-225). New York, NY: Routledge.

文　献

Andrews, D. A., Bonta, J., & Wormith, J. S. (2011). The risk-need-responsivity (RNR) model: Does adding the good lives model contribute to effective crime prevention? *Criminal Justice and Behavior*, *38*, 735-755.

Andrews, D. A., Bonta, J., Wormith, J. S., Guzzo, L., Brews, A., Rettinger, J., & Rowe, R. (2011). Sources of variability in estimates of predictive validity: A specification with Level of Service general risk and need. *Criminal Justice and Behavior*, *38*, 413-432.

Andrews, D. A., & Dowden, C. (2006). Risk principle of case classification in correctional treatment. *International Journal of Offender Therapy and Comparative Criminology*, *50*, 88-100.

Andrews, D. A., Dowden, C., & Rettinger, J. L. (2001). Special populations within Canada. In J. A. Winterdyck (Ed.), *Corrections in Canada: Social reactions to crime* (pp. 170-212). Toronto, Canada: Prentice Hall.

Andrews, D. A., Guzzo, L., Raynor, P., Rowe, R. C., Rettinger, L. J., Brews, A., & Wormith, J. S. (2012). Are the major risk/need factors predictive of both female and male reoffending? A test with the eight domains of the Level of Service/Case Management Inventory. *International Journal of Offender Therapy and Comparative Criminology*, *56*, 113-133.

Andrews, D. A., & Kiessling, J. J. (1980). Program structure and effective correctional practices: A summary of the CaVIC research. In R. R. Ross & P. Gendreau (Eds.), *Effective correctional treatment* (pp. 439-463). Toronto, Canada: Butterworth.

Andrews, D. A., & Robinson, D. (1984). *The Level of Supervision Inventory: Second report*. Report to Research Services (Toronto) of the Ontario Ministry of Correctional Services.

Andrews, D. A., & Wormith, J. S. (1984). *Criminal sentiments and criminal behaviour*. Programs Branch User Report. Ottawa, Canada: Solicitor General Canada.

Andrews, D. A., Zinger, I., Hoge, R. D., Bonta, J., Gendreau, P., & Cullen, F. T. (1990). Does correctional treatment work? A psychologically informed meta-analysis. *Criminology*, *28*, 369-404.

Ang, R. P., Huan, V. S., Chan, W. T., Cheong, S. A., & Leaw, J. N. (2015). The role of delinquency, proactive aggression, psychopathy and behavioral school engagement in reported youth gang membership. *Journal of Adolescence*, *4*, 148-156.

Anton, M. E., Baskin-Sommers, A. R., Vitale, J. E., Curtin, J. J., & Newman, J. P. (2012). Differential effects of psychopathy and antisocial personality disorder symptoms on cognitive and fear processing in female offenders. *Cognitive Affect Behavioral Neuroscience*, *12*, 761-776.

Aos, S., Miller, M., & Drake, E. (2006). *Evidence-based adult corrections programs: What works and what does not*. Olympia: Washington State Institute for Public Policy.

Aos, S., Lee, S., Drake, E., Pennucci, A., Klima, T., Miller, M., Anderson, L., Mayfield, J., & Burley, M. (2011). *Return on investment: Evidence-based options to improve statewide outcomes* (Document No. 11-07-1201). Olympia: Washington State Institute for Public Policy.

Apel, R., Bushway, S. D., Paternoster, R., Brame, R., & Sweeten, G. (2008). Using state child labor laws to identify the causal effect of youth employment on deviant behavior and academic achievement. *Journal of Quantitative Criminology*, *24*, 337-362.

Appelbaum, P. S., Robbins, P. C., & Monahan, J. (2000). Violence and delusions: Data from the MacArthur Violence Risk Assessment Study. *American Journal of Psychiatry*, *157*, 556-572.

Applegate, B. K., Cullen, F. T., Turner, M. G., & Sundt, J. L. (1996). Assessing public support for three-strikes-and-you're-out laws: Global versus specific atttiudes. *Crime & Delinquency*, *42*, 517-534.

Archer, J. (2013). Can evolutionary principles explain patters of family violence? *Psychological Bulletin*, *139*, 403-440.

Arias, E., Arce, R., & Vilariño, Y. M. (2013). Batterer intervention programmes: A meta-analytic review of effectivenss. *Psychosocial Intervention*, *22*, 153-160.

Armour, S., & Haynie, D. L. (2007). Adolescent sexual debut and later delinquency. *Journal of Youth and Adolescence, 36*, 141-152.

Armstrong, G. S. (2004). Boot camps as a correctional option. In D. L. MacKenzie & G. S. Armstrong (Eds.), *Correctional boot camps: Military basic training or a model for corrections?* (pp. 7-15). Thousand Oaks, CA: SAGE.

Arnold, T. (2007). *Dynamic changes in the Level of Service Inventory-Revised (LSI-R) scores and the effects on prediction accuracy*. Unpublished Master's Dissertation, St. Cloud University, St. Cloud, MN.

Ashford, J. B., Wong, K. W., & Sternbach, K. O. (2008). Generic correctional programming for mentally ill offenders: A pilot study. *Criminal Justice and Behavior, 35*, 457-473.

Asscher, J. J., van Vught, E. S., Stams, G. J. J. M., Eichelsheim, V. I., & Yousfi, S. (2011). The relationship between juvenile psychopathic traits and (violent) recidivism: A meta-analysis. *Journal of Child Psychology and Psychiatry, 52*, 1134-1143.

Austin, J., Clark, J., Hardyman, P., & Henry, A. D. (1999). The impact of "Three strikes and you're out." *Punishment and Society, 1*, 131-162.

Azrin, N. H. (1956). Some effects of two intermittent schedules of immediate and non-immediate punishment. *Journal of Psychology, 42*, 3-21.

Azrin, N. H., & Holz, W. C. (1966). Punishment. In W. K. Honig (Ed.), *Operant behavior: Areas of research and application* (pp. 380-447). New York, NY: Appleton-Century-Crofts.

Azrin, N. H., Holz, W. C., & Hake, D. (1963). Fixed-ratio punishment. *Journal of the Experimental Analysis of Behavior, 6*, 141-148.

Azrin, N. H., Sisson, R. W., Meyers, R., & Godley, M. (1982). Alcoholism treatment by disulfiram and community reinforcement therapy. *Journal of Behavior Therapy and Experimental Psychiatry, 13*, 105-112.

Babchishin, K. M., Hanson, R. K., & Hermann, C. A. (2011). The characteristics of online sex offenders: A meta-analysis. *Sexual Abuse: A Journal of Research and Treatment, 23*, 92-123.

Babchishin, K. M., Hanson, R. K., & VanZuylen, H. (2015). Online child pornography offenders are different: A meta-analysis of the charatersitics of online and offline sex offenders against children. *Archives of Sexual Behavior, 44*, 45-66.

Babcock, C. R. (2015). Nature-nurture controversy, history of. In J. D. Wright, *International encyclopedia of the social and behavioral sciences* (pp. 340-344). Oxford, England: Elsevier.

Babcock, J. C., Green, C. E., & Robie, C. (2004). Does batterers' treatment work? A meta-analytic review of domestic violence treatment. *Clinical Psychology Review, 23*, 1023-1053.

Babiak, P. & Hare, R. D. (2006). *Snakes in suits: When psychopaths go to work*. New York, NY: Regan Books.

Baglivio, M. T., Jackowski, K., Greenwald, M. A., & Wolff, K. T. (2014). Comparison of Multisystemic Therapy and Functional Family Therapy effectiveness: A multiyear statewide propensity score matching analysis of juvenile offenders. *Criminal Justice and Behavior, 41*, 1033-1056.

Bahr, S. J., Masters, A. L., & Taylor, B. M. (2012). What works in substance abuse treatment programs for offenders? *The Prison Journal*.

Bailey, W. C. (1966). Correctional outcome: An evaluation of 100 reports. *Journal of Criminal Law, Criminology and Police Science, 57*, 153-160.

Baird, C. (2012). A question of evidence: A critique of risk assessment models used in the justice system. In D. Evans (Ed.), *Defeating recidivism: Keys to making it happen* (pp. 53-65). Alexandria, VA: American Correctional Association.

Bales, R. F. (1950). *Interaction process analysis*. Reading, MA: Addison-Wesley.

Bales, W. D., & Mears, D. P. (2008). Inmate social ties and the transition to society. *Journal of Research in Crime and Delinquency, 45*, 287-321.

Ball, R. A. (1973). Ball's neutralization scale. In W. C. Reckless (Ed.), *American criminology: New directions* (pp. 26-36). New York, NY: Appleton-Century-Crofts.

Ballard, E., & Teasdale, B. (2014 online). Reconsidering the criminalization debate: An examination of the predictors of arrest among people with major mental disorders. *Criminal Justice Policy Review*.

Bandura, A. (1989). Human agency in social cognitive theory. *American Psychologist, 44*, 1175-1184.

Bandura, A. (2002). Selective moral disengagement in the exercise of moral agency. *Journal of moral Education, 312*, 109-119.

Bandura, A. (2008). An agentic perspective on positive psychology. In S. J. Lopez (Ed.), *Positive psychology: Exploring the best in people* (pp. 167-196). Westport, CT: Praeger.

Bandura, A. (2011). The social and policy impact of social cognitive theory. In M. M. Mark, S. I. Donaldson, & B. Campbell (Eds.), *Social psychology and evaluation* (pp. 33-70). New York, NY: Wiley.

Bandura, A. (2015). *Moral disengagement: How people do harm and live with themselves*. Hamilton, NJ: Worth Publishers.

Bandura, A., Barbaranelli, C., Caprara, G. V., & Pastorelli, C. (1996). Mechanisms of moral disengagement in the exercise of moral agency. *Journal of Personality and Social Psychology, 71*, 364-374.

Bandura, A., Caprara, G. V., Barbaranelli, C., Regalia, C., & Scabini, E. (2011). Impact of family efficacy beliefs on quality of family functioning and satisfaction with family life. *Applied Psychology: An International Review, 60*, 421-448.

Bandura, A., & Walters, R. H. (1959). *Adolescent aggression*. New York, NY: Ronald.

Banse, R., Koppehel-Gossel, Kistmaker, L. M., Werner, V. A., & Schmidt, A. F. (2013). Pro-criminal attitudes, intervention, and recidivism. *Aggression and Violent Behavior, 18*, 673-685.

Barbaree, H. E. (2005). Psychopathy, treatment behavior, and recidivism: An extended follow-up of Seto and Barbaree. *Journal of Interpersonal Violence, 20*, 1115-1131.

Barbaree, H. E., & Marshall, W. L. (1998). Treatment of the sexual offender. In R. M. Wettstein (Ed.), *Treatment of offenders with mental disorders* (pp. 265-325). New York, NY: Guilford.

Barker, E. D., Séguin, J. R., White, H. R., Bates, M. E., LaCourse, E., Carbonneau, R., & Tremblay, R. E. (2007). Developmental trajectories of male physical violence and theft. *Archives of General Psychiatry, 64*, 592-599.

Barnes, J. C., Beaver, K. M., & Boutwell, B. B. (2011). Examining the genetic underpinnings to Moffitt's developmental taxonomy: A behavioral genetic analysis. *Criminology, 49*, 923-954.

Barnes, J. C., Boutwell, B. B., Beaver, K. M., Gibson, C. L., & Wright, J. P. (2014a). On the consequences of ignoring genetic influences in criminological research. *Journal of Criminal Justice, 42*, 471-482.

Barnes, J. C., Wright, J. P., Boutwell, B. B., Schwartz, J. A., Connolly, E. J., Nedelec, J. L., & Beaver, K. M. (2014b). Demonstrating the validity of twin research in criminology. *Criminology, 52*, 588-626.

Barnoski, R. (2004). *Outcome evaluation of Washington state's research-based programs for juvenile offenders*. Olympia, WA: Washington State Institute for Public Policy.

Bartels, R. M., & Gannon, T. A. (2011). Understanding the sexual fantasies of sex offenders and their correlates. *Aggression and Violent Behavior, 16*, 551-561.

Barton, C., & Alexander, J. F. (1980). Functional family therapy. In A. S. Gurnam & D. P. Kniskern (Eds.), *Handbook of family therapy* (pp. 403-443). New York, NY: Brunner/Mazel.

Battin, S. R., Hill, K. G., Abbott, R. D., Catalano, R. F., & Hawkins, J. D. (1998). The contribution of gang membership to delinquency beyond delinquent friends. *Criminology, 36*, 93-115.

Baumer, E. P. (2007). Untangling research puzzles in Merton's multilevel anomie theory. *Theoretical Criminology, 11*, 63-93.

Baumeister, R. F., Bushman, B. J., & Campbell, W. K. (2000). Self-esteem, narcissism, and aggression: Does violence result from low self-esteem or from threatened egotism? *Current Directions in Psychological Science, 9*, 26-29.

Baumeister, R. F., Heatherton, T. F., & Tice, D. M. (1994). *Losing control: How and why people fail at self-regulation*. San Diego, CA: Academic Press.

Baumeister, R. F., Vohs, K. D., & Tice, D. M. (2007). The strength model of self-control. *Current Directions in Psychological Science, 16*, 351-355.

Bazemore, G. (1996). Three paradigms for juvenile justice. In B. Galaway & J. Hudson (Eds.), *Restorative justice: International perspectives* (pp. 37-67). Monsey, NY: Criminal Justice Press.

Bazemore, G., Nissen, L. B., & Dooley, M. (2000). Mobilizing social support and building relationships: Broadening correctional and rehabilitative agendas. *Corrections Management Quarterly, 4*, 10-21.

Beaver, K. M., Boutwell, B. B., Barnes, J. C., Vaughn, M. G., DeLisi, M. (2015 online). The association between psychopathic personality traits and criminal justice outcomes: Results from a nationally representative sample of males and females. *Crime & Delinquency*.

Beaver, K. M., Shutt, J. E., Boutwell, B. B., Ratchford, M., Roberts, K., & Barnes, J. C. (2009). Genetic and environmental influences on levels of self-control and delinquent peer affiliation. *Criminal Justice and Behavior, 36*, 41-60.

Bechtel, K., Lowenkamp, C. T., & Latessa. E. J. (2007). Assessing the risk of re-offending for juvenile offenders using the Youth Level of Service/Case Management Inventory. *Journal of Offender Rehabilitation, 45*, 85-108.

Becker, H. S. (1963). *Outsiders: Studies in the sociology of deviance*. New York, NY: Free Press.

Becker, J. V., & Hunter, J. A. Jr. (1992). Evaluation of treatment outcome for adult perpetrators of child sexual abuse. *Criminal Justice and Behavior, 19*, 74-92.

Beckman, M. (2004). Crime, culpability, and the adolescent brain. *Science, 305*, 596-599.

Bell, K. M., & Naugle, A. E. (2005). Understanding stay/leave decisions in violent relationships: A behavior analytic approach. *Behavior and Social Issues, 14*, 21-45.

Bench, L. L., Kramer, S. P., & Erickson, S. (1997). A discriminant analysis of predictive factors in sex offender recidivism. In B. K. Schwartz & H. R. Cellini (Eds.), *The sex offender: New insights, treatment innovations and legal developments* (pp. 15.1-15.15). Kingston, NJ: Civic Research Institute.

Bennett, T., Holloway, K., & Farrington, D. P. (2008). The statistical association between drug misuse and crime: A meta-analysis. *Aggression and Violent Behavior, 13*, 107-118.

Bensimon, P. (2007). Role of pornography in sexual offending. *Sexual Addiction & Compulsivity, 14*, 95-117.

Berg, M. T., & Huebner, B. M. (2011). Reentry and the ties that bind: An examination of social ties, employment, and recidivism. *Justice Quarterly, 28*, 382-410.

Berkowitz, L. (2008). On the consideration of automatic as well as controlled psychological process in aggression. *Aggressive Behavior, 34*, 117-129.

Bernard, T. J., & Ritti, R. R. (1991). The Philadelphia birth cohort and selective incapacitation. *Journal of Research in Crime and Delinquency, 28*, 33-54.

Bersani, B. E., Laub, J. H., & Nieuwbeerta, P. (2009). Marriage and desistance from crime in the Netherlands: Do gender and soocio-historical context matter? *Journal of Quantitative Criminology, 25*, 3-24.

Besemer, S., Farrington, D. P., & Bijleveld, C. C. J. H. (2013). Official bias in intergenerational transmission of criminal behavior. *British Journal of Criminology, 53*, 438-455.

Bewley, M. T., & Morgan, R. D. (2011). A national survey of mental health services available to offenders with mental illness: Who is doing what? *Law and Human Behavior, 35*, 351-363.

Beydoun, H. A., Beydoun, M. A., Kaufman, J. S., Lo, B., & Zonderman, A. B. (2012). Intimate partner violence against adult women and its association with major depressive disorder, depressive symptoms and postpartum depression: Systematic review and meta-analysis. *Social Science & Medicine, 75*, 959-975.

Bilefsky, D. (2009). Europeans debate castration of sex offenders. *The New York Times*, March 11.

Blackburn, R. (1975). An empirical classification of psychopathic personality. *British Journal of Psychiatry, 127*, 456-460.

Blackburn, R. (1993). Clinical programs with psychopaths. In K. Howells & C. R. Hollin (Eds.), *Clinical approaches to the mentally disordered offender* (pp. 179-208). West Sussex, England: John Wiley and Sons.

Blackburn, R. (2006). Other theoretical models of psychopathy. In C. J. Patrick (Ed.), *Handbook of Psychopathy* (pp. 35-57). New York, NY: Guilford.

Blackart, G. C., Nelson, B. C., Knowles, M., & Baumeister, F. F. (2009). Rejection elicits emotional reactions but neither causes immediate distress nor lowers self-esteem: A meta-analytic review of 192 studies on social exclusion. *Personality and Social Psychology Review, 13*, 269-309.

Blair, L., Sullivan, C. C., Lux, J., Thielo, A. J., & Gormsen, L. (2016). Measuring drug court adherence to the what works literature: The creation of the evidence-based Correctional Program Checklist-Drug Court. *International Journal of Offender Therapy and Comparative Criminology, 60*, 165-188.

Blais, J. (2015). Preventative detention decisions: Reliance on expert assessments and evidence of partisan allegiance within the Canadian context. *Behavioral Sciences and the Law, 33*, 74-91.

Blais, J., & Bonta, J. (2015). Tracking and managing high risk offenders: A Canadian initiative. *Law and Human Behavior, 39*, 253-265.

Blokland, A. A. J., & Nieuwbeerta, P. (2007). Selectively incapacitating frequent offenders: Costs and benefits of various penal scenarios. *Journal of Quantitative Criminology, 23*, 327-353.

Bobo, L. D., & Thompson, V. (2006). Unfair by design: The war on drugs, race, and the legitimacy of the criminal justice system. *Social Research, 73*, 445-472.

Boer, D. P., Hart, S. D., Kropp, P. R., & Webster, C. D. (1997). *Manual for the Sexual Violence Risk-SVR 20: Professional guidelines for assessing risk of sexual violence*. Vancouver, BC, Canada: Institute on Family Violence and Mental Health, Law, and Policy, Simon Fraser University.

Bogan, K., & Factor, D. (1995). Oregon guidelines 1989-1994. *Overcrowded Times, 6*, 1, 13-15.

Bogue, B. M., Pampel, F., & Pasini-Hill, D. (2013). Progress toward motivational interviewing proficiency in corrections: Results of a Colorado staff development program. *Justice Research and Policy, 15*, 37-66.

Bonczar, T. P., & Snell, T. L. (2005). *Capital punishment*. Washington, DC: Bureau of Justice Statistics.

Bonta, J. (1989). Native inmates: Institutional response, risk and needs. *Canadian Journal of Criminology, 31*, 49-62.

Bonta, J. (1996). Risk-needs assessment and treatment. In A. T. Harland (Ed.), *Choosing correctional options that work: Defining the demand and evaluating the supply* (pp. 18-32). Thousand Oaks, CA: Sage.

Bonta, J. (2002). Offender risk assessment: Guidelines for selection and use. *Criminal Justice and Behavior, 29*, 355-379.

Bonta, J. (2012). From evidence-informed to evidence-based: The Strategic Training Initiative in Community Corrections (STICS). In D. Evans (Ed.), *What works: Defeating recidivism - keys to making it happen* (pp. 345-359). Alexandria, VA: American Correctional Association.

Bonta, J., & Andrews, D. A. (2003). A commentary on Ward and Stewart's model of human needs. *Psychology, Crime, & Law, 9*, 215-218.

Bonta, J., & Andrews, D.A. (2007). *Risk-need-responsivity model for offender assessment and treatment* (User Report 2007-06). Ottawa, Canada: Public Safety Canada.

Bonta, J., Blais, J., & Wilson, H.A. (2014). A theoretically informed meta-analysis of the risk for general and violent recidivism for mentally disordered offenders. *Aggression and Violent Behavior, 19*, 278-287.

Bonta, J., Bogue, B., Crowley, M., & Motiuk, L. (2001). Implementing offender classification systems: Lessons learned. In G.A. Bernfeld, D. P. Farrington, & A.W. Leschied (Eds.), *Offender Rehabilitation in Practice: Implementing and Evaluating Effective Programs* (pp. 227-245). Chichester, UK: Wiley.

Bonta, J., Bourgon, G., Rugge, T., Scott, T. L., Yessine, A., Gutierrez, L., & Li, J. (2011). An experimental demonstration of training probation officers in evidence based community supervision. *Criminal Justice and Behavior, 38*, 1127-1148.

Bonta, J., Bourgon, G., Rugge, T., Gress, C., & Gutierrez, L. (2013). Taking the leap: From pilot project to wide-scale implementation of the Strategic Training Initiative in Community Supervision (STICS). *Justice Research and Policy, 15*, 17-35.

Bonta, J., Harris, A., Zinger, I., & Carriere, D. (1996). *The Crown Files Research Project: A Study of Dangerous Offenders*. Ottawa: Solicitor General Canada.

Bonta, J., Harris, A., Zinger, I., & Carriere, D. (1998). The dangerous offender provisions: Are they targeting the right offenders? *Canadian Journal of Criminology, 40*, 377-400.

Bonta, J., Jesseman, R., Rugge, T., & Cormier, R. (2006). Restorative justice and recidivism: Promises made, promises kept? In D. Sullivan & L. Tifft (Eds.), *Handbook of restorative justice* (pp. 151-160). New York, NY: Routledge.

Bonta, J., Rugge, T., Scott, T.-L., Bourgon, G., & Yessine, A. (2008). Exploring the black box of community supervision. *Journal of Offender Rehabilitation, 47*, 248-270.

Bonta, J., Wallace-Capretta, S., & Rooney, J. (2000a). "A Quasi-experimental Evaluation of an Intensive Rehabilitation Supervision Program." *Criminal Justice and Behavior, 27*, 312-329.

Bonta, J., Wallace-Capretta, S., & Rooney, J. (2000b). Can electronic monitoring make a difference? An evaluation of three Canadian programs. *Crime & Delinquency, 46*, 61-75.

Bonta, J., Wallace-Capretta, S., Rooney, J., & McAnoy, K. (2002). An outcome evaluation of a restorative justice alternative to incarceration. *Contemporary Justice Review, 5*, 319-338.

Bonta, J., & Wormith, J. S. (2013). Applying the risk-needs-responsivity principles to offender assessment. In L.A. Craig, L. Dixon, & T.A. Gannon (Eds.), *What works in offender rehabilitation: an evidence based approach to assessment and treatment* (pp. 71-93). Chichester, West Sussex, UK: Wiley-Blackwell.

Bonta, J., & Wormith, J. S. (in press). Adult offender assessment and classification in custodial settings. In J. Wooldredge & P. Smith (Eds.), *Oxford handbook on prisons and imprisonment*. Oxford, UK: Oxford University Press.

Boothby, J. L., & Clements, C. B. (2000). A national survey of correctional psychologists. *Criminal Justice and Behavior, 27*, 716-732.

Borduin, C. M., & Dopp, A. R. (2015). Economic impact of multisystemic therapy with juvenile sexual offenders. *Journal of Family Psychology, 29*, 687-696.

Borduin, C. M., Mann, B. J., Cone, L. T., Henggeler, S. W., Fucci, B. R., Blaske, D. M., & Williams, R. A. (1995). Multisystemic treatment of serious juvenile offenders: Longterm prevention of criminality and violence. *Journal of Consulting and Clinical Psychology, 63*, 569-578.

Borduin, C. M., Schaeffer, C. M., & Heiblum, N. (2009). A randomized clinical trial of multisystemic therapy with juvenile sexual offenders: Effects on youth social ecology and criminal activity. *Journal of Consulting and Clinical Psychology, 77*, 26-37.

Borum, R., Bartel, P., & Forth, A. (2003). *Manual for the structured assessment of violence risk in youth: Consultation version.* Tampa, FL: University of South Florida, Florida Mental Health Institute.

Bosker, J., Witteman, C., & Hermanns, J. (2013). Structured decisions about Dutch probation service interventions. *Probation Journal, 60,* 168-176.

Botkins, J. R., McMahon, W. M., & Francis, L. P. (1999). *Genetics and criminality: The potential misuse of scientific information in court.* Washington, DC: American Psychological Association.

Bottcher, J., & Ezell, M. E. (2005). Examining the effectiveness of boot camps: A randomized experiment with a long-term follow-up. *Journal of Research in Crime and Delinquency, 42,* 309-332.

Bourgon, G., & Bonta, J. (2014). Reconsidering the responsivity principle: A way to move forward. *Federal Probation, 78,* 3-10.

Bourgon, G., Bonta, J., Rugge, T., & Gutierrez, L. (2010a). Technology transfer: The importance of ongoing clinical supervision in translating "what works" to everyday community supervision. In F. McNeill, P. Raynor, & C. Trotter (Eds.), *Offender supervision: New directions in theory, research and practice* (pp. 91-112). New York, NY: Willan Publishing.

Bourgon, G., Bonta, J., Rugge, T., Scott, T.-L., & Yessine, A. K. (2010b). The role of program design, implementation, and evaluation in evidence-based "Real World" community supervision. *Federal Probation, 74,* 2-15.

Bourgon, G., & Gutierez, L. (2012). The general responsivity principle in community supervision: The importance of probation officers using cognitive intervention techniques and its influence on recidivism. *Journal of Crime and Justice, 35,* 149-166.

Bourgon, G., Gutierez, L., & Ashton, J. (2011). The evolution of community supervision practice: The transformation from case manager to change agent. *Irish Probation Journal, 8,* 28-48.

Boutwell, B. B., & Beaver, K. M. (2010). The intergenerational transmission of low self-control. *Journal of Research in Crime and Delinquency, 47,* 174-209.

Boutwell, B. B., Beaver, K. M., & Barnes, J. C. (2012). More alike than different: Assortative mating and antisocial propensity in adulthood. *Criminal Justice and Behavior, 39,* 1240-1254.

Bowen, E., Gilchrist, E., & Beech, A. R. (2008). Change in treatment has no relationship with subsequent re-offending in U.K. domestic violence sample: A preliminary study. *International Journal of Offender Therapy and Comparative Criminology, 52,* 598-614.

Bowlby, J. (1971). *Attachment and loss, Vol. 1: Attachment.* Harmondsworth, England: Penguin Books.

Bowlby, J. (1988). *A secure base: Clinical implications of attachment theory.* London, England: Routledge & Kegan Paul.

Bradford, J. M. W. (1997). Medical interventions in sexual deviance. In D. R. Laws & W. O'Donohue (Eds.), *Sexual deviance: Theory, assessment, and treatment* (pp. 449-464). New York, NY: Guilford.

Bradford, J. M. W., Fedoroff, P., & Gulati, S. (2013). Can sexual offenders be treated? *International Journal of Law and Psychiatry, 36,* 235-240.

Bradshaw, W., & Roseborough, D. (2005). Restorative justice dialogue: The impact of mediation and-conferencing on juvenile recidivism. *Federal Probation, 69,* 15-21.

Braithwaite, J. (1999). Restorative justice: Assessing optimistic and pessimistic accounts. In M. Tonry (Ed.), *Crime and justice: A review of research,* Vol. 25 (pp. 1-127). Chicago, IL: University of Chicago Press.

Brandt, A. L. (2012). Treatment of persons with mental illness in the criminal justice system: A literature review. *Journal of Offender Rehabilitation, 51,* 541-558.

Brandt, J., Prescott, D. S., & Wilson, R. J. (2013). Pornography and contact offending. *Newsletter of the Association for the Treatment of Sexual Abusers, 25* (Winter).

Brayford, J., Cowe, F., & Deering, J. (Eds.) (2011). *What else works? Creative work with offenders.* New York, NY: Routledge (Willan).

Brennan, T., Breitenbach, M., Dieterich, W., Salisbury, E. J., & Van Voorhis, P. (2012). Women's pathways to serious and habitual crime: A person-centered analysis incorporating gender responsive factors. *Criminal Justice and Behavior, 39*, 1481-1508.

Brennan, T., Dieterich, W., & Ehret, B. (2009). Evaluating the predictive validity of the COMPAS Risk and Needs Assessment System. *Criminal Justice and Behavior, 36*, 21-40.

Breuk, R. E., Sexton, T. L., von Dam, A., Disse, C., Doreleijers, T. A. H., Slot, W. N., & Rowland, M. K. (2006). The implementation and the cultural adjustment of Functional Family Therapy in a Dutch psychiatric day-treatment center. *Journal of Marital and Family Therapy, 32*, 515-529.

Brink, J. H., Doherty, D., & Boer, A. (2001). Mental disorder in federal offenders: A Canadian prevalence study. *International Journal of Law and Psychiatry, 24*, 339-356.

Brody, G. H., Ge, X., Kim, S. Y., Murry, V. M., Simons, R. L., Gibbons, F. X., Gerrard, M., & Conger, R. D. (2003). Neighborhood disadvantage moderates associations of parenting and older sibling problem attitudes and behavior with conduct disorders in African American children. *Journal of Consulting and Clinical Psychology, 71*, 211-222.

Brooker, C., Sirdifield, C., Blizard, R., Denny, D., & Pluck, G. (2012). Probation and mental illness. *The Journal of Forensic Psychiatry & Psychology, 23*, 522-537.

Brown, R. S., & Courtis, R. W. (1977). The castration alternative. *Canadian Journal of Criminology and Corrections, 19*, 196-205.

Brown, R. T. (2010). Systematic review of the impact of adult drug treatment courts. *Translational Research, 155*, 263-274.

Brown, S. L., St. Amand, M. D., & Zamble, E. (2009). The dynamic prediction of criminal recidivism: A three-wave prospective study. *Law and Human Behavior, 33*, 25-45.

Buehler, R. E., Patterson, G. R., & Furniss, J. M. (1966). The reinforcement of behavior in institutional settings. *Behavioral Research and Therapy, 4*, 157-167.

Buonopane, A., & Petrakis, I. L. (2005). Pharmacotherapy of alcohol use disorders. *Substance Use & Misuse, 40*, 2001-2020.

Burdon, W. M., Messina, N. P., & Prendergast, M. L. (2004). The California experiment expansion initiative: Aftercare participation, recidivism, and predictors of outcomes. *The Prison Journal, 84*, 61-80.

Burgess, E. W. (1928). Factors determining success or failure on parole. In A. A. Bruce, A. J. Harno, E. W. Burgess, & J. Landesco (Eds.), *The workings of the indeterminate-sentence law and the parole system in Illinois* (pp. 221-234). Springfield, IL: State Board of Parole.

Burke, B. L., Arkowitz, H., & Menchola, M. (2003). The efficacy of motivational interviewing: A meta-analysis of controlled clinical trials. *Journal of Consulting and Clinical Psychology, 71*, 843-861.

Burt, C. A., Simons, R. L. (2014). Pulling back the curtain on heritability studies: Biosocial criminology in the postgenomic era. *Criminology, 52*, 223-262.

Burton, V. S. Jr., Cullen, F.T., Evans, T. D., Alarid, L. F., & Dunaway, R. G. (1998). Gender, self-control, and crime. *Journal of Research in Personality and Crime, 35*, 123-147.

Bushman, B. J., Baumeister, R. F., Thomaes, S., Ryu, E., Begeer, S., & West, S. G. (2009). Looking again, and harder, for a link between low self-esteem and aggression. *Journal of Personality, 77*, 427-446.

Bushway, S., & Smith, J. (2007). Sentencing using statistical treatment rules: What we don't know can hurt us. *Journal of Quantitative Criminology, 23*, 377-387.

Buss, D. M. (2009). The multiple adaptive problems solved by human aggression. *Behavioral and Brain Sciences, 32*, 271-272.

Butler, S., Baruch, G., Hickey, N., & Fonagy, P. (2011). A randomized control trial of Multisystemic Therapy and a statutory therapeutic intervention for young offenders. *Journal of the American Academy of Child and Adolescent Psychiatry, 50*, 1220-1235.

Button, T. M. M., Scourfield, J., Martin, N., Purcell, S., & McGuffin, P. (2005). Family dysfunction interacts with genes in the causation of antisocial symptoms. *Behavior Genetics, 35*, 115-120.

Byrd, A. L., & Manuk, S. B. (2014). MAOA, childhood maltreatment and antisocial behavior: Meta-analysis of a gene-environment interaction. *Biological Psychiatry, 75*, 1-19.

Caldwell, M. F., Vitacco, M., & Van Rybroek, G. J. (2006). Are violent delinquents worth treating? A cost-benefit analysis. *Journal of Research in Crime and Delinquency, 43*, 148-168.

Cale, E. M. (2006). A quantitative review of the relations between the 'Big 3' higher order personality dimensions and antisocial behavior. *Journal of Research in Personality, 40*, 250-284.

Campbell, J. C. (2005). Assessing dangerousness in domestic violence cases: History, challenges, and opportunities. *Criminology and Public Policy, 4*, 653-671.

Campbell, M. A., French. S., & Gendreau, P. (2009). The prediction of violence in adult offenders: A meta-analytic comparison of instruments and methods of assessment. *Criminal Justice and Behavior, 36*, 567-590.

Canales, D. D., Campbell, M. A., Wei, R., & Totten, A. E. (2014). Prediction of general and violent recidivism among mentally disordered adult offenders: Test of the Level of Service/Risk-Need-Responsivity (LS/RNR) instrument. *Criminal Justice and Behavior, 41*, 971-991.

Capaldi, D. M., Knoble, N. B., Shortt, J. W., & Kim, H. K. (2012). A systematic review of risk factors for intimate partner violence. *Partner Abuse, 3*, 231-280.

Carey, G., & Goldman, D. (1997). The genetics of antisocial behavior. In D. M. Stuff, J. Breiling, & J. D. Maser (Eds.), *Handbook of antisocial behavior* (pp. 243-254). New York, NY: Wiley.

Carlson, B. E., & Cervera, N. (1991). Inmates and their families: Conjugal visits, family contact, and family functioning. *Criminal Justice and Behavior, 18*, 318-331.

Carr, A. (2009). The effectiveness of family therapy and systemic interventions for child-focused problems. *Journal of Family Therapy, 31*, 3-45.

Cartier, J., Farabee, D., & Prendergast, M. L. (2006). Methamphetamine use, self-reported violent crime, and recidivism among offenders in California who abuse substances. *Journal of Interpersonal Violence, 21*, 435-445.

Caspi, A., Moffitt, T. E., Morgan, J., Rutter, M., Taylor, A., Arsenault, L., Tully, L., Jacobs, C., Kim-Cohen, J., & Polo-Tomas, M. (2004). Maternal expressed emotion predicts children's antisocial behavior problems: Using monozygotic-twin differences to identify environmental effects on behavioral development. *Developmental Psychology, 40*, 149-161.

Caspi, A., Moffitt, T. E., Silva, P. A., Stouthamer-Loeber, M., Krueger, R. F., & Schmutte, P. S. (1994). Are some people crime-prone? Replications of the personality-crime relationship across countries, genders, races, and methods. *Criminology, 32*, 163-195.

Catalano, R. F., Arthur, M. W., Hawkins, J. D., Bergland, L., & Olson, J. J. (1998). In R. Loeber & D. P. Farrington (Eds.). *Serious and violent juvenile offenders: Risk factors and successful interventions* (pp. 248-283). Thousand Oaks, CA: SAGE.

Cattaneo, L. B., & Goodman, L. A. (2005). Risk factors for reabuse in intimate partner violence: A cross-disciplinary critical review. *Trauma, Violence, and Abuse, 6*, 141-175.

Caudy, M. S., Durso, J. M., & Taxman, F. S. (2013). How well do dynamic needs predict recidivism? Implications for risk assessment and risk reduction. *Journal of Criminal Justice, 41*, 458-466.

Cauffman, E., Steinberg, L., & Piquero, A. (2005). Psychological, neuropsychological and physiological correlates of serious antisocial behavior in adolescence: The role of self control. *Criminology, 43*, 133-175.

Center on Juvenile and Criminal Justice (2008). *Research update: Does more imprisonment lead to less crime?* See http://www.cjcj.org.

Chadwick, N., Dewolf, A., & Serin, R. (2015). Effectively training community supervision officers: A meta-analytic review of the impact on offender outcome. *Criminal Justice and Behavior, 42*, 977-989.

Chang, H.-L., Woo, H. T., & Tseng, C.-H. (2006). Is rigorous punishment effective? A case study of lifetime license revocation in Taiwan. *Accident Analysis and Prevention, 38*, 269-276.

Chen, E. Y. (2008). Impacts of 'Three strikes and you're out' on crime trends in California and throughout the United States. *Journal of Contemporary Criminal Justice, 24*, 345-370.

Chen, X., & Adams, M. (2010). Are teen delinquency abstainers social introverts? A test of Moffitt's theory. *Journal of Research in Crime and Delinquency, 47*, 439-468.

Chenane, J. L., Brennan, P. K., Steiner, B., & Ellison, J. M. (2015). Racial and ethnic differences in the predictive validity of the Level of Service Inventory-Revised among prison inmates. *Criminal Justice and Behavior, 42*, 286-303.

Chess, S., & Thomas, A. (1984). *Origins and evolution of behavior disorders: From infancy to early adult life.* New York, NY: Brunner/Mazel.

Chess, S., & Thomas, A. (1990). The New York Longitudinal Study (NYLS): The young adult periods. *Canadian Journal of Psychiatry, 35*, 557-561.

Christiansen, K.O. (1977). "A preliminary study of criminality among twins." In S.A. Mednick & K.O. Christiansen (eds.), *Biosocial Basis of Criminal Behavior* (pp. 89-108). New York, NY: Gardner Press.

Chung, I.-J., Hill, K. G., Hawkins, J. D., Gilchrist, L. D., & Nagin, D. S. (2002). Childhood predictors of offense trajectories. *Journal of Research in Crime and Delinquency, 39*, 60-90.

Church, R. M. (1963). The varied effects of punishment on behavior. *Psychological Review, 70*, 369-402.

Cissner, A. B., Labriola, M., & Rempel, M. (2015). Domestic violence courts: A multisite test of whether and how they change offender outcomes. *Violence Against Women, 21*, 1102-1122.

Clarke, A. Y., Cullen, A. E., Walwyn, R., & Fahy, T. (2010). A quasi-experimental pilot study of the Reasoning and Rehabilitation programme with mentally disordered offenders. *The Journal of Forensic Psychiatry & Psychology, 21*, 490-500.

Clear, T. (2008). The effects of high imprisonment rates on communities. In M. Tonry (Ed.), *Crime and Justice: A Review of Research*, Vol. 37 (pp. 97-132). Chicago, IL: Chicago University Press.

Clear, T. R., & Schrantz, D. (2011). Strategies for reducing prison populations. *The Prison Journal*, Supplement to 9, 138S-159S.

Cleckley, H. (1941). *The mask of sanity: An attempt to reinterpret the so-called psychopathic personality.* St. Louis, MI: Mosby.

Cleckley, H. (1982). *The mask of sanity*, 4th ed. St. Louis, MI: Mosby.

Cloward, R. A., & Ohlin, L. E. (1960). *Delinquency and opportunity: A theory of delinquent gangs.* New York: Free Press.

Cobbina, J. E., Huebner, B. M., & Berg, M. T. (2012). Men, women, and postrelease offending: An examination of the nature of the link between relational tires and recidivism. *Crime & Delinquency, 58*, 331-361.

Cofnas, N. (2015 online). Science is not always "self-correcting": Fact-value conflation and the study of intelligence. *Foundations of Science*, February, 1-16.

Cohen, A. K. (1955). *Delinquent boys: The culture of the gang.* Glencoe, IL: Free Press.

Cohen, J. (1994). The earth is round ($p < .05$). *American Psychologist, 49*, 997-1003.

Cohen, M. A., & Piquero, A. R. (2009). New evidence on the monetary value of saving a high risk youth. *Journal of Quantitative Criminology, 25*, 25-49.

Coid, J., & Ulrich, S. (2010). Antisocial personality disorder is on a continuum with psychopathy. *Comprehensive Psychiatry, 51*, 426-433.

Coid, J., Yang, M., Ullrich, S., Zhang, T., Roberts, A., Roberts, C., Rogers, R., & Farrington, D. (2007). Predicting and understanding risk of re-offending: The prisoner cohort study. *Research Summary*. London, England: Ministry of Justice.

Coid, J. W., Ullrich, S., Kallis, C., Keers, R., Barker, D., Cowden, F., & Stamps, R. (2013). The relationship between delusions and violence: Findings from the East London First Episode Psychosis Study. *JAMA Psychiatry, 70*, 465-471.

Colins, O. F., Bijttebier, P., Broekaert, E., & Andershed, H. (2014). Psychopathic-like traits among detained adolescents: Reliability and validity of the Antisocial Process Screening Device and the Youth Psychopathic Traits Inventory. *Assessment, 2*, 195-209.

Colins, O. F., Vermeiren, R., De Bolle, M., & Broekaert, E. (2012). Self-reported psychopathic traits as predictors of recidivism in detained male adolescents. *Criminal Justice and Behavior, 39*, 1421-1435.

Cookson, H. M. (1992). Alcohol use and offence type in young offenders. *British Journal of Criminology, 32*, 352-360.

Cookston, J. T. (1999). Parental supervision and family structure: Effects on adolescent problem behaviors. *Journal of Divorce and Remarriage, 32*, 107-122.

Copas, J., & Marshall, P. (1998). The offender reconviction scale: A statistical reconviction score for use by probation officers. *Journal of the Royal Statistical Society, 47*, 159-171.

Cornet, L. J. M., de Koegel, C. H., Nijman, H. L. I., Raine, A., & van der Laan, P. H. (2014a). Neurobiological changes after intervention in individuals with antisocial behavior: A literature review. *Criminal Behaviour and Mental Health, 25*, 10-27.

Cornet, L. J. M., de Koegel, C. H., Nijman, H. L. I., Raine, A., & van der Laan, P. H. (2014b). Neurobiological factors as predictors of cognitive-behavioral therapy outcome in individuals with antisocial behavior: A review of the literature. *International Journal of Offender Therapy and Comparative Criminology, 58*, 1279-1296.

Costa, P. T., Jr., & McCrae, R. R. (1992). *Revised NEO Personality Inventory (NEO-PI-R) and NEO Five-Factor Inventory (NEO-FFI) Professional Manual*. Odessa, FL: Psychological Assessment Resources.

Costa, P. T., & McCrae, R. R. (2010). Bridging the gap with the five-factor model. *Personality Disorders: Theory, Research, and Treatment, 1*, 127-130.

Craig, L. A., Browne, K. D., Stringer, I., & Beech, A. (2005). Sexual recidivism: A review of static, dynamic and actuarial predictors. *Journal of Sexual Aggression, 11*, 65-84.

Cretacci, M. A. (2008). A general test of self-control theory. *International Journal of Offender Therapy and Comparative Criminology, 52*, 538-553.

Crocker, A. G., Mueser, K. T., Drake, R. E., Clark, R. E., Mchugo, G. J., Ackerson, T. H., & Alterman, A. I. (2005). Antisocial personality, psychopathy, and violence in persons with dual disorders: A longitudinal analysis. *Criminal Justice and Behavior, 32*, 452-476.

Cross, A. B., Gottfredson, D. C., Wilson, D. M., Rorie, M., & Connell, N. (2009). The impact of after-school programs on the routine activities of middle-school students: Results from a randomized, controlled trial. *Criminology & Public Policy, 6*, 391-412.

Cuevas, C. A., Sabina, C., & Milloshi, R. (2012). Interpersonal victimization among a national sample of Latino women. *Violence Against Women, 18*, 377-403.

Cullen, A. E., Clarke, A. Y., Kuipers, E., Hodgins, S., Dean, K., & Fahy, T. (2012). A multisite randomized trial of a cognitive skills program for male mentally disordered offenders: Violence and antisocial behavior outcome. *Journal of Consulting and Clinical Psychology, 80*, 1114-1120.

Cullen, F. T. (2012). Taking rehabilitation seriously: Creativity, science and the challenge of offender change. *Punishment & Society, 14*, 94-114.

文 献

Cullen, F. T. (2013). Rehabilitation: Beyond nothing works. In M. Tonry (Ed.), *Crime and justice, Vol. 42, Crime and justice in America 1975-2025* (pp. 299-376). Chicago, IL: University of Chicago Press.

Cullen, F. T., Blevins, K. R., Trager, J. S., & Gendreau, P. (2005). The rise and fall of boot camps: A case study in common-sense corrections. *Journal of Offender Rehabilitation, 40*, 53-70.

Cullen, F. T., Fisher, B. S., & Applegate, B. K. (2000). Public opinion about punishment and corrections. In M. Tonry (Ed.), *Crime and justice: A review of research*, Vol. 27 (pp. 1-79). Chicago, IL: University of Chicago Press.

Cullen, F. T., & Gilbert, K. E. (2013). *Reaffirming Rehabilitation. 30th Anniversary* Edition. Waltham, MA: Anderson.

Cullen, F. T., Jonson, C. L., & Nagin, D. S. (2011). Prisons do not reduce recidivism: The high cost of ignoring science. *The Prison Journal, 9*, 48S-65S.

Cullen, F. T., Larson, M. T., & Mathers, R. A. (1985). Having money and delinquent involvement: The neglect of power in delinquency theory. *Criminal Justice and Behavior, 12*, 171-192.

Cullen, F. T., Wright, J. P., & Applegate, B. K. (1996). Control in the community: The limits of reform? In A. T. Harland (Ed.), *Choosing correctional options that work: Defining the demand and evaluating the supply* (pp. 69-116). Thousand Oaks, CA: Sage.

Cullen F. T., Wright, J. P., Gendreau, P., & Andrews, D. A. (2003). What correctional treatment can tell us about criminological theory: Implications. In R. L. Akers & G. F. Jenkins (Eds.), *Social learning theory and the explanation of crime: Advances in criminological theory*, Vol. 11 (pp. 339-362). New Brunswick, NJ: Transaction Press.

Cumming, G. (2014). The new statistics: Why and how. *Psychological Science, 25*, 7-29.

Cumming, G., & Finch, S. (2005). Inference by eye. *American Psychologist, 60*, 170-180.

Currie, E. (1993). *Reckoning: Drugs, the cities, and the American future*. New York, NY: Hill and Wang.

Curry, G. D. (2000). Self-reported gang involvement and officially recorded delinquency. *Criminology, 38*, 1253-1274.

Curtis, N. M., Ronan, K. R., & Borduin, C. M. (2004). Multisystemic treatment: A meta-analysis of outcome studies. *Journal of Family Psychology, 18*, 411-419.

Dagg, A. I. (2005). *Love of shopping" is not a gene: Problems with Darwinian psychology*. Tonawanda, NY: Black Rose Books.

Dalgaard, O. S., & Kringlen, E. (1976). A Norwegian twin study of criminality. *British Journal of Criminology, 16*, 213-233.

Daly, J. E., & Pelowski, S. (2000). Predictors of dropout among men who batter: A review of studies with implications for research and practice. *Violence and Victims, 15*, 137-160.

Daly, K. (1992). Women's pathways to felony court: Feminist theories of lawbreaking and problems of representation. *Southern California Review of Law & Womens's Studies, 2* 11-52.

Daly, K. (2006). The limits of restorative justice. In D. Sullivan & L. Tifft (Eds.), *Handbook of restorative justice* (pp. 134-145). New York, NY: Routledge.

Daly, K., & Bordt, R. L. (1995). Sex effects and sentencing: An analysis of the statistical literature. *Justice Quarterly, 12*, 141-175.

Daly, K., & Tonry, M. (1997). Gender, race, and sentencing. In M. Tonry (Ed.), *Crime and justice: A review of research* (pp. 201-252). Chicago, IL: University of Chicago Press.

Daly, M. (1996). Evolutionary adaptationism: Another biological approach to criminal and antisocial behavior. In G. R. Bock & J. A. Goode (Eds.), *Genetics of criminal and antisocial behavior* (pp. 183-195). Wiley, Chichester (Ciba Foundation Symposium 194).

文　献

Daniel, A. E., Robins, A. J., Reid, J. C., & Wifley, D. E. (1988). Lifetime and six month prevalence of psychiatric disorders among sentenced female offenders. *Bulletin of the American Academy of Psychiatry and the Law, 16*, 333-342.

Daversa, M. T. (2010). Early environmental predictors of the affective and interpersonal constructs of psychopathy. *International Journal of Offender Therapy and Comparative Criminology, 54*, 6-21.

Davis, L. M., Bozick, R., Steele, J. L., Saunders, J., & Miles, J. N. V. (2013). *Evaluating the effectiveness of correctional education: A meta-analysis of programs that provide education to incarcerated adults.* Santa Monica, CA: RAND Corporation.

Davis, R. C., Smith, B. E., & Nickles, L. B., (1998). The deterrent effect of prosecuting domestic violence misdemeanors. *Crime & Delinquency, 434*-444.

Dawkins, R. (1989). *The selfish gene.* New York, NY: Oxford University Press.

Day, A., Gerace, A., Wilson, C., & Howells, K. (2008). Promoting forgiveness in violent offenders: A more positive approach to offender rehabilitation? *Aggression and Violent Behavior, 13*, 195-200.

Deater-Deckard, K., & Dodge, K. A. (1997). Spare the rod, spoil the authors: Emerging themes in research on parenting and child development. *Psychological Inquiry, 8*, 230-235.

Deater-Deckard, K., Lansford, J. E., Dodge, K. A., Pettit, G. S., & Bates, J. E. (2003). The development of attitudes about physical punishment: An eight-year longitudinal study. *Journal of Family Psychology, 17*, 351-360.

de Beus, K., & Rodriquez, N. (2007). Restorative justice practice: An examination of program completion and recidivism. *Journal of Criminal Justice, 35*, 337-347.

de Brito, S. A., McCrory, E. J., Mechelli, A., Wile, M., Jones, A. P., Hodgins, S., & Viding, E. (2011). Small but not perfectly formed: decreased white matter concentration in boys with psychopathic tendencies. *Molecular Psychiatry, 16*, 476-477.

de Brito, S. A., Viding, E., Kumari, V., Blackwood, N., & Hodgins, S. (2013). Cool and hot executive function impairments in violent offenders with antisocial personality disorder with and without psychopathy. *PLOS One, 8*, e65566.

De La Rue, L., & Espelage, D. L. (2014). Family and abuse characteristics of gang involved, pressured-to-join, and non-gang-involved girls. *Psychology of Violence, 4*, 253-265.

Decker, S. H. (2007). Youth gangs and violent behavior. In D. J. Flannery, A. T. Vazsonyi & I. D. Waldman (Eds.), *The Cambridge handbook of violent behavior and aggression* (pp. 388-402). Cambridge, England: Cambridge University Press.

Decker, S. H., Melde, C., & Pyrooz, D. C. (2013). What do we know about gangs and gang members and where do we go from here? *Justice Quarterly, 30*, 369-402.

DeFina, R., & Hannon, L. (2010). For incapacitation, there is no time like the present: The lagged effects of prison reentry on property and violent crimes. *Social Science Research, 39*, 1004-1014.

DeGarmo, D. S., & Forgatch, M. S. (2005). Early development of delinquency within divorced families: Evaluating a randomized preventive intervention trial. *Developmental Science, 8*, 229-239.

DeKeseredy, W. S., & Schwartz, M. D. (1996). *Contemporary criminology.* Belmont, CA: Wadsworth.

DeLisi, M., Neppi, T. K., Lohman, B. J., Vaughn, M. G., & Shook, J. J. (2013). Early starters: Which type of criminal onset matters most for delinquent careers? *Journal of Criminal Justice, 41*, 12-17.

DeLisi, M., & Vaughn, M. G. (2014). Foundation for a temperament-based theory of antisocial behavior and criminal justice system involvement. *Journal of Criminal Justice, 42*, 10-25.

DeLisi, M., Spruill, J. O., Vaughn, M. G., & Trulson, C. R. (2014). Do gang members commit abnormal homicide? *American Journal of Criminal Justice, 39*, 125-138.

文 献

Demuth, S., & Brown, S. L. (2004). Family structure, family processes, and adolescent delinquency: The significance of parental absence versus parental gender. *Journal of Research in Crime and Delinquency, 41*, 58-81.

Derefinko, K., & Lynam, D. R. (2013). Psychopathy from the perspective of the five-factor model of personality. In T. A. Widiger & P. T. Costa Jr. (Eds.), *Personality disorders and the five-factor model of personality* (pp. 103-117). Washington, DC: American Psychological Association.

de Ridder, D. T. D., Lensvelt-Mulders, G., Finkenauer, C., Stok, F. M., & Baumeister, R. F. (2012). Taking stock of self-control: A meta-analysis of how trait self-control relates to a wide range of behaviors. *Personality and Social Psychology Review, 16*, 76-99.

Derzon, J. H. (2010). The correspondence of family features with problem, aggressive, criminal, and violent behavior: A meta-analysis. *Journal of Experimental Criminology, 6*, 263-292.

Desmarais, S. L., Reeves, K. A., Nicholls, T. L., Telford, R. P., & Fiebert, M. S. (2012). Prevalence of physical violence in intimate relationships, Part 1: Rates of male and female victimization. *Partner Abuse, 3*, 140-169.

Devries, K. M., Child, J. C., Bacchus, L. J., Mak, J., Falder, G., Graham, K., Watts, C., & Heise, L. (2013). Intimate partner violence victimization and alcohol consumption in women: A systematic review and meta-analysis. *Addiction, 109*, 379-391.

Devries, K. M., Mak, J. Y. T., Garcia-Moreno, C., Petzold, M., Child, J. C., Bacchus, L. J., Engell, R. E., Rosenfeld, L., Pallito, C., Vos, T., Abrahams, N., & Watts, C. H. (2013). The global prevalence of intimate partner violence against women. *Science, 340*, 1527-1528.

DeWall, C. N., Twenge, J. M., Gitter, S. A., & Baumeister, R. F. (2009). It's the thought that counts: The role of hostile cognition in shaping aggressive responses to social exclusion. *Journal of Personality and Social Psychology, 95*, 45-59.

DeYoung, C. G., Peterson, J. B., Séguin, J. R., Mejia, J. M., Pihl, R. O., Beitchman, J. H., Jain, U., Tremblay, R. E., Kennedy, J. L., & Palmour, R. M. (2006). The dopamine D4 receptor gene and moderation of the association between externalizing behavior and IQ. *Archives of General Psychiatry, 63*, 1410-1416.

Diefenbach, D. L. (1997). The portrayal of mental illness on prime-time television. *Journal of Community Psychology, 25*, 289-302.

Digman, J. M. (1990). Personality structure: Emergence of the five factor model. *Annual Review of Psychology, 41*, 417-440.

Dinsmoor, J. A. (1955). Punishment: II. An interpretation of empirical findings. *Psychological Review, 62*, 96-105.

Dinsmoor, J. A. (1998). Punishment. In W. O'Donohue (Ed.), *Learning and behavior therapy* (pp. 188-204). New York, NY: Allyn & Bacon.

Di Placido, C., Simon, T. L., Witte, T. D., Gu, D., & Wong, S. C. P. (2006). Treatment of gang members can reduce recidivism and institutional misconduct. *Law and Human Behavior, 30*, 93-114.

Di Tella, R., & Schargrodsky, E. (2013). Criminal recidivism after prison and electronic monitoring. *Journal of Political Economy, 121*, 28-73.

Dixon, L., & Graham-Kevan, N. (2011). Understanding the nature and aetiology of intimate partner violence and implications for practice: A review of the evidence base. *Clinical Psychology Review, 31*, 1145-1155.

Dodes, L., & Dodes, Z. (2014). *The sober truth: Debunking the bad science behind 12-step recovery programs and the rehab industry*. Boston, MA: Beacon Press.

Donnellan, M. B., Trzesniewski, K. H., Robins, R. W., Moffitt, T. E., & Caspi, A. (2005). Low self-esteem is related to aggression, antisocial behavior, and delinquency. *Psychological Science, 16*, 328-335.

Dopp, A. R., Borduin, C. M., Wagner, D. V., & Sawyer, A. M. (2014). The economic impact of Multisystematic Therapy through midlife: A cost-benefit analysis with serious juvenile offenders and their siblings. *Journal of Consulting and Clinical Psychology, 82*, 694-705.

Douglas, K. S., Guy, L. S. & Hart, S. D. (2009). Psychosis as a risk factor for violence to others: A meta-analysis. *Psychological Bulletin, 136*, 679-706.

Douglas, K. S., & Reeves, K. A. (2010). Historical-Clinical-Risk Management-20 (HCR-20) violence risk assessment scheme: Rationale, application, and empirical overview. In R. K. Otto & K. Douglas (Eds.), *Handbook of violence risk assessment tools* (pp. 147-185). New York, NY: Routledge.

Douglas, K. S., & Skeem, J. L. (2005). Violence risk assessment: Getting specific about being dynamic. *Psychology, Public Policy, and Law, 11*, 347-383.

Douglas, K. S., Vincent, G. M., & Edens, J. F. (2006). Risk for criminal recidivism: The role of psychopathy. In C. J. Patrick (Ed.), *Handbook of psychopathy* (pp. 533-554). New York, NY: Guilford.

Dowden, C. (1998). *A meta-analytic examination of the risk, need and responsivity principles and their importance within the rehabilitation debate*. Unpublished master's thesis, Psychology Department, Carleton University, Ottawa, Canada.

Dowden, C., & Andrews, D. A. (2004). The importance of staff practice in delivering effective correctional treatment: A meta-analytic review of core correctional practice. *International Journal of Offender Therapy and Comparative Criminology, 48*, 203-214.

Dowden, C., & Andrews, D. A. (2007). Using relapse prevention with offender populations: What works. In K. A. Witkiewitz & A. G. Marlatt (Eds.), *Therapist's guide to evidence-based relapse prevention* (pp. 339-352). Burlington, MA: Elsevier.

Dowden, C. D., & Brown, S. L. (2002). "The role of substance abuse factors in predicting recidivism: A meta-analysis." *Psychology, Crime and Law, 8*, 243-264.

Drake, E. K., Aos, S., & Miller, M. G. (2009). Evidence-based public policy options to reduce crime and criminal justice costs: Implications in Washington State. *Victims & Offenders, 4*, 170-196.

Dugdale, R. L. (1877/1970). *The Jukes: A study of crime, pauperism, disease, and heredity*. New York, NY: Arno Press (originally published by G. P. Putnam).

Dunaway, R. G., Cullen, F. T., Burton, V. S. Jr., & Evans, T. D. (2000). The myth of social class and crime revisited: An examination of class and adult criminality. *Criminology, 38*, 589-632.

Duriez, S. A., Cullen, F. T., & Manchak, S. M. (2014). Is project HOPE creating a false sense of hope? A case study in correctional popularity. *Federal Probation, 78*, 57-70.

Durrett, C., & Trull, T. J. (2005). An evaluation of evaluative personality terms: A comparison of the big seven and five-factor model in predicting psychopathology. *Psychological Assessment, 17*, 359-368.

Dutra, L., Stathopoulou, G., Basden, S. L., Leyro, T. M., Powers, M. B., & Otto, M. W. (2008). A meta-analytic review of psychosocial interventions for substance use disorders. *American Journal of Psychiatry, 165*, 179-187.

Dutton, D. G. (1986). The outcome of court-mandated treatment for wife-assault: A quasi-experimental evaluation. *Violence and Victims, 1*, 163-175.

Dutton, D. G. (2008). My back pages: Reflections on thirty years of domestic violence research. *Trauma, Violence, & Abuse, 9*, 131-143.

Dutton, D. G., & Kropp, P. R. (2000). A review of domestic violence risk instruments. *Trauma, Violence, and Abuse, 1*, 171-181.

Duwe, G. (2015). An outcome evaluation of a prison work release program: Estimating its effects on recidivism, employment, and cost avoidance. *Criminal Justice Policy Review, 26*, 531-554.

Duwe, G., & Clark, V. (2011). Blessed be the social ties that binds: The effects of prison visitation on offender recidivism. *Criminal Justice Policy Review, 24*, 271-296.

Eamon, M. K., & Mulder, C. (2005). Predicting antisocial behavior among Latino young adolescents: An ecological systems analysis. *American Journal of Orthopsychiatry, 75*, 117-127.

Eckhardt, C. I., Murphy, C. M., Whitaker, D. J., Sprunger, J., Dykstra, R., & Woodard, K. (2013). The effectiveness of intervention programs for perpetrators and victims of intimate partner violence. *Partner Abuse, 4*, 196-231.

Eckholm, E. (2009). In prisoners' wake, a tide of troubled kids. *The New York Times*. www.nytimes/2009/05/us/05prison.html.

Edens, J. F., & Campbell, J. S. (2007). Identifying youth at risk for institutional misconduct: A meta-analytic investigation of the Psychopathy Checklist measures. *Psychological Services, 4*, 13-27.

Edens, J. F., Campbell, J. S., & Weir, J. M. (2007). Youth psychopathy and criminal recidivism: A meta-analysis of the Psychopathy Checklist Measures. *Law and Human Behavior, 31*, 53-75.

Edens, J. F., & Cox, J. (2012). Examining the prevalence, role and impact of evidence regarding antisocial personality, sociopathy and psychopathy in capital cases: A survey of defense team members. *Behavioral Sciences and the Law, 30*, 239-255.

Edens, J. F., Davis, K. M., Fernandez Smith, K., & Guy, L. S. (2013). No sympathy for the devil: Attributing psychopathic traits to capital murders also predicts support for executing them. *Personality Disorders: Theory, Research, and Treatment, 42*, 175-181.

Edens, J. F., Kelly, S. E., Lilienfeld, S., Skeem, J. L., & Douglas, K. S. (2015). DSM-5 antisocial personality disorder: Predictive validity in a prison sample. *Law and Human Behavior, 39*, 123-129.

Edens, J. F., Marcus, D. K., Lilienfeld, S. O., & Poythress Jr., N. G. (2006). Psychopathic, not psychopath: Taxometric evidence for the dimensional structure of psychopathy. *Journal of Abnormal Psychology, 115*, 131-144.

Edens, J. F., Marcus, D. K., & Vaughn, M. G. (2011). Exploring the taxometic status of psychopathy among youthful offenders: Is there a juvenile psychopath taxon? *Law and Human Behavior, 35*, 13-24.

Edens, J. F., & Petrila, J. (2006). Legal and ethical issues in the assessment and treatment of psychopathy. In C. J. Patrick (Ed.), *Handbook of psychopathy* (pp. 573-588). New York, NY: Guilford.

Edens, J. F., Skeem, J. L., Cruise, K. R., & Cauffman, E. (2001). Assessment of "juvenile psychopathy" and its association with violence: A critical review. *Behavioral Sciences and the Law, 19*, 53-80.

Edens, J. F., & Vincent, G. M. (2008). Juvenile psychopathy: A clinical construct in need of restraint? *Journal of Forensic Psychology Practice, 8*, 186-197.

Edgemon, E. (2013). 10 minutes per month: Alabama probation, parole officers get little time with 67,410 they oversee. May 20, available at: www.blog.al.com

Egley, A., Jr., Howell, J. C., & Harris, M. (2014). *Highlights of the 2012 National Youth Gang survey*. Washington, DC: Office of Juvenile Justice and Delinquency Prevention.

Ehrensaft, M. K., Cohen, P., Brown, J., Smailes, E., Chen, H., & Johnson, J. G. (2003). Intergenerational transmission of partner violence: A 20-year prospective study. *Journal of Consulting and Clinical Psychology, 71*, 741-753.

Eitle, D. (2005). The influence of mandatory arrest policies, police organizational characteristics, and situational variables on the probability of arrest in domestic violence cases. *Crime & Delinquency, 51*, 573-597.

Elbogen, E. B., & Johnson, S. C. (2009). The intricate link between violence and mental disorder: Results From the National Epidemiologic Survey on Alcohol and Related Conditions. *Archives of General Psychiatry, 66*, 152-161.

Ellis, L. (2000). *Criminology: A global perspective: Supplemental tables and references*. Minot, ND: Pyramid Press. See htpp://www.abacon.com/ellis/.

Ellis, L. (2005). A theory explaining biological correlates of criminality. *European Journal of Criminology, 2*, 287-315.
Ellis, L., & Walsh, A. (1997). Gene-based evolutionary theories in criminology. *Criminology, 35*, 229-276.
Else-Quest, N. M., Hyde, J. S., Hill, H., Goldsmith, H., & Van Hulle, C. A. (2006). Gender differences in temperament: A meta-analysis. *Psychological Bulletin, 132*, 33-72.
Eno Louden, J., Skeem, J. L., Camp, J., & Christensen, E. (2008). Supervising probationers with mental disorder: How do agencies respond to violation? *Criminal Justice and Behavior, 35*, 832-847.
Eno Louden, J., Skeem, J. L., Camp, J., Vidal, S., & Peterson, J. (2012). Supervision practices in specialty mental health probation: What happens in officer-probationer meetings? *Law and Human Behavior, 36*, 109-119.
Esbensen, F.-A. (2004). *Evaluating G.R.E.A.T.: A school-based gang prevention program*. Washington, DC: National Institute of Justice.
Esbensen, F.-A., & Osgood, D. W. (1999). Gang Resistance Education and Training (GREAT): Results from a national evaluation. *Journal of Research in Crime and Delinquency, 36*, 194-225.
Esbensen, F.-A., Matsuda, K. N., Taylor, T. J., & Peterson, D. (2011a). Multimethod strategy for assessing program fidelity: The national evaluation of the revised G.R.E.A.T. program. *Evaluation Review, 35*, 14-39.
Esbensen, F.-A., Osgood, D. W., Peterson, D., Taylor, T. J., & Carson, D. C. (2013). Short- and long-term outcome results from a multisite evaluation of the G.R.E.A.T. program. *Criminology & Public Policy, 12*, 375-411.
Esbensen, F.-A., Peterson, D., Taylor, T. J., Freng, A., Osgood, D. W., Carson, D. C., & Matsuda, K. N. (2011b). Evaluation and evolution of the Gang Resistance Education and Training (G.R.E.A.T.) program. *Journal of School Violence, 10*, 53-70.
Esbensen, F.-A., Peterson, D., Taylor, T. J., & Osgood, D. W. (2012). Results from a multi-site evaluation of the G.R.E.A.T. program. *Justice Quarterly, 29*, 125-151.
Esbensen, F.-A., Winfree, L. T., He, N., & Taylor, T. J. (2001). Youth gangs and definitional issues: When is a gang a gang, and why does it matter? *Crime & Delinquency, 47*, 105-130.
Esquivel-Santovena, E. E., & Dixon, L. (2012). Investigating the true rate of intimate partner violence: A review of nationally representative surveys. *Aggression and Violent Behavior, 17*, 208-219.
Evans, S. E., Davies, C., & DiLillo, D. (2008). Exposure to domestic violence: A meta-analysis of child and adolescent outcomes. *Aggression and Violent Behavior, 13*, 131-140.
Eysenck, H. J. (1964). *Crime and Personality*. London: Routledge and Kegan Paul.
Eysenck, H. J. (1977). *Crime and personality*, 2nd ed. London, England: Routledge and Kegan Paul.
Eysenck, H. J. (1998). Personality and crime. In T. Millon, E. Simonsen, M. Birket-Smith, & R. D. Davis (eds.), *Psychopathy: Antisocial, criminal, and violent behavior* (pp. 40-49). New York, NY: Guilford.
Eysenck, H. J., & Gudjonsson, G. H. (1989). *Causes and cures of criminality*. New York, NY: Plenum.
Falk, Ö., Wallinius, M., Lundström, S., Frisell, T., Ankarsäter, H., Kerekes, N. (2014). The, *and Psychiatric Epidemiology, 49*, 559-571.
Fals-Stewart, W. (2003). The occurrence of partner physical aggression on days of alcohol consumption: A longitudinal diary study. *Journal of Consulting and Clinical Psychology, 71*, 41-52.
Fals-Stewart, W., Leonard, K. E., & Birchler, G. R. (2005). The occurrence of male-to-female intimate partner violence on days of men's drinking: The moderating effects of antisocial personality disorder. *Journal of Consulting and Clinical Psychology, 73*, 239-248.

Farabee, D., Hser, Y.-I., Anglin, M. D., & Huang, D. (2004). Recidivism among an early cohort of California's Proposition 36 offenders. *Criminology & Public Policy*, *3*, 563-584.

Farbring, C. A., & Johnson, W. R. (2008). Motivational interviewing in the correctional system. In H. Arkowitz, H. A. Westra, W. R. Miller, & S. Roonick (Eds.), *Motivational interviewing in the treatment of psychological problems* (pp. 304-323). New York, NY: Guilford.

Farrington, D. P. (2007). Childhood risk factors and risk-focussed prevention. In M. Maguire, R. Morgan, & R. Reiner (Eds.), *The Oxford handbook of criminology (4th ed.)* (pp. 602-640). Oxford, England: Oxford University Press.

Farrington, D. P. (2013). Longitudinal and experimental research in criminology. In M. Tonry (Ed.), *Crime and justice: A review of research*, *Volume 42* (pp. 453-528). Chicago, IL: University of Chicago Press.

Farrington, D. P., Auty, K. M., Coid, J. W., & Turner, R. E. (2013). Self-reported and official offending from age 10 to age 56. *European Journal of Criminal Policy Research*, *19*, 135-151.

Farrington, D. P., Barnes, G. C., & Lambert, S. (1996). The concentration of offending in families. *Legal and Criminological Psychology*, *1*, 47-63.

Farrington, D. P., Coid, J. W., & Murray, J. (2009). Family factors in the intergenerational transmission of offending. *Criminal Behavior and Mental Health*, *19*, 109-124.

Farrington, D. P., Hancock, G., Livingston, M., Painter, K. A., & Towl, G. J. (2000). *Evaluation of intensive regimes for young offenders*. Research Findings No. 121. London, England: Home Office Research, Development and Statistics Directorate.

Farrington, D. P., & Koegl, C. J. (2015). Monetary benefits and costs of the Stop Now and Plan program for boys aged 6-11, based on the prevention of later offending. *Journal of Quantitative Criminology*, *31*, 263-287.

Farrington, D. P., & Loeber, R. (2013). Two approaches to developmental/life-course theorizing. In F. T. Cullen & P. Wilcox (Eds.), *The Oxford handbook of criminological theory* (pp. 227-252). Oxford, England: Oxford University Press.

Farrington, D. P., Loeber, R., & Howell, J. C. (2012). Young adult offenders: The need for more effective legislative options for justice processing. *Criminology & Public Policy*, *11*, 729-750.

Farrington, D. P., Ttofi, M. M., Crago, R. V., & Coid, J. W. (2015). Intergenerational similarities in risk factors for offending. *Journal of Developmental and Life-Course Criminology*, *1*, 48-62.

Fass, T. L., Heilbrun, K., Dematteo, D., & Fretz, R. (2008). The LSI-R and the COMPAS: Validation data on two risk-needs tools. *Criminal Justice and Behavior*, *35*, 1095-1108.

Fazel, S., Bains, P., & Doll, H. (2006). Substance abuse and dependence in prisoners: A systematic review. *Addiction*, *101*, 181-191.

Fazel, S., & Danesh, J. (2002). Serious mental disorder in 23,000 prisoners: A systematic review of 62 surveys. *Lancet*, *359*, 545-550.

Felson, R. B., Burchfield, K. B., & Teasdale, B. (2007). The impact of alcohol on different types of violent incidents. *Criminal Justice and Behavior*, *34*, 1057-1068.

Felson, R. B., & Lane, K. J. (2010). Does violence involving women and intimate partners have a special etiology? *Criminology*, *48*, 321-338.

Felson, R. B., & Staff, J. (2010). The effects of alcohol intoxication on violent versus other offending. *Criminal Justice and Behavior*, *37*, 1343-1360.

Ferguson, C. J. (2009). An effect size primer: A guide for clinicians and researchers. *Professional Psychology, Research and Practice*, *40*, 532-538.

Ferguson, C. J., & Hartley, R. D. (2009). The pleasure is momentary…the expense damnable? The influence of pornography on rape and sexual assault. *Aggression and Violent Behavior*, *14*, 323-329.

Ferguson, L. M., & Wormith, J. S. (2012). A meta-analysis of moral reconation therapy. *International Journal of Offender Therapy and Comparative Criminology, 57*, 1076-1106.

Ferri, M., Amato, L., & Davoli, M., (2009). Alcoholics Anonymous and other 12-step programmes for alcohol dependence (review). *The Cochrane Library*, Issue 3.

Fields, R. D. (2005). Myelination: An overlooked mechanism of synaptic plasticity? *The Neuroscientist, 11*, 528-531.

Finckenauer, J. O. (1979). *Juvenile awareness project: Evaluation report no. 2.* Newark, NJ: School of Criminal Justice, Rutgers University.

Finckenauer, J. O., Gavin, P. W., Hovland, A., & Storvoll, E. (1999). *Scared straight: The panacea phenomenon revisited.* Prospect Heights, IL: Waveland.

Finkelhor, D., Ormrod, R., Turner, H., & Hamby, S. (2005). The victimization of children and youth: A comprehensive, national survey. *Child Maltreatment, 10*, 5-25.

Finkelhor, D., Williams, L. M., & Burns, N. (1988). *Nursery crimes: Sexual abuse in day care.* Newbury Park, CA: Sage.

Finney, A. (2004). *Alcohol and Intimate Partner Violence: Key Findings from the Research.* London, England: Home Office, Communications Development Unit.

First, M. B., Reed, G. M., Hyman, S. E., & Saxena, S. (2015). The development of the ICD-11 clinical descriptions and diagnostic guidelines for mental and behavioral disorders. *World Psychiatry, 14*, 82-90.

Flagel, D. C., & Gendreau, P. (2008). Commentary: Sense, common sense, and nonsense. *Criminal Justice and Behavior, 35*, 1354-1361.

Fletcher, B. W., Lehman, W. E. K., Wexler, H. K., & Melnick, G. (2007). Who participates in the criminal justice drug abuse treatment studies (CJ-DATS)? *The Prison Journal, 87*, 25-57.

Flood, M. (2011). Involving men in efforts to end violence against women. *Men and Masculinities, 14*, 358-377.

Flores, A. W., Lowenkamp, C. T., Holsinger, A. M., & Latessa, E. J. (2006). Predicting outcome with the Level of Service Inventory-Revised: The importance of implementation integrity. *Journal of Criminal Justice, 34*, 523-529.

Flores, A. W., Russell, A. L., Latessa, E. J., & Travis, L. F. (2005). Evidence of professionalism or quackery: Measuring practitioner awareness of risk/need factors and effective treatment strategies. *Federal Probation, 69*, 9-14.

Fonagy, P., Target, M., Steele, M., Steele, H., Leigh, T., Levinson, A., & Kennedy, R. (1997). Morality, disruptive behavior, borderline personality disorder, crime, and their relationships to security attachment. In L. Atkinson & K. J. Zucker (Eds.), *Attachment and Psychopathology* (pp. 223-274). New York, NY: Guilford.

Fontaine, N., Carbonneau, R., Barker, E. D., Vitaro, F., Hébert, M., Côté, S. M., Nagin, D. S., Zoccolillo, M., & Tremblay, R. E. (2008). Girls' hyperactivity and physical aggression during childhood and adjustment problems in early adulthood. *Archives of General Psychiatry, 65*, 320-328.

Forgatch, M. S., Patterson, G. R., & Gewirtz, A. H. (2013). Looking forward: The promise of widespread implementation of parent training programs. *Perspectives of Psychological Science, 8*, 682-694.

Forgeard, M. J. C., Haigh, E. A. P., Beck, A. T., Davidson, R. J., Henn, F. A., Maier, S. F., Mayberg, H. S., & Seligman, M. E. P. (2011). Beyond depression: Towards a process-based approach to research, diagnosis, and treatment. *Clinical Psychology: Science and Practice, 18*, 275-299.

Forsberg, L. G., Ernst, D., Sundqvist, K., & Farbring, C. Å. (2011). Motivational interviewing delivered by existing prison staff: A randomized controlled study of effectiveness on substance use after release. *Substance Use & Misuse, 46*, 1477-1485.

Forth, A. E., Hart, S. D., & Hare, R. D. (1990). Assessment of psychopathy in male young offenders. *Psychological Assessment: A Journal of Consulting and Clinical Psychology, 2*, 342-344.
Forth, A. E., Kosson, D. S., & Hare, R. D. (2003). *Hare Psychopathy Checklist: Youth version (PCL:YV)*. Toronto, Canada: Multi-Health Systems.
Frances, A. J., & Nardo, J. M. (2013). ICD-11 should not repeat the mistakes made by DSM-5. *British Journal of Psychiatry, 203*, 1-2.
Frase, R. S. (2005). Sentencing guidelines in Minnesota, 1978-2003. In M. Tonry (Ed.), *Crime and justice: A review of research*, Vol. 32 (pp. 131-219). Chicago, IL: University of Chicago Press.
Frick, P. J., Barry, C. T., & Bodin, D. S. (2000). Applying the concept of psychopathy to children: Implications for the assessment of antisocial youth. In C. B. Gacono (Ed.), *The clinical and forensic assessment of psychopathy: A practitioner's guide* (pp. 3-24). Mahwah, NJ: Lawrence Erlbaum Associates.
Frick, P. J., O'Brien, B. S., Wootton, J. M., & McBurnett, K. (1994). Psychopathy and conduct problems in children. *Journal of Abnormal Psychology, 103*, 700-707.
Frick, P. J., & Hare, R. D. (2001). *Antisocial Process Screening Device*. Toronto, Canada: Multi-Health Systems.
Frick, P. J., & Viding, E. (2009). Antisocial behavior from a developmental psychopathology perspective. *Development and Psychopathology, 21*, 1111-1131.
Frick, P. J., & White, S. F. (2008). Research review: The importance of callous-unemotional traits for developmental models of aggressive and antisocial behavior. *Journal of Child Psychology and Psychiatry, 49*, 359-375.
Frisell, T., Pawitan, Y., Långström, & Lichtenstein, P. (2012). Heritability, assortative mating and gender differences in violent crime: Results from a total population sample using twin, adoption, and sibling models. *Behavior Genetics, 42*, 3-18.
Fuller, R. K., & Gordis, E. (2004). Does disulfiram have a role in alcoholism treatment today? *Addiction, 99*, 21-24.
Furby, L., Weinrott, M., & Blackshaw, L. (1989). Sex offender recidivism: A review. *Psychological Bulletin, 105*, 3-30.
Gable, R. K., & Gable, R. S. (2005). Electronic monitoring: Positive intervention strategies. *Federal Probation, 69*, 21-25.
Gallagher, R. W., Somwaru, D. P., & Ben-Porath, Y. S. (1999). Current usage of psychological tests in state correctional settings. *Corrections Compendium, 24*, 1-3, 20.
Gao, Y., & Raine, A. (2010). Successful and unsuccessful psychopaths: A neurobiological model. *Behavioral Sciences and Law, 28*, 194-210.
Garbutt, J. C. (2009). The state of pharmacotherapy for the treatment of alcohol dependence. *Journal of Substance Abuse Treatment, 36*, S15-S23.
Garcia-Mansilla, A., Rosenfeld, B., & Nicholls, T. L. (2009). Risk assessment: Are current methods applicable to women? *International Journal of Forensic Mental Health, 8*, 50-61.
Geerts, M., Steyaert, J., & Fryns, J. P. (2003). The XYY syndrome: A follow-up study on 38 boys. *Genetic Counseling, 14*, 267-279.
Gendreau, P., Andrews, D. A., & Thériault, Y. (2015). The Correctional Program Assessment Inventory-2010 (CPAI-2010).
Gendreau, P., Goggin, C., & Smith, P. (2002). Is the PCL-R Really the 'unparalleled' measure of offender risk? A lesson in knowledge cumulation. *Criminal Justice and Behavior, 29*, 397-426.
Gendreau, P., Little, T., & Goggin, C. (1996). A meta-analysis of the predictors of adult offender recidivism: What works! *Criminology, 34*, 575-607.

Gendreau, P., & Ross, R. R. (1979). Effective correctional treatment: Bibliotherapy for cynics. *Crime & Delinquency, 25*, 463-489.

Gendreau, P., & Ross, R. R. (1987). Revivication of rehabilitation: Evidence from the 1980s. *Justice Quarterly, 4*, 349-408.

Gendreau, P., & Smith, P. (2007). Influencing the "people who count": some perspectives on the reporting of meta-analytic results for prediction and treatment outcomes with offenders. *Criminal Justice and Behavior, 34*, 1536-1559.

Gendreau, P., Smith, P., & Thériault, Y. L. (2009). Chaos theory and correctional treatment: Common sense, correctional quackery, and the law of fartcatchers. *Journal of Contemporary Criminal Justice, 25*, 384-393.

Geraghty, K. A., & Woodhams, J. (2015). The predictive validity of risk assessment tools for female offenders: A systematic review. *Aggression and Violent Behavior, 21*, 25-38.

Gerritzen, B. C., & Kirchgässner, G. (2013). Facts or ideology: What determines the results of econometric estimates of the deterrence effect of death penalty? A meta-analysis. *CESifo Working Paper: Empirical Theoretical Methods*, No. 4159. Leibnez Information Centre for Economics.

Gilchrest, E., Johnson, R., Takriti, R., Weston, S., Beech, A., & Kebbell, M. (2003). *Domestic violence offenders: Characteristics and offending related needs*. London, England: Home Office.

Gini, G., Pozzoli, T., & Hymel, S. (2014). Moral disengagement among children and youth: A meta-analytic review of links to aggressive behavior. *Aggressive Behavior, 40*, 56-68.

Ginsburg, J. I. D., Mann, R. E., Rotgers, F., & Weekes, J. R. (2002). Using motivational interviewing with criminal justice populations. In W. R. Miller & S. Rollnick (Eds.), *Motivational interviewing: Preparing people for change* (pp. 333-346). New York, NY: Guilford.

Girard, L., & Wormith, J. S. (2004). The predictive validity of the Level of Service Inventory—Ontario Revision on general and violent recidivism among various offender groups. *Criminal Justice and Behavior, 31*, 150-181.

Glaser, D. (1956). Criminality theories and behavioral images. *American Journal of Sociology, 61*, 433-444.

Glaser, D. (1974). Remedies for the key deficiency in criminal justice evaluation research. *Journal of Research in Crime and Delinquency, 10*, 144-154.

Glasman, L. R., & Albarracín, D. (2006). Forming attitudes that predict future behavior: A meta-analysis of the attitude-behavior relation. *Psychological Bulletin, 132*, 778-822.

Glaze, L. E., & Kaeble, D. (2014). *Correctional populations in the United States*, 2013. Washington, DC: U.S. Department of Justice.

Glaze, L. E., & Palla, S. (2005). "Probation and parole in the United States, 2004." *Bureau of Justice Statistics Bulletin*, November. Washington, DC: U.S. Department of Justice.

Gleicher, L., Manchak, S. M., & Cullen, F. T. (2013). Creating a supervision tool kit: How to improve probation and parole. *Federal Probation, 77*, 22-27.

Glenn, A. L., Johnson, A. K., & Raine, A. (2013). Antisocial personality disorder: A current review. *Current Psychiatry Reports, 15*:427, 1-8.

Glenn, A. L., Kurzban, R., & Raine, A. (2011). Evolutionary theory and psychopathy. *Aggression and Violent Behavior, 16*, 371-380.

Glenn, A. L., Raine, A., & Laufer, W. S. (2011). Is it wrong to criminalize and punish psychopaths? *Emotion Review, 3*, 302-304.

Glenn, A. L., Raine, A., Venables, P. H., & Mednick, S. A. (2007). Early temperamental and psychophysiological precursors of adult psychopathic personality. *Journal of Abnormal Psychology, 116*, 508-518.

Glueck, S. & Glueck, E. T. (1950). *Unraveling juvenile delinquency*. Cambridge, MA: Harvard University Press.

Goggin, C., & Gendreau, P. (2006). The implementation and maintenance of quality services in offender rehabilitation programs. In C. R. Hollin & E. J. Palmer (Eds.), *Offending behaviour programs: Development, application, and controversies* (pp. 247-268) Chichester, England: Wiley.

Golden, C. J., Jackson, M. L., Peterson-Rohne, A., & Gontkovsky, S. T. (1996). Neuropsychological correlates of violence and aggression: A review of the clinical literature. *Aggression and Violent Behavior, 1*, 3-25.

Gollwitzer, M., Meder, M., & Schmitt, M. (2011). What gives victims satisfaction when they seek revenge? *European Journal of Social Psychology, 41*, 364-374.

Gonnerman, J. (2004). Million-dollar blocks. *The Village Voice*. Downloaded from http://www.villagevoice.com/issues/0446/gonnerman.php.

Gontkovsky, S. T. (2005). Neurobiological bases and neuropsychological correlates of aggression and violence. In J. P. Morgan (Ed.), *Psychology of aggression* (pp. 101-116). Hauppauge, NY: Nova Science.

Gordon, D. A., Jurkovic, G., & Arbuthnot, J. (1998). Treatment of the juvenile offender. In R. M. Wettstein (Ed.), *Treatment of offenders with mental disorders* (pp. 365-428). New York, NY: Guilford.

Gordon, H., Kelty, S. F., & Julian, R. (2015). An evaluation of the Level of Service/Case Management Inventory in an Australian community corrections environment. *Psychiatry, Psychology, and Law, 22*, 247-258.

Gordon, R. A., Rowe, H. L., Pardini, D., Loeber, R., White, H. R., & Farrington, D. P. (2014). Serious delinquency and gang participation: Combining and specializing in drug selling, theft, and violence. *Journal of Research on Adolescence, 24*, 235-251.

Goring, C. (1913). *The English convict*. London, England: His Majesty's Stationery Office.

Gottfredson, M. R. (1979). Treatment destruction techniques. *Journal of Research in Crime & Delinquency, 16*, 39-54.

Gottfredson, M. R., & Hirschi, T. (1990). *A general theory of crime*. Stanford, CA: Stanford University Press.

Gottschalk, M. (2011). The past, present, and future of mass incarceration in the United States. *Criminology & Public Policy, 10*, 483-504.

Götz, M. J., Johnstone, E. C., & Ratcliffe, S. G. (1999). Criminality and antisocial behaviour in unselected men with sex chromosome abnormalities. *Psychological Medicine, 29*, 953-962.

Granic, I., & Patterson, G. R. (2006). Toward a comprehensive model of antisocial development: A dynamic systems approach. *Psychological Review, 113*, 101-131.

Grann, M., & Långström, N. (2007). Actuarial assessment off violence risk: To weigh or not to weigh? *Criminal Justice and Behavior, 34*, 22-36.

Grant, B. F., Hasin, D. S., Stinson, F. S., Dawson, D. A., Chou, S. P., Ruan, W. J., & Pickering, R. P. (2004). Prevalence, correlates, and disability of personality disorders in the U.S.: Results for the National Epidemiologic Survey on Alcohol and Related Conditions. *Journal of Clinical Psychiatry, 65*, 948-958.

Gregory, S., Blair, R. J., Ffytche, D., Simmons, A., Kumari, V., Hodgins, S., & Blackwood, N. (2015). Punishment and psychopathy: A case-control functional MRI investigation of reinforcement learning in violent antisocial personality disordered men. *Lancet Psychiatry, 2*, 153-160.

Gregory, S., Ffytche, D., Simmons, A., Kumari, V., Howard, M., Hodgins, S., & Blackwood, N. (2012). The antisocial brain: Psychopathy matters. A structural MRI investigation of antisocial male violent offenders. *Archives of General Psychiatry, 69*, 962-972.

Grieger, L., & Hosser, D. (2014). Which risk factors are really predictive? An analysis of Andrews and Bonta's "Central Eight" risk factors for recidivism in German youth correctional facility inmates. *Criminal Justice and Behavior, 41*, 613-634.

Griffin, K. W., Botvin, G. J., Scheier, L. M., Diaz, T. & Miller, N. (2000). Parenting practices as predictors of substance abuse, delinquency, and aggression among urban minority youth: Moderating effects of family structure and gender. *Psychology of Addictive Behaviors, 14*, 174-184.

Groh, D. R., Jason, L. A., & Keys, C. B. (2008). Social network variables in Alcoholics Anonymous: A literature review. *Clinical Psychology Review, 28*, 430-450.

Grossman, L. S., Martis, B., & Fichtner, C. G. (1999). Are sex offenders treatable? A research overview. *Psychiatric Services, 50*, 349-361.

Grove, W. M., Eckert, E. D., Heston, L., Bouchard, T. J. Jr., Segal, N., & Lykken, D. T. (1990). Heritability of substance abuse and antisocial behavior: A study of monozygotic twins reared apart. *Biological Psychiatry, 27*, 1293-1304.

Grove, W. M., & Meehl, P. E. (1996). Comparative efficiency of informal (subjective, impressionistic) and formal (mechanical, algorithmic) prediction procedures: The clinical-statistical controversy. *Psychology, Public Policy, and Law, 2*, 293-323.

Grove, W. M., & Vrieze, S. J. (2013). The clinical versus mechanical prediction controversy. In K. F. Geisinger (Ed.), *APA handbook of testing and assessment in psychology: Volume 2. Testing and assessment in clinical and counseling psychology*. Washington, DC: American Psychological Association.

Grove, W. M., Zald, D. H., Lebow, B. S., Snitz, B. E., & Nelson, C. (2000). Clinical versus mechanical prediction: A meta-analysis. *Psychological Assessment, 12*, 19-30.

Guay, J.-P., Ruscio, J., & Knight, R. A. (2006). Is more simply more? A taxometric investigation of psychopathy in women. Paper presented at the Annual Meeting of the American Society of Criminology, Los Angeles, California, November.

Guay, J.-P., Ruscio, J., & Knight, R. A. (2007). A taxometric analysis of the latent structure of psychopathy: Evidence for dimensionality. *Journal of Abnormal Psychology, 116*, 701-716.

Guo, G. (2011). Family influences on children's well-being: Potential roles of molecular genetics and epigenetics. In A. Booth, S. McHale, & N. S. Landale (Eds.), *Biosocial foundations of family processes*. (pp. 181-204). New York, NY: Springer.

Guo, G., Roettger, M. E., & Cai, T. (2008). The integration of genetic propensities into social-control models of delinquency and violence among male youths. *American Sociological Review, 73*, 543-598.

Gustle, L.-H., Hansson, K., Sundell, K., Lundh, L.-G., Löfholm, C. A. (2007). Blueprints in Sweden. Sympton load in Swedish adolescents in studies of Functional Family Therapy (FFT), Multisystemic Therapy (MST) and Multidimensional Treatment Foster Care (MTFC). *Nordic Journal of Psychiatry, 61*, 443-451.

Gutierrez, L., & Bourgon, G. (2012). Drug treatment courts: A quantitative review of study and treatment quality. *Justice Research and Policy, 14*, 47-77.

Gutierrez, L., Wilson, H. A., Rugge, T., & Bonta, J. (2013). The prediction of recidivism with Aboriginal offenders: A theoretically informed meta-analysis. *Canadian Journal of Criminology and Criminal Justice, 55*, 55-99.

Haas, H., Farrington, D. P., Killias, M., & Sattar, G. (2004). The impact of different family configurations on delinquency. *British Journal of Criminology, 44*, 520-532.

Haas, S. M., & DeTardo-Bora, K. A. (2009). Inmate reentry and the utility of the LSI-R in case planning. *Corrections Compendium*, Spring, 11-16, 49-54.

文 献

Hall, J. R., & Benning, S. D. (2006). The 'successful' psychopath: Adaptive and subclinical manifestations of psychopathy in the general population. In C. J. Patrick (Ed.), *Handbook of psychopathy* (pp. 459-478). New York, NY: Guilford.

Haney, C. (2006). *Reforming punishment: Psychological limits to the pains of imprisonment, the law and public policy*. Washington, DC: American Psychological Association.

Hannah-Moffat, K. (2009). Gridlock or mutability: Reconsidering 'gender' and risk assessment. *Criminology & Public Policy, 8*, 209-219.

Hanson, R. K. (1997). *The development of a brief actuarial risk scale for sexual offense recidivism*. Ottawa, Canada: Solicitor General Canada. See http://www.sgc.gc.ca.

Hanson, R. K. (2006). Stability and change: Dynamic risk factors for sexual offenders. In W. L. Marshall, Y. M. Fernandez, L. E. Marshall & G. A. Sarran (Eds.), *Sexual offender treatment: Controversial issues* (pp. 17-31). New York, NY: Wiley.

Hanson, R. K. (2009). The psychological assessment of risk for crime and violence. *Canadian Psychology, 50*, 172-182.

Hanson, R. K. (2014). Treating sexual offenders: How did we get here and where are we headed? *Journal of Sexual Aggression, 20*, 3-8.

Hanson, R. K., Bourgon, G., Helmus, L., & Hodgson, S. (2009). The principles of effective correctional treatment also apply to sexual offenders: A meta-analysis. *Criminal Justice and Behavior, 36*, 865-891.

Hanson, R. K., & Bussière, M. T. (1998). Predicting relapse: A meta-analysis of sexual offender recidivism studies. *Journal of Consulting and Clinical Psychology, 66*, 348-362.

Hanson, R. K., Cadsky, O., Harris, A. J. R., & Lalonde, C. (1997). Correlates of battering among 997 men: Family history, adjustment, and attitudinal differences. *Violence and Victims, 12*, 191-208.

Hanson, R. K., Harris, A. J. R., Helmus, L., & Thornton, D. (2014). High-risk sex offenders many not be high risk forever. *Journal of Interpersonal Violence, 29*, 2792-2813.

Hanson, R. K., Harris, A. J. R., Scott, T.-L., & Helmus, L. (2007). *Assessing the risk of sexual offenders on community supervision: The Dynamic Supervision Project* (User Report 2007-05). Ottawa, Canada: Public Safety Canada.

Hanson, R. K., Helmus, L., & Harris, A. J. R. (2015). Assessing the risk and needs of supervised sexual offenders: A prospective study using STABLE-2007, Static-99R and Static-2002R. *Criminal Justice and Behavior*.

Hanson, R. K., Helmus, L., & Thornton, D. (2010). Predicting recidivism amongst sexual offenders: A multi-site study of Static-2002. *Law and Human Behavior, 34*, 198-211.

Hanson, R. K., Morton, K. E., & Harris, A. J. R. (2003). Sexual offender recidivism risk: What we know and what we need to know. *Annals of the New York Academy of Sciences, 989*, 154-166.

Hanson, R. K., & Morton-Bourgon, K. (2004). *Predictors of sexual recidivism: An updated meta-analysis* (User Report 2004-02). Ottawa, Canada: Public Safety Canada.

Hanson, R. K., & Morton-Bourgon, K. (2005). The characteristics of persistent sexual offenders: A meta-analysis of recidivism studies. *Journal of Consulting and Clinical Psychology, 73*, 1154-1163.

Hanson, R. K., & Morton-Bourgon, K. (2009). The accuracy of recidivism risk for sexual offenders: A meta-analysis of 118 prediction studies. *Psychological Assessment, 21*, 1-21.

Hanson, R. K., & Scott, H. (1996). Social networks of sexual offenders. *Psychology, Crime and Law, 2*, 249-258.

Hanson, R. K., Scott, H., & Steffy, R. A. (1995). Comparison of child molesters and nonsexual criminals: Risk predictors and long-term recidivism. *Journal of Research in Crime and Delinquency, 32*, 325-337.

Hanson, R. K., & Thornton, D. (2000). Improving risk assessments for sex offenders: A comparison of three actuarial scales. *Law and Human Behavior, 24,* 119-136.
Hanson, R. K., & Thornton, D. (2003). *Notes on the Development of Static-2002* (User Report 2003-01). Ottawa, Canada: Public Safety Canada.
Hanson, R. K., & Yates, P. M. (2013). Psychological treatment of sex offenders. *Current Psychiatry Reports, 15,* 348.
Harden, K. P., Mendle, J., Hill, J. E., Turkheimer, E., & Emery, R. E. (2008). Rethinking timing of first sex and delinquency. *Journal of Youth Adolescence, 37,* 373-385.
Harden, K. P., Quinn, P. D., & Tucker-Drob, E. M. (2012). Genetically influenced change in sensation seeking drives the rise of delinquent behavior during adolescence. *Developmental Science, 15,* 150-163.
Harding, D. J., Morenoff, J. D., & Herbert, C. W. (2013). Home is hard to find: Neighborhoods, institutions, and the residential trajectories of returning prisoners. *Annals of the American Academy of Political Science, 64,* 214-236.
Hare, R. D. (1991). *The Hare Psychopathy Checklist-Revised.* Toronto, Canada: Multi-Health Systems.
Hare, R. D. (1993). *Without conscience: The disturbing world of the psychopaths among us.* New York, NY: Pocket Books.
Hare, R. D. (1996). Psychopathy: A clinical construct whose time has come. *Criminal Justice and Behavior, 23,* 25-54.
Hare, R. D. (1998). Psychopaths and their nature: Implications for the mental health and criminal justice systems. In T. Millon, E. Simonsen, M. Birket-Smith, & R. D. Davis (Eds.), *Psychopathy: Antisocial, criminal, and violent behavior* (pp. 188-212). New York, NY: Guilford.
Hare, R. D. (2003). *The Hare Psychopathy Checklist-Revised (2nd ed.)* Toronto, Canada: Multi-Health Systems.
Hare, R. D., & Neumann, C. S. (2006). The PCL-R assessment of psychopathy: Development, structural properties, and new directions. In C. J. Patrick (Ed.), *Handbook of psychopathy* (pp. 58-88). New York, NY: Guilford.
Hare, R. D., & Neumann, C. S. (2010a). The role of antisociality in the psychopathy construct: Comment on Skeem and Cooke (2010). *Psychological Assessment, 22,* 446-454.
Hare, R. D., & Neumann, C. S. (2010b). Psychopathy: Assessment and forensic implications. In L. Malatesti & J. McMillan (Eds.), *Responsibility and psychopathy: Interfacing law, psychiatry and philosophy* (pp. 93-123). New York, NY: Oxford University Press.
Harmon, M. G. (2013). "Fixed" sentencing: The effect on imprisonment rates over time. *Criminology and Criminal Justice Faculty Publications and Presentations.* Paper 15. Portland, OR: Portland State University.
Harper, R., & Hardy, S. (2000). An evaluation of motivational interviewing as a method of intervention with clients in a probation setting. *British Journal of Social Work, 30,* 393-400.
Harris, A., & Lurigio, A. J. (2007). Mental illness and violence: A brief review of research and assessment strategies. *Aggression and Violent Behavior, 12,* 542-551.
Harris, G. T., & Rice, M. E. (1997). Mentally disordered offenders: What research says about effective service. In C. D. Webster & M. A. Jackson (Eds.), *Impulsivity theory: Assessment and treatment* (pp. 361-393). New York, NY: Guilford.
Harris, G. T., & Rice, M. E. (2006). Treatment of psychopathy: A review of empirical findings. In C. J. Patrick (Ed.), *Handbook of psychopathy* (pp. 555-572). New York, NY: Guilford.
Harris, G. T., Rice M. E., & Cormier, C. A. (1989). Violent recidivism among psychopaths and nonpsychopaths treated in a therapeutic community. Research report from the Penetanguishene Mental Health Centre VI(1), April, Penetanguishene, Ontario.

Harris, G. T., Rice, M. E., & Cormier, C. A. (1994). Psychopaths: Is a therapeutic community therapeutic? *Therapeutic Communities, 15*, 283-299.

Harris, G. T., Rice, M. E., & Quinsey, V. L. (1993). Violent recidivism of mentally disordered offenders: The development of a statistical prediction instrument. *Criminal Justice and Behavior, 20*, 315-335.

Harris, G. T., Rice, M. E., & Quinsey, V. L. (2010). Allegiance or fidelity? A clarifying reply. *Clinical Psychology: Science and Practice, 17*, 82-89.

Harris, G. T., Rice, M. E., & Quinsey, V. L., & Cormier, C. A. (2015). *Violent offenders: Appraising and managing risk* (3rd ed.). Washington, DC: American Psychological Association.

Harrison, P. M., & Beck, A. J. (2005). Prisoners in 2004. *Bureau of Justice Statistics Bulletin*, October. Washington, DC: U.S. Department of Justice.

Hartung, F. E. (1965). A vocabulary of motives for law violations. In F. E. Hartung (Ed.), *Crime, law and society* (pp. 62-83). Detroit, MI: Wayne State University Press.

Hawken, A., & Kleiman, M. (2009). Managing drug involved probationers with swift and certain sanctions: Evaluating Hawai's HOPE. Washington, DC: National Institute of Justice, Office of Justice Programs. Retrieved from https://www.ncjrs.gov/pdffiles1/nij/grants/229023.pdf

Hayes, S., & Jeffries, S. (2013). Why do they keep going back? Exploring women's discursive experiences of intitmate partner abuse. *International Journal of Criminology and Sociology, 2*, 57-71.

Herberman, E. J., & Bonczar, T. P. (2014). *Probation and parole in the United States*, 2013. Washington, DC: U. S. Department of Justice.

Heilbrun, K., Dematteo, D., Fretz, R., Erickson, J., Yasuhara, K., & Anumba, N. (2008). How "specific" are gender-specific rehabilitation needs? An empirical analysis. *Criminal Justice and Behavior, 35*, 1382-1397.

Heilbrun, K., Dematteo, D., Yasuhara, K., Brooks-Holliday, S., Shah, S., King, C., Dicarlo, A. B., Hamilton, D., & Laduke, C. (2012). Community-based alternatives for justice-involved individuals with severe mental illness: Review of the relevant research. *Criminal Justice and Behavior, 39*, 351-419.

Heller, S. B. (2014). Summer jobs reduce violence among disadvantaged youth. *Science, 346*, 1219-1223.

Helmund, P., Overbeek, G., Brugman, D., & Gibbs, J. C. (2014). A meta-analysis on cognitive distortions and externalizing problem behavior: Associations, moderators, and treatment effectiveness. *Criminal Justice and Behavior, 42*, 245-262.

Helmus, L., & Bourgon, G. (2011). Taking stock of 15 years of research on the Spousal Assault Risk Assessment Guide (SARA): A critical review. *International Journal of Forensic Mental Health, 10*, 64-75.

Helmus, L., Hanson, R. K., Babchishin, K. M., & Mann, R. E. (2013). Attitudes supportive of sexual offending predict recidivism: A meta-analysis. *Trauma, Violence, & Abuse, 14*, 34-53.

Hemphill, J. F., Hare, R. D., & Wong, S. (1998). Psychopathy and recidivism: A review. *Legal and Criminological Psychology, 3*, 139-170.

Henggeler, S. W., Clingempeel, W. G., Brondino, M. J., & Pickrel, S. G. (2002). Four-year follow-up of multisystemic therapy with substance abusing and dependent juvenile offenders. *Journal of the American Academy of Child and Adolescent Psychiatry, 41*, 695-711.

Henggeler, S. W., Halliday-Boykins, C. A., Cunningham, P. B., Randall, J., Shapiro, S. B., & Chapman, J. E. (2006). Juvenile drug court: Enhancing outcomes by integrating evidence-based treatments. *Journal of Consulting and Clinical Psychology, 74*, 42-54.

Henggeler, S. W., Melton, G. B., & Smith, L. A. (1992). Family preservation using multisystemic therapy: An effective alternative to incarcerating serious juvenile offenders. *Journal of Consulting and Clinical Psychology, 60*, 953-961.

Henggeler, S. W., Melton, G. B., Smith, L. A., Schoenwald, S. K., & Hanley, J. H. (1993). Family preservation using multisystemic therapy: Long-term follow-up to a clinical trial with serious juvenile offenders. *Journal of Child and Family Studies, 2*, 283-293.

Henggeler, S. W., Schoenwald, S. K., Borduin, C. M., Rowland, M. D., & Cunningham, P. B. (2009). *Multisystemic treatment of antisocial behavior in children and adolescents*, 2nd ed. New York, NY: Guilford.

Henning, K., & Holdford, R. (2006). Minimization, denial, and victim blaming by batterers: How much does the truth matter? *Criminal Justice and Behavior, 33*, 110-130.

Hettema, J., Steele, J., & Miller, W. R. (2005). Motivational interviewing. *Annual Review of Clinical Psychology, 1*, 91-111.

Hiatt, K. D., & Newman, J. P. (2006). Understanding psychopathy: The cognitive side. In C. J. Patrick (Ed.), *Handbook of Psychopathy* (pp. 334-352). New York, NY: Guilford.

Hicks, B. M., Markon, K. E., Patrick, C. J., Krueger, R. F., & Newman, J. P. (2004). Identifying psychopathy subtypes on the basis of personality structure. *Psychological Assessment, 16*, 276-288.

Hill, K., Howell, J. C., Hawkins, D. J., & Battin-Pearson, S. R. (1999). Childhood risk factors for adolescent gang membership: Results from the Seattle Social Development project. *Journal of Research in Crime and Delinquency, 36*, 300-322.

Hilton, Z. N., & Harris, G. T. (2005). Predicting wife assault: A critical review and implications for policy and practice. *Trauma, Violence, and Abuse, 6*, 3-23.

Hilton, Z. N., Harris, G. T., & Rice, M. E. (2007). The effect of arrest on wife assault recidivism: Controlling for pre-arrest risk. *Criminal Justice and Behavior, 34*, 1334-1344.

Hilton, Z. N., Harris, G. T., & Rice, M. E. (2015). The step-father effect in child abuse: Comparing discriminative parental solicitude and antisociality. *Psychology of Violence, 5*, 8-15.

Hilton, Z. N., Harris, G. T., Rice, M. E., Houghton, R. E., & Eke, A. W. (2008). An in-depth assessment for wife assault recidivism: The Ontario Domestic Violence Risk Appraisal Guide. *Law and Human Behavior, 32*, 150-163.

Hilton, Z. N., Harris, G. T., Rice, M. E., Lang, C., Cormier, C. A., & Lines, K. J. (2004). A brief actuarial assessment for the prediction of wife assault recidivism: The Ontario Domestic Assault Risk Assessment. *Psychological Assessment, 16*, 267-275.

Hipwell, A. E., Pardini, D. A., Loeber, R., Sembower, M., Keenan, K., & Stouthamer-Loeber, M. (2007). Callous-unemotional behaviors in young girls: Shared and unique effects relative to conduct problems. *Journal of Clinical Child and Adolescent Psychiatry, 36*, 293-304.

Hirschi, T. (1969). *Causes of Delinquency*. Berkeley, CA: University of California Press.

Hirschi, T. (2004). Self-control and crime. In R. F. Baumeister & K. D. Vohs (Eds.), *Handbook of self-regulation: Research, theory and applications* (pp. 537-552). New York, NY: Guilford.

Hobson, J., Shine, J., & Roberts, R. (2000). How do psychopaths behave in a prison therapeutic community? *Psychiatry, Crime and Law, 6*, 139-154.

Hodgins, S., & Cote, G. (1990). Prevalence of mental disorders among penitentiary inmates in Quebec. *Canada's Mental Health, 38*, 1-4.

Hodgins, S., Hiscoke, U. L., & Freese, R. (2003). The antecedents of aggressive behavior among men with schizophrenia: A prospective investigation of patients in community treatment. *Behavioral Sciences and the Law, 21*, 523-546.

Hoffman, P. B. (1994). Twenty years of operational use of a risk prediction instrument: The United States Parole Commission's Salient Factor Score. *Journal of Criminal Justice, 22*, 477-494.

Hoge, R. D. (2002). Standardized instruments for assessing risk and need in youthful offenders. *Criminal Justice and Behavior, 29*, 277-302.

Hoge, R. D. (2009). Youth Level of Service/Case Management Inventory. In R. K. Otto & K. S. Douglas (Eds.), *Handbook of violence risk assessment tools* (pp. 81-95). New York, NY: Routledge.

Hoge, R. D., & Andrews, D. A. (2002). *Youth Level of Service/Case Management Inventory: User's manual*. Toronto, Canada: Multi-Health Systems.

Hoge, R. D., & Andrews, D. A. (2011). *Youth Level of Service/Case Management Inventory: User's manual. Version 2.0*. Toronto, Canada: Multi-Health Systems.

Holloway, K., Bennett, T. H., & Farrington, D. P. (2008). *Effectiveness of treatment in reducing drug-related crime*. Stockholm, Sweden: National Council on Crime Prevention.

Holsinger, A. M. (2013). Implementation of actuarial risk/need assessment and its effect on community supervision revocations. *Justice Research and Policy, 15*, 95-122.

Holsinger, A. M., Lowenkamp, C. T., & Latessa, E. J. (2006). Exploring the validity of the Level of Service Inventory-Revised with Native American offenders. *Journal of Criminal Justice, 34*, 331-337.

Holtfreter, K., Reisig, M. D., & Morash, M. (2004). Poverty, state capital, and recidivism among women offenders. *Criminology and Public Policy, 3*, 185-208.

Holtzworth-Munroe, A., & Stuart, G. L. (1994). Typologies of male batterers: Three subtypes and the differences among them. *Psychological Bulletin, 116*, 476-497.

Homel, R. (2014). Justice reinvestment as a global phenomenon. *Victims and Offenders, 9*, 6-12.

Honegger, L. N. (2015). Does the evidence support the case for mental health courts? A review of the literature. *Law and Human Behavior, 39*, 478-488.

Honig, W. K. (1966). *Operant behavior: Areas of research and application*. East Norwalk, CT: Appleton-Century-Crofts.

Hooten, E. A. (1939). *Crime and the man*. Cambridge, MA: Harvard University Press.

Hough, M., & Roberts, J. V. (2012). Public opinion, crime, and criminal justice. In M. Maguire, R. Morgan, & R. Reiner (Eds.), *The Oxford handbook of criminology* (pp. 279-299). Oxford, England: Oxford University Press.

Howell, J. C., & Lipsey, M. W. (2012). Research-based guidelines for juvenile justice programs. *Justice Research and Policy, 14*, 17-34.

Hsu, C., Caputi, P., & Byrne, M. K. (2009). The Level of Service Inventory-Revised (LSI-R): A useful assessment measure for Australian offenders? *Criminal Justice and Behavior, 36*, 728-740.

Hsu, C., Caputi, P., & Byrne, M. K. (2010). The Level of Service Inventory-Revised: Assessing the risk and need characteristics of Australian Indigenous offenders. *Psychiatry, Psychology, and Law, 17*, 355-367.

Hsu, S. H., & Marlatt, G. A. (2011). Relapse prevention in substance use. In D. B. Cooper (Ed.), *Practice in mental health-substance use* (pp. 203-217). London, England: Radcliffe Publishing.

Hubbard, D. J., & Pealer, J. (2009). The importance of responsivity factors in predicting reductions in antisocial attitudes and cognitive distortions among adult male offenders. *The Prison Journal, 89*, 79-98.

Hunt, D. E., & Hardt, R. H. (1965). Developmental stage, delinquency, and differential treatment. *Journal of Research in Crime and Delinquency, 2*, 20-31.

Hunt, G. M., & Azrin, N. H. (1973). A community-reinforcement approach to alcoholism. *Behavior Research and Therapy, 11*, 91-104.

Hunt, M. (1997). *How science takes stock: The story of meta-analysis*. New York, NY: Russell Sage.

Hunter, J. E., & Schmidt, F. L. (1996). Cumulative research knowledge and social policy formulation: The critical role of meta-analysis. *Psychology, Public Policy, and Law, 2*, 324-347.

Huss, M. T., & Langhinrichsen-Rohling, J. (2000). Identification of the psychopathic batterer: The clinical, legal, and policy implications. *Aggression and Violent Behavior, 5*, 403-422.

Hyde, J. S. (2005). The gender similarities hypothesis. *American Psychologist, 60*, 581-592.

Ike, N. (2000). Current thinking on XYY syndrome. *Psychiatric Annals, 30*, 91-95.

Inada, T., Minagawa, F., Iwashita, S., & Tokui, T. (1995). Mentally disordered criminal offenders: Five years' data from the Tokyo District Public Prosecutor's Office. *International Journal of Law and Psychiatry, 18*, 221-230.

Irvin, J. E., Bowers, C. A., Dunn, M. E., & Wang, M. C. (1999). Efficacy of relapse prevention: A meta-analytic review. *Journal of Consulting and Clinical Psychology, 67*, 563-570.

Ito, T. A., Miller, N., & Pollock, V. E. (1996). Alcohol and aggression: A meta-analysis on the moderating effects of inhibitory cues, triggering events, and self-focused attention. *Psychological Bulletin, 120*, 60-82.

Jacobs, P. A., Brunton, P., Melville, H. M., Brittain, R. P., & McClermont, W. F. (1965). Aggressive behavior, mental subnormality and the XYY male. *Nature, 208*, 1351-1352.

Jaffe, S. R., Belsky, J., Harrington, H., Caspi, A., & Moffitt, T. E. (2006). When parents have a history of conduct disorder: How is the caregiving environment affected? *Journal of Abnormal Psychology, 115*, 309-319.

Jaffe, S. R., Moffitt, T. E., Caspi, A., & Taylor, A. (2003). Life with (or without) father: The benefits of living with two biological parents depend on the father's antisocial behavior. *Child Development, 74*, 109-126.

James, N. (2013). *The federal population buildup: Overview, policy changes, issues, and options*. Washington, DC: Congressional Research Services.

Jarvik, L. F., Klodin, V., & Matsuyama, S. S. (1973). Human aggression and the extra Y chromosome. *American Psychologist, 28*, 674-682.

Jessor, R., & Jessor, S. L. (1977). *Problem behavior and psychosocial development: A longitudinal study of youth*. New York, NY: Academic Press.

Johnson, M. C., & Menard, S. (2012). A longitudinal study of delinquency abstention: Differences between life-course abstainers and offenders from adolescence into adulthood. *Youth Violence and Juvenile Justice, 10*, 278-291.

Johnson, W., Turkheimer, E., Gottesman, I. I., & Bouchard, T. J. (2009). Beyond heritability: Twin studies in behavioral research. *Current Directions in Psychological Science, 18*, 217-220.

Josefsson, K., Jokela, M., Cloninger, C. R., Hintsanen, M., Salo, J., Hintsa, T., Pulkki-Råback., L., & Keltikangas-Järvinen, L. (2013). Maturity and change in personality: Developmental trends of temperament and character in adulthood. *Development and Psychopathology, 25*, 713-727.

Joseph, J. E., Liu, X., Jiang, Y., Lynam, D., & Kelly, T. H. (2009). Neural correlates of emotional reactivity in sensation seeking. *Psychological Science, 20*, 215-223.

Jotangia, A., Rees-Jones, A., Gudjonsson, G. H., & Young, S. (2015). A multi-site controlled trial of the R&R2MHP cognitive skills program for mentally disordered female offenders. *International Journal of Offender Therapy and Comparative Criminology, 59*, 539-559.

Juby, H., & Farrington, D. P. (2001). Disentangling the link between disrupted families and delinquency. *British Journal of Criminology, 41*, 22-40.

Junger, M., Greene, J., Schipper, R., Hesper, F., & Estourgie, V., & Junger, M. (2013). Parental criminality, family violence and intergenerational transmission of crime within a birth cohort. *European Journal of Criminal Policy Research, 19*, 117-133.

Justice Center (2013). *Lessons from the states: Reducing recidivism and curbing corrections costs through justice reinvestment*. Council of State Governments Justice Centre. Available at: www.csgjusticecenter.org

Kaiser, H. A. (2010). Too good to be true: Second thoughts on the proliferation of mental health courts. *Canadian Journal of Community Mental Health, 29*, 19-25.

Kanin, E. J. (1967). Reference groups and sex conduct norm violations. *The Sociological Quarterly, 8,* 495-504.

Karberg, J. C., & James, D. J. (2005). *Substance dependence, abuse, and treatment of jail inmates, 2000.* Washington, DC: Bureau of Justice Statistics.

Karevold, E., Ystrom, E., Coplan, R. J., Sanson, A. V., & Mathiesen, K. S. (2012). A prospective longitudinal study of shyness from infancy to adolescence: Stability, age-related changes, and prediction of socio-emotional functioning. *Journal of Abnormal Child Psychology, 40,* 1167-1177.

Katz, J., & Chambliss, W. J. (1995). Biology and crime. In J. F. Sheley (Ed.), *Criminology: A contemporary handbook* (pp. 275-303). Belmont, CA: Wadsworth.

Keller, J., & Wagner-Steh, K. (2005). A Guttman scale for empirical prediction of level of domestic violence. *Journal of Forensic Psychology Practice, 5,* 37-48.

Kelly, J., & Datta, A. (2009). Does three strikes really deter? A statistical analysis of its impact on crime rates in California. *College Teaching Methods & Styles Journal, 5,* 29-36.

Kelly, W. R., Macy, T. S., & Mears, D. P. (2005). Juvenile referrals in Texas: An assessment of criminogenic needs and the gap between needs and services. *The Prison Journal, 85,* 467-489.

Kempinen, C. A., & Kurlychek, M. C. (2003). An outcome evaluation of Pennsylvania's boot camp: Does rehabilitative programming within a disciplinary setting reduce recidivism? *Crime & Delinquency, 49,* 581-602.

Kennealy, P. J., Skeem, J. L., Manchak, S. M., & Louden, J. E. (2012). Firm, fair, and caring officer-offender relationships protect against supervision failure. *Law and Human Behavior, 36,* 496-505.

Kennealy, P. J., Skeem, J. L., Walters, G. D., & Camp, J. (2010). Do core interpersonal and affective traits of the PCL-R psychopathy interact with antisocial behavior and disinihibition to predict violence? *Psychological Assesment, 22,* 569-580.

Kilgore, J. (2013). Progress or more of the same? Electronic monitoring and parole in the age of mass incarceration. *Critical Criminology, 21,* 123-139.

Killias. M., & Villetaz, P. (2008). The effects of custodial vs non-custodial sanctions on reoffending: Lessons frm a systematic review. *Psicothemia, 20,* 29-34.

Kiloh, L. G. (1978). The neural basis of aggression and its treatment by psychosurgery. *Australian and New Zealand Journal of Psychiatry, 12,* 21-28.

Kimonis, E. R., Frick, P. J., & Barry, C. T. (2004). Callous-unemotional traits and delinquent peer affiliation. *Journal of Consulting and Clinical Psychology, 72,* 956-966.

King, R. S., Mauer, M., & Young, M. C. (2005). *Incarceration and crime: A complex relationship.* Washington, DC: The Sentencing Project.

Kirby, B. C. (1954). Measuring effects of treatment of criminals and delinquents. *Sociology and Social Research, 38,* 368-374.

Kivetz, R., & Zheng, Y. (2006). Determinants of justification and self-control. *Journal of Experimental Psychology: General, 135,* 572-587.

Klag, S., O'Callaghan, F., & Creed, P. (2005). The use of legal coercion in the treatment of substance abusers: An overview and critical analysis of thirty years of research. *Substance Use & Misuse, 40,* 1777-1795.

Kleiman, M. A. R., Kilmer, B., & Fisher, D. T. (2014). Response to Stephanie A. Duriez, Francis T. Cullen, and Sarah M. Manchak: Theory and evidence on the swift-certain-fair approach to enforcing conditions of community supervision. *Federal Probation, 78,* 71-74.

Klein, A. R., & Crowe, A. (2008). Findings from an outcome examination of Rhode Island's Specialized Domestic Violence Probation Supervision Program: Do specialized supervision programs of batterers reduce reabuse? *Violence Against Women, 14,* 226-246.

Klein, A. R., & Tobin, T. (2008). A longitudinal study of arrested batterers, 1995-2005: Career criminals. *Violence Against Women*, *14*, 136-157.

Klein, N. C., Alexander, J. F., & Parsons, B. V. (1977). Impact of family systems intervention on recidivism and sibling delinquency: A model of primary prevention and program evaluation. *Journal of Consulting and Clinical Psychology*, *3*, 469-474.

Knack, W. A. (2009). Psychotherapy and Alcoholics Anonymous: An integrated approach. *Journal of Psychotherapy Integration*, *19*, 86-109.

Koehler, J. A., Humphreys, D. K., Akoensi, T. D., Sáncehez de Ribera, O., & Lösel, F. (2014). A systematic review and meta-analysis on the effects of European drug treatment programs on reoffending. *Psychology, Crime, & Law*, *20*, 584-602.

Koehler, J. A., Lösel, F., Akoensi, T. D., & Humphreys, D. K. (2013). A systematic review and meta-analysis of the effects of young offender treatment programs in Europe. *Journal of Experimental Criminology*, *9*, 19-43.

Kohlberg, L. (1958). The development of modes of moral thinking and choice in the years ten to sixteen. Unpublished doctoral dissertation, University of Chicago, IL.

Kohlberg, L., & Candee, D. (1984). The relationship of moral judgment to moral action. In L. Kohlberg (Ed.), *Essays in moral development, Vol. 2: The psychology of moral development* (pp. 498-581). New York, NY: Harper & Row.

Konty, M. (2005). Microanomie: The cognitive foundations of the relationship between anomie and deviance. *Criminology*, *43*, 107-132.

Kreager, D. A., Matseuda, R. L., & Erosheva, E. A. (2010). Motherhood and criminal desistance in disadvantaged neighborhoods. *Criminology*, *48*, 221-258.

Kraus, S. J. (1995). Attitudes and the prediction of behavior: A meta-analysis of the empirical literature. *Personality and Social Psychology Bulletin*, *21*, 58-75.

Krentzman, A. R. (2007). The evidence base of the effectiveness of Alcoholics Anonymous: Implications for social work practice. *Journal of Social Work Practice in Addictions*, *7*, 27-48.

Kroner, D. G., & Yessine, A. K. (2013). Changing risk factors that impact recidivism: In search of mechanisms of change. *Law and Human Behavior*, *37*, 321-336.

Kropp, P. R., & Gibas, A. (2010). The Spousal Assault Risk Assessment Guide (SARA). In R. K. Otto & K. Douglas (Eds.), *Handbook of Violence Risk Assessment Tools* (pp. 227-250). New York, NY: Routledge.

Kropp, P. R., Hart, S. D., Webster, C. D., & Eaves, D. (1995). *Manual for the Spousal Assault Risk Assessment Guide*, 2nd ed. Vancouver: British Columbia Institute of Family Violence.

Kross, E., Mischel, W., & Shoda, Y. (2010). Enabling self-control: A cognitive-affective processing system approach to problematic behavior. In J. E. Maddux & J. P. Tangney (Eds.), *Social psychological foundations of clinical psychology* (pp. 375-394). New York, NY: Guilford Press.

Krueger, R. F., & Eaton, N. R. (2010). Personality traits and the classification of mental disorders: Toward a more complex integration in DSM-V and an empirical model of psychopathology. *Personality Disorders*, *1*, 97-118.

Krueger, R. F., Moffitt, T. E., Caspi, A., Bleske, A., & Silva, P. A. (1998). Assortative mating for antisocial behavior: Developmental and methodological implications. *Behavior Genetics*, *28*, 173-186.

Kuhns, J. B., Exum, M. L., Clodfelter, T. A., & Bottia, M. C. (2014). The prevalence of alcohol-involved homicide offending: A meta-analytic review. *Homicide Studies*, *18*, 251-270.

Lab, S. P., & Whitehead, J. T. (1990). From 'Nothing Works' to 'The Appropriate Works': The latest stop on the search for the secular grail. *Criminology*, *28*, 405-417.

Labrecque, R. M., Luther, J. D., Smith, P., & Latessa, E. J. (2014a). Responding to the needs of probation and parole: The development of the effective practices in a community supervision model with families. *Offender Programs Report, 18,* 1-2, 11-13.

Labrecque, R. M., Schweitzer, M., & Smith, P. (2013). Probation and parole officer adherence to the core correctional practices: An evaluation of 755 offender-officer interactions. *Advancing Practice,* University of Cincinnati, 20-23.

Labrecque, R. M., Smith, P., Schweitzer, M., & Thompson, C. (2014b). Targeting antisocial attitudes in community supervision using the EPICS model: An examination of change scores on the Criminal Sentiments Scale. *Federal Probation, 77,* 15-20.

Labriola, M., Rempel, M., & Davis, R. C. (2008). Do batterer programs reduce recidivism? Results from a randomized trial in the Bronx. *Justice Quarterly, 25,* 252-1282.

Lacourse, E., Nagin, D. S., Vitaro, F., Coté, S., Aresenault, L., & Tremblay, R. E. (2006). Prediction of early-onset deviant peer group affiliation: A 12-year longitudinal study. *Archives of General Psychiatry, 63,* 562-568.

Lahey, B. B., Loeber, R., Burke, J. D., & Applegate, B. (2005). Predicting future antisocial personality disorder in males from a clinical assessment in childhood. *Journal of Consulting and Clinical Psychology, 73,* 389-399.

Lalumière, M. L., & Quinsey, V. L. (1996). Sexual deviance, antisociality, mating effort, and the use of sexually coercive behaviors. *Personality and Individual Differences, 21,* 33-38.

Lambdin, C. (2012). Significance test as sorcery: Science is empirical—significance tests are not. *Theory & Psychology, 22,* 67-90.

Lane, J., Turner, S., Fain, T., & Sehgal, A. (2005). Evaluating an experimental intensive juvenile probation program: Supervision and official outcomes. *Crime & Delinquency, 51,* 26-52.

Lange, J. (1929). *Crime as destiny* (translated 1931). London, England: Unwin.

Langevin, R., & Curnoe, S. (2004). The use of pornography during the commission of sexual offenses. *International Journal of Offender Therapy and Comparative Criminology, 48,* 572-586.

Langevin, R., Lang, R. A., & Curnoe, S. (1998). The prevalence of sex offenders with deviant fantasies. *Journal of Interpersonal Violence, 13,* 315-327.

Långström, N., Enebrink, P., Laurén, E.-M., Lindblom, J., Werkö, & Hanson, R. K. (2013). Preventing sexual abusers of children from reoffending: systematic review of medical and psychological interventions. *BMJ, 347:* 14630.

Larsson, H., Viding, E., & Plomin, R. (2008). Callous-unemotional traits and antisocial behavior: Genetic, environmental and early parenting characteristics. *Criminal Justice and Behavior, 35,* 197-211.

Latessa, E. J. (2013). Evaluating correctional programs. *151st International Training Course: Visiting Experts Papers.* Available from author, University of Cincinnati.

Latessa, E. J., Cullen, F. T., & Gendreau, P. (2002). Beyond correctional quackery: Professionalism and the possibility of effective treatment. *Federal Probation, 66,* 43-49.

Latessa, E. J., Listwan, S. J., & Koetzle, D. (2014). *What works (and doesn't) in reducing recidivism.* New York, NY: Routledge.

Latessa, E. J., Smith, P., Lemke, R., Makarios, M., & Lowenkamp, C. T. (2010). The creation and validation of the Ohio Risk Assessment system (ORAS). *Federal Probation, 74,* 16-22.

Latessa, E. J., Smith, P., Schweitzer, M., & Labrecque, R. M. (2013). Evaluation of the effective practices in community supervision model (EPICS) in Ohio. Available from author, University of Cincinnati.

Latimer, J., Dowden, C., & Muise, D. (2005). The effectiveness of restorative justice practices: A meta-analysis. *The Prison Journal, 85,* 127-144.

Laub, J. H., & Sampson, R. J. (2003). *Shared beginnings, divergent lives: Delinquent boys to age seventy*. Cambridge, MA: Harvard University Press.

Laub, J. H., & Sampson, R. J. (2011). Sheldon and Eleanor Glueck's unraveling juvenile delinquency study: The lives of 1,000 Boston men in the twentieth century. In F. T. Cullen, C. L. Jonson, A. J. Myer, & F. Adler (Eds.), *The origins of American criminology: Advances in criminological theory* (369-396). New Brunswick, NJ: Transaction.

Laub, J. H., & Vaillant, G. E. (2000). Delinquency and mortality: A 50-year follow-up study of 1,000 delinquent and nondelinquent boys. *American Journal of Psychiatry, 157*, 96-102.

Laukkanen, J., Ojansuu, U., Tolvanen, A., Alatupa, S., & Aunola, K. (2014). Child's difficult temperament and mothers' parenting style. *Journal of Child and Family Studies, 23*, 312-323.

Laxminarayan, M. (2013). The effect of retributive and restorative sentencing on psychological effects of criminal proceedings. *Journal of Interpersonal Violence, 28*, 938-955.

Leary, M. R., Tambor, E. S., Terdal, S. K., & Downs, D. L. (1995). Self-esteem as an interpersonal monitor: The sociometer hypothesis. *Journal of Personality and Social Psychology, 68*, 518-530.

Le Blanc, M., & Lanctôt, N. (1998). Social and psychological characteristics of gang members according to the gang structure and its subcultural and ethnic make-up. *Journal of Gang Research, 5*, 15-28.

Leiber, M. J., & Fox, K. C. (2005). Race and the impact of detention on juvenile decision making. *Crime & Delinquency, 51*, 470-497.

Leistico, A.-M., Salekin, R. T., DeCoster, J., & Rogers, R. (2008). A large-scale meta-analysis relating the Hare measures of psychopathy to antisocial conduct. *Law and Human Behavior, 32*, 28-45.

Lenox, M. E. (2011). Neutralizing the gendered collateral consequences of the war on drugs. *New York Universisty Law Review, 86*, 280-315.

León-Mayer, E., Folino, J. O., Neumann, C., & Hare, R. D. (2015). The construct of psychopathy in a Chilean prison population. *Revista Brasileira de Psiquiatria*, 1-6.

Leschied, A. W., Chiodo, D., Nowicki, E., & Rodger, S. (2008). Childhood predictors of adult criminality: A meta-analysis drawn from the prospective longitudinal literature. *Canadian Journal of Criminology and Criminal Justice, 50*, 435-467.

Leschied, A. W., & Cunningham, A. (2002). *Seeking effective interventions for serious young offenders: Interim results of a four-year randomized study of Multisystemic Therapy in Ontario, Canada*. London, Canada: Centre for Children and Families in the Justice System.

Letourneau, E. J., Henggeler, S. W., Borduin, C. M., Schewe, P. A., McCart, M. R., Chapman, J. E., & Saldana, L. (2009). Multisystemic Therapy for juvenile sexual offenders: 1-year results from a randomized effectiveness trial. *Journal of Family Psychology, 23*, 89-102.

Leve, L. D., & Chamberlain, P. (2005). Association with delinquent peers: Intervention effects for youth in the juvenile justice system. *Journal of Abnormal Child Psychology, 33*, 339-347.

Leventhal, T., & Brooks-Gunn, J. (2000). The neighborhoods they live in: The effects of neighborhood residence on child and adolescent outcomes. *Psychological Bulletin, 126*, 309-337.

Lickliter, R., & Honeycutt, H. (2003). Developmental dynamics: Toward a biologically plausible evolutionary psychology. *Psychological Bulletin, 129*, 819-835.

Lilienfeld, S. O., & Jones, M. (2008). Allegiance effects in assessment: Unresolved questions, potential explanations, and constructive remedies. *Clinical Psychology: Science and Practice, 15*, 361-365.

Link, B. G., Andrews, H., & Cullen, F. T. (1992). The violent and illegal behavior of mental patients reconsidered. *American Sociological Review, 57*, 275-292.

Link, B., & Steuve, C. (1994). Psychotic symptoms and the violent/illegal behavior of mental patients compared to community controls. In J. Monahan & H. Steadman (Eds.), *Violence and mental disorder* (pp. 137-159). Chicago, IL: University of Chicago Press.

Link, B. G., Steuve, C., & Phelan, J. (1998). Psychotic symptoms and violent behaviors: Probing the components of 'Threat/Control-Override' symptoms. *Social Psychiatry and Psychiatric Epidemiology*, *33*, S55-S60.

Lipsey, M. W. (1999). Can rehabilitative programs reduce the recidivism of juvenile offenders? An inquiry into the effectiveness of practical programs. *Virginia Journal of Social Policy and the Law*, *6*, 611-641.

Lipsey, M. W. (2009). The primary factors that characterize effective interventions with juvenile offenders: A meta-analytic overview. *Victims & Offenders*, *4*, 124-147.

Lipsey, M. W., & Cullen, F. T. (2007). The effectiveness of correctional rehabilitation: A review of systematic reviews. *Annual Review of Law and Social Science*, *3*, 297-320.

Lipsey, M. W., & Derzon, J. H. (1998). Predictors of violent or serious delinquency in adolescence and early adulthood: A synthesis of longitudinal research. In R. Loeber & D. P. Farrington (Eds.), *Serious and violent juvenile offenders: Risk factors and successful interventions* (pp. 86-105). Thousand Oaks, CA: Sage.

Lipsey, M. W., Landenberger, N. A., & Wilson, S. J. (2007). Effects of cognitive-behavioral programs for criminal offenders. *Campbell Systematic Reviews*, *6*.

Lipsey, M. W., & Wilson, D. B. (1998). Effective intervention for serious juvenile offenders: A synthesis of research. In R. Loeber & D. P. Farrington (Eds.), *Serious and violent juvenile offenders: Risk factors and successful interventions* (pp. 313-345). Thousand Oaks, CA: SAGE.

Lipsey, M. W., Wilson, D. B., Cohen, M. A., & Derzon, J. H. (1997). Is there a causal relationship between alcohol use and violence? A synthesis of evidence. In M. Galanter (Ed.), *Recent Developments in Alcoholism, Vol. 13: Alcoholism and violence* (pp. 245-282). New York, NY: Plenum Press.

Lipton, D., Martinson, R., & Wilks, J. (1975). *The effectiveness of correctional treatment: A survey of treatment evaluation studies*. New York, NY: Praeger.

Listwan, S. J. (2009). Reentry for serious and violent offenders: An analysis of program attrition. *Criminal Justice Policy Review*, *20*, 154-169.

Litt, M. D., Kadden, R. M., Kabela-Cormier, E., & Petry, N. (2007). Changing network support for drinking: Initial findings from the network support project. *Journal of Consulting and Clinical Psychology*, *75*, 542-555.

Litt, M. D., Kadden, R. M., Kabela-Cormier, E., & Petry, N. M. (2009). Changing network support for drinking: Network support project 2-year follow-up. *Journal of Consulting and Clinical Psychology*, *77*, 229-242.

Liu, H., Li, Y., & Guo, G. (2015). Gene by social-environment interaction for youth delinquency and violence: Thirty-nine aggression-related genes. *Social Forces*, *93*, 881-903.

Liu, J. (2011). Early health risk factors for violence: Conceptualization, review of the evidence, and implications. *Aggression and Violent Behavior*, *16*, 63-73.

Lockwood, S., Nally, J. M., Ho, T., & Knutson, K. (2012). The effect of correctional education on post-release employment and recidivism: A 5-year follow-up study in the state of Indiana. *Crime & Delinquency*, *58*, 380-396.

Loeber, R., Byrd, A. L., & Farrington, D. P. (2015). Why developmental criminology is still coming of age: The influence of biological factors on within-individual change. In J. Morizot & L. Kazemian (Eds.), *The development of criminal and antisocial behavior* (pp. 65-73). New York: Springer.

Loeber, R., & Farrington, D. P. (2014). Age-crime curve. In G. J. N. Bruinsma & D. L. Weisburd (Eds.), *Encyclopedia of criminology and criminal justice*. New York, NY: Springer.

Loeber, R., Homish, D. L., Wei, E. H., Pardini, D., Crawford, A. M., Farrington, D. P., Stouthamer-Loeber, M., Creemers, J., Koehler, S. A., & Rosenfeld, R. (2005). The prediction of violence and homicide in young men. *Journal of Consulting and Clinical Psychology*, *73*, 1074-1088.

Loeber, R., Menting, B., Lynam, D. R., Moffitt, T. E., Stouthamer-Loeber, M., Stallings, R., Farrington, D. P., & Pardini, D. (2012). Findings from the Pittsburgh Youth Study: Cognitive impulsivity and intelligence as predictors of the age-crime curve. *Child & Adolescent Psychiatry, 51*, 1136-1149.

Logan, C. H. (1972). Evaluation research in crime and delinquency: A reappraisal. *Journal of Criminal Law, Criminology and Police Science, 63*, 378-387.

Lombroso, C. (1895/2004). Criminal anthropology: Its origin and application. In D. M. Horton & K.E. Rich (eds.), *The criminal anthropological writings of Cesare Lombroso published in the English language periodical literature during the late 19th and early 20th centuries* (pp. 63-82). Lewiston, NY: Edwin Mellen Press.

Lombroso, C., & Ferrero, W. (1895/1980). *The female offender*. Littleton, CO: Fred B. Rothman & Co.

Longshore, D., Hawken, A., Urada, D., & Anglin, M. D. (2006). *SACPA cost analysis report (first and second years)*. Sacramento, CA: California Department of Alcohol and Drug Programs.

Looman, J., Dickie, I., & Abracen, J. (2005). Responsivity issues in the treatment of sexual offenders. *Trauma, Violence, and Abuse, 6*, 330-353.

Lösel, F., & Schmucker, M. (2005). The effectiveness of treatment for sexual offenders: A comprehensive meta-analysis. *Journal of Experimental Criminology, 1*, 117-146.

Lovell, D., Gagliardi, G. J., & Phipps, P. (2005). *Washington's Dangerous Mentally Ill Offender Law: Was community safety increased?* Olympia: Washington State Institute for Public Policy.

Lovins, B., Lowenkamp, C. T., Latessa, E. J., & Smith, P. (2007). Application of the risk principle to female offenders. *Journal of Contemporary Criminal Justice, 23*, 383-398.

Lovins, B., Lowenkamp, C. T., & Latessa, E. J. (2009). Applying the risk principle to sex offenders: Can treatment make some offenders worse? *The Prison Journal, 89*, 344-357.

Lowenkamp, C.T., & Bechtel, K. (2007). The predictive validity of the LSI-R on a sample of offenders drawn from the records of the Iowa Department of Corrections data management system. *Federal Probation, 71*, 25-29.

Lowenkamp, C. T., Holsinger, A. M., & Cohen, T. H. (2015). PCRA revisited: Testing the validity of the federal Post Conviction Risk Assessment (PCRA). *Psychological Science, 12*, 149-157.

Lowenkamp, C. T., Holsinger, A. M., & Latessa, E. J. (2005). Are drug courts effective: A meta-analytic review. *Journal of Community Corrections*, Fall, 5-10, 28.

Lowenkamp, C. T., Holsinger, A., Robinson, C. R., & Alexander, M. (2014). Diminishing or durable effects of STARR? A research note on 24-month re-arrest rates. *Journal of Crime and Justice, 37*, 275-283.

Lowenkamp, C. T., Hubbar, D., Makarios, M. D., & Latessa, E. J. (2009). A quasi-experimental evaluation of Thinking for a Change: A "real world" application. *Criminal Justice and Behavior, 36*, 137-146.

Lowenkamp, C. T., Johnson, J. L., Holsinger, A. M., VanBenschoten, S. W., & Robinson, C. R. (2013). The federal Post Conviction Risk Assessment (PCRA): A construction and validation study. *Psychological Services, 10*, 87-96.

Lowenkamp, C. T., Latessa E. J., & Holsinger, A. M. (2004). Empirical evidence on the importance of training and experience in using the Level of Service Inventory-Revised. *Topics in Community Corrections—2004*. Washington, DC: National Institute of Corrections.

Lowenkamp, C.T., Latessa, E. J., & Holsinger, A. M. (2006). The risk principle in action: What have we learned from 13,676 offenders and 97 correctional programs? *Crime & Delinquency, 52*, 77-93.

Lowenkamp, C.T., Latessa, E. J., & Smith, P. (2006). Does correctional program quality really matter? The impact of adhering to the principles of effective interventions. *Criminology & Public Policy, 5*, 575-594.

文 献

Lowenkamp, C. T., Makarios, M. D., Latessa, E. J., Lemke, R., & Smith, P. (2010). Community corrections facililties for juvenile offenders in Ohio: An examination of treatment integrity and recidivism. *Criminal Justice and Behavior, 37*, 695-708.
Luborsky, L., Diguer, L., Seligman, D. A., Rosenthal, R., Krause, E. D., Johnson, S., Halperin, G., Bishop, M., Berman, J. S., & Schweitzer, E. (1999). The researcher's own therapy allegiances: A "wild card" in comparisons of treatment efficacy. *Clinical Psychology: Science and Practice, 6*, 95-106.
Luong, D., & Wormith, J. S. (2011). Applying risk/need assessment to probation practice and its impact on the recidivism of young offenders. *Criminal Justice and Behavior, 38*, 1177-1199.
Lussier, P., Proulx, J., & Le Blanc, M. (2005). Criminal propensity, deviant sexual interests and criminal activity of sexual aggressors against women: A comparison of explanatory models. *Criminology, 43*, 249-281.
Lynam, D. R. (1997). Pursuing the psychopath: Capturing the fledgling psychopath in the nomological net. *Journal of Abnormal Psychology, 106*, 425-438.
Lynam, D. R., & Derefinko, K. J. (2006). "Psychopathy and personality." In C. J. Patrick (Ed.), *Handbook of Psychopathy* (pp. 133-155). New York, NY: Guilford.
Lyngstad, T. H., & Skardhamar, T. (2013). Changes in criminal offending around the time of marriage. *Journal of Ressearch in Crime and Delinquency, 50*, 608-615.
MacKenzie, D. L., & Armstrong, G. S. (Eds.) (2004). *Correctional boot camps: Military basic training or a model for corrections?* Thousand Oaks, CA: Sage.
MacKenzie, D. L., Brame, R., McDowall, D., & Souryal, C. (1995). Boot camp prisons and recidivism in eight states. *Criminology, 33*, 327-357.
MacLeod, J. F., Grove, P. G., & Farrington, D. P. (2012). *Explaining criminal careers: Implications for justice policy*. Oxford, England: Oxford University Press.
Magdol, L., Moffitt, T. E., Caspi., A., Newman, D. L., Fagan, J., & Silva, P. A. (1997). Gender differences in partner violence in a birth cohort of 21-year-olds: Bridging the gap between clinical and epidemiological approaches. *Journal of Consulting and Clinical Psychology, 65*, 68-78.
Magura, S., McKean, J., Kosten, S., & Tonigan, J. S. (2013). A novel application of propensity score matching to estimate Alcoholics Anonymous' effect on drinking outcomes. *Drug and Alcohol Dependence, 129*, 54-59.
Mair, G., Burke, L., & Taylor, S. (2006). The worst tax form you've ever seen? Probation officers' views about OASys. *Probation Journal, 53*, 7-23.
Maisel, N. C., Blodgett, J. C., Wilbourne, P. L., Humphreys, K., & Finney, J. W. (2013). Meta-analysis of naltrexone and acamprosate for treating alcohol use disorders: When are these medications most helpful? *Addiction, 108*, 275-293.
Makkai, T., & Payne, J. (2005). Illicit drug use and offending histories: A study of male incarcerated offenders in Australia. *Probation Journal, 52*, 153-168.
Maletzky, B. M., Tolan, A., & McFarland, B. (2006). The Oregon depo-provera program: A five year follow-up. *Sexual Abuse, 18*, 303-316.
Malivert, M., Fatséas, M., Denic, C., Langlois, E., & Auriacombe, M. (2012). Effectiveness of therapeutic communities: A systematic review. *European Addiction Research, 18*, 1-11.
Malouff, J. M., Rooke, S. E., & Schutte, N. S. (2008). The heritability of human behavior: Results of aggregating meta-analyses. *Current Psychology, 27*, 153-161.
Manchak, S. M., Skeem, J. L., Douglas, K. S., & Siranosian, M. (2008). Does gender moderate the predictive utility of the Revised Level of Service Inventory (LSI-R) for serious violent offenders? *Criminal Justice and Behavior, 36*, 425-442.

Maniglio, R. (2011). The role of childhood trauma, psychological problems, and coping in the development of deviant sexual fantasies in sexual offenders. *Clinical Psychology review, 31*, 748-756.

Mannheim, H. (1965). *Comparative criminology*. Boston, MA: Houghton Mifflin.

Mark, V. H., & Ervin, F. R. (1970). *Violence and the brain*. Hagerstown, MD: Harper & Row.

Markowitz, F. E. (2011). Mental illness, crime, and violence: Risk, context, and social control. *Aggression and Violent Behavior, 16*, 36-44.

Marlatt, A. & Gordon, J. (1980). Determinants of relapse: Implications for the maintenance of behavior change. In P. O. Davidson & S. M. Davidson (Eds.), *Behavioral medicine: Changing health lifestyles* (pp. 410-452). New York, NY: Bruner-Mazel.

Marlatt, G. A., & Witkiewitz, K. (2010). Update on harm-reduction policy and intervention research. *Annual Review of Clinical Psychology, 6*, 591-606.

Marsee, M. A., Frick, P. J., Barry, C. T., Kimonis, E. R., Centifanti, L. C., & Aucoin, K. J. (2014). Profiles of the forms and functions of self-reported aggression in three adolescent samples. *Development and Psychopathology, 26*, 705-720.

Marsh, K., Fox, C., & Sarmah, R. (2009). Is custody an effective sentencing option for the UK? Evidence from a meta-analysis of existing studies. *Probation Journal, 56*, 129-151.

Marshall, W. L., & Barbaree, H. E. (1990). Outcome of comprehensive cognitive-behavioral treatment programs. In W. L. Marshall, D. R. Laws & H. E. Barbaree (Eds.), *Handbook of sexual assault: Issues, theories, and treatment of the offender* (pp. 363-385). New York, NY: Plenum.

Marshall, W. L., Jones, R., Ward, T., Johnston, P., & Barbaree, H. E. (1991). Treatment outcome with sex offenders. *Clinical Psychology Review, 11*, 465-485.

Martin, C., Player, E., & Liriano, S. (2003). Results of evaluations of RAPt drug treatment programme. In M. Ramsay (Ed.), *Prisoner drug use and treatment: Seven research studies, Home Office Research Study 267* (pp. 97-112). London, England: Home Office.

Martin, M. S., Dorken, S. K., Wamboldt, A. D., & Wooten, S. E. (2012). Stopping the revolving door: A meta-analysis on the effectiveness of interventions for criminally involved individuals with major mental illness. *Law and Human Behavior, 36*, 1-12.

Martinson, R. (1974). What works?—Questions and answers about prison reform. *The Public Interest, 35*, 22-54. Reprinted in *Rehabilitation, Recidivism, and Research* (1976), National Council on Crime and Delinquency.

Martinson, R. (1979). New findings, new views: A note of caution regarding prison reform. *Hofstra Law Review, 7*, 243-258.

Maruna, S. (2001). *Making good: How ex-convicts reform and rebuild their lives*. Washington, DC: American Psychological Association.

Maruna, S., & Copes, H. (2005). What have we learned from five decades of neutralization research? In M. Tonry (Ed.), *Crime and justice: A review of research*, Vol. *32* (pp. 221-320). Chicago, IL: University of Chicago Press.

Maruna, S., & LeBel, T. P. (2010). The desistance paradigm in correctional practice: From programmes to lives. In F. McNeill, P. Raynor, & C. Trotter (Eds.), *Offender supervision: New directions in theory, research and practice* (pp. 65-87). Abingdon, England: Willan Publishing.

Matejkowski, J., Caplan, J. M., & Wiesel Cullen, S. (2010). The impact of severe mental illness on parole decisions: Social integration within a prison setting. *Criminal Justice and Behavior, 37*, 1005-1029.

Matseuda, R. L., & Anderson, K. (1998). The dynamics of delinquent peers and delinquent behavior. *Criminology, 36*, 269-308.

Matson, J. L., & Kazdin, A. E. (1981). Punishment in behavior modification: Pragmatic, ethical, and legal issues. *Clinical Psychology Review, 1*, 197-210.

Matthews, S. K., & Agnew, R. (2008). Extending deterrence theory: Do delinquent peers condition the relationship between perceptions of getting caught and offending? *Journal of Research in Crime and Delinquency, 45,* 91-118.
Matza, D. (1964). *Delinquency and drift,* 2nd ed. New York, NY: Wiley.
Maxwell, C., Garner, J. H., & Fagan, J. A. (2001). *The effects of arrest on intimate partner violence: New evidence for the Spouse Assault Replication Program.* Washington, DC: U.S. National Institute of Justice.
Mayer, J. D. (2005). A tale of two visions: Can a new view of personality help integrate psychology? *American Psychologist, 60,* 294-307.
McClennen, J. C. (2005). Domestic violence between same-gender partners: Recent findings and future research. *Journal of Interpersonal Violence, 20,* 149-154.
McCold, P. (2006). The recent history of restorative justice: Mediations, circles, and conferencing. In D. Sullivan & L. Tifft (Eds.), *Handbook of restorative justice* (pp. 23-51). New York, NY: Routledge.
McCord, J. (1997). Discipline and the use of sanctions. *Aggression and Violent Behavior, 2,* 313-319.
McCord, J. (1999). Interventions: Punishment, diversion, and alternative routes to crime prevention. In A. K. Hess & I. B. Weiner (Eds.), *The handbook of forensic psychology,* 2nd ed. (pp. 559-579). New York, NY: Wiley.
McCrady, B. S., Epstein, E. E., & Kahler, C. W. (2004). Alcoholics Anonymous and relapse prevention as maintenance strategies after conjoint behavioral alcohol treatment for men: 19-month outcomes. *Journal of Consulting and Clinical Psychology, 72,* 870-878.
McGee, T. R., Wickes, R., Corcoran, J., Bor, W., & Najman, J. (2011). Antisocial behavior: An examination of individual, family, and neighbourhood factors. *Trends & Issues in Crime and Criminal Justice, No. 410,* (pp. 1-6). Australian Institute of Criminaology.
McGloin, J. M., & O'Neill Shermer, L. (2009). Self-control and deviant peer network structure. *Journal of Research in Crime and Delinquency, 46,* 35-72.
McGue, M., Osler, M., & Christensen, K. (2010). Causal inference and observational research: The utility of twins. *Perspectives on Psychological Science, 5,* 546-556.
McGuire, J. (2004). *Understanding psychology and crime: Perspectives on theory and action.* Berkshire, UK: Open University Press.
McGuire, J., Bilby, C. A. L., Hatcher, R. M., Hollin, C. R., Hounsome, J., & Palmer, E. J. (2008). Evaluation of structured cognitive-behavioural treatment programmes in reducing criminal recidivism. *Journal of Experimental Criminology, 4,* 21-40.
McMahon, R., Witkiewitz, K., & Kotler, J. S. (2010). Predictive validity of callous-unemotional traits measured in early adolescence with respect to multiple antisocial outcomes. *Journal of Abnormal Psychology, 119,* 752-763.
McMurran, M. (2007). What works in substance misuse treatments for offenders. *Criminal Behaviour and Mental Health, 17,* 225-233.
McMurran, M. (2009). Motivational interviewing with offenders: A systematic review. *Legal and Criminological Psychology, 14,* 83-100.
McMurran, M. (2012). Individual-level interventions for alcohol-related violence: Expanding targets for inclusion in treatment programs. *Journal of Criminal Justice, 22,* 14-28.
McNeill, F., Farrall, S., Lightowler, C., & Maruna, S. (2012). Reexamining evidence-base practice in community corrections: Beyond "a confined view" of what works. *Justice Research and Policy, 14,* 35-60.
Meade, B., & Steiner, B. (2010). The total effects of boot camps that house juveniles: A systematic review of the evidence. *Journal of Criminal Justice, 38,* 841-853.

Mead, N. L., Baumeister, R. F., Gino, F., Schweitzer, M. E., Ariely, D. (2009). Too tired to tell the truth: Self-control resource depletion and dishonesty. *Journal of Experimental Social Psychology*, 45, 594-597.
Mears, D. P. (2003). Research and interventions to reduce domestic violence revictimization. *Trauma, Violence and Abuse*, 4, 127-147.
Mears, D. P., Cochran, J. C., Siennick, S. E., & Bales, W. D. (2012). Prison visitation and recidivism. *Justice Quarterly*, 29, 888-918.
Mednick, S. A. (1977). A bio-social theory of the learning of law-abiding behavior. In S. A. Mednick & K. O. Christiansen (Eds.), *Biosocial basis of criminal behavior* (pp. 1-8). New York, NY: Gardner.
Mednick, S. A., Gabrielli, W. F., & Hutchings, B. (1984). Genetic influences in criminal convictions: Evidence from an adoption cohort. *Science*, 234, 891-894.
Mednick, S. A., Gabrielli, W. F., & Hutchings, B. (1987). Genetic factors in the etiology of criminal behavior. In S. A. Mednick, T. E. Moffitt, & S. A. Stack (Eds.), *The causes of crime: New biological approaches* (pp. 74-91). Cambridge, England: Cambridge University Press.
Meehan, K. E. (2000). California's three-strikes law: The first six years. *Corrections Management Quarterly*, 4, 22-33.
Meier, M. H., Slutske, W. S., Arndt, S., & Cadoret, R. J. (2008). Impulsive and callous traits are more strongly associated with delinquent behavior in higher risk neighborhoods among boys and girls. *Journal of Abnormal Psychology*, 117, 377-385.
Melde, C., & Esbensen, F.-A. (2013). Gangs and violence: Disentangling the impact of gang membership on the level and nature of offending. *Journal of Quantitative Criminology*, 29, 143-166.
Mengeling, M. A., Booth, B. M., Turner, J. C., & Sadler, A. G. (2014). Reporting sexual assault in the military. *American Journal of Preventative Medicine*, 47, 17-25.
Merikangas, K. R., & Mcclair, V. L. (2012). Epidemiology of substance abuse disorders. *Human Genetics*, 131, 779-789.
Merritt, N., Fain, T., & Turner, S. (2006). Oregon's get tough sentencing reform: A lesson in justice system adaptation. *Criminology & Public Policy*, 5, 5-36.
Merton, R. K. (1938). Social structure and anomie. *American Sociological Review*, 3, 672-682.
Merton, R. K. (1957). *Social theory and social structure*. New York, NY: Free Press.
Messing, J. T., & Thaller, J. (2013). The average predictive validity of intimate partner violence risk assessment instruments. *Journal of Interpersonal Violence*, 28, 1537-1558.
Meyers, R. J., Roozen, H. G., & Smith, J. E. (2011). The community reinforcement approach: An update of the evidence. *Alcohol Research & Health*, 33, 380-388.
Meyers, R. J., Villanueva, M., & Smith, J. E. (2005). The community reinforcement approach: History and new directions. *Journal of Cognitive Psychotherapy: An International Quarterly*, 19, 247-260.
Miller, J., & Maloney, C. (2013). Practitioner compliance with risk/needs assessment tools: A theoretical and empirical assessment. *Criminal Justice and Behavior*, 40, 716-736.
Miller, J. D., & Lynam, D. R. (2001). Structural models of personality and their relation to antisocial behavior: A meta-analytic review. *Criminology*, 39, 765-792.
Miller, J. D., Lynam, D. R., & Leukefeld, C. (2003). Examining antisocial behavior through the lens of the five factor model of personality. *Aggressive Behavior*, 29, 497-514.
Miller, W. B. (1958). Lower class culture as a generating milieu of gang delinquency. *Journal of Social Issues*, 14, 5-19.
Miller, W. R., & Carroll, K. M. (2006). *Rethinking substance abuse: What the science shows, and what we should do about it*. New York, NY: Guilford.
Miller, W. R., & Rollnick, S. (2002). *Motivational interviewing: Preparing people for change*. New York, NY: Guilford.

Miller, W. R., & Rose, G. S. (2009). Toward a theory of motivational interviewing. *American Psychologist*, *64*, 527-537.
Mills, J. F., Anderson, D., & Kroner, D. G. (2004). The antisocial attitudes and associates of sex offenders. *Criminal Behaviour and Mental Health*, *14*, 134-145.
Mills, J. F., & Kroner, D. G. (2006). Impression management and self-report among violent offenders. *Journal of Interpersonal Violence*, *21*, 178-192.
Mills, J. F., Kroner, D. G., & Hemmati, T. (2005). The Measures of Criminal Attitudes and Associates (MCAA): The prediction of general and violent recidivism. *Criminal Justice and Behavior*, *31(6)*, 717-733.
Mills, L. G., Barocas, B., & Ariel, B. (2013). The next generation of court-mandated domestic violence treatment: A comparison study of batterer intervention and restorative justice programs. *Journal of Experimental Criminology*, *9*, 65-90.
Mischel, W. (1968). *Personality and assessment*. New York, NY: Wiley.
Mischel, W. (2004). Toward an integrative science of the person. *Annual Review of Psychology*, *55*, 1-22.
Mischel, W., & Shoda, Y. (2010). The situated person. In B. Mesquita, L. F. Barrett, & E. R. Smith (Eds.), *The mind in context* (pp. 149-173). New York, NY: Guilford Press.
Mitchell, O. (2005). A meta-analysis of race and sentencing research: Explaining the inconsistencies. *Journal of Quantitative Criminology*, *21*, 439-466.
Mitchell, O., Wilson, D. B., Eggers, A., & MacKenzie, D. L. (2012). Assessing the effectiveness of drug courts on recidivism: A meta-analytic review of traditional and non-traditional drug courts. *Journal of Criminal Justice*, *40*, 60-71.
Mitchell, O., Wilson, D. B., & MacKenzie, D. L. (2007). Does incarceration-based drug treatment reduce recidivism? A meta-analytic synthesis of the research. *Journal of Experimental Criminology*, *3*, 353-375.
Mitchell, O., Wilson, D. B., & MacKenzie, D. L. (2012). The effectiveness of incarceration-based drug treatment on criminal behavior: A systematic review. *Campbell Systematic Reviews*, *18*.
Moffitt, T. E. (1983). The learning theory model of punishment: Implications for delinquency deterrence. *Criminal Justice and Behavior*, *10*, 131-158.
Moffitt, T. E. (1990). The neuropsychology of juvenile delinquency. In M. Tonry & N. Morris (Eds.), *Crime and justice: A review of research*, Vol. 8 (pp. 99-169). Chicago, IL: University of Chicago Press.
Moffitt, T. E. (1993). 'Life-course-persistent' and 'adolescent-limited' antisocial behavior: A developmental taxonomy. *Psychological Review*, *100*, 674-701.
Moffitt, T. E. (2003). Life-course-persistent and adolescence-limited antisocial behavior: A 10-year research review and a research agenda. In B. A. Lahey, T. E. Moffitt & A. Caspi (Eds.), *Causes of conduct disorder and juvenile delinquency* (pp. 49-75). New York, NY: Guilford.
Moffitt, T. E. (2005). The new look of behavioral genetics in developmental psychopathology: Gene-environment interplay in antisocial behaviors. *Psychological Bulletin*, *131*, 533-554.
Moffitt, T. E. (2006). A review of research on the taxonomy of life-course persistent versus adolescence-limited antisocial behavior. In F. T. Cullen, P. Wright, & K. R. Blevins (Eds.), *Taking stock: The status of criminological theory*. New Brunswick, NJ: Transaction.
Moffitt, T. E., Arsenault, L., Belsky, D., Dickson, N., Hancox, R. J., Harrington, H., Houts, R., Poulton, R., Roberts, B. W., Ross, S., Sears, M. R., Thomson, W. M., & Caspi, A. (2011). A gradient of childhood self-control predicts health, wealth, and public safety. *Proceedings of the National Academy of Sciences*, *108*, 2693-2698.

Moffitt, T. E., & Beckley, A. (2015). Abandon twin research? Embrace epigenetic research? Premature advice for criminologists. *Criminology*, *53*, 121-126.
Moffitt, T. E., Caspi, A., & Rutter, M. (2012). Measured gene-environment interactions in psychopathology. *Perspectives on Psychological Science*, *1*, 5-27.
Moffitt, T. E., Lynam, D. R., & Silva, P. A. (1994). Neuropsychological tests predicting persistent male delinquency. *Criminology*, *32*, 277-300.
Moffitt, T. E., Ross, S., & Raine, A. (2011). Crime and biology. In J. Q. Wilson & J. Petersilia (Eds.), *Crime and public policy* (pp. 53-86). Oxford: Oxford University Press.
Moos, R. H. (2008). Active ingredients of substance use-focused self-help groups. *Addiction*, *103*, 387-396.
Morash, M. (2009). A great debate over using the Level of Service Inventory-Revised (LSI-R) with women offenders. *Criminology & Public Policy*, *8*, 173-181.
Morgan, R., Flora, D., Kroner, D., Mills, J. F., Varghese, F., & Steffan, J. S. (2012). Treating offenders with mental illness: A research synthesis. *Law and Human Behavior*, *36*, 37-50.
Morgan, R., Kroner, D., Mills, J. F., Bauer, R. L., & Serna, C. (2014). Treating justice involved persons with mental illness: Preliminary evaluation of a comprehensive treatment program. *Criminal Justice and Behavior*, *41*, 902-916.
Morizot, J. (2015). The contribution of temperament and personality traits to criminal and antisocial behavior development and desistence. In J. Morizot & L. Kazemian (Eds.), *The development of criminal and antisocial behavior* (pp. 137-165). New York: Springer.
Mokros, A., Habermeyer, E., Neumann, C. S., Schilling, F., Hare, R. D., & Eher, R. (2014). Assessment of psychopathy in Austria: Psychometric properties of the Psychopathy Checklist-Revised. *European Journal of Psychological Assessment*, *30*, 243-250.
Morris, N. M. & Tonry, M. (1990). *Between prison and probation: Intermediate punishment in a rational sentencing system*. New York, NY: Oxford University Press.
Motiuk, L. L., Bonta, J., & Andrews, D. A. (1990). Dynamic predictive criterion validity in offender assessment. Paper presented at the Canadian Psychological Association Annual Convention, Ottawa, Ontario, Canada, June.
Mullen, P. E. (2006). Schizophrenia and violence: From correlations to preventive strategies. *Advances in Psychiatric Treatment*, *12*, 239-248.
Müller-Isberner, R., & Hodgins, S. (2000). Evidence-based treatment for mentally disordered offenders. In S. Hodgins & R. Müller-Isberner (Eds.), *Violence, crime and mentally disordered offenders* (pp. 7-38). New York, NY: Wiley.
Mustard, S., May, D. C., & Phillips, D. W. (2006). Prevalence and predictors of cheating on antabuse: Is antabuse a cure or merely an obstacle? *American Journal of Criminal Justice*, *31*, 51-63.
Nadelhofer, T., Bibas, S., Grafton, S., Kiehl, K. A., Mansfield, A., Sinnott-Armstrong, W., & Gazzaniga, M. (2012). Neuroprediction, violence, and the law: Setting the stage. *Neuroethics*, *5*, 67-97.
Nagin, D. S., Cullen, F. T., & Jonson, C. L. (2009). Imprisonment and reoffending. In M. H. Tonry (Ed.), *Crime and Justice: A review of research, Vol. 38* (pp. 115-200). Chicago, IL: University of Chicago Press.
Nagin, D. S., & Pogarsky, G. (2004). Time and punishment: Delayed consequences and criminal behavior. *Journal of Quantitative Criminology*, *20*, 295-317.
Nagin, D. S., & Tremblay, R. E. (2005). What has been learned from group-based trajectory modeling? Examples from physical aggression and other problem behaviors. *Annals of the American Academy of Political and Social Science*, *602*, 82-117.
National Association of Drug Court Professionals (2013). *Adult drug court best practice standards, Volume 1*. Alexandria, VA: National Association of Drug Court Professionals.

National Institute on Drug Abuse (2014). Nationwide trends. *Drug Facts*, January, 1-4.
Neil, T. M. S., & Grisso, T. (2014). Assessment practices and expert judgment methods in forensic psychology and psychiatry: An international snapshot. *Criminal Justice and Behavior, 41*, 1406-1421.
Nellis, M. (2010). Electronic monitoring towards integration into offender management? In F. McNeill, P. Raynor, & C. Trotter (Eds.), Offender supervision: New directions in theory, research and practice (509-533). New York: NY: Willan Publishing.
Nelson, R. J., & Trainor, B. C. (2007). Neural mechanisms of aggression. *Nature Reviews/Neuroscience, 8*, 536-546.
Nesovic, A. (2003). Psychometric evaluation of the Correctional Program Assessment Inventory. *Dissertation Abstracts International, 64* (09), 4674B. (UMI No. AAT NQ83525).
Neumann, C. S., Schmitt, D. S., Carter, R., Embley, I., & Hare, R. D. (2012). Psychopathic traits in females and males across the globe. *Behavioral Sciences & the Law, 30*, 557-574.
Newcomb, M. D., & Loeb, T. B. (1999). Poor parenting as an adult problem behavior: General deviance, deviant attitudes, inadequate family support and bonding, or just bad parents? *Journal of Family Psychology, 13*, 175-193.
Newman, G. (1995). *Just and painful: A case for the corporal punishment of criminals*, 2nd ed. New York, NY: Harrow and Heston.
Newsom, C., Flavell, J. E., & Rincover, A. (1983). The side effects of punishment. In S. Axelrod & J. Apsche (Eds.), *The effects of punishment on human behavior* (pp. 285-316). New York, NY: Academic.
Nicholls, T. L., Pritchard, M. M., Reeves, K. A., & Hilterman, E. (2013). Risk assessment in intimate partner violence: A systematic review of contemporary approaches. *Partner Abuse, 4*, 76-168.
Nicholson-Crotty, S. (2004). The impact of sentencing guidelines on state-level sanctions: An analysis over time. *Crime & Delinquency, 50*, 395-411.
Nieuwbeerta, P., & Piquero, A. R. (2008). Mortality rates and causes of death of convicted Dutch criminals 25 years later. *Journal of Research in Crime and Delinquency, 45*, 256-286.
Nuffield, J. (1982). *Parole decision-making in Canada*. Ottawa, Canada: Solicitor General of Canada.
O'Brien, K., Daffern, M., Chu, C. M., & Thomas, S. D. M. (2013). Youth gang affiliation, violence, and criminal activities: A review of motivational, risk, and protective factors. *Aggression and Violent Behavior, 18*, 417-425.
Odgers, C. L., Moffitt, T. E., Broadbent, J. M., Dickson, N., Hancox, R. J., Harrington, H., Poulton, R., Sears, M. R., Thomson, W. M., & Caspi, A. (2008). Female and male antisocial trajectories: From childhood origins to adult outcomes. *Developmental Psychopathology, 20*, 673-716.
Odgers, C. L., Caspi, A., Russell, M. A., Sampson, R. J., Arsenault, L., & Moffitt, T. E. (2012). Supportive parenting mediates widening neighborhood socioeconomic disparities in children's antisocial behavior from ages 5 to 12. *Developmental Psychopathology, 24*, 705-721.
O'Donnell, C. R., Lydgate, T., & Fo, W. S. O. (1971). The buddy system: review and follow-up. *Child Behavior Therapy, 1*, 161-169.
Office of National Drug Control Policy (2014). *2013 annual report arrestee drug abuse monitoring program II*. Washington, DC: Office of National Drug Control Policy.
Ogloff, J. R. P. (2006). Psychopathy/antisocial personality disorder conundrum. *Australian and New Zealand Journal of Psychiatry, 40*, 519-528.
Ogilvie, J. M., Stewart, A. L., Chan, R. C. K., & Shum, D. (2011). Neuropsychological measures of executive function and antisocial behavior: A meta-analysis. *Criminology, 49*, 1063-1107.
Oleson, J. C., VanBenschoten, S., Robinson, C., Lowenkamp, C. T., & Holsinger, A. M. (2012). Actuarial and clinical assessment of criminogenic needs: identifying supervision priorities among federal probation officers. *Journal of Crime and Justice, 35*, 239-248.

O'Leary, K. D., Tintle, N., & Bronet, E. (2014). Risk factors of physical violence against partners in the U. S. *Evelyn Psychology of Violence, 4*, 65-77.

Olver, M. E., Lewis, K., & Wong, S. C. (2013). Risk reduction treatment of high-risk psychopathic offenders: the relationship of psychopathy and treatment change to violent recidivism. *Personality Disorders, 4*, 160-167.

Olver, M. E., Neumann, C. S., Wong, S. C., & Hare, R. D. (2013). The structural and predictive properties of the Psychopathy Checklist-Revised in Canadian Aboriginal and non-Aboriginal offenders. *Psychological Assessment, 25*, 167-179.

Olver, M. E., Stockdale, K. C., & Wormith, J. S. (2009). Risk assessment with young offenders: A meta-analysis of three assessment measures. *Criminal Justice and Behavior, 36*, 329-353.

Olver, M. E., Stockdale, K. C., & Wormith, J. S. (2011). A meta-analysis of the predictors of offender treatment attrition and its relationship to recidivism. *Journal of Consulting and Clinical Psychology, 79*, 6-21.

Olver, M. E., Stockdale, K. C., & Wormith, J. S. (2014). Thirty years of research on the Level of Service scales: A meta-analytic examination of predictive accuracy and sources of variability. *Psychological Assessment, 26*, 156-176.

Olver, M. E., & Wong, S. C. P. (2011). A comparison of static and dynamic assessment of sexual offender risk and need in a treatment context. *Criminal Justice and Behavior, 38*, 113-126.

Olver, M. E., Wong, S. C. P., & Nicholaichuk, T. P. (2009). Outcome evaluation of a high-intensity inpatient sex offender treatment program. *Journal of Interpersonal Violence, 24*, 522-536.

Omori, M. K., & Turner, S. F. (2015). Assessing the cost of electronically monitoring high-risk sex offenders. *Crime & Delinquency, 61*, 873-894.

Onifade, E., Davidson, W., Campbell, C., Turke, G., Malinowski, J., & Turner, K. (2008). Predicting recidivism in probationers with the Youth Level of Service Case Management Inventory (YLS/CMI). *Criminal Justice and Behavior, 35*, 474-483.

Osgood, D. W., & Anderson, A. L. (2004). Unstructured socializing and rates of delinquency. *Criminology, 42*, 519-549.

Osofsky, J. (2003). Prevalence of children's exposure to domestic violence and child maltreatment: Implications for prevention and intervention. *Clinical Child and Family Psychology Review, 6*, 161-170.

Ostermann, M., & Herrschaft, B. A. (2013). Validating the Level of Service Inventory-Revised: A gendered perspective. *The Prison Journal, 93*, 291-312.

Ostrowsky, M. K. (2010). Are violent people more likely to have low self-esteem or high self-esteem? *Aggression and Violent Behavior, 15*, 69-75.

Otto, R. K., & Douglas, K. S. (Eds.), (2010). *Handbook of violence risk assessment*. New York, NY: Routledge.

Owens, J. G., & Slocum, L. E. (2015). Abstainers in adolescence and adulthood: Exploring the correlates of abstention using Moffitt's developmental taxonomy. *Crime & Delinquency, 61*, 690-718.

Padgett, K. G., Bales, W. D., & Blomberg, T. G. (2006). Under surveillance: An empirical test of the effectiveness and consequences of electronic monitoring. *Criminology & Public Policy, 5*, 61-92.

Palmer, T. (1974). The Youth Authority's community treatment project. *Federal Probation*, March: 3-14.

Palmer, T. (1975). Martinson revisited. *Journal of Research in Crime and Delinquency, 12*, 133-152.

Pan, H. S., Neidig, P. H., & O'Leary, K. D. (1994). Predicting mild and severe husband-to-wife physical aggression. *Journal of Consulting and Clinical Psychology, 62*, 975-981.

Paparozzi, M. A., & Gendreau, P. (2005). An intensive supervision program that worked: Service delivery, professional orientation, and organizational supportiveness. *The Prison Journal, 85*, 445-466.

Pardini, D. A., & Loeber, R. (2008). Interpersonal callousness trajectories across adolescence: Early social influences and adult outcomes. *Criminal Justice and Behavior, 35*, 173-196.
Parent, D. G., Chaiken, M., & Logan, W. (1989). *Shock incarceration: An overview of existing programs.* Washington, DC: Office of Justice Programs, U.S. Department of Justice.
Parent, G., Guay, J.-P., & Knight, R. (2011). An assessment of long-term risk of recidivism by adult sex offenders: One size doesn't fit all. *Criminal Justice and Behavior, 38*, 188-209.
Parhar, K. K., Wormith, J. S., Derkzen, D. M., & Beauregard, A. M. (2008). Offender coercion in treatment: A meta-analysis of effectiveness. *Criminal Justice and Behavior, 35*, 1109-1135.
Parker, K. F., & Maggard, S. R. (2005). Structural theories and race-specific drug arrests: What structural factors account for the rise in race-specific drug arrests over time? *Crime & Delinquency, 51*, 521-547.
Paternoster, R., McGloin, J. M., Nguyen, H., & Thomas, K. J. (2013). The causal impact of exposure to deviant peers: An experimental investigation. *Journal of Research in Crime and Delinquency, 50*, 476-503.
Patterson, G. R. (1982). *Coercive family process.* Eugene, OR: Castalia.
Patterson, G. R. (1997). Performance models for parenting: A social interactional perspective. In J. E. Grusec & L. Kuczynski (Eds.), *Parenting and children's internalization of values: A handbook of contemporary theory* (pp. 193-226). New York, NY: Wiley.
Patterson, G. R., DeGarmo, D. S., & Knutson, N. (2000). Hyperactive and antisocial behaviors: Comorbid or two points in the same process? *Development and Psychopathology, 12*, 91-106.
Patterson, G. R., & Yoerger, K. (1999). Intraindividual growth in covert antisocial behaviour: A necessary precursor to chronic juvenile and adult arrests? *Criminal Behaviour and Mental Health, 9*, 24-38.
Patterson, G. R., Forgatch, M. S., & DeGarmo, D. S. (2010). Cascading effects following intervention. *Developmental Psychopathology, 22*, 949-970.
Patrick, C. J. (Ed.), (2006) *Handbook of Psychopathy.* New York, NY: Guilford.
Payne, D. C., & Cornwell, B. (2007). Reconsidering peer influences on delinquency: Do less proximate contacts matter? *Journal of Quantitative Criminology, 23*, 127-149.
Peachy, D. E. (1989). The Kitchener experiment. In M. Wright & B. Galaway (Eds.), *Mediation and criminal justice: Victims, offenders and community* (pp. 14-26). Newbury Park, CA: Sage.
Pearce, S., & Pickard, H. (2012). How therapeutic communities work: Specific factors related to positive outcomes. *International Journal of Social Psychiatry, 59*, 636-645.
Pearson, F. S., Prendergast, M. L., Podus, D., Vazan, P., Greenwell, L., & Hamilton, Z. (2012). Meta-analysis of seven of NIDA's Principles of Drug Addiction Treatment. *Journal of Substance Abuse Treatment, 43*, 1-11.
Pechorro, P., Maroco, J., Polares, C., & Viera, R. X. (2013). Validation of the Portuguese version of the antisocial process screening device-self-report with a focus on delinquent behavior and behavior problems. *International Journal of Offender Therapy and Comparative Criminology, 57*, 112-126.
Pemment, J. (2013). The neurobiology of antisocial personality disorder: The quest for rehabilitation and treatment. *Aggression and Violent Behavior, 18*, 79-82.
Peters, J., Shackelford, T. K., & Buss, D. M. (2002). Understanding domestic violence against women: Using evolutionary psychology to extend the feminist functional analysis. *Violence and Victims, 17*, 255-264.
Petersilia, J., & Turner, S. (1993). *Evaluating intensive supervision probation/parole: Results of a nationwide experiment.* Research in Brief. Washington, DC: National Institute of Justice.

Petkovsek, M. A., Boutwell, B. B., Barnes, J. C., & Beaver, K. M. (2015 online). Moffitt's developmental taxonomy and gang membership: An alternative test of the snares hypothesis. *Youth Violence and Juvenile Justice*.

Petrosino, A., Derzon, J., & Lavenberg, J. (2009). The role of family in crime and delinquency: Evidence from prior quantitative reviews. *Southwest Journal of Criminal Justice*, 6, 108-132.

Petrosino, A. & Soydan, H. (2005). The impact of program developers as evaluators on criminal recidivism: Results from meta-analyses of experimental and quasi-experimental research. *Journal of Experimental Criminology*, 1, 435-450.

Petrosino, A., Turpin-Petrosino, C., & Buehler, J. (2003). Scared straight and other juvenile awareness programs for preventing juvenile delinquency: A systematic review of the randomized experimental evidence. *Annals of the American Academy of Political and Social Science*, 589, 41-62.

Pettit, B., & Western, B. (2004). Mass imprisonment and the life course: Race and class inequality in U.S. incarceration. *American Sociological Review*, 69, 151-169.

Pew Center on the States (2009). *One in 31: The long reach of American corrections*. Washington, DC: The Pew Charitable Trusts.

Pichot, P. (1978). Psychopathic behavior: A historical overview. In R. D. Hare & D. Schalling (Eds.), *Psychopathic behavior* (pp. 55-70). New York, NY: Wiley.

Piliavin, I., Thornton, C., Gartner, C., & Matsueda, R. L. (1986). Crime, deterrence, and rational choice. *American Sociological Review*, 51, 101-119.

Piotrowska, P. J., Stride, C. B., Croft, C. B., & Rowe, R. (2015). Socioeconomic status and antisocial behaviour among children and adolescents: A systematice review and meta-analysis. *Clinical Psychology Review*, 35, 47-55.

Piquero, A. R. (2008). Taking stock of developmental trajectories of criminal activity over the life course. In A. M. Liberman (Ed.), *The long view of crime* (pp. 23-78). New York, NY: Springer.

Piquero, A. R. & Blumstein, A. (2007). Does incapacitation reduce crime? *Journal of Quantitative Criminology*, 23, 267-285.

Piquero, A. R., Daigle, L. E., Gibson, C., Piquero, N. L., & Tibbetts, S. G. (2007). Are life-course-persistent offenders at risk for adverse health outcomes? *Journal of Research in Crime and Delinquency*, 44, 185-207.

Piquero, A. R., Farrington, D. P., Fontaine, N. M. G., Vincent, G., Coid, J., & Ulrich, S. (2012). Childhood risk, offending trajectories, and psychopathy at age 48 in the Cambridge study in delinquent development. *Psychology, Public Policy, and Law*, 18, 577-598.

Piquero, A. R., Farrington, D. P., Nagin, D. S., & Moffitt, T. E. (2010). Trajectories of offending and their relation to life failure in middle age: Findings from the Cambridge study in delinquent development. *Journal of Research in Crime and Delinquency*, 47, 151-173.

Piquero, A. R., Farrington, D. P., Welsh, B., Tremblay, R., & Jennings, W. (2009). Effects of early family/parent training programs on antisocial behavior and delinquency. *Journal of Experimental Criminology*, 5, 83-120.

Piquero, A. R., Jennings, W. G., & Farrington, D. P. (2010). On the malleability of self-control: Theoretical and policy implications regarding a general theory of crime. *Justice Quarterly*, 27, 803-834.

Piquero, A. R., Jennings, W. G., & Farrington, D. P. (2013). The monetary costs of crime to middle adulthood: Findings from the Cambridge Study in Delinquent Development. *Journal of Research in Crime and Delinquency*, 50, 53-74.

Piquero, A. R., & Pogarsky, G. (2002). Beyond Stafford and Warr's reconceptualization of deterrence: Personal and vicarious experiences, impulsivity, and offending. *Journal of Research in Crime and Delinquency*, 39, 153-186.

Pogarsky, G. (2007). Deterrence and individual differences among convicted offenders. *Journal of Quantitative Criminology*, *25*, 59-74.

Pogarsky, G., & Piquero, A. (2003). Can punishment encourage offending? Investigating the 'resetting' effect. *Journal of Research in Crime and Delinquency*, *40*, 95-120.

Polaschek, D. L. L. (2012). An appraisal of the risk-need-responsivity (RNR) model of offender rehabilitation and its application in correctional treatment. *Legal and Criminological Psychology*, *17*, 1-17.

Polaschek, D. L. L. (2014). Adult criminals with psychopathy: Common beliefs about treatability and change have little empirical support. *Current Directions in Psychological Science*, *23*, 296-301.

Polaschek, D. L. L., & Daly, L. R. (2013). Treatment and psychopathy in forensic settings. *Aggression and Violent Behavior*, *18*, 592-603.

Porter, S. (1996). Without conscience or without active conscience? The etiology of psychopathy revisited. *Aggression and Violent Behavior*, *1*, 179-189.

Poulton, R., Moffitt, T. E., & Silva, P. A. (2015). The Dunedin multidisciplinary health and development study: Overview of the first forty years, with an eye to the future. *Social Psychiatry and Psychiatric Epidemiology*, *50*, 679-693.

Poythress, N. G., & Skeem, J. L. (2006). Disaggregation psychopathy: Where and how to look for subtypes. In C. J. Patrick (Ed.), *Handbook of psychopathy* (pp. 172-192). New York, NY: Guilford.

Pratt, T. C., & Cullen, F. T. (2005). Assessing macro-level predictors and theories of crime: A meta-analysis. In M. Tonry (Ed.), *Crime and Justice: A Review of Research*, Vol. *32* (pp. 373-450). Chicago, IL: University of Chicago Press.

Pratt, T. C., Cullen, F. T., Sellers, C. S., Winfree, T. Jr., Madensen, T. D., Daigle, L. E., Fearn, N. E., & Gau, J. M. (2010). The empirical status of social learning theory: A meta-analysis. *Justice Quarterly*, *27*, 765-802.

Prendergast, M. L., Farabee, D., Cartier, J., & Henkin, S. (2006). Involuntary treatment within a prison setting: Impact on psychosocial change during treatment. In C. R. Bartol & A. M. Bartol (Eds.), *Current perspectives in forensic psychology and criminal justice* (pp. 231-238). Thousand Oaks, CA: Sage.

Prendergast, M. L., Pearson, F. S., Podus, D., Hamilton, Z. K., & Greenwell, L. (2013). The Andrews' principles of risk, needs, and responsivity as applied in drug treatment programs: Meta-analysis of crime and drug use outomes. *Journal of Experimental Criminology*, *9*, 275-300.

Prior, D., Farrow, K., Hughes, N., Kelly, G., Manders, G., White, S., & Wilkinson, B. (2011). *Maturity, young adults and criminal justice*. Birmingham, UK: University of Birmingham.

Prochaska, J. O., & DiClemente, C. C. (1982). Transtheoretical therapy: Toward a more integrative model of change. *Psychotherapy: Theory, Research & Practice*, *19*, 276-288.

Pryce, C. R. (2011). Helplessness: A systematic translational review of theory and evidence for its relevance to understanding and treating depression. *Pharmacology & Therapeutics*, *132*, 242-267.

Pyrooz, D. C., Turanovic, J. J., Decker, S. H., & Wu, J. (2016). Taking stock of the relationship between gang membership and offending: A meta-analysis. *Criminal Justice and Behavior*, *43*, 365-397.

Quay, H. C. (1965). Psychopathic personality as pathological stimulus-seeking. *American Journal of Psychiatry*, *122*, 180-183.

Quinsey, V. L. (2002). Evolutionary theory and criminal behavior. *Legal and Criminological Psychology*, *7*, 1-13.

Quinsey, V. L., Coleman, G., Jones, B. & Altrows, I. F. (1997). Proximal antecedents of eloping and reoffending among mentally disordered offenders. *Journal of Interpersonal Violence*, *12*, 794-813.

Quinsey, V. L., Jones, G. B., Book, A. S., & Barr, K. N. (2006). The dynamic prediction of antisocial behavior among forensic psychiatric patients: A prospective file study. *Journal of Interpersonal Violence*, 21, 1539-1565.

Quinsey, V. L., Skilling, T. A., Lalumière, M. L., & Craig, W. M. (2004). *Juvenile delinquency: Understanding the origins of individual differences*. Washington, DC: American Psychological Association.

Rafter, N. (2004). Earnest A. Hooten and the biological tradition in American criminology. *Criminology*, 42, 735-771.

Rafter, N. (2008). Criminology's darkest hour: Biocriminology in Nazi Germany. *Australian and New Zealand Journal of Criminology*, 41, 287-306.

Raine, A. (2013). *The anatomy of violence: The biological roots of crime*. New York, NY: Pantheon.

Raine, A., Laufer, W. S., Yang, Y., Narr, K. L., Thompson, P., & Toga, A. W. (2012). Increased executive functioning, attention, and cortical thickness in white-collar criminals. *Human Brain Mapping*, 33, 2932-2940.

Raine, A., Moffitt, T. E., Caspi, A., Loeber, R., Stouthamer-Loeber, M., & Lynam, D. (2005). Neurocognitive impairments in boys on the life-course-persistent antisocial path. *Journal of Abnormal Psychology*, 114, 38-49.

Raine, A., Portnoy, J., Liu, J., Mahoomed, T., & Hibbeln, J. R. (2015). Reduction in behavior problems with Omega-3 supplementation in children aged 8-16 years: A randomized, double-blind, placebo-controlled, stratified, parallel-group trial. *Journal of Child Psychology and Psychiatry*, 56, 509-520.

Rand, M. R. (2008). *Criminal victimization, 2007*. Washington, DC: Bureau of Justice Statistics.

Rankin, J. H., & Kern, R. (1994). Parental attachments and delinquency. *Criminology*, 32, 495-515.

Ratchford, M., & Beaver, K. M. (2009). Neuropsychological deficits, low self-control, and delinquent involvement. *Criminal Justice and Behavior*, 36, 147-162.

Raynor, P. (2007). Risk and need assessment in British probation: The contribution of the LSI-R. *Psychology, Crime, and Law*, 13, 125-138.

Raynor, P. (2008). Community penalties and Home Office research: On the way back to "nothing works"? *Criminology & Criminal Justice*, 8, 73-87.

Raynor, P., Kynch, J., Roberts, C., & Merrington, S. (2000). *Risk and need assessment in probation services: An evaluation*. Home Office Research Study No. 211. London, England: Home Office.

Re, L., & Birkhoff, J. M. (2015). The 47, XYY syndrome, 50 years of certainties and doubts: A systematic review. *Aggression and Violent Behavior*, 22, 9-17.

Rebellon, C. J. (2002). Reconsidering the broken homes/delinquency relationship and exploring its mediating mechanism(s). *Criminology*, 40, 103-135.

Rebellon, C. J., Straus, M. A., & Medeiros, R. (2008). Self-control in global perspective: An empirical assessment of Gottfredson and Hirschi's general theory within and across 32 national settings. *European Journal of Criminology*, 5, 331-362.

Reckless, W. C. (1967). *The crime problem*. New York, NY: Appleton-Century-Crofts.

Redlich, A. D., Liu, S., Steadman, H. J., Callahan, L., & Robbins, P. C. (2012). Is diversion swift? Comparing mental health court and traditional criminal justice processing. *Criminal Justice and Behavior*, 39, 420-433.

Reed, G. M. (2010). Toward ICD-11: Improving the clinical utility of WHO's International classification of mental disorders. *Professional Psychology: Research and Practice*, 41, 457-464.

Rehm, L. P., Wagner, A. L., & Ivens-Tyndal, C. (2001). Mood disorders: Unipolar and bipolar. In P. B. Sutker & H. E. Adams (Eds.), *Comprehensive handbook of psychopathology*, 3rd ed. (pp. 277-308). New York, NY: Kluwer Academic.

文　献

Regier, D. A., Narrow, W. E., Clarke, D. E., Kraemer, H. C., Kuramoto, S. J., Kuhl. E. A., & Kupfer, D. J. (2013). DSM-5 field trials in the United States and Canada, Part II: Test-retest reliability of selected categorical diagnosis. *American Journal of Psychiatry, 170*:1, 59-70.
Reisig, M. D., Holtfreter, K., & Morash, M. (2006). Assessing recidivism risk across female pathways to crime. *Justice Quarterly, 23*, 384-405.
Reitzel-Jaffe, D., & Wolfe, D. (2001). Predictors of relationship abuse among young men. *Journal of Interpersonal Violence, 16*, 99-115.
Renzema, M., & Mayo-Wilson, E. (2005). Can electronic monitoring reduce crime for moderate to high-risk offenders? *Journal of Experimental Criminology, 1*, 215-237.
Rettinger, L. J., & Andrews, D. A. (2010). General risk and need, gender specificity, and the recidivism of female offenders. *Criminal Justice and Behavior, 37*, 20-46.
Rex, S., & Hosking, N. (2013). A collaborative approach to developing probation practice: Skills for effective engagement, development and supervision (SEEDS). *Probation Journal, 60*, 332-338.
Rex, S. & Raynor, P. (2008). Accreditation. In G. McIvor & P. Raynor (Eds)., *Development in social work with offenders* (pp. 113-127). London, England: Jessica Kingsley Publishers.
Rhee, S. H., & Waldman, I. D. (2002). Genetic and environmental influences on antisocial behavior: A meta-analysis of twin and adoption studies. *Psychological Bulletin, 128*, 490-529.
Rhule-Louie, D. M., & McMahon, R. J. (2007). "Problem behavior and romantic relationships: Assortative mating, behavior contagion, and desistance." *Clinical Child and Family Psychology Review, 10*, 53-100.
Rice, M. E., & Harris, G. T. (2005). Comparing effect sizes in follow-up studies: ROC Area, Cohen's d, and r. *Law and Human Behavior, 29*, 615-620.
Ring, J., & Svensson, R. (2007). Social class and criminality among young people: A study considering the effects of school achievement as a mediating factor on the basis of Swedish register and self-report data. *Journal of Scandinavian Studies in Criminology and Crime Prevention, 8*, 210-233.
Robinson, C. J., Lowenkamp, C. T., Holsinger, A. M., VanBenschoten, S., Alexander, M., & Oleson, J. C., (2012). A random study of staff training aimed at reducing re-arrest (STARR): Using core correctional practice in probation interactions. *Journal of Criminal Justice, 35*, 167-188.
Robinson, C. J., VanBenschoten, S., Alexander, M., & Lowenkamp, C. T. (2011). A random (almost) study of staff training aimed at reducing re-arrest (STARR): Reducing recidivism through intentional design. *Federal Probation, 75* (2).
Robinson, G., & Shapland, J. (2008). Reducing recidivism: A task for restorative justice? *British Journal of Criminology, 48*, 337-358.
Rockett, J. L., Murrie, D. C., & Boccaccini, M. T. (2007). Diagnostic labeling in juvenile justice settings: Do psychopathy and conduct disorder findings influence clinicians? *Psychological Science, 4*, 107-122.
Rocque, M., Welsh, B. C., & Raine, A. (2012). Biosocial criminology and modern crime prevention. *Journal of Criminal Justice, 40*, 306-312.
Rogers, C. (1961). *On becoming a person*. Boston, MA: Houghton Mifflin.
Roman, C. G., Stodolska, M., Yahner, J., & Shinew, K. (2013). Pathways to outdoor recreation, physical activity, and delinquency among urban Latino adolescents. *Annals of Behavioral Medicine, 45* (Suppl 1), S151-S161.
Romani, C. J., Morgan, R. D., Gross, N. R., & McDonald, B. R. (2012). Treating criminal behavior: Is the bang worth the buck? *Psychology, Public Policy, and Law, 18*, 144-165.
Rooke, S. E., Hine, D. W., & Thorsteinsson, E. B. (2008). Implicit cognition and substance use: A meta-analysis. *Addictive Behaviors, 33*, 1314-1328.

Roose, A., Bijttebier, P., Decoene, S., Claes, L., & Frick, P. J. (2010). Assessing the affective features of psychopathy in adolescence: A further validation of the Inventory of Callous and Unemotional Traits. *Assessment, 17,* 44-57.

Roozen, H. G., Boulogne, J. J., van Tulder, M. W., van den Brink, W., De Jong, C. A., & Kerkhof, A. (2004). A systematic review of the effectiveness of the community reinforcement approach in alcohol, cocaine and opioid addiction. *Drug and Alcohol Dependence, 74,* 1-13.

Roozen H. G., Kerkhof, A. J. F. M., & van den Brink, W. (2003). Experiences with an outpatient relapse program (community reinforcement approach) combined with naltrexone in the treatment of opioid-dependence: Effect on addictive behaviors and the predictive value of psychiatric comorbidity. *European Addiction Research, 9,* 53-58.

Rosenfeld, B., & Penrod, S. (2011). *Research methods in forensic psychology.* Hoboken, NJ: Wiley.

Rosenthal, R. (1984). *Meta-analytic procedures for social research.* Beverly Hills, CA: Sage.

Ross, R. R., & Fabiano, E. A. (1985). *Time to think: A cognitive model of delinquency prevention and offender rehabilitation.* Johnson City, TN: Institute of Social Science and Arts.

Ross, R. R., & Gendreau, P. (Eds.) (1980). *Effective correctional treatment.* Toronto, Canada: Butterworth.

Rowe, D. C., & Farrington, D. P. (1997). The familial transmission of criminal convictions. *Criminology, 35,* 177-201.

Rozeboom, W. W. (1960). The fallacy of the null hypothesis significance test. *Psychological Bulletin, 57,* 416-428.

Rubak, S., Sandbaek, A., Lauritzen, T., & Christensen, B. (2005). Motivational interviewing: A systematic review and meta-analysis. *British Journal of General Practice, 55,* 305-312.

Rugge, T., & Bonta, J. (2014). Training community corrections officers in cognitive-behavioral intervention strategies. In R. C. Tafrate & D. Mitchell (Eds.), *Forensic CBT: A Handbook for Clinical Practice* (pp. 122-136). Chichester, UK: John Wiley & Sons.

Rumbles, W. (2011)."Three strikes" sentencing: Another blow for Māori. *Waikato Law Review, 19,* 108-116.

Rushton, J. P. (1988). Race differences in behaviour: A review and evolutionary analysis. *Personality and Individual Differences, 9,* 1009-1024.

Rushton, J. P., & Jensen, A. R. (2005). Thirty years of research on race differences in cognitive ability. *Psychology, Public Policy, and Law, 11,* 235-294.

Rushton, J. P., & Jensen, A. R. (2006). The totality of evidence shows the race IQ gap still remains. *Psychological Science, 17,* 921-922.

Rushton, J. P., & Jensen, A. R. (2008). James Watson's most inconvenient truth: Race, realism and moralistic fallacy. *Medical Hypotheses, 71,* 629-640.

Rutter, M., Moffitt, T. E., & Caspi, A. (2006). Gene-environment-interplay and psychopathology: Multiple varieties but real effects. *Journal of Child Psychology and Psychiatry, 47,* 226-261.

Ryan, J. P., & Testa, M. F. (2005). Child maltreatment and juvenile delinquency: Investigating the role of placement and placement instability. *Children and Youth Services Review, 27,* 227-249.

Saadatmand, Y., Toma, M., & Choquette, J. (2012). The war on drugs and crime rates. *Journal of Business & Economics Research, 10,* 285-290.

Salekin, R. T. (2006). Psychopathy in children and adolescents: Key issues in conceptualization and assessment. In C. J. Patrick (Ed.), *Handbook of psychopathy* (pp. 389-414). New York, NY: Guilford.

Salekin, R. T., Rogers, R., & Sewell, K. W. (1996). A review and meta-analysis of the Psychopathy Checklist and Psychopathy Checklist-Revised: Predictive validity of dangerousness. *Clinical Psychology: Science and Practice, 3,* 203-215.

Salekin, R.T., Worley, C., & Grimes, R. D. (2010). Treatment of psychopathy: A review and brief introduction to the mental model approach for psychopathy. *Behavioral Sciences and the Law, 28*, 235-266.

Samenow, S. E. (2014). *Inside the criminal mind (revised and up-dated)*. New York, NY: Broadway Books.

Sampson, R. J., & Laub, J. H. (1993). *Crime in the making: Pathways and turning points through life*. Cambridge, MA: Harvard University Press.

Sampson, R. J., Laub, J. H., & Wimer, C. (2006). Does marriage reduce crime? A counterfactual approach to within-individual causal effects. *Criminology, 44*, 465-504.

Sampson, R. J., & Raudenbush, S. W. (2001). *Disorder in urban neighborhoods—Does it lead to crime?* Research in Brief. Washington, DC: National Institute of Justice.

Samuels, J., Bienvenu, O. J., Cullen, B., Costa, P. T. Jr., Eaton, W. W., & Nestadt, G. (2004). Personality dimensions and criminal arrest. *Comprehensive Psychiatry, 45*, 275-280.

Sandberg, A. A., Koepf, G. F., Ishihara, T., & Hauschka, T. S. (1961). An XYY human male. *Lancet, 278*, 488-489.

Sarteschi, C. M., Vaughn, M. G., & Kim, K. (2011). Assessing the effectiveness of mental health courts: A quantitative review. *39*, 12-20.

Saunders, D. G. (1995). Prediction of wife assault. In J. C. Campbell (Ed.), *Assessing dangerousness: Violence by sexual offenders, batterers, and child abusers* (pp. 68-95). Thousand Oaks, CA: Sage.

Saunders, D. G. (1996). Feminist-cognitive-behavioral and process-psychodynamic treatment for men who batter: Interaction of abuser traits and treatment models. *Violence and Victims, 11*, 393-414.

Scarpa, A., & Raine, A. (2007). Biosocial basis of violence. In D. J. Flannery, A. T. Vazsonyi, & I. D. Waldman (Eds.), *The Cambridge handbook of violent behavior and aggression* (pp. 151-169). Cambridge, England: Cambridge University Press.

Schaeffer, C. M., & Borduin, C. M. (2005). Long-term follow-up to a randomized clinical trial of multisystemic therapy with serious and violent juvenile offenders. *Journal of Consulting and Clinical Psychology, 73*, 445-453.

Schirmer, S., Nellis, A., & Mauer. M. (2009). *Incarcerated parents and their children: Trends 1991-2007*. Washington, DC: The Sentencing Project.

Schlager, M. D., & Simourd, D. J. (2007). Validity of the Level of Service Inventory-Revised (LSI-R) among African American and Hispanic male offenders. *Criminal Justice and Behavior, 34*, 545-554.

Schmidt, J. D., & Sherman, L. W. (1996). Does arrest deter domestic violence? In E. S. Buzawa & C. G. Buzawa (Eds.), *Do arrests and restraining orders work?* (pp. 43-53). Thousand Oaks, CA: Sage.

Schmidt, S. L. (1996). Statistical significance testing and cumulative knowledge in psychology: Implications for training of researchers. *Psychological Methods, 1*, 115-129.

Schmitt, D. P., Realo, A., Voracek, M., & Allik, J. (2008). Why can't a man be more like a woman? Sex differences in big five personality traits across 55 cultures. *Journal of Personality and Social Psychology, 94*, 168-182.

Schmucker, M., & Lösel, F. (2015, online). The effects of sexual offender treatment on recidivism: An international meta-analysis of sound quality evaluations. *Journal of Experimental Criminology*.

Schneider, B. H., Atkinson, L., & Tardif, C. (2001). Child-parent attachment and children's peer relations: A quantitative review. *Developmental Psychology, 37*, 86-100.

Schneider, R. D. (2010). Mental health courts and diversion programs: A global survey. *International Journal of Law and Psychiatry, 33*, 201-206.

Schuessler, K. F., & Cressey, D. R. (1950). Personality characteristics of criminals. *American Journal of Sociology*, 55, 476-484.

Schur, E. M. (1973). *Radical nonintervention: Rethinking the delinquency problem*. Englewood Cliffs, NJ: Prentice Hall.

Schwalbe, C. S. (2007). Risk assessment for juvenile justice: A meta-analysis. *Law and Human Behavior*, 31, 449-462.

Schwalbe, C. S. (2008). A meta-analysis of juvenile risk assessment instruments: Predictive validity by gender. *Criminal Justice and Behavior*, 35, 1367-1381.

Schwartz, C. E., Snidman, N., & Kagan, J. (1996). Early childhood temperament as a determinant of externalizing behavior in adolescence. *Development and Psychopathology*, 8, 527-537.

Scott, E. S., & Steinberg, L. (2008). *Rethinking juvenile justice*. Boston, MA: Harvard University Press.

Secades-Villa, R., Garcia-Rodriguez, O., Garcia-Fernández, G., Sánchez-Hervás, E., Fernandez-Hermida, J. R., & Higgins, S. T. (2011). Community reinforcement approach plus vouchers among cocaine-dependent outpatients: Twelve-month outcomes. *Psychology of Addictive Behaviors*, 25, 174-179.

Segal, N. L., McGuire, S. A., Graham, J. L., & Stohs, J. H. (2012). Fullerton virtual twin study: An update. *Twin Research and Human Genetics*, 16, 451-454.

Seligman, M. E. P. (1975). *Helplessness: On depression, development, and death*. San Francisco, CA: Freeman.

Serin, R. C. (1996). Violent recidivism in criminal psychopaths. *Law and Human Behavior*, 20, 207-217.

Serin, R. C., Lloyd, C. D., Helmus, L., Derkzen, D. M., & Luong, D. (2013). Does inter-individual change predict offender recidivism? Searching for the holy grail in assessing offender change. *Aggression and Violent Behavior*, 18, 32-53.

Serin, R. C., Peters, R. D., & Barbaree, H. E. (1990). Predictors of psychopathy and release outcome in a criminal population. *Psychological Assessment: A Journal of Consulting and Clinical Psychology*, 2, 419-422.

Seto, M. C., Hanson, R. K., & Babchishin, K. M. (2011). Contact sexual offending by men with online sex offenses. *Sexual Abuse: A Journal of Research and Treatment*, 23, 124-145.

Shelden, R. G., Tracy, S. K., & Brown, W. B. (2012). *Youth gangs in American society (4th ed)*. New York, NY: Wadsworth.

Sheldon, W. H. (1942). *The varieties of temperament: A psychology of constitutional differences*. New York, NY: Harper.

Shepherd, S. M., Luebbers, S., Ogloff, J. R. P., Fullam, R., & Dolan, M. (2014a). The predictive validity of risk assessment approaches for young Australian offenders. *Psychiatry, Psychology, and Law*, 21, 801-817.

Shepherd, S. M., Adams, Y., McEntyre, E., & Wlaker, R. (2014b). Violence risk assessment in Australian Aboriginal offender populations: A review of the literature. *Psychology, Public Policy, and Law*, 20, 281-293.

Sherman, L. W., & Berk, R. A. (1984). The specific deterrent effect of arrest for domestic assault. *American Sociological Review*, 49, 261-272.

Shields, I. W., & Simourd, D. J. (1991). Predicting predatory behavior in a population of incarcerated young offenders. *Criminal Justice and Behavior*, 18, 180-194.

Shields, I. W., & Whitehall, G. C. (1994). Neutralizations and delinquency among teenagers. *Criminal Justice and Behavior*, 21, 223-235.

Shoda, Y., & Mischel, W. (2006). Applying meta-theory to achieve generalisability and precision in personality science. *Applied Psychology: An International Review*, 55, 439-452.

Shortt, J. W., Capaldi, D. M., Dishion, T. J., Bank, L., & Owen, L. D. (2003). The role of adolescent friends, romantic partners, and siblings in the emergence of the adult antisocial lifestyle. *Journal of Family Psychology, 17*, 521-533.

Silver, E., & Miller, L. L. (2004). Sources of informal social control in Chicago neighborhoods. *Criminology, 42*, 551-583.

Silver, E., Smith, W. R., & Banks, S. (2000). Constructing actuarial devices for predicting recidivism: A comparison of methods. *Criminal Justice and Behavior, 27*, 733-764.

Silvertsson, F., & Carlsson, C. (2015). Continuity, change, and contradictions: Risk and agency in criminal careers to age 59. *Criminal Justice and Behavior, 42*, 382-411.

Simon, T. L., & Wormith, J. S. (2008). The effect of educational programming on recidivism: A meta-analysis. Poster session presented at the 69th Annual Convention of the Canadian Psychological Association, Halifax, NS, Canada. *Canadian Psychology/Psychologie Canadienne, 49* (2a), 182.

Simons, R. L., Simons, L. G., Chen, Y., Brody, G. H., & Lin, K. (2007). Identifying the psychological factors that mediate the association between parenting practices and delinquency. *Criminology, 45*, 451-518.

Simourd, D. J. (1997). The Criminal Sentiments Scale-Modified and Pride in Delinquency Scale: Psychometric properties and construct validity of two measures of criminal attitudes. *Criminal Justice and Behavior, 24*, 52-70.

Simourd, D. J., & Hoge, R. D. (2000). Criminal psychopathy: A risk-and-need perspective. *Criminal Justice and Behavior, 27*, 256-272.

Simourd, D. J., & Olver, M. (2002). The future of criminal attitude research and practice. *Criminal Justice and Behavior, 29*, 427-446.

Simourd, D. J., Olver, M. E., & Brandenburg, B. (2015 online). Changing criminal attitudes among incarcerated offenders: Initial examination of a structured treatment program. *International Journal of Offender Therapy and Comparative Criminology*.

Simourd, D. J., & Van De Ven, J. (1999). Assessment of criminal attitudes: Criterion-related validity of the Criminal Sentiments Scale-Modified and Pride in Delinquency Scale. *Criminal Justice and Behavior, 26*, 90-106.

Singh, J. P., Desmarais, S. L., Hurducas, C., Arbach-Lucioni, K., Condemarin, C., Dean, K., Doyle, M., Folino, J. O., Godoy-Cervera, V., Grann, M., Ho, R. M. Y., Large, M. M., Nielsen, L. H., Pham, T. H., Rebocho, M. F., Reeves, K. A., Rettenberger, M., de Ruiter, C., Seewald, K., & Otto, R. K. (2014). International perspectives on the practical application of violence risk assessment: A global survey of 44 countries. *International Journal of Forensic Mental Health, 13*, 193-206.

Singh, J. P., Grann, M., & Fazel, S. (2013). Authorship bias in violence risk assessment? A systematic review and meta-analysis. *PLOS ONE, 8*, e72484.

Sirdifield, C., Gojkovic, D., Brooker, C., & Ferriter, M. (2009). A systematic review of research on the epidemiology of mental health disorders in prison populations: A summary of findings. *The Journal of Forensic Psychiatry & Psychology, 20*, S78-S101.

Skardhamar, T. & Savolainen, J. (2014). Changes in criminal offending around the time of job entry: A study of employment and desistance. *Criminology, 52*, 263-291.

Skardhamar, T., Savolainen, J., Aase, K. N., & Lyngstad, T. H. (2015). Does marriage reduce crime? *Crime and Justice, 44*, 385-446.

Skeem, J. L., & Cooke, D. J. (2010). Is criminal behavior a central component of psychopathy? Conceptual directions for resolving the debate. *Psychological Assessment, 22*, 433-445.

Skeem, J. L., Emke-Francis, P., & Eno Louden, J. (2006). Probation, mental health, and mandated treatment: A national survey. *Criminal Justice and Behavior, 33*, 158-184.

文 献

Skeem, J. L., Eno Louden, J., Manchak, S., Vidal, S., & Haddad, E. (2009). Social networks and social control of probationers with co-occurring mental and substance abuse problems. *Law and Human Behavior*, *33*, 122-135.
Skeem, J. L., Manchak, S., & Peterson, J. K. (2011). Correctional policy for offenders with mental illness: Creating a new paradigm for recidivism reduction. *Law and Human Behavior*, *35*, 110-126.
Skeem, J. L., Polaschek, D. L. L., Patrick, C. J., & Lilienfeld, S. O. (2011). Psychopathic personality: Bridging the gap between scientific evidence and public policy. *Psychological Science in the Public Interest*, *12*, 95-162.
Skeem, J. L., Steadman, H. J., & Manchak, S. M. (2015). Applicability of the risk-need-responsivity model to persons with mental illness involved in the criminal justice system. *Psychiatric Services*, *66*, 916-922.
Skilling, T. A., & Sorge, G. B. (2014). Measuring antisocial values and attitudes in justice-involved male youth: Evaluating the psychometric properties of the Pride in Delinquency Scale and Criminal Sentiments Scale-Modified. *Criminal Justice and Behavior*, *41*, 992-1007.
Skinner, B. F. (1953). *Science and human behavior*. New York, NY: Macmillan.
Sloan, F. A., Platt, A. C., Chepke, L. M., & Blevins, C. E. (2013). Deterring domestic violence: Do criminal sanctions reduce repeat offenses? *Journal of Risk Uncertainty*, *46*, 51-80.
Slutske, W. S., Moffitt, T. E., Poulton, R., & Caspi, A. (2012). Undercontrolled temperament at age 3 predicts disordered gambling at age 32: A longitudinal study of a complete birth cohort. *Psychological Science*, *23*, 510-516.
Smith, J. D., Dishion, T. J., Shaw, D. S., Wilson, M. N., Winter, C. C., & Patterson, G. R. (2014). Coercive family processes and early-onset conduct problems from age 2 to school entry. *Developmental Psychopathology*, *26*, 917-932.
Smith, P., Cullen, F. T., & Latessa, E. J. (2009). Can 14,373 women be wrong? A meta-analysis of the LSI-R and recidivism for female offenders. *Criminology & Public Policy*, *8*, 183-208.
Smith, P., Goggin, C., & Gendreau, P. (2002). *The effects of prison sentences and intermediate sanctions on recidivism: General effects and individual differences* (User Report 2002-01). Ottawa, Ontario, Canada: Public Safety Canada.
Smith, P., Schweitzer, M., Labrecque, R. M., & Latessa, E. J. (2012). Improving probation officers' supervision skills: an evaluation of the EPICS model. *Journal of Crime and Justice*, *35*, 189-199.
Smith-Stover, C. (2005). Domestic violence research: What have we learned and where do we go from here? *Journal of Interpersonal Violence*, *20*, 448-454.
Snell, T. L. (2014). *Capital punishment, 2013—Statistical tables*. Washington, DC: U.S. Department of Justice.
Snyder, H. N. (1998). Serious, violent, and chronic juvenile offenders: An assessment of the extent of and trends in officially recognized serious criminal behavior in a delinquent population. In R. Loeber & D. P. Farrington (Eds.), *Serious & violent juvenile offenders: Risk factors and successful interventions* (pp. 428-444). Thousand Oaks, CA: Sage.
Solomon, R. L. (1964). Punishment. *American Psychologist*, *19*, 239-253.
Somers, J. M., Goldner, E. M., Waraich, P., & Hsu, L. (2004). Prevalence studies of substance-related disorders: A systematic review of the literature. *Canadian Journal of Psychiatry*, *49*, 373-383.
Soothill, K., Francis, B., Sanderson, B., & Ackerley, E. (2000). Sex offenders: Specialists, generalists—or both? *British Journal of Criminology*, *40*, 56-67.
Sorensen, J., & Stemen, D. (2002). The effect of state sentencing policies on incarceration rates. *Crime & Delinquency*, *48*, 456-474.

Spiropoulos, G. V., Salisbury, E. J., & Van Voohis, P. (2014). Moderators of correctional treatment success: An exploratory study of racial differences. *International Journal of Offender Therapy and Comparative Criminology, 58*, 835-860.

Stams, G. J. J. M. (2015). From criminogenic risk to rehabilitation: Is there a need for a culturally sensitive approach? *International Journal of Offender Therapy and Comparative Criminology, 59*, 1263-1266.

Stams, G. J. J. M., Brugman, D., Deković, M., Van Rosmalen, L., Van der Laan, P. H., & Gibbs, J. C. (2006). The moral judgment of juvenile delinquents: A meta-analysis. *Journal of Consulting and Clinical Psychology, 34*, 697-713.

Stauffer, A. R., Smith, M. D., Cochran, J. K., Fogel, S. J., & Bjerregaard, B. (2006). The interaction between victim race and gender on sentencing outcomes in capital murder trials: A further exploration. *Homicide Studies, 10*, 98-117.

Steadman, H. J., & Cocozza, J. J. (1974). *Careers of the criminally insane: Excessive social control of deviance*. Lexington, MA: Lexington Books.

Sternberg, R. J. (2005). There are no public-policy implications: A Reply to Rushton and Jensen (2005). *Psychology, Public Policy, and Law, 11*, 295-301.

Stevens, A., Berto, D., Heckman, W., Kerschl, V., Oeuvray, K., van Ooyen, M., Steffan, E., & Uchtenhagen, A. (2005). Quasi-compulsory treatment of drug dependent offenders: An international literature review. *Substance Use and Misuse, 40*, 269-283.

Stewart, E. A., Schreck, C. J., & Simons, R. L. (2006). 'I ain't gonna let no one disrespect me': Does the code of the street reduce or increase violent victimization among African American adolescents? *Journal of Research in Crime and Delinquency, 43*, 427-458.

Stith, S. M., Green, N. M., Smith, D. B., & Ward, D. B. (2008). Marital satisfaction and marital discord as risk markers for intimate partner violence: A meta-analytic review. *Journal of Family Violence, 23*, 149-160.

Stochholm, K., Bojesen, A., Jensen, A. S., Juul, S., & Gravholt, C. H. (2012). Criminality in men with Klinefelter's syndrome and XYY syndrome: A cohort study. *BMJ Open, 2*, e000650.

Stockdale, K. C., Olver, M. E., & Wong, S. C. P. (2010) The Psychopathy Checklist: Youth Version and adolescent and adult recidivism: Considerations with respect to gender, ethnicity, and age. *Psychological Assessment, 22*, 768-781.

Stomp, T., & Ortwein-Swoboda, G. (2004). Schizophrenia, delusional symptoms, and violence: The threat/control-override concept reexamined. *Schizophrenia Bulletin, 30*, 31-44.

Stouthamer-Loeber, M., Loeber, R., Wei, E., Farrington, D. P., & Wikström, P. H. (2002). Risk and promotive effects in the explanation of persistent serious delinquency in boys. *Journal of Consulting and Clinical Psychology, 70*, 111-123.

Strang, H., Sherman, L. W., Mayo-Wilson, E., Woods, D., & Ariel, B. (2013). *Restorative justice conferencing (RJC) using face-to-face meetings of offenders and victims: Effects on offender recidivism and victim satisfaction. A systematic review*. Campbell Systematic Reviews, 12.

Straus, M. A. (1996). Identifying offenders in criminal justice research on domestic assault. In E. S. Buzawa & C. G. Buzawa (Eds.), *Do arrests and restraining orders work?* (pp. 14-29). Thousand Oaks, CA: SAGE.

Studer, L. H., Aylwin, A. S., & Reddon, J. R. (2005). Testosterone, sexual offense recidivism, and treatment effect among adult male sex offenders. *Sexual Abuse: A Journal of Research and Treatment, 17*, 171-181.

Suarez, E., & Gadalla, T. M. (2010). Stop blaming the victim: A meta-analysis on rape myths. *Journal of Interpersonal Violence, 25*, 2010-2035.

Sullivan, D., & Tifft, L. (2005). *Restorative justice: Healing the foundations of our everyday lives*, 2nd ed. Monsey, NY: Willow Tree.
Sullivan, D., & Tifft, L. (2006). *Handbook of restorative justice*. New York, NY: Routledge.
Sutherland, E. H. (1939). *Principles of criminology*, 3rd ed. Philadelphia, PA: Lippincott.
Sutherland, E. H. (1947). *Principles of criminology*, 4th ed. Philadelphia, PA: Lippincott.
Sutherland, E. H., & Cressey, D. R. (1970). *Principles of criminology*, 6th ed. New York, NY: Lippincott.
Swanson, J. W., Borum, R., Swartz, M. S., & Monahan, J. (1996). Psychotic symptoms and the risk of violent behaviour in the community. *Criminal Behaviour and Mental Health, 6*, 309-329.
Swartout, K. M. (2013). The company they keep: How peer networks influence male sexual aggression. *Psychology of Violence, 3*, 157-171.
Sweeten, G., Bushway, S. D., & Paternoster, R. (2009). Does dropping out of school mean dropping into delinquency? *Criminology, 47*, 47-91.
Swogger, M. T., Walsh, Z., & Kosson, D. S. (2007). Domestic violence and psychopathic traits: Distinguishing the antisocial batterer from other antisocial offenders. *Aggressive Behaviour, 33*, 253-260.
Sykes, G. M., & Matza, D. (1957). Techniques of neutralization: A theory of delinquency. *American Sociological Review, 22*, 664-670.
Tafrate, R. C., & Mitchell, D. (Eds.) (2014). *Forensic CBT: A Handbook for Clinical Practice*. Chichester, UK: John Wiley & Sons.
Tanasichuk, C., & Wormith, J. S. (2009). The predictive validity of the Level of Service Inventory-Ontario Revision (LSI-OR) with Aboriginal offenders. Paper presented at the Annual Meeting of the Canadian Psychological Association, Montreal, Quebec.
Tanner-Smith, E., Wilson, S. J., & Lipsey, M. W. (2013). Risk factors and crime. In F. T. Cullen & P. Wilcox (Eds.), *The Oxford handbook of criminological theory*. New York, NY: Oxford University Press.
Tasgin, S., & Aksu, G. (2015). Examination of youth gangs and interventions in three contexts: American, European, and Turkish experiences. *Journal of Social Science Studies, 2*, 282-296.
Taxman, F. S. (2008). No illusions: Offender and organizational change in Maryland's Proactive Community Supervision efforts. *Criminology & Public Policy, 7*, 275-302.
Taxman, F. S., Pattavina, A., & Caudy, M. (2014). Justice reinvestment in the United States: An empirical assessment of the potential impact of increased correctional programming on recidivism. *Victims and Offenders, 9*, 50-75.
Teague, M. (2011). Probation in America: Armed, private and unaffordable? *Probation Journal, 58*, 317-332.
Temcheff, C., Serbin, L., Martin-Storey, A., Stack, D., Hodgins, S., Ledingham, J., & Shwartzman, A. (2008). Continuity and pathways from aggression in childhood to family violence in adulthood: A 30-Year longitudinal study. *Journal of Family Violence, 23*, 231-242.
Templer, D. I., & Rushton, J. P. (2011). IQ, skin color, crime, HIV/AIDS, and income in 50 states. *Intelligence, 39*, 437-462.
Tennenbaum, D. J. (1977). Personality and criminality: A summary and implications of the literature. *Journal of Criminal Justice, 5*, 225-235.
Teplin, L. A., & Swartz, J. (1989). Screening for severe mental disorder in jails. *Law and Human Behavior, 13*, 1-18.
Terracciano, A., Sanna, S., Uda, M., Deiana, B., Usala, G., Busonero, F., Maschio, A., Scally, M., Patriciu, N., Chen, W.-M., M Distel, M. A., Slagboom, E. P., Boomsma, D. I., Villafuerte, S., Śliwerska, E., Burmeister, M., Amin, N., Janssens, A. C. J. W., van Duijn, C. M., Schlessinger, D., Abecasis, G. R., & Costa, P. T. Jr. (2010). Genome-wide association scan for five major dimensions of personality. *Molecular Psychiatry, 15*, 647-656.

文　献

Theobald, D., & Farrington, D. P. (2014). Onset of offending. In G. Bruinsma & D. Weisburd (Eds.), *Encyclopedia of criminology and criminal justice* (pp. 3332-3342). New York, NY: Springer.
Thistlethwaite, A., Wooldredge, J., & Gibbs, D. (1998). Severity of dispositions and domestic violence recidivism. *Crime & Delinquency, 1998, 44*, 388-398.
Thomas, A., Chess, S., Birch, H. G., Hertzig, M. E., & Korn, S. (1963). *Behavioral individuality in early childhood*. New York, NY: New York University Press.
Thompson, M. P., Saltzman, L. E., & Johnson, H. (2001). Risk factors for physical injury among women assaulted by current or former spouses. *Violence Against Women, 7*, 886-899.
Thornberry, T. P., Huizinga, D., & Loeber, R. (2004). The causes and correlates studies: Findings and policy implications. *Juvenile Justice, 9*, 3-19.
Thornberry, T. P., & Jacoby, J. E. (1979). *The criminally insane: A community follow-up of mentally ill offenders*. Chicago, IL: University of Chicago Press.
Thornberry, T. P., Krohn, M. D., Lizotte, A. J., Smith, C. A., & Tobin, K. (2003). *Gangs and delinquency in developmental perspective*. Cambridge, England: Cambridge University Press.
Thornberry, T. P., Smith, C. A., Rivera, C., Huizinga, D., & Stouthamer-Loeber, M. (1999). Family disruption and delinquency. *Juvenile Justice Bulletin*. Washington, DC: Office of Juvenile Justice and Delinquency Prevention, U.S. Department of Justice.
Thornton, D. (2013). Implications of our developing understanding of risk and protective factors in the treatment of adult male sexual offenders. *International Journal of Behavioral Consultation and Therapy, 8*, 62-65.
Timmons-Mitchell, J., Bender, M. B., Kishna, M. A., & Mitchell, C. C. (2006). An independent effectiveness trial of multisystemic therapy with juvenile justice youth. *Journal of Clinical Child and Adolescent Psychology, 35*, 227-236.
Tittle, C. R., & Meier, R. F. (1990). Specifying the SES/delinquency relationship. *Criminology, 28*, 271-299.
Tittle, C. R., & Meier, R. F. (1991). Specifying the SES/delinquency relationship by social characteristics of contexts. *Journal of Research in Crime and Delinquency, 28*, 430-455.
Tittle, C. R., Villimez, W. J., & Smith, D. A. (1978). The myth of social class and criminality: An empirical assessment of the empirical evidence. *American Sociological Review, 43*, 643-656.
Thompson, J., McConnell, A., & Paquin-Marseille, L. (2011). *The Security Reclassification Scale (SRSW) for shorter review periods among federal women offenders*. Ottawa, Canada: Correctional Service Canada.
Tolan, P. H., Gorman-Smith, D., & Henry, D. B. (2003). The developmental ecology of urban males' youth violence. *Developmental Psychology, 39*, 274-291.
Tong, J. L. S., & Farrington, D. (2006). How effective is the 'Reasoning and Rehabilitation' programme in reducing reoffending? A meta-analysis of evaluations in four countries. *Psychology, Crime and Law, 12*, 3-24.
Tonigan, J. S., Toscova, R., & Miller, W. R. (1996). Meta-analysis of the literature on Alcoholics Anonymous: Sample and study characteristics, moderate findings. *Journal of Studies on Alcohol, 57*, 65-72.
Tonry, M. (2004). *Thinking about crime: Sense and sensibility in American penal culture*. New York, NY: Oxford University Press.
Tonry, M. (2008). Learning from the limitations of deterrence research. In M. Tonry (Ed.), *Crime and Justice: A Review of Research*, Vol. 37 (pp. 279-311). Chicago, IL: Chicago University Press.
Tonry, M. (2009). Explanations of American punishment policies: A national history. *Punishment & Society, 11*, 377-394.
Tonry, M., & Lynch, M. (1996). Intermediate sanctions. In M. Tonry (Ed.), *Crime and justice: A review of research*, Vol. 20 (pp. 99-144). Chicago, IL: University of Chicago Press.

Topalli, V., Higgins, G. E., & Copes, H. (2013). A causal model of neutralization acceptance and delinquency. *Criminal Justice and Behavior*, *41*, 553-573.

Trafimow, D., & Marks, M. (2015). Editorial. *Basic and Applied Social Psychology*, *37*, 1-2.

Tremblay, P. (2006). Convergence settings for non-predatory "boy lovers." *Crime Prevention Studies*, *19*, 145-168.

Tremblay, R. E. (2008). Understanding development and prevention of chronic physical aggression: Towards experimental epigenetic studies. *Philosophical Transactions of the Royal Society*, *363*, 2613-2622.

Trevillion, K., Oram, S., Feder, G., & Howard, L. M. (2012). Experiences of domestic violence and mental disorders: A systematic review and meta-analysis. *PLOS ONE*, *7*, e51740

Tripodi, S. J. (2010). The influence of social bonds on recidivism: A study of Texas male prisoners. *Victims and Offenders*, *5*, 354-370.

Tripodi, S. J., Kim, J. S., & Bender, K. (2010). Is employment associated with reduced recidivism? The complex relationship between employment and crime. *International Journal of Offender Therapy and Comparative Criminology*, *54*, 706-720.

Trotter, C. (1996). The impact of different supervision practices in community corrections. *Australian and New Zealand Journal of Criminology*, *29*, 1-18.

Trotter, C. (2006). *Working with involuntary clients: A guide to practice*, 2nd ed. Crows Nest, Australia: Allen & Unwin.

Trotter, C., & Evans, P. (2012). An analysis of supervision skills in youth probation. *Australian & New Zealand Journal of Criminology*, *45*, 255-273.

Trzesniewski, K. E., Donnellan, M. B., Moffitt, T. E., Robins, R. W., Poutlon, R., & Caspi, A. (2006). Low self-esteem during adolescence predicts poor health, criminal behavior, and limited economic prospects during adulthood. *Developmental Psychology*, *42*, 381-390.

Trull, T. J., & Widiger, T. A. (2013). Dimensional models of personality: The five-factor model and the DSM-5. *Dialogues in Clinical Neuropsychiatry*, *15*, 135-146.

Truth and Reconciliation Commission of Canada (2015). *Honouring the truth, reconciling the future*. Ottawa: ON: www.trc.ca.

Tuvblad, C., Grann, M., & Lichtenstein, P. (2006). "Heritability for adolescent antisocial behavior differs with socioeconomic status: Gene-environment interaction." *Journal of Child Psychology and Psychiatry*, *47*, 734-743.

Tuvblad, C., Bezdjam, S., Raine, A., & Baker, L. A. (2014). The heritability of psychopathic personality in 14- to 15-year old twins: A multirater, multimeasure approach. *Psychological Assessment*, *26*, 704-716.

Twenge, J. M., Baumeister, R. F., DeWall, C. N., Ciarocco, N. J., & Bartels, J. M. (2007). Social exclusion decreases prosocial behavior. *Journal of Personality and Social Psychology*, *92*, 56-66.

Twenge, J. M., Baumeister, R. F., Tice, D. M., & Stucke, T. S. (2001). If you can't join them, beat them: Effects of social exclusion on aggressive behavior. *Journal of Personality and Social Psychology*, *81*, 1058-1069.

Tyrer, P. (2013). The classification of personality disorders in ICD-11: Implications for forensic psychiatry. *Criminal Behaviour and Mental Health*, *23*, 1-5

Tyrer, P., Crawford, M., Mulder, R., Blahfield, R., Farnam, A., Fossati, A., Kim, Y.-R., Koldobsky, N., Lecic-Tosevski, D., Ndetei, D., Swales, M., Clark, L. A., & Reed, G. M. (2011). The rationale for the reclassification of personality disorder in the 11th revision of the International Classification of Diseases (ICD-11). *Personality and Mental Health*, *5*, 246-259.

Uggen, C., Shannon, S., & Manza, J. (2012). *State-level estimates of felon disenfranchisement in the United States, 2010*. Washington, DC: The Sentencing Project.

Ullmann, L., & Krasner, L. (1976). *A psychological approach to abnormal behavior*, 2nd ed. Englewood Cliffs, NJ: Prentice Hall.

Umbach, R., Berryessa, C. A., & Raine, A. (2015). Brain imaging research on psychopathy: Implications for punishment, prediction, and treatment in youth and adults. *Journal of Criminal Justice*, *43*, 295-306.

Umbreit, M. S., & Vos, B. (2000). Homicide survivors meet the offender prior to execution. *Homicide Studies*, *4*, 63-87.

Underwood, R. C., Patch, P. C., Cappelletty, G. G., & Wolfe, R. W. (1999). Do sexual offenders molest when other persons are present? A preliminary investigation. *Sexual Abuse: Journal of Research and Treatment*, *11*, 243-247.

Vachon, D. D., Lynam, D. R., Widiger, T. A., Miller, J. D., McCrae, R. R., & Costa, P. T. (2013). Basic traits predict the prevalence of personality disorder across the life span: The example of psychopathy. *Psychological Science*, *24*, 698-705.

Valdez, A., Kaplan, C. D., & Codina, E. (2000). Psychopathy among Mexican American gang members: A comparative study. *International Journal of Offender Therapy and Comparative Criminology*, *44*, 46-58.

van Baardewijk, Y., Stegge, H., Andershed, H., Thomas, S., Scholte, E., & Vermeiren, R. (2008). Measuring psychopathic traits in children through self-report. The development of the Youth Psychopathic Traits Inventory-Child Version. *International Journal of Law and Psychiatry*, *31*, 199-209.

VanBenschoten, S. (2008). Risk/need assessment: Is this the best that we can do? *Federal Probation*, *72*, 38-42.

van Dam, C., Janssens, J. M. A. M., & De Bruyn, E. E. J. (2005). PEN, big five, juvenile delinquency and criminal recidivism. *Personality and Individual Differences*, *39*, 7-19.

van de Rakt, M., Nieuwbeerta, P., & De Graf, N. D. (2008). The relationships between conviction trajectories of fathers and their sons and daughters. *British Journal of Criminology*, *48*, 538-556.

van der Put, C. E., Stams, G. J. J. M., Hoeve, M., Deković, M., Spanjaard, H. J. M., Van der Laan, P. H., & Barnoski, R. P. (2012). Changes in the relative importance of dynamic risk factors for recidivism during adolescence. *International Journal of Offender Therapy and Comparative Criminology*, *56*, 296-316.

Van Houten, R. (1983). Punishment: From the animal laboratory to the applied setting. In S. Axelrod & J. Apsche (Eds.), *The effects of punishment on human behavior* (pp. 13-44). New York, NY: Academic Press.

Van Ness, D. W., & Strong, K. H. (2010). *Restoring justice: An introduction to restorative justice*, 4th ed. New Providence, NJ: LexisNexis Matthew Bender.

Van Voorhis, P. (2009). An overview of offender classification systems. In P. Van Voorhis, M. Braswell, & D. Lester (Eds.), *Correctional counseling and rehabilitation*, 7th ed. (pp. 133-161). New Providence, NJ: LexisNexis Matthew Bender.

Van Voorhis, P., Spiropoulos, G., Ritchie, P. N., Seabrook, R., & Spruance, L. (2013). Identifying areas of specific responsivity in cognitive-behavioral outcomes. *Criminal Justice and Behavior*, *40*, 1250-1279.

Van Voorhis, P., Wright, E. M., Salisbury, E., & Bauman, A. (2010). Women's risk factors and their contribution to existing risk/needs assessment: The current status of gender-responsive supplement. *Criminal Justice and Behavior*, *37*, 261-288.

van Vugt, E., Gibbs, J., Stams, G. J., Bijleveld, C., Hendriks, J., & Van der Laan, P. H. (2011). Moral development and recidivism: A meta-analysis. *International Journal of Offender Therapy and Comparative Criminology*, *55*, 1243-1250.

Vasilaki, E., Hosier, S. G., & Cox, W. M. (2006). The efficacy of motivational interviewing as a brief intervention for excessive drinking: A meta-analytic review. *Alcohol & Alcoholism, 41*, 328-335.

Vaske, J., Galyean, K., & Cullen, F. T. (2011). Toward a biosocial theory of offender rehabilitation: Why does cognitive-behavioral therapy work? *Journal of Criminal Justice, 39*, 90-102.

Vazsonyi, A. T., Cleveland, H. H., & Wiebe, R. P. (2006). Does the effect of impulsivity on delinquency vary by level of neighborhood disadvantage? *Criminal Justice and Behavior, 33*, 511-541.

Ventura, L. A., & Davis, G. (2005). Domestic violence: Court case conviction and recidivism. *Violence Against Women, 11*, 255-277.

Veysey, B., Christian, J., & Martinez, J. (Eds.) (2009). *How offenders transform their lives*. New York, NY: Routledge (Willan).

Viding, E., Jones, A. P., Frick, P. J., Moffitt, T. E., & Plomin, R. (2008). Heritability of antisocial behavior at 9: Do callous-unemotional traits matter? *Developmental Science, 11*, 17-22.

Viding, E., & McCrory, E. J. (2012). Genetic and neurocognitive contributions to the development of psychopathy. *Development and Psychopathology, 24*, 969-983.

Villa-Vicencio, C. (1999). A different kind of justice: The South African Truth and Reconciliation Commission. *Contemporary Justice Review, 1*, 407-428.

Visher, C. A., Harrell, A., Newmark, L., & Yahner, J. (2008). Reducing intimate partner violence: An evaluation of a comprehensive justice system-community collaboration. *Criminology & Public Policy, 7*, 495-523.

Visher, C. A., Winterfield, L., & Coggeshall, M. B. (2005). Ex-offender employment programs and recidivism: A meta-analysis. *Journal of Experimental Criminology, 1*, 295-315.

Vitaro, F., Brendgen, M., & Arsenault, L. (2009). The discordant MZ-twin method: One step closer to the holy grail of causality. *International Journal of Behavioral Development, 33*, 376-382.

Vohs, K. D., Baumeister, R. F., Schmeichel, B. J., Twenge, J. M., Nelson, N. M., & Tice, D. M. (2008). Making choices impairs subsequent self-control: A limited-resource account of decision making, self-regulation, and active initiative. *Personality Processes and Individual Differences, 94*, 883-898.

von Hirsch, A. (1976). *Doing justice: The choice of punishments*. New York, NY: Hill and Wang.

Vose, B., Cullen, F. T., & Smith, P. (2008). The empirical status of the Level of Service Inventory. *Federal Probation, 72*, 22-29.

Vose, B., Lowenkamp, C. T., Smith, P., & Cullen, F. T. (2009). Gender and the predictive validity of the LSI-R: A study of parolees and probationers. *Journal of Contemporary Criminal Justice, 25*, 459-471.

Vose, B., Smith, P., & Cullen, F. T. (2013). Predictive validity and the impact of change in total LSI-R score on recidivism. *Criminal Justice and Behavior, 40*, 1383-1396.

Vrieze, S. I., & Grove, W. M. (2009). Survey of the use of clinical and mechanical prediction methods in clinical psychology. *Professional Psychology: Research and Practice, 40*, 525-531.

Vukasović, T., & Bratko, D. (2015). Heritability of personality: A meta-analysis of behavior genetic studies. *Psychological Bulletin, 141*, 769-785.

Waldo, G. P., & Dinitz, S. (1967). Personality attributes of the criminal: An analysis of research studies, 1950-1965. *Journal of Research in Crime and Delinquency, 4*, 185-202.

Wallace, D. S., Paulson, R. M., Lord, C. G., & Bond, C. F. Jr. (2005). Which behaviors do attitudes predict? Meta-analyzing the effects of social pressure and perceived difficulty. *Review of General Psychology, 9*, 214-227.

Wallace-Capretta, S., & Roberts, J. (2013). The evolution of electronic monitoring in Canada. In M. Nellis, K. Beyens, & I. Kaminski (Eds.), *Electronically monitored punishment: International and critical perspectives* (pp. 44-62). New York, NY: Routledge.

Walmsley, R. (2013). *World Prison Population List*, 10th ed. London, England: International Centre for Prison Studies.

Walsh, A., & Yun, I. (2014). Epigenetics and allostasis: Implications for criminology. *Criminal Justice Review, 39*, 411-431.

Walters, G. D. (1992). A meta-analysis of the gene-crime relationship. *Criminology, 30*, 595-613.

Walters, G. D. (1996). The Psychological Inventory of Criminal Thinking Styles: Part III. predictive validity. *International Journal of Offender Therapy and Comparative Criminology, 40*, 105-112.

Walters, G. D. (2011a). Childhood temperament: Dimensions or types. *Personality and Individual Differences, 50*, 1166-1173.

Walters, G. D. (2011b). Criminal thinking as a mediator of the mental illness-prison violence relationship: A path analytic study and causal mediation analysis. *Psychological Services, 8*, 189-199.

Walters, G. D. (2012). Criminal thinking and recidivism: Meta-analytic evidence on the prevalence and incremental validity of the Psycological Inventory of Criminal Thinking Styles (PICTS). *Aggression and Violent Behavior, 17*, 272-278.

Walters, G. D. (2014a). Pathways to early delinquency: Exploring the individual and collective contributions of difficult temperament, low maternal involvement, and externalizing behavior. *Journal of Criminal Justice, 62*, 321-326.

Walters, G. D. (2014b). Crime and substance misuse in adjudicated delinquent youth: The worst of both worlds. *Law and Human Behavior, 38*, 139-150.

Walters, G. D. (2015a online). The parent-peer interface: Does inductive parenting reduce the criminogenic effect of delinquent peers? *Youth Violence and Juvenile Justice*.

Walters, G. D. (2015b online). Criminal and substance involvement from adolescence to adulthood: Precursors, mediators, and long-term effects. *Justice Quarterly, 32*, 729-747.

Walters, G. D. (2015c online). Age of crime/substance onset and crime/drug versatility as dimensions of the "worst of both worlds" effect. *Criminal Justice Policy Review*.

Walters, G. D. (2015d online). Recidivism and the "worst of both worlds" hypothesis: Do substance misuse and crime interact or accumulate? *Criminal Justice and Behavior, 42*, 435-451.

Walters, G. D. (2016a). Neighborhood context, youthful offending, and peer selection: Does it take a village to raise a nondelinquent? *Criminal Justice Review, 41*, 5-20.

Walters, G. D. (2016b). Breaking the cycle demonstration project: using a quasi-experimental analysis to test the "worst of both worlds" hypothesis and risk principle. *Journal of Experimental Criminology, 12*, 127-141.

Walters, G. D., & Magaletta, P. R. (2015). Comorbid antisocial and substance misuse proclivity and mental health service utilization by female inmates: Testing the worst of both worlds hypothesis with the PAI. *Psychological Services, 12*, 28-36.

Walters, S. T., Clark, M. D., Gingerich, R., & Meltzer, M. L. (2007). *A guide for probation and parole: Motivating offenders to change*. Washington, DC: National Institute of Corrections.

Wampold, B. E. (2007). Psychotherapy: The humanistic (and effective) treatment. *American Psychologist, 62*, 857-873.

Wan, W.-Y., Moffatt, S., Jones, C., & Weatherburn, D. (2012). The effect of arrest and imprisonment on crime. *Crime and Justice Bulletin*, No. 158. Sydney, Australia: New South Wales Bureau of Crime Statistics amd Research.

Ward, T. A. (2000). Sexual offenders' cognitive distortions as implicit theories. *Aggression and Violent Behavior, 5*, 491-507.

Ward, T., & Beech, A. (2006). An integrated theory of sexual offending. *Aggression and Violent Behavior, 11*, 44-63.

Ward, T., Mann, R. E., & Gannon, T. A. (2007). The good lives model of offender rehabilitation: Clinical implications. *Aggression and Violent Behavior, 12*, 87-107.
Ward, T., & Marshall, B. (2007). Narrative identity and offender rehabilitation. *International Journal of Offender Therapy and Comparative Criminology, 51*, 279-297.
Ward, T., Melser, J., & Yates, P. (2007). Reconstructing the risk-need-responsivity model: A theoretical elaboration and evaluation. *Aggression and Violent Behavior, 12*, 208-228.
Ward, T., Polaschek, D. L. L., & Beech, A. R. (2006). *Theories of sexual offending*. New York, NY: Wiley.
Ward, T., & Stewart, C. (2003). Criminogenic needs and human needs: A theoretical model. *Psychology, Crime, and Law, 9*, 125-143.
Ward, T., Yates, P., & Willis, G. M. (2012). The good lives model and the risk-need-responsivity model: A critical response to Andrews, Bonta, and Wormith (2011). *Criminal Justice and Behavior, 39*, 94-110.
Warr, M. (1998). Life-course transitions and desistance from crime. *Criminology, 36*, 183-216.
Wasserman, D., & Wachbroit, R. (Eds.) (2001). *Genetics and criminal behavior*. New York, NY: Cambridge University Press.
Watkins, I. (2011). The utility of Level of Service Inventory-Revised (LSI-R) assessments within NSW correctional environments. *Research Bulletin*, No. 29. Sydney, Australia: Corrective Services.
Wattanaporn, K. A., & Holtfreter, K. (2014). The impact of feminist pathway research on gender-responsive policy and practice. *Feminist Criminology, 9*, 191-207.
Weatherburn, D., & Macadam, M. (2013). A review of restorative justice responses to offending. *Evidence Base, 1*, 1-20.
Webster, C. D., Douglas, K. S., Eaves, D., & Hart, S. D. (1997). *The HCR-20: Assessing risk for violence (Version 2)*. Burnaby, Canada: Simon Fraser University.
Webster, C. D., Menzies, R. J., Butler, M. D., & Turner, R. E. (1982). Forensic psychiatric assessment in selected Canadian cities. *Canadian Journal of Psychiatry, 27*, 455-462.
Weekes, J., Mugford, R., Bourgon, G., & Price, S. (2007). *Drug treatment courts FAQs*. Retrived April 13, 2008, from http://www.ccsc.ca/NR/rdonlyres/FFBA90ED-2E2F-408DA6C9-4F9E9F9B9155/0/ccsa00113482007.pdf.
Weis, R., Whitemarsh, S. M., & Wilson. N. L. (2005). Military-style residential treatment for disruptive adolescents: Effective for some girls, all girls, when, and why? *Psychological Services, 2*, 105-122.
Weisburd, D. (2010). Justifying the use of non-experimental methods and disqualifying the use of randomized controlled trials: challenging folklore in evaluation research in crime and justice. *Journal of Experimental Criminology, 6*, 209-227.
Welsh, B. C., Loeber, R., Stevens, B. R., Stouthamer-Loeber, M., Cohen, M. A., & Farrington, D. P. (2008). Costs of juvenile crime in urban areas: A longitudinal perspective. *Youth Violence and Juvenile Justice, 6*, 3-27.
Welsh, W. N., & Zajac, G. (2004). A census of prison-based drug treatment programs: Implications for programming, policy, and evaluation. *Crime & Delinquency, 50*, 108-133.
West, D. J., & Farrington, D. P. (1977). *Who becomes delinquent?* London, England: Heinemann Educational Books.
Whitaker, D. J., Le, B., Hanson, R. K., Baker, C., Ryan, G., McMahon, P., Klein, K., & Rice, D. D. (2008). Risk factors for the perpetration of child sexual abuse: A review and meta-analysis. *Child Abuse & Neglect, 32*, 529-548.
Whiteacre, K. (2004). Case manager experiences with the LSI-R at a federal community corrections center. *Corrections Compendium, 29*, 1-5, 32-35.

Whiteside, M. F., & Becker, B. J. (2000). Parental factors and the young child's postdivorce adjustment: A meta-analysis with implications for parenting arrangements. *Journal of Family Psychology, 14*, 5-26.

Widiger, T. A. (2006). Psychopathy and DSM-IV psychopathology. In C. J. Patrick (Ed.), *Handbook of psychopathy* (pp. 156-171). New York, NY: Guilford.

Widiger, T. A. (2013). A postmortem and future look at the personality disorders in DSM-5. *Personality Disorders: Theory, Research, and Treatment, 4*, 382-387.

Widiger, T. A., & Costa Jr., P. T. (Eds.) (2013). *Personality disorders and the five-factor model of personality* (pp.103-117). Washington, DC: American Psychiatric Association.

Widom, C. S. (1977). A methodology for studying non-institutional psychopaths. *Journal of Consulting and Clinical Psychology, 45*, 674-683.

Widom, C. S., & Newman, J. P. (1985). Characteristics of non-institutional psychopaths. In D. P. Farrington & J. Gunn (Eds.), *Aggression and dangerousness* (pp. 57-80). New York, NY: Wiley.

Wiebe, R. P. (2004). Delinquent behavior and the five-factor model: Hiding in the adaptive landscape? *Individual Differences Research, 2*, 38-62.

Wiesner, M., Capaldi, D. M., & Patterson, G. R. (2003). Development of antisocial behavior and crime across the life-span for a social interactional perspective: The coercion model. In R. L. Akers & G. F. Jensen (Eds.), *Social learning theory and the explanation of crime* (pp. 317-337). New Brunswick, NJ: Transaction Publishers.

Wilson, D. B., Gallagher, C. A., & MacKenzie, D. L. (2000). A meta-analysis of corrections-based education, vocation, and work programs. *Journal of Research in Crime and Delinquency, 37*, 347-368.

Wilson, H. A., & Gutierrez, L. (2014). Does one size fit all? A meta-analysis examining the predictive ability of the Level of Service Inventory (LSI) with Aboriginal offenders. *Criminal Justice and Behavior, 41*, 196-216.

Wilson, H. A., & Hoge, R. D. (2012). Diverting our attention to what works: Evaluating the effectiveness of a youth diversion program. *Youth Violence and Juvenile Justice, 11*, 313-331.

Wilson, H. A., & Hoge, R. D. (2014). The effect of youth diversion programs on recidivism: A meta-analytic review. *Criminal Justice and Behavior, 40*, 497-518.

Wilson, J. A., & Davis, R. C. (2006). Good intentions meet hard realities: An evaluation of the Project Greenlight Reentry Program. *Criminology & Public Policy, 5*, 303-338.

Wilson, N. J., & Tamatea, A. (2013). Challenging the "urban myth" of psychopathy untreatability: The High-Risk Personality Programme. *Psychology, Crime & Law, 19*, 493-510.

Wilson, R. J., & Picheca, J. E. (2005). Circles of support and accountability—engaging the community in sexual offender management. In B. Schwartz (Ed.), *The sex offender*, Vol. 5. New York, NY: Civic Research Institute.

Wilson, S. J., & Lipsey, M. W. (2007). School-based interventions for aggressive and disruptive behavior. *American Journal of Preventative Medicine, 33*, S130-S143.

Wilson, S. J., Lipsey, M. W., & Derzon, J. H. (2003). The effects of school-based intervention programs on aggressive behavior: A meta-analysis. *Journal of Consulting and Clinical Psychology, 71*, 136-149.

Wintour, P. (2008). Labour plans to toughen up on offenders. *The Guardian*, June 16.

Witbrodt, J., Bond, J., Kaskutas, L. A., & Weisner, C. (2007). Day hospital and residential addiction treatment: Randomized and nonrandomized managed care clients. *Journal of Consulting and Clinical Psychology, 75*, 947-959.

Witbrodt, J., Yu, Y., Bond, J., L.A. Chi, F., Weisner, C., & Mertens, J. (2014). Alcohol and drug treatment involvement, 12-step attendance and abstinence: 9-year cross-lagged analysis of adults in an integrated helath plan. *Journal of Substance Abuse Treatment, 46*, 412-419.

Witkin, H. A., Mednick, S. A., Schulsinger, F., Bakkestrom, E., Christiansen, K. O., Goodenough, D. R., Hirschhorn, K., Lundsteen, D., Owen, D. R., Philip, J., Rubin, D. B., & Stocking, M. (1976). XYY and XXY men: Criminality and aggression. *Science, 193*, 547-555.
Witt, K., van Dorn, R., & Fazel, S. (2013). Risk factors for violence in psychosis: Systematic review and meta-regression analysis of 110 studies. *PLoS One, 8*(2), e55942.
Witte, T. D., Di Placido, C., Gu, D., & Wong, S. C. P. (2006). An investigation of the validity and reliability of the Criminal Sentiments Scale in a sample of treated sex offenders. *Sexual Abuse, 18*, 249-258.
Wooditch, A., Tang, L., & Taxman, F. S. (2014). Which criminogenic need changes are most important in promoting desistence from crime and substance abuse? *Criminal Justice and Behavior, 41*, 276-299.
Wolfe, D. A., Crooks, C. V., Lee, V., McIntyre-Smith, A., & Jaffe, P. G. (2003). The effects of children's exposure to domestic violence: A meta-analysis and critique. *Clinical Child and Family Psychology Review, 6*, 171-187.
Woltering, J., Granic, I., Lamm, C., & Lewis, M. D. (2011). Neural changes associated with treatment outcome in children with externalizing problems. *Biological Psychiatry, 70*, 873-879.
Wong, S. C. P., Gordon, A., Gu, D., Lewis, K., & Olver, M. E. (2012). The effectiveness of violence reduction treatment for psychopathic offenders: Empirical evidence and a treatment model. *International Journal of Forensic Mental Health, 11*, 336-349.
Wong, S., & Hare, R. D. (2005). *Guidelines for a psychopathy treatment program.* Toronto, Canada: Multi-Health Systems.
Wood, J. L. (2014). Understanding gang membership: The significance of group processes. *Group Processes and Intergroup Relations, 17*, 704-709.
Wood, P. B., & Dunaway, G. (2003). Consequences of truth-in-sentencing: The Mississippi case. *Punishment and Society, 5*, 139-154.
Wood, S. L., & Sommers, M. S. (2011). Consequences of intimate partner violence on child witnesses: A systematic review of the literature. *Journal of Child and Adolescent Psychiatry Nursing, 24*, 223-236.
Wood, P. R., Gove, W. R., Wilson, J. A., & Cochran, J. K. (1997). Nonsocial reinforcement and habitual criminal conduct: An extension of learning theory. *Criminology, 35*, 335-366.
Woodward, L. J., Fergusson, D. M., & Horwood, L. J. (2002). Deviant partner involvement and offending risk in early adulthood. *Journal of Child Psychology and Psychiatry, 43*, 177-190.
Wooldredge, J., & Thistlethwaite, A. (2005). Court disposition and rearrest for intimate assault. *Crime & Delinquency, 51*, 75-102.
Wormith, J. S. (1984). Attitude and behavior change of correctional clientele: A three year follow-up. *Criminology, 22*, 595-618.
Wormith, J. S., Ferguson, M., & Bonta, J. (2013). Offender classification and case management and their application in Canadian corrections. In J. Winterdyk & M. Weinrath (Eds.), *Adult corrections in Canada* (pp. 171-198). Whitby, Canada: de Sitter Publications.
Wormith, J. S., Hogg, S. M., & Guzzo, L. (2015). The predictive validity of the LS/CMI with Aboriginal offenders in Canada. *Criminal Justice and Behavior, 42*, 481-508.
Wormith, J. S., Gendreau, P., & Bonta, J. (2012). Deferring to clarity, parsimony, and evidence in reply to Ward, Yates, and Willis. *Criminal Justice and Behavior, 39*, 111-120.
Wright, E. M., Van Voorhis, P., Salisbury, E. J., & Bauman, A. (2012). Gender-responsive lessons learned and policy implications for women in prison. *Criminal Justice and Behavior, 39*, 1612-1632.

文 献

Wright, B. R. E., Caspi, A., Moffitt, T. E., & Paternoster, R. (2004). Does the perceived risk of punishment deter criminally prone individuals? Rational choice, self-control, and crime. *Journal of Research in Crime and Delinquency*, *41*, 180-213.
Wright, B. R. E., Caspi, A., Moffitt, T. E., & Silva, P. A. (2001). The effects of social ties on crime vary by criminal propensity: A life-course model of interdependence. *Criminology*, *39*, 321-352.
Wright, J. P., & Cullen, F. T. (2004). Employment, peers, and life-course transitions. *Justice Quarterly*, *21*, 183-205.
Wright, J. P., & Cullen, F. T. (2012). The future of biosocial criminology: Beyond scholars' professional ideology. *Journal of Comtemporary Criminal Justice*, *28*, 237-253.
Wright, J. P., Cullen, F. T., & Williams, N. (1997). Working while in school and delinquent involvement: Implications for social policy. *Crime & Delinquency*, *43*, 203-221.
Wright, J. P., Cullen, F. T., & Williams, N. (2002). The embeddedness of adolescent employment and participation in delinquency: A life course perspective. *Western Criminology Review*, *4*, 1-19.
Wright, J. P., Tibbets, S. G., & Daigle, L. E. (2014). *Criminals in the making: Criminality across the life course*, 2nd ed. Thousand Oaks, CA: Sage.
Wyrick, P. A., & Howell, J. C. (2004). Strategic risk-based response to youth gangs. *Juvenile Justice*, *9*, 20-29.
Yang, B., & Lester, D. (2008). The deterrent effect of executions: A meta-analysis thirty years After Ehrlich. *Journal of Criminal Justice*, *36*, 453-460.
Yang, M., Wong, S. C. P., & Coid, J. (2010). The efficacy of violence prediction: A meta-analytic comparison of nine risk assessment tools. *Psychological Bulletin*, *136*, 740-767.
Yang, Y., & Raine, A. (2009). Prefrontal structural and functional brain imaging findings in antisocial, violent, and psychopathic individuals: A meta-analysis. *Psychiatric Research*, *174*, 81-88.
Yates, P. M., & Ward, T. (2007). Treatment of sexual offenders: Relapse prevention and beyond. In K. Witkiewitz & G. A. Marlatt (Eds.), *Therapist's Guide to Evidence-Based Relapse Prevention* (pp. 215-234). Burlington, MA: Elsevier.
Yesberg, J. A., Scanlan, J. M., Hanby, L. J., Serin, R. C., & Polaaschek, D. L. L. (2015). Predicting women's recidivism: Validating a dynamic community-based "gender neutral" tool. *Probation Journal*, *62*, 33-48.
Yessine, A. K., & Bonta, J. (2008). *Pathways to serious offending. (User Report 2008-01)*. Ottawa, Canada: Public Safety Canada.
Yessine, A. K., & Bonta, J. (2009). The offending trajectories of youthful Aboriginal offenders. *Canadian Journal of Criminology and Criminal Justice*, *51*, 435-472.
Yip, V. C.-Y., Gudjonsson, G. H., Perkins, D., Doidge, A., Hopkin, G., & Young, S. (2013). A non-randomized controlled trial of the R&R2MHP cognitive skills program in high risk male offenders with severe mental illness. *BMC Psychiatry*, *13*-267.
Yochelson, S., & Samenow, S. E. (1976). *The criminal personality, Vol. 1: A profile for change*. New York, NY: Jason Aronson.
Young, S., Chick, K., & Gudjonsson, G. (2010). A preliminary evaluation of reasoning and rehabilitation 2 in mentally disordered offenders (R&R2M) across two secure forensic settings in the United Kingdom. *The Journal of Forensic Psychiatry & Psychology*, *21*, 336-349.
Young, S. J., & Ross, R. R. (2007). *R&R2 for youths and adults with mental health problems: A prosocial competence training program*. Ottawa, Canada: Cognitive Centre of Canada.
Zamble, E., & Quinsey, V. L. (1997). *The criminal recidivism process*. New York, NY: Cambridge University Press.
Zara, G., & Farrington, D. P. (2016). *Criminal recidivism: Explanation, prediction, and prevention*. New York, NY: Routledge.

Zazzali, J. J., Sherbourne, C., Hongwood, K. E., Greene, D., Bigley, M. F. (2008). The adoption and implementation of an evidence based practice in child and family mental health services organizations: A pilot study of Functional Family Therapy in New York state. *Administration Policy and Mental Health, 35*, 38-49.

Zedlewski, E. W. (1987). *Making confinement decisions*. Research in Brief. Washington, DC: National Institute of Justice.

Zehr, H., & Mika, H. (1998). Fundamental concepts of restorative justice. *Contemporary Justice Review, 1*, 47-57.

Zelcer, A. M. (2014). Battling domestic violence: Replacing mandatory arrest laws with a trifecta of preferential arrest, officer education, and batterer treatment programs. *American Criminal Law Review, 51*, 5410-5561.

Zell, E., Krizan, Z., & Teeter, S. R. (2015). Evaluating gender similarities and differences using meta-synthesis. *American Psychologist, 70*, 10-20.

Zhang, S. X., Roberts, R. E. L., & Farabee, D. (2014). An analysis of prisoner reentry and parole risk using COMPAS and traditional criminal history measures. *Crime & Delienquency, 60*, 167-192.

Zhang, Z. (2003). *Drug and alcohol use and related matters among arrestees 2003*. Retrieved March 27, 2009, from http://www.ojp.usdoj.gov/nij/topics/drugs/adam.htm.

Zimring, F. E., & Hawkins, G. (1988). The new mathematics of imprisonment. *Crime & Delinquency, 34*, 425-436.

Zinger, I., & Forth, A. E. (1998). Psychopathy and Canadian criminal proceedings: The potential for human rights abuse. *Canadian Journal of Criminology, 40*, 237-277.

Zlotnick, C., Johnson, D. M., & Kohn, R. (2006). Intimate partner violence and long-term psychosocial functioning in a national sample of American women. *Journal of Interpersonal Violence, 21*, 262-275.

Zweig, J., Yahner, J., & Redcross, C. (2011). Overview of: "For whom does a transitional jobs program work? Examining the recidivism effects of the Center for Employment Opportunities program on former prisoners at high, medium, and low risk of reoffending." *Criminology & Public Policy, 10*, 943-972.

略語一覧

AA	Alcoholics Anonymous	アルコホーリクス・アノニマス
AUC	Area Under the Curve	曲線下面積
CI	Confidence Interval	信頼区間
CPAI	Correctional Program Assessment Inventory	矯正プログラム査定質問紙
DSM-IV	Diagnostic and Statistical Manual of Mental Disorders, 4th ed.	精神疾患の診断・統計マニュアル（第4版）
DSM-5	Diagnostic and Statistical Manual of Mental Disorders, 5th ed.	精神疾患の診断・統計マニュアル（第5版）
EPICS	Effective Practices in Community Supervision	社会内指導における効果的な実践
GREAT	Gang Resistance Education and Training	ギャング抵抗教育・訓練
HOPE	Honest Opportunity Probation with Enforcement	HOPEプロジェクト
ICD	International Classification of Diseases	国際疾病分類
ISP	Intensive Supervision Programs	集中的監督プログラム
LS/CMI	Level of Service/Case Management Inventory	処遇レベル／ケースマネジメント質問紙
LSI-R	Level of Service Inventory-Revised	処遇レベル質問紙改訂版
LS/RNR	Level of Service/Risk, Need, Responsivity	処遇レベル／リスク・ニーズ・治療反応性質問紙
MMPI	Minnesota Multiphasic Personality Inventory	ミネソタ多面人格目録
ODARA	Ontario Domestic Assault Risk Assessment	オンタリオ家庭内暴力リスクアセスメント
PCC	Psychology of Criminal Conduct	犯罪行動の心理学
PCL-R	Psychopathy Checklist-Revised	サイコパス・チェックリスト改訂版

PCL: YV	Psychopathy Checklist: Youth Version	サイコパス・チェックリスト少年版
ROC	Receiver Operating Characteristic	受信者動作特性曲線
R&R	Reasoning and Rehabilitation	推論と更生
RNR	Risk, Need, Responsivity	リスク・ニーズ・治療反応性
SARA	Spousal Assault Risk Assessment	配偶者暴力リスクアセスメント
STARR	Staff Training Aimed at Reducing Re-arrest	再逮捕抑制のための職員研修
STICS	Strategic Training Initiative in Community Supervision	社会内処遇での戦略的研修
VRAG	Violence Risk Appraisal Guide	暴力リスク査定ガイド
YLS/CMI	Youth Level of Service/Case Management Inventory	少年用 LS/CMI

人名索引

●A
Andrews, D. A.　225, 227, 244, 249, 268, 270, 290, 291, 293, 299, 307, 314, 405

●B
Bailey, W. C.　287, 288
Bandura, A.　162, 378
Bonta, J.　225, 245, 252, 290, 330, 334, 344, 410
Bowlby, J.　174-176

●C
Caspi, A.　84, 114, 121
Cleckley, H.　126, 128, 129, 131, 133, 136
Cohen, A. K.　49, 164

●D
DiClemente, C. C.　213

●F
Farrington, D. P.　10, 81, 121, 179
Freud, S.　126, 159

●G
Gendreau, P.　31, 67, 121, 217, 290, 361, 366
Glueck, E. T.　19-21, 85, 104, 148, 152
Glueck, S.　19-21, 85, 104, 148, 152
Goring, C.　103
Gottfredson, M. R.　53, 90, 120, 121, 140, 152, 288, 377

●H
Hanson, R. K.　415, 418, 419, 422, 423
Hare, R. D.　129-131, 133, 137, 142, 431
Hirschi, T.　19-21, 52, 53, 56, 85, 90, 120, 121, 140, 152, 173, 175, 377, 431

●K
Kirby, B. C.　287
Kohlberg, L.　159

●L
Lipsey, M. W.　175, 186, 189, 200, 302-304, 310, 311
Lombroso, C.　102-105
Lowenkamp, C. T.　227, 252, 321, 343, 344, 423

●M
Marlatt, A.　211
Martinson, R.　288-290, 354
Matza, D.　50, 162
Merton, R. K.　48, 49
Miller, W. R.　213
Mischel, W.　115, 116, 161
Moffitt, T. E.　89, 90, 93, 94, 96-98, 106, 114, 121, 141, 151, 176

●P
Prochaska, J. O.　213

●R
Raine, A.　101, 135
Reckless, W. C.　51, 52
Rollnick, S.　213

●S
Sheldon, W. H.　104
Skinner, B. F.　63
Sykes, G. M.　50, 162

●T
Tennenbaum, D. J.　117-119, 143

事項索引

●あ
愛着（理論）　155, 159, 175-177, 186
アカンプロサート　202
アセスメント　108, 117, 118, 120, 124, 126, 129, 134, 140, 165, 197, 198, 227, 229, 232, 242-249, 252, 253, 256, 280-283, 314, 315, 397, 441
アセスメントツール　125, 129, 143
アディクション　206, 211-214, 232, 444
アノミー（理論）　49, 90, 122
アルコール乱用　197-204, 217, 395
アルコホーリクス・アノニマス　201, 202, 211
アンタビューズ　201, 202
安定的リスク要因　419

●い
1次的サイコパス　134
1次予防　178
一卵性双生児　81-85
一般的パーソナリティ理論および認知社会的学習理論　56, 60, 61, 140, 146, 153, 226, 242, 266, 305, 331, 345, 434, 437, 440
一般的パーソナリティ理論および認知社会的学習理論モデル　165
一般的反応性　231, 245, 306
一般的反応性原則　234, 294, 324, 412, 444
遺伝子　78-81, 88-90, 102, 104-107
因果的変数　17

●え
エピジェネティック　88, 89

●お
横断研究　18-22
応分の報い　354, 355, 382
オペラント条件づけ　204
オメガ3　101

●か
外的一貫性　44
学業成績　185
学習性無力感　378
覚せい剤　206
家族的リスク要因　432
家庭内暴力　391-393
環境的リスク要因　90, 98, 135
関係性原則　65, 306
関係性スキル　318, 319
慣習の拒絶　162, 164, 166

●き
偽陰性　238-241
気質　94-98, 100, 104-107, 111, 121
基準率　34-36, 241, 273
機能的家族療法　179, 180
規範原則　444
帰無仮説有意差検定　30, 32
虐待　392-394, 397
ギャング　153-157, 161
ギャンブラーの誤謬　379
急性動的（リスク）要因　23, 280
急性リスク要因　419
強化　99, 231, 305, 307, 328, 331
偽陽性　238-241
強制的治療　215, 216
矯正プログラム査定質問紙2010　321
共変量　16-21, 29, 30, 33, 40
曲線下面積　34, 241
緊張理論　48, 49, 90, 122

●く
クライエントセンタード・アプローチ　292
クライエント中心療法　180

●け
刑務作業　188
ケースマネジメント　144, 253, 256, 441
研究デザイン　17, 18

519

事項索引

研修　　315, 329, 330, 333, 338, 339, 343, 344, 346
厳罰化　　354-356, 360, 361, 371, 383
ケンブリッジ研究　　10, 76, 80, 81, 348

●こ
5因子モデル　　113-115, 121, 134, 142
効果量　　37-39
拘禁　　293, 299, 408
攻撃性　　90-92, 96, 97, 101, 105, 111, 112, 114, 126, 275
構造化原則　　65, 306
構造化スキル　　318, 319, 325
構造化臨床診断　　278
コスト　　61-63, 65, 66, 184, 186, 189, 242, 243, 354, 376
個別的反応性　　231, 232, 245, 253, 442-444
個別的反応性原則　　231
コミュニティ強化アプローチ　　203-205, 211

●さ
サイコパス　　97, 100, 105, 106, 112, 114, 122, 124, 126, 128-140, 142, 143, 156, 431
サイコパス・チェックリスト　　129
サイコパス・チェックリスト少年版　　135, 138, 268
サブカルチャー理論　　49, 160

●し
刺激希求性　　90, 96, 97, 100, 112, 130, 137, 140, 147
自己統制力　　52, 53, 59, 90, 96-98, 100, 111, 120, 121, 131, 140, 141, 152, 153, 431
自己統制理論　　90
自助グループ　　203
ジスルフィラム　　201
失敗した治療　　316
社会階級　　46, 48, 49, 61
社会経済的地位　　46, 90, 191
社会的学習理論　　160
社会内処遇の戦略的研修プロジェクト　　330
縦断研究　　21-23
集中的監督プログラム　　364, 366
12ステップ　　202
修復的司法　　382-387
受信者動作特性曲線　　35
受動的回避学習　　99, 100

準実験　　26
生涯継続型（犯罪者）　　76, 77, 87, 89, 93, 94, 96, 98, 106, 108, 111, 121, 135, 150, 155, 176, 379, 431
衝動性　　94, 100, 112-114, 118, 130, 132, 137, 139, 140, 147, 148
少年用LS/CMI　　267-269
処遇レベル／ケースマネジメント質問紙（LS/CMI）　　34, 253-257, 268, 275
処遇レベル質問紙　　143, 167, 198, 249, 266, 267
処遇レベル／リスク・ニーズ・治療反応性質問紙　　251
職業訓練　　188
触法精神障害者　　408
女性犯罪者　　269, 271, 370, 444
ショック拘禁　　364-366
真陰性　　239-241
進化論　　105-107
神経心理学的リスク要因　　280
神経生理学的低覚醒　　98-100
人種・民族　　271
真陽性　　238-241
信頼区間　　31, 32, 39
心理社会的リスク要因　　94

●す
随伴性マネジメント　　212
スキル訓練　　231
スケアード・ストレート　　292, 364, 365, 367
Static-99　　419
STICS　　330, 331, 333, 337, 339, 341-346
ストレンクス　　57, 140, 232, 253, 439, 440
スリーストライク法　　355, 357, 360, 369

●せ
成功したサイコパス　　133, 134
精神障害犯罪者　　408-413
精神力動的アプローチ　　292
性的虐待　　414, 416, 417
静的（な）リスク要因　　25, 142, 280, 284
青年期限定型（犯罪者）　　76, 89, 93, 96, 177
性犯罪　　414-423
世代間犯罪性　　80
是認　　327
セルフエスティーム　　52, 59, 148-150
先住民犯罪者　　272
選択比　　34, 35, 241

事項索引

前頭葉　92, 93
セントラルエイト　20, 56-58, 60, 61, 111, 229, 242, 244, 253, 431-433, 435
専門家判断（の優先）　233, 246, 279

●そ
相関　16, 17, 19
双生児研究　81, 83, 84, 88, 135
素行障害　89, 96, 124, 125, 178
組織原則　324
粗暴犯罪　273, 274

●た
大脳皮質　91
大麻　206
代理学習　378
妥当性への脅威　26, 27

●ち
知識破壊　289
知識破壊テクニック　118, 119
中間的制裁　364-366, 368, 371
忠実性　312, 314
忠実性効果　312, 314
中和の技術　50, 162, 163, 166, 381
調査研究　19
治療　108, 136, 137, 144, 169, 201, 204, 209, 210, 213, 215, 227, 228, 231, 232, 243-245, 275, 276, 288, 289, 291, 292, 295, 300, 302-304, 316, 359, 383, 399, 401, 411, 412, 420, 421, 434
治療からの脱落　213
治療共同体　136, 210
治療破壊　288
治療反応性　225, 244, 253, 307
治療反応性原則　231, 245, 282
治療プログラム　137

●て
デジスタンス　437-439
デタランス　292, 304, 361
電子監視　365, 367, 368

●と
動機づけ　215, 232, 439, 440, 444
動機づけ面接　213, 214, 232, 444
統制理論　51
動的予測因子　23, 24

動的（な）リスク要因　16, 23, 57, 167, 229, 243, 244, 248
特性　95, 112, 113, 115, 116
匿名断酒会　201
ドメスティック・バイオレンス　392, 395, 396, 399, 400
ドラッグコート　215-217

●な
内的一貫性　44
ナルトレキソン　202, 205

●に
ニーズ　225, 244, 253, 307
ニーズ原則　137, 229, 244
2次的サイコパス　134
二重盲検法　28
2次予防　179
二値変数効果量表示　34
二卵性双生児　81, 82, 85
認知行動的　137, 228, 245, 328, 412
認知行動的プログラム　304
認知行動モデル　331, 333
認知行動療法　157, 167, 203, 211, 212, 231, 401, 439
認知的再構成　231, 328, 331

●ね
ネガティブな情緒性　59, 89, 96-98, 107, 111, 112, 114, 121, 147

●は
パーソナリティ　95, 111-123, 126, 131-133, 137, 138
罰　305, 371-381
発達犯罪学　76, 80, 94, 121
犯因性ニーズ　16, 29, 137, 142, 143, 198, 229, 232, 244, 245, 249, 250, 252, 256, 282, 292, 301, 307, 434-436, 439, 441
犯因性ニーズ要因　25, 57
犯罪指向的な交友　147, 152
犯罪指向的（な）態度　147, 158, 160-167, 169, 176
犯罪指向的な他者への同一化　162, 163, 165, 166
反社会的パーソナリティ　59, 117, 118, 119, 122, 136 ,140, 143, 155
反社会性パーソナリティ障害　112, 122, 124,

521

事項索引

125, 129, 130, 135, 138-140, 142, 143, 404
反社会的パーソナリティ・パターン　57, 111, 114, 115, 120, 137, 139, 147, 153, 156, 396
反応性原則　137, 291, 294, 331

●ひ
ピアプレッシャー　156, 161
被害者　383-387
ビッグファイブ・モデル（5因子モデル）　113-115, 121, 134, 142
非犯因性ニーズ　229, 230, 244
ヒューマンサービス　226, 227, 293, 294, 298, 299, 303
費用対効果　179, 209, 226, 307, 349, 359, 368, 381, 386
費用便宜比　358
費用便宜分析　349

●ふ
ブートキャンプ　364, 366, 367, 371
夫婦療法　184
不承認　327, 328, 331
分化的接触理論　54, 90

●へ
辺縁系　91, 93
変化へのレディネス　213
扁桃体　91, 92

●ほ
報酬　61-66, 152, 178, 184, 186, 189, 242, 243, 354, 376
保険数理的アセスメント　246, 281
保険数理的方法　276, 278
保険数理的リスク尺度　419
ポルノ　417, 418
ホワイトカラー犯罪者　92

●ま
マルキスト・葛藤理論　51
マルチウェーブ縦断研究　23
マルチシステミック・セラピー　179, 181-183

●も
モチベーション　214, 226, 227, 229

モデリング　99, 160, 231, 305-307, 327, 328
問題解決スキル　329

●や
薬物戦争　208, 209, 358, 359, 369
薬物乱用　206, 208, 217
薬物療法　201

●ゆ
優生学　104

●よ
養子研究　86-88
良き人生モデル　437, 439, 440
予測因子　16, 17, 21-25, 242, 243
予測精度　237, 238, 240, 241, 249
予測的妥当性　34, 35, 132, 138, 198, 229, 241, 267, 272, 281

●ら
ラベリング理論　51
ランダム化実験　25, 28, 29

●り
リスク　225, 232, 244, 253, 307
リスクアセスメント　241, 246-248, 275, 280, 281, 283
リスクアセスメントツール　248, 275, 441
リスク原則　137, 227, 228, 232, 244
リスク尺度　34, 35, 108
リスク・ニーズアセスメントツール　197, 198
リスク・ニーズ・治療反応性（RNR）　223, 225, 226, 233, 243, 244, 311, 318, 434, 440, 441
リスク・ニーズ・治療反応性（RNR）原則　227, 292, 295, 302, 303, 316, 346, 383, 422, 423
リスク・ニーズ・治療反応性（RNR）モデル　224, 291, 298, 302, 304, 316, 329, 330, 349, 437-439
リスク・ニーズ要因　20, 56, 58, 60, 61, 111, 229, 230, 242, 253, 431, 433, 435
リスク要因　13, 16, 22, 23, 29, 33, 55, 57, 60, 69, 77, 89, 109, 155-157, 176, 178, 185, 188, 206, 240, 242-244, 250, 267, 273, 280, 294, 393-397, 405-409, 416, 417, 419, 422, 423, 425, 432

リラプス・プリベンション　　211, 212, 214

●ろ
ロールプレイ　　231, 329, 333

●欧文
AA　　202-204
AUC　　34-36, 241
CPAI-2010　　321
DRD2遺伝子　　89
DSM　　123, 129, 130, 403
DSM-5　　124, 125, 139, 140, 142
ICD　　123
LS/CMI（処遇レベル／ケースマネジメント質問紙）
　　34, 253-257, 268, 275
LS/RNR　　251
LSI-R　　143, 249-253, 268, 269, 274
MAOA遺伝子　　89
Pearsonの積率相関係数　　33
PCL-R　　129-134, 138-140, 142, 143, 249,
　　273, 274
RNR　　223, 225, 226, 233, 243, 244, 311,
　　318, 434, 440, 441
RNR原則　　227, 292, 295, 302, 303, 316,
　　346, 383, 422, 423
RNRモデル　　224, 291, 298, 302, 304, 316,
　　329, 330, 349, 437-439
ROC　　35
XXY　　79
XYY　　78-80

訳者あとがき

　『犯罪行動の心理学』を翻訳しようと思い立ってから，はや10年が経つ。やっと長年の夢が実現した。本書の翻訳は相当に骨の折れる仕事だったが，翻訳を終えた今，清々しい充実感とお力添えいただいた方々への感謝の念で一杯である。

　10年前，まだ出版のあてもなく，1人で本書の第4版を翻訳した。しかし，当時この第6版よりもはるかに分量が多い原稿を引き受けてもらえる出版社はどこにもなく，それは残念ながら日の目を見ることはなかった。第6版の出版を機に，やっと念願の翻訳書の出版が実現することとなったが，この第6版では原著の内容が大幅に刷新されたため，ほぼすべてを新たに翻訳し直すこととなった。大変な作業であったことは間違いないが，それよりこの名著を日本語で世に出すことができたことの喜びは望外のものがある。

　本書は，世界中で広く読まれている犯罪心理学の教科書である。本書を読んでいただければ，犯罪心理学のみならず，それまで抱いていた臨床心理学全般に対する考えや態度までもが一変するだろう。間違いなくそれくらいの価値のある名著である。本書が第6版までも版を重ねているのは，もちろん世界中の専門家に支持されている証拠であるし，それに加えて新たな研究知見を加えてアップデートされ，常に進化を続けているからである。

　本書の価値を数え上げるときりがないが，その最たるものは，人間の個別性や多様性への畏敬の念と心理学の実践を結びつけ，臨床におけるその重要性を教えてくれるところにある。これはすべての臨床心理学分野に通底する価値である。

　そして，もう1つは科学的方法やエビデンスへの信頼と，それを活用することの実践的価値を教えてくれることである。本書には膨大な数の図表やデータが提示されている。それらに基づいて犯罪のリスク要因が示され，その科学的知識をもとにしたアセスメントや治療サービスという実践が導かれる。地道な

研究の積み重ねによって，犯罪心理学が真に役に立つ実践の知になったことが説得力をもって示されている。

　序で述べられているように，第1版が出版されたころは，そのようなアプローチはまだ一般的ではなく，犯罪学においては社会学的なアプローチや精神病理学的理解が主流で，心理学の重要性は低かった。そのため，本書で述べられた知見の多くは，当時の主流派の考え方とは真っ向から対立するものであり，その意味で本書は犯罪心理学および犯罪学の分野に革命をもたらしたといっても過言ではない。

　つまり，過去の犯罪学は，エビデンスよりもイデオロギーや思弁的な理論に重きが置かれ，それゆえに現象の理解がゆがめられていたのである。数多くの「神話」がまことしやかに語られ，それを多くの専門家が信じ込んでいた。犯罪の原因を誤ったものに帰属させ，誤った対処を漫然と行なっていた。投影法や主観的な専門家判断など妥当性や信頼性を欠いた方法によるアセスメント，厳罰化や精神分析などエビデンスのない不適切な対処などはその代表的なものである。そのため，かつての犯罪心理学はどこか胡散臭く，犯罪の予防や抑止において，大して役に立たないものという地位に甘んじるしかなかった。

　それを大きく変えたのが，本書の著者であるJames Bontaと故D.A. Andrewsの功績である。ほかにも，本書に引用されている数々の研究は，革新的な研究者たちの仕事の賜物である。「神話」は科学的エビデンスによって覆され，犯罪の真の原因に迫ることができるようになり，正確なアセスメントや効果的な治療サービスが提供できるようになった。心理学は犯罪学のなかで，信頼に足る輝かしい地位を占めるに至った。

　とはいえ，わが国ではまだこのように変貌を遂げた犯罪心理学の知見が十分に活用されているとはいえない。本書が日本語に翻訳され，関連分野の研究者や専門家，学生，政策決定者，そして犯罪と犯罪への対処に関心をもつ多くの人々の目に留まることで，わが国にも真の犯罪心理学が定着し，それが実践にもいかされていくことを祈るばかりである。

　わが国の刑事政策は，明らかに厳罰化の一途をたどっている。犯罪に対する厳正な対処は当然であるが，いたずらに厳罰を科し，人間の尊厳を踏みにじるような過剰な抑止策を講じることは，犯罪学や犯罪心理学の目的とは大きくか

訳者あとがき

け離れている。また，それは貴重な人的，財政的資源の浪費でもある。適切なヒューマン・サービスこそが，犯罪抑止のため最も効果的で，費用対効果にも優れていることを科学的エビデンスは教えてくれている。今こそ，わが国の刑事司法や少年司法の場面に新しい犯罪心理学の知見をいかすときである。

　本書の翻訳に先立って，私は『入門　犯罪心理学』（ちくま新書）を著し，そこで本書のエッセンスを紹介するとともに，エビデンスに基づく犯罪心理学の実践の重要性を問いかけた。ありがたいことに，それは大きな反響を呼び，順調に版を重ねている。しかし，それはまだ「入門」に過ぎず，本書を丹念に読み解くことで，新しい犯罪心理学の本当の奥深さに触れていただきたい。

　第6版になって，以前の版とは多くの点が変わった。それは著者も述べているところである。その最大の点は，いうまでもなくAndrewsの逝去である。これまではどちらかというと緻密で学者肌のAndrewsと実践家のBontaが，それぞれの得意分野でそれぞれの持ち味をいかした貢献をしてきたように思う。しかし，Andrews亡き後，その偉大な貢献はそのままに，新たな研究知見を加え，従来の価値は残しながらも，詳細で学術的に過ぎた部分は思い切って刷新され，分量もかなりコンパクトになった。これまでの古い版に馴染みのある私自身は少々残念な気持ちもあるが，より読みやすく実践的になったのはたしかである。

　本書の翻訳は本当に骨の折れる作業であったが，多くの方々の多大な支援を得て，完成まで漕ぎつけることができた。まずは，著者のJames Bontaに大きな謝意を表したい。Bontaの驚くべきところは，その仕事の早さとその誠実な人柄である。これだけの大著を著し，常にアップデートし続けるという偉業を継続している彼の偉大さを身近に感じることができたのは大きな喜びであり，学びであった。また，大量の質問にも一つひとつ丁寧かつ迅速に答えていただき，本当に感謝してもし切れない。

　翻訳の作業中，少なからぬ原著の誤りや不適切な記載を発見することがあり，それを一つひとつBonta本人に確認しながら，適切な表現に改めていった。私の方から「この表現はどうですか」と提案すると，必ず翌日には「そのほうがいいね」「そこはこうしたほうが」などという返信が届いた。私はこうしたコミュニケーションを繰り返すなかで，BontaとAndrewsは同じように議論を重ねな

訳者あとがき

がら，本書を練り上げていったのだろうなどと想像し，不遜にもその世界の片隅に少しだけ加えてもらったかのような気分に浸ったのだった。原著と読み比べていただいたとき，原著とは異なる表現，削除，追加などがあることに気づかれるだろうが，それはこうした理由によるものである。

また，東洋大学の桐生正幸先生には，本書が世に出るきっかけを作っていただいた。10年間埋もれていた本書に，再び日の当たるチャンスを与えていただいたのが桐生先生である。桐生先生のご尽力のおかげで，北大路書房から快諾をいただき，長年の夢が叶うこととなったわけである。感謝の念で一杯である。

静岡県立大学の津富宏先生には，本書のいくつかの章の翻訳をお手伝いいただいた。生前のAndrewsとも親交があり，わが国でいち早く本書に注目をし，紹介をしてきた津富先生に翻訳への助言をいただくことによって，より正確な訳に近づけることができた。

また，法務省の竹田彩夏さんには，原稿のチェックや図表の完成など，細かい骨の折れる作業を手伝っていただいた。私の研究室で大学院を修了し，鑑別技官となった第1号である。彼女のような若い世代がこれからの犯罪心理学の実践を担う世代である。

そして，北大路書房の安井理紗さんと北川芳美さんには，終始温かいサポートをいただいた。これだけのボリュームのある翻訳書の出版というのは，昨今の時流のなかで，なかなか挑戦的なことだと思う。その挑戦をあえて引き受けていただき，私の強引なリクエストにも終始丁寧に答えていただいた。

まさに，本書はわが国において「新しい犯罪心理学」の幕開けを牽引するような力をもった書籍である。これからどれだけの方々の手に取っていただけるか。そしてどれだけの影響を与えることができるのか。今から楽しみで仕方ない。

2018年10月　ロサンゼルスにて
原田　隆之

【訳者紹介】

原田隆之 (はらだ・たかゆき)

筑波大学教授，保健学博士（東京大学大学院医学系研究科）。一橋大学大学院，カリフォルニア州立大学大学院修了。東京大学大学院医学系研究科客員研究員。専門は臨床心理学と犯罪心理学。これまでに目白大学教授，法務省矯正局法務専門官，東京拘置所上席統括矯正処遇官，国連薬物・犯罪事務所アソシエート・エキスパートなどを務めた。著書に『入門　犯罪心理学』『サイコパスの真実』（ちくま新書），『リラプス・プリベンション：依存症の新しい治療』（日本評論社），『心理職のためのエビデンス・ベイスト・プラクティス入門』（金剛出版），『現代社会の新しい依存症がわかる本』（日本医事新報社）など多数。

犯罪行動の心理学　［原著第6版］

2018年12月20日　初版第1刷発行　　定価はカバーに表示
2021年 7 月20日　初版第2刷発行　　してあります。

　　　　　　　　　著　　者　　ジェームズ・ボンタ
　　　　　　　　　　　　　　　Ｄ・Ａ・アンドリュース
　　　　　　　　　訳　　者　　原田隆之
　　　　　　　　　発行所　　　（株）北大路書房

　　　　　　　〒603-8303　京都市北区紫野十二坊町 12-8
　　　　　　　　　　　　　電話（075）431-0361（代）
　　　　　　　　　　　　　FAX（075）431-9393
　　　　　　　　　　　　　振替　01050-4-2083

　　©2018　　　　　　　　印刷・製本／モリモト印刷（株）
　　　　　　　　検印省略　落丁・乱丁本はお取り替えいたします。
　　　　　　　　　　ISBN978-4-7628-3046-4　Printed in Japan

・ JCOPY 〈(社)出版者著作権管理機構 委託出版物〉
　本書の無断複写は著作権法上での例外を除き禁じられています。
　複写される場合は，そのつど事前に，(社)出版者著作権管理機構
　（電話 03-5244-5088, FAX 03-5244-5089, e-mail: info@jcopy.or.jp）
　の許諾を得てください。